全国公共图书馆缩微文献联合目录 古籍编

本书编委会◎编

{ 5 }

NLCPH

国家圖書館出版社

National Library of China Publishing House

《全国公共图书馆缩微文献联合目录·古籍编》

第五卷编辑委员会

主编：杨　靖　雷树德

编委：金光辉　郑　辉　原　强　谢思静

第五卷目录

清代之属

00O027585
豁堂老人同凡草：九卷 / (清)释正嵒撰
清初(1644-1722)刻本
1997年摄制. -- 1盘卷片(9米156拍) : 1:10,
2B；35mm银盐
收藏馆：缩微中心，国图

000O021238
林茂之诗选：二卷 / (清)林古度撰
清康熙四十九年(1710)程哲殷誉庆刻本
1995年摄制. -- 1盘卷片(6米57拍) : 1:10,
2B；35mm银盐
收藏馆：缩微中心，国图

000O016250
林茂之诗选：二卷 / (清)林古度撰
清康熙(1662-1722)七略书堂刻本. -- (清)严
可均跋。
1993年摄制. -- 1盘卷片(5米56拍) : 1:10,
2B；35mm银盐
收藏馆：缩微中心，国图

000O000952
牧斋初学集：一百十卷 / (清)钱谦益撰
明崇祯十二年(1639)瞿式耜刻本
1985年摄制. -- 4盘卷片(107.6米2410拍) :
1:10, 2B；35mm银盐
收藏馆：缩微中心，国图

000O021121
牧斋初学集：一百十卷目录二卷 / (清)钱谦益撰
明崇祯十六年(1643)瞿式耜刻本
1994年摄制. -- 4盘卷片(114米2313拍) :
1:10, 2B；35mm银盐
收藏馆：缩微中心，国图

000O010997
牧斋初学集诗注：二十卷 / (清)钱谦益撰；(清)钱曾注
清康熙(1662-1722)玉诏堂刻本. -- (清)林葆
恒录佚名批校。
1989年摄制. -- 2盘卷片(33.5米631拍) :
1:10, 2B；35mm银盐
收藏馆：缩微中心，湖北

000O004043
牧斋初学集诗注：二十卷有学集诗注十四卷投笔集注一卷 / (清)钱谦益撰；(清)钱曾注
清(1644-1911)抄本
1985年摄制. -- 3盘卷片(70米1539拍) :
1:10, 2B；35mm银盐

00O009007
牧斋有学集诗注：十四卷 / (清)钱谦益撰；(清)钱曾笺注
清乾隆(1736-1795)春晖堂刻本
1988年摄制. -- 1盘卷片(27米490拍) :
1:10, 2B；35mm银盐
收藏馆：缩微中心，湖北

000O020281
牧斋诗集：九卷 / (清)钱谦益撰
清(1644-1911)抄本. -- (清)吴晋德校并跋。
1994年摄制. -- 1盘卷片(9米138拍) : 1:10,
2B；35mm银盐
收藏馆：缩微中心，国图

000O007214
牧斋诗钞：不分卷 / (清)钱谦益撰；(清)沈炘如辑
清康熙五十年(1711)沈炘如刻本
1987年摄制. -- 1盘卷片(7.2米131拍) :
1:10, 2B；35mm银盐
收藏馆：缩微中心，国图

000O005062
牧斋有学集：五十卷 / (清)钱谦益撰
清康熙(1662-1722)刻本. -- 佚名校并补录集外诗文。
1986年摄制. -- 2盘卷片(54.4米1209拍) :
1:10, 2B；35mm银盐
收藏馆：缩微中心，国图

000O007212
牧斋有学集：五十卷补遗一卷 / (清)钱谦益撰
清康熙(1662-1722)抄本. -- 叶昌炽校并跋。
1987年摄制. -- 2盘卷片(47米1029拍) :
1:10, 2B；35mm银盐
收藏馆：缩微中心，国图

000O013747
牧斋有学集：五十一卷 / (清)钱谦益撰
清康熙(1662-1722)金匮山房刻本
1991年摄制. -- 2盘卷片(54.5米1226拍) :
1:10, 2B；35mm银盐
收藏馆：缩微中心，辽宁

000O018857
牧斋有学集：五十卷集外诗一卷 / (清)钱谦益撰
清(1644-1911)抄本
1994年摄制. -- 2盘卷片(58米1137拍) :
1:10, 2B；35mm银盐
收藏馆：缩微中心，国图

000O016096

牧斋有学集补遗：不分卷 / (清)钱谦益撰
清(1644-1911)抄本
1993年摄制． -- 1盘卷片(9米151拍)： 1:10,
2B ； 35mm银盐
收藏馆：缩微中心，国图

000O017265

牧斋有学集补遗：不分卷 / (清)钱谦益撰
清(1644-1911)抄本． -- (清)白凤批校。
1993年摄制． -- 1盘卷片(10米180拍)：
1:10, 2B ； 35mm银盐
收藏馆：缩微中心，天津

000O020902

投笔集：一卷 / (清)钱谦益撰
清(1644-1911)刘履芬抄本
1994年摄制． -- 1盘卷片(3米17拍)： 1:10,
2B ； 35mm银盐
收藏馆：缩微中心，国图

000O007284

牧斋外集：二十五卷 / (清)钱谦益撰
清(1644-1911)抄本
1987年摄制． -- 1盘卷片(20米441拍)：
1:10, 2B ； 35mm银盐
收藏馆：缩微中心，国图

000O020130

钱牧斋先生尺牍：三卷 / (清)钱谦益撰
清康熙(1662-1722)顾氏如月楼刻本
1994年摄制． -- 1盘卷片(11米195拍)：
1:10, 2B ； 35mm银盐
收藏馆：缩微中心，国图

000O027298

豹陵集：二十四卷 / (清)梁云构撰
清初(1644-1722)刻本． -- 存六卷：卷十五至
卷十七、卷二十二至卷二十四。
1997年摄制． -- 1盘卷片(23米465拍)：
1:10, 2B ； 35mm银盐
收藏馆：缩微中心，国图

000O006968

谷园集文：一卷诗一卷 / (明)杨彝撰
清道光二年(1822)谭天成抄本
1987年摄制． -- 1盘卷片(9米182拍)： 1:10,
2B ； 35mm银盐
收藏馆：缩微中心，国图

000O020851

尊水园集略：十二卷补遗一卷 / (清)卢世潅撰．
附：一卷 / (清)王永吉撰
清顺治十七年(1660)刻本
1994年摄制． -- 1盘卷片(25米494拍)：
1:10, 2B ； 35mm银盐
收藏馆：缩微中心，国图

000O010224

尊水园集：十二卷补遗二卷 / (清)卢世潅撰
清顺治十七年(1660)见宾堂精刻本
1989年摄制． -- 1盘卷片(24米529拍)：
1:10, 2B ； 35mm银盐
收藏馆：缩微中心，天津

000O001344

平山堂诗集：四卷 / (清)刘应宾撰
清顺治(1644-1661)刻本
1985年摄制． -- 1盘卷片(18.1米393拍)：
1:10, 2B ； 35mm银盐
收藏馆：缩微中心，国图

000O027818

平山堂诗集：二卷 / (清)刘应宾撰
清康熙(1662-1722)刻本
1996年摄制． -- 1盘卷片(9米145拍)： 1:10,
2B ； 35mm银盐
收藏馆：缩微中心，南京

000O000314

大中丞苗晋侯先生文集：八卷抚郧杂录一卷解
鞍小录一卷 / (清)苗胙土撰
清顺治十二年(1655)苗士寅苗士容刻本． --
还有合刻著作：筑樊文钞一卷/(清)苗胙土
撰，借铸文钞一卷/(清)苗胙土撰，巡襄约言
一卷/(清)苗胙土撰。
1985年摄制． -- 1盘卷片(20.3米446拍)：
1:10, 2B ； 35mm银盐
收藏馆：缩微中心，国图

000O021634

大中丞苗晋侯先生文集：八卷苗氏世谱一卷抚
郧杂录一卷解鞍小录一卷 / (清)苗胙土撰
清康熙元年(1662)苗士寅苗士容刻本
1995年摄制． -- 1盘卷片(23米455拍)：
1:10, 2B ； 35mm银盐
收藏馆：缩微中心，国图

000O031250

南校草：一卷 / (清)陈昌言撰
清顺治(1644-1661)汪瀹南刻本
2004年摄制． -- 1盘卷片(3米25拍)： 1:9,
2B ； 35mm银盐
收藏馆：缩微中心，国图

000O011280

郝兰石集：十八卷 / (清)郝璧撰

清顺治(1644-1661)刻本

1989年摄制. -- 2盘卷片（43米953拍） :
1:10, 2B ; 35mm银盐

收藏馆：缩微中心，甘肃

000O005026

郝兰石先生集：十九卷 / (清)郝璧撰

清顺治(1644-1661)刻本

1986年摄制. -- 2盘卷片（35米730拍） :
1:10, 2B ; 35mm银盐

收藏馆：缩微中心，国图

000O017789

郝兰石全集：二十卷 / (清)郝璧撰；(清)韩诗[等]
校

清初(1644-1722)集思堂刻本. -- 存十九卷：
卷一至卷十七、卷十九至卷二十。

1993年摄制. -- 2盘卷片（42米904拍） :
1:10, 2B ; 35mm银盐

收藏馆：缩微中心，天津

000O024619

梅花百咏：一卷 / (清)李天植撰

清(1644-1911)抄本. -- (清)姚斐跋。

1996年摄制. -- 1盘卷片（4米59拍） : 1:10,
2B ; 35mm银盐

收藏馆：缩微中心，浙江

000O016886

李潜夫先生遗文：一卷 / (清)李确撰

清(1644-1911)四古堂抄本. -- (清)吴骞跋。

1993年摄制. -- 1盘卷片（3米19拍） : 1:10,
2B ; 35mm银盐

收藏馆：缩微中心，国图

000O015056

拟山园诗稿：不分卷 / (清)王铎撰

清(1644-1911)稿本

1992年摄制. -- 1盘卷片（3米23拍） : 1:10,
2B ; 35mm银盐

收藏馆：缩微中心，国图

000O009668

拟山园初集：七十一卷王子二卷 / (清)王铎撰

明崇祯(1628-1644)刻本. -- 存六十九卷：王
子二卷、赋三卷、骚二卷、古乐府三卷、今乐
府二卷、三言一卷、四言卷七、五言古十二
卷、六言一卷、五言律十八卷、七言古五卷、
七言律六卷、五言绝句三卷、七言绝句四卷、
五言排二卷、七言排一卷、铭一卷、对一卷、
诗余一卷。

1988年摄制. -- 3盘卷片（90米1910拍） :
1:10, 2B ; 35mm银盐

收藏馆：缩微中心，甘肃

000O017252

王觉斯初集：不分卷 / (清)王铎撰

明末(1621-1644)黄居中抄本. -- 钤"千顷
斋""黄居中印""明立父""研易楼藏书"
等印。

1993年摄制. -- 1盘卷片（20米418拍） :
1:10, 2B ; 35mm银盐

收藏馆：缩微中心，天津

000O000286

拟山园选集：七十五卷 / (清)王铎撰

清顺治十五年(1658)王镛王鑨刻本

1985年摄制. -- 4盘卷片（96.8米2150拍） :
1:10, 2B ; 35mm银盐

收藏馆：缩微中心，国图

000O000083

拟山园选集：八十一卷 / (清)王铎撰

清顺治十年(1653)王镛王鑨刻本

1985年摄制. -- 3盘卷片（85.3米1918拍） :
1:10, 2B ; 35mm银盐

收藏馆：缩微中心，国图

000O019902

拟山园书札 / (清)王铎撰

清(1644-1911)稿本

1994年摄制. -- 1盘卷片（2米6拍） : 1:10,
2B ; 35mm银盐

收藏馆：缩微中心，国图

000O001358

默庵遗稿：八卷 / (清)冯舒撰

清康熙(1662-1722)世乆堂刻本. -- 傅增湘
跋。

1985年摄制. -- 1盘卷片（5.5米92拍） :
1:10, 2B ; 35mm银盐

收藏馆：缩微中心，国图

000O020491

金文通公集：二十卷 / (清)金之俊撰

清康熙二十五年(1686)金祖彭刻本

1994年摄制. -- 1盘卷片（34米699拍） :
1:10, 2B ; 35mm银盐

收藏馆：缩微中心，国图

000O025804

金文通公集：二十六卷诗集六卷外集八卷 / (清)
金之俊撰

清雍正元年(1723)端介堂刻本

1996年摄制. -- 2盘卷片(59米1083拍)：
1:10，2B；35mm银盐
收藏馆：缩微中心，国图

000O025815

息斋集：四卷外集一卷 / (清)金之俊撰；(清)陈名夏[等]评
清顺治六年(1649)自刻本
1996年摄制. -- 1盘卷片(17米328拍)：
1:10，2B；35mm银盐
收藏馆：缩微中心，国图

000O010336

息斋集：四卷诗稿一卷奏疏三卷 / (清)金之俊撰
清康熙元年(1662)刻本. -- 还有合刻著作：
息斋外集一卷/(清)金之俊撰，息斋续外集一卷/(清)金之俊撰，息斋外集补遗一卷/(清)金之俊撰。
1989年摄制. -- 1盘卷片(29.5米648拍)：
1:10，2B；35mm银盐
收藏馆：缩微中心，湖北

000O031416

息斋集：十卷疏草五卷 / (清)金之俊撰
清顺治康熙(1644-1722)刻本
2004年摄制. -- 2盘卷片(60米1045拍)：
1:9，2B；35mm银盐
收藏馆：缩微中心，国图

000O000117

息斋集：十卷佐枢疏草五卷附录一卷 / (清)金之俊撰
清顺治(1644-1661)刻本
1985年摄制. -- 2盘卷片(47.8米1059拍)：
1:10，2B；35mm银盐
收藏馆：缩微中心，国图

000O020874

御墨楼诗：四卷二集二卷又二卷 / (清)刘正宗撰
清顺治(1644-1661)刻本
1994年摄制. -- 1盘卷片(20米396拍)：
1:10，2B；35mm银盐
收藏馆：缩微中心，国图

000O001235

逋斋诗：不分卷 / (清)刘正宗撰
清初(1644-1722)刻本
1985年摄制. -- 1盘卷片(5.5米94拍)：
1:10，2B；35mm银盐
收藏馆：缩微中心，国图

000O001109

逋斋诗：四卷二集□□卷 / (清)刘正宗撰

清初(1644-1722)刻本. -- 存四卷：卷三至卷四、二集卷一至卷二。
1985年摄制. -- 1盘卷片(9.7米193拍)：
1:10，2B；35mm银盐
收藏馆：缩微中心，国图

000O001188

逋斋诗选：四卷 / (清)刘正宗撰；(清)王辰辑
清顺治十三年(1656)王辰刻本
1985年摄制. -- 1盘卷片(8米154拍)：1:10，2B；35mm银盐
收藏馆：缩微中心，国图

000O013609

石园全集：三十卷 / (清)李元鼎撰
清康熙四十一年(1702)李振祺李振裕香雪堂刻本
1991年摄制. -- 1盘卷片(21米437拍)：
1:10，2B；35mm银盐
收藏馆：缩微中心，国图

000O031735

石园全集：三十卷 / (清)李元鼎撰
清康熙四十一年(1702)李振祺李振裕香雪堂刻本
2005年摄制. -- 1盘卷片(23米470拍)：
1:10，2B；35mm银盐
收藏馆：缩微中心，国图

000O013724

布水台集：二十卷 / (清)释道忞撰
清初(1644-1722)刻径山藏本
1991年摄制. -- 1盘卷片(19米378拍)：
1:10，2B；35mm银盐
收藏馆：缩微中心，国图

000O000549

百城集：三十卷 / (清)释道忞撰
清康熙(1662-1722)刻本
1985年摄制. -- 1盘卷片(29米652拍)：
1:10，2B；35mm银盐
收藏馆：缩微中心，国图

000O010948

秋岩集略：十卷 / (清)韩则愈撰
清康熙(1662-1722)遗安堂刻本
1989年摄制. -- 1盘卷片(17.5米323拍)：
1:10，2B；35mm银盐
收藏馆：缩微中心，湖北

000O000567

四照堂文集：五卷诗集二卷 / (清)王猷定撰
清康熙二十二年(1683)王珖刻本

1985年摄制. -- 1盘卷片(21.6米474拍)：
1:10，2B；35mm银盐
收藏馆：缩微中心，国图

000O016180
四照堂文集：五卷 / (清)王猷定撰
清嘉庆十一年(1806)焦循抄本
1993年摄制. -- 1盘卷片(9米135拍)：1:10，
2B；35mm银盐
收藏馆：缩微中心，国图

000O024634
陋草：一卷 / (清)罗万象撰
清顺治三年(1646)刻本
1996年摄制. -- 1盘卷片(4米49拍)：1:10，
2B；35mm银盐
收藏馆：缩微中心，浙江

000O025976
草草：一卷 / (清)罗万象撰
清初(1644-1722)刻本
1996年摄制. -- 1盘卷片(3米37拍)：1:10，
2B；35mm银盐
收藏馆：缩微中心，浙江

000O025828
丁野鹤集：八种十九卷 / (清)丁耀亢撰
清顺治康熙(1644-1722)刻本
1996年摄制. -- 2盘卷片(58米1135拍)：
1:10，2B；35mm银盐
收藏馆：缩微中心，国图

000O025841
丁野鹤集：五种十卷 / (清)丁耀亢撰
清康熙(1662-1722)刻本
1996年摄制. -- 1盘卷片(27米527拍)：
1:10，2B；35mm银盐
收藏馆：缩微中心，国图

000O017390
牧云和尚病游初草：一卷后草一卷 / (清)释通门撰
明崇祯(1628-1644)毛氏汲古阁刻本
1993年摄制. -- 1盘卷片(5米74拍)：1:10，
2B；35mm银盐
收藏馆：缩微中心，国图

000O019545
牧云和尚懒斋别集：十四卷 / (清)释通门撰
清顺治十四年(1657)毛氏汲古阁刻本
1994年摄制. -- 1盘卷片(24米487拍)：
1:10，2B；35mm银盐
收藏馆：缩微中心，国图

00O005112
牧云和尚懒斋别集：十四卷 / (清)释通门撰
清顺治十四年(1657)毛氏汲古阁刻本
1986年摄制. -- 1盘卷片(23.5米525拍)：
1:10，2B；35mm银盐
收藏馆：缩微中心，国图

000O019462
牧云和尚懒斋后集：六卷 / (清)释通门撰
清初(1644-1722)刻本
1994年摄制. -- 1盘卷片(9米153拍)：1:10，
2B；35mm银盐
收藏馆：缩微中心，国图

000O023415
葼居诗集：一卷 / (清)张缙彦撰
明末(1621-1644)刻本
1995年摄制. -- 1盘卷片(5米55拍)：1:10，
2B；35mm银盐
收藏馆：缩微中心，国图

000O013610
依水园文集：前集二卷后集二卷 / (清)张缙彦撰
清顺治(1644-1661)刻本
1991年摄制. -- 1盘卷片(18米361拍)：
1:10，2B；35mm银盐
收藏馆：缩微中心，国图

000O000170
愚谷诗稿：六卷 / (清)徐开任撰
清康熙(1662-1722)刻本
1985年摄制. -- 1盘卷片(7.6米141拍)：
1:10，2B；35mm银盐
收藏馆：缩微中心，国图

000O025733
莲山草堂集 / (清)陈衍虞撰
清顺治康熙(1644-1722)刻本
1996年摄制. -- 1盘卷片(31米660拍)：
1:10，2B；35mm银盐
收藏馆：缩微中心，河南

000O020586
桴庵诗：五卷 / (清)薛所蕴撰
清顺治十年(1653)刻本
1994年摄制. -- 1盘卷片(13米240拍)：
1:10，2B；35mm银盐
收藏馆：缩微中心，国图

000O011692
澹友轩文集：十六卷 / (清)薛所蕴撰
清顺治十六年(1659)刻本
1989年摄制. -- 1盘卷片(20米422拍)：

1:10，2B ；35mm银盐
收藏馆：缩微中心，山西

000O012037
谷口集：七卷 / (清)王含光撰
清(1644-1911)刻本
1990年摄制. -- 1盘卷片(6米111拍) ：1:10，
2B ；35mm银盐
收藏馆：缩微中心，山西

000O000703
息斋遗稿：不分卷 / (清)华旷度撰
清(1644-1911)抄本. -- (清)华埔题诗，(清)
秦道然跋。
1985年摄制. -- 1盘卷片(5.7米105拍) ：
1:10，2B ；35mm银盐
收藏馆：缩微中心，国图

000O001052
石云居诗集：七卷 / (清)陈名夏撰
清初(1644-1722)刻本
1985年摄制. -- 1盘卷片(13米268拍) ：
1:10，2B ；35mm银盐
收藏馆：缩微中心，国图

000O000956
石云居诗集：七卷词一卷 / (清)陈名夏撰
清初(1644-1722)刻本
1985年摄制. -- 1盘卷片(13.1米277拍) ：
1:10，2B ；35mm银盐
收藏馆：缩微中心，国图

000O026596
郁麓樵诗文集：□□卷；殆编读周易臆：二卷 /
(清)眭思永撰
清(1644-1911)抄本. -- 存六卷：卷二至卷
三、卷六至卷九。
1997年摄制. -- 1盘卷片(10米170拍) ：
1:10，2B ；35mm银盐
收藏馆：缩微中心，国图

000O004227
二槐草存：一卷 / (清)王翊撰
清康熙十一年(1672)王庭刻本
1986年摄制. -- 1盘卷片(5米75拍) ：1:10，
2B ；35mm银盐
收藏馆：缩微中心，国图

000O003221
雁楼集：二十五卷 / (清)徐士俊撰
清康熙五年(1666)刻本
1986年摄制. -- 1盘卷片(22米479拍) ：
1:10，2B ；35mm银盐

收藏馆：缩微中心，国图

000O016566
秋水集：十六卷 / (清)冯如京撰
清乾隆三年(1738)武林清晖堂刻本
1993年摄制. -- 1盘卷片(24.1米518拍) ：
1:10，2B ；35mm银盐
收藏馆：缩微中心，山西

000O016900
泺函：十卷 / (清)叶承宗撰
清顺治十七年(1660)叶氏友声堂刻本
1993年摄制. -- 1盘卷片(20米384拍) ：
1:10，2B ；35mm银盐
收藏馆：缩微中心，国图

000O031668
泺函：十卷 / (清)叶承宗撰
清顺治十七年(1660)叶氏友声堂刻本
2004年摄制. -- 1盘卷片(21米440拍) ：
1:10，2B ；35mm银盐
收藏馆：缩微中心，国图

000O019258
啸阁集古：五卷 / (清)施端教撰
清顺治(1644-1661)刻本. -- 存四卷：长安秋
兴卷二至卷三，春秋闺辞二卷。
1994年摄制. -- 1盘卷片(8米129拍) ：1:10，
2B ；35mm银盐
收藏馆：缩微中心，国图

000O031737
白耷山人诗：十卷文集二卷 / (清)阎尔梅撰
清初(1644-1722)豹书堂刻本
2005年摄制. -- 1盘卷片(32米655拍) ：
1:10，2B ；35mm银盐
收藏馆：缩微中心，国图

000O025517
古古诗：三卷 / (清)阎尔梅撰；(清)汪观选
清康熙五十二年(1713)静远堂刻本
1996年摄制. -- 1盘卷片(5米72拍) ：1:10，
2B ；35mm银盐
收藏馆：缩微中心，国图

000O004427
晚闻集：六卷 / (清)沈卓撰
清乾隆九年(1744)蒋侯抄本. -- 黄人订补并
跋。
1986年摄制. -- 1盘卷片(5米73拍) ：1:10，
2B ；35mm银盐
收藏馆：缩微中心，国图

000O007816
钝吟全集：二十三卷 / (清)冯班撰
清初(1644-1722)毛氏汲古阁清康熙(1662-1722)
陆贻典[等]汇印本
1988年摄制. -- 1盘卷片(12.3米252拍)：
1:11, 2B；35mm银盐
收藏馆：缩微中心，重庆

000O017258
青溪遗稿：二十八卷 / (清)程正揆撰；(清)程大
皋[等]编
清康熙(1662-1722)天怌阁刻本
1993年摄制. -- 1盘卷片(22米483拍)：
1:10, 2B；35mm银盐
收藏馆：缩微中心，天津

000O027314
四照堂乐府诗集：二卷 / (清)卢綋撰
清康熙(1662-1722)汲古阁刻本
1997年摄制. -- 1盘卷片(12米233拍)：
1:10, 2B；35mm银盐
收藏馆：缩微中心，国图

000O027303
啸云楼诗集：一卷 / (清)梁清宽撰
清康熙五十二年(1713)刻本
1997年摄制. -- 1盘卷片(5米63拍)：1:10,
2B；35mm银盐
收藏馆：缩微中心，国图

000O016596
寄园藏稿：不分卷 / (清)卫周胤撰
清顺治(1644-1661)刻本. --(清)郁之章跋。
1993年摄制. -- 1盘卷片(9.2米167拍)：
1:10, 2B；35mm银盐
收藏馆：缩微中心，山西

000O001273
定园诗集：十一卷文集一卷 / (清)戴明说撰
清康熙(1662-1722)戴氏平山在东阁刻本
1985年摄制. -- 1盘卷片(12.6米263拍)：
1:10, 2B；35mm银盐
收藏馆：缩微中心，国图

000O000556
异香集：二卷 / (清)王岩撰
清康熙二十二年(1683)孙祖庚映雪斋刻本
1987年摄制. -- 1盘卷片(9米164拍)：1:10,
2B；35mm银盐
收藏馆：缩微中心，国图

000O015717
异香集：二卷 / (清)王岩撰

清康熙二十二年(1683)孙祖庚映雪斋刻本
1993年摄制. -- 1盘卷片(9米155拍)：1:10,
2B；35mm银盐
收藏馆：缩微中心，国图

000O010018
让竹亭诗编：不分卷 / (清)林蕙撰
清康熙九年(1670)刻本. -- 版框高十八厘米
宽十二厘米。
1989年摄制. -- 1盘卷片(8米156拍)：1:10,
2B；35mm银盐
收藏馆：缩微中心，广东

000O009713
青岩集：十二卷 / (清)许楚撰
清康熙五十四年(1715)白华堂刻本
1989年摄制. -- 1盘卷片(16米294拍)：
1:10, 2B；35mm银盐
收藏馆：缩微中心，湖北

000O025775
浮云集：十一卷 / (清)陈之遴撰
清康熙(1662-1722)旋吉堂刻本
1996年摄制. -- 1盘卷片(9米156拍)：1:10,
2B；35mm银盐
收藏馆：缩微中心，国图

000O000963
浮云集：十二卷 / (清)陈之遴撰
清康熙(1662-1722)陈之遴旋吉堂刻乾隆十年
(1745)周星兆重修本
1985年摄制. -- 1盘卷片(10.2米205拍)：
1:10, 2B；35mm银盐
收藏馆：缩微中心，国图

000O000586
匡蠡草：二卷 / (清)乔钵撰
清顺治(1644-1661)刻本
1985年摄制. -- 1盘卷片(3米31拍)：1:10,
2B；35mm银盐
收藏馆：缩微中心，国图

000O006969
晚香堂诗：不分卷 / (清)魏栩撰
清(1644-1911)稿本
1987年摄制. -- 1盘卷片(9米172拍)：1:10,
2B；35mm银盐
收藏馆：缩微中心，国图

000O003345
了庵文集：九卷 / (清)王岱撰
清康熙(1662-1722)刻本
1986年摄制. -- 1盘卷片(20米438拍)：

1:10，2B ；35mm银盐
收藏馆：缩微中心，国图

000O007904
浮槎文集：十一卷 / (清)王岱撰
清(1644-1911)刻本
1988年摄制． -- 1盘卷片(10.8米212拍) ：
1:10，2B ；35mm银盐
收藏馆：缩微中心，湖南

000O029326
了庵诗集：十卷 / (清)王岱撰
清康熙(1662-1722)刻本
1999年摄制． -- 1盘卷片(12米235拍) ：
1:10，2B ；35mm银盐
收藏馆：缩微中心，湖南

000O027106
念园存稿：四卷 / (清)白胤谦撰
清康熙(1662-1722)刻本
1997年摄制． -- 1盘卷片(11米194拍) ：
1:10，2B ；35mm银盐
收藏馆：缩微中心，国图

000O026206
楚村诗集：六卷文集六卷 / (清)丘石常撰；(清)
丘日隆编
清康熙(1662-1722)刻本． -- (清)李文藻跋。
1997年摄制． -- 1盘卷片(15米287拍) ：
1:10，2B ；35mm银盐
收藏馆：缩微中心，国图

000O000584
秋闲诗草：□□卷 / (清)王庭撰
清初(1644-1722)刻本． -- 存四卷：卷一至卷
四。
1985年摄制． -- 1盘卷片(10.7米216拍) ：
1:10，2B ；35mm银盐
收藏馆：缩微中心，国图

000O009887
大愚集：二十七卷附诸同仁尺牍一卷 / (清)王鑨
撰
清康熙(1662-1722)刻本
1989年摄制． -- 1盘卷片(32米724拍) ：
1:10，2B ；35mm银盐
收藏馆：缩微中心，浙江

000O000094
内省斋文集：三十二卷 / (清)汤来贺撰
清康熙(1662-1722)书林五车楼刻本
1985年摄制． -- 2盘卷片(36.2米787拍) ：
1:10，2B ；35mm银盐

收藏馆：缩微中心，国图

000O008038
海右陈人集：二卷 / (清)程先贞撰
清顺治(1644-1661)刻本
1988年摄制． -- 1盘卷片(9米163拍) ：1:10，
2B ；35mm银盐
收藏馆：缩微中心，湖南

000O007914
霜红龛集：十二卷 / (清)傅山撰
清(1644-1911)何绍基抄本
1988年摄制． -- 1盘卷片(10米182拍) ：
1:10，2B ；35mm银盐
收藏馆：缩微中心，湖南

000O010918
芝在堂文集：十五卷 / (清)刘醇骥撰
清康熙五年(1666)刻本
1989年摄制． -- 1盘卷片(15.5米321拍) ：
1:10，2B ；35mm银盐
收藏馆：缩微中心，湖北

000O010850
映然子吟红集：三十卷 / (清)王端淑撰
清(1644-1911)刻本． -- 内有二十六卷，原注
未刻。
1989年摄制． -- 1盘卷片(13米258拍) ：
1:10，2B ；35mm银盐
收藏馆：缩微中心，湖南

000O013094
匪棘堂集：十二卷 / (清)范士楫撰
清顺治(1644-1661)刻本
1991年摄制． -- 1盘卷片(12米215拍) ：
1:10，2B ；35mm银盐
收藏馆：缩微中心，国图

000O025782
古雪堂诗集：十六卷 / (清)金露撰；(清)沈日瑛
辑
清康熙(1662-1722)刻本
1996年摄制． -- 1盘卷片(11米193拍) ：
1:10，2B ；35mm银盐
收藏馆：缩微中心，国图

000O003344
空斋遗集：十二卷附一卷；春秋质疑：一卷；唐
宋节录：一卷 / (清)郑虔唐撰
清康熙二十一年(1682)郑惟飏郑载飏[等]刻
本． -- 还有合刻著作：古质疑一卷/(清)郑虔
唐撰。
1986年摄制． -- 1盘卷片(29米637拍) ：

1:10, 2B ; 35mm银盐
收藏馆：缩微中心，国图

000O016304
榆溪集选：不分卷 / (清)徐世溥撰；(清)陈允衡评
清顺治十七年(1660)陈允衡肥静斋刻本
1993年摄制. -- 1盘卷片(8米121拍) : 1:10,
2B ; 35mm银盐
收藏馆：缩微中心，国图

000O001200
榆溪集选：不分卷补一卷 / (清)徐世溥撰；(清)陈允衡评
清顺治十七年(1660)陈允衡肥静斋刻本
1985年摄制. -- 1盘卷片(7.8米146拍) : 1:10,
2B ; 35mm银盐
收藏馆：缩微中心，国图

000O001214
榆溪诗抄：二卷 / (清)徐世溥撰
清康熙三十年(1691)宋荦刻本
1985年摄制. -- 1盘卷片(4米56拍) : 1:10,
2B ; 35mm银盐
收藏馆：缩微中心，国图

000O027311
袚园集文：四卷诗四卷词一卷 / (清)梁清远撰
清康熙(1662-1722)梁允桓刻本
1997年摄制. -- 1盘卷片(12米203拍) :
1:10, 2B ; 35mm银盐
收藏馆：缩微中心，国图

000O002818
袚园集文：四卷诗四卷词一卷 / (清)梁清远撰
清康熙(1662-1722)梁允桓刻本
1986年摄制. -- 1盘卷片(11米222拍) :
1:10, 2B ; 35mm银盐
收藏馆：缩微中心，国图

000O026928
濯足庵文集钞：三卷 / (清)张怡撰；(清)卢文弨辑
清(1644-1911)抄本. -- (清)吴剑森校，(清)汪曰桢、(清)叶廷琯跋。
1996年摄制. -- 1盘卷片(7米110拍) : 1:10,
2B ; 35mm银盐
收藏馆：缩微中心，南京

000O001152
禹峰先生文集：二十四卷 / (清)彭而述撰；(清)张缙彦,(清)夏嘉瑞评
清顺治十六年(1659)张芳刻本

1985年摄制. -- 1盘卷片(31米700拍) :
1:10, 2B ; 35mm银盐
收藏馆：缩微中心，国图

000O001096
读史亭诗集：十六卷文集二十二卷 / (清)彭而述撰
清康熙四十八年(1709)彭始搏刻本. -- 存二十二卷：文集二十二卷。
1985年摄制. -- 2盘卷片(48米1025拍) :
1:10, 2B ; 35mm银盐
收藏馆：缩微中心，国图

000O028057
耻躬堂文集：二十卷 / (清)王命岳撰
清康熙二十三年(1684)刻本
1997年摄制. -- 1盘卷片(27.3米573拍) :
1:10, 2B ; 35mm银盐
收藏馆：缩微中心，福建

000O011091
耻躬堂文集：二十卷 / (清)王命岳撰；(清)李光旭辑
清(1644-1911)抄本. -- (清)王命右等校。
1989年摄制. -- 1盘卷片(24米532拍) :
1:10, 2B ; 35mm银盐
收藏馆：缩微中心，天津

000O020600
梅村集：二十卷 / (清)吴伟业撰
清康熙(1662-1722)刻本
1994年摄制. -- 1盘卷片(20米396拍) :
1:10, 2B ; 35mm银盐
收藏馆：缩微中心，国图

000O001398
梅村集：二十卷 / (清)吴伟业撰
清康熙(1662-1722)刻本
1985年摄制. -- 1盘卷片(18.8米410拍) :
1:10, 2B ; 35mm银盐
收藏馆：缩微中心，国图

000O018222
梅村集：四十卷目录二卷 / (清)吴伟业撰
清康熙七年(1668)顾湄[等]刻本. -- (清)赵执信批校并跋。
1993年摄制. -- 2盘卷片(43米905拍) :
1:10, 2B ; 35mm银盐
收藏馆：缩微中心，山东

000O011916
梅村诗钞：不分卷 / (清)吴伟业撰
清康熙四十年(1701)朱纲刻本

1990年摄制. -- 1盘卷片(9米161拍) : 1:10,
2B ; 35mm银盐
收藏馆：缩微中心，山东

000○018117
梅村诗钞：不分卷 / (清)吴伟业撰
清康熙四十年(1701)朱纲抄本
1993年摄制. -- 1盘卷片(9米163拍) : 1:10,
2B ; 35mm银盐
收藏馆：缩微中心，山东

000○000281
吴梅村先生诗集笺注：十二卷．诗余小令笺注：
一卷 / (清)吴伟业撰；(清)程穆衡笺；(清)杨学
沆补注．诗话：一卷
清嘉庆十六年(1811)黄氏士礼居抄本． --
(清)黄丕烈校并跋。
1985年摄制. -- 1盘卷片(24米536拍) :
1:10, 2B ; 35mm银盐
收藏馆：缩微中心，国图

000○016799
吴梅村诗笺：十二卷；诗余小令笺注：一卷 /
(清)吴伟业撰；(清)程穆衡笺注
清(1644-1911)抄本
1993年摄制. -- 1盘卷片(24米484拍) :
1:10, 2B ; 35mm银盐
收藏馆：缩微中心，国图

000○011193
吴诗集：二十卷补注二十卷 / (清)吴伟业撰；
(清)靳荣藩补注．谈薮：二卷拾遗一卷 / (清)靳
荣藩辑
清乾隆四十年(1775)凌云亭刻本
1989年摄制. -- 3盘卷片(62米1340拍) :
1:10, 2B ; 35mm银盐
收藏馆：缩微中心，山东

000○004046
吴诗集览：二十卷补注二十卷 / (清)吴伟业撰；
靳荣藩补注．谈薮：二卷 / (清)靳荣藩辑
清乾隆三十五年(1770)靳氏凌云亭刻本． --
(清)翁同龢批注并跋又录(清)钱陆灿、(清)翁
同书批注。
1985年摄制. -- 2盘卷片(57米1285拍) :
1:10, 2B ; 35mm银盐
收藏馆：缩微中心，国图

000○026337
来青园文集：一卷诗集一卷 / (清)张三异撰；
(清)张伯琮辑
清(1644-1911)张叔廷抄本
1997年摄制. -- 1盘卷片(8米150拍) : 1:10,

2B ; 35mm银盐
收藏馆：缩微中心，湖北

000○020292
放下啥稿：一卷 / (清)陈绚撰
清(1644-1911)抄本
1994年摄制. -- 1盘卷片(5米64拍) : 1:10,
2B ; 35mm银盐
收藏馆：缩微中心，国图

000○027571
十咏堂稿：八卷 / (清)林九棘撰
清康熙(1662-1722)刻本
1997年摄制. -- 1盘卷片(16米303拍) :
1:10, 2B ; 35mm银盐
收藏馆：缩微中心，国图

000○028476
铁堂诗草：二卷 / (清)许珌撰
清乾隆十五年(1750)兰山书院刻本
1997年摄制. -- 1盘卷片(7.1米124拍) :
1:10, 2B ; 35mm银盐
收藏馆：缩微中心，福建

000○003272
铁堂诗草：二卷补逸二卷 / (清)许珌撰；(清)杨
芳灿辑
清(1644-1911)杨氏海源阁抄本
1986年摄制. -- 1盘卷片(6米104拍) : 1:10,
2B ; 35mm银盐
收藏馆：缩微中心，国图

000○011101
东皋诗文集：不分卷 / (清)张右民撰
清(1644-1911)抄本． -- 钤"城""郭复"
印。(清)吴城校并题款。
1989年摄制. -- 1盘卷片(11米224拍) :
1:10, 2B ; 35mm银盐
收藏馆：缩微中心，天津

000○000398
石村诗集：三卷 / (清)郭金台撰
清康熙(1662-1722)刻本
1985年摄制. -- 1盘卷片(26.7米596拍) :
1:10, 2B ; 35mm银盐
收藏馆：缩微中心，国图

000○005053
石村诗集：三卷文集三卷 / (清)郭金台撰
清康熙(1662-1722)刻本
1986年摄制. -- 1盘卷片(28米624拍) :
1:10, 2B ; 35mm银盐
收藏馆：缩微中心，国图

00O000893
吾悔集：四卷；撰杖集：一卷 / (清)黄宗羲撰
清康熙(1662-1722)刻本
1985年摄制. -- 1盘卷片(7.4米138拍) ：
1:10, 2B ；35mm银盐
收藏馆：缩微中心，国图

00O000320
南雷文案：十卷外卷一卷；续文案吾悔集：四卷；撰杖集：一卷 / (清)黄宗羲撰
清康熙(1662-1722)刻本. -- 还有合刻著作：南雷诗历三卷/(清)黄宗羲撰，子刘子行状二卷/(清)黄宗羲撰，学箕初稿/(清)黄百家撰。
1985年摄制. -- 1盘卷片(27.6米620拍) ：
1:10, 2B ；35mm银盐
收藏馆：缩微中心，国图

00O000882
南雷文案：十卷外卷一卷；撰杖集：一卷；子刘子行状：二卷 / (清)黄宗羲撰
清康熙(1662-1722)刻本. -- 还有合刻著作：南雷诗历三卷/(清)黄宗羲撰，续文案吾悔集四卷/(清)黄宗羲撰，学箕初稿二卷/(清)黄百家撰。
1985年摄制. -- 1盘卷片(26.7米595拍) ：
1:10, 2B ；35mm银盐
收藏馆：缩微中心，国图

00O000171
南雷文定：十一卷后集四卷附录一卷 / (清)黄宗羲撰
清康熙二十七年(1688)靳治荆刻本. -- (清)徐时栋跋。
1985年摄制. -- 1盘卷片(21.2米465拍) ：
1:10, 2B ；35mm银盐
收藏馆：缩微中心，国图

00O000890
南雷文定：十一卷后集四卷 / (清)黄宗羲撰
清康熙二十七年(1688)靳治荆刻本
1985年摄制. -- 1盘卷片(19.8米430拍) ：
1:10, 2B ；35mm银盐
收藏馆：缩微中心，国图

00O003556
南雷文定：十一卷后集四卷 / (清)黄宗羲撰
清康熙二十七年(1688)靳治荆刻本
1985年摄制. -- 1盘卷片(19.6米430拍) ：
1:10, 2B ；35mm银盐
收藏馆：缩微中心，国图

00O020189
南雷文定：后集四卷附录一卷 / (清)黄宗羲撰
清康熙二十七年(1688)靳治荆刻本
1994年摄制. -- 1盘卷片(8米138拍) ：1:10,
2B ；35mm银盐
收藏馆：缩微中心，国图

00O023881
南雷文定：十一卷后集四卷附录一卷 / (清)黄宗羲撰
清康熙二十七年(1688)靳治荆刻本. -- (清)王芑孙批并跋。
1995年摄制. -- 1盘卷片(23米491拍) ：
1:10, 2B ；35mm银盐
收藏馆：缩微中心，南京

00O026757
南雷诗历：四卷 / (清)黄宗羲撰
清康熙(1662-1722)刻增修本
1996年摄制. -- 1盘卷片(7米103拍) ：1:10,
2B ；35mm银盐
收藏馆：缩微中心，南京

00O020195
黄梨洲先生南雷文约：四卷 / (清)黄宗羲撰
清乾隆(1736-1795)郑性刻本
1994年摄制. -- 1盘卷片(20米403拍) ：
1:10, 2B ；35mm银盐
收藏馆：缩微中心，国图

00O031207
留素堂诗删：十三卷 / (清)蒋薰撰
清康熙(1662-1722)刻本. -- 存二卷：塞翁编卷一至卷二。
2004年摄制. -- 1盘卷片(8米142拍) ：1:10,
2B ；35mm银盐
收藏馆：缩微中心，国图

00O000877
留素堂诗删：十四卷外集一卷 / (清)蒋薰撰
清康熙(1662-1722)刻本. -- 存十一卷：天际草卷二至卷四、西征稿一卷、塞翁编五卷、汾游稿一卷，外集一卷。
1985年摄制. -- 1盘卷片(27.1米609拍) ：
1:10, 2B ；35mm银盐
收藏馆：缩微中心，国图

00O006519
留素堂诗删：□□卷诗表一卷 / (清)蒋薰撰
清(1644-1911)稿本. -- 存二十卷：卷一至卷十二、卷十五至卷二十一，诗表一卷。
1987年摄制. -- 1盘卷片(29米663拍) ：
1:10, 2B ；35mm银盐
收藏馆：缩微中心，国图

000O006520
留素堂诗删：十三卷后集九卷诗集一卷文集十卷外集一卷 / (清)蒋薰撰
清康熙(1662-1722)刻本
1987年摄制. -- 3盘卷片(68米1404拍)：1:10, 2B；35mm银盐
收藏馆：缩微中心，国图

000O025784
留素堂文集：十卷诗删十三卷后集十四卷外集五卷 / (清)蒋薰撰
清康熙(1662-1722)刻本
1996年摄制. -- 3盘卷片(76米1501拍)：1:10, 2B；35mm银盐
收藏馆：缩微中心，国图

000O003220
涉园集：二十七卷 / (清)严正矩撰
清康熙(1662-1722)刻本
1986年摄制. -- 2盘卷片(36.2米781拍)：1:10, 2B；35mm银盐
收藏馆：缩微中心，国图

000O020507
顾云驭诗集：八卷 / (清)顾人龙撰
清康熙四十八年(1709)顾涵刻本
1994年摄制. -- 1盘卷片(26米533拍)：1:10, 2B；35mm银盐
收藏馆：缩微中心，国图

000O016818
悬榻编：六卷 / (清)徐芳撰
清康熙(1662-1722)楞华阁刻本
1993年摄制. -- 1盘卷片(26米527拍)：1:10, 2B；35mm银盐
收藏馆：缩微中心，国图

000O031406
悬榻编：六卷 / (清)徐芳撰
清康熙(1662-1722)楞华阁刻本. -- 缺失较多。
2004年摄制. -- 1盘卷片(25米530拍)：1:10, 2B；35mm银盐
收藏馆：缩微中心，国图

000O000828
休庵前集：一卷后集一卷 / (清)盛于斯撰
清顺治五年(1648)周亮工刻本
1985年摄制. -- 1盘卷片(8米151拍)：1:10, 2B；35mm银盐
收藏馆：缩微中心，国图

000O023431
博依集：十卷 / (清)方以智撰
清初(1644-1722)刻本. -- 存七卷：卷二至卷五、卷八至卷十。
1995年摄制. -- 1盘卷片(9米147拍)：1:10, 2B；35mm银盐
收藏馆：缩微中心，国图

000O009012
浮山文集：前编十卷后编二卷；浮山此藏轩别集：二卷 / (清)方以智撰
清康熙(1662-1722)此藏轩刻本
1988年摄制. -- 1盘卷片(28米572拍)：1:10, 2B；35mm银盐
收藏馆：缩微中心，湖北

000O017987
浮山文集前编：十卷 / (清)方以智撰
清初(1644-1722)方氏此藏轩刻本
1993年摄制. -- 1盘卷片(20米389拍)：1:10, 2B；35mm银盐
收藏馆：缩微中心，国图

000O009716
杜茶村诗钞：八卷 / (清)杜濬撰
清乾隆八年(1743)刻本
1989年摄制. -- 1盘卷片(11米232拍)：1:10, 2B；35mm银盐
收藏馆：缩微中心，湖北

000O001504
笠翁一家言全集：十六卷 / (清)李渔撰
清雍正(1723-1735)芥子园刻本
1986年摄制. -- 3盘卷片(70.1米1499拍)：1:10, 2B；35mm银盐
收藏馆：缩微中心，山西

000O021745
笠翁一家言全集：十六卷 / (清)李渔撰
清雍正八年(1730)芥子园刻本
1995年摄制. -- 3盘卷片(67米1377拍)：1:10, 2B；35mm银盐
收藏馆：缩微中心，国图

000O018842
剩祖心集：一卷 / (清)释函可撰．元释集：一卷 / (清)释克新撰
清(1644-1911)抄本
1994年摄制. -- 1盘卷片(3米20拍)：1:10, 2B；35mm银盐
收藏馆：缩微中心，国图

00O028097
千山诗集：二十卷首一卷补遗一卷 / (清)释函可
撰；(清)释今羞编
清康熙(1662-1722)刻本
1997年摄制. -- 1盘卷片(17米351拍) :
1:10, 2B ; 35mm银盐
收藏馆：缩微中心，广东

00O007674
千山诗集：二十卷首一卷补遗一卷 / (清)释函可
撰
清(1644-1911)抄本
1988年摄制. -- 1盘卷片(16米366拍) :
1:10, 2B ; 35mm银盐
收藏馆：缩微中心，南京

00O001191
朴巢诗选：不分卷文选五卷 / (明)冒襄撰；(明)
张明弼,(明)杜浚评辑
清初(1644-1722)刻本. -- 文选存三卷：卷
一、卷三至卷四。
1985年摄制. -- 1盘卷片(14米295拍) :
1:10, 2B ; 35mm银盐
收藏馆：缩微中心，国图

00O028260
栖云阁文集：十五卷诗十六卷拾遗三卷 / (清)高
珩撰
清乾隆三年(1738)乾隆四十四年(1779)汇印
本. -- 存十三卷：文集卷一至卷十三。
1997年摄制. -- 2盘卷片(36米789拍) :
1:10, 2B ; 35mm银盐
收藏馆：缩微中心，辽宁

00O000077
传心录：一卷；艾陵文钞：十六卷补遗一卷诗
钞二卷 / (清)雷士俊撰
清康熙(1662-1722)莘乐草堂刻本
1985年摄制. -- 1盘卷片(23.5米521拍) :
1:10, 2B ; 35mm银盐
收藏馆：缩微中心，国图

00O001899
艾陵文钞：十六卷诗钞二卷 / (清)雷士俊撰
清康熙(1662-1722)刻本
1986年摄制. -- 1盘卷片(21米462拍) :
1:10, 2B ; 35mm银盐
收藏馆：缩微中心，国图

00O031224
涂山集：十二卷续集四卷再续集五卷 / (清)方文
撰
清初(1644-1722)方氏古怀堂刻本

2004年摄制. -- 1盘卷片(30米630拍) : 1:9,
2B ; 35mm银盐
收藏馆：缩微中心，国图

00O000905
涂山集：十二卷 / (清)方文撰
清(1644-1911)方氏古櫄堂刻本
1985年摄制. -- 1盘卷片(13.1米279拍) :
1:10, 2B ; 35mm银盐
收藏馆：缩微中心，国图

00O000958
载石堂诗稿：二卷；柴雪年谱：一卷 / (清)宋之
绳撰
清康熙十八年(1679)缪彤徐乾学[等]刻本
1985年摄制. -- 1盘卷片(7米118拍) : 1:10,
2B ; 35mm银盐
收藏馆：缩微中心，国图

00O013594
载石堂诗稿：二卷；柴雪年谱：一卷 / (清)宋之
绳撰
清康熙十八年(1679)缪彤徐乾学[等]刻本
1991年摄制. -- 1盘卷片(7米113拍) : 1:10,
2B ; 35mm银盐
收藏馆：缩微中心，国图

00O000574
偶遂堂近诗：一卷 / (清)周亮工撰；(清)陈允
衡,(清)汪楫辑
清康熙(1662-1722)刻本
1985年摄制. -- 1盘卷片(5米65拍) : 1:10,
2B ; 35mm银盐
收藏馆：缩微中心，国图

00O000576
赖古堂集：二十四卷附录六卷 / (清)周亮工撰
清康熙十四年(1675)周在浚刻本
1985年摄制. -- 1盘卷片(23.8米525拍) :
1:10, 2B ; 35mm银盐
收藏馆：缩微中心，国图

00O016881
赖古堂集：二十四卷附录六卷 / (清)周亮工撰
清康熙十四年(1675)周在浚刻本
1993年摄制. -- 1盘卷片(26米507拍) :
1:10, 2B ; 35mm银盐
收藏馆：缩微中心，国图

00O008070
蒿庵集：三卷附录一卷 / (清)张尔岐撰
清乾隆三十八年(1773)胡德琳刻本
1988年摄制. -- 1盘卷片(8.5米153拍) :

1:10，2B ；35mm银盐
收藏馆：缩微中心，安陆

000O000429
书带草堂文选：二卷 / (清)郑溱撰
清康熙(1662-1722)郑性刻本
1985年摄制. -- 1盘卷片(7.8米148拍) :
1:10，2B ；35mm银盐
收藏馆：缩微中心，国图

000O018840
七颂堂诗集：九卷别集一卷附录一卷 / (清)刘体仁撰
清康熙(1662-1722)刻本
1994年摄制. -- 1盘卷片(8米131拍) : 1:10，
2B ；35mm银盐
收藏馆：缩微中心，国图

000O016459
调运斋集：八卷 / (清)钱陆灿撰
清(1644-1911)抄本. -- 存七卷：卷一、卷三至卷八。
1992年摄制. -- 2盘卷片(38米790拍) :
1:10，2B ；35mm银盐
收藏馆：缩微中心，国图

000O029818
调运斋诗文随刻：十一卷 / (清)钱陆灿撰
清初(1644-1722)朱茂初刻本
2001年摄制. -- 1盘卷片(20米427拍) :
1:10，2B ；35mm银盐
收藏馆：缩微中心，国图

000O019268
田间集：十卷 / (明)钱澄之撰
清康熙元年(1662)姚文燮刻本
1994年摄制. -- 1盘卷片(9米148拍) : 1:10，
2B ；35mm银盐
收藏馆：缩微中心，国图

000O004194
田间文集：三十卷 / (明)钱澄之撰
清康熙二十九年(1690)斟雉堂刻本
1986年摄制. -- 1盘卷片(28米623拍) :
1:10，2B ；35mm银盐
收藏馆：缩微中心，国图

000O011067
藏山阁存稿：二十卷 / (明)钱澄之撰
清(1644-1911)抄本. -- 卷端题：著者钱秉镫。
1989年摄制. -- 1盘卷片(19米413拍) :
1:10，2B ；35mm银盐

收藏馆：缩微中心，天津

000O010215
石渠阁订刻王谨山先生集：十四卷 / (清)王辰撰
清(1644-1911)刻本
1989年摄制. -- 1盘卷片(31米618拍) :
1:10，2B ；35mm银盐
收藏馆：缩微中心，天津

000O025809
薪斋初集：八卷三集八卷 / (清)吕阳撰
清顺治康熙(1644-1722)递刻本
1996年摄制. -- 1盘卷片(29米582拍) :
1:10，2B ；35mm银盐
收藏馆：缩微中心，国图

000O002049
薪斋二集：八卷 / (清)吕阳撰；(清)黄家舒评
清顺治(1644-1661)刻本
1986年摄制. -- 1盘卷片(14.5米309拍) :
1:10，2B ；35mm银盐
收藏馆：缩微中心，国图

000O010417
黄山诗留：十六卷 / (清)法若真撰
清康熙三十七年(1698)文敬堂刻本. -- (清)法云等校。
1989年摄制. -- 2盘卷片(48米1018拍) :
1:10，2B ；35mm银盐
收藏馆：缩微中心，天津

000O001327
黄山集：二卷 / (清)法若真撰
清(1644-1911)抄本
1985年摄制. -- 1盘卷片(9米165拍) : 1:10，
2B ；35mm银盐
收藏馆：缩微中心，国图

000O006558
鹿苑集：一卷；闲岐集：一卷；昙园集：一卷 / (清)秦兰佩撰
清(1644-1911)抄本. -- 还有合刻著作：穷居集一卷/(清)秦兰佩撰，卧游集一卷/(清)秦兰佩撰，桐阴杂咏一卷/(清)秦兰佩撰。
1987年摄制. -- 1盘卷片(3米31拍) : 1:10，
2B ；35mm银盐
收藏馆：缩微中心，国图

000O024160
九诰堂全集：三十六卷 / (清)徐增撰
清(1644-1911)抄本
1996年摄制. -- 3盘卷片(69.5米1390拍) :
1:10，2B ；35mm银盐

收藏馆：缩微中心，湖北

000O003217
确庵文稿：四十卷 / (清)陈瑚撰
清初(1644-1722)毛氏汲古阁刻本. -- 内十七卷原注未刻。(清)赵彦修跋.
1986年摄制. -- 1盘卷片(25.2米560拍) ：1:10, 2B ；35mm银盐
收藏馆：缩微中心，国图

000O025778
确庵文稿：十一卷 / (清)陈瑚撰；(清)陈溥辑
清康熙雍正(1662-1735)陈溥抄本. -- (清)叶裕仁跋.
1996年摄制. -- 1盘卷片(15米293拍) ：1:10, 2B ；35mm银盐
收藏馆：缩微中心，国图

000O012042
西北文集：四卷 / (清)毕振姬撰；(清)牛兆捷论次
清康熙(1662-1722)牛兆捷刻本
1990年摄制. -- 1盘卷片(8.6米164拍) ：1:10, 2B ；35mm银盐
收藏馆：缩微中心，祁县

000O014029
恒轩诗稿：不分卷 / (明)归庄撰
清(1644-1911)稿本
1991年摄制. -- 1盘卷片(8米126拍) ：1:10, 2B ；35mm银盐
收藏馆：缩微中心，国图

000O025795
亭林文集：六卷诗集五卷 / (清)顾炎武撰
清(1644-1911)刻本. -- 王国维校注并跋.
1996年摄制. -- 1盘卷片(16米274拍) ：1:10, 2B ；35mm银盐
收藏馆：缩微中心，国图

000O032102
亭林诗集：五卷 / (清)顾炎武撰
清(1644-1911)田玉泉[等]抄本. -- 十行二十字绿格细绿口左右双边。(清)翁同龢校注.
2011年摄制. -- 1盘卷片(9米139拍) ：1:12, 2B ；35mm银盐
收藏馆：缩微中心，国图

000O017889
楚江蠡史：一卷 / (清)嵇宗孟撰；(清)顾豹文[等]评
清康熙十年(1671)嵇立命堂刻本. -- 评者还有：(清)李天馥等。

1993年摄制. -- 1盘卷片(7米105拍) ：1:10, 2B ；35mm银盐
收藏馆：缩微中心，国图

000O010217
遁园草：一卷；文集钞：一卷；纪年稿：一卷 / (清)李赞元撰
清康熙(1662-1722)师白堂刻本
1989年摄制. -- 1盘卷片(16米329拍) ：1:10, 2B ；35mm银盐
收藏馆：缩微中心，天津

000O026761
又新集：一卷 / (清)李赞元撰
清康熙二十五年(1686)刻本
1996年摄制. -- 1盘卷片(6米80拍) ：1:10, 2B ；35mm银盐
收藏馆：缩微中心，南京

000O026081
遁园文集：一卷；悔斋诗：一卷；怡老篇：一卷 / (清)李赞元撰
清康熙二十七年(1688)刻本
1993年摄制. -- 1盘卷片(16米331拍) ：1:10, 2B ；35mm银盐
收藏馆：缩微中心，南京

000O018650
檐景斋诗：一卷 / (清)邵标春撰
明(1368-1644)稿本
1994年摄制. -- 1盘卷片(3米27拍) ：1:10, 2B ；35mm银盐
收藏馆：缩微中心，国图

000O015162
淳村文集拾遗：一卷 / (清)曹元方撰
清(1644-1911)抄本
1992年摄制. -- 1盘卷片(3米16拍) ：1:10, 2B ；35mm银盐
收藏馆：缩微中心，国图

000O011103
养素堂集外文稿：不分卷 / (清)王鹭撰
清(1644-1911)抄本. -- 书名代拟。
1989年摄制. -- 1盘卷片(9米149拍) ：1:10, 2B ；35mm银盐
收藏馆：缩微中心，天津

000O001908
宋荔裳入蜀诗：一卷 / (清)宋琬撰
清(1644-1911)抄本. -- (清)王士祯批点并跋，(清)瞿秉渊、(清)季锡畴、(清)裕仁、(清)张文虎、傅增湘跋，(清)陈倬、(清)潘介

繁、(清)赵金灿、(清)莫友芝、(清)钱宝琛、(清)缪星通题诗，(清)王荣年、(清)唐仁寿、(清)李善兰、(清)戴望、(清)高心夔、(清)潘树辰、(清)管庆祺题款。
1986年摄制. -- 1盘卷片(4米45拍) : 1:10, 2B ; 35mm银盐
收藏馆：缩微中心, 国图

000O016889
中邨逸稿：二卷 / (清)余思复撰
清康熙三十一年(1692)余士朴刻本
1993年摄制. -- 1盘卷片(6米94拍) : 1:10, 2B ; 35mm银盐
收藏馆：缩微中心, 国图

000O028473
吴游集：二卷 / (清)余思复撰
清康熙(1662-1722)刻本
1997年摄制. -- 1盘卷片(5.2米83拍) : 1:10, 2B ; 35mm银盐
收藏馆：缩微中心, 福建

000O011058
俞渐川集：四卷 / (清)俞汝言撰
清(1644-1911)师竹斋抄本
1989年摄制. -- 1盘卷片(13米267拍) : 1:10, 2B ; 35mm银盐
收藏馆：缩微中心, 天津

000O010529
静惕堂诗集：四十四卷 / (清)曹溶撰
清雍正三年(1725)李维钧精刻本
1989年摄制. -- 2盘卷片(39米823拍) : 1:10, 2B ; 35mm银盐
收藏馆：缩微中心, 天津

000O018964
话雨山房诗草：二卷 / (清)傅宸撰
清(1644-1911)稿本
1993年摄制. -- 1盘卷片(4米62拍) : 1:10, 2B ; 35mm银盐
收藏馆：缩微中心, 山东

000O018120
渍槻堂近诗：六卷 / (清)傅宸撰
清(1644-1911)抄本
1993年摄制. -- 1盘卷片(7米113拍) : 1:10, 2B ; 35mm银盐
收藏馆：缩微中心, 山东

000O000578
榴馆初函集选：十卷 / (清)杨思本撰
清康熙十三年(1674)杨日升杨日鼎刻本

1985年摄制. -- 1盘卷片(28米625拍) : 1:10, 2B ; 35mm银盐
收藏馆：缩微中心, 国图

000O000033
五公山人集：十六卷 / (清)王余佑撰
清康熙三十四年(1695)枕钧斋刻本
1986年摄制. -- 1盘卷片(14.2米291拍) : 1:10, 2B ; 35mm银盐
收藏馆：缩微中心, 山西

000O013126
甲申集：不分卷 / (清)王余佑撰
清(1644-1911)抄本
1991年摄制. -- 1盘卷片(10.5米205拍) : 1:10, 2B ; 35mm银盐
收藏馆：缩微中心, 辽宁

000O003224
花聚庵诗集：二卷 / (清)李可汧撰
清康熙二十八年(1689)李氏花聚庵刻本
1986年摄制. -- 1盘卷片(7米126拍) : 1:10, 2B ; 35mm银盐
收藏馆：缩微中心, 国图

000O025702
雨蕉斋诗选：不分卷 / (清)吴淇撰
清康熙(1662-1722)刻本
1996年摄制. -- 1盘卷片(10米205拍) : 1:10, 2B ; 35mm银盐
收藏馆：缩微中心, 河南

000O006958
虞牧公诗集：不分卷 / (清)冯廷宾撰
清(1644-1911)稿本
1986年摄制. -- 1盘卷片(18米391拍) : 1:10, 2B ; 35mm银盐
收藏馆：缩微中心, 国图

000O017857
卧龙山人集：十四卷 / (清)葛芝撰
清康熙九年(1670)葛芝刻本
1993年摄制. -- 1盘卷片(19米387拍) : 1:10, 2B ; 35mm银盐
收藏馆：缩微中心, 国图

000O025701
丹林集：五卷 / (清)萧家芝撰
清康熙(1662-1722)刻本
1996年摄制. -- 1盘卷片(10米210拍) : 1:10, 2B ; 35mm银盐
收藏馆：缩微中心, 河南

00○000944
应潜斋文集：不分卷 / (清)应扬谦撰
清康熙五十年(1711)应苍壁刻本
1985年摄制. -- 1盘卷片(9米164拍) ：1:10,
2B ；35mm银盐
收藏馆：缩微中心，国图

00○000555
过岭集：一卷 / (清)龚鼎孳撰
清初(1644-1722)三十二芙蓉斋刻本
1987年摄制. -- 1盘卷片(5米72拍) ：1:10,
2B ；35mm银盐
收藏馆：缩微中心，国图

00○025800
过岭集：一卷 / (清)龚鼎孳撰 ；(清)徐泰时评
清初(1644-1722)芙蓉斋刻本. -- (清)梁以樟
跋。
1996年摄制. -- 1盘卷片(4米52拍) ：1:10,
2B ；35mm银盐
收藏馆：缩微中心，国图

00○010230
香严斋诗集：□□卷 / (清)龚鼎孳撰
清康熙(1662-1722)刻本. -- 存三卷：卷一至
卷三。
1989年摄制. -- 1盘卷片(12米244拍) ：
1:10, 2B ；35mm银盐
收藏馆：缩微中心，天津

00○025806
尊拙斋诗集：四卷 / (清)龚鼎孳撰
清初(1644-1722)杨昌龄张贲孙刻本
1996年摄制. -- 1盘卷片(12米219拍) ：
1:10, 2B ；35mm银盐
收藏馆：缩微中心，国图

00○027318
尊拙斋诗集：四卷 / (清)龚鼎孳撰
清康熙(1662-1722)刻本. -- 存三卷：卷二至
卷四。
1997年摄制. -- 1盘卷片(9米149拍) ：1:10,
2B ；35mm银盐
收藏馆：缩微中心，国图

00○010523
定山堂诗集：四十三卷 / (清)龚鼎孳撰
清康熙十五年(1676)刻本. -- 佚诗余四卷。
1989年摄制. -- 2盘卷片(56米1239拍) ：
1:10, 2B ；35mm银盐
收藏馆：缩微中心，天津

00○013019
龚芝麓先生集：四十卷 / (清)龚鼎孳撰
清康熙(1662-1722)刻本. -- 存三十六卷：卷
一至卷三十六。
1991年摄制. -- 2盘卷片(44米895拍) ：
1:10, 2B ；35mm银盐
收藏馆：缩微中心，国图

00○019266
闲窗集：一卷 / (清)彭琰撰
清(1644-1911)抄本
1994年摄制. -- 1盘卷片(2米5拍) ：1:10,
2B ；35mm银盐
收藏馆：缩微中心，国图

00○000560
严逸山先生文集：十三卷 / (清)严书开撰
清初(1644-1722)严氏宁德堂刻本
1985年摄制. -- 1盘卷片(23.3米516拍) ：
1:10, 2B ；35mm银盐
收藏馆：缩微中心，国图

00○025827
严逸山先生文集：十三卷 ；善余堂家乘后编：
一卷补编一卷 / (清)严书开撰
清初(1644-1722)严氏宁德堂刻本. -- 存十二
卷：卷一至卷十一、卷十三。
1996年摄制. -- 1盘卷片(24米495拍) ：
1:10, 2B ；35mm银盐
收藏馆：缩微中心，国图

00○016460
真山人前集：四卷后集四卷 / (清)李昌祚撰
清康熙七年(1668)李必果此心堂刻本
1992年摄制. -- 1盘卷片(17米341拍) ：
1:10, 2B ；35mm银盐
收藏馆：缩微中心，国图

00○000568
舟车集：二十卷后集十卷集唐一卷 / (清)陶季撰
清康熙(1662-1722)刻本
1985年摄制. -- 1盘卷片(19米414拍) ：
1:10, 2B ；35mm银盐
收藏馆：缩微中心，国图

00○027110
屿舫诗集：七卷目录一卷 / (清)魏裔介撰
清顺治(1644-1661)刻本
1997年摄制. -- 1盘卷片(11米197拍) ：
1:10, 2B ；35mm银盐
收藏馆：缩微中心，国图

00O011693
兼济堂文集：二十四卷 / (清)魏裔介撰
清康熙三十九年(1700)荆南刻本
1989年摄制. -- 3盘卷片(85米1831拍)：
1:10, 2B；35mm银盐
收藏馆：缩微中心，山西

00O028824
兼济堂诗选：十卷文选十四卷疏稿二卷 / (清)魏裔介撰
清康熙七年(1668)刻本
1998年摄制. -- 1盘卷片(32米670拍)：
1:10, 2B；35mm银盐
收藏馆：缩微中心，广东

00O023913
舆近园诗选：一卷 / (清)王紫绥撰
清康熙(1662-1722)刻本
1996年摄制. -- 1盘卷片(8米122拍)：1:10,
2B；35mm银盐
收藏馆：缩微中心，河南

00O013593
匏庵先生遗集：五卷 / (清)石璜撰
清康熙(1662-1722)陈君仲法古堂刻本
1991年摄制. -- 1盘卷片(9米147拍)：1:10,
2B；35mm银盐
收藏馆：缩微中心，国图

00O007088
柏台集：一卷 / (清)朱裴撰
清乾隆(1736-1795)赵氏刻本
1987年摄制. -- 1盘卷片(3.9米58拍)：
1:10, 2B；35mm银盐
收藏馆：缩微中心，运城

00O019755
著娱斋诗集：□□卷 / (清)周再勋撰
清初(1644-1722)刻本. -- 存十四卷：卷一至
卷十四。
1994年摄制. -- 1盘卷片(21米396拍)：
1:10, 2B；35mm银盐
收藏馆：缩微中心，国图

00O025818
石斋文集：八卷 / (清)杨运昌撰
清康熙(1662-1722)忠孝堂刻本
1996年摄制. -- 1盘卷片(13米241拍)：
1:10, 2B；35mm银盐
收藏馆：缩微中心，国图

00O006684
涑水编：五卷 / (清)翟凤翥撰

清康熙(1662-1722)莆易书林刻本
1987年摄制. -- 1盘卷片(20米423拍)：
1:10, 2B；35mm银盐
收藏馆：缩微中心，山西

00O019788
聿修堂集：不分卷 / (清)蓝润撰
清(1644-1911)抄本
1994年摄制. -- 1盘卷片(12米208拍)：
1:10, 2B；35mm银盐
收藏馆：缩微中心，国图

00O004511
抚虔草：十六卷 / (清)苏弘祖撰
清顺治(1644-1661)刻本
1986年摄制. -- 2盘卷片(32.7米701拍)：
1:10, 2B；35mm银盐
收藏馆：缩微中心，国图

00O006906
倚雉堂集：十二卷 / (清)窦遴奇撰
清康熙十一年(1672)刻本
1987年摄制. -- 1盘卷片(29米644拍)：1:9,
2B；35mm银盐
收藏馆：缩微中心，重庆

00O025968
退思草堂集：十卷 / (清)朱凤台撰
清康熙(1662-1722)刻本
1996年摄制. -- 1盘卷片(23米493拍)：
1:10, 2B；35mm银盐
收藏馆：缩微中心，南京

00O001037
东村集：十卷附刊一卷 / (清)李呈祥撰
清康熙(1662-1722)李氏仪一堂刻本
1985年摄制. -- 1盘卷片(19.7米430拍)：
1:10, 2B；35mm银盐
收藏馆：缩微中心，国图

00O025838
大观堂文集：二十二卷首一卷 / (清)余缙撰
清康熙(1662-1722)刻本
1996年摄制. -- 1盘卷片(29米607拍)：
1:10, 2B；35mm银盐
收藏馆：缩微中心，国图

00O031787
陆密庵文集：二十卷录余二卷诗集十二卷 / (清)陆求可撰
清康熙二十年(1681)王霖清刻本
2005年摄制. -- 1盘卷片(21米440拍)：
1:10, 2B；35mm银盐

收藏馆：缩微中心，国图

000O010350
熊学士诗文集：三卷 / (清)熊伯龙撰
清康熙九年(1670)熊光刻乾隆五十一年(1786)
补修本
1989年摄制. -- 1盘卷片(17米352拍) :
1:10，2B ；35mm银盐
收藏馆：缩微中心，湖北

000O010221
望云草：一卷 / (清)魏象枢撰
清顺治十三年(1656)刻本
1989年摄制. -- 1盘卷片(6米76拍) : 1:10,
2B ；35mm银盐
收藏馆：缩微中心，天津

000O025533
寒松堂全集：十二卷 / (清)魏象枢撰
清康熙(1662-1722)刻本
1996年摄制. -- 2盘卷片(55米1044拍) :
1:10，2B ；35mm银盐
收藏馆：缩微中心，国图

000O024651
柳潭遗集：六卷 / (清)王自超撰；(清)顾予咸选
清初(1644-1722)刻本
1996年摄制. -- 1盘卷片(6米87拍) : 1:10,
2B ；35mm银盐
收藏馆：缩微中心，浙江

000O001150
柳潭遗集：六卷 / (清)王自超撰
清初(1644-1722)平远刻本
1985年摄制. -- 1盘卷片(5.5米94拍) :
1:10，2B ；35mm银盐
收藏馆：缩微中心，国图

000O025821
退庵文集：二十一卷 / (清)李敬撰
清初(1644-1722)刻本. -- 存七卷：卷一至卷
六、卷九。
1996年摄制. -- 1盘卷片(7米98拍) : 1:10,
2B ；35mm银盐
收藏馆：缩微中心，国图

000O000562
西亭诗：三卷 / (清)吴屯侯撰
清康熙(1662-1722)刻本
1985年摄制. -- 1盘卷片(7.4米138拍) :
1:10，2B ；35mm银盐
收藏馆：缩微中心，国图

000O019664
潜沧集：五卷 / (清)佘一元撰
清初(1644-1722)刻本. -- 卷一至卷二配清
(1644-1911)抄本。
1994年摄制. -- 1盘卷片(10米170拍) :
1:10，2B ；35mm银盐
收藏馆：缩微中心，国图

000O000407
晴鹤堂诗抄：十六卷 / (清)周体观撰
清康熙十八年(1679)周曾刻本
1985年摄制. -- 1盘卷片(18.7米407拍) :
1:10，2B ；35mm银盐
收藏馆：缩微中心，国图

000O019481
钟山草堂诗集：二卷 / (清)胥庭清撰.武林游记：
一卷
清康熙(1662-1722)刻本
1994年摄制. -- 1盘卷片(11米188拍) :
1:10，2B ；35mm银盐
收藏馆：缩微中心，国图

000O024601
谢天怀聱歌杂著：一卷 / (清)谢泰履撰.附谢起
臣燕游二十咏：一卷 / (清)谢赓昌撰
清初(1644-1722)刻本
1996年摄制. -- 1盘卷片(5米75拍) : 1:10,
2B ；35mm银盐
收藏馆：缩微中心，浙江

000O009021
鹤栖堂稿：诗五卷文五卷 / (清)尤侗撰
清康熙(1662-1722)刻本
1988年摄制. -- 1盘卷片(12米196拍) :
1:10，2B ；35mm银盐
收藏馆：缩微中心，湖北

000O025811
学余集：二卷 / (清)施闰章撰
清(1644-1911)稿本
1996年摄制. -- 1盘卷片(6米89拍) : 1:10,
2B ；35mm银盐
收藏馆：缩微中心，国图

000O025792
学余集稿：一卷 / (清)施闰章撰.学余集客问随
述：二卷 / (清)施琮撰
清(1644-1911)稿本
1996年摄制. -- 1盘卷片(8米117拍) : 1:10,
2B ；35mm银盐
收藏馆：缩微中心，国图

00O025832
使粤纪行：一卷 / (清)施闰章撰
清康熙(1662-1722)刻本. -- (清)施闰章删
改，(清)施琮校并跋。
1996年摄制. -- 1盘卷片(5米58拍) ： 1:10,
2B ；35mm银盐
收藏馆：缩微中心，国图

00O025786
越游草：一卷 / (清)施闰章撰
清顺治(1644-1661)刻本. -- (清)施闰章校
改。
1996年摄制. -- 1盘卷片(4米38拍) ： 1:10,
2B ；35mm银盐
收藏馆：缩微中心，国图

00O007346
柳如是诗：一卷 / (清)柳如是撰
清(1644-1911)抄本
1987年摄制. -- 1盘卷片(3米23拍) ： 1:10,
2B ；35mm银盐
收藏馆：缩微中心，国图

00O024694
尺牍：一卷湖上草一卷 / (清)柳如是撰
明末(1621-1644)刻本. -- (清)林云阁、王国
维题诗，(清)徐楙题识。
1996年摄制. -- 1盘卷片(3.5米43拍) ：
1:10, 2B ；35mm银盐
收藏馆：缩微中心，浙江

00O016080
尺牍：一卷湖上草一卷 / (清)柳如是撰
清(1644-1911)刘履芬抄本
1993年摄制. -- 1盘卷片(3米17拍) ： 1:10,
2B ；35mm银盐
收藏馆：缩微中心，国图

00O020460
四忆堂诗集：六卷遗稿一卷 / (清)侯方域撰
清顺治(1644-1661)刻本
1994年摄制. -- 1盘卷片(9米143拍) ： 1:10,
2B ；35mm银盐
收藏馆：缩微中心，国图

00O020695
壮悔堂文集：十卷遗稿一卷 / (清)侯方域撰
清顺治(1644-1661)刻本
1994年摄制. -- 1盘卷片(20米400拍) ：
1:10, 2B ；35mm银盐
收藏馆：缩微中心，国图

00O008009
壮悔堂文集：十卷遗稿一卷 / (清)侯方域撰
清(1644-1911)刻本
1988年摄制. -- 1盘卷片(20米400拍) ：
1:10, 2B ；35mm银盐
收藏馆：缩微中心，山东

00O012108
壮悔堂文集：十卷 / (清)侯方域撰
清乾隆十四年(1749)陈履中陈履平刻本. --
(清)李文藻批校。
1990年摄制. -- 1盘卷片(15米309拍) ：
1:10, 2B ；35mm银盐
收藏馆：缩微中心，山东

00O018243
壮悔堂文集：十卷 / (清)侯方域撰
清乾隆十四年(1749)陈履中陈履平刻本. --
(清)李文藻批校。
1993年摄制. -- 1盘卷片(16米310拍) ：
1:10, 2B ；35mm银盐
收藏馆：缩微中心，山东

00O000559
觏庵诗抄：六卷 / (清)陆贻典撰
清雍正元年(1723)张道浚刻本
1985年摄制. -- 1盘卷片(7米115拍) ： 1:10,
2B ；35mm银盐
收藏馆：缩微中心，国图

00O027336
觏庵诗抄：六卷 / (清)陆贻典撰
清雍正元年(1723)张道浚刻本
1997年摄制. -- 1盘卷片(6米97拍) ： 1:10,
2B ；35mm银盐
收藏馆：缩微中心，国图

00O004782
觏庵诗稿渐于集：四卷 / (清)陆贻典撰
清(1644-1911)抄本
1987年摄制. -- 1盘卷片(7.9米150拍) ：
1:10, 2B ；35mm银盐
收藏馆：缩微中心，国图

00O012612
托素斋诗集：四卷文集六卷 / (清)黎士弘撰. 行
述：一卷 / (清)刘元慧撰
清雍正二年(1724)黎致远刻本. -- 存七卷：
文集六卷、行述一卷。
1990年摄制. -- 1盘卷片(25.4米569拍) ：
1:10, 2B ；35mm银盐
收藏馆：缩微中心，辽宁

00O000550

念西堂诗集：八卷；古雪堂文集：十九卷 / (清)王令撰

清康熙(1662-1722)刻本. -- 存七卷：念西堂诗集卷一至卷七。

1985年摄制. -- 1盘卷片(21.2米465拍)：1:10, 2B；35mm银盐

收藏馆：缩微中心，国图

00O010213

澄景堂宦游小集：五卷 / (清)施鸿撰；(清)邓上兖评

清康熙(1662-1722)刻本

1989年摄制. -- 1盘卷片(12米217拍)：1:10, 2B；35mm银盐

收藏馆：缩微中心，天津

00O026168

坐秋轩集：十五卷 / (清)陶铸撰

清康熙二十三年(1684)陶溶刻本

1997年摄制. -- 1盘卷片(17米325拍)：1:10, 2B；35mm银盐

收藏馆：缩微中心，国图

00O019484

雪亭文稿：不分卷诗稿不分卷 / (清)魏一鳌撰

清(1644-1911)稿本

1994年摄制. -- 1盘卷片(10米172拍)：1:10, 2B；35mm银盐

收藏馆：缩微中心，国图

00O026170

耿岩文选初集：十卷二集十卷 / (清)沈珩撰

清康熙十五年(1676)沈氏古慧居刻本

1997年摄制. -- 1盘卷片(31米614拍)：1:10, 2B；35mm银盐

收藏馆：缩微中心，国图

00O010416

杜蕙堂全集：二十六卷 / (清)吴奇撰；(清)吴寿潜[等]编

清康熙三十九年(1700)刻本

1989年摄制. -- 2盘卷片(62米1383拍)：1:10, 2B；35mm银盐

收藏馆：缩微中心，天津

00O015680

春酒堂诗：六卷 / (清)周容撰

清康熙三十六年(1697)董孙符抄本

1993年摄制. -- 1盘卷片(9米149拍)：1:10, 2B；35mm银盐

收藏馆：缩微中心，国图

00O004383

木厓集：二十七卷 / (清)潘江撰

清康熙(1662-1722)刻本

1986年摄制. -- 1盘卷片(24米532拍)：1:10, 2B；35mm银盐

收藏馆：缩微中心，国图

00O031234

木厓集：二十七卷 / (清)潘江撰

清康熙(1662-1722)刻本. -- 存二十一卷：卷一至卷二十一。

2004年摄制. -- 1盘卷片(22米460拍)：1:9, 2B；35mm银盐

收藏馆：缩微中心，国图

00O000872

十峰诗选：七卷 / (明)钱肃润撰

清康熙(1662-1722)刻本

1985年摄制. -- 1盘卷片(7米116拍)：1:10, 2B；35mm银盐

收藏馆：缩微中心，国图

00O013809

十峰诗选：七卷二集七卷史论一编七卷 / (明)钱肃润撰

清康熙(1662-1722)刻本. -- 存二十卷：十峰诗选七卷，二集七卷，史论卷一至卷四、卷六至卷七。

1992年摄制. -- 1盘卷片(16米318拍)：1:10, 2B；35mm银盐

收藏馆：缩微中心，国图

00O025810

水西近咏：十卷 / (清)田茂遇撰

清顺治(1644-1661)刻本

1996年摄制. -- 1盘卷片(12米222拍)：1:10, 2B；35mm银盐

收藏馆：缩微中心，国图

00O016240

西村草堂集：七卷 / (清)周志嘉撰

清(1644-1911)徐氏烟屿楼抄本

1993年摄制. -- 1盘卷片(4米44拍)：1:10, 2B；35mm银盐

收藏馆：缩微中心，国图

00O000392

诒清堂集：十二卷补遗四卷 / (清)张习孔撰

清康熙(1662-1722)刻本

1985年摄制. -- 1盘卷片(24米535拍)：1:10, 2B；35mm银盐

收藏馆：缩微中心，国图

00O027300
使蜀纪事：一卷 / (清)张习孔撰
清康熙(1662-1722)刻本
1997年摄制. -- 1盘卷片(3米21拍) : 1:10,
2B ; 35mm银盐
收藏馆：缩微中心，国图

00O004570
燕山草堂集：四卷 / (清)陈僖撰
清康熙二十年(1681)余庵刻本
1986年摄制. -- 1盘卷片(6米116拍) : 1:10,
2B ; 35mm银盐
收藏馆：缩微中心，国图

00O016110
楚雺吟：五卷是底言二卷咏史诗一卷 / (清)叶閛
撰
稿本
1993年摄制. -- 1盘卷片(14米276拍) :
1:10, 2B ; 35mm银盐
收藏馆：缩微中心，国图

00O007253
赵清献公集：六卷附刻一卷 / (清)赵廷臣撰
清康熙二十二年(1683)赵延祺赵延组敬恕堂刻
本
1987年摄制. -- 1盘卷片(24米538拍) :
1:10, 2B ; 35mm银盐
收藏馆：缩微中心，国图

00O020889
赵清献公集：六卷首一卷 / (清)赵廷臣撰
清康熙二十二年(1683)赵延祺赵延组刻本. --
存六卷：卷一至卷五、卷首。
1994年摄制. -- 1盘卷片(18米359拍) :
1:10, 2B ; 35mm银盐
收藏馆：缩微中心，国图

00O025528
毛驰黄集：八卷 / (清)毛先舒撰
清初(1644-1722)刻本
1996年摄制. -- 1盘卷片(13米235拍) :
1:10, 2B ; 35mm银盐
收藏馆：缩微中心，国图

00O017084
东江集钞：九卷附录一卷 / (清)沈谦撰
清康熙十五年(1676)沈圣昭沈圣晖刻本
1993年摄制. -- 1盘卷片(12米222拍) :
1:10, 2B ; 35mm银盐
收藏馆：缩微中心，国图

00O031745
东江集钞：九卷别集五卷附录一卷 / (清)沈谦撰
清康熙(1662-1722)刻本
2005年摄制. -- 1盘卷片(15米300拍) :
1:10, 2B ; 35mm银盐
收藏馆：缩微中心，国图

00O001260
顾颉集：八卷 / (清)吴骐撰
清(1644-1911)抄本
1985年摄制. -- 1盘卷片(7米124拍) : 1:10,
2B ; 35mm银盐
收藏馆：缩微中心，国图

00O016428
顾颉集：十卷 / (清)吴骐撰
清(1644-1911)抄本
1993年摄制. -- 1盘卷片(16米309拍) :
1:10, 2B ; 35mm银盐
收藏馆：缩微中心，国图

00O023173
吴日千先生文集：不分卷 / (清)吴骐撰
清(1644-1911)抄本. -- (清)朱大源跋。
1995年摄制. -- 1盘卷片(14米278拍) :
1:10, 2B ; 35mm银盐
收藏馆：缩微中心，国图

00O027304
姚端恪公文集：十八卷诗集十二卷外集十八卷 /
(清)姚文然撰
清康熙(1662-1722)刻本
1997年摄制. -- 2盘卷片(48米987拍) :
1:10, 2B ; 35mm银盐
收藏馆：缩微中心，国图

00O017800
溉堂前集：九卷续集六卷文集五卷 / (清)孙枝蔚
撰
清康熙(1662-1722)刻本. -- 还有合刻著作：
溉堂诗余二卷/(清)孙枝蔚撰。
1993年摄制. -- 1盘卷片(31米621拍) :
1:10, 2B ; 35mm银盐
收藏馆：缩微中心，天津

00O012036
溉堂前集：九卷后集六卷续集六卷 / (清)孙枝蔚
撰
清康熙六十年(1721)刻本. -- 还有合刻著
作：溉堂文集五卷/(清)孙枝蔚撰，溉堂诗余
二卷/(清)孙枝蔚撰。
1990年摄制. -- 2盘卷片(38米760拍) :
1:10, 2B ; 35mm银盐

收藏馆：缩微中心，山西

00O025837
蕉林文稿：不分卷 / (清)梁清标撰
清(1644-1911)抄本
1996年摄制. -- 1盘卷片(7米99拍)：1:10，
2B；35mm银盐
收藏馆：缩微中心，国图

00O027299
蕉林近稿：一卷 / (清)梁清标撰
清初(1644-1722)刻本
1997年摄制. -- 1盘卷片(5米72拍)：1:10，
2B；35mm银盐
收藏馆：缩微中心，国图

000O008291
蕉林诗集：十八卷 / (清)梁清标撰
清康熙十七年(1678)梁允植刻本
1988年摄制. -- 1盘卷片(28米557拍)：
1:10，2B；35mm银盐
收藏馆：缩微中心，山东

000O016927
广陵旧迹诗：一卷 / (清)郭士璟撰
清(1644-1911)焦循抄本
1993年摄制. -- 1盘卷片(3米26拍)：1:10，
2B；35mm银盐
收藏馆：缩微中心，国图

000O003188
古调堂集：不分卷 / (清)张养重撰
清康熙二十二年(1683)丘象升刻本
1986年摄制. -- 1盘卷片(7.4米145拍)：
1:10，2B；35mm银盐
收藏馆：缩微中心，国图

000O025569
射山诗抄：七卷拾遗一卷 / (清)陆嘉淑撰
清(1644-1911)抄本. -- (清)管庭芬批校并
跋。
1996年摄制. -- 1盘卷片(8米145拍)：1:10，
2B；35mm银盐
收藏馆：缩微中心，浙江

000O019332
丰草庵诗集：十一卷 / (清)董说撰
清初(1644-1722)刻本
1994年摄制. -- 1盘卷片(12米218拍)：
1:10，2B；35mm银盐
收藏馆：缩微中心，国图

00O016040
补樵书：不分卷 / (清)释南潜(董说)撰
清(1644-1911)稿本. -- (清)□学治、章钰
跋。
1993年摄制. -- 1盘卷片(20米375拍)：
1:10，2B；35mm银盐
收藏馆：缩微中心，国图

00O027305
且亭诗：六卷 / (清)杨思圣撰
清康熙(1662-1722)刻本
1997年摄制. -- 1盘卷片(11米189拍)：
1:10，2B；35mm银盐
收藏馆：缩微中心，国图

000O027309
蜀吟：一卷 / (清)杨思圣撰
清初(1644-1722)刻本
1997年摄制. -- 1盘卷片(7米101拍)：1:10，
2B；35mm银盐
收藏馆：缩微中心，国图

000O000312
清止阁诗：八卷诗余一卷 / (清)赵进美撰
清初(1644-1722)刻本
1985年摄制. -- 1盘卷片(14.5米307拍)：
1:10，2B；35mm银盐
收藏馆：缩微中心，国图

000O011911
清止阁集：十八卷 / (清)赵进美撰
清初(1644-1722)抄本
1990年摄制. -- 2盘卷片(37米790拍)：
1:10，2B；35mm银盐
收藏馆：缩微中心，山东

000O000382
魏伯子文集：十卷首一卷 / (清)魏际瑞撰
清康熙(1662-1722)易堂刻本
1985年摄制. -- 1盘卷片(30.3米682拍)：
1:10，2B；35mm银盐
收藏馆：缩微中心，国图

000O025799
雨泉龛合刻：八卷 / (清)季娴撰
清顺治(1644-1661)刻本
1996年摄制. -- 1盘卷片(7米92拍)：1:10，
2B；35mm银盐
收藏馆：缩微中心，国图

000O021259
痴山集：六卷 / (清)陈孝逸撰
清初(1644-1722)刻本

1995年摄制. -- 1盘卷片(7米117拍) : 1:10,
2B ; 35mm银盐
收藏馆：缩微中心，国图

000O027347
南窗草存：六卷 / (清)薛镕撰
清康熙二十年(1681)刻本
1996年摄制. -- 1盘卷片(12米230拍) :
1:10, 2B ; 35mm银盐
收藏馆：缩微中心，福建

000O025779
随草：二卷续编一卷 / (清)朱中楣撰
清顺治(1644-1661)刻本. -- (清)吴骞跋。
1996年摄制. -- 1盘卷片(6米76拍) : 1:10,
2B ; 35mm银盐
收藏馆：缩微中心，国图

000O000292
桐引楼诗：三十卷 / (清)黄云撰
清康熙二十四年(1685)吴宗湉刻本
1985年摄制. -- 1盘卷片(14米298拍) :
1:10, 2B ; 35mm银盐
收藏馆：缩微中心，国图

000O000866
桐引楼诗：三十卷 / (清)黄云撰
清康熙二十四年(1685)吴宗湉刻本. -- 存
二十三卷：上平卷八至卷十五、下平十五卷。
1985年摄制. -- 1盘卷片(11.2米226拍) :
1:10, 2B ; 35mm银盐
收藏馆：缩微中心，国图

000O001221
余生诗稿：十卷不尽诗稿一卷 / (清)戴本孝撰
清康熙(1662-1722)戴本孝守砚庵刻本
1985年摄制. -- 1盘卷片(10.7米215拍) :
1:10, 2B ; 35mm银盐
收藏馆：缩微中心，国图

000O015311
白茅堂诗选：九卷 / (清)顾景星撰
清(1644-1911)宋氏漫堂抄本
1992年摄制. -- 1盘卷片(12米228拍) :
1:10, 2B ; 35mm银盐
收藏馆：缩微中心，国图

000O012043
白茅堂集：四十六卷耳提录一卷 / (清)顾景星撰
清乾隆二十年(1755)刻本
1990年摄制. -- 3盘卷片(24米523拍) :
1:10, 2B ; 35mm银盐
收藏馆：缩微中心，山西

000O016470
百花诗：一卷；花王韵事：一卷；百果诗：一卷 /
(清)金符撰
清康熙(1662-1722)刻本
1992年摄制. -- 1盘卷片(13米248拍) :
1:10, 2B ; 35mm银盐
收藏馆：缩微中心，国图

000O019113
百花诗：一卷；花王韵事：一卷；百果诗：一卷 /
(清)金符撰
清康熙(1662-1722)刻本
1994年摄制. -- 1盘卷片(7米102拍) : 1:10,
2B ; 35mm银盐
收藏馆：缩微中心，国图

000O028029
兰雪轩集：不分卷 / (清)孙学稼撰
清(1644-1911)稿本
1996年摄制. -- 1盘卷片(27.3米608拍) :
1:10, 2B ; 35mm银盐
收藏馆：缩微中心，福建

000O028035
兰雪轩集：五卷 / (清)孙学稼撰
清(1644-1911)抄本. -- (清)杨浚跋。
1996年摄制. -- 1盘卷片(15米338拍) :
1:10, 2B ; 35mm银盐
收藏馆：缩微中心，福建

000O028000
闽会小纪百韵：一卷 / (清)孙学稼撰；(清)孙起
宗注
清(1644-1911)抄本. -- (清)杨浚题识。
1996年摄制. -- 1盘卷片(4米55拍) : 1:10,
2B ; 35mm银盐
收藏馆：缩微中心，福建

000O003218
虎溪渔叟集：十八卷 / (清)刘命清撰
清康熙三十五年(1696)刘同庆[等]刻本
1986年摄制. -- 1盘卷片(25.6米572拍) :
1:10, 2B ; 35mm银盐
收藏馆：缩微中心，国图

000O001457
扶荔堂文集选：十二卷诗选十二卷扶荔词三卷
词别录一卷 / (清)丁澎撰
清康熙(1662-1722)刻本
1985年摄制. -- 1盘卷片(26米577拍) :
1:10, 2B ; 35mm银盐
收藏馆：缩微中心，国图

00O004308
砥斋集：十二卷 / (清)王弘撰撰
清康熙(1662-1722)刻本
1986年摄制. -- 1盘卷片(19.3米423拍)：
1:10, 2B ; 35mm银盐
收藏馆：缩微中心，国图

00O005302
西归日札：一卷；待庵日札：一卷 / (清)王弘撰
撰；(清)李蘷龙评
清康熙三十七年(1698)李蘷龙刻本
1986年摄制. -- 1盘卷片(7.2米132拍)：
1:10, 2B ; 35mm银盐
收藏馆：缩微中心，国图

00O001143
西归日札：一卷；待庵日札：一卷 / (清)王弘撰
撰
清(1644-1911)抄本
1985年摄制. -- 1盘卷片(5米76拍)：1:10,
2B ; 35mm银盐
收藏馆：缩微中心，国图

00O005305
北行日札：一卷 / (清)王弘撰撰
清康熙(1662-1722)刻本
1986年摄制. -- 1盘卷片(3.8米52拍)：
1:10, 2B ; 35mm银盐
收藏馆：缩微中心，国图

00O018490
山东乙酉科乡试朱卷：一卷顺治四年丁亥科春
秋房会试朱卷一卷 / (清)杜濬撰
清顺治(1644-1661)刻朱印本
1993年摄制. -- 1盘卷片(4米34拍)：1:10,
2B ; 35mm银盐
收藏馆：缩微中心，国图

00O031967
山东乙酉科乡试朱卷：一卷顺治四年丁亥科春
秋房会试朱卷一卷 / (清)杜濬撰
清顺治(1644-1661)刻朱印本
2010年摄制. -- 1盘卷片(4米49拍)：1:12,
2B ; 35mm银盐
收藏馆：缩微中心，国图

00O016911
雪鸿堂文集：十八卷 / (清)李蕃撰
清康熙五十八年(1719)李钟峨刻本. -- 还有
合刻著作：又四卷/(清)李钟壁撰，又二卷/(清)
李钟羡撰。
1993年摄制. -- 1盘卷片(25米506拍)：
1:10, 2B ; 35mm银盐

收藏馆：缩微中心，国图

00O000130
杲堂文钞：六卷诗钞七卷 / (清)李邺嗣撰
清康熙(1662-1722)刻本
1985年摄制. -- 1盘卷片(21.4米470拍)：
1:10, 2B ; 35mm银盐
收藏馆：缩微中心，国图

00O016907
杲堂文钞：六卷诗钞七卷 / (清)李邺嗣撰
清康熙(1662-1722)刻本
1993年摄制. -- 1盘卷片(22米455拍)：
1:10, 2B ; 35mm银盐
收藏馆：缩微中心，国图

00O009026
居易堂集：二十卷 / (清)徐枋撰
清康熙二十三年(1684)刻本
1988年摄制. -- 1盘卷片(25米536拍)：
1:10, 2B ; 35mm银盐
收藏馆：缩微中心，湖北

00O024613
白榆山人诗：不分卷 / (清)徐真木撰
清(1644-1911)抄本
1996年摄制. -- 1盘卷片(4.5米64拍)：
1:10, 2B ; 35mm银盐
收藏馆：缩微中心，浙江

00O025836
学源堂文集：十九卷诗集十卷 / (清)郭棻撰
清康熙三十年(1691)刻本
1996年摄制. -- 2盘卷片(22米429拍)：
1:10, 2B ; 35mm银盐
收藏馆：缩微中心，国图

00O001502
庸书：二十卷 / (清)张贞生撰
清康熙十七年(1678)刻本
1986年摄制. -- 2盘卷片(52.8米1066拍)：
1:10, 2B ; 35mm银盐
收藏馆：缩微中心，山西

00O027114
冠松岩文稿：六卷首一卷诗稿八卷 / (清)陶之典
撰
清康熙四十年(1701)刻本
1997年摄制. -- 1盘卷片(23米433拍)：
1:10, 2B ; 35mm银盐
收藏馆：缩微中心，国图

00O026171
冠松岩文稿：六卷 / (清)陶之典撰
清康熙(1662-1722)石溪刻本
1997年摄制. -- 1盘卷片（15米287拍）：
1:10, 2B；35mm银盐
收藏馆：缩微中心，国图

00O000193
南疑诗集：十一卷 / (清)王夺标撰
清康熙(1662-1722)刻本
1985年摄制. -- 1盘卷片（12.6米264拍）：
1:10, 2B；35mm银盐
收藏馆：缩微中心，国图

00O010446
语余谩录：十九卷附集一卷 / (清)王璲,(清)汪均
撰
清康熙(1662-1722)刻本
1989年摄制. -- 1盘卷片（31米655拍）：
1:10, 2B；35mm银盐
收藏馆：缩微中心，天津

00O006577
啸雪庵题咏二集：一卷诗余一卷 / (清)吴绡撰
清初(1644-1722)抄本
1987年摄制. -- 1盘卷片（6米106拍）：1:10,
2B；35mm银盐
收藏馆：缩微中心，国图

00O006612
啸雪庵诗集：一卷题咏一卷新集一卷 / (清)吴绡
撰
清康熙(1662-1722)刻本
1987年摄制. -- 1盘卷片（7米127拍）：1:10,
2B；35mm银盐
收藏馆：缩微中心，国图

00O006574
赠药编：一卷 / (清)吴绡撰
清(1644-1911)抄本
1987年摄制. -- 1盘卷片（5米62拍）：1:10,
2B；35mm银盐
收藏馆：缩微中心，国图

00O002823
瀑音：三卷 / (清)苗蕃撰
清康熙四年(1665)苗蕃刻本
1986年摄制. -- 1盘卷片（11米224拍）：
1:10, 2B；35mm银盐
收藏馆：缩微中心，国图

00O028308
瀑音：四卷；碧涛笈逸荐：一卷 / (清)苗蕃撰

清康熙五年(1666)洪都刻本
1998年摄制. -- 1盘卷片（17米343拍）：
1:10, 2B；35mm银盐
收藏馆：缩微中心，广东

00O000889
南圃行业：二卷北塘漫录二卷 / (清)高维桧撰
清康熙十一年(1672)宝安署斋刻本
1985年摄制. -- 1盘卷片（9.7米191拍）：
1:10, 2B；35mm银盐
收藏馆：缩微中心，国图

00O000577
亦有集：二卷 / (清)张文镔撰. 雪溪吟：一卷 /
(清)张道淙撰
清(1644-1911)刻本
1985年摄制. -- 1盘卷片（5.7米98拍）：
1:10, 2B；35mm银盐
收藏馆：缩微中心，国图

00O028372
东溟集：二卷；雁唳编：一卷补注一卷 / (清)叶
矫然撰; (清)叶尚达[等]辑
清康熙(1662-1722)刻本
1997年摄制. -- 1盘卷片（4.5米65拍）：
1:10, 2B；35mm银盐
收藏馆：缩微中心，福建

00O019600
郑凤超文集：□□卷 / (清)郑凤超撰
清初(1644-1722)天台阁抄本. -- 存一卷：卷
八。
1994年摄制. -- 1盘卷片（5米62拍）：1:10,
2B；35mm银盐
收藏馆：缩微中心，国图

00O015622
揖山集：十卷 / (清)王撰撰
清康熙(1662-1722)王氏三余堂刻本
1993年摄制. -- 1盘卷片（12米211拍）：
1:10, 2B；35mm银盐
收藏馆：缩微中心，国图

00O020101
随庵诗稿：一卷 / (清)王撰撰
清(1644-1911)抄本
1994年摄制. -- 1盘卷片（4米31拍）：1:10,
2B；35mm银盐
收藏馆：缩微中心，国图

00O011068
介和堂集：不分卷补遗二卷附录一卷 / (清)任辰
旦撰

清(1644-1911)抄本
1989年摄制. -- 1盘卷片(7米125拍) : 1:10, 2B ; 35mm银盐
收藏馆 : 缩微中心, 天津

000O023971
十山楼稿 : 三十二卷 / (清)范国禄撰
清初(1644-1722)抄本. -- 存二十九卷 : 卷一至卷二十一、卷二十五至卷三十二。
1995年摄制. -- 2盘卷片(37米780拍) : 1:10, 2B ; 35mm银盐
收藏馆 : 缩微中心, 南京

000O020024
十山楼稿 : 三十二卷 / (清)范国禄撰
清(1644-1911)抄本. -- 存二十九卷 : 卷一至卷二十四、卷二十八至卷三十二。
1994年摄制. -- 1盘卷片(26米532拍) : 1:10, 2B ; 35mm银盐
收藏馆 : 缩微中心, 国图

000O026518
采山堂诗集 : 八卷首一卷 / (清)周笃撰
清康熙(1662-1722)刻梅会诗人遗集本. -- 存四卷 : 卷一至卷三、首一卷。
1997年摄制. -- 1盘卷片(6米74拍) : 1:10, 2B ; 35mm银盐
收藏馆 : 缩微中心, 国图

000O025835
中山文钞 : 四卷诗钞四卷奏议四卷 / (清)郝浴撰
清康熙(1662-1722)刻本. -- 还有合刻著作 : 史论二卷 / (清)郝浴撰。
1996年摄制. -- 1盘卷片(30米620拍) : 1:10, 2B ; 35mm银盐
收藏馆 : 缩微中心, 国图

000O031418
中山文钞 : 四卷诗钞四卷奏议四卷 / (清)郝浴撰
清康熙(1662-1722)刻本. -- 还有合刻著作 : 史论二卷 / (清)郝浴撰。
2004年摄制. -- 1盘卷片(31米660拍) : 1:10, 2B ; 35mm银盐
收藏馆 : 缩微中心, 国图

000O026432
敬恕堂文集 : 纪年十卷纪事略一卷 / (清)耿介撰
清康熙四十八年(1709)窦容庄刻本
1997年摄制. -- 2盘卷片(43米955拍) : 1:10, 2B ; 35mm银盐
收藏馆 : 缩微中心, 河南

000O025937
修吉堂文稿 : 八卷 ; 道贵堂类稿 : 十一种二十一卷 ; 毫余残沈 : 二卷 / (清)徐倬撰
清康熙(1662-1722)刻乾隆(1736-1795)续刻本. -- 还有合刻著作 : 修吉堂遗稿二卷 / (清)徐元正撰。缺失较多。
1996年摄制. -- 2盘卷片(49米1082拍) : 1:10, 2B ; 35mm银盐
收藏馆 : 缩微中心, 南京

000O025777
道贵堂类稿 : 二十三卷 / (清)徐倬撰
清康熙(1662-1722)刻乾隆四年(1739)徐志莘续刻本
1996年摄制. -- 2盘卷片(37米730拍) : 1:10, 2B ; 35mm银盐
收藏馆 : 缩微中心, 国图

000O017960
道贵堂类稿 : 十六卷 ; 应制集 : 三卷 / (清)徐倬撰. 修吉堂遗稿 : 二卷 / (清)徐元正撰
清康熙(1662-1722)刻本. -- 还有合刻著作 : 甲乙友抄一卷 / (清)徐倬撰, 寓园小草一卷 / (清)徐倬撰, 汗漫集二卷 / (清)徐倬撰, 燕台小草一卷 / (清)徐倬撰, 毫余残沈二卷 / (清)徐倬撰, 野航集二卷 / (清)徐倬撰, 苹蓼间集二卷 / (清)徐倬撰, 梧下杂抄二卷 / (清)徐倬撰。
1993年摄制. -- 1盘卷片(27米558拍) : 1:10, 2B ; 35mm银盐
收藏馆 : 缩微中心, 国图

000O000950
天延阁删后诗 : 十二卷 ; 敬亭倡和集 : 一卷 ; 延阁联句唱和诗 : 一卷 / (清)梅清撰
清康熙(1662-1722)刻本. -- 还有合刻著作 : 赠言集二卷 / (清)梅清撰。
1985年摄制. -- 1盘卷片(16米340拍) : 1:10, 2B ; 35mm银盐
收藏馆 : 缩微中心, 国图

000O001148
天延阁删后诗 : 十六卷 / (清)梅清撰
清康熙(1662-1722)刻本. -- 存十五卷 : 卷一至卷十五。
1985年摄制. -- 1盘卷片(15米315拍) : 1:10, 2B ; 35mm银盐
收藏馆 : 缩微中心, 国图

000O001761
稽留山人集 : 二十一卷 / (清)陈祚明撰
清康熙十五年(1676)刻本
1986年摄制. -- 1盘卷片(23米500拍) :

1:10, 2B ; 35mm银盐
收藏馆：缩微中心，国图

00O024678

松子阁诗集：不分卷 / (清)笪重光撰
清(1644-1911)抄本
1996年摄制. -- 1盘卷片(9米168拍) : 1:10,
2B ; 35mm银盐
收藏馆：缩微中心，浙江

00O027307

微泉阁文集：十六卷诗集十四卷 / (清)董文骥撰
清康熙二十五年(1686)董元起刻本
1997年摄制. -- 2盘卷片(39米794拍) :
1:10, 2B ; 35mm银盐
收藏馆：缩微中心，国图

00O019576

严绳孙诗文稿：不分卷 / (清)严绳孙撰
清(1644-1911)稿本
1994年摄制. -- 1盘卷片(3米9拍) : 1:10,
2B ; 35mm银盐
收藏馆：缩微中心，国图

00O025790

秋水集：四卷诗余一卷 / (清)严绳孙撰
清初(1644-1722)刻本
1996年摄制. -- 1盘卷片(7米108拍) : 1:10,
2B ; 35mm银盐
收藏馆：缩微中心，国图

00O029044

秋水集：十卷 / (清)严绳孙撰
清康熙(1662-1722)雨青草堂刻本
1999年摄制. -- 1盘卷片(10米226拍) :
1:10, 2B ; 35mm银盐
收藏馆：缩微中心，国图

00O008560

藏书楼诗稿：一卷 / (清)祁理孙撰
清初(1644-1722)祁氏东书堂抄本
1988年摄制. -- 1盘卷片(2米31拍) : 1:10,
2B ; 35mm银盐
收藏馆：缩微中心，国图

00O008430

寓山诗稿：一卷 / (清)祁理孙撰
清初(1644-1722)祁氏东书堂抄本
1988年摄制. -- 1盘卷片(2米19拍) : 1:10,
2B ; 35mm银盐
收藏馆：缩微中心，国图

00O025522

空香亭集：一卷；舫园十二首：一卷；孤馆十韵：
一卷 / (清)毕汝霖撰；(清)刘廋,(清)吴自携评
清初(1644-1722)刻本
1996年摄制. -- 1盘卷片(3米24拍) : 1:10,
2B ; 35mm银盐
收藏馆：缩微中心，国图

00O018967

东武高士刘翼明诗稿：一卷 / (清)刘翼明撰
清(1644-1911)稿本
1993年摄制. -- 1盘卷片(7米117拍) : 1:10,
2B ; 35mm银盐
收藏馆：缩微中心，山东

00O021780

钝翁前后类稿：前稿六十二卷 / (清)汪琬撰 . 寸
碧堂诗集：二卷外集一卷 / (清)汪膺撰
清康熙十五年(1676)刻本
1995年摄制. -- 2盘卷片(48米1005拍) :
1:10, 2B ; 35mm银盐
收藏馆：缩微中心，国图

00O009667

尧峰文钞：五十卷 / (清)汪琬撰；(清)林佶编
清康熙二十九年至三十年(1690-1691)林佶刻
本
1988年摄制. -- 2盘卷片(33米679拍) :
1:10, 2B ; 35mm银盐
收藏馆：缩微中心，甘肃

00O010148

范忠贞公集：十卷 / (清)范承谟撰；(清)刘可书
编
清康熙(1662-1722)范弘遇刻本
1989年摄制. -- 1盘卷片(23米475拍) :
1:10, 2B ; 35mm银盐
收藏馆：缩微中心，山东

00O002298

范忠贞公画壁集：不分卷 / (清)范承谟撰
清(1644-1911)翁同龢抄本
1986年摄制. -- 1盘卷片(5米69拍) : 1:10,
2B ; 35mm银盐
收藏馆：缩微中心，国图

00O009487

范忠贞公文集：五卷首一卷 / (清)范承谟撰
清康熙四十七年(1708)刻本
1987年摄制. -- 1盘卷片(13.1米270拍) :
1:9, 2B ; 35mm银盐
收藏馆：缩微中心，重庆

00○000290
清风堂文集：二十三卷 / (清)曾王孙撰
清康熙四十五年(1706)曾安世刻本
1985年摄制. -- 1盘卷片(21.4米474拍) :
1:10, 2B ; 35mm银盐
收藏馆：缩微中心，国图

00○010227
彭省庐先生文集：七卷诗集十卷 / (清)彭师度撰；
(清)李元度评选
清康熙六十一年(1722)精刻本
1989年摄制. -- 1盘卷片(21米458拍) :
1:10, 2B ; 35mm银盐
收藏馆：缩微中心，天津

00○026210
有怀堂笔：八卷 / (清)王永命撰
清康熙(1662-1722)刻本
1997年摄制. -- 1盘卷片(18米348拍) :
1:10, 2B ; 35mm银盐
收藏馆：缩微中心，国图

00○004267
孙宇台集：四十卷 / (清)孙治撰
清康熙二十三年(1684)孙孝桢刻本
1986年摄制. -- 1盘卷片(24米525拍) :
1:10, 2B ; 35mm银盐
收藏馆：缩微中心，国图

00○028110
孙宇台集：四十卷 / (清)孙治撰
清康熙二十三年(1684)孙孝祯刻本. -- (清)
丁丙跋.
1996年摄制. -- 1盘卷片(24米535拍) :
1:10, 2B ; 35mm银盐
收藏馆：缩微中心，南京

00○024707
碧澜堂集：一卷 / (清)乔寅撰；(清)吴嘉纪选
清初(1644-1722)刻本
1996年摄制. -- 1盘卷片(5.5米84拍) :
1:10, 2B ; 35mm银盐
收藏馆：缩微中心，浙江

00○026213
理咏堂集：五卷 / (清)乔寅撰
清康熙(1662-1722)刻本
1997年摄制. -- 1盘卷片(15米268拍) :
1:10, 2B ; 35mm银盐
收藏馆：缩微中心，国图

00○000417
心远堂诗集：十二卷 / (清)李霨撰

清康熙十六年(1677)李天馥毛际可[等]刻本
1985年摄制. -- 1盘卷片(14.5米308拍) :
1:10, 2B ; 35mm银盐
收藏馆：缩微中心，国图

00○019336
闰余子续集：九卷 / (清)范芳撰
清(1644-1911)抄本
1994年摄制. -- 1盘卷片(9米143拍) : 1:10,
2B ; 35mm银盐
收藏馆：缩微中心，国图

00○009880
观澜堂文集：八卷诗集九卷 / (清)曹章撰
清康熙(1662-1722)曹氏刻本
1989年摄制. -- 1盘卷片(12米253拍) :
1:10, 2B ; 35mm银盐
收藏馆：缩微中心，浙江

00○010041
陈检讨集：二十卷 / (清)陈维崧撰；(清)程师恭
注
清康熙(1662-1722)有美堂刻本. -- 版框高
十九厘米宽十四厘米。
1989年摄制. -- 1盘卷片(25米537拍) :
1:10, 2B ; 35mm银盐
收藏馆：缩微中心，广东

00○017266
陈检讨集：二十卷 / (清)陈维崧撰；(清)程师恭
注
清(1644-1911)有美堂刻本. -- (清)武亿录
(清)翁方纲批校并跋.
1993年摄制. -- 1盘卷片(22米487拍) :
1:10, 2B ; 35mm银盐
收藏馆：缩微中心，天津

00○010327
湖海楼诗集：十二卷补遗一卷词集二十卷文集
六卷 / (清)陈维崧撰
清乾隆六十年(1795)浩然堂刻本
1989年摄制. -- 2盘卷片(54.5米1145拍) :
1:10, 2B ; 35mm银盐
收藏馆：缩微中心，湖北

00○003412
冰斋文集：四卷 / (清)怀应聘撰
清康熙(1662-1722)刻本
1986年摄制. -- 1盘卷片(14米285拍) :
1:10, 2B ; 35mm银盐
收藏馆：缩微中心，国图

00O021594
太古园诗集：一卷 / (明)王偁撰
清乾隆元年(1736)宋云会刻本
1995年摄制. -- 1盘卷片(4米48拍) ：1:10,
2B ；35mm银盐
收藏馆：缩微中心，国图

00O028338
太古园诗集：一卷 / (明)王偁撰
清乾隆(1736-1795)刻本
1998年摄制. -- 1盘卷片(4米55拍) ：1:10,
2B ；35mm银盐
收藏馆：缩微中心，广东

00O001166
敦好堂旅草：一卷 / (清)马迅撰
清康熙(1662-1722)刻本
1985年摄制. -- 1盘卷片(5.1米80拍) ：
1:10, 2B ；35mm银盐
收藏馆：缩微中心，国图

00O019203
退思轩诗集：一卷 / (清)张惟赤撰
清康熙(1662-1722)刻本
1994年摄制. -- 1盘卷片(3米25拍) ：1:10,
2B ；35mm银盐
收藏馆：缩微中心，国图

00O002796
鸿逸堂稿：五卷 / (清)王炜撰
清(1644-1911)刻本
1986年摄制. -- 1盘卷片(19米415拍) ：
1:10, 2B ；35mm银盐
收藏馆：缩微中心，国图

00O018961
考功集选：四卷 / (清)王士禄撰
清康熙(1662-1722)抄本. -- (清)王士禛批
校。
1993年摄制. -- 1盘卷片(6米103拍) ：1:10,
2B ；35mm银盐
收藏馆：缩微中心，山东

00O000583
岁寒堂初集：五卷存稿十二卷 / (清)林璐撰
清康熙(1662-1722)林氏崇道堂刻本
1985年摄制. -- 1盘卷片(28.8米634拍) ：
1:10, 2B ；35mm银盐
收藏馆：缩微中心，国图

00O019524
孙蔗庵先生诗选：五卷 / (清)孙旸撰
清(1644-1911)抄本

1994年摄制. -- 1盘卷片(7米96拍) ：1:10,
2B ；35mm银盐
收藏馆：缩微中心，国图

00O007342
怀旧集：一卷 / (清)孙旸撰
清(1644-1911)抄本
1987年摄制. -- 1盘卷片(4米47拍) ：1:10,
2B ；35mm银盐
收藏馆：缩微中心，国图

00O020388
**曾青藜初集：一卷曾止山文集一卷壬癸集一卷
甲子诗一卷三度岭南诗一卷 / (清)曾灿撰**
清初(1644-1722)刻本. -- 壬癸集、甲子诗、
三度岭南诗配清(1644-1911)抄本。
1994年摄制. -- 1盘卷片(10米165拍) ：
1:10, 2B ；35mm银盐
收藏馆：缩微中心，国图

00O024600
**寒松大师拈来草：不分卷 / (清)释寒松撰；(清)
方拱乾选**
清初(1644-1722)刻本
1996年摄制. -- 1盘卷片(4米62拍) ：1:10,
2B ；35mm银盐
收藏馆：缩微中心，浙江

00O010216
说安堂集：八卷 / (清)卢震撰
清康熙五十四年(1715)刻本
1989年摄制. -- 1盘卷片(15米292拍) ：
1:10, 2B ；35mm银盐
收藏馆：缩微中心，天津

00O001443
割鸡集：三卷 / (清)刘星撰
清康熙(1662-1722)刻本
1985年摄制. -- 1盘卷片(7米119拍) ：1:10,
2B ；35mm银盐
收藏馆：缩微中心，国图

00O008624
硕园诗稿：三十五卷词稿一卷 / (清)王昊撰
清康熙四十二年(1703)王良穀抄本. -- (清)
王良穀跋并题诗。
1988年摄制. -- 1盘卷片(28米628拍) ：
1:10, 2B ；35mm银盐
收藏馆：缩微中心，国图

00O026567
息轩草二集：二卷 / (清)王樛撰；(清)王橘编
清康熙十年(1671)王橘刻本

1997年摄制. -- 1盘卷片(7米113拍)：1:10,
2B；35mm银盐
收藏馆：缩微中心，国图

000○014774
函玉集：一卷 / (清)王士禧撰
清(1644-1911)稿本
1992年摄制. -- 1盘卷片(3米30拍)：1:10,
2B；35mm银盐
收藏馆：缩微中心，国图

000○014556
抱山堂小草：一卷函玉集一卷 / (清)王士禧撰
清(1644-1911)抄本
1992年摄制. -- 1盘卷片(3米15拍)：1:10,
2B；35mm银盐
收藏馆：缩微中心，国图

000○000408
朱栢庐先生愧讷集：十二卷 / (清)朱用纯撰
清康熙(1662-1722)严心斋刻本
1985年摄制. -- 1盘卷片(15.4米327拍)：
1:10，2B；35mm银盐
收藏馆：缩微中心，国图

000○001323
朱栢庐先生愧讷集：十二卷附一卷 / (清)朱用纯撰
清康熙(1662-1722)严心斋刻本
1985年摄制. -- 1盘卷片(15.6米332拍)：
1:10，2B；35mm银盐
收藏馆：缩微中心，国图

000○027212
懋臣出关草：一卷辑遗一卷冠月楼诗一卷 / (清)季开生撰
清康熙(1662-1722)刻本. -- 还有合刻著作：
[冠月楼诗]辑遗一卷/(清)季开生撰。
1997年摄制. -- 1盘卷片(4米50拍)：1:10,
2B；35mm银盐
收藏馆：缩微中心，国图

000○019174
志壑堂诗集：十二卷文集十二卷后集□□卷 / (清)唐梦赉撰
清康熙(1662-1722)刻本. -- 存二十一卷：诗
集一至卷八、文集十二卷、后集卷一。
1994年摄制. -- 1盘卷片(32米620拍)：
1:10，2B；35mm银盐
收藏馆：缩微中心，国图

000○010016
阮亭选志壑堂诗：十五卷 / (清)唐梦赉撰

清康熙(1662-1722)刻本. -- 版框高十八厘米
宽十四厘米。
1989年摄制. -- 1盘卷片(10米204拍)：
1:10，2B；35mm银盐
收藏馆：缩微中心，广东

000○013449
贞白斋诗集：十卷；集陶新咏：六卷 / (清)徐介撰
清(1644-1911)抄本
1991年摄制. -- 1盘卷片(17米329拍)：
1:10，2B；35mm银盐
收藏馆：缩微中心，国图

000○002078
徐狷庵集：不分卷 / (清)徐介撰
清(1644-1911)抄本
1986年摄制. -- 1盘卷片(7.4米138拍)：
1:10，2B；35mm银盐
收藏馆：缩微中心，国图

000○001454
足余居诗草：二卷 / (清)张瑞征撰
清顺治(1644-1661)刻本
1985年摄制. -- 1盘卷片(3.4米41拍)：
1:10，2B；35mm银盐
收藏馆：缩微中心，国图

000○020662
汤文正公诗翰：不分卷 / (清)汤斌撰
清(1644-1911)稿本
1994年摄制. -- 1盘卷片(3米23拍)：1:10,
2B；35mm银盐
收藏馆：缩微中心，国图

000○010429
汤潜庵先生文集节要：八卷 / (清)彭定求[等]辑
清康熙三十七年(1698)精刻本
1989年摄制. -- 1盘卷片(10米183拍)：
1:10，2B；35mm银盐
收藏馆：缩微中心，天津

000○022486
汤子遗书：十卷 / (清)汤斌撰. 潜庵先生年谱：一卷附录一卷 / (清)王廷灿撰
清康熙四十二年(1703)王廷灿刻本. -- (清)
石韫玉批跋。
1995年摄制. -- 1盘卷片(21米459拍)：
1:10，2B；35mm银盐
收藏馆：缩微中心，南京

000○005504
汤子遗书：十卷 / (清)汤斌撰. 潜庵先生年谱：

一卷附录一卷 / (清)王廷灿撰
清康熙四十二年(1703)王廷灿刻本
1987年摄制. -- 1盘卷片(21.2米452拍)：
1:10, 2B ; 35mm银盐
收藏馆：缩微中心，山西

000O031741
遥掷稿：二十卷 / (清)冯武撰
清康熙(1662-1722)宝稼堂刻本
2005年摄制. -- 1盘卷片(14米270拍)：
1:10, 2B ; 35mm银盐
收藏馆：缩微中心，国图

000O017939
遥掷稿：二十卷 / (清)冯武撰
清康熙(1662-1722)宝稼堂刻本. -- 问天集、
向隅集配清(1644-1911)抄本。
1993年摄制. -- 1盘卷片(14米253拍)：
1:10, 2B ; 35mm银盐
收藏馆：缩微中心，国图

000O000563
己畦集：二十二卷原诗四卷 / (清)叶燮撰
清康熙(1662-1722)二弃草堂刻本. -- 己畦集
存二十一卷：卷一至卷二十一。
1985年摄制. -- 1盘卷片(21.7米476拍)：
1:10, 2B ; 35mm银盐
收藏馆：缩微中心，国图

000O026191
己畦集：二十二卷原诗四卷诗集十卷诗集残
余一卷 / (清)叶燮撰 . 午梦堂诗钞：三种三卷 /
(清)叶燮辑
清康熙(1662-1722)叶氏二弃草堂刻本
1996年摄制. -- 2盘卷片(43米857拍)：
1:10, 2B ; 35mm银盐
收藏馆：缩微中心，国图

000O028831
蒯缑馆十一草：一卷 / (清)薛始亨撰
清(1644-1911)抄本
1998年摄制. -- 1盘卷片(5米69拍) : 1:10,
2B ; 35mm银盐
收藏馆：缩微中心，广东

000O025822
王文靖公集：二十四卷 / (清)王熙撰
清(1644-1911)抄本
1996年摄制. -- 1盘卷片(32米648拍)：
1:10, 2B ; 35mm银盐
收藏馆：缩微中心，国图

000O012486
槐轩集：十卷 / (清)王曰高撰
清康熙八年(1669)王曰高刻本. -- 存八卷：
卷一至卷八。
1990年摄制. -- 1盘卷片(20米428拍)：
1:10, 2B ; 35mm银盐
收藏馆：缩微中心，山东

000O018246
槐轩集：十卷 / (清)王曰高撰
清康熙八年(1669)王曰高刻本. -- 存八卷：
卷一至卷八。
1993年摄制. -- 1盘卷片(23米468拍)：
1:10, 2B ; 35mm银盐
收藏馆：缩微中心，山东

000O016897
玉碪集：四卷齰音一卷寿圹碑辞一卷吴江旅啸
一卷 / (清)安致远撰 . 绮树阁赋稿：一卷诗稿一
卷 / (清)安箕撰
清康熙四十一年(1702)安箕刻本
1993年摄制. -- 1盘卷片(12米208拍)：
1:10, 2B ; 35mm银盐
收藏馆：缩微中心，国图

000O019184
纪城文稿：四卷；倦游草：一卷；岳江草：一卷 /
(清)安致远撰
清康熙(1662-1722)刻本. -- 还有合刻著作：
诗稿柳邨杂咏二卷 / (清)安致远撰。
1994年摄制. -- 1盘卷片(12米217拍)：
1:10, 2B ; 35mm银盐
收藏馆：缩微中心，国图

000O009707
苇间诗集：五卷 / (清)姜宸英撰
清康熙五十二年(1713)唐执玉刻本
1989年摄制. -- 1盘卷片(13米240拍)：
1:10, 2B ; 35mm银盐
收藏馆：缩微中心，湖北

000O016725
姜西溟先生文稿：不分卷 / (清)姜宸英撰
清(1644-1911)稿本
1993年摄制. -- 1盘卷片(3米11拍) : 1:10,
2B ; 35mm银盐
收藏馆：缩微中心，国图

000O001458
湛园未定稿：一卷 / (清)姜宸英撰
清(1644-1911)抄本
1985年摄制. -- 1盘卷片(5.1米83拍)：
1:10, 2B ; 35mm银盐

收藏馆：缩微中心，国图

000O009047
湛园未定稿：六卷 / (清)姜宸英撰
清康熙(1662-1722)二老阁刻本
1988年摄制. -- 1盘卷片(22米434拍) :
1:10, 2B ; 35mm银盐
收藏馆：缩微中心，湖北

000O007971
湛园未定稿：六卷 / (清)姜宸英撰
清康熙(1662-1722)二老阁刻本
1988年摄制. -- 1盘卷片(21米436拍) :
1:10, 2B ; 35mm银盐
收藏馆：缩微中心，湖南

000O007952
湛园未定稿：不分卷 / (清)姜宸英撰
清康熙二十年(1681)刻本
1988年摄制. -- 1盘卷片(10米193拍) :
1:10, 2B ; 35mm银盐
收藏馆：缩微中心，湖南

000O002263
姜西溟文钞：四卷 / (清)姜宸英撰
清(1644-1911)补堂抄本
1986年摄制. -- 1盘卷片(7.6米146拍) :
1:10, 2B ; 35mm银盐
收藏馆：缩微中心，国图

000O019798
姜西溟书札 / (清)姜宸英撰
清(1644-1911)稿本
1994年摄制. -- 1盘卷片(3米14拍) : 1:10,
2B ; 35mm银盐
收藏馆：缩微中心，国图

000O016296
薙簏吟：十卷 / (清)姚文燮撰
清顺治十八年(1661)姚自弘史鉴宗刻本
1993年摄制. -- 1盘卷片(12米216拍) :
1:10, 2B ; 35mm银盐
收藏馆：缩微中心，国图

000O031405
薙簏吟：十卷 / (清)姚文燮撰
清顺治十八年(1661)姚自弘史鉴宗刻本. --
存六卷：卷一至卷六。
2004年摄制. -- 1盘卷片(11米207拍) :
1:10, 2B ; 35mm银盐
收藏馆：缩微中心，国图

000O000177
林卧遥集：二卷千叠波余一卷 / (清)赵吉士撰
清(1644-1911)刻本
1985年摄制. -- 1盘卷片(15.4米326拍) :
1:10, 2B ; 35mm银盐
收藏馆：缩微中心，国图

000O027917
林卧遥集：二卷千叠波余一卷续编一卷补遗一卷庚辰匜岁杂感诗四卷辛巳匜岁杂感诗不分卷 / (清)赵吉士撰
清康熙(1662-1722)刻本
1996年摄制. -- 2盘卷片(42米924拍) :
1:10, 2B ; 35mm银盐
收藏馆：缩微中心，南京

000O026037
万青阁自订诗：八卷诗余一卷 / (清)赵吉士撰
清康熙(1662-1722)刻本
1993年摄制. -- 1盘卷片(9米150拍) : 1:10,
2B ; 35mm银盐
收藏馆：缩微中心，南京

000O026451
万青阁自订文集：八卷 / (清)赵吉士撰
清乾隆(1736-1795)赵继扑赵景彻[等]刻本
1997年摄制. -- 3盘卷片(67米1415拍) :
1:10, 2B ; 35mm银盐
收藏馆：缩微中心，国图

000O000267
天涯诗抄：四卷诗余抄一卷 / (清)蒋楛撰；(清)丘如生辑
清康熙(1662-1722)刻本
1985年摄制. -- 1盘卷片(7.2米136拍) :
1:10, 2B ; 35mm银盐
收藏馆：缩微中心，国图

000O025717
柳下堂文集：四卷诗集四卷 / (清)郑廉撰
清康熙五十四年(1715)陈尧策刻本
1996年摄制. -- 1盘卷片(20米426拍) :
1:10, 2B ; 35mm银盐
收藏馆：缩微中心，河南

000O025823
谷口山房诗集：三十二卷文集六卷 / (清)李念慈撰
清康熙二十八年(1689)杨素蕴刻本
1996年摄制. -- 2盘卷片(40米788拍) :
1:10, 2B ; 35mm银盐
收藏馆：缩微中心，国图

00O000167
挹奎楼选稿：十二卷 / (清)林云铭撰
清康熙三十五年(1696)陈一夔刻本
1985年摄制. -- 1盘卷片(18.5米403拍)：
1:10，2B；35mm银盐
收藏馆：缩微中心，国图

00O031738
挹奎楼选稿：十二卷 / (清)林云铭撰
清康熙三十五年(1696)陈一夔刻本
2005年摄制. -- 1盘卷片(20米420拍)：
1:10，2B；35mm银盐
收藏馆：缩微中心，国图

00O017602
损斋焚余：十卷 / (清)林云铭撰
清康熙十年(1671)林云铭刻本
1993年摄制. -- 1盘卷片(16米306拍)：
1:10，2B；35mm银盐
收藏馆：缩微中心，国图

00O010423
春早堂诗集：十二卷 / (清)俞灏撰
清乾隆(1736-1795)春早堂刻本
1989年摄制. -- 1盘卷片(13米263拍)：
1:10，2B；35mm银盐
收藏馆：缩微中心，天津

00O025943
万山楼诗集：二十四卷 / (清)许虬撰
清康熙四十九年(1710)刻本
1996年摄制. -- 1盘卷片(18米396拍)：
1:10，2B；35mm银盐
收藏馆：缩微中心，南京

00O028508
瑟园诗草：一卷 / (清)富鸿基撰
清乾隆(1736-1795)富寿奴抄本
1997年摄制. -- 1盘卷片(4米53拍)：1:10,
2B；35mm银盐
收藏馆：缩微中心，泉州

00O028096
松存轩集：二卷 / (清)萧翱材撰
清康熙(1662-1722)刻本
1997年摄制. -- 1盘卷片(10米188拍)：
1:10，2B；35mm银盐
收藏馆：缩微中心，广东

00O005470
青霞诗集：四卷后集一卷词一卷；澹雪词：一
卷；雨花集：五卷 / (清)顾岱撰
清(1644-1911)抄本

1986年摄制. -- 1盘卷片(13米278拍)：
1:10，2B；35mm银盐
收藏馆：缩微中心，国图

00O015889
田间诗集：五卷 / (清)顾岱撰
清(1644-1911)抄本
1993年摄制. -- 1盘卷片(7米103拍)：1:10,
2B；35mm银盐
收藏馆：缩微中心，国图

00O009930
石堂集：七卷 / (清)释元玉撰
清康熙(1662-1722)刻本
1989年摄制. -- 1盘卷片(11米208拍)：
1:10，2B；35mm银盐
收藏馆：缩微中心，天津

00O020766
孟公不在兹集：一卷 / (清)安苍涵撰
清(1644-1911)稿本
1994年摄制. -- 1盘卷片(6米83拍)：1:10,
2B；35mm银盐
收藏馆：缩微中心，国图

00O001335
何求老人残稿：三卷 / (清)吕留良撰
清(1644-1911)抄本
1985年摄制. -- 1盘卷片(5.1米80拍)：
1:10, 2B；35mm银盐
收藏馆：缩微中心，国图

00O008597
何求老人残稿：七卷 / (清)吕留良撰
清(1644-1911)录乐轩抄本
1988年摄制. -- 1盘卷片(9米169拍)：1:10,
2B；35mm银盐
收藏馆：缩微中心，国图

00O003374
何求老人诗稿：七卷集外诗一卷 / (清)吕留良撰
清(1644-1911)抄本. -- (清)吴骞、(清)朱昌
燕跋。
1986年摄制. -- 1盘卷片(7米127拍)：1:10,
2B；35mm银盐
收藏馆：缩微中心，国图

00O006368
何求老人残稿：八卷释略一卷 / (清)吕留良撰
清(1644-1911)抄本
1987年摄制. -- 1盘卷片(9米181拍)：1:10,
2B；35mm银盐
收藏馆：缩微中心，国图

000O000934
吕晚村先生文集：八卷续集四卷附录一卷 / (清)吕留良撰
清雍正三年(1725)吕氏天盖楼刻本
1985年摄制. -- 1盘卷片(18.7米408拍) ：
1:10，2B ；35mm银盐
收藏馆：缩微中心，国图

000O004195
吕晚村先生文集：八卷续集四卷附录一卷 / (清)吕留良撰
清雍正三年(1725)吕氏天盖楼刻本
1986年摄制. -- 1盘卷片(19米417拍) ：
1:10，2B ；35mm银盐
收藏馆：缩微中心，国图

000O031251
吕晚村先生文集：八卷续集四卷附录一卷 / (清)吕留良撰
清雍正三年(1725)吕氏天盖楼刻本
2004年摄制. -- 1盘卷片(20米420拍) ：1:9，
2B ；35mm银盐
收藏馆：缩微中心，国图

000O015016
吕东庄先生文集：八卷附录一卷 / (清)吕留良撰
清(1644-1911)抄本
1992年摄制. -- 1盘卷片(15米277拍) ：
1:10，2B ；35mm银盐
收藏馆：缩微中心，国图

000O020393
晚村先生家训真迹：五卷 / (清)吕留良撰
清康熙四十二年(1703)吕无邬刻本
1994年摄制. -- 1盘卷片(7米105拍) ：1:10，
2B ；35mm银盐
收藏馆：缩微中心，国图

000O020496
腾笑集：八卷 / (清)朱彝尊撰
清康熙二十五年(1686)曝书亭刻本. -- (清)徐子晋跋。
1994年摄制. -- 1盘卷片(8米130拍) ：1:10，
2B ；35mm银盐
收藏馆：缩微中心，国图

000O001425
腾笑集：八卷 / (清)朱彝尊撰
清康熙二十五年(1686)朱彝尊曝书亭刻本. --
(清)冯登府、傅增湘跋。
1985年摄制. -- 1盘卷片(7.7米145拍) ：
1:10，2B ；35mm银盐
收藏馆：缩微中心，国图

000O007394
曝书亭集：□□卷 / (清)朱彝尊撰
清康熙(1662-1722)刻本
1987年摄制. -- 2盘卷片(61米1378拍) ：
1:10，2B ；35mm银盐
收藏馆：缩微中心，吉林

000O010322
曝书亭诗录：十二卷 / (清)朱彝尊撰；(清)江浩然笺注
清乾隆三十年(1765)惇裕堂刻本
1989年摄制. -- 1盘卷片(21米394拍) ：
1:10，2B ；35mm银盐
收藏馆：缩微中心，湖北

000O025816
曝书亭文摘抄：不分卷 / (清)朱彝尊撰
清康熙(1662-1722)抄本. -- (清)徐釚跋。
1996年摄制. -- 1盘卷片(13米234拍) ：
1:10，2B ；35mm银盐
收藏馆：缩微中心，国图

000O014723
竹垞文类：二十六卷 / (清)朱彝尊撰
清(1644-1911)刻本
1992年摄制. -- 1盘卷片(20米383拍) ：
1:10，2B ；35mm银盐
收藏馆：缩微中心，国图

000O004200
曝书亭集诗注：二十二卷 / (清)朱彝尊撰；(清)杨谦注
清(1644-1911)杨氏木山阁刻本
1986年摄制. -- 1盘卷片(29.2米659拍) ：
1:10，2B ；35mm银盐
收藏馆：缩微中心，国图

000O000390
南斋诗集：不分卷附录一卷 / (清)丘象升撰
清康熙三十四年(1695)丘迴刻本
1985年摄制. -- 1盘卷片(9.1米176拍) ：
1:10，2B ；35mm银盐
收藏馆：缩微中心，国图

000O031438
南斋诗集：不分卷附录一卷 / (清)丘象升撰
清康熙三十五年(1696)丘迴刻本
2004年摄制. -- 1盘卷片(10米190拍) ：
1:10，2B ；35mm银盐
收藏馆：缩微中心，国图

000O019353
藤坞诗集：八卷 / (清)梁允植撰

清康熙(1662-1722)刻本
1994年摄制. -- 1盘卷片(8米121拍) ：1:10,
2B ；35mm银盐
收藏馆：缩微中心，国图

000O000542
六莹堂集：九卷二集八卷 / (清)梁佩兰撰
清康熙四十七年(1708)刻本
1985年摄制. -- 1盘卷片(22.5米498拍) ：
1:10, 2B ；35mm银盐
收藏馆：缩微中心，国图

000O022464
六莹堂集：九卷二集八卷 / (清)梁佩兰撰
清康熙四十七年(1708)刻本. -- (清)李芝绶
跋录(清)孙星衍批跋。
1995年摄制. -- 1盘卷片(25米517拍) ：
1:10, 2B ；35mm银盐
收藏馆：缩微中心，南京

000O025807
宁远堂诗集：不分卷 / (清)陆弘定撰
清(1644-1911)抄本
1996年摄制. -- 1盘卷片(12米207拍) ：
1:10, 2B ；35mm银盐
收藏馆：缩微中心，国图

000O016885
正谊堂文集：不分卷诗集二十卷蓉渡词三卷 /
(清)董以宁撰
清康熙(1662-1722)刻本. -- 存十八卷：诗集
卷一至卷十五、卷十八至卷二十。
1993年摄制. -- 1盘卷片(29米572拍) ：
1:10, 2B ；35mm银盐
收藏馆：缩微中心，国图

000O027113
纪盛集：一卷 / (清)赵士麟撰
清康熙(1662-1722)刻本
1997年摄制. -- 1盘卷片(5米48拍) ：1:10,
2B ；35mm银盐
收藏馆：缩微中心，国图

000O026222
高云堂诗集：十六卷；恭和御制诗应制诗：一
卷 / (清)释晓青撰
清康熙(1662-1722)华山刻本
1997年摄制. -- 1盘卷片(17米327拍) ：
1:10, 2B ；35mm银盐
收藏馆：缩微中心，国图

000O026195
今吾集：一卷 / (清)钱曾撰

清康熙(1662-1722)刻本
1996年摄制. -- 1盘卷片(4米30拍) ：1:10,
2B ；35mm银盐
收藏馆：缩微中心，国图

000O017002
今吾集：一卷；笔云集：一卷 / (清)钱曾撰
清(1644-1911)抄本
1993年摄制. -- 1盘卷片(5米51拍) ：1:10,
2B ；35mm银盐
收藏馆：缩微中心，国图

000O000378
存庵诗集：六卷 / (清)严我斯撰
清康熙(1662-1722)爱泽楼刻本
1985年摄制. -- 1盘卷片(9.3米184拍) ：
1:10, 2B ；35mm银盐
收藏馆：缩微中心，国图

000O010249
尺五堂诗删初刻：六卷近刻四卷 / (清)严我斯撰
清康熙二十七年(1688)刻本
1989年摄制. -- 1盘卷片(14米278拍) ：
1:10, 2B ；35mm银盐
收藏馆：缩微中心，湖北

000O026301
今是园诗存：六卷文存二卷 / (清)李遥撰
清康熙(1662-1722)刻本. -- 今是园诗存存五
卷：怀梦轩五言诗一卷、种秋堂四言诗一卷、
种秋堂五言诗一卷、堆蓝集四言诗一卷、堆蓝
集五言诗一卷。
1996年摄制. -- 1盘卷片(13米266拍) ：
1:10, 2B ；35mm银盐
收藏馆：缩微中心，河南

000O015579
幽草轩诗集：七卷 / (清)范良撰
清初(1644-1722)刻本
1993年摄制. -- 1盘卷片(6米97拍) ：1:10,
2B ；35mm银盐
收藏馆：缩微中心，国图

000O028585
焦冥集：二卷 / (清)苗君稷撰
清康熙十九年(1680)知白斋刻本
1998年摄制. -- 1盘卷片(8米139拍) ：1:10,
2B ；35mm银盐
收藏馆：缩微中心，广东

000O028523
塔江楼文钞：六卷 / (清)林涵春撰
清康熙二十七年(1688)刻本

1997年摄制. -- 1盘卷片(9米167拍) : 1:10,
2B ; 35mm银盐
收藏馆：缩微中心，福建

000O008648
柯村遗稿：八卷 / (清)邱元武撰
清康熙(1662-1722)刻本
1988年摄制. -- 1盘卷片(25米501拍) :
1:10, 2B ; 35mm银盐
收藏馆：缩微中心，山东

000O020768
愿学堂文集：十八卷诗集二卷使交纪事一卷安
南世系略一卷使交吟一卷南交好音一卷 / (清)
周灿撰
清康熙(1662-1722)刻本
1994年摄制. -- 1盘卷片(22米434拍) :
1:10, 2B ; 35mm银盐
收藏馆：缩微中心，国图

000O003480
愿学堂集：二十卷使交纪事一卷使交吟一卷安
南世系略一卷南交好音一卷 / (清)周灿撰
清康熙(1662-1722)刻本
1986年摄制. -- 1盘卷片(21米461拍) :
1:10, 2B ; 35mm银盐
收藏馆：缩微中心，国图

000O028021
春霭亭杂录文稿：不分卷 / (清)高兆撰
清(1644-1911)稿本
1996年摄制. -- 1盘卷片(5.3米84拍) :
1:10, 2B ; 35mm银盐
收藏馆：缩微中心，福建

000O015767
冬关诗钞：六卷补遗一卷 / (清)释通复撰
清康熙四十八年(1709)盛远汪森刻本
1993年摄制. -- 1盘卷片(9米161拍) : 1:10,
2B ; 35mm银盐
收藏馆：缩微中心，国图

000O009684
载云舫集：十卷 / (清)闵奕仕撰
清康熙二十三年(1684)写刻本. -- 版框高
十八厘米宽十二厘米。
1989年摄制. -- 1盘卷片(15米260拍) :
1:10, 2B ; 35mm银盐
收藏馆：缩微中心，广东

000O013726
北游草：一卷 / (清)詹养沉撰
清初(1644-1722)刻本

1991年摄制. -- 1盘卷片(3米12拍) : 1:10,
2B ; 35mm银盐
收藏馆：缩微中心，国图

000O026444
艮斋文选：一卷；滇行日纪：二卷；卧象山房诗
集：□□卷文集一卷赋集一卷 / (清)李澄中撰
清康熙(1662-1722)刻本. -- 还有合刻著作：
滇南集一卷。存七卷：诗集存卷二十二至卷
二十三，余全。
1997年摄制. -- 1盘卷片(15米265拍) :
1:10, 2B ; 35mm银盐
收藏馆：缩微中心，国图

000O018960
卧象山房诗集：三十二卷文集二卷艮斋笔记八
卷杂传一卷 / (清)李澄中撰
清(1644-1911)稿本. -- (清)王士禛批点。
1993年摄制. -- 2盘卷片(49米1042拍) :
1:10, 2B ; 35mm银盐
收藏馆：缩微中心，山东

000O024929
屈翁山诗集：八卷词一卷 / (清)屈大均撰
清康熙(1662-1722)研露斋刻本
1996年摄制. -- 1盘卷片(19米394拍) :
1:10, 2B ; 35mm银盐
收藏馆：缩微中心，南京

000O000886
翁山诗外：十七卷 / (清)屈大均撰
清初(1644-1722)刻本. -- 存十二卷：卷一至
卷十一、卷十七。
1985年摄制. -- 2盘卷片(35.3米765拍) :
1:10, 2B ; 35mm银盐
收藏馆：缩微中心，国图

000O015319
翁山文外：十七卷 / (清)屈大均撰
清(1644-1911)抄本. -- 存十六卷：卷一至卷
五、卷七至卷十七。潘飞声跋。
1992年摄制. -- 1盘卷片(20米400拍) :
1:10, 2B ; 35mm银盐
收藏馆：缩微中心，国图

000O010026
翁山文外：二十卷 / (清)屈大均撰
清初(1644-1722)刻本. -- 版框高十九厘米宽
十四厘米。存十六卷：卷一至卷五、卷七至卷
十七。
1989年摄制. -- 1盘卷片(21米441拍) :
1:10, 2B ; 35mm银盐
收藏馆：缩微中心，广东

000O008024

道援堂集：十三卷 / (清)屈大均撰

清康熙(1662-1722)刻本

1988年摄制. -- 1盘卷片(16米279拍) :

1:10, 2B ; 35mm银盐

收藏馆：缩微中心，山东

000O004305

道援堂诗集：十三卷 / (清)屈大均撰

清康熙(1662-1722)刻本. -- 朱希祖跋。

1986年摄制. -- 1盘卷片(24米535拍) :

1:10, 2B ; 35mm银盐

收藏馆：缩微中心，国图

000O008995

居业斋诗钞：二十二卷文稿二十卷别集十卷 /
(清)金德嘉撰

清康熙五十八年(1719)蒋国祥刻本

1988年摄制. -- 2盘卷片(53.5米1123拍) :

1:10, 2B ; 35mm银盐

收藏馆：缩微中心，湖北

000O016568

三鱼堂文集：十二卷外集六卷行状一卷崇祀录
一卷 / (清)陆陇其,(清)柯崇朴撰

清康熙四十年(1701)琴川书屋刻本

1993年摄制. -- 1盘卷片(29米628拍) :

1:10, 2B ; 35mm银盐

收藏馆：缩微中心，山西

000O001199

魏季子文集：十六卷 / (清)魏礼撰

清康熙(1662-1722)刻本

1985年摄制. -- 1盘卷片(15.1米323拍) :

1:10, 2B ; 35mm银盐

收藏馆：缩微中心，国图

000O026162

容安诗草：十卷 / (清)胡荣,(清)毛奇龄撰；(清)
陈遇麟,(清)洪升[等]评

清康熙(1662-1722)胡氏刻套印本

1997年摄制. -- 1盘卷片(8米113拍) : 1:10,
2B ; 35mm银盐

收藏馆：缩微中心，国图

000O031987

容安诗草：十卷 / (清)胡荣,(清)毛奇龄撰；(清)
陈遇麟,(清)洪升[等]评

清康熙(1662-1722)胡氏刻套印本. -- 九行
二十二字小字双行白口四周单边。

2010年摄制. -- 1盘卷片(10米163拍) :

1:11, 2B ; 35mm银盐

收藏馆：缩微中心，国图

000O026188

受祺堂诗：三十五卷 / (清)李因笃撰

清康熙(1662-1722)刻本

1997年摄制. -- 2盘卷片(40米785拍) :

1:10, 2B ; 35mm银盐

收藏馆：缩微中心，国图

000O011076

莲龛集：十六卷 / (清)李来泰撰

清雍正十三年(1735)刻本

1989年摄制. -- 1盘卷片(21米461拍) :

1:10, 2B ; 35mm银盐

收藏馆：缩微中心，天津

000O008452

吴汉槎诗集：不分卷 / (清)吴兆骞撰

清(1644-1911)抄本. -- (清)叶志诜跋。

1988年摄制. -- 1盘卷片(5米84拍) : 1:10,
2B ; 35mm银盐

收藏馆：缩微中心，国图

000O025808

吴志仁先生遗集：□□卷 / (清)吴谦牧撰

清(1644-1911)抄本. -- 存二卷：卷四至卷
五。

1996年摄制. -- 1盘卷片(6米91拍) : 1:10,
2B ; 35mm银盐

收藏馆：缩微中心，国图

000O027574

归兴集唐：一卷 / (清)周金然撰

清康熙(1662-1722)刻本

1997年摄制. -- 1盘卷片(3米20拍) : 1:10,
2B ; 35mm银盐

收藏馆：缩微中心，国图

000O008794

憺园文集：三十六卷 / (清)徐乾学撰

清康熙(1662-1722)冠山堂刻本

1987年摄制. -- 2盘卷片(47.1米1027拍) :

1:9, 2B ; 35mm银盐

收藏馆：缩微中心，重庆

000O021197

憺园文集：三十八卷 / (清)徐乾学撰

清康熙三十六年(1697)冠山堂刻本. -- 存
三十六卷：卷一至卷三十六。

1995年摄制. -- 2盘卷片(49米969拍) :

1:10, 2B ; 35mm银盐

收藏馆：缩微中心，国图

000O000383

独漉堂诗集：十五卷文集十五卷 / (清)陈恭尹撰

清康熙(1662-1722)陈氏晚成堂刻本. -- 文集存十四卷：卷一至卷八、卷十至卷十五。
1985年摄制. -- 1盘卷片(30.1米677拍)：1:10，2B；35mm银盐
收藏馆：缩微中心，国图

000O009173
叶学山先生诗稿：十卷 / (清)叶舒颖撰
清嘉庆十七年(1812)叶耕云抄本
1988年摄制. -- 1盘卷片(12.6米253拍)：1:10，2B；35mm银盐
收藏馆：缩微中心，湖南

000O031227
樗亭诗稿：十二卷 / (清)董俞撰
清初(1644-1722)刻本
2004年摄制. -- 1盘卷片(21米445拍)：1:8，2B；35mm银盐
收藏馆：缩微中心，国图

000O000871
在陆草堂文：不分卷 / (清)储欣撰
清康熙二十九年(1690)吴曹直刻本
1985年摄制. -- 1盘卷片(9.3米182拍)：1:10，2B；35mm银盐
收藏馆：缩微中心，国图

000O023950
遥青园诗草：一卷 / (清)宋起撰
清(1644-1911)稿本
1996年摄制. -- 1盘卷片(3米59拍)：1:10，2B；35mm银盐
收藏馆：缩微中心，河南

000O006543
研山堂诗草：一卷 / (清)周庆曾撰
清(1644-1911)瞿氏恬裕斋抄本. -- (清)季锡畴校并跋。
1987年摄制. -- 1盘卷片(3米37拍)：1:10，2B；35mm银盐
收藏馆：缩微中心，国图

000O018459
南楼吟香集：六卷 / (清)查惜撰 . 寒中诗：四卷 / (清)马思赞撰
清康熙二十八年(1689)马思赞清远堂刻本. -- 存四卷：南楼吟香集卷一至卷四。
1993年摄制. -- 1盘卷片(3米27拍)：1:10，2B；35mm银盐
收藏馆：缩微中心，国图

000O026589
南楼吟香集：六卷 / (清)查惜撰 . 寒中诗卷：四

卷 / (清)马思赞撰
清康熙二十八年(1689)马思赞清远堂刻本
1997年摄制. -- 1盘卷片(4米33拍)：1:10，2B；35mm银盐
收藏馆：缩微中心，国图

000O026172
易安斋文集：一卷诗集一卷 / (清)徐与乔撰
清(1644-1911)抄本
1997年摄制. -- 1盘卷片(13米240拍)：1:10，2B；35mm银盐
收藏馆：缩微中心，国图

000O006358
绮合集：八卷 / (清)许世忠撰
清初(1644-1722)抄本
1987年摄制. -- 1盘卷片(8米153拍)：1:10，2B；35mm银盐
收藏馆：缩微中心，国图

000O011679
绣虎轩尺牍：八卷二集八卷三集八卷 / (清)曹煜撰
清康熙(1662-1722)传万堂刻本. -- (清)许旭等校。
1989年摄制. -- 2盘卷片(45米981拍)：1:10，2B；35mm银盐
收藏馆：缩微中心，天津

000O001304
客越近咏：一卷 / (清)张以恒撰
清(1644-1911)稿本
1985年摄制. -- 1盘卷片(4米49拍)：1:10，2B；35mm银盐
收藏馆：缩微中心，国图

000O028056
后知堂文集：四十六卷 / (清)萧正模撰
清康熙五十六年(1717)刻本
1997年摄制. -- 1盘卷片(31.7米674拍)：1:10，2B；35mm银盐
收藏馆：缩微中心，福建

000O026185
健松斋集：二十四卷 / (清)方象瑛撰
清康熙(1662-1722)刻本
1997年摄制. -- 2盘卷片(36米717拍)：1:10，2B；35mm银盐
收藏馆：缩微中心，国图

000O010927
健松斋集：二十四卷续集十卷 / (清)方象瑛撰
清康熙二十六年(1687)刻康熙四十年(1701)

续刻. -- 续集十卷为清康熙四十年(1701)刻本。
1989年摄制. -- 2盘卷片(48米1007拍)：1:10，2B；35mm银盐
收藏馆：缩微中心，湖北

000O001406
健松斋集：十六卷 / (清)方象瑛撰
清康熙(1662-1722)刻本
1985年摄制. -- 1盘卷片(24.4米541拍)：1:10，2B；35mm银盐
收藏馆：缩微中心，国图

000O001349
慎斋诗存：八卷 / (清)王典撰 . 敬义堂赠言：一卷
清康熙三十年(1691)王廷灿刻本
1985年摄制. -- 1盘卷片(7米124拍)：1:10，2B；35mm银盐
收藏馆：缩微中心，国图

000O026164
甘忠果公祠堂集：□□卷 / (清)甘文焜撰；(清)陈锡编
清康熙(1662-1722)刻本. -- 存二卷：卷三至卷四。
1996年摄制. -- 1盘卷片(6米97拍)：1:10，2B；35mm银盐
收藏馆：缩微中心，国图

000O001340
扶桑阁集：十四卷 / (清)朱尔迈撰
清康熙(1662-1722)书林刘钟甫刻本. -- 存四卷：卷五至卷八。(清)管庭芬跋。
1985年摄制. -- 1盘卷片(7.2米128拍)：1:10，2B；35mm银盐
收藏馆：缩微中心，国图

000O017710
墨井诗钞：二卷画跋一卷；三巴集：一卷 / (清)吴历撰
清道光五年(1825)陆道淮飞霞阁刻本
1993年摄制. -- 1盘卷片(5米71拍)：1:10，2B；35mm银盐
收藏馆：缩微中心，国图

000O004463
流铅集：十六卷 / (清)吴农祥撰
清(1644-1911)抄本. -- (清)刘履芬校。
1986年摄制. -- 1盘卷片(15.8米339拍)：1:10，2B；35mm银盐
收藏馆：缩微中心，国图

000O001442
梅庄文集：不分卷 / (清)张远撰
清康熙(1662-1722)刻本
1985年摄制. -- 1盘卷片(5.9米104拍)：1:10，2B；35mm银盐
收藏馆：缩微中心，国图

000O024237
贶鹤亭集：十二卷 / (清)王纲撰
清康熙(1662-1722)刻本
1996年摄制. -- 1盘卷片(28米643拍)：1:10，2B；35mm银盐
收藏馆：缩微中心，安徽

000O026211
凤阿集：不分卷 / (清)侯开国撰
清(1644-1911)抄本
1997年摄制. -- 1盘卷片(7米117拍)：1:10，2B；35mm银盐
收藏馆：缩微中心，国图

000O010500
腰雪堂诗集：六卷 / (清)释德溥撰
清(1644-1911)精刻本
1989年摄制. -- 1盘卷片(7米133拍)：1:10，2B；35mm银盐
收藏馆：缩微中心，天津

000O016509
采饮集：九卷 / (清)蓝涟撰
清康熙五十二年(1713)赵光荣[等]刻本
1993年摄制. -- 1盘卷片(11米200拍)：1:10，2B；35mm银盐
收藏馆：缩微中心，国图

000O021625
阿字无禅师光宣台集：二十五卷 / (清)释今无撰
清(1644-1911)刻本
1995年摄制. -- 2盘卷片(39米773拍)：1:10，2B；35mm银盐
收藏馆：缩微中心，国图

000O016891
石湖集：十二卷 / (清)范荃撰
清(1644-1911)焦循抄本
1993年摄制. -- 1盘卷片(9米148拍)：1:10，2B；35mm银盐
收藏馆：缩微中心，国图

000O026180
翁铁庵文集：二卷 / (清)翁叔元撰
清(1644-1911)抄本
1996年摄制. -- 1盘卷片(12米218拍)：

1:10, 2B ; 35mm银盐
收藏馆：缩微中心，国图

000031746
续学堂诗文抄：六卷首一卷诗钞四卷首一卷 /
(清)梅文鼎撰
清乾隆(1736-1795)梅毂成刻本
2005年摄制. -- 1盘卷片(20米420拍) :
1:10, 2B ; 35mm银盐
收藏馆：缩微中心，国图

000010232
随缘集杂著：三卷尺牍一卷源流一卷诗偶一卷 /
(清)释灵耀撰
清康熙(1662-1722)刻本
1989年摄制. -- 1盘卷片(9米179拍) : 1:10,
2B ; 35mm银盐
收藏馆：缩微中心，天津

000023911
遗安堂诗集：四卷 / (清)王连瑛撰
清康熙五十五年(1716)吕氏治古堂刻本
1996年摄制. -- 1盘卷片(6米135拍) : 1:10,
2B ; 35mm银盐
收藏馆：缩微中心，河南

000001512
璇玑碎锦：二卷 / (清)万树撰
清乾隆五年(1740)扬州江氏柏香堂刻本
1986年摄制. -- 1盘卷片(5.8米102拍) :
1:10, 2B ; 35mm银盐
收藏馆：缩微中心，山西

000017436
渔洋山人乙亥文稿：一卷 / (清)王士禛撰
清(1644-1911)稿本. -- (清)韩崇、章绶衔
跋。
1993年摄制. -- 1盘卷片(4米41拍) : 1:10,
2B ; 35mm银盐
收藏馆：缩微中心，国图

000018598
古夫于亭稿：二卷 / (清)王士禛撰
清康熙四十六年(1707)成文昭刻本
1993年摄制. -- 1盘卷片(4米43拍) : 1:10,
2B ; 35mm银盐
收藏馆：缩微中心，国图

000000024
渔洋山人精华录：十卷 / (清)王士禛撰
清康熙三十九年(1700)林佶刻本
1986年摄制. -- 1盘卷片(15.04米310拍) :
1:10, 2B ; 35mm银盐

收藏馆：缩微中心，山西

000018123
渔洋山人精华录笺注：十二卷补一卷 / (清)王士
禛撰；(清)金荣笺注
清(1644-1911)凤翔堂刻本. -- (清)方功惠批
校。
1993年摄制. -- 1盘卷片(30米646拍) :
1:10, 2B ; 35mm银盐
收藏馆：缩微中心，山东

000011909
渔洋山人精华录笺注：十二卷补一卷 / (清)王士
禛撰；(清)金荣笺注
清(1644-1911)凤翔堂刻本. -- (清)方功惠
跋。
1990年摄制. -- 1盘卷片(30米659拍) :
1:10, 2B ; 35mm银盐
收藏馆：缩微中心，山东

000011172
渔洋山人精华录笺注：十二卷补一卷 / (清)王士
禛撰；(清)金荣笺注；(清)文达录
清(1644-1911)凤翔堂刻本. -- (清)杭董浦批
校。
1989年摄制. -- 1盘卷片(29米643拍) :
1:10, 2B ; 35mm银盐
收藏馆：缩微中心，山东

000014084
渔洋山人精华录笺注：十二卷补一卷续补一卷
续录笺注一卷年谱一卷附录一卷 / (清)金荣撰
清初(1644-1722)金氏凤翔堂刻乾隆二年(1737)
续刻本
1992年摄制. -- 2盘卷片(35米656拍) :
1:10, 2B ; 35mm银盐
收藏馆：缩微中心，国图

000007419
渔洋山人精华录笺注：十二卷 / (清)金荣撰
清(1644-1911)精刻本
1987年摄制. -- 1盘卷片(31米683拍) :
1:10, 2B ; 35mm银盐
收藏馆：缩微中心，吉林市

000008408
渔洋山人精华录：十卷 / (清)王士禛,(清)徐夔
撰；(清)惠栋注补
清(1644-1911)稿本. -- 叶昌炽跋。
1988年摄制. -- 2盘卷片(33米708拍) :
1:10, 2B ; 35mm银盐
收藏馆：缩微中心，国图

000O009043
渔洋山人精华录训纂：十卷年谱注补二卷；金氏精华录笺注辩讹：一卷 / (清)惠栋撰
清乾隆(1736-1795)惠氏红豆斋刻本
1988年摄制. -- 2盘卷片(58.5米1228拍)：1:10，2B；35mm银盐
收藏馆：缩微中心，湖北

000O028239
渔洋山人诗合集：十八卷 / (清)王士禛撰；(清)姚鼐评点
清康熙三十三年(1694)锡山于野草堂刻本
1997年摄制. -- 1盘卷片(19米397拍)：1:10，2B；35mm银盐
收藏馆：缩微中心，安庆

000O019283
带经堂集：九十二卷 / (清)王士禛撰
清康熙四十九年至五十年(1710-1711)程氏七略书堂刻本
1994年摄制. -- 3盘卷片(90米1840拍)：1:10，2B；35mm银盐
收藏馆：缩微中心，国图

000O016756
渔洋山人书札：不分卷 / (清)王士禛撰
清(1644-1911)稿本
1993年摄制. -- 1盘卷片(3米15拍)：1:10，2B；35mm银盐
收藏馆：缩微中心，国图

000O019801
王贻上与林吉人札子：一卷 / (清)王士禛撰
缪氏藕香簃抄本
1994年摄制. -- 1盘卷片(3米17拍)：1:10，2B；35mm银盐
收藏馆：缩微中心，国图

000O010754
即子集：不分卷 / (清)吕楠撰
清(1644-1911)抄本. -- 华乾龙序题吕雪洲诗集。
1989年摄制. -- 1盘卷片(16米337拍)：1:10，2B；35mm银盐
收藏馆：缩微中心，天津

000O025776
经纬堂诗集：十卷 / (清)杜臻撰
清康熙(1662-1722)刻本
1996年摄制. -- 1盘卷片(9米160拍)：1:10，2B；35mm银盐
收藏馆：缩微中心，国图

000O031420
东江诗钞：十二卷 / (清)唐孙华撰
清康熙(1662-1722)刻本
2004年摄制. -- 1盘卷片(15米298拍)：1:10，2B；35mm银盐
收藏馆：缩微中心，国图

000O028719
东江诗钞：十二卷 / (清)唐孙华撰
清康熙(1662-1722)刻本
1997年摄制. -- 1盘卷片(12米289拍)：1:10，2B；35mm银盐
收藏馆：缩微中心，吉林

000O000359
含经堂集：三十卷别集二卷附录一卷 / (清)徐元文撰
清康熙(1662-1722)刻本. -- 存二十九卷：卷一至卷十五、卷十七至卷三十。
1985年摄制. -- 1盘卷片(21米463拍)：1:10，2B；35mm银盐
收藏馆：缩微中心，国图

000O000945
含经堂集：三十卷别集二卷附录二卷 / (清)徐元文撰
清康熙(1662-1722)刻本. -- 存三十三卷：卷一至卷十五、卷十七至卷三十，别集二卷，附录二卷。
1985年摄制. -- 1盘卷片(20.8米456拍)：1:10，2B；35mm银盐
收藏馆：缩微中心，国图

000O026217
珂雪诗：五卷 / (清)曹贞吉撰
清康熙(1662-1722)刻本
1997年摄制. -- 1盘卷片(10米150拍)：1:10，2B；35mm银盐
收藏馆：缩微中心，国图

000O028464
兼山堂集：四卷 / (清)陈锡嘏撰
清康熙(1662-1722)刻本
1996年摄制. -- 1盘卷片(7.9米141拍)：1:10，2B；35mm银盐
收藏馆：缩微中心，福建

000O026459
中岩文介先生文集：六卷 / (清)宋振麟撰
清乾隆十六年(1751)王文昭刻本
1997年摄制. -- 1盘卷片(16米292拍)：1:10，2B；35mm银盐
收藏馆：缩微中心，国图

000O027313
戒山文存：不分卷诗存二卷；河工见闻录：一卷 / (清)邵远平撰
清康熙(1662-1722)刻本
1997年摄制. -- 1盘卷片(19米363拍)：1:10，2B；35mm银盐
收藏馆：缩微中心，国图

000O001324
深宁斋诗集：□□卷 / (清)查诗继撰
清(1644-1911)抄本. -- 存三卷。吴昌绶跋。
1985年摄制. -- 1盘卷片(5.7米99拍)：1:10，2B；35mm银盐
收藏馆：缩微中心，国图

000O005020
北墅绪言：五卷 / (清)陆次云撰
清康熙(1662-1722)刻本
1986年摄制. -- 1盘卷片(18米380拍)：1:10，2B；35mm银盐
收藏馆：缩微中心，国图

000O008445
余事集：不分卷 / (清)冯行贤撰．湛园题跋：一卷 / (清)姜宸英撰．[元丰]吴郡图经续记：三卷 / (宋)朱长文纂修
清(1644-1911)抄本. -- 未拍摄吴郡图经续记。(清)濮自崑批注。
1988年摄制. -- 1盘卷片(3米20拍)：1:10，2B；35mm银盐
收藏馆：缩微中心，国图

000O025791
榴翁居士集：十六卷 / (明)董汉策撰
清康熙(1662-1722)刻本
1996年摄制. -- 1盘卷片(22米409拍)：1:10，2B；35mm银盐
收藏馆：缩微中心，国图

000O031422
西斋集：十八卷 / (清)王仲儒撰
清康熙(1662-1722)梦华山房刻本
2004年摄制. -- 1盘卷片(23米470拍)：1:10，2B；35mm银盐
收藏馆：缩微中心，国图

000O027320
任川独学甲午杂咏：不分卷 / (清)金侃撰
清(1644-1911)稿本
1997年摄制. -- 1盘卷片(21米419拍)：1:10，2B；35mm银盐
收藏馆：缩微中心，国图

000O019348
西陂类稿：五十卷 / (清)宋荦撰
清康熙(1662-1722)毛扆宋怀金高岑刻本
1994年摄制. -- 2盘卷片(62米1264拍)：1:10，2B；35mm银盐
收藏馆：缩微中心，国图

000O014008
和松庵存札：不分卷 / (清)王士禛[等]撰
清(1644-1911)稿本. -- 撰者还有：(清)朱彝尊等。(清)张仁熙跋。
1991年摄制. -- 1盘卷片(3米13拍)：1:10，2B；35mm银盐
收藏馆：缩微中心，国图

000O009883
秋锦山房集：十卷 / (清)李良年撰
清康熙二十五年(1686)李潮偕刻本
1989年摄制. -- 1盘卷片(15米309拍)：1:10，2B；35mm银盐
收藏馆：缩微中心，浙江

000O025817
秋锦山房集：二十二卷外集三卷 / (清)李良年撰．香草居集：七卷 / (清)李符撰．寻壑外言：五卷 / (清)李绳远撰
清乾隆(1736-1795)刻本
1996年摄制. -- 2盘卷片(39米763拍)：1:10，2B；35mm银盐
收藏馆：缩微中心，国图

000O023905
矩庵诗质：十二卷 / (清)高一麟撰
清乾隆(1736-1795)高莫及刻本
1996年摄制. -- 1盘卷片(14米307拍)：1:10，2B；35mm银盐
收藏馆：缩微中心，河南

000O012610
善卷堂四六：十卷 / (清)陆繁弨撰；(清)吴自高注
清乾隆(1736-1795)刻本
1990年摄制. -- 1盘卷片(19.3米424拍)：1:10，2B；35mm银盐
收藏馆：缩微中心，辽宁

000O011077
绀寒亭诗集：九卷文集四卷 / (清)赵俞撰
清康熙(1662-1722)刻本
1989年摄制. -- 1盘卷片(22米462拍)：1:10，2B；35mm银盐
收藏馆：缩微中心，天津

000O010241
经义斋集：十八卷 / (清)熊赐履撰
清(1644-1911)刻本
1989年摄制. -- 1盘卷片(31米621拍) :
1:10, 2B ; 35mm银盐
收藏馆：缩微中心，天津

000O020588
闲道堂集：九卷 / (清)熊赐履撰
清康熙四十五年(1706)熊赐履刻本
1994年摄制. -- 1盘卷片(9米151拍) : 1:10,
2B ; 35mm银盐
收藏馆：缩微中心，国图

000O009926
虚直堂集：二十四卷首一卷 / (清)刘榛撰；(清)
田兰芳选
清康熙(1662-1722)刻本
1989年摄制. -- 1盘卷片(31米598拍) :
1:10, 2B ; 35mm银盐
收藏馆：缩微中心，天津

000O026175
陪集：十七卷 / (清)方中通撰
清康熙(1662-1722)继声堂刻本. -- 存八卷：
陪古三卷、陪诗卷一至卷五。
1997年摄制. -- 1盘卷片(14米249拍) :
1:10, 2B ; 35mm银盐
收藏馆：缩微中心，国图

000O019302
鸳鸯社草：一卷 / (清)王璐卿撰
清(1644-1911)抄本
1994年摄制. -- 1盘卷片(3米12拍) : 1:10,
2B ; 35mm银盐
收藏馆：缩微中心，国图

000O027582
默镜居文集：四集 / (清)范方撰
清乾隆二十六年(1761)范氏世怡堂刻本
1997年摄制. -- 1盘卷片(9米151拍) : 1:10,
2B ; 35mm银盐
收藏馆：缩微中心，国图

000O006787
深省堂诗：不分卷 / (清)万斯备撰
清(1644-1911)近蓬草堂抄本
1987年摄制. -- 1盘卷片(5米73拍) : 1:10,
2B ; 35mm银盐
收藏馆：缩微中心，国图

000O001203
墙东杂抄：四卷 / (清)王晫撰

清康熙(1662-1722)王晫霞举堂刻本
1985年摄制. -- 1盘卷片(7.8米146拍) :
1:10, 2B ; 35mm银盐
收藏馆：缩微中心，国图

000O001745
芦中集：十卷 / (清)王摅撰
清康熙三十七年(1698)王氏善学斋刻本
1986年摄制. -- 1盘卷片(11米224拍) :
1:10, 2B ; 35mm银盐
收藏馆：缩微中心，国图

000O027321
山闻诗：一卷续集一卷 / (清)汪楫撰
清(1644-1911)刻本
1997年摄制. -- 1盘卷片(7米109拍) : 1:10,
2B ; 35mm银盐
收藏馆：缩微中心，国图

000O027211
京华诗：一卷 / (清)汪楫撰
清康熙(1662-1722)刻本
1997年摄制. -- 1盘卷片(5米59拍) : 1:10,
2B ; 35mm银盐
收藏馆：缩微中心，国图

000O000214
悔斋诗：六卷 / (清)汪楫撰
清(1644-1911)稿本. -- 丁钧跋。
1985年摄制. -- 1盘卷片(7米114拍) : 1:10,
2B ; 35mm银盐
收藏馆：缩微中心，国图

000O026214
去来吟：不分卷 / (清)李时震撰；(清)李师熹[等]
辑
清康熙(1662-1722)刻本
1997年摄制. -- 1盘卷片(8米134拍) : 1:10,
2B ; 35mm银盐
收藏馆：缩微中心，国图

000O001178
南州草堂集：三十卷首一卷续集四卷；词话：
一卷 / (清)徐釚撰
清康熙(1662-1722)菊庄刻本
1985年摄制. -- 1盘卷片(30.78米695拍) :
1:10, 2B ; 35mm银盐
收藏馆：缩微中心，国图

000O001172
问山诗集：十卷 / (清)丁炜撰
清康熙(1662-1722)希郳堂刻本. -- 存三卷：
卷一至卷三。

1985年摄制. -- 1盘卷片(7米123拍)： 1:10,
2B ；35mm银盐
收藏馆：缩微中心，国图

000O026848
问山诗集：十卷；紫云词：一卷 / (清)丁炜撰
清康熙(1662-1722)希郏堂刻本
1996年摄制. -- 1盘卷片(17米346拍)：
1:10, 2B ；35mm银盐
收藏馆：缩微中心，南京

000O028502
问山文集：八卷 / (清)丁炜撰
清康熙(1662-1722)希郏堂刻本. -- 原书缺卷
二的"献陵内署北楼春望记""思永轩记"，
卷四的"叶丙霞先生传"，卷八的"题王四及
遊西山诗草""驱鹿图像赞"。其中卷二的
"彊园记"、卷三的"上郑少司寇书"、卷八
的"书王汲公哑孝子传后"为手抄补遗。
1997年摄制. -- 1盘卷片(11.8米231拍)：
1:10, 2B ；35mm银盐
收藏馆：缩微中心，泉州

000O002082
含星别集崇祯宫词：二卷 / (清)王誉昌撰
清(1644-1911)抄本
1986年摄制. -- 1盘卷片(3.8米52拍)：
1:10, 2B ；35mm银盐
收藏馆：缩微中心，国图

000O010223
含星集：六卷 / (清)王誉昌撰
清康熙(1662-1722)薛熙刻本
1989年摄制. -- 1盘卷片(7米111拍)： 1:10,
2B ；35mm银盐
收藏馆：缩微中心，天津

000O006538
月溪集：一卷 / (清)卫诰撰
清(1644-1911)稿本
1987年摄制. -- 1盘卷片(3米59拍)： 1:10,
2B ；35mm银盐
收藏馆：缩微中心，国图

000O026202
鼓枻文集：一卷 / (清)丁灏撰
清康熙(1662-1722)嫩云阁刻本
1997年摄制. -- 1盘卷片(5米73拍)： 1:10,
2B ；35mm银盐
收藏馆：缩微中心，国图

000O027310
九谷集：六卷 / (清)方殿元撰

清康熙(1662-1722)刻本
1997年摄制. -- 1盘卷片(16米312拍)：
1:10, 2B ；35mm银盐
收藏馆：缩微中心，国图

000O016931
黄湄诗选：十卷 / (清)王又旦撰
清康熙(1662-1722)刻本
1993年摄制. -- 1盘卷片(9米154拍)： 1:10,
2B ；35mm银盐
收藏馆：缩微中心，国图

000O019075
证山堂集：八卷 / (清)周斯盛撰
清康熙(1662-1722)刻本. -- (清)徐时栋跋。
1994年摄制. -- 1盘卷片(10米158拍)：
1:10, 2B ；35mm银盐
收藏馆：缩微中心，国图

000O016299
**苍岘山人集：五卷；微云集：一卷 / (清)秦松龄
撰**
清康熙(1662-1722)尊贤堂刻本
1993年摄制. -- 1盘卷片(9米163拍)： 1:10,
2B ；35mm银盐
收藏馆：缩微中心，国图

000O009332
笃素堂文集：十六卷诗集七卷 / (清)张英撰
清康熙(1662-1722)刻本
1988年摄制. -- 1盘卷片(30米654拍)：
1:10, 2B ；35mm银盐
收藏馆：缩微中心，湖南

000O013554
渠亭山人半部稿：五卷 / (清)张贞撰
清康熙(1662-1722)刻本
1991年摄制. -- 1盘卷片(33米671拍)：
1:10, 2B ；35mm银盐
收藏馆：缩微中心，浙江

000O007847
抱犊山房集：六卷 / (清)嵇永仁撰
清雍正(1723-1735)刻本
1987年摄制. -- 1盘卷片(11.6米236拍)：
1:10, 2B ；35mm银盐
收藏馆：缩微中心，重庆

000O026448
寒村诗选：二十一卷文选八卷 / (清)郑梁撰
清康熙(1662-1722)紫蟾山房刻本
1997年摄制. -- 2盘卷片(40米807拍)：
1:10, 2B ；35mm银盐

收藏馆：缩微中心，国图

000O000701

寒村诗文选：三十六卷 / (清)郑梁撰

清康熙(1662-1722)郑梁紫蟾山房刻本

1985年摄制. -- 2盘卷片(55.7米1253拍)：
1:10, 2B ; 35mm银盐

收藏馆：缩微中心，国图

000O011616

香谷集：六卷 / (清)释荫在撰

明崇祯(1628-1644)刻本

1990年摄制. -- 1盘卷片(10米192拍)：
1:10, 2B ; 35mm银盐

收藏馆：缩微中心，天津

000O007802

有怀堂文稿：二十二卷诗稿六卷 / (清)韩葵撰

清康熙四十二年(1703)刻本

1987年摄制. -- 1盘卷片(27.5米605拍)：
1:9, 2B ; 35mm银盐

收藏馆：缩微中心，重庆

000O031423

忆雪楼诗集：二卷 / (清)王焕撰

清康熙三十五年(1696)王氏贞久堂刻本

2004年摄制. -- 1盘卷片(8米135拍)：1:10,
2B ; 35mm银盐

收藏馆：缩微中心，国图

000O010571

**灌园余事：八卷附悼往诗一卷 / (清)崔谟撰 . 问
花楼遗稿：三卷 / (清)许权撰**

清乾隆二十三年(1758)刻本. -- 版框高十六
厘米宽十二厘米。

1989年摄制. -- 1盘卷片(13米282拍)：
1:10, 2B ; 35mm银盐

收藏馆：缩微中心，广东

000O000270

栖贤山房文集：五卷 / (清)臧眉锡撰

清康熙(1662-1722)刻本

1985年摄制. -- 1盘卷片(9.6米190拍)：
1:10, 2B ; 35mm银盐

收藏馆：缩微中心，国图

000O000397

咸陟堂文集：二十五卷 / (清)释成鹫撰

清康熙(1662-1722)耕乐堂刻本

1985年摄制. -- 1盘卷片(27.7米620拍)：
1:10, 2B ; 35mm银盐

收藏馆：缩微中心，国图

000O004257

咸陟堂文集：二十五卷 / (清)释成鹫撰

清康熙(1662-1722)耕乐堂刻本

1986年摄制. -- 1盘卷片(29.6米657拍)：
1:10, 2B ; 35mm银盐

收藏馆：缩微中心，国图

000O000530

咸陟堂二集：三卷 / (清)释成鹫撰

清康熙(1662-1722)刻本

1985年摄制. -- 1盘卷片(15.8米338拍)：
1:10, 2B ; 35mm银盐

收藏馆：缩微中心，国图

000O000572

柳塘诗集：十二卷 / (清)吴祖修撰

清康熙三十八年(1699)陈芪吴晋涛刻本

1985年摄制. -- 1盘卷片(9.5米188拍)：
1:10, 2B ; 35mm银盐

收藏馆：缩微中心，国图

000O025844

叶忠节公遗稿：十二卷 / (清)叶映榴撰

清乾隆十年(1745)刻本

1996年摄制. -- 1盘卷片(14米255拍)：
1:10, 2B ; 35mm银盐

收藏馆：缩微中心，国图

000O020505

玉照堂集句：不分卷 / (清)庄黉荪集

清康熙(1662-1722)刻本

1994年摄制. -- 1盘卷片(8米138拍)：1:10,
2B ; 35mm银盐

收藏馆：缩微中心，国图

000O006632

管邨先生文钞内编：三卷 / (清)万言撰

清(1644-1911)抄本

1987年摄制. -- 1盘卷片(13米256拍)：
1:10, 2B ; 35mm银盐

收藏馆：缩微中心，国图

000O026212

如斋吟稿：一卷 / (清)王辅铭撰

清康熙(1662-1722)刻本

1997年摄制. -- 1盘卷片(5米64拍)：1:10,
2B ; 35mm银盐

收藏馆：缩微中心，国图

000O007426

秋声阁尺牍：二卷 / (清)奚学孔撰

清康熙(1662-1722)抄本

1987年摄制. -- 1盘卷片(9米168拍)：1:10,

2B；35mm银盐
收藏馆：缩微中心，吉林市

000O021226
秋声阁尺牍：二卷 / (清)奚学孔撰 . 古照堂诗稿：一卷 / (清)奚大武撰；(清)周而衍评
清康熙四十七年(1708)刻本
1995年摄制. -- 1盘卷片(9米141拍)：1:10，2B；35mm银盐
收藏馆：缩微中心，国图

000O025820
兰居吟草：一卷 / (清)陈玉瑛撰
清初(1644-1722)刻本
1996年摄制. -- 1盘卷片(3米16拍)：1:10，2B；35mm银盐
收藏馆：缩微中心，国图

000O027112
栩栩园诗：二卷；京邸吟：一卷 / (清)屠粹忠撰
清康熙(1662-1722)刻本
1997年摄制. -- 1盘卷片(4米45拍)：1:10，2B；35mm银盐
收藏馆：缩微中心，国图

000O000405
白鹿山房诗集：十五卷 / (清)方中发撰
清康熙(1662-1722)方氏云松阁刻本
1985年摄制. -- 1盘卷片(18.7米409拍)：1:10，2B；35mm银盐
收藏馆：缩微中心，国图

000O010141
柳村诗集：十二卷 / (清)董讷撰
清康熙五十年(1711)王掞刻本
1989年摄制. -- 1盘卷片(12米237拍)：1:10，2B；35mm银盐
收藏馆：缩微中心，山东

000O025830
日知堂文集：六卷 / (清)郑端撰
清康熙(1662-1722)刻本
1996年摄制. -- 1盘卷片(13米229拍)：1:10，2B；35mm银盐
收藏馆：缩微中心，国图

000O013098
兰笋山房稿：八卷 / (清)朱祯撰
清(1644-1911)抄本
1991年摄制. -- 1盘卷片(12.6米253拍)：1:10，2B；35mm银盐
收藏馆：缩微中心，辽宁

000O026207
式古堂集：文一卷诗四卷 / (清)张云翼撰
清康熙(1662-1722)刻本
1997年摄制. -- 1盘卷片(8米134拍)：1:10，2B；35mm银盐
收藏馆：缩微中心，国图

000O006546
情味集：五卷 / (清)陈玉齐撰
清康熙(1662-1722)刻本. -- (清)鱼元傅跋并临(清)冯行贤批语。
1987年摄制. -- 1盘卷片(6米107拍)：1:10，2B；35mm银盐
收藏馆：缩微中心，国图

000O000738
三唐集韵：二卷；百名家英华：一卷 / (清)杨为松撰；(清)顾有孝辑
清初(1644-1722)米拜堂刻本
1985年摄制. -- 1盘卷片(9米163拍)：1:10，2B；35mm银盐
收藏馆：缩微中心，国图

000O013837
石月川遗集：三卷 / (清)石泖撰
清康熙(1662-1722)陈君仲法古堂刻本
1991年摄制. -- 1盘卷片(12米223拍)：1:10，2B；35mm银盐
收藏馆：缩微中心，国图

000O010049
百尺梧桐阁集：二十六卷 / (清)汪懋麟撰
清康熙(1662-1722)刻本. -- 版框高十八厘米宽十四厘米。
1989年摄制. -- 1盘卷片(31米678拍)：1:10，2B；35mm银盐
收藏馆：缩微中心，广东

000O000855
百尺梧桐阁集：诗十六卷文十卷 / (清)汪懋麟撰
清康熙十七年(1678)汪懋麟刻本. -- 存十一卷：诗卷六至卷十六。
1985年摄制. -- 1盘卷片(18.7米408拍)：1:10，2B；35mm银盐
收藏馆：缩微中心，国图

000O020810
黄叶邨庄诗集：后集一卷续集一卷 / (清)吴之振撰
清康熙(1662-1722)刻本
1994年摄制. -- 1盘卷片(16米296拍)：1:10，2B；35mm银盐
收藏馆：缩微中心，国图

000O006913
学文堂集：□□卷 / (清)陈玉璂撰
清康熙(1662-1722)刻本. -- 存四十七卷：文集三十四卷、诗集十卷、耕烟词三卷。
1986年摄制. -- 2盘卷片(51米1131拍)：1:10, 2B；35mm银盐
收藏馆：缩微中心，国图

000O027315
学文堂集：□□卷 / (清)陈玉璂撰
清康熙(1662-1722)刻本. -- 存文集二十卷：序卷一至卷十、记卷一至卷四、论卷一至卷二、史论卷一至卷四。
1997年摄制. -- 1盘卷片(29米594拍)：1:10, 2B；35mm银盐
收藏馆：缩微中心，国图

000O021826
尊闻堂集：八十卷 / (清)陈廷敬撰
清康熙(1662-1722)刻本
1995年摄制. -- 2盘卷片(60.5米1340拍)：1:10, 2B；35mm银盐
收藏馆：缩微中心，南京

000O000020
午亭文编：五十卷 / (清)陈廷敬撰
清康熙四十七年(1708)林佶刻本
1986年摄制. -- 2盘卷片(51.5米1109拍)：1:10, 2B；35mm银盐
收藏馆：缩微中心，山西

000O016571
午亭山人第二集：三卷 / (清)陈廷敬撰
清乾隆七年(1742)刻本
1993年摄制. -- 1盘卷片(5.2米88拍)：1:10, 2B；35mm银盐
收藏馆：缩微中心，山西

000O023945
聊斋文集：四卷 / (清)蒲松龄撰
清道光二十九年(1849)邢祖恪抄本
1996年摄制. -- 1盘卷片(10米227拍)：1:10, 2B；35mm银盐
收藏馆：缩微中心，河南

000O019316
雪晴轩文稿：不分卷 / (清)宋和撰
清(1644-1911)抄本
1994年摄制. -- 1盘卷片(8米134拍)：1:10, 2B；35mm银盐
收藏馆：缩微中心，国图

000O001422
雪晴轩文稿：不分卷诗集八卷 / (清)宋和撰
清(1644-1911)抄本
1985年摄制. -- 1盘卷片(20.8米458拍)：1:10, 2B；35mm银盐
收藏馆：缩微中心，国图

000O026200
柯斋选稿：二十卷 / (清)周纶撰
清康熙(1662-1722)千山草堂刻本
1997年摄制. -- 1盘卷片(15米293拍)：1:10, 2B；35mm银盐
收藏馆：缩微中心，国图

000O009867
野耕集：三卷 / (清)许士佐撰
清乾隆(1736-1795)刻本
1989年摄制. -- 1盘卷片(5米83拍)：1:10, 2B；35mm银盐
收藏馆：缩微中心，浙江

000O027316
游梁草：一卷 / (清)崔征璧撰
清康熙(1662-1722)刻本
1997年摄制. -- 1盘卷片(3米12拍)：1:10, 2B；35mm银盐
收藏馆：缩微中心，国图

000O028100
鹪寄堂诗：一卷 / (清)曾华盖撰
清康熙二十八年(1689)刻本
1997年摄制. -- 1盘卷片(5米80拍)：1:10, 2B；35mm银盐
收藏馆：缩微中心，广东

000O028307
征车草：一卷 / (清)曾华盖撰
清康熙三十七年(1698)刻本
1998年摄制. -- 1盘卷片(4米56拍)：1:10, 2B；35mm银盐
收藏馆：缩微中心，广东

000O028344
莱园诗稿：不分卷 / (清)韩斐撰
清康熙(1662-1722)刻本. -- 本书还装订有莱园诗余、二怀堂诗草、莱园文稿。
1998年摄制. -- 1盘卷片(15米293拍)：1:10, 2B；35mm银盐
收藏馆：缩微中心，广东

000O026328
蒙春园集：不分卷 / (清)王封溁撰
清(1644-1911)抄本

1996年摄制. -- 1盘卷片（13米240拍）：
1:10，2B；35mm银盐
收藏馆：缩微中心，湖北

000O025829
白石山房文稿：十二卷 / (清)李振裕撰
清康熙二十五年(1686)刻本
1996年摄制. -- 1盘卷片（19米375拍）：
1:10，2B；35mm银盐
收藏馆：缩微中心，国图

000O026060
白石山房集：二十七卷 / (清)李振裕撰
清康熙(1662-1722)香雪堂刻本. -- 存二十三
卷：卷一至卷十一、卷十六至卷二十七。
1993年摄制. -- 1盘卷片（23米493拍）：
1:10，2B；35mm银盐
收藏馆：缩微中心，南京

000O000969
礐湖草堂文集：六卷 / (清)吴世杰撰
清康熙(1662-1722)刻本
1985年摄制. -- 1盘卷片（9.1米178拍）：
1:10，2B；35mm银盐
收藏馆：缩微中心，国图

000O018526
采衣堂集：八卷 / (清)毛万龄撰
清康熙(1662-1722)刻本
1993年摄制. -- 1盘卷片（6米79拍）：1:10，
2B；35mm银盐
收藏馆：缩微中心，国图

000O007130
匠门书屋文集：三十卷 / (清)张大受撰
清雍正七年(1729)顾治录刻本
1987年摄制. -- 1盘卷片（23米500拍）：
1:10，2B；35mm银盐
收藏馆：缩微中心，重庆

000O018769
**燕友楼集：一卷 / (清)吴漋撰．百花凡谱：一卷 /
(清)吴漋辑**
清康熙(1662-1722)刻本
1994年摄制. -- 1盘卷片（5米61拍）：1:10，
2B；35mm银盐
收藏馆：缩微中心，国图

000O019271
采霞集：九卷 / (清)释岳峙撰
清(1644-1911)抄本
1994年摄制. -- 1盘卷片（21米415拍）：
1:10，2B；35mm银盐

收藏馆：缩微中心，国图

000O021597
**画溪西堂稿：三卷 / (清)谢芳连撰；(清)王士禛
评点**
清康熙(1662-1722)刻本
1995年摄制. -- 1盘卷片（5米51拍）：1:10，
2B；35mm银盐
收藏馆：缩微中心，国图

000O027111
画舫斋诗十集：□□卷 / (清)王顼龄撰
清康熙(1662-1722)刻本. -- 存八卷：三集卷
一至卷二、七集卷一至卷二、八集卷一至卷
二、九集卷一至卷二。
1997年摄制. -- 1盘卷片（11米193拍）：
1:10，2B；35mm银盐
收藏馆：缩微中心，国图

000O025847
**世恩堂诗集：三十卷词集二卷；经进集：三卷 /
(清)王顼龄撰**
清康熙(1662-1722)刻本
1996年摄制. -- 2盘卷片（40米791拍）：
1:10，2B；35mm银盐
收藏馆：缩微中心，国图

000O018783
榕村藏稿：四卷 / (清)李光地撰
清(1644-1911)刻本
1994年摄制. -- 1盘卷片（16米313拍）：
1:10，2B；35mm银盐
收藏馆：缩微中心，国图

000O000053
榕村诗选：八卷首一卷 / (清)李光地辑
清雍正七年(1729)方葦刻本
1986年摄制. -- 1盘卷片（16.2米338拍）：
1:10，2B；35mm银盐
收藏馆：缩微中心，山西

000O025834
归田集：一卷 / (清)乔莱撰
清康熙(1662-1722)刻本
1996年摄制. -- 1盘卷片（8米123拍）：1:10，
2B；35mm银盐
收藏馆：缩微中心，国图

000O001173
**直庐集：一卷；使粤日记：一卷；使粤集：一卷 /
(清)乔莱撰**
清康熙(1662-1722)刻本
1985年摄制. -- 1盘卷片（11.8米242拍）：

1:10，2B ；35mm银盐
收藏馆：缩微中心，国图

000O027572
石屋初集：一卷二集一卷三集一卷 / (清)魏麟征撰
清康熙(1662-1722)刻本. -- 还有合刻著作：
[石屋]四集一卷/(清)魏麟征撰。
1997年摄制. -- 1盘卷片(2米28拍) : 1:10，2B ；35mm银盐
收藏馆：缩微中心，国图

000O017884
黄山纪游草：一卷西山绝句一卷 / (清)宋定业撰 . 柳洲诗存：一卷 / (清)柯煜撰 . 借题集句：一卷 / (清)沈坚撰
清康熙(1662-1722)刻本. -- 还有合刻著作：
柘湖小稿一卷/(清)郑鈇撰。
1993年摄制. -- 1盘卷片(3米19拍) : 1:10，2B ；35mm银盐
收藏馆：缩微中心，国图

000O026186
憨休和尚敲空遗响：十二卷 / (清)释如乾撰
清康熙(1662-1722)刻本
1997年摄制. -- 1盘卷片(18米341拍) : 1:10，2B ；35mm银盐
收藏馆：缩微中心，国图

000O020773
詅痴梦草：十二卷 / (清)余心孺撰
清康熙(1662-1722)燕台刻本
1994年摄制. -- 1盘卷片(25米510拍) : 1:10，2B ；35mm银盐
收藏馆：缩微中心，国图

000O031426
詅痴梦草：十二卷 / (清)余心孺撰
清康熙(1662-1722)刻本
2004年摄制. -- 1盘卷片(28米595拍) : 1:10，2B ；35mm银盐
收藏馆：缩微中心，国图

000O024198
翠楼集：初集一卷二集一卷新集一卷 / (清)刘云份辑
清康熙十二年(1673)野香堂刻本. -- 版框高十九厘米宽十四厘米。(清)玉山主人眉批，(清)莪亭批并圈点。
1996年摄制. -- 1盘卷片(12米230拍) :

1:10，2B ；35mm银盐
收藏馆：缩微中心，广东

000O027401
西湄草堂诗：一卷 / (清)宋炌撰
清康熙(1662-1722)刻本
1997年摄制. -- 1盘卷片(3米60拍) : 1:10，2B ；35mm银盐
收藏馆：缩微中心，河南

000O018738
申椒集：二卷；盟鸥草：一卷；炊香词：三卷 / (清)孔传铎撰
清康熙(1662-1722)刻本. -- 还有合刻著作：红萼词二卷/(清)孔传铎撰，绘心集二卷/(清)孔传铎撰。
1994年摄制. -- 1盘卷片(22米451拍) : 1:10，2B ；35mm银盐
收藏馆：缩微中心，国图

000O031437
申椒集：二卷；红萼词：二卷 / (清)孔传铎撰
清康熙(1662-1722)刻本
2004年摄制. -- 1盘卷片(15米290拍) : 1:10，2B ；35mm银盐
收藏馆：缩微中心，国图

000O025840
安怀堂文集：二卷；申椒二集：一卷；红萼词二集：一卷 / (清)孔传铎撰
清(1644-1911)孔氏红萼书屋抄本
1996年摄制. -- 1盘卷片(15米278拍) : 1:10，2B ；35mm银盐
收藏馆：缩微中心，国图

000O000955
江辰六文集：十六卷 / (清)江闿撰
清康熙(1662-1722)政在堂刻本
1985年摄制. -- 1盘卷片(28.8米648拍) : 1:10，2B ；35mm银盐
收藏馆：缩微中心，国图

000O001762
扪膝轩草稿：一卷 / (清)许箕撰
清(1644-1911)稿本
1986年摄制. -- 1盘卷片(3米25拍) : 1:10，2B ；35mm银盐
收藏馆：缩微中心，国图

000O008544
老父云游始末：一卷 / (清)陆莘行撰
清光绪元年(1875)汪曰桢抄本
1988年摄制. -- 1盘卷片(3米43拍) ：1:10,
2B ；35mm银盐
收藏馆：缩微中心，国图

000O005863
秋思草堂遗集：一卷 / (清)陆莘行撰
清(1644-1911)吴骞抄本. -- (清)吴骞跋。
1987年摄制. -- 1盘卷片(2.8米28拍) ：
1:10, 2B ；35mm银盐
收藏馆：缩微中心，国图

000O021617
似山亭诗：四卷 / (清)董访撰
清康熙五十年(1711)刻本
1995年摄制. -- 1盘卷片(5米64拍) ：1:10,
2B ；35mm银盐
收藏馆：缩微中心，国图

000O026215
怀古堂初集：不分卷 / (清)刘国英撰 ；(清)陶元
淳[等]评
清康熙(1662-1722)怀古堂刻套印本
1997年摄制. -- 1盘卷片(7米106拍) ：1:10,
2B ；35mm银盐
收藏馆：缩微中心，国图

000O018425
雅趣藏书：一卷 / (清)钱书撰
清康熙(1662-1722)刻套印本
1993年摄制. -- 1盘卷片(6米78拍) ：1:10,
2B ；35mm银盐
收藏馆：缩微中心，国图

000O031973
雅趣藏书：一卷 / (清)钱书撰
清康熙(1662-1722)刻套印本
2010年摄制. -- 1盘卷片(7米102拍) ：1:12,
2B ；35mm银盐
收藏馆：缩微中心，国图

000O006844
来寄轩诗草：四卷
清(1644-1911)抄本
1986年摄制. -- 1盘卷片(13米267拍) ：
1:10, 2B ；35mm银盐
收藏馆：缩微中心，国图

000O010929
莲洋集：十二卷补遗一卷 / (清)吴雯撰
清乾隆十七年(1752)梦崔草堂刻本

1989年摄制. -- 1盘卷片(24.5米543拍) ：
1:10, 2B ；35mm银盐
收藏馆：缩微中心，湖北

000O009032
莲洋集：二十卷年谱一卷附录一卷 / (清)吴雯撰
清乾隆三十九年(1774)荆圃草堂刻本
1988年摄制. -- 1盘卷片(23米439拍) ：
1:10, 2B ；35mm银盐
收藏馆：缩微中心，湖北

000O000032
吴征君莲洋诗钞：不分卷 / (清)吴雯撰
清乾隆三十三年(1768)河东刘赟刻本
1986年摄制. -- 1盘卷片(15.4米319拍) ：
1:10, 2B ；35mm银盐
收藏馆：缩微中心，山西

000O008435
莲洋诗选：不分卷 / (清)吴雯撰
清(1644-1911)马氏小玲珑山馆抄本
1988年摄制. -- 1盘卷片(5米71拍) ：1:10,
2B ；35mm银盐
收藏馆：缩微中心，国图

000O019133
横山诗文钞：二十二卷 / (清)裘琏撰
清康熙(1662-1722)裘氏绛云居刻本
1994年摄制. -- 1盘卷片(18米356拍) ：
1:10, 2B ；35mm银盐
收藏馆：缩微中心，国图

000O028094
二十七松堂集：二十四卷 / (清)廖燕著
清康熙(1662-1722)刻本. -- 存十八卷：卷一
至卷十八。
1997年摄制. -- 1盘卷片(27米563拍) ：
1:10, 2B ；35mm银盐
收藏馆：缩微中心，广东

000O029266
赵恭毅公剩稿：八卷 ；赵裘萼公剩稿：四卷 /
(清)赵申乔,(清)赵熊诏撰 ；(清)赵侗敩编
清乾隆三年(1738)刻本
1999年摄制. -- 1盘卷片(26米545拍) ：
1:10, 2B ；35mm银盐
收藏馆：缩微中心，湖南

000O021614
复园诗钞：八卷 / (清)龚士荐撰 ；(清)赵侗敩编 .
晋之诗钞：三卷 / (清)龚策撰 ；(清)赵侗敩编
清康熙五十六年(1717)赵侗敩刻本
1995年摄制. -- 1盘卷片(8米120拍) ：1:10,

2B ；35mm银盐
收藏馆：缩微中心，国图

000O031252
莼香堂诗稿：八卷 / (清)王九龄撰
清康熙四十年(1701)刻本
2004年摄制. -- 1盘卷片(8米135拍) : 1:10,
2B ；35mm银盐
收藏馆：缩微中心，国图

000O027338
圣武北征功成诗：一卷 / (清)王九龄撰
清康熙(1662-1722)刻本
1997年摄制. -- 1盘卷片(3米16拍) : 1:10,
2B ；35mm银盐
收藏馆：缩微中心，国图

000O001180
郘雪斋纂稿：前集二卷后集四卷 / (清)高熊征撰
清康熙二十三年至四十四年(1684-1705)高轼
高辑刻本
1985年摄制. -- 1盘卷片(20.1米442拍) :
1:10, 2B ；35mm银盐
收藏馆：缩微中心，国图

000O027888
西田集：四卷 / (清)王揆撰
清康熙三十九年(1700)拙修堂刻本
1996年摄制. -- 1盘卷片(7米108拍) : 1:10,
2B ；35mm银盐
收藏馆：缩微中心，南京

000O008308
楼邨诗集：二十五卷 / (清)王式丹撰
清雍正四年(1726)王懋讷刻本
1988年摄制. -- 1盘卷片(21米427拍) :
1:10, 2B ；35mm银盐
收藏馆：缩微中心，山东

000O006908
横云山人集：三十二卷 / (清)王鸿绪撰
清康熙(1662-1722)刻本
1987年摄制. -- 2盘卷片(34.9米741拍) :
1:9, 2B ；35mm银盐
收藏馆：缩微中心，重庆

000O021782
横云山人集：二十六卷又五卷 / (清)王鸿绪撰
清康熙(1662-1722)刻递修本
1995年摄制. -- 1盘卷片(31米636拍) :
1:10, 2B ；35mm银盐
收藏馆：缩微中心，国图

000O018003
查吟集：四卷 / (清)朱维熊撰
清(1644-1911)抄本
1993年摄制. -- 1盘卷片(12米208拍) :
1:10, 2B ；35mm银盐
收藏馆：缩微中心，国图

000O009848
白漊集：十二卷 / (清)沈受宏撰
清康熙四十四年(1705)刻本
1989年摄制. -- 1盘卷片(13米267拍) :
1:10, 2B ；35mm银盐
收藏馆：缩微中心，浙江

000O012514
清吟堂全集：十五种七十七卷 / (清)高埼撰
清康熙(1662-1722)刻本
1990年摄制. -- 2盘卷片(51米1135拍) :
1:10, 2B ；35mm银盐
收藏馆：缩微中心，辽宁

000O011049
南畇文稿：十二卷 / (清)彭定求撰
清雍正四年(1726)精刻本
1989年摄制. -- 1盘卷片(21米456拍) :
1:10, 2B ；35mm银盐
收藏馆：缩微中心，天津

000O021250
南畇文稿：十二卷 / (清)彭定求撰
清雍正四年(1726)彭定求刻本
1995年摄制. -- 1盘卷片(22米434拍) :
1:10, 2B ；35mm银盐
收藏馆：缩微中心，国图

000O021507
梧冈集：十二卷 / (清)杨昌言撰
清(1644-1911)心远堂刻本
1995年摄制. -- 1盘卷片(11米194拍) :
1:10, 2B ；35mm银盐
收藏馆：缩微中心，国图

000O026231
乐余园百一偶存集：三十二卷 / (清)邹山撰
清乾隆三年(1738)刻本
1997年摄制. -- 2盘卷片(36米697拍) :
1:10, 2B ；35mm银盐
收藏馆：缩微中心，国图

000O026241
抚云集：八卷 / (清)钱良择撰
瞿氏铁琴铜剑楼抄本
1997年摄制. -- 1盘卷片(10米161拍) :

1:10，2B ；35mm银盐
收藏馆：缩微中心，国图

000O031428
抚云集：九卷 / (清)钱良择撰
清雍正八年(1730)钱氏招隐堂刻本
2004年摄制. -- 1盘卷片(11米216拍) ：
1:10，2B ；35mm银盐
收藏馆：缩微中心，国图

000O016308
抚云集：九卷 / (清)钱良择撰
清雍正八年(1730)钱氏招隐堂刻本
1993年摄制. -- 1盘卷片(11米197拍) ：
1:10，2B ；35mm银盐
收藏馆：缩微中心，国图

000O016059
抚云集：九卷 / (清)钱良择撰
清(1644-1911)抄本. -- (清)查慎行题诗，章
钰、(清)张兰思跋。
1993年摄制. -- 1盘卷片(11米199拍) ：
1:10，2B ；35mm银盐
收藏馆：缩微中心，国图

000O011702
廉立堂文集：十二卷 / (清)卫既齐撰
清乾隆四十年(1775)太平赵熟典刻本
1990年摄制. -- 1盘卷片(17米357拍) ：
1:10，2B ；35mm银盐
收藏馆：缩微中心，山西

000O009917
漪园诗二集：一卷 / (清)张遇撰；(清)黄利通[等]
评
清康熙(1662-1722)刻本
1989年摄制. -- 1盘卷片(4米49拍) ： 1:10，
2B ；35mm银盐
收藏馆：缩微中心，天津

000O018811
香圃诗钞：六卷 / (清)张霨撰
清康熙(1662-1722)刻本
1994年摄制. -- 1盘卷片(8米126拍) ： 1:10，
2B ；35mm银盐
收藏馆：缩微中心，国图

000O026461
潭西诗集：二十一卷 / (清)杨陆荣撰
清雍正(1723-1735)刻本. -- 存十六卷：卷一
至卷十六。
1997年摄制. -- 1盘卷片(16米317拍) ：
1:10，2B ；35mm银盐

收藏馆：缩微中心，国图

000O025839
摘抄学庵文集：不分卷 / (清)王原撰
清(1644-1911)抄本
1996年摄制. -- 1盘卷片(15米289拍) ：
1:10，2B ；35mm银盐
收藏馆：缩微中心，国图

000O007388
遂初堂集：四十卷 / (清)潘耒撰
清康熙(1662-1722)刻本
1987年摄制. -- 2盘卷片(59米1326拍) ：
1:10，2B ；35mm银盐
收藏馆：缩微中心，吉林

000O000869
倚晴阁诗钞：七卷 / (清)魏坤撰
清康熙三十四年(1695)魏坤刻本
1985年摄制. -- 1盘卷片(9米169拍) ： 1:10，
2B ；35mm银盐
收藏馆：缩微中心，国图

000O013820
倚晴阁诗钞：七卷 / (清)魏坤撰
清康熙三十四年(1695)魏坤刻本
1991年摄制. -- 1盘卷片(9米158拍) ： 1:10，
2B ；35mm银盐
收藏馆：缩微中心，国图

000O000022
凤池园诗集：八卷文集八卷 / (清)顾湄撰
清康熙五十年(1711)刻本
1986年摄制. -- 1盘卷片(24.8米532拍) ：
1:10，2B ；35mm银盐
收藏馆：缩微中心，山西

000O028314
恒斋诗集：十六卷 / (清)周龙藻撰
清(1644-1911)刻本
1998年摄制. -- 1盘卷片(16米316拍) ：
1:10，2B ；35mm银盐
收藏馆：缩微中心，广东

000O024597
清芬堂存稿：八卷诗余一卷 / (清)胡会恩撰
清康熙(1662-1722)刻本
1996年摄制. -- 1盘卷片(10米183拍) ：
1:10，2B ；35mm银盐
收藏馆：缩微中心，浙江

000O009993
贺兰雪樵诗集：四卷 / (清)张榕端撰

清康熙(1662-1722)刻本. -- 版框高十七厘米
宽十三厘米。
1989年摄制. -- 1盘卷片(9米161拍) ：1:10，
2B ；35mm银盐
收藏馆：缩微中心，广东

000O027594
雁黄布衲黄山游草：六卷 / (清)释大涵撰
清康熙(1662-1722)刻本. -- 存四卷：卷一至
卷二、卷五至卷六。
1997年摄制. -- 1盘卷片(12米216拍) ：
1:10，2B ；35mm银盐
收藏馆：缩微中心，国图

000O020509
沧湄诗稿：三十卷补遗三卷别稿二卷文稿六卷
介峰札记四卷 / (清)尤珍撰
清康熙五十三年(1714)尤珍刻本
1994年摄制. -- 2盘卷片(37米740拍) ：
1:10，2B ；35mm银盐
收藏馆：缩微中心，国图

000O010002
蜗庐诗存：七卷 / (清)翁志琦,(清)吴璋撰
清乾隆三年(1738)刻本. -- 版框高二十厘米
宽十四厘米。
1989年摄制. -- 1盘卷片(10米197拍) ：
1:10，2B ；35mm银盐
收藏馆：缩微中心，广东

000O026879
海粟集：六卷 / (清)顾文渊撰
清雍正八年(1730)顾荣刻本. -- 莫棠跋。
1996年摄制. -- 1盘卷片(8米146拍) ：1:10，
2B ；35mm银盐
收藏馆：缩微中心，南京

000O006409
海粟集：六卷 / (清)顾文渊撰
清雍正七年至八年(1729-1730)顾荣亲仁堂刻
本
1987年摄制. -- 1盘卷片(6米132拍) ：1:10，
2B ；35mm银盐
收藏馆：缩微中心，国图

000O031408
之溪老生集：八卷 / (清)先著撰
清康熙(1662-1722)刻本
2004年摄制. -- 1盘卷片(18米367拍) ：
1:10，2B ；35mm银盐
收藏馆：缩微中心，国图

000O013814
之溪老生集：八卷；劝影堂词：三卷 / (清)先著
撰
清康熙(1662-1722)刻本
1992年摄制. -- 1盘卷片(16米316拍) ：
1:10，2B ；35mm银盐
收藏馆：缩微中心，国图

000O021258
秋影园诗：七卷 / (清)吴阐思撰
清康熙(1662-1722)刻本
1995年摄制. -- 1盘卷片(9米143拍) ：1:10，
2B ；35mm银盐
收藏馆：缩微中心，国图

000O004191
秋影园诗：七卷二集五卷北游草一卷 / (清)吴阐
思撰
清康熙(1662-1722)刻本
1986年摄制. -- 1盘卷片(15.6米334拍) ：
1:10，2B ；35mm银盐
收藏馆：缩微中心，国图

000O021784
随园诗集：□□卷 / (清)胡介祉撰
清(1644-1911)稿本. -- 存一卷：卷一。
1995年摄制. -- 1盘卷片(12米211拍) ：
1:10，2B ；35mm银盐
收藏馆：缩微中心，国图

000O001975
谷园文钞：十卷 / (清)胡介祉撰
清(1644-1911)稿本
1986年摄制. -- 2盘卷片(35米673拍) ：
1:10，2B ；35mm银盐
收藏馆：缩微中心，国图

000O003639
咏史新乐府：一卷 / (清)胡介祉撰
清(1644-1911)抄本
1986年摄制. -- 1盘卷片(8米146拍) ：1:10，
2B ；35mm银盐
收藏馆：缩微中心，国图

000O020846
道驿集：四卷 / (清)张祖年撰
清康熙四十六年(1707)刻本
1994年摄制. -- 1盘卷片(11米239拍) ：
1:10，2B ；35mm银盐
收藏馆：缩微中心，国图

000O004495
湖海集：十三卷 / (清)孔尚任撰

清康熙(1662-1722)孔氏介安堂刻本
1986年摄制. -- 1盘卷片(19米414拍) :
1:10, 2B ; 35mm银盐
收藏馆：缩微中心，国图

00O009703
真志堂诗集：五卷 / (清)仝轨撰
清乾隆十一年(1746)尊经阁刻本
1989年摄制. -- 1盘卷片(14米247拍) :
1:10, 2B ; 35mm银盐
收藏馆：缩微中心，湖北

00O018785
思复堂集：十卷 / (清)邵廷采撰
清康熙(1662-1722)刻本. -- 存九卷：卷一至
卷四、卷六至卷十。
1994年摄制. -- 1盘卷片(26米515拍) :
1:10, 2B ; 35mm银盐
收藏馆：缩微中心，国图

00O026166
朴村文集：二十四卷诗集十三卷 / (清)张云章撰
清康熙(1662-1722)刻本. -- 文集卷十七原注
缓刻，诗集卷十二原注别见。
1997年摄制. -- 1盘卷片(25米505拍) :
1:10, 2B ; 35mm银盐
收藏馆：缩微中心，国图

00O031424
春蔼堂集：十八卷 / (清)陈奕禧撰
清康熙四十六年(1707)刻本
2004年摄制. -- 1盘卷片(19米363拍) :
1:10, 2B ; 35mm银盐
收藏馆：缩微中心，国图

00O001256
春蔼堂续集：二卷 / (清)陈奕禧撰
清康熙(1662-1722)陈奕禧刻本
1985年摄制. -- 1盘卷片(4.2米63拍) :
1:10, 2B ; 35mm银盐
收藏馆：缩微中心，国图

00O026163
壑云篇文集：十六卷 / (清)李伍渶撰
清康熙(1662-1722)懒云堂刻本
1996年摄制. -- 1盘卷片(22米440拍) :
1:10, 2B ; 35mm银盐
收藏馆：缩微中心，国图

00O000904
西江草：一卷 / (清)喻成龙撰
清康熙(1662-1722)刻本
1985年摄制. -- 1盘卷片(7米104拍) : 1:10,

2B ; 35mm银盐
收藏馆：缩微中心，国图

00O010053
不遮山阁诗钞前集：六卷后集十二卷 / (清)沈朝
初撰
清康熙(1662-1722)怀云亭刻本. -- 版框高
十八厘米宽十四厘米。朱笔批点。
1989年摄制. -- 1盘卷片(12米243拍) :
1:10, 2B ; 35mm银盐
收藏馆：缩微中心，广东

00O010415
蓄斋集：十六卷 / (清)黄中坚撰
清康熙五十年(1711)刻本
1989年摄制. -- 1盘卷片(22米471拍) :
1:10, 2B ; 35mm银盐
收藏馆：缩微中心，天津

00O028063
无闷堂集：二十三卷 / (清)张远撰
清(1644-1911)抄本
1997年摄制. -- 1盘卷片(12.6米248拍) :
1:10, 2B ; 35mm银盐
收藏馆：缩微中心，福建

00O016902
仙都纪游集：一卷 / (清)张远撰
清初(1644-1722)刻本
1993年摄制. -- 1盘卷片(3米29拍) : 1:10,
2B ; 35mm银盐
收藏馆：缩微中心，国图

00O001257
茧斋诗选：二卷补遗一卷诗谈八卷论文六卷 /
(清)张谦宜撰
清乾隆二十三年至二十四年(1758-1759)汪辉
祖刻本. -- (清)李文渊批识，(清)李文藻
跋。
1985年摄制. -- 1盘卷片(16.4米355拍) :
1:10, 2B ; 35mm银盐
收藏馆：缩微中心，国图

00O012617
冯舍人遗诗：六卷 / (清)冯廷櫆撰
清雍正十一年(1733)刻本
1990年摄制. -- 1盘卷片(7米132拍) : 1:10,
2B ; 35mm银盐
收藏馆：缩微中心，辽宁

00O018121
晴川集：一卷 / (清)冯廷櫆撰
清(1644-1911)抄本. -- (清)王士禛批校。

1993年摄制. -- 1盘卷片(4米46拍)：1:10,
2B；35mm银盐
收藏馆：缩微中心，山东

000O009847
映日堂诗：六卷 / (清)王令树撰
清康熙(1662-1722)刻本
1989年摄制. -- 1盘卷片(12米247拍)：
1:10，2B；35mm银盐
收藏馆：缩微中心，浙江

000O017872
浮玉山人集：九卷 / (清)周廷谔撰
清(1644-1911)抄本
1993年摄制. -- 1盘卷片(7米111拍)：1:10,
2B；35mm银盐
收藏馆：缩微中心，国图

000O019999
心远堂诗：八卷 / (清)鲍鼎铨撰
清康熙七年(1668)鲍鼎铨刻本
1994年摄制. -- 1盘卷片(7米109拍)：1:10,
2B；35mm银盐
收藏馆：缩微中心，国图

000O025781
半溪诗草：十二卷 / (清)钱二白撰．揖秋集诗草：
一卷 / (清)钱大经撰．晓风集诗余：一卷 / (清)
钱大猷撰
清康熙(1662-1722)刻本. -- 还有合刻著作：
长吟集杂著一卷/(清)钱大铺撰。
1996年摄制. -- 1盘卷片(15米265拍)：
1:10，2B；35mm银盐
收藏馆：缩微中心，国图

000O013823
古香楼诗：一卷杂著一卷诗余一卷曲一卷 / (清)
钱凤纶撰
清康熙(1662-1722)刻本
1991年摄制. -- 1盘卷片(7米105拍)：1:10,
2B；35mm银盐
收藏馆：缩微中心，国图

000O027984
使滇草：一卷 / (清)吕履恒撰
清康熙四十九年(1710)刻本
1997年摄制. -- 1盘卷片(4米74拍)：1:10,
2B；35mm银盐
收藏馆：缩微中心，河南

000O021025
梦月岩诗集：二十卷 / (清)吕履恒撰
清乾隆(1736-1795)刻本. -- 存十四卷：卷一

至卷十四。
1994年摄制. -- 1盘卷片(15米293拍)：
1:10，2B；35mm银盐
收藏馆：缩微中心，国图

000O005486
梦月岩诗集：二十卷诗余一卷 / (清)吕履恒撰
清雍正三年(1725)吕宪曾吕宣曾刻本
1986年摄制. -- 1盘卷片(21.8米465拍)：
1:10，2B；35mm银盐
收藏馆：缩微中心，山西

000O010944
敬业堂诗集：五十卷 / (清)查慎行撰
清康熙五十八年(1719)刻本
1989年摄制. -- 2盘卷片(52.5米1047拍)：
1:10，2B；35mm银盐
收藏馆：缩微中心，湖北

000O015448
敬业堂诗集：五十卷 / (清)查慎行撰．续集：六
卷
清康熙(1662-1722)刻本. -- (清)翁方纲批点
题识。
1992年摄制. -- 2盘卷片(62米1289拍)：
1:10，2B；35mm银盐
收藏馆：缩微中心，国图

000O024692
壬申纪游：不分卷 / (清)查慎行撰
清(1644-1911)稿本
1996年摄制. -- 1盘卷片(6米103拍)：1:10,
2B；35mm银盐
收藏馆：缩微中心，浙江

000O017787
敬业堂诗集：四十八卷 / (清)查慎行撰
清康熙五十八年(1719)刻本
1993年摄制. -- 2盘卷片(46米1004拍)：
1:10，2B；35mm银盐
收藏馆：缩微中心，天津

000O026187
慎旃初集：一卷二集一卷 / (清)查慎行撰
清康熙(1662-1722)刻本
1997年摄制. -- 1盘卷片(8米130拍)：1:10,
2B；35mm银盐
收藏馆：缩微中心，国图

000O019970
忍辱庵诗稿：二卷 / (清)查慎行撰．黄小松先生
嵩麓访碑记：一卷 / (清)黄易撰
清同治元年(1862)樊彬抄本

1994年摄制. -- 1盘卷片(3米26拍) ： 1:10,
2B ；35mm银盐
收藏馆：缩微中心，国图

00O026205
查初白文集：不分卷 / (清)查慎行撰
清(1644-1911)抄本. -- (清)吴骞、(清)徐洪
鳌跋。
1997年摄制. -- 1盘卷片(11米199拍) ：
1:10, 2B ；35mm银盐
收藏馆：缩微中心，国图

00O026176
时用集：不分卷 / (清)陈讦撰
清康熙(1662-1722)刻本
1997年摄制. -- 1盘卷片(8米134拍) ：1:10,
2B ；35mm银盐
收藏馆：缩微中心，国图

00O001110
松鹤山房诗集：九卷 / (清)陈梦雷撰
清康熙(1662-1722)铜活字印本
1985年摄制. -- 1盘卷片(19.8米434拍) ：
1:10, 2B ；35mm银盐
收藏馆：缩微中心，国图

00O025831
松鹤山房诗集：九卷文集二十卷 / (清)陈梦雷撰
清康熙(1662-1722)铜活字印本. -- 文集存
十七卷：卷一至卷二、卷四至卷十一、卷
十三、卷十五至卷二十。
1996年摄制. -- 2盘卷片(54米1105拍) ：
1:10, 2B ；35mm银盐
收藏馆：缩微中心，国图

00O028952
闲止书堂集钞：二卷 / (清)陈梦雷撰
清康熙(1662-1722)刻本
1998年摄制. -- 1盘卷片(6米92拍) ： 1:10,
2B ；35mm银盐
收藏馆：缩微中心，苏州

00O003474
力耕堂诗稿：三卷 / (清)杨宾撰
清康熙(1662-1722)刻本
1986年摄制. -- 1盘卷片(6米102拍) ：1:10,
2B ；35mm银盐
收藏馆：缩微中心，国图

00O023916
东村遗集：三卷 / (清)蒋珩撰
清乾隆(1736-1795)蒋泰刻本
1996年摄制. -- 1盘卷片(7米152拍) ： 1:10,

2B ；35mm银盐
收藏馆：缩微中心，河南

00O006544
严太仆先生集：十二卷 / (清)严虞惇撰
清乾隆元年(1736)严有禧绳武堂刻本
1987年摄制. -- 1盘卷片(10米205拍) ：
1:10, 2B ；35mm银盐
收藏馆：缩微中心，国图

00O000875
往深斋诗集：八卷 / (清)顾彩撰
清康熙四十六年(1707)孔毓圻辟疆园刻本. --
存四卷：卷一至卷四。
1985年摄制. -- 1盘卷片(7.6米144拍) ：
1:10, 2B ；35mm银盐
收藏馆：缩微中心，国图

00O003645
往深斋诗集：八卷 / (清)顾彩撰
清康熙(1662-1722)辟疆园刻本
1986年摄制. -- 1盘卷片(13米288拍) ：
1:10, 2B ；35mm银盐
收藏馆：缩微中心，国图

00O027343
长征草：一卷；即次吟：一卷 / (清)周昌撰
清康熙(1662-1722)刻本
1997年摄制. -- 1盘卷片(5米76拍) ：1:10,
2B ；35mm银盐
收藏馆：缩微中心，国图

00O006990
尹湾小草：不分卷 / (清)黄逵撰
清(1644-1911)稿本
1987年摄制. -- 1盘卷片(5米74拍) ： 1:10,
2B ；35mm银盐
收藏馆：缩微中心，国图

00O026161
痛思堂南行日记略：不分卷 / (清)黄鉽撰
清(1644-1911)稿本
1997年摄制. -- 1盘卷片(9米125拍) ：1:10,
2B ；35mm银盐
收藏馆：缩微中心，国图

00O019873
雪湖集：二卷 / (清)张开第撰
清(1644-1911)抄本
1994年摄制. -- 1盘卷片(8米121拍) ：1:10,
2B ；35mm银盐
收藏馆：缩微中心，国图

000O001505
旭华堂文集：十四卷补遗一卷续编一卷 / (清)王
奂曾撰
清乾隆十六年(1751)赵熟典刻本
1986年摄制. -- 1盘卷片(22.1米472拍)：
1:10, 2B；35mm银盐
收藏馆：缩微中心，山西

000O020501
峣山集：不分卷 / (清)田从典撰
清康熙六十一年(1722)田懋赐书楼刻本
1994年摄制. -- 1盘卷片(8米127拍)：1:10,
2B；35mm银盐
收藏馆：缩微中心，国图

000O020503
峣山集：四卷补刻一卷诗集一卷 / (清)田从典撰
清雍正九年(1731)田懋赐书楼刻本
1994年摄制. -- 1盘卷片(10米174拍)：
1:10, 2B；35mm银盐
收藏馆：缩微中心，国图

000O010422
峣山集：四卷补刻一卷诗集一卷乡会闻墨一卷 /
(清)田从典撰
清康熙雍正(1662-1735)赐书楼刻本
1989年摄制. -- 1盘卷片(16米336拍)：
1:10, 2B；35mm银盐
收藏馆：缩微中心，天津

000O010040
赐砚斋诗存：四卷首一卷 / (清)沈涵撰
清乾隆二十三年(1758)刻本. -- 版框高十八
厘米宽十三厘米。
1989年摄制. -- 1盘卷片(12米237拍)：
1:10, 2B；35mm银盐
收藏馆：缩微中心，广东

000O001779
与梅堂遗集：十二卷鲊话一卷耳书一卷 / (清)佟
世思撰
清康熙(1662-1722)佟世集刻本
1986年摄制. -- 1盘卷片(15米312拍)：
1:10, 2B；35mm银盐
收藏馆：缩微中心，国图

000O026494
正谊堂文集：十二卷附录一卷 / (清)张伯行撰
清(1644-1911)抄本
1997年摄制. -- 1盘卷片(18米341拍)：
1:10, 2B；35mm银盐
收藏馆：缩微中心，国图

000O018437
受祜堂集：十二卷 / (清)张泰交撰
清康熙四十五年(1706)程鸾高熊征刻本
1993年摄制. -- 2盘卷片(38米759拍)：
1:10, 2B；35mm银盐
收藏馆：缩微中心，国图

000O031419
受祜堂集：十二卷 / (清)张泰交撰
清康熙四十五年(1706)程鸾高熊征刻本. --
包角装。
2004年摄制. -- 2盘卷片(40米845拍)：
1:10, 2B；35mm银盐
收藏馆：缩微中心，国图

000O029269
爱日堂诗：二十七卷 / (清)陈元龙撰
清乾隆元年(1736)陈氏刻本. -- 存十八卷：
卷一至卷九、卷十二至卷二十。
1999年摄制. -- 1盘卷片(18米384拍)：
1:10, 2B；35mm银盐
收藏馆：缩微中心，湖南

000O012692
彭麓诗抄：不分卷 / (清)程达可撰
清(1644-1911)稿本
1990年摄制. -- 1盘卷片(11.5米238拍)：
1:10, 2B；35mm银盐
收藏馆：缩微中心，辽宁

000O025708
竹雨亭诗集：一卷 / (清)张孚中撰
清(1644-1911)抄本
1996年摄制. -- 1盘卷片(3米68拍)：1:10,
2B；35mm银盐
收藏馆：缩微中心，河南

000O003353
带存堂集：十卷 / (清)曹度撰
清(1644-1911)抄本. -- (清)柳奇跋。
1986年摄制. -- 1盘卷片(14米296拍)：
1:10, 2B；35mm银盐
收藏馆：缩微中心，国图

000O018597
尊道堂诗钞：八卷别集六卷 / (清)王材任撰
清乾隆四年(1739)王盛勋刻本
1993年摄制. -- 1盘卷片(14米256拍)：
1:10, 2B；35mm银盐
收藏馆：缩微中心，国图

000O027319
使秦草：一卷 / (清)蔡升元撰

清康熙(1662-1722)刻本
1997年摄制. -- 1盘卷片(5米56拍) ： 1:10,
2B ； 35mm银盐
收藏馆：缩微中心，国图

000○000433
远秀堂集：八卷 / (清)孔毓埏撰
清乾隆八年(1743)孔传铺刻本
1985年摄制. -- 1盘卷片(11.6米235拍) ：
1:10, 2B ； 35mm银盐
收藏馆：缩微中心，国图

000○026468
远秀堂集：文二卷赋一卷诗一卷词一卷；拾籍
余闲：一卷 / (清)孔毓埏撰
清(1644-1911)抄本. -- (清)孔继涵校。
1997年摄制. -- 1盘卷片(18米342拍) ：
1:10, 2B ； 35mm银盐
收藏馆：缩微中心，国图

000○020601
东山草：一卷滇游草一卷燕邸草一卷 / (清)吕琨
撰 . 附伯兄遗草：一卷 / (清)吕玮撰
清康熙四十二年(1703)刻本
1994年摄制. -- 1盘卷片(6米82拍) ： 1:10,
2B ； 35mm银盐
收藏馆：缩微中心，国图

000○000081
课慎堂诗集：十九卷诗余一卷文集二十卷 / (清)
李兴祖撰
清康熙(1662-1722)李兴祖江栖阁刻本
1985年摄制. -- 2盘卷片(42.4米927拍) ：
1:10, 2B ； 35mm银盐
收藏馆：缩微中心，国图

000○031744
课慎堂诗集：十九卷诗余一卷文集二十卷 / (清)
李兴祖撰
清康熙(1662-1722)江栖阁刻本
2005年摄制. -- 2盘卷片(45米930拍) ：
1:10, 2B ； 35mm银盐
收藏馆：缩微中心，国图

000○024624
有涯文集：二卷 / (清)徐任师撰
清(1644-1911)恬养斋抄本
1996年摄制. -- 1盘卷片(12米229拍) ：
1:10, 2B ； 35mm银盐
收藏馆：缩微中心，浙江

000○028353
四牧斋诗集：一卷 / (清)黄华撰

清康熙四十一年(1702)黄巇刻本
1998年摄制. -- 1盘卷片(4米56拍) ： 1:10,
2B ； 35mm银盐
收藏馆：缩微中心，广东

000○010050
陶云诗钞：十二卷 / (清)张大绪撰
清康熙(1662-1722)刻本. -- 版框高十八厘米
宽十四厘米。
1989年摄制. -- 1盘卷片(13米265拍) ：
1:10, 2B ； 35mm银盐
收藏馆：缩微中心，广东

000○021576
陶云诗钞：十五卷 / (清)张大绪撰
清康熙(1662-1722)刻本
1995年摄制. -- 1盘卷片(13米250拍) ：
1:10, 2B ； 35mm银盐
收藏馆：缩微中心，国图

000○028385
陶云诗钞：十五卷 / (清)张大绪撰
清康熙(1662-1722)刻增修本
1997年摄制. -- 1盘卷片(14米279拍) ：
1:10, 2B ； 35mm银盐
收藏馆：缩微中心，福建

000○018196
揖云斋集：不分卷 / (清)钮琇撰
清(1644-1911)稿本
1993年摄制. -- 1盘卷片(6米105拍) ： 1:10,
2B ； 35mm银盐
收藏馆：缩微中心，山东

000○016890
临野堂文集：十卷诗集十三卷诗余二卷尺牍四
卷 / (清)钮琇撰
清康熙(1662-1722)刻本. -- 郑振铎跋。
1993年摄制. -- 1盘卷片(23米452拍) ：
1:10, 2B ； 35mm银盐
收藏馆：缩微中心，国图

000○000864
临野堂文集：十卷诗集十三卷诗余二卷 / (清)钮
琇撰
清康熙(1662-1722)刻本. -- 还有合刻著作：
粤游日记一卷/(清)钮蕙卜撰。
1985年摄制. -- 1盘卷片(14米300拍) ：
1:10, 2B ； 35mm银盐
收藏馆：缩微中心，国图

000○026224
中邨诗草：一卷 / (清)顾仲撰

清康熙(1662-1722)刻本
1997年摄制. -- 1盘卷片(5米60拍) ： 1:10,
2B ； 35mm银盐
收藏馆：缩微中心，国图

000O011048
青要集：十二卷 / (清)吕谦恒撰
清雍正十三年(1735)刻本
1989年摄制. -- 1盘卷片(11米211拍) ：
1:10, 2B ； 35mm银盐
收藏馆：缩微中心，天津

000O000329
裘杼楼诗稿：四卷；桐扣词：二卷 / (清)汪森撰
清康熙(1662-1722)刻本
1985年摄制. -- 1盘卷片(7米124拍) ： 1:10,
2B ； 35mm银盐
收藏馆：缩微中心，国图

000O007418
查浦诗钞：十二卷 / (清)查嗣瑮撰
清康熙(1662-1722)刻本
1987年摄制. -- 1盘卷片(15米314拍) ：
1:10, 2B ； 35mm银盐
收藏馆：缩微中心，吉林

000O024647
晦堂诗：二卷 / (清)许灿撰
清(1644-1911)稿本
1996年摄制. -- 1盘卷片(4米51拍) ： 1:10,
2B ； 35mm银盐
收藏馆：缩微中心，浙江

000O026470
晦堂诗钞：五卷 / (清)许灿撰
清(1644-1911)刻本. -- (清)李兆熊题识。
1997年摄制. -- 1盘卷片(6米90拍) ： 1:10,
2B ； 35mm银盐
收藏馆：缩微中心，国图

000O008514
晦堂诗钞：五卷 / (清)许灿撰
清(1644-1911)抄本. -- (清)冯登府跋。
1988年摄制. -- 1盘卷片(6米105拍) ： 1:10,
2B ； 35mm银盐
收藏馆：缩微中心，国图

000O011700
退谷文集：二十二卷 / (清)黄越撰
清雍正五年(1727)光裕堂刻本
1990年摄制. -- 2盘卷片(48米1027拍) ：
1:10, 2B ； 35mm银盐
收藏馆：缩微中心，山西

000O005077
何求集：五卷 / (清)张曾褆撰
清(1644-1911)张思延张思延抄本
1986年摄制. -- 1盘卷片(17米355拍) ：
1:10, 2B ； 35mm银盐
收藏馆：缩微中心，国图

000O000585
葛庄诗抄：十五卷 / (清)刘廷玑撰
清康熙三十八年(1699)刘廷玑刻本
1985年摄制. -- 1盘卷片(15.8米336拍) ：
1:10, 2B ； 35mm银盐
收藏馆：缩微中心，国图

000O010222
葛庄编年诗：三十六卷补遗一卷 / (清)刘廷玑撰
清康熙五十三年(1714)精刻本
1989年摄制. -- 1盘卷片(24米529拍) ：
1:10, 2B ； 35mm银盐
收藏馆：缩微中心，天津

000O012716
葛庄分体诗钞：十二卷补遗一卷 / (清)刘廷玑撰
清康熙(1662-1722)刻本
1990年摄制. -- 1盘卷片(23.4米521拍) ：
1:10, 2B ； 35mm银盐
收藏馆：缩微中心，辽宁

000O026449
忧患集偶钞：不分卷；子遗录：一卷 / (清)戴名
世撰
清康熙(1662-1722)宝翰楼刻本
1997年摄制. -- 1盘卷片(16米314拍) ：
1:10, 2B ； 35mm银盐
收藏馆：缩微中心，国图

000O016708
潜虚先生文集：十四卷年谱一卷 / (清)戴名世撰
清(1644-1911)抄本
1993年摄制. -- 1盘卷片(17米315拍) ：
1:10, 2B ； 35mm银盐
收藏馆：缩微中心，国图

000O004172
戴潜虚先生文集：四卷 / (清)戴名世撰
清(1644-1911)抄本
1986年摄制. -- 1盘卷片(18.7米411拍) ：
1:10, 2B ； 35mm银盐
收藏馆：缩微中心，国图

000O020224
潜虚先生文集：不分卷 / (清)戴名世撰
清(1644-1911)李文田抄本. -- (清)李文田校

注。
1994年摄制. -- 1盘卷片(8米144拍) ： 1:10,
2B ； 35mm银盐
收藏馆：缩微中心，国图

000O010502
渔山诗草：二卷 / (清)边汝元撰
清乾隆四十年(1775)精刻本
1989年摄制. -- 1盘卷片(8米134拍) ： 1:10,
2B ； 35mm银盐
收藏馆：缩微中心，天津

000O020510
覆瓮集：十二卷余集一卷 / (清)张我观撰
清雍正四年(1726)张我观刻本
1994年摄制. -- 1盘卷片(20米388拍) ：
1:10, 2B ； 35mm银盐
收藏馆：缩微中心，国图

000O006447
鉏园诗抄：一卷 / (清)陶式玉撰
清(1644-1911)抄本
1987年摄制. -- 1盘卷片(2.3米19拍) ：
1:10, 2B ； 35mm银盐
收藏馆：缩微中心，国图

000O025732
碧山草堂诗抄：二卷 / (清)叶元澍撰
清乾隆六年(1741)叶建封刻本
1996年摄制. -- 1盘卷片(5米117拍) ： 1:10,
2B ； 35mm银盐
收藏馆：缩微中心，河南

000O001287
南虞小草：二卷词一卷 / (清)严焞撰．南游草：
一卷 / (清)严德厘撰
清康熙(1662-1722)严氏涧松居刻本
1985年摄制. -- 1盘卷片(7米158拍) ： 1:10,
2B ； 35mm银盐
收藏馆：缩微中心，国图

000O008991
御制诗集：十卷二集十卷 / (清)圣祖玄烨撰；
(清)高士奇编次
清康熙四十三年(1704)宋荦刻本
1988年摄制. -- 1盘卷片(24米459拍) ：
1:10, 2B ； 35mm银盐
收藏馆：缩微中心，湖北

000O017144
御制诗第三集：八卷 / (清)圣祖玄烨撰
清康熙(1662-1722)内府刻本
1993年摄制. -- 1盘卷片(9.6米196拍) ：

1:10, 2B ； 35mm银盐
收藏馆：缩微中心，辽宁

000O021234
御制避暑山庄诗：二卷 / (清)圣祖玄烨撰；(清)
揆叙注
清康熙五十一年(1712)内府刻本
1995年摄制. -- 1盘卷片(8米127拍) ： 1:10,
2B ； 35mm银盐
收藏馆：缩微中心，国图

000O008699
御制避暑山庄诗：二卷 / (清)圣祖玄烨撰
清康熙(1662-1722)内府刻朱墨套印本
1987年摄制. -- 1盘卷片(8.4米162拍) ：
1:10, 2B ； 35mm银盐
收藏馆：缩微中心，重庆

000O025788
御制文第二集：五十卷总目六卷 / (清)圣祖玄烨
撰；(清)张玉书[等]编
清康熙五十年(1711)内府刻本
1996年摄制. -- 3盘卷片(71米1425拍) ：
1:10, 2B ； 35mm银盐
收藏馆：缩微中心，国图

000O000898
朱杜溪先生集：七卷诗稿三卷又诗一卷游历记
一卷 / (清)朱书撰
清乾隆(1736-1795)刻本. -- 杜溪集配抄本。
缺一卷：杜溪集卷三。
1985年摄制. -- 1盘卷片(11.6米239拍) ：
1:10, 2B ； 35mm银盐
收藏馆：缩微中心，国图

000O027834
康熙壬戌科会试朱卷：一卷 / (清)郝林撰
清康熙(1662-1722)刻本
1997年摄制. -- 1盘卷片(2米7拍) ： 1:10,
2B ； 35mm银盐
收藏馆：缩微中心，国图

000O031748
康熙壬戌科会试朱卷：一卷 / (清)郝林撰
清康熙(1662-1722)刻本
2005年摄制. -- 1盘卷片(3米20拍) ： 1:10,
2B ； 35mm银盐
收藏馆：缩微中心，国图

000O017887
借题集句：一卷 / (清)沈坚撰
清康熙(1662-1722)刻本. -- 还有合刻著作：
柳洲诗存一卷 / (清)柯煜撰，柘湖小稿一

卷/(清)郑鈫撰，黄山纪游草一卷西山绝句一
卷/(清)宋定业撰。
1993年摄制. -- 1盘卷片(3米14拍) ： 1:10,
2B ；35mm银盐
收藏馆：缩微中心，国图

000O001104
完玉堂诗集：十卷/(清)释元璟撰
清(1644-1911)刻本
1985年摄制. -- 1盘卷片(10.3米209拍) ：
1:10, 2B ；35mm银盐
收藏馆：缩微中心，国图

000O017936
墨庄诗钞：二卷文钞一卷词余一卷/(清)林以宁
撰；(清)冯娴,(清)柴静仪评
清康熙(1662-1722)刻本
1993年摄制. -- 1盘卷片(8米120拍) ： 1:10,
2B ；35mm银盐
收藏馆：缩微中心，国图

000O010231
葆璞堂诗集：四卷文集四卷/(清)胡煦撰
清乾隆三十七年(1772)精刻本
1989年摄制. -- 1盘卷片(14米295拍) ：
1:10, 2B ；35mm银盐
收藏馆：缩微中心，天津

000O001936
饮水诗集：二卷词集三卷/(清)纳兰性德撰
清康熙三十年(1691)张纯修刻本
1986年摄制. -- 1盘卷片(8米137拍) ： 1:10,
2B ；35mm银盐
收藏馆：缩微中心，国图

000O019118
饮水诗集：二卷词集三卷/(清)纳兰性德撰
清康熙三十年(1691)张纯修刻本
1994年摄制. -- 1盘卷片(8米120拍) ： 1:10,
2B ；35mm银盐
收藏馆：缩微中心，国图

000O026158
通志堂集：二十卷/(清)纳兰性德撰
清康熙三十年(1691)徐乾学刻本. -- (清)莫
友芝跋。
1997年摄制. -- 1盘卷片(24米451拍) ：
1:10, 2B ；35mm银盐
收藏馆：缩微中心，国图

000O015900
怀清堂诗稿：不分卷/(清)汤右曾撰
清(1644-1911)稿本

1993年摄制. -- 1盘卷片(2米40拍) ： 1:10,
2B ；35mm银盐
收藏馆：缩微中心，国图

000O006903
怀清堂集：二十卷/(清)汤右曾撰
清乾隆七年(1742)黄钟刻本
1987年摄制. -- 1盘卷片(15.6米329拍) ：
1:10, 2B ；35mm银盐
收藏馆：缩微中心，重庆

000O008020
怀清堂集：二十卷首一卷/(清)汤右曾撰
清乾隆十一年(1746)汤学基刻本
1988年摄制. -- 1盘卷片(19米341拍) ：
1:10, 2B ；35mm银盐
收藏馆：缩微中心，山东

000O009685
雄雉斋选：六卷/(清)顾图河著
清康熙三十一年(1692)刻本. -- 版框高十九
厘米宽十四厘米。佚名眉批朱绿笔圈点。
1989年摄制. -- 1盘卷片(8米152拍) ： 1:10,
2B ；35mm银盐
收藏馆：缩微中心，广东

000O026167
景苏阁集句：四卷/(清)徐基撰
清康熙四十九年(1710)徐基刻本
1997年摄制. -- 1盘卷片(6米94拍) ： 1:10,
2B ；35mm银盐
收藏馆：缩微中心，国图

000O010924
洞庭文集：不分卷/(清)张明先撰
清乾隆(1736-1795)刻本
1989年摄制. -- 1盘卷片(19.5米413拍) ：
1:10, 2B ；35mm银盐
收藏馆：缩微中心，湖北

000O010464
也园草：不分卷/(清)叶菁撰
清康熙五十四年(1715)香草堂精刻本
1989年摄制. -- 1盘卷片(9米161拍) ： 1:10,
2B ；35mm银盐
收藏馆：缩微中心，天津

000O027344
砚贻堂诗钞：二卷/(清)鲁瑗撰
清康熙(1662-1722)刻本
1997年摄制. -- 1盘卷片(3米21拍) ： 1:10,
2B ；35mm银盐
收藏馆：缩微中心，国图

000O012539
丰川续集：三十四卷 / (清)王心敬撰
清乾隆十六年(1751)刻本
1990年摄制. -- 3盘卷片(70.9米1590拍)：
1:10, 2B；35mm银盐
收藏馆：缩微中心，辽宁

000O004197
琅琊念庵王先生什一录：四卷 / (清)王沛憻撰
清康熙六十年(1721)王沛憻刻本
1986年摄制. -- 1盘卷片(18米389拍)：
1:10, 2B；35mm银盐
收藏馆：缩微中心，国图

000O010038
纬萧草堂诗：六卷 / (清)宋至撰
清康熙六十一年(1722)刻本. -- 版框高十八
厘米宽十三厘米。
1989年摄制. -- 1盘卷片(18米361拍)：
1:10, 2B；35mm银盐
收藏馆：缩微中心，广东

000O026197
南巡纪恩诗：一卷 / (清)吴世焘撰
清康熙(1662-1722)叶氏二弃草堂刻本
1996年摄制. -- 1盘卷片(3米6拍)：1:10,
2B；35mm银盐
收藏馆：缩微中心，国图

000O018574
恕堂诗：七卷 / (清)宫鸿历撰
清康熙(1662-1722)刻本
1993年摄制. -- 1盘卷片(8米116拍)：1:10,
2B；35mm银盐
收藏馆：缩微中心，国图

000O022487
恕堂诗：□□卷 / (清)宫鸿历撰
清(1644-1911)稿本. -- 存十二卷：西堂集三
卷、席帽集一卷、金湖集一卷、用晦集一卷、
瀛洲集二卷、柱史集四卷。
1995年摄制. -- 1盘卷片(14米278拍)：
1:10, 2B；35mm银盐
收藏馆：缩微中心，南京

000O011525
甲巳游草：六卷 / (清)宫鸿历撰
清康熙(1662-1722)刻本
1990年摄制. -- 1盘卷片(8米151拍)：1:10,
2B；35mm银盐
收藏馆：缩微中心，甘肃

000O012538
思绮堂文集：十卷 / (清)章藻功撰
清康熙六十一年(1722)刻本
1990年摄制. -- 2盘卷片(47.4米1055拍)：
1:10, 2B；35mm银盐
收藏馆：缩微中心，辽宁

000O026701
石里泽家集：二卷 / (清)张尚瑗撰
清康熙(1662-1722)刻本
1993年摄制. -- 1盘卷片(6米81拍)：1:10,
2B；35mm银盐
收藏馆：缩微中心，南京

000O028964
石里文稿：不分卷 / (清)张尚瑗撰
清(1644-1911)抄本. -- 佚名跋。
1998年摄制. -- 1盘卷片(13米211拍)：
1:10, 2B；35mm银盐
收藏馆：缩微中心，苏州

000O010037
陈清端公文集：八卷 / (清)陈璸撰
清乾隆三十年(1765)兼山堂刻本. -- 版框高
十九厘米宽十四厘米。
1989年摄制. -- 1盘卷片(12米230拍)：
1:10, 2B；35mm银盐
收藏馆：缩微中心，广东

000O010239
菀青集：十九卷 / (清)陈至言撰
清康熙四十八年(1709)芝泉堂刻本. -- (清)
杨开沅、(清)詹嗣禄校。
1989年摄制. -- 1盘卷片(20米434拍)：
1:10, 2B；35mm银盐
收藏馆：缩微中心，天津

000O026607
天全六番稿：六卷 / (清)张韬撰
清康熙(1662-1722)刻本
1997年摄制. -- 1盘卷片(5米52拍)：1:10,
2B；35mm银盐
收藏馆：缩微中心，国图

000O026160
大云楼集：十二卷；续四声猿：四卷 / (清)张韬
撰
清康熙(1662-1722)刻本. -- 吴梅跋。
1997年摄制. -- 1盘卷片(15米278拍)：
1:10, 2B；35mm银盐
收藏馆：缩微中心，国图

000O021104
嘉荫楼集：二卷 / (清)孙允膺撰
清康熙五十五年(1716)刻本
1994年摄制. -- 1盘卷片(9米134拍) ：1:10,
2B ；35mm银盐
收藏馆：缩微中心, 国图

000O024609
圭美堂集：二十六卷 / (清)徐用锡撰
清乾隆十三年(1748)周毓仑[等]刻本
1996年摄制. -- 1盘卷片(27米545拍) ：
1:10, 2B ；35mm银盐
收藏馆：缩微中心, 浙江

000O021283
圭美堂集：二十六卷 / (清)徐用锡撰
清乾隆十三年(1748)周毓仑[等]刻本
1995年摄制. -- 1盘卷片(25米503拍) ：
1:10, 2B ；35mm银盐
收藏馆：缩微中心, 国图

000O024097
素赏楼稿：八卷；破涕吟：一卷 / (清)陈皖永撰
清嘉庆八年(1803)张步萱抄本
1996年摄制. -- 1盘卷片(10米190拍) ：
1:10, 2B ；35mm银盐
收藏馆：缩微中心, 湖北

000O021798
丛碧山房诗初集：十四卷诗二集六卷诗三集
十一卷；和陶诗集：一卷户部稿十卷文集八卷
杂著三卷 / (清)庞垲撰
清康熙(1662-1722)刻本
1994年摄制. -- 2盘卷片(45米998拍) ：
1:10, 2B ；35mm银盐
收藏馆：缩微中心, 南京

000O011522
劲草堂诗稿：三卷诗余一卷 / (清)甘国基撰
清(1644-1911)云氏碧琳琅馆黑格抄本
1989年摄制. -- 1盘卷片(21米435拍) ：
1:10, 2B ；35mm银盐
收藏馆：缩微中心, 甘肃

000O018012
三友诗：三卷 / (清)释岳硅撰
清康熙三十七年(1698)刻乾隆二十四年(1759)
漏泽寺印本
1993年摄制. -- 1盘卷片(5米56拍) ：1:10,
2B ；35mm银盐
收藏馆：缩微中心, 国图

000O021021
松竹梅百咏：三卷 / (清)释岳硅撰
清康熙(1662-1722)刻本
1994年摄制. -- 1盘卷片(4米53拍) ：1:10,
2B ；35mm银盐
收藏馆：缩微中心, 国图

000O016739
辑庵集：二卷 / (清)胡瑞远撰
清康熙(1662-1722)梅花书屋刻本
1993年摄制. -- 1盘卷片(5米67拍) ：1:10,
2B ；35mm银盐
收藏馆：缩微中心, 国图

000O027337
雪邨历年诗：一卷二集一卷 / (清)王访撰
清康熙(1662-1722)敬余堂刻本
1997年摄制. -- 1盘卷片(5米61拍) ：1:10,
2B ；35mm银盐
收藏馆：缩微中心, 国图

000O010045
三农外集诗草：四卷 / (清)朱雍模撰
清乾隆(1736-1795)刻本. -- 版框高十八厘米
宽十三厘米。
1989年摄制. -- 1盘卷片(9米166拍) ：1:10,
2B ；35mm银盐
收藏馆：缩微中心, 广东

000O001158
摛藻堂诗稿：一卷续稿二卷 / (清)汪文柏撰
清康熙(1662-1722)刻本
1985年摄制. -- 1盘卷片(5.9米102拍) ：
1:10, 2B ；35mm银盐
收藏馆：缩微中心, 国图

000O001227
摛藻堂续稿：五卷 / (清)汪文柏撰
清康熙(1662-1722)刻本
1985年摄制. -- 1盘卷片(7.4米137拍) ：
1:10, 2B ；35mm银盐
收藏馆：缩微中心, 国图

000O001168
古香楼吟稿：三卷词稿一卷 / (清)汪文柏撰
清康熙(1662-1722)刻本
1985年摄制. -- 1盘卷片(5.9米100拍) ：
1:10, 2B ；35mm银盐
收藏馆：缩微中心, 国图

000O000587
西山纪游诗：一卷 / (清)汪文柏撰
清康熙(1662-1722)刻本

1985年摄制. -- 1盘卷片(3.2米37拍)：
1:10, 2B；35mm银盐
收藏馆：缩微中心，国图

000O019188
柯庭余习：十二卷 / (清)汪文柏撰
清康熙四十四年(1705)汪氏古香楼刻本
1994年摄制. -- 1盘卷片(22米227拍)：
1:10, 2B；35mm银盐
收藏馆：缩微中心，国图

000O031245
柯庭余习：十二卷 / (清)汪文柏撰
清康熙四十四年(1705)汪氏古香楼刻本
2004年摄制. -- 1盘卷片(13米250拍)：
1:10, 2B；35mm银盐
收藏馆：缩微中心，国图

000O013631
后圃编年稿：十六卷 / (清)李嵂瑞撰
清康熙二十八年(1689)李嵂瑞刻本
1991年摄制. -- 1盘卷片(17米336拍)：
1:10, 2B；35mm银盐
收藏馆：缩微中心，国图

000O000564
南堂诗抄：十二卷词赋一卷 / (清)施世纶撰
清雍正四年(1726)施廷翰刻本
1985年摄制. -- 1盘卷片(18.1米390拍)：
1:10, 2B；35mm银盐
收藏馆：缩微中心，国图

000O031237
楝亭诗钞：七卷词钞一卷文钞一卷 / (清)曹寅撰
清康熙(1662-1722)刻本. -- 文钞一卷本馆抄配。
2004年摄制. -- 1盘卷片(12米230拍)：1:9,
2B；35mm银盐
收藏馆：缩微中心，国图

000O027317
楝亭诗钞：八卷诗别集四卷词钞一卷 / (清)曹寅撰
清康熙(1662-1722)刻本. -- 还有合刻著作：
[楝亭]词钞别集一卷/(清)曹寅撰，[楝亭]文钞一卷/(清)曹寅撰。
1997年摄制. -- 1盘卷片(18米347拍)：
1:10, 2B；35mm银盐
收藏馆：缩微中心，国图

000O026225
空明子全集：六十五卷 / (清)张榕撰
清雍正(1723-1735)刻本

1996年摄制. -- 2盘卷片(53米1086拍)：
1:10, 2B；35mm银盐
收藏馆：缩微中心，国图

000O021701
玉照亭诗钞：二十卷 / (清)陈大章撰；(清)王材任选
清乾隆四年(1739)刻黄冈二家诗钞本
1995年摄制. -- 1盘卷片(11米199拍)：
1:10, 2B；35mm银盐
收藏馆：缩微中心，国图

000O024598
寤砚斋集：二卷 / (清)戴晟撰
清康熙二十一年(1682)戴有光刻本
1996年摄制. -- 1盘卷片(9米162拍)：1:10,
2B；35mm银盐
收藏馆：缩微中心，浙江

000O020829
寤砚斋学诗：不分卷 / (清)戴晟撰
清乾隆(1736-1795)刻本
1994年摄制. -- 1盘卷片(6米76拍)：1:10,
2B；35mm银盐
收藏馆：缩微中心，国图

000O016916
昌志编：二卷续编二卷附一卷三编二卷附一卷；
吴越游草：一卷 / (清)王文治撰
清康熙(1662-1722)刻本
1993年摄制. -- 1盘卷片(18米330拍)：
1:10, 2B；35mm银盐
收藏馆：缩微中心，国图

000O010492
后村杂著：三卷 / (清)王文治撰
清康熙三十七年(1698)精刻本
1989年摄制. -- 1盘卷片(8米143拍)：1:10,
2B；35mm银盐
收藏馆：缩微中心，天津

000O028520
居业堂诗续稿：三卷 / (清)李馥撰
清(1644-1911)抄本
1997年摄制. -- 1盘卷片(3.7米48拍)：
1:10, 2B；35mm银盐
收藏馆：缩微中心，福建

000O018493
字香亭梅花百咏：一卷 / (清)吴立撰；(清)吴本涵,(清)吴本厚注
清康熙(1662-1722)字香亭刻本
1993年摄制. -- 1盘卷片(4米49拍)：1:10,

2B ；35mm银盐
收藏馆：缩微中心，国图

000O026157
字香亭梅花百咏：一卷 / (清)吴立撰；(清)吴本
涵,(清)吴本厚注
清康熙(1662-1722)字香亭刻本
1996年摄制. -- 1盘卷片(5米55拍)：1:10,
2B ；35mm银盐
收藏馆：缩微中心，国图

000O027324
梧冈余稿：四卷文钞一卷 / (清)金集撰
清康熙五十九年(1720)半亭书屋刻本
1997年摄制. -- 1盘卷片(9米155拍)：1:10,
2B ；35mm银盐
收藏馆：缩微中心，国图

000O003638
乐志堂文钞：四卷 / (清)姜承烈撰
清康熙二十八年(1689)姜承烈刻本
1986年摄制. -- 1盘卷片(7米120拍)：1:10,
2B ；35mm银盐
收藏馆：缩微中心，国图

000O001927
红雪轩稿：六卷 / (清)高景芳撰
清康熙五十八年(1719)高钦刻本
1986年摄制. -- 1盘卷片(19米419拍)：
1:10, 2B ；35mm银盐
收藏馆：缩微中心，国图

000O016426
红雪轩稿：六卷 / (清)高景芳撰
清康熙五十八年(1719)高钦刻本
1993年摄制. -- 1盘卷片(19米377拍)：
1:10, 2B ；35mm银盐
收藏馆：缩微中心，国图

000O026196
师经堂集：十八卷 / (清)徐文驹撰
清康熙(1662-1722)学古楼刻本
1996年摄制. -- 1盘卷片(30米613拍)：
1:10, 2B ；35mm银盐
收藏馆：缩微中心，国图

000O012561
世经堂诗钞：二十一卷词钞五卷乐府钞四卷 /
(清)徐旭旦撰
清康熙(1662-1722)刻本. -- 世经堂诗钞、词
钞、乐府钞是连卷：卷一至卷三十。
1990年摄制. -- 2盘卷片(44米975拍)：
1:10, 2B ；35mm银盐

收藏馆：缩微中心，辽宁

000O009006
切问斋集：十六卷 / (清)陆耀撰
清乾隆五十七年(1792)晖吉堂刻本
1988年摄制. -- 1盘卷片(29米585拍)：
1:10, 2B ；35mm银盐
收藏馆：缩微中心，湖北

000O012613
岑楼诗钞：五卷 / (清)程銮撰
清康熙(1662-1722)刻本
1990年摄制. -- 1盘卷片(5.1米93拍)：
1:10, 2B ；35mm银盐
收藏馆：缩微中心，辽宁

000O016875
朴学斋诗稿：十卷 / (清)林佶撰
清乾隆九年(1744)刻本
1993年摄制. -- 1盘卷片(13米248拍)：
1:10, 2B ；35mm银盐
收藏馆：缩微中心，国图

000O027407
酿川集：十卷 / (清)许尚质撰
清康熙(1662-1722)刻本
1996年摄制. -- 1盘卷片(10米182拍)：
1:10, 2B ；35mm银盐
收藏馆：缩微中心，南京

000O026201
泊斋集：三卷 / (清)释元尹撰
清康熙(1662-1722)陈邦怀刻本
1997年摄制. -- 1盘卷片(6米88拍)：1:10,
2B ；35mm银盐
收藏馆：缩微中心，国图

000O025846
华鄂堂诗稿：二卷；研山十咏：一卷 / (清)周彝
撰
清康熙(1662-1722)刻本
1996年摄制. -- 1盘卷片(4米52拍)：1:10,
2B ；35mm银盐
收藏馆：缩微中心，国图

000O010034
二十四泉草堂集：十二卷 / (清)王苹撰
清康熙(1662-1722)刻本. -- 版框高十七厘米
宽十四厘米。
1989年摄制. -- 1盘卷片(10米204拍)：
1:10, 2B ；35mm银盐
收藏馆：缩微中心，广东

00O018119
二十四泉草堂集：十二卷 / (清)王苹撰
清(1644-1911)稿本
1993年摄制. -- 1盘卷片(10米187拍) ：
1:10，2B ；35mm银盐
收藏馆：缩微中心，山东

00O011080
蓼村集：四卷 / (清)王苹撰
清乾隆三十八年(1773)精刻本
1989年摄制. -- 1盘卷片(6米99拍) ：1:10，
2B ；35mm银盐
收藏馆：缩微中心，天津

00O009025
过江二集：四卷 / (清)史申义撰
清康熙五十一年(1712)刻本
1988年摄制. -- 1盘卷片(7米113拍) ：1:10，
2B ；35mm银盐
收藏馆：缩微中心，湖北

00O026464
啸竹堂集：十六卷 / (清)王锡撰 ; (清)姜宸英评
清康熙(1662-1722)刻本
1997年摄制. -- 1盘卷片(15米290拍) ：
1:10，2B ；35mm银盐
收藏馆：缩微中心，国图

00O018247
取此居文集：二卷 / (清)周正撰 ; (清)李应蒨评
清康熙(1662-1722)刻本. -- (清)张谦宜批校
并跋。
1993年摄制. -- 1盘卷片(7米126拍) ：1:10，
2B ；35mm银盐
收藏馆：缩微中心，山东

00O027331
愧斋文集略：一卷诗集略一卷 / (清)连青撰
清康熙(1662-1722)刻本
1997年摄制. -- 1盘卷片(8米121拍) ：1:10，
2B ；35mm银盐
收藏馆：缩微中心，国图

00O026209
谨斋诗稿：二十卷 / (清)许志进撰
清康熙(1662-1722)资敬堂刻本
1996年摄制. -- 1盘卷片(31米609拍) ：
1:10，2B ；35mm银盐
收藏馆：缩微中心，国图

00O027322
丙寅集：一卷 / (清)陶尔毯撰
清康熙(1662-1722)刻本

1997年摄制. -- 1盘卷片(3米24拍) ：1:10，
2B ；35mm银盐
收藏馆：缩微中心，国图

00O027326
伊想集：一卷 / (清)陶尔毯撰
清康熙(1662-1722)刻本
1997年摄制. -- 1盘卷片(4米34拍) ：1:10，
2B ；35mm银盐
收藏馆：缩微中心，国图

00O014968
西斋集：十二卷 / (清)吴暻撰
清(1644-1911)稿本. -- (清)陆宝忠、(清)许
琰跋。
1992年摄制. -- 1盘卷片(11米200拍) ：
1:10，2B ；35mm银盐
收藏馆：缩微中心，国图

00O026452
西斋集：十卷 / (清)吴暻撰
清乾隆三十六年(1771)吴霖刻本
1997年摄制. -- 1盘卷片(11米203拍) ：
1:10，2B ；35mm银盐
收藏馆：缩微中心，国图

00O013774
回青山房诗：二卷 ; 稼雨轩近诗：一卷 ; 桐野诗：
一卷 / (清)周起渭撰
清(1644-1911)抄本. -- 还有合刻著作：桐野
山人集一卷/(清)周起渭撰，伴铎吟一卷/(清)
李晋撰，渔璜宫詹世系一卷，介眉集一卷。
(清)莫友芝校。
1991年摄制. -- 1盘卷片(8米137拍) ：1:10，
2B ；35mm银盐
收藏馆：缩微中心，国图

00O010994
双松晚翠楼诗：十卷 / (清)庄令舆撰
清乾隆三十一年(1766)二知堂刻本
1989年摄制. -- 1盘卷片(10.5米192拍) ：
1:10，2B ；35mm银盐
收藏馆：缩微中心，湖北

00O026779
双松晚翠楼诗：二十卷 / (清)庄令舆撰
清(1644-1911)庄怡孙庄钟济抄本
1996年摄制. -- 1盘卷片(13米243拍) ：
1:10，2B ；35mm银盐
收藏馆：缩微中心，南京

00O027312
观海集：一卷 / (清)汪楫撰

清雍正(1723-1735)刻本. -- 还有合刻著作：
山闻诗一卷续集一卷/(清)汪楫撰，京华诗一
卷/(清)汪楫撰。
1997年摄制. -- 1盘卷片(3米27拍) : 1:10,
2B ; 35mm银盐
收藏馆：缩微中心，国图

000O010245
饴山诗集：二十卷 / (清)赵执信撰
清乾隆十七年(1752)因园刻本
1989年摄制. -- 1盘卷片(15米297拍) :
1:10, 2B ; 35mm银盐
收藏馆：缩微中心，湖北

000O010364
**饴山文集：十二卷附录一卷；礼俗权衡：二卷 /
(清)赵执信撰**
清乾隆三十九年(1774)因园刻本
1989年摄制. -- 1盘卷片(14.5米287拍) :
1:10, 2B ; 35mm银盐
收藏馆：缩微中心，湖北

000O000409
据梧诗集：十五卷 / (清)管棆撰
清康熙(1662-1722)刻本
1985年摄制. -- 1盘卷片(13米274拍) :
1:10, 2B ; 35mm银盐
收藏馆：缩微中心，国图

000O026181
改庵偶集：三卷 / (清)仲弘道撰
清(1644-1911)稿本
1996年摄制. -- 1盘卷片(5米75拍) : 1:10,
2B ; 35mm银盐
收藏馆：缩微中心，国图

000O026190
廿六草：二卷续一卷 / (清)赵祺映撰
清康熙(1662-1722)刻本
1997年摄制. -- 1盘卷片(11米199拍) :
1:10, 2B ; 35mm银盐
收藏馆：缩微中心，国图

000O009176
萍草删存：一卷 / (清)唐祖命撰
清康熙四十一年(1702)唐氏萍斋刻本
1988年摄制. -- 1盘卷片(6米102拍) : 1:10,
2B ; 35mm银盐
收藏馆：缩微中心，湖南

000O015718
陈恪勤公集：不分卷 / (清)陈鹏年撰
清(1644-1911)稿本

1992年摄制. -- 1盘卷片(19米369拍) :
1:10, 2B ; 35mm银盐
收藏馆：缩微中心，国图

000O031231
詹铁牛文集：十五卷诗集十五卷 / (清)詹贤撰
清初(1644-1722)刻本
2004年摄制. -- 1盘卷片(20米415拍) :
1:10, 2B ; 35mm银盐
收藏馆：缩微中心，国图

000O027919
楞伽山人诗集：八卷 / (清)顾嗣协撰
清康熙(1662-1722)顾嗣立刻本
1996年摄制. -- 1盘卷片(7米118拍) : 1:10,
2B ; 35mm银盐
收藏馆：缩微中心，南京

000O019195
**倚云楼文选：四卷尺牍选一卷词选一卷 / (清)江
兰撰 . 厂楼词：一卷 / (清)徐如蕙撰**
清康熙(1662-1722)刻本
1994年摄制. -- 1盘卷片(8米117拍) : 1:10,
2B ; 35mm银盐
收藏馆：缩微中心，国图

000O021065
松筠小草：七卷 / (清)侯承恩撰
清康熙六十一年(1722)刻本
1994年摄制. -- 1盘卷片(9米155拍) : 1:10,
2B ; 35mm银盐
收藏馆：缩微中心，国图

000O028321
药房诗稿：七卷 / (清)梁麟生撰
清雍正三年(1725)式谷堂刻本
1998年摄制. -- 1盘卷片(9米155拍) : 1:10,
2B ; 35mm银盐
收藏馆：缩微中心，广东

000O013775
**伴铎吟：一卷 / (清)李晋撰 . 回青山房诗：二卷 /
(清)周起渭撰**
清(1644-1911)抄本. -- 未拍摄回青山房诗。
1991年摄制. -- 1盘卷片(3米14拍) : 1:10,
2B ; 35mm银盐
收藏馆：缩微中心，国图

000O010042
野香亭集：十三卷 / (清)李孚青撰
清康熙(1662-1722)刻本. -- 版框高十六厘米
宽十三厘米。
1989年摄制. -- 1盘卷片(18米375拍) :

1:10，2B；35mm银盐
收藏馆：缩微中心，广东

000O021053
盘隐山樵诗集：八卷 / (清)李孚青撰
清康熙(1662-1722)刻本
1994年摄制. -- 1盘卷片(7米108拍)：1:10,
2B；35mm银盐
收藏馆：缩微中心，国图

000O022903
盘隐山樵诗集：八卷 / (清)李孚青撰
清康熙(1662-1722)刻本. -- 版框高十七厘米
宽十三厘米。
1995年摄制. -- 1盘卷片(6.8米124拍)：
1:10，2B；35mm银盐
收藏馆：缩微中心，广东

000O026169
楚香亭集：六卷 / (清)许梦麟撰
清乾隆(1736-1795)刻本
1997年摄制. -- 1盘卷片(14米266拍)：
1:10，2B；35mm银盐
收藏馆：缩微中心，国图

000O025843
依归草：十八卷；自长吟：十二卷 / (清)张符骧撰
清康熙(1662-1722)刻本. -- (清)张谦宜评并题诗。
1996年摄制. -- 1盘卷片(23米449拍)：
1:10，2B；35mm银盐
收藏馆：缩微中心，国图

000O018002
依归草：不分卷 / (清)张符骧撰
清(1644-1911)抄本
1993年摄制. -- 1盘卷片(13米243拍)：
1:10，2B；35mm银盐
收藏馆：缩微中心，国图

000O019623
冰雪集：一卷 / (清)万承勋撰
清(1644-1911)稿本
1994年摄制. -- 1盘卷片(3米26拍)：1:10,
2B；35mm银盐
收藏馆：缩微中心，国图

000O006580
千之草堂编年文钞：一卷杂著一卷 / (清)万承勋撰
清(1644-1911)抄本
1987年摄制. -- 1盘卷片(7米114拍)：1:10,

2B；35mm银盐
收藏馆：缩微中心，国图

000O027332
掣鲸堂诗集：十三卷 / (清)费锡璜撰
清康熙(1662-1722)刻本
1997年摄制. -- 1盘卷片(14米267拍)：
1:10，2B；35mm银盐
收藏馆：缩微中心，国图

000O027333
贯道堂文集：四卷 / (清)费锡璜撰
清康熙(1662-1722)汪文菁刻本
1997年摄制. -- 1盘卷片(13米249拍)：
1:10，2B；35mm银盐
收藏馆：缩微中心，国图

000O025774
方日斯先生诗稿：不分卷 / (清)方迈撰
清(1644-1911)稿本
1996年摄制. -- 1盘卷片(11米205拍)：
1:10，2B；35mm银盐
收藏馆：缩微中心，国图

000O019564
纪游诗草：八卷文集三卷 / (清)林毓俊撰
清康熙(1662-1722)刻本
1994年摄制. -- 1盘卷片(11米190拍)：
1:10，2B；35mm银盐
收藏馆：缩微中心，国图

000O012044
云斋清籁：二十一卷 / (清)康行侗撰
清雍正十年(1732)刻本
1990年摄制. -- 1盘卷片(25米544拍)：
1:10，2B；35mm银盐
收藏馆：缩微中心，山西

000O029774
清照堂打包剩语：二卷；梦觉集：一卷；除豪集：一卷 / (清)陈恂撰
清康熙(1662-1722)刻本
1996年摄制. -- 1盘卷片(8米115拍)：1:10,
2B；35mm银盐
收藏馆：缩微中心，苏州

000O019110
蓑笠轩仅存稿：十卷 / (清)楼俨撰
清康熙(1662-1722)刻本. -- (清)邹存淦跋。
1994年摄制. -- 1盘卷片(12米229拍)：
1:10，2B；35mm银盐
收藏馆：缩微中心，国图

000O026878
七峰草堂诗稿：七卷首一卷 / (清)洪鈇撰
清康熙(1662-1722)刻本
1996年摄制. -- 1盘卷片(10米193拍)：
1:10, 2B ; 35mm银盐
收藏馆：缩微中心，南京

000O017886
柳洲诗存：一卷 / (清)柯煜撰
清康熙(1662-1722)刻本. -- 还有合刻著作：柘
湖小稿一卷/(清)郑鈇撰，借题集句一卷/(清)沈
坚撰，黄山纪游草一卷西山绝句一卷/(清)宋
定业撰。
1993年摄制. -- 1盘卷片(3米26拍)：1:10,
2B ; 35mm银盐
收藏馆：缩微中心，国图

000O010493
陆堂文集：二十卷 / (清)陆奎勋撰
清乾隆(1736-1795)刻本
1989年摄制. -- 1盘卷片(21米456拍)：
1:10, 2B ; 35mm银盐
收藏馆：缩微中心，天津

000O009013
存研楼文集：十六卷 / (清)储大文撰
清乾隆九年(1744)刻本
1988年摄制. -- 2盘卷片(43米903拍)：
1:10, 2B ; 35mm银盐
收藏馆：缩微中心，湖北

000O009715
存砚楼二集：二十五卷 / (清)储大文撰
清乾隆十九年(1754)刻本
1989年摄制. -- 2盘卷片(39.5米826拍)：
1:10, 2B ; 35mm银盐
收藏馆：缩微中心，湖北

000O000501
闾丘诗集：二十卷 / (清)顾嗣立撰
清康熙(1662-1722)刻本. -- 伦明跋。
1985年摄制. -- 1盘卷片(14.5米307拍)：
1:10, 2B ; 35mm银盐
收藏馆：缩微中心，国图

000O013812
闾丘诗集：六十卷味蔗诗集三卷 / (清)顾嗣立撰
清康熙(1662-1722)刻本. -- 存四十八卷：卷
一至卷三十七、卷四十九至卷五十六、味蔗诗
集三卷。
1992年摄制. -- 2盘卷片(32米624拍)：
1:10, 2B ; 35mm银盐
收藏馆：缩微中心，国图

000O001094
金焦集：一卷；山阴集：一卷 / (清)顾嗣立撰
清康熙(1662-1722)刻本
1985年摄制. -- 1盘卷片(3.4米42拍)：
1:10, 2B ; 35mm银盐
收藏馆：缩微中心，国图

000O018790
秋查集：二卷；双井书屋集：三卷 / (清)顾嗣立
撰
清康熙(1662-1722)刻本
1994年摄制. -- 1盘卷片(5米64拍)：1:10,
2B ; 35mm银盐
收藏馆：缩微中心，国图

000O019307
春晖楼骈体：一卷 / (清)汪芳藻撰
清(1644-1911)抄本
1994年摄制. -- 1盘卷片(3米22拍)：1:10,
2B ; 35mm银盐
收藏馆：缩微中心，国图

000O027325
春晖楼四六：一卷 / (清)汪芳藻撰
清(1644-1911)联尊堂刻本
1997年摄制. -- 1盘卷片(5米65拍)：1:10,
2B ; 35mm银盐
收藏馆：缩微中心，国图

000O027378
摭怀稿：一卷 / (清)席玕撰
清雍正(1723-1735)刻本
1996年摄制. -- 1盘卷片(4米48拍)：1:10,
2B ; 35mm银盐
收藏馆：缩微中心，南京

000O026174
皆山堂诗：一卷 / (清)马思赞撰
清康熙(1662-1722)刻本
1997年摄制. -- 1盘卷片(4米35拍)：1:10,
2B ; 35mm银盐
收藏馆：缩微中心，国图

000O018458
寒中诗：四卷 / (清)马思赞撰 . 南楼吟香集：六
卷 / (清)查惜撰
清康熙(1662-1722)刻本
1993年摄制. -- 1盘卷片(5米73拍)：1:10,
2B ; 35mm银盐
收藏馆：缩微中心，国图

000O029165
绣余诗稿：一卷 / (清)纳兰氏撰

清(1644-1911)谦牧堂刻本
1999年摄制. -- 1盘卷片(4米92拍) : 1:10,
2B ; 35mm银盐
收藏馆：缩微中心，国图

000O016222
绣余诗稿：一卷 / (清)纳兰氏撰
清(1644-1911)谦牧堂刻本
1993年摄制. -- 1盘卷片(4米36拍) : 1:10,
2B ; 35mm银盐
收藏馆：缩微中心，国图

000O027579
列翠轩诗：一卷 / (清)梁穆撰
清康熙(1662-1722)刻本
1997年摄制. -- 1盘卷片(5米62拍) : 1:10,
2B ; 35mm银盐
收藏馆：缩微中心，国图

000O028602
醉耕轩诗钞：一卷 / (清)雷镦撰
清乾隆十四年(1749)孙谞刻本
1998年摄制. -- 1盘卷片(3米39拍) : 1:10,
2B ; 35mm银盐
收藏馆：缩微中心，广东

000O009710
朱止泉先生文集：八卷 / (清)朱泽沄撰
清乾隆(1736-1795)顾天斋刻本
1989年摄制. -- 1盘卷片(17米289拍) :
1:10, 2B ; 35mm银盐
收藏馆：缩微中心，湖北

000O026148
云川阁集：诗六卷词一卷 / (清)杜诏撰
清康熙(1662-1722)刻本
1996年摄制. -- 1盘卷片(8米130拍) : 1:10,
2B ; 35mm银盐
收藏馆：缩微中心，国图

000O028379
三十六湖草堂诗集：四卷 / (清)李必恒撰
清(1644-1911)乌石红雨山房抄本. -- (清)郭
柏苍跋.
1997年摄制. -- 1盘卷片(5米79拍) : 1:10,
2B ; 35mm银盐
收藏馆：缩微中心，福建

000O026740
三十六湖草堂诗集：八卷 / (清)李必恒撰
清(1644-1911)抄本
1996年摄制. -- 1盘卷片(9米164拍) : 1:10,
2B ; 35mm银盐

收藏馆：缩微中心，南京

000O025572
黄山纪游诗：不分卷 / (清)程瑞祊撰
清康熙(1662-1722)刻本
1996年摄制. -- 1盘卷片(3米41拍) : 1:10,
2B ; 35mm银盐
收藏馆：缩微中心，浙江

000O010425
槐江诗钞：四卷 / (清)程瑞祊撰
清乾隆(1736-1795)刻本
1989年摄制. -- 1盘卷片(15米317拍) :
1:10, 2B ; 35mm银盐
收藏馆：缩微中心，天津

000O026455
研堂诗：十卷赠言三卷续稿二卷晚稿二卷拾遗
一卷；花外散吟：一卷 / (清)杨维坤撰
清乾隆(1736-1795)刻本
1997年摄制. -- 1盘卷片(16米307拍) :
1:10, 2B ; 35mm银盐
收藏馆：缩微中心，国图

000O000902
昆仑山房诗集残稿：三卷；百一诗：二卷 / (清)
张笃庆撰
清(1644-1911)抄本
1985年摄制. -- 1盘卷片(13.7米288拍) :
1:10, 2B ; 35mm银盐
收藏馆：缩微中心，国图

000O016738
梅溪谭士远拙得书：二卷附一卷 / (清)谭文昭撰；
(清)戎式弘评
清康熙(1662-1722)刻本
1993年摄制. -- 1盘卷片(5米76拍) : 1:10,
2B ; 35mm银盐
收藏馆：缩微中心，国图

000O001823
秋涯诗稿：一卷词稿一卷跋稿一卷杂文一卷 /
(清)王遵厔撰
清乾隆四十年(1775)陆时化翠华轩刻绿印本
1985年摄制. -- 1盘卷片(3.8米56拍) :
1:10, 2B ; 35mm银盐
收藏馆：缩微中心，国图

000O031910
秋涯诗稿：一卷词稿一卷跋稿一卷杂文一卷 /
(清)王遵厔撰
清乾隆四十年(1775)陆时化翠华轩刻绿印本
2010年摄制. -- 1盘卷片(5米61拍) : 1:13,

2B ；35mm银盐
收藏馆：缩微中心，国图

00O010491
弱水集：二十二卷 / (清)屈复撰
清乾隆七年(1742)刻本. -- 卷十三第十七页只一行字。
1989年摄制. -- 1盘卷片(23米496拍) ：1:10, 2B ；35mm银盐
收藏馆：缩微中心，天津

00O011078
近道斋诗集：四卷文集六卷 / (清)陈万策撰
清乾隆八年(1743)精刻本
1989年摄制. -- 1盘卷片(18米374拍) ：1:10, 2B ；35mm银盐
收藏馆：缩微中心，天津

00O021532
近道斋文集：六卷诗集四卷附录一卷 / (清)陈万策撰
清乾隆(1736-1795)刻本
1995年摄制. -- 1盘卷片(18米345拍) ：1:10, 2B ；35mm银盐
收藏馆：缩微中心，国图

00O026446
妙叶堂诗抄：一卷 / (清)释灯岱撰 . 附录：一卷 / (清)释正晓撰
清雍正二年(1724)释灯岱刻本
1997年摄制. -- 1盘卷片(5米70拍) ：1:10, 2B ；35mm银盐
收藏馆：缩微中心，国图

00O016877
后甲集：二卷 / (清)章大来撰
清康熙五十六年(1717)百可堂刻本
1993年摄制. -- 1盘卷片(7米102拍) ：1:10, 2B ；35mm银盐
收藏馆：缩微中心，国图

00O020296
雪川诗稿：五卷 / (清)陈苌撰
清(1644-1911)莺湖苏啸堂刻本
1994年摄制. -- 1盘卷片(6米72拍) ：1:10, 2B ；35mm银盐
收藏馆：缩微中心，国图

00O026039
雪川诗稿：十卷 / (清)陈苌撰
清康熙(1662-1722)刻本
1993年摄制. -- 1盘卷片(9米153拍) ：1:10, 2B ；35mm银盐

收藏馆：缩微中心，南京

00O026478
望溪集：不分卷 / (清)方苞撰；(清)王兆符,(清)程崟辑
清乾隆十一年(1746)程崟刻本
1997年摄制. -- 1盘卷片(30米610拍) ：1:10, 2B ；35mm银盐
收藏馆：缩微中心，国图

00O031175
望溪集：不分卷 / (清)方苞撰；(清)王兆符,(清)程崟辑
清乾隆十一年(1746)刻本
2004年摄制. -- 2盘卷片(46米955拍) ：1:10, 2B ；35mm银盐
收藏馆：缩微中心，国图

00O028930
望溪先生文：不分卷 / (清)方苞撰；(清)王兆符,(清)程崟辑
清同治十三年(1874)张鸣珂抄本
1995年摄制. -- 1盘卷片(6米124拍) ：1:10, 2B ；35mm银盐
收藏馆：缩微中心，苏州

00O009041
白田草堂存稿：二十四卷附行状一卷崇祀乡贤录一卷 / (清)王懋竑撰
清乾隆(1736-1795)刻本
1988年摄制. -- 1盘卷片(30.5米620拍) ：1:10, 2B ；35mm银盐
收藏馆：缩微中心，湖北

00O012615
香屑集：十八卷首一卷末一卷 / (清)黄之隽撰
清雍正十二年(1734)边初园刻本
1990年摄制. -- 1盘卷片(16米337拍) ：1:10, 2B ；35mm银盐
收藏馆：缩微中心，辽宁

00O010424
香屑集：十八卷首一卷末一卷 / (清)黄之隽撰
清雍正十三年(1735)刻巾箱本. -- (清)陈邦直校。
1989年摄制. -- 1盘卷片(16米330拍) ：1:10, 2B ；35mm银盐
收藏馆：缩微中心，天津

00O009042
㕙堂集：五十卷续集八卷补遗二卷附冬录一卷 / (清)黄之隽撰
清乾隆(1736-1795)刻本

1988年摄制. -- 2盘卷片(61米1280拍) ：
1:10, 2B ；35mm银盐
收藏馆：缩微中心，湖北

000020830
硓小斋偶吟：一卷 / (清)叶芳撰
清乾隆(1736-1795)刻本
1994年摄制. -- 1盘卷片(4米50拍) ：1:10,
2B ；35mm银盐
收藏馆：缩微中心，国图

000026460
大愚稿：十卷 / (清)褚凤翔撰
清乾隆(1736-1795)刻本. -- 卷八至卷九原注
未出。
1997年摄制. -- 1盘卷片(8米111拍) ：1:10,
2B ；35mm银盐
收藏馆：缩微中心，国图

000010992
改堂先生文钞：二卷 / (清)唐绍祖撰
清乾隆十八年(1753)刻本
1989年摄制. -- 1盘卷片(7米112拍) ：1:10,
2B ；35mm银盐
收藏馆：缩微中心，湖北

000024271
致轩诗钞：二十四卷附一卷 / (清)杨宋知撰
清(1644-1911)抄本
1996年摄制. -- 1盘卷片(27米573拍) ：
1:10, 2B ；35mm银盐
收藏馆：缩微中心，安徽

000016348
蒋西谷集：十二卷 / (清)蒋廷锡撰
清康熙(1662-1722)刻本
1992年摄制. -- 1盘卷片(15米286拍) ：
1:10, 2B ；35mm银盐
收藏馆：缩微中心，国图

000031763
片云集：一卷 / (清)蒋廷锡撰
清康熙(1662-1722)刻本
2005年摄制. -- 1盘卷片(4米50拍) ：1:10,
2B ；35mm银盐
收藏馆：缩微中心，国图

000026598
洞庭湖棹歌：一卷续一卷 / (清)朱丕戴撰
清(1644-1911)刻本
1997年摄制. -- 1盘卷片(3米14拍) ：1:10,
2B ；35mm银盐
收藏馆：缩微中心，国图

000016595
张玄九诗集：四卷 / (清)张维初撰
清雍正九年(1731)荣寿堂刻本
1993年摄制. -- 1盘卷片(9.2米167拍) ：
1:10, 2B ；35mm银盐
收藏馆：缩微中心，山西

000027573
德园游草：一卷 / (清)冯俞昌撰
清康熙(1662-1722)刻本
1997年摄制. -- 1盘卷片(2米39拍) ：1:10,
2B ；35mm银盐
收藏馆：缩微中心，国图

000000900
宛委山人诗集：十二卷 / (清)刘正谊撰
清(1644-1911)刻本. -- 存六卷：卷一至卷
六。
1985年摄制. -- 1盘卷片(6.1米109拍) ：
1:10, 2B ；35mm银盐
收藏馆：缩微中心，国图

000026221
宛委山人诗集：十二卷 / (清)刘正谊撰 . 炊臼
集：一卷 / (清)刘正谊[等]撰 . 西园诗选：三卷 /
(清)刘大申,(清)刘大观,(清)刘文蔚撰
清(1644-1911)刻本. -- 撰者还有：(清)陶燮
等。
1997年摄制. -- 1盘卷片(14米240拍) ：
1:10, 2B ；35mm银盐
收藏馆：缩微中心，国图

000018240
枫香集：二卷 / (清)朱缃撰
清(1644-1911)刻本
1993年摄制. -- 1盘卷片(5米70拍) ：1:10,
2B ；35mm银盐
收藏馆：缩微中心，山东

000010233
玉池生稿：五卷；云笥诗：一卷；织字轩诗：一
卷 / (清)岳端撰
清康熙三十四年(1695)刻本
1989年摄制. -- 1盘卷片(10米184拍) ：
1:10, 2B ；35mm银盐
收藏馆：缩微中心，天津

000003884
玉池生稿：十卷 / (清)岳端撰
清康熙(1662-1722)刻本
1986年摄制. -- 1盘卷片(12米235拍) ：
1:10, 2B ；35mm银盐
收藏馆：缩微中心，国图

00O010490
陈学士文集：十八卷 / (清)陈仪撰
清乾隆十八年(1753)兰学斋刻本
1989年摄制. -- 2盘卷片(40米847拍) :
1:10, 2B ; 35mm银盐
收藏馆：缩微中心，天津

00O017798
师善堂诗集：十卷 / (清)嵇曾筠撰
清雍正十三年(1735)刻本
1993年摄制. -- 1盘卷片(11米233拍) :
1:10, 2B ; 35mm银盐
收藏馆：缩微中心，天津

00O000195
怀舫集：四十一卷 / (清)魏荔彤撰
清康熙(1662-1722)魏荔彤刻本
1985年摄制. -- 2盘卷片(35.4米761拍) :
1:10, 2B ; 35mm银盐
收藏馆：缩微中心，国图

00O025783
乙未亭诗集：六卷 / (清)徐昂发撰
清康熙(1662-1722)刻本
1996年摄制. -- 1盘卷片(6米81拍) : 1:10,
2B ; 35mm银盐
收藏馆：缩微中心，国图

00O013632
畏垒山人诗集：四卷笔记四卷 / (清)徐昂发撰
清康熙(1662-1722)徐氏德有邻堂刻本. -- 存
六卷：诗集四卷、笔记卷一至卷二。
1991年摄制. -- 1盘卷片(7米106拍) : 1:10,
2B ; 35mm银盐
收藏馆：缩微中心，国图

00O021609
式馨堂文集：十五卷诗前集十二卷诗后集八卷
诗余偶存三卷 / (清)鲁之裕撰
清康熙(1662-1722)刻本. -- 存二十八卷：文
集卷一至卷八、诗前集十二卷、诗后集八卷。
1995年摄制. -- 1盘卷片(31米646拍) :
1:10, 2B ; 35mm银盐
收藏馆：缩微中心，国图

00O010457
式馨堂诗：前集十二卷后集八卷诗余偶存一卷 /
(清)鲁之裕撰
清雍正(1723-1735)精刻本
1989年摄制. -- 1盘卷片(19米417拍) :
1:10, 2B ; 35mm银盐
收藏馆：缩微中心，天津

00O000553
复古诗：十四卷 / (清)吴铭道撰
清康熙(1662-1722)刻本
1985年摄制. -- 1盘卷片(18.3米397拍) :
1:10, 2B ; 35mm银盐
收藏馆：缩微中心，国图

00O026843
奉使琉球诗：三卷附词一卷文一卷 / (清)徐葆光
撰
清雍正十一年(1733)汪栋刻本
1996年摄制. -- 1盘卷片(8米137拍) : 1:10,
2B ; 35mm银盐
收藏馆：缩微中心，南京

00O018115
绿筠轩诗：四卷 / (清)张元撰；(清)张廷寀辑
清(1644-1911)稿本
1993年摄制. -- 1盘卷片(9米165拍) : 1:10,
2B ; 35mm银盐
收藏馆：缩微中心，山东

00O025707
临漪园诗集：三卷附偶存一卷 / (清)汤准撰
清康熙(1662-1722)刻本
1996年摄制. -- 1盘卷片(7米147拍) : 1:10,
2B ; 35mm银盐
收藏馆：缩微中心，河南

00O000421
耕余居士诗集：□□卷 / (清)郑世元撰
清康熙四十五年(1706)江相刻本. -- 存九
卷：卷一至卷九。
1985年摄制. -- 1盘卷片(9米172拍) : 1:10,
2B ; 35mm银盐
收藏馆：缩微中心，国图

00O010427
花语山房诗文小钞：一卷；三重赋：一卷；南汇
县志分目原稿：一卷 / (清)顾成天撰
清雍正(1723-1735)刻本. -- 还有合刻著作：离
骚经一卷/(清)顾成天撰，读骚列论一卷/(清)顾
成天撰，帝亲赋一卷/(清)顾成天撰，东浦草堂
诗一卷/(清)顾成天撰，楚词九歌解一卷/(清)
顾成天撰。
1989年摄制. -- 1盘卷片(11米233拍) :
1:10, 2B ; 35mm银盐
收藏馆：缩微中心，天津

00O013100
迎晖楼诗集：二卷 / (清)甘亭撰
清康熙六十年(1721)刻本
1991年摄制. -- 1盘卷片(4米60拍) : 1:10,

2B ；35mm银盐
收藏馆：缩微中心，辽宁

000O026204
拙斋集：五卷 / (清)朱奇龄撰
清康熙(1662-1722)介堂刻本. -- 卷一至卷二配抄本。
1997年摄制. -- 1盘卷片(21米418拍) ：1:10, 2B ；35mm银盐
收藏馆：缩微中心，国图

000O013592
拙斋集：四卷 / (清)朱奇龄撰
清(1644-1911)抄本
1991年摄制. -- 1盘卷片(12米212拍) ：1:10, 2B ；35mm银盐
收藏馆：缩微中心，国图

000O010052
白坡诗选：四卷 / (清)章琦撰
清康熙六十一年(1722)刻本. -- 版框高十六厘米宽十三厘米。
1989年摄制. -- 1盘卷片(7米127拍) ：1:10, 2B ；35mm银盐
收藏馆：缩微中心，广东

000O030025
归田集：不分卷 / (清)黄日纪撰；(清)黄贞焕编校
清乾隆三十二年(1767)刻本
2001年摄制. -- 1盘卷片(5.3米83拍) ：1:10, 2B ；35mm银盐
收藏馆：缩微中心，厦门

000O010225
玉红草堂诗文：十六卷附龙氏家谱一卷 / (清)龙震撰
清康熙(1662-1722)刻本
1989年摄制. -- 2盘卷片(38米793拍) ：1:10, 2B ；35mm银盐
收藏馆：缩微中心，天津

000O010344
巳山先生文集：十卷别集四卷传一卷 / (清)王步青撰
清乾隆十七年(1752)敦复堂刻本
1989年摄制. -- 1盘卷片(16米329拍) ：1:10, 2B ；35mm银盐
收藏馆：缩微中心，湖北

000O026237
读书堂诗稿：二卷 / (清)汪日祺撰
清雍正(1723-1735)刻本

1997年摄制. -- 1盘卷片(7米98拍) ：1:10, 2B ；35mm银盐
收藏馆：缩微中心，国图

000O012871
崇雅堂诗钞：十一卷 / (清)李开叶撰
清乾隆(1736-1795)刻本
1990年摄制. -- 1盘卷片(13.7米291拍) ：1:10, 2B ；35mm银盐
收藏馆：缩微中心，辽宁

000O024700
翼堂诗集：二卷 / (清)邱迥撰
清乾隆十四年(1749)刻本
1996年摄制. -- 1盘卷片(7米124拍) ：1:10, 2B ；35mm银盐
收藏馆：缩微中心，浙江

000O026198
金东山文集：十二卷 / (清)金门诏撰
清乾隆(1736-1795)刻本
1996年摄制. -- 1盘卷片(24米489拍) ：1:10, 2B ；35mm银盐
收藏馆：缩微中心，国图

000O031243
金东山文集：十二卷 / (清)金门诏撰
清乾隆(1736-1795)刻本
2004年摄制. -- 1盘卷片(25米515拍) ：1:9, 2B ；35mm银盐
收藏馆：缩微中心，国图

000O006613
息影斋诗钞：三卷 / (清)释律然撰
清乾隆十四年(1749)释律然刻本
1987年摄制. -- 1盘卷片(6米101拍) ：1:10, 2B ；35mm银盐
收藏馆：缩微中心，国图

000O006359
西庵草：一卷 / (清)释律然撰
清(1644-1911)稿本. -- (清)彭兆荪、(清)孙元培跋。
1987年摄制. -- 1盘卷片(5米66拍) ：1:10, 2B ；35mm银盐
收藏馆：缩微中心，国图

000O024250
澄怀园诗选：十二卷 / (清)张廷玉撰
清乾隆二年(1737)刻本
1996年摄制. -- 1盘卷片(10米235拍) ：1:10, 2B ；35mm银盐
收藏馆：缩微中心，安徽

000O031425
若庵集：四卷 / (清)程庭撰
清康熙(1662-1722)刻本
2004年摄制. -- 1盘卷片（12米245拍）：
1:10, 2B ；35mm银盐
收藏馆：缩微中心，国图

000O021269
若庵集：五卷 / (清)程庭撰
清康熙(1662-1722)刻本
1995年摄制. -- 1盘卷片（14米256拍）：
1:10, 2B ；35mm银盐
收藏馆：缩微中心，国图

000O021035
若庵集：五卷 / (清)程庭撰
清(1644-1911)刻本
1994年摄制. -- 1盘卷片（14米257拍）：
1:10, 2B ；35mm银盐
收藏馆：缩微中心，国图

000O021558
余园诗钞：六卷 / (清)缪沅撰
清乾隆十年(1745)葆素堂刻本
1995年摄制. -- 1盘卷片（12米217拍）：
1:10, 2B ；35mm银盐
收藏馆：缩微中心，国图

000O026189
余园诗钞：六卷 / (清)缪沅撰
清乾隆(1736-1795)葆素堂刻本
1997年摄制. -- 1盘卷片（12米213拍）：
1:10, 2B ；35mm银盐
收藏馆：缩微中心，国图

000O010051
尺木楼诗集：四卷 / (清)程世绳撰
清乾隆二十五年(1760)刻本. -- 版框高十八
厘米宽十三厘米。
1989年摄制. -- 1盘卷片（10米207拍）：
1:10, 2B ；35mm银盐
收藏馆：缩微中心，广东

000O010353
竹啸轩诗钞：十八卷 / (清)沈德潜撰
清乾隆十六年(1751)刻本
1989年摄制. -- 1盘卷片（11米217拍）：
1:10, 2B ；35mm银盐
收藏馆：缩微中心，湖北

000O024655
一一斋诗：十卷 / (清)沈德潜撰
清(1644-1911)刻本

1996年摄制. -- 1盘卷片（8米141拍）：1:10,
2B ；35mm银盐
收藏馆：缩微中心，浙江

000O009030
穆堂初稿：五十卷 / (清)李绂撰
清乾隆五年(1740)无怒轩刻本
1988年摄制. -- 2盘卷片（58.5米1229拍）：
1:10, 2B ；35mm银盐
收藏馆：缩微中心，湖北

000O007778
张湘门先生诗稿：不分卷 / (清)张灿撰
清(1644-1911)稿本
1987年摄制. -- 1盘卷片（6米90拍）：1:10,
2B ；35mm银盐
收藏馆：缩微中心，湖南

000O016906
雪庵诗存：二卷 / (清)丁嗣澂撰
清雍正(1723-1735)丁桂芳刻本
1993年摄制. -- 1盘卷片（6米75拍）：1:10,
2B ；35mm银盐
收藏馆：缩微中心，国图

000O015933
许屏山集：九卷 / (清)许田撰
清(1644-1911)稿本
1993年摄制. -- 1盘卷片（9米157拍）：1:10,
2B ；35mm银盐
收藏馆：缩微中心，国图

000O026165
盛虎文诗稿：一卷 / (清)盛文炳撰
清(1644-1911)稿本
1996年摄制. -- 1盘卷片（3米10拍）：1:10,
2B ；35mm银盐
收藏馆：缩微中心，国图

000O016901
露香阁摘稿：五卷二刻一卷 / (清)杨锡震撰
清康熙(1662-1722)刻本
1993年摄制. -- 1盘卷片（9米144拍）：1:10,
2B ；35mm银盐
收藏馆：缩微中心，国图

000O010506
南陔堂诗集：十二卷 / (清)徐以升撰
清乾隆二十六年(1761)精刻本
1989年摄制. -- 1盘卷片（13米256拍）：
1:10, 2B ；35mm银盐
收藏馆：缩微中心，天津

000O027334
种墨斋诗集：二卷 / (清)伊麟撰
清雍正二年(1724)马林保刻本
1997年摄制. -- 1盘卷片(4米32拍) : 1:10,
2B ; 35mm银盐
收藏馆：缩微中心，国图

000O026491
种墨斋诗集：二卷诗余一卷 / (清)伊麟撰
清(1644-1911)抄本
1997年摄制. -- 1盘卷片(4米43拍) : 1:10,
2B ; 35mm银盐
收藏馆：缩微中心，国图

000O020096
澄志楼诗稿：不分卷 / (清)侯方曾撰
清(1644-1911)抄本
1994年摄制. -- 1盘卷片(8米131拍) : 1:10,
2B ; 35mm银盐
收藏馆：缩微中心，国图

000O027578
小山诗初稿：二卷文稿八卷续稿四卷后稿二卷
诗余四卷 / (清)王时翔撰
清乾隆(1736-1795)王景元刻本
1997年摄制. -- 1盘卷片(22米435拍) :
1:10, 2B ; 35mm银盐
收藏馆：缩微中心，国图

000O027327
诗集：四卷文集四卷 / (清)陈祖范撰
清乾隆(1736-1795)刻本
1997年摄制. -- 1盘卷片(16米297拍) :
1:10, 2B ; 35mm银盐
收藏馆：缩微中心，国图

000O015100
鸡肋集：一卷 / (清)揆叙撰
清康熙(1662-1722)谦牧堂刻本
1992年摄制. -- 1盘卷片(3米29拍) : 1:10,
2B ; 35mm银盐
收藏馆：缩微中心，国图

000O025812
乐静堂集：二卷；鸡肋集：一卷 / (清)揆叙撰
清康熙(1662-1722)谦牧堂刻本
1996年摄制. -- 1盘卷片(4米51拍) : 1:10,
2B ; 35mm银盐
收藏馆：缩微中心，国图

000O001984
益戒堂诗后集：八卷 / (清)揆叙撰
清雍正二年(1724)谦牧堂刻本
1986年摄制. -- 1盘卷片(14米306拍) :
1:10, 2B ; 35mm银盐
收藏馆：缩微中心，国图

000O017885
柘湖小稿：一卷 / (清)郑鉽撰
清康熙(1662-1722)刻本. -- 还有合刻著作：
黄山纪游草一卷西山绝句一卷/(清)宋定业
撰，柳洲诗存一卷/(清)柯煜撰，借题集句一
卷/(清)沈坚撰。
1993年摄制. -- 1盘卷片(3米14拍) : 1:10,
2B ; 35mm银盐
收藏馆：缩微中心，国图

000O026203
东溪诗草：三卷 / (清)朱琪撰
清雍正十三年(1735)朱琪刻本
1997年摄制. -- 1盘卷片(4米49拍) : 1:10,
2B ; 35mm银盐
收藏馆：缩微中心，国图

000O017944
赤谷诗钞：十五卷 / (清)吴之琏撰
清(1644-1911)刻本
1993年摄制. -- 1盘卷片(12米217拍) :
1:10, 2B ; 35mm银盐
收藏馆：缩微中心，国图

000O026469
药园诗稿：二卷 / (清)吴焯撰
清康熙(1662-1722)刻本
1997年摄制. -- 1盘卷片(6米94拍) : 1:10,
2B ; 35mm银盐
收藏馆：缩微中心，国图

000O002863
鱼睨集：一卷 / (清)吴焯撰
清(1644-1911)抄本. -- (清)吴焯校。
1986年摄制. -- 1盘卷片(5米78拍) : 1:10,
2B ; 35mm银盐
收藏馆：缩微中心，国图

000O010226
味和堂诗集：六卷 / (清)高其倬撰
清乾隆五年(1740)刻本
1989年摄制. -- 1盘卷片(11米201拍) :
1:10, 2B ; 35mm银盐
收藏馆：缩微中心，天津

000O031430
味和堂诗集：六卷 / (清)高其倬撰
清乾隆五年(1740)刻乾隆三十一年(1766)重修
本

2004年摄制. -- 1盘卷片(11米190拍) ：
1:10, 2B ；35mm银盐
收藏馆：缩微中心，国图

00O013545
凌雪轩诗：六卷外集一卷 / (清)徐夔撰
清乾隆(1736-1795)刻本. -- 存六卷：凌雪轩诗六卷。
1991年摄制. -- 1盘卷片(6米98拍) ： 1:10,
2B ；35mm银盐
收藏馆：缩微中心，浙江

00O029303
竹素园诗抄：八卷 / (清)许廷镠撰
清乾隆(1736-1795)刻本
1999年摄制. -- 1盘卷片(11米188拍) ：
1:10, 2B ；35mm银盐
收藏馆：缩微中心，苏州

00O026490
孟邻堂文钞：十六卷 / (清)杨椿撰
清嘉庆二十四年(1819)红梅阁刻本. --. (清)
李慈铭跋。
1997年摄制. -- 1盘卷片(23米451拍) ：
1:10, 2B ；35mm银盐
收藏馆：缩微中心，国图

00O015980
益翁文稿：一卷 / (清)钱元昌撰
清道光六年(1826)钱泰吉抄本. -- (清)钱泰吉跋。
1993年摄制. -- 1盘卷片(4米31拍) ： 1:10,
2B ；35mm银盐
收藏馆：缩微中心，国图

00O012039
王石和文集：八卷 / (清)王海撰
清雍正七年(1729)培凤斋刻本
1990年摄制. -- 1盘卷片(12米233拍) ：
1:10, 2B ；35mm银盐
收藏馆：缩微中心，山西

00O021596
玉禾山人诗集：十卷 / (清)田实发撰
清(1644-1911)博雅堂刻本
1995年摄制. -- 1盘卷片(7米108拍) ：
2B ；35mm银盐
收藏馆：缩微中心，国图

00O031504
玉禾山人诗集：十卷 / (清)田实发撰
清(1644-1911)博雅堂刻本
2004年摄制. -- 1盘卷片(8米135拍) ： 1:10,

2B ；35mm银盐
收藏馆：缩微中心，国图

00O026705
玉几山房吟卷：三卷 / (清)陈撰撰
清康熙(1662-1722)刻本
1996年摄制. -- 1盘卷片(4米63拍) ： 1:10,
2B ；35mm银盐
收藏馆：缩微中心，南京

00O028465
白麓文钞：五卷 / (清)郑亦邹撰
清(1644-1911)抄本
1996年摄制. -- 1盘卷片(6.1米104拍) ：
1:10, 2B ；35mm银盐
收藏馆：缩微中心，福建

00O021223
鸿雪斋诗钞：一卷 / (清)臧琮撰
清乾隆(1736-1795)臧祚巩刻本
1995年摄制. -- 1盘卷片(4米32拍) ： 1:10,
2B ；35mm银盐
收藏馆：缩微中心，国图

00O026492
日堂文钞：一卷 / (清)卢轩撰
清(1644-1911)刻本. -- (清)管庭芬跋。
1997年摄制. -- 1盘卷片(4米33拍) ： 1:10,
2B ；35mm银盐
收藏馆：缩微中心，国图

00O018966
西圃诗册：一卷 / (清)田同之撰
清(1644-1911)稿本
1993年摄制. -- 1盘卷片(11米202拍) ：
1:10, 2B ；35mm银盐
收藏馆：缩微中心，山东

00O026264
砚思集：四卷 / (清)田同之撰
清(1644-1911)诗竹草堂抄本
1996年摄制. -- 1盘卷片(7米99拍) ： 1:10,
2B ；35mm银盐
收藏馆：缩微中心，国图

00O009922
无悔斋集：十五卷附录一卷 / (清)周京撰
清乾隆十七年(1752)刻本
1989年摄制. -- 1盘卷片(11米211拍) ：
1:10, 2B ；35mm银盐
收藏馆：缩微中心，天津

00O029278
赐书堂诗稿：四卷文稿六卷 / (清)翁照撰
清乾隆(1736-1795)刻本
1999年摄制. -- 1盘卷片(15米297拍) :
1:10, 2B ; 35mm银盐
收藏馆：缩微中心，湖南

00O011071
文蔚堂诗集：八卷 / (清)鄂尔泰撰
清(1644-1911)竹虚斋抄本. -- 钤"竹虚斋藏
书印""竹闻居士""鄂弼""叶志诜印"
印。
1989年摄制. -- 1盘卷片(16米332拍) :
1:10, 2B ; 35mm银盐
收藏馆：缩微中心，天津

00O026227
晓亭诗钞：四卷 / (清)塞尔赫撰．鹤鸣集：一卷 /
(清)伊都礼撰
清乾隆十四年(1749)鄂洛顺刻本
1997年摄制. -- 1盘卷片(14米267拍) :
1:10, 2B ; 35mm银盐
收藏馆：缩微中心，国图

00O011687
清溪杂文：八卷杂诗十卷炎州草一卷即墨节妇
考一卷 / (清)杨玠撰；(清)何其睿录
清(1644-1911)抄本. -- 清溪杂文封面题名为
清溪文稿；清溪杂诗、炎州草封面题名为清溪
诗稿；即墨节妇考封面题名为节妇考。
1989年摄制. -- 2盘卷片(44米944拍) :
1:10, 2B ; 35mm银盐
收藏馆：缩微中心，天津

00O026220
在亭丛稿：十二卷 / (清)李果撰
清乾隆(1736-1795)刻本
1997年摄制. -- 1盘卷片(17米336拍) :
1:10, 2B ; 35mm银盐
收藏馆：缩微中心，国图

00O012638
咏归亭诗钞：八卷 / (清)李果撰
清乾隆十七年(1752)养雪亭刻本
1990年摄制. -- 1盘卷片(7.3米138拍) :
1:10, 2B ; 35mm银盐
收藏馆：缩微中心，辽宁

00O012552
世宗宪皇帝御制文集：三十卷目录四卷 / (清)世
宗胤禛撰．交辉园遗稿 / (清)允祥撰
清乾隆三年(1738)内府刻本
1990年摄制. -- 2盘卷片(36.9米810拍) :
1:10, 2B ; 35mm银盐
收藏馆：缩微中心，辽宁

00O026467
商榷集：三卷 / (清)高不骞撰
清雍正(1723-1735)刻本
1997年摄制. -- 1盘卷片(4米43拍) : 1:10,
2B ; 35mm银盐
收藏馆：缩微中心，国图

00O002897
雷溪草堂诗：一卷 / (清)马长海撰
清乾隆九年(1744)浣云阁刻本
1986年摄制. -- 1盘卷片(5米70拍) : 1:10,
2B ; 35mm银盐
收藏馆：缩微中心，国图

00O016569
思居堂集：十三卷 / (清)乔于洞撰
清乾隆二十一年(1756)刻本
1993年摄制. -- 1盘卷片(10.2米200拍) :
1:10, 2B ; 35mm银盐
收藏馆：缩微中心，山西

00O018396
苍雪山房稿：一卷 / (清)王纲撰；(清)王士禛评
清(1644-1911)刻本
1993年摄制. -- 1盘卷片(3米29拍) : 1:10,
2B ; 35mm银盐
收藏馆：缩微中心，山东

00O026760
砚北诗草：一卷；半缘词：一卷 / (清)查学撰
清乾隆五年(1740)刻本
1996年摄制. -- 1盘卷片(5米61拍) : 1:10,
2B ; 35mm银盐
收藏馆：缩微中心，南京

00O026447
清霁楼诗集：一卷 / (清)陶祉撰
清雍正(1723-1735)刻本
1997年摄制. -- 1盘卷片(4米52拍) : 1:10,
2B ; 35mm银盐
收藏馆：缩微中心，国图

00O021178
方贞观诗集：六卷 / (清)方贞观撰
清(1644-1911)刻本
1994年摄制. -- 1盘卷片(8米113拍) : 1:10,
2B ; 35mm银盐
收藏馆：缩微中心，国图

00O007137

方贞观诗集：六卷 / (清)方贞观撰
清乾隆三年(1738)汪廷璋刻本
1987年摄制. -- 1盘卷片(7.5米140拍) :
1:9, 2B ; 35mm银盐
收藏馆：缩微中心，重庆

00O015931

蚕桑乐府：一卷 / (清)沈炳震撰
清(1644-1911)抄本
1992年摄制. -- 1盘卷片(3米14拍) : 1:10,
2B ; 35mm银盐
收藏馆：缩微中心，国图

00O021681

南园倡和集：一卷 / (清)刘榰撰；(清)沈德潜批点
清乾隆十三年(1748)刘组曾刻套印本
1995年摄制. -- 1盘卷片(4米44拍) : 1:10,
2B ; 35mm银盐
收藏馆：缩微中心，国图

00O009543

一瓢斋诗存：六卷 / (清)薛雪撰
清雍正乾隆(1723-1795)扫叶村庄刻本. --
(清)徐士林、(清)高凤翰跋。
1988年摄制. -- 1盘卷片(4.3米66拍) :
1:10, 2B ; 35mm银盐
收藏馆：缩微中心，重庆

00O009881

斫桂山房诗存：六卷 / (清)薛雪撰
清雍正五年至乾隆(1727-1795)扫叶村庄刻本
1989年摄制. -- 1盘卷片(11米223拍) :
1:10, 2B ; 35mm银盐
收藏馆：缩微中心，浙江

00O027341

抱珠轩诗存：六卷 / (清)薛雪撰
清乾隆(1736-1795)扫叶村庄刻本
1997年摄制. -- 1盘卷片(4米50拍) : 1:10,
2B ; 35mm银盐
收藏馆：缩微中心，国图

00O016219

万卷楼文稿：十卷 / (清)顾栋高撰
清(1644-1911)抄本
1993年摄制. -- 2盘卷片(35米683拍) :
1:10, 2B ; 35mm银盐
收藏馆：缩微中心，国图

00O010024

观树堂诗集：七种十二卷 / (清)朱樟撰

清乾隆(1736-1795)刻本. -- 书名代拟。版框
高十五厘米宽十二厘米。
1989年摄制. -- 1盘卷片(30米634拍) :
1:10, 2B ; 35mm银盐
收藏馆：缩微中心，广东

00O001238

茂山堂诗草：一卷二集一卷 / (清)梁迪撰
清康熙(1662-1722)刻本
1985年摄制. -- 1盘卷片(7.4米139拍) :
1:10, 2B ; 35mm银盐
收藏馆：缩微中心，国图

00O020513

玉鉴堂诗钞：一卷 / (清)张嘉论撰
清乾隆(1736-1795)张世光刻本
1994年摄制. -- 1盘卷片(4米35拍) : 1:10,
2B ; 35mm银盐
收藏馆：缩微中心，国图

00O021538

绿杨红杏轩诗集：四卷 / (清)蒋仁锡撰；(清)王士祯批点
清康熙(1662-1722)刻本
1995年摄制. -- 1盘卷片(6米87拍) : 1:10,
2B ; 35mm银盐
收藏馆：缩微中心，国图

00O020872

绿杨红杏轩诗续集：六卷 / (清)蒋仁锡撰
清康熙(1662-1722)刻本
1994年摄制. -- 1盘卷片(7米94拍) : 1:10,
2B ; 35mm银盐
收藏馆：缩微中心，国图

00O006453

学吟草：六卷 / (清)严德垕撰
清雍正(1723-1735)刻本
1987年摄制. -- 1盘卷片(5米68拍) : 1:10,
2B ; 35mm银盐
收藏馆：缩微中心，国图

00O000414

紫幢轩诗：三十二卷 / (清)文昭撰
清康熙(1662-1722)文昭刻本
1985年摄制. -- 1盘卷片(24.6米546拍) :
1:10, 2B ; 35mm银盐
收藏馆：缩微中心，国图

00O021130

紫幢轩诗：三十二卷 / (清)文昭撰
清康熙(1662-1722)文昭刻本. -- 存四卷：画
屏斋稿一卷、槐次吟一卷、艾集二卷。

1994年摄制. -- 1盘卷片（6米86拍）：1:10，2B ；35mm银盐
收藏馆：缩微中心，国图

000O022452
紫幢轩诗：三十二卷 / (清)文昭撰
清康熙雍正(1662-1735)刻本
1995年摄制. -- 1盘卷片（26米553拍）：1:10，2B ；35mm银盐
收藏馆：缩微中心，南京

000O031411
紫幢轩诗：二十一种三十二卷 / (清)文昭撰
清康熙雍正(1662-1735)文昭刻本. -- 存三十卷：缺松风支集卷三至卷四。
2004年摄制. -- 1盘卷片（24米511拍）：1:10，2B ；35mm银盐
收藏馆：缩微中心，国图

000O031414
紫幢轩诗：二十一种三十二卷 / (清)文昭撰
清康熙雍正(1662-1735)文昭刻本
2004年摄制. -- 1盘卷片（26米554拍）：1:10，2B ；35mm银盐
收藏馆：缩微中心，国图

000O026184
闲青堂诗集：十卷附录一卷 / (清)朱伦瀚撰
清乾隆(1736-1795)刻本. -- 目录前镌撰者像。
1997年摄制. -- 1盘卷片（12米215拍）：1:10，2B ；35mm银盐
收藏馆：缩微中心，国图

000O010443
玉屏山人古乐府：二卷诗集十二卷 / (清)徐槱撰
清乾隆(1736-1795)精刻本
1989年摄制. -- 1盘卷片（13米276拍）：1:10，2B ；35mm银盐
收藏馆：缩微中心，天津

000O010011
鹿洲初集：二十卷 / (清)蓝鼎元撰
清雍正十年(1732)刻本. -- 版框高十九厘米宽十四厘米。
1989年摄制. -- 2盘卷片（38米821拍）：1:10，2B ；35mm银盐
收藏馆：缩微中心，广东

000O010975
诗礼堂古文：五卷 / (清)王又朴撰
清乾隆(1736-1795)刻本
1989年摄制. -- 1盘卷片（14.5米297拍）：

1:10，2B ；35mm银盐
收藏馆：缩微中心，湖北

000O025706
绿波园诗集：八卷 / (清)宋筠撰
清乾隆(1736-1795)刻本
1996年摄制. -- 1盘卷片（7米156拍）：1:10，2B ；35mm银盐
收藏馆：缩微中心，河南

000O026629
双江卧游草：一卷 / (清)金虞撰
清(1644-1911)抄本
1997年摄制. -- 1盘卷片（3米22拍）：1:10，2B ；35mm银盐
收藏馆：缩微中心，国图

000O011047
小石林诗集：七卷二集八卷古文二卷文外二卷 / (清)叶之溶撰
清乾隆(1736-1795)精刻本
1989年摄制. -- 1盘卷片（20米432拍）：1:10，2B ；35mm银盐
收藏馆：缩微中心，天津

000O026476
敦古堂拟古杂文：三卷 / (清)李舜臣撰
清乾隆(1736-1795)敦古堂刻本
1997年摄制. -- 1盘卷片（12米227拍）：1:10，2B ；35mm银盐
收藏馆：缩微中心，国图

000O026497
林下堂诗：二十卷 / (清)程鳌撰
清乾隆(1736-1795)刻本
1997年摄制. -- 1盘卷片（20米369拍）：1:10，2B ；35mm银盐
收藏馆：缩微中心，国图

000O028509
鱼仓小草：不分卷 / (清)郑承祉撰
清乾隆八年(1743)刻本
1997年摄制. -- 1盘卷片（3.3米43拍）：1:10，2B ；35mm银盐
收藏馆：缩微中心，福建

000O024656
橘巢小稿：四卷 / (清)王世琛撰
清乾隆二十三年(1758)王恺伯刻本
1996年摄制. -- 1盘卷片（5米80拍）：1:10，2B ；35mm银盐
收藏馆：缩微中心，浙江

000O026177
六峰阁诗稿：四卷 / (清)朱稻孙撰
清康熙(1662-1722)刻本
1997年摄制. -- 1盘卷片(5米63拍) : 1:10,
2B ；35mm银盐
收藏馆：缩微中心，国图

000O012717
向惕斋先生集：十卷 / (清)向琥撰
清乾隆十二年(1747)刻本
1990年摄制. -- 1盘卷片(9米178拍) : 1:10,
2B ；35mm银盐
收藏馆：缩微中心，辽宁

000O026794
积山先生遗集：十卷 / (清)汪惟宪撰
清乾隆三十七年(1772)汪新刻本
1996年摄制. -- 1盘卷片(10米189拍) :
1:10, 2B ；35mm银盐
收藏馆：缩微中心，南京

000O020128
贞一斋集：十卷诗说一卷 / (清)李重华撰
清乾隆(1736-1795)刻本
1994年摄制. -- 1盘卷片(12米215拍) :
1:10, 2B ；35mm银盐
收藏馆：缩微中心，国图

000O018662
陶人心语稿：二卷 / (清)唐英撰
稿本
1994年摄制. -- 1盘卷片(11米174拍) :
1:10, 2B ；35mm银盐
收藏馆：缩微中心，国图

000O026182
陶人心语：五卷续选九卷 / (清)唐英撰
清乾隆(1736-1795)古柏堂刻本
1997年摄制. -- 2盘卷片(36米683拍) :
1:10, 2B ；35mm银盐
收藏馆：缩微中心，国图

000O018955
蠡勺诗删：一卷 / (清)毕霈撰
清(1644-1911)稿本. -- (清)毕所铠跋。
1993年摄制. -- 1盘卷片(4米60拍) : 1:10,
2B ；35mm银盐
收藏馆：缩微中心，山东

000O024640
江声草堂诗集：八卷 / (清)金志章撰
清乾隆十九年(1754)刻本. -- (清)叶庆桓校
并跋。

1996年摄制. -- 1盘卷片(10米175拍) :
1:10, 2B ；35mm银盐
收藏馆：缩微中心，浙江

000O010586
花妥楼诗：二十卷 / (清)葛祖亮撰
清乾隆(1736-1795)刻本. -- 版框高二十厘米
宽十四厘米。
1989年摄制. -- 1盘卷片(17米333拍) :
1:10, 2B ；35mm银盐
收藏馆：缩微中心，广东

000O014244
**南阜山人诗集类稿：二十一卷敦文存稿十五卷 /
(清)高凤翰撰**
清(1644-1911)抄本
1992年摄制. -- 1盘卷片(30米620拍) :
1:10, 2B ；35mm银盐
收藏馆：缩微中心，国图

000O021757
**南阜山人诗集类稿：四十三卷夷白草一卷 / (清)
高凤翰撰**
清(1644-1911)稿本
1995年摄制. -- 1盘卷片(32米655拍) :
1:10, 2B ；35mm银盐
收藏馆：缩微中心，国图

000O028366
香草笺：不分卷 / (清)黄任撰
清乾隆(1736-1795)刻本
1997年摄制. -- 1盘卷片(3.4米41拍) :
1:10, 2B ；35mm银盐
收藏馆：缩微中心，福建

000O010587
欠山集：不分卷 / (清)赵侗敩撰
清乾隆(1736-1795)刻本. -- 书名据书口题。
版框高二十厘米宽十五厘米。
1989年摄制. -- 1盘卷片(9米163拍) : 1:10,
2B ；35mm银盐
收藏馆：缩微中心，广东

000O020511
欠山集：不分卷 / (清)赵侗敩撰
清乾隆(1736-1795)刻本
1994年摄制. -- 1盘卷片(7米111拍) : 1:10,
2B ；35mm银盐
收藏馆：缩微中心，国图

000O021119
敦信堂诗集：九卷 / (清)姚培和撰
清乾隆二十七年(1762)刻本

1994年摄制. -- 1盘卷片(9米145拍)：1:10,
2B；35mm银盐
收藏馆：缩微中心，国图

00O010048
雪船吟初稿：四卷补编一卷 / (清)谢秀岚撰
清乾隆(1736-1795)刻本. -- 版框高十八厘米
宽十三厘米。陈梓批点。
1989年摄制. -- 1盘卷片(6米98拍)：1:10,
2B；35mm银盐
收藏馆：缩微中心，广东

00O028310
江上怡云集：八卷 / (清)丁廷彦撰
清乾隆十九年(1754)江上草堂刻本
1998年摄制. -- 1盘卷片(6米110拍)：1:10,
2B；35mm银盐
收藏馆：缩微中心，广东

00O023920
力园诗草：十卷附集古诗一卷 / (清)吕法曾撰
清乾隆三年(1738)新安吕氏刻本
1996年摄制. -- 1盘卷片(8米191拍)：1:10,
2B；35mm银盐
收藏馆：缩微中心，河南

00O000089
班余剪烛集：十四卷 / (清)纳兰常安撰
清乾隆五年(1740)刻本
1985年摄制. -- 1盘卷片(17米374拍)：
1:10, 2B；35mm银盐
收藏馆：缩微中心，国图

00O026183
沈水三春集：十二卷 / (清)纳兰常安撰
清乾隆五年(1740)纳兰常安刻本
1997年摄制. -- 1盘卷片(14米255拍)：
1:10, 2B；35mm银盐
收藏馆：缩微中心，国图

00O021548
非水舟遗集：二卷 / (清)梁锡珩撰
清乾隆(1736-1795)梁睿剑虹斋刻本
1995年摄制. -- 1盘卷片(6米77拍)：1:10,
2B；35mm银盐
收藏馆：缩微中心，国图

00O010021
非水舟遗集：二卷 / (清)梁锡珩撰；(清)梁浚校
编
清乾隆(1736-1795)剑虹斋刻本. -- 版框高
十六厘米宽十二厘米。
1989年摄制. -- 1盘卷片(6米98拍)：1:10,

2B；35mm银盐
收藏馆：缩微中心，广东

00O028335
掬芷园集：不分卷 / (清)王随悦撰
清乾隆九年(1744)刻本
1998年摄制. -- 1盘卷片(5米83拍)：1:10,
2B；35mm银盐
收藏馆：缩微中心，广东

00O021606
松陵唱和钞：四卷 / (清)周允中[等]撰
清乾隆(1736-1795)刻本
1995年摄制. -- 1盘卷片(6米92拍)：1:10,
2B；35mm银盐
收藏馆：缩微中心，国图

00O028319
敬亭诗草：七卷 / (清)沈起元撰
清乾隆十九年(1754)刻本
1998年摄制. -- 1盘卷片(7米130拍)：1:10,
2B；35mm银盐
收藏馆：缩微中心，广东

00O027328
强恕斋文钞：五卷诗钞四卷 / (清)张庚撰
清乾隆(1736-1795)刻本
1997年摄制. -- 1盘卷片(11米203拍)：
1:10, 2B；35mm银盐
收藏馆：缩微中心，国图

00O010033
浩气集：十二卷 / (清)王涛撰
清乾隆十年(1745)写刻本. -- 版框高十八厘
米宽十四厘米。
1989年摄制. -- 1盘卷片(13米265拍)：
1:10, 2B；35mm银盐
收藏馆：缩微中心，广东

00O024263
蔗亭梅花集句：四卷 / (清)汪麟撰
清(1644-1911)稿本
1996年摄制. -- 1盘卷片(6米84拍)：1:10,
2B；35mm银盐
收藏馆：缩微中心，安徽

00O028467
瓣香堂诗集：十卷 / (清)林正青撰
清(1644-1911)抄本
1996年摄制. -- 1盘卷片(9.2米171拍)：
1:10, 2B；35mm银盐
收藏馆：缩微中心，福建

000O026481
六湖先生遗集：十二卷 / (清)张文瑞撰
清乾隆九年(1744)孝友堂刻本
1997年摄制. -- 1盘卷片（10米168拍）：
1:10，2B；35mm银盐
收藏馆：缩微中心，国图

000O010465
东山草堂集：六卷 / (清)潘安礼撰
清乾隆四年(1739)刻本
1989年摄制. -- 1盘卷片（9米159拍）：1:10，
2B；35mm银盐
收藏馆：缩微中心，天津

000O000808
巢林集：七卷 / (清)汪士慎撰
清乾隆(1736-1795)刻本
1985年摄制. -- 1盘卷片（7米123拍）：1:10，
2B；35mm银盐
收藏馆：缩微中心，国图

000O000551
睫巢集：六卷 / (清)李锴撰
清乾隆六年(1741)洪肇楙刻本
1985年摄制. -- 1盘卷片（8米154拍）：1:10，
2B；35mm银盐
收藏馆：缩微中心，国图

000O031249
睫巢集：六卷 / (清)李锴撰
清乾隆六年(1741)洪肇楙刻本
2004年摄制. -- 1盘卷片（9米158拍）：1:9，
2B；35mm银盐
收藏馆：缩微中心，国图

000O000558
睫巢后集：三卷 / (清)李锴撰
清乾隆十年(1745)杜甲刻本
1985年摄制. -- 1盘卷片（5米70拍）：1:10，
2B；35mm银盐
收藏馆：缩微中心，国图

000O000063
鹰青山人集杜：一卷 / (清)李锴撰
清(1644-1911)刻本
1985年摄制. -- 1盘卷片（3米21拍）：1:10，
2B；35mm银盐
收藏馆：缩微中心，国图

000O028468
依园诗草：不分卷 / (清)宫献瑶撰
清(1644-1911)抄本
1996年摄制. -- 1盘卷片（9米164拍）：1:10，

2B；35mm银盐
收藏馆：缩微中心，福建

000O010499
簵村诗全集：四十四卷 / (清)邱上峰撰
清乾隆(1736-1795)晓山草精刻本
1989年摄制. -- 2盘卷片（39米839拍）：
1:10，2B；35mm银盐
收藏馆：缩微中心，天津

000O012629
眺秋楼诗：八卷 / (清)高岑撰
清乾隆二十五年(1760)十研居刻本
1990年摄制. -- 1盘卷片（10.4米211拍）：
1:10，2B；35mm银盐
收藏馆：缩微中心，辽宁

000O021260
眺秋楼诗：八卷 / (清)高岑撰
清乾隆(1736-1795)十研居刻本
1995年摄制. -- 1盘卷片（11米189拍）：
1:10，2B；35mm银盐
收藏馆：缩微中心，国图

000O028106
小山诗钞：十一卷 / (清)邹一桂撰
清乾隆三十五年(1770)刻本
1993年摄制. -- 1盘卷片（13米264拍）：
1:10，2B；35mm银盐
收藏馆：缩微中心，南京

000O017296
绛跗阁诗稿：十一卷 / (清)诸锦撰
清乾隆二十七年(1762)刻本
1993年摄制. -- 1盘卷片（16米306拍）：
1:10，2B；35mm银盐
收藏馆：缩微中心，国图

000O031246
绛跗阁诗稿：十一卷 / (清)诸锦撰
清乾隆二十七年(1762)刻本
2004年摄制. -- 1盘卷片（17米330拍）：
1:10，2B；35mm银盐
收藏馆：缩微中心，国图

000O012722
香树斋诗集：十八卷诗续集三十六卷文集
二十八卷文集续钞五卷 / (清)钱陈群撰
清乾隆(1736-1795)刻本
1990年摄制. -- 4盘卷片（97.4米2266拍）：
1:10，2B；35mm银盐
收藏馆：缩微中心，辽宁

000O009858
与我周旋诗集：十二卷文二卷四六一卷杂体一卷附宁武府志序一卷 / (清)魏元枢撰
清乾隆五十八年(1793)清祜堂刻本
1989年摄制. -- 1盘卷片(24米536拍) : 1:10, 2B ; 35mm银盐
收藏馆：缩微中心，浙江

000O010006
瘿晕山房诗删：十三卷续编一卷 / (清)罗天尺撰
清乾隆二十五年(1760)石湖刻本. -- 版框高十七厘米宽十三厘米。
1989年摄制. -- 1盘卷片(3米29拍) : 1:10, 2B ; 35mm银盐
收藏馆：缩微中心，广东

000O028318
瘿晕山房诗删：十三卷续编一卷 / (清)罗天尺撰
清乾隆二十五年(1760)石湖刻乾隆三十一年(1766)续刻本
1998年摄制. -- 1盘卷片(14米274拍) : 1:10, 2B ; 35mm银盐
收藏馆：缩微中心，广东

000O025780
交辉园遗稿：一卷 / (清)胤祥撰
清乾隆(1736-1795)刻本
1996年摄制. -- 1盘卷片(3米17拍) : 1:10, 2B ; 35mm银盐
收藏馆：缩微中心，国图

000O006989
学吟稿：不分卷 / (清)陈石麒撰
清(1644-1911)抄本
1987年摄制. -- 1盘卷片(4米45拍) : 1:10, 2B ; 35mm银盐
收藏馆：缩微中心，国图

000O000926
碧山堂诗抄：十六卷；黔苗竹枝词：一卷 / (清)田榕撰
清乾隆(1736-1795)刻本
1985年摄制. -- 1盘卷片(17米371拍) : 1:10, 2B ; 35mm银盐
收藏馆：缩微中心，国图

000O010508
青立轩诗稿：八卷 / (清)宋华金撰
清乾隆(1736-1795)精刻本
1989年摄制. -- 1盘卷片(7米141拍) : 1:10, 2B ; 35mm银盐
收藏馆：缩微中心，天津

000O026445
冬心先生集：四卷 / (清)金农撰
清雍正十一年(1733)广陵般若庵刻本
1997年摄制. -- 1盘卷片(15米265拍) : 1:10, 2B ; 35mm银盐
收藏馆：缩微中心，国图

000O016918
冬心先生集：四卷冬心斋研铭一卷 / (清)金农撰
清雍正十一年(1733)广陵般若庵刻本
1993年摄制. -- 1盘卷片(6米91拍) : 1:10, 2B ; 35mm银盐
收藏馆：缩微中心，国图

000O026454
冬心先生续集自序：一卷 / (清)金农撰
清乾隆(1736-1795)刻本
1997年摄制. -- 1盘卷片(3米20拍) : 1:10, 2B ; 35mm银盐
收藏馆：缩微中心，国图

000O016862
冬心先生三体诗：一卷 / (清)金农撰
清乾隆(1736-1795)刻本
1993年摄制. -- 1盘卷片(3米19拍) : 1:10, 2B ; 35mm银盐
收藏馆：缩微中心，国图

000O026495
冬心先生三体诗：一卷 / (清)金农撰
清乾隆(1736-1795)刻本. -- 吴昌绶跋。
1997年摄制. -- 1盘卷片(3米17拍) : 1:10, 2B ; 35mm银盐
收藏馆：缩微中心，国图

000O012059
绿萝山庄文集：二十四卷 / (清)胡俊撰
清乾隆二十一年(1756)刻本
1990年摄制. -- 3盘卷片(63米1323拍) : 1:10, 2B ; 35mm银盐
收藏馆：缩微中心，山西

000O028515
黄廉访诗草：一卷 / (清)黄岳牧撰
清(1644-1911)稿本. -- 原书封面丢失，书名据封面题。封面注手抄本经考查应为稿本。
1997年摄制. -- 1盘卷片(3.2米37拍) : 1:10, 2B ; 35mm银盐
收藏馆：缩微中心，泉州

000O024608
蓬庄诗集：五卷 / (清)沈虹撰
清雍正(1723-1735)刻本

1996年摄制. -- 1盘卷片(6米96拍)：1:10,
2B；35mm银盐
收藏馆：缩微中心，浙江

000O009033
果堂集：十二卷 / (清)沈彤撰
清乾隆(1736-1795)刻本
1988年摄制. -- 1盘卷片(12米209拍)：
1:10, 2B；35mm银盐
收藏馆：缩微中心，湖北

000O009541
津夫诗钞：二卷 / (清)汪鉴撰
清(1644-1911)抄本. --(清)卢文弨校并跋。
1988年摄制. -- 1盘卷片(3.1米37拍)：
1:11, 2B；35mm银盐
收藏馆：缩微中心，重庆

000O026234
沙河逸老小稿：六卷；嶰谷词：一卷 / (清)马曰
琯撰
清乾隆(1736-1795)刻本
1997年摄制. -- 1盘卷片(8米134拍)：1:10,
2B；35mm银盐
收藏馆：缩微中心，国图

000O010428
南华山房诗钞：六卷；南华山人诗钞：十六卷 /
(清)张鹏翀撰
清乾隆(1736-1795)精刻本
1989年摄制. -- 1盘卷片(23米513拍)：
1:10, 2B；35mm银盐
收藏馆：缩微中心，天津

000O021240
春凫小稿：十二卷 / (清)符曾撰
清乾隆(1736-1795)刻本
1995年摄制. -- 1盘卷片(14米254拍)：
1:10, 2B；35mm银盐
收藏馆：缩微中心，国图

000O026462
心斋诗稿：不分卷 / (清)金介复撰
清(1644-1911)稿本. -- 费寅跋。
1997年摄制. -- 1盘卷片(9米154拍)：1:10,
2B；35mm银盐
收藏馆：缩微中心，国图

000O027361
扪腹斋诗钞：不分卷 / (清)张宗松撰
清(1644-1911)抄本
1996年摄制. -- 1盘卷片(7米80拍)：1:10,
2B；35mm银盐

收藏馆：缩微中心，南京

000O011110
铸雪斋集：七卷 / (清)张希杰撰
清(1644-1911)稿本. -- 钤"练塘""张希
杰""汉张"等印。
1989年摄制. -- 1盘卷片(9米176拍)：1:10,
2B；35mm银盐
收藏馆：缩微中心，天津

000O011915
铸雪斋集：十四卷年谱一卷 / (清)张希杰撰
清(1644-1911)稿本
1990年摄制. -- 2盘卷片(47米999拍)：
1:10, 2B；35mm银盐
收藏馆：缩微中心，山东

000O008382
集唐诗：二卷
清(1644-1911)抄本. -- (清)吴骞跋。
1988年摄制. -- 1盘卷片(9米163拍)：1:10,
2B；35mm银盐
收藏馆：缩微中心，国图

000O026216
爱日堂吟稿：十三卷附稿二卷 / (清)赵昱撰
清乾隆(1736-1795)刻本
1997年摄制. -- 1盘卷片(12米229拍)：
1:10, 2B；35mm银盐
收藏馆：缩微中心，国图

000O028334
箧藏西北域记：一卷；箧藏居业集：一卷；箧藏
以学集：一卷 / (清)谢济世撰
清乾隆十三年(1748)抄本
1998年摄制. -- 1盘卷片(5米81拍)：1:10,
2B；35mm银盐
收藏馆：缩微中心，广东

000O027339
介石堂集诗：十卷古文十卷 / (清)郭起元撰
清乾隆(1736-1795)刻本
1997年摄制. -- 1盘卷片(20米408拍)：
1:10, 2B；35mm银盐
收藏馆：缩微中心，国图

000O010431
白云诗集：七卷附咏梅诗一卷 / (清)卢存心撰
清乾隆(1736-1795)数间草堂刻本
1989年摄制. -- 1盘卷片(13米275拍)：
1:10, 2B；35mm银盐
收藏馆：缩微中心，天津

00O027064
出塞集：一卷 / (清)卢见曾撰
清乾隆(1736-1795)刻本
1997年摄制. -- 1盘卷片(4米35拍) ： 1:10,
2B ； 35mm银盐
收藏馆：缩微中心，国图

000O004281
樵贵谷诗：四卷 / (清)吴麟撰
清康熙三十一年(1692)阿泰刻本
1986年摄制. -- 1盘卷片(5.5米95拍) ：
1:10, 2B ； 35mm银盐
收藏馆：缩微中心，国图

000O010342
长吟阁诗集：十卷 / (清)黄子云撰
清乾隆十八年(1753)刻本
1989年摄制. -- 1盘卷片(21.5米460拍) ：
1:10, 2B ； 35mm银盐
收藏馆：缩微中心，湖北

000O028568
长吟阁诗集：十卷 / (清)黄子云撰
清乾隆十八年(1753)刻本
1998年摄制. -- 1盘卷片(23米480拍) ：
1:10, 2B ； 35mm银盐
收藏馆：缩微中心，广东

000O026038
长吟阁诗集：十卷 / (清)黄子云撰
清乾隆四十五年(1780)沈凤抄本
1993年摄制. -- 1盘卷片(20米420拍) ：
1:10, 2B ； 35mm银盐
收藏馆：缩微中心，南京

000O009920
青嵝遗稿：二卷 / (清)盛锦撰；(清)沈德潜评
清乾隆二十六年(1761)精刻本
1989年摄制. -- 1盘卷片(6米80拍) ： 1:10,
2B ； 35mm银盐
收藏馆：缩微中心，天津

000O019192
芙航诗襭：十二卷 / (清)杨士凝撰
清雍正(1723-1735)刻本
1994年摄制. -- 1盘卷片(10米185拍) ：
1:10, 2B ； 35mm银盐
收藏馆：缩微中心，国图

000O020301
归田诗存：三卷文存二卷 / (清)鲁曾煜撰
清雍正(1723-1735)鸣野山房刻本
1994年摄制. -- 1盘卷片(6米86拍) ： 1:10,
2B ； 35mm银盐
收藏馆：缩微中心，国图

000O010930
秋塍文钞：十二卷 / (清)鲁曾煜撰
清乾隆十一年(1746)刻本
1989年摄制. -- 1盘卷片(13.5米280拍) ：
1:10, 2B ； 35mm银盐
收藏馆：缩微中心，湖北

000O028083
小兰陔诗集：八卷 / (清)谢道承撰
清乾隆三十八年(1773)刻本
1997年摄制. -- 1盘卷片(9.5米175拍) ：
1:10, 2B ； 35mm银盐
收藏馆：缩微中心，福建

000O026465
竹楼诗钞：五卷 / (清)王国栋撰
清乾隆(1736-1795)刻本
1997年摄制. -- 1盘卷片(6米90拍) ： 1:10,
2B ； 35mm银盐
收藏馆：缩微中心，国图

000O000592
华阳散稿：二卷 / (清)史震林撰
清乾隆(1736-1795)松槐书屋刻本
1985年摄制. -- 1盘卷片(9.5米187拍) ：
1:10, 2B ； 35mm银盐
收藏馆：缩微中心，国图

000O027038
休宁汪文端公诗：一卷 / (清)汪由敦撰
清(1644-1911)抄本
1997年摄制. -- 1盘卷片(3米8拍) ： 1:10,
2B ； 35mm银盐
收藏馆：缩微中心，国图

000O009055
松泉诗集：二十六卷文集二十二卷 / (清)汪由敦
撰
清乾隆(1736-1795)汪承霈刻本
1988年摄制. -- 2盘卷片(43.5米905拍) ：
1:10, 2B ； 35mm银盐
收藏馆：缩微中心，湖北

000O024635
窥园吟稿：二卷附江上吟一卷 / (清)乔亿撰
清乾隆(1736-1795)刻本
1996年摄制. -- 1盘卷片(4米55拍) ： 1:10,
2B ； 35mm银盐
收藏馆：缩微中心，浙江

000O009167
樊榭山房集：十卷续集十卷 / (清)厉鹗撰
清乾隆(1736-1795)刻本
1988年摄制. -- 1盘卷片(18.1米377拍) :
1:10，2B；35mm银盐
收藏馆：缩微中心，湖南

000O010243
樊榭山房文集：八卷 / (清)厉鹗撰
清乾隆四十三年(1778)汪沆刻本
1989年摄制. -- 1盘卷片(8米172拍) : 1:10，
2B；35mm银盐
收藏馆：缩微中心，湖北

000O007908
樊榭山房集外诗：不分卷 / (清)厉鹗撰
清(1644-1911)刻本
1988年摄制. -- 1盘卷片(4米52拍) : 1:10，
2B；35mm银盐
收藏馆：缩微中心，湖南

000O016064
樊榭山房全集：四十二卷集外文一卷 / (清)厉鹗
撰. 挽辞：一卷 / (清)龚胡銮辑. 轶事：一卷
清光绪十年(1884)汪氏振绮堂刻本. -- 章钰
跋并录(清)翁方纲、(清)钱仪吉、(清)钱泰吉
等评点题识。
1993年摄制. -- 2盘卷片(40米818拍) :
1:10，2B；35mm银盐
收藏馆：缩微中心，国图

000O008994
莺脰湖庄诗集：十五卷 / (清)王藻撰
清乾隆(1736-1795)刻本
1988年摄制. -- 1盘卷片(18米381拍) :
1:10，2B；35mm银盐
收藏馆：缩微中心，湖北

000O018694
蔗塘未定稿：四卷 / (清)查为仁撰
清乾隆(1736-1795)刻本
1994年摄制. -- 1盘卷片(5米62拍) : 1:10，
2B；35mm银盐
收藏馆：缩微中心，国图

000O000861
蔗塘未定稿：四卷 / (清)查为仁撰. 蔗塘外集：
一卷 / (清)金至元撰
清乾隆(1736-1795)刻本
1985年摄制. -- 1盘卷片(7.2米127拍) :
1:10，2B；35mm银盐
收藏馆：缩微中心，国图

000O018513
蔗塘未定稿：五卷 / (清)查为仁撰
清乾隆(1736-1795)刻本
1993年摄制. -- 1盘卷片(6米82拍) : 1:10，
2B；35mm银盐
收藏馆：缩微中心，国图

000O010020
墨麟诗：十二卷 / (清)马维翰撰
清康熙(1662-1722)刻本. -- 版框高十八厘米
宽十二厘米。
1989年摄制. -- 1盘卷片(14米303拍) :
1:10，2B；35mm银盐
收藏馆：缩微中心，广东

000O009921
夕阳书屋诗初编：四卷 / (清)程盛修撰
清乾隆三十八年(1773)精刻本
1989年摄制. -- 1盘卷片(9米153拍) : 1:10，
2B；35mm银盐
收藏馆：缩微中心，天津

000O011059
梦笔山房茧瓮集：八卷续编一卷；间云词：一
卷 / (清)纪逴宜撰
清(1644-1911)抄本
1989年摄制. -- 1盘卷片(10米186拍) :
1:10，2B；35mm银盐
收藏馆：缩微中心，天津

000O026488
宝颖堂诗集：一卷 / (清)马翼赞撰
清雍正六年(1728)永寿刻本
1997年摄制. -- 1盘卷片(5米54拍) : 1:10，
2B；35mm银盐
收藏馆：缩微中心，国图

000O023912
问翁耿先生遗稿：四卷 / (清)耿埰撰
清雍正乾隆(1723-1795)屏山堂刻本
1996年摄制. -- 1盘卷片(10米233拍) :
1:10，2B；35mm银盐
收藏馆：缩微中心，河南

000O026691
集虚堂小草：一卷余草一卷 / (清)郭雍撰
清乾隆四年(1739)刻本
1996年摄制. -- 1盘卷片(6米94拍) : 1:10，
2B；35mm银盐
收藏馆：缩微中心，福建

000O029872
陈石间诗：三十卷 / (清)陈景元撰

清(1644-1911)稿本
2001年摄制. -- 1盘卷片(21米446拍) :
1:10, 2B ; 35mm银盐
收藏馆：缩微中心，国图

000O010435
蕉尾诗集：十五卷 / (清)郑方坤撰
清乾隆十八年(1753)刻本
1989年摄制. -- 1盘卷片(13米255拍) :
1:10, 2B ; 35mm银盐
收藏馆：缩微中心，天津

000O028064
蕉尾文集：二卷 / (清)郑方坤撰
清(1644-1911)抄本
1997年摄制. -- 1盘卷片(7米120拍) : 1:10,
2B ; 35mm银盐
收藏馆：缩微中心，福建

000O026466
王艮斋文集：四卷 / (清)王峻撰
清(1644-1911)蒋棨刻本
1997年摄制. -- 1盘卷片(6米78拍) : 1:10,
2B ; 35mm银盐
收藏馆：缩微中心，国图

000O021241
明史杂咏：四卷 / (清)严遂成撰
清乾隆(1736-1795)刻本
1995年摄制. -- 1盘卷片(6米78拍) : 1:10,
2B ; 35mm银盐
收藏馆：缩微中心，国图

000O010573
海珊诗钞：十一卷补遗二卷 / (清)严遂成撰
清乾隆二十二年(1757)刻本. -- 版框高十八
厘米宽十三厘米.
1989年摄制. -- 1盘卷片(12米242拍) :
1:10, 2B ; 35mm银盐
收藏馆：缩微中心，广东

000O018592
砚林诗集：四卷 / (清)丁敬撰
清(1644-1911)刻本. -- (清)罗以智校。
1993年摄制. -- 1盘卷片(7米86拍) : 1:10,
2B ; 35mm银盐
收藏馆：缩微中心，国图

000O021249
南斋集：六卷词二卷 / (清)马曰璐撰
清乾隆(1736-1795)刻本
1995年摄制. -- 1盘卷片(11米187拍) :
1:10, 2B ; 35mm银盐

收藏馆：缩微中心，国图

000O031240
南斋集：六卷词二卷 / (清)马曰璐撰
清乾隆(1736-1795)刻本
2004年摄制. -- 1盘卷片(12米225拍) :
1:10, 2B ; 35mm银盐
收藏馆：缩微中心，国图

000O012656
弢甫洞庭集：二卷闽峤集二卷 / (清)桑调元撰
清乾隆二十年(1755)修汲堂刻本
1990年摄制. -- 1盘卷片(4.2米64拍) :
1:10, 2B ; 35mm银盐
收藏馆：缩微中心，辽宁

000O010338
弢甫集诗：十四卷集文三十卷 / (清)桑调元撰
清乾隆(1736-1795)兰陵草堂刻本
1996年摄制. -- 1盘卷片(26.5米582拍) :
1:10, 2B ; 35mm银盐
收藏馆：缩微中心，湖北

000O021674
瀛壖百咏：一卷 / (清)张湄撰
清乾隆七年(1742)刻本
1995年摄制. -- 1盘卷片(4米37拍) : 1:10,
2B ; 35mm银盐
收藏馆：缩微中心，国图

000O012688
尹文端公诗集：十卷 / (清)尹继善撰
清乾隆(1736-1795)刻本. -- 存八卷：卷一至
卷四、卷七至卷十。
1990年摄制. -- 1盘卷片(16.4米336拍) :
1:10, 2B ; 35mm银盐
收藏馆：缩微中心，辽宁

000O001210
钦训堂文存：二卷 / (清)弘晋撰
清乾隆九年(1744)永璇抄本
1985年摄制. -- 1盘卷片(3.6米45拍) :
1:10, 2B ; 35mm银盐
收藏馆：缩微中心，国图

000O024696
全韵梅花诗：一卷 / (清)杭世骏撰
清(1644-1911)稿本
1996年摄制. -- 1盘卷片(4米58拍) : 1:10,
2B ; 35mm银盐
收藏馆：缩微中心，浙江

000O010234
岭南集：八卷 / (清)杭世骏撰
清(1644-1911)刻本
1989年摄制. -- 1盘卷片(11米201拍)：
1:10, 2B；35mm银盐
收藏馆：缩微中心，天津

000O026194
道古堂文集：四十六卷诗集二十六卷 / (清)杭世
骏撰
清康熙五十五年至五十七年(1716-1718)刻
本. -- (清)李慈铭批校并跋。
1996年摄制. -- 2盘卷片(59米1195拍)：
1:10, 2B；35mm银盐
收藏馆：缩微中心，国图

000O021071
道古堂诗集：二十六卷 / (清)杭世骏撰
清乾隆(1736-1795)刻本
1994年摄制. -- 1盘卷片(22米438拍)：
1:10, 2B；35mm银盐
收藏馆：缩微中心，国图

000O011190
石笥山房文集：六卷 / (清)胡天游撰
清道光二十六年(1846)博平县衙刻本. --
(清)高均儒批校，(清)牟祥农跋。
1989年摄制. -- 1盘卷片(14米278拍)：
1:10, 2B；35mm银盐
收藏馆：缩微中心，山东

000O011907
石笥山房文集：六卷诗集四卷 / (清)胡天游撰
清(1644-1911)抄本
1990年摄制. -- 1盘卷片(15米306拍)：
1:10, 2B；35mm银盐
收藏馆：缩微中心，山东

000O011926
石笥山房逸稿：七卷 / (清)胡天游撰
清(1644-1911)震无咎斋抄本. -- (清)高均儒
批校，(清)关协华跋。
1990年摄制. -- 1盘卷片(9米152拍)：1:10,
2B；35mm银盐
收藏馆：缩微中心，山东

000O018238
石笥山房逸稿：七卷 / (清)胡天游撰
清(1644-1911)震无咎斋抄本. -- (清)高均儒
批校。
1993年摄制. -- 1盘卷片(9米154拍)：1:10,
2B；35mm银盐
收藏馆：缩微中心，山东

000O026218
竹岩诗草：二卷 / (清)边中宝撰
清乾隆四十年(1775)刻本
1997年摄制. -- 1盘卷片(9米158拍)：1:10,
2B；35mm银盐
收藏馆：缩微中心，国图

000O024649
骁征集：三卷 / (清)夏文蓉撰
清乾隆十五年(1750)刻本
1996年摄制. -- 1盘卷片(11米197拍)：
1:10, 2B；35mm银盐
收藏馆：缩微中心，浙江

000O027323
半舫斋古文：八卷 / (清)夏之蓉撰
清乾隆(1736-1795)刻本
1997年摄制. -- 1盘卷片(13米235拍)：
1:10, 2B；35mm银盐
收藏馆：缩微中心，国图

000O010437
崇本山堂文集：十二卷 / (清)徐时作撰
清乾隆四十九年(1784)精刻本
1989年摄制. -- 1盘卷片(15米307拍)：
1:10, 2B；35mm银盐
收藏馆：缩微中心，天津

000O028374
崇本山堂诗抄：十二卷 / (清)徐时作撰
清乾隆十九年(1754)刻本
1997年摄制. -- 1盘卷片(8.6米159拍)：
1:10, 2B；35mm银盐
收藏馆：缩微中心，福建

000O021581
矢音集：十卷 / (清)梁诗正撰
清乾隆二十年(1755)钱塘梁氏清勤堂刻本
1995年摄制. -- 1盘卷片(17米322拍)：
1:10, 2B；35mm银盐
收藏馆：缩微中心，国图

000O012879
矢音集：十卷 / (清)梁诗正撰
清乾隆(1736-1795)清勤堂刻本
1990年摄制. -- 1盘卷片(16.8米362拍)：
1:10, 2B；35mm银盐
收藏馆：缩微中心，辽宁

000O028313
练江诗钞：八卷 / (清)程之鵔撰
清乾隆二十年(1755)刻本
1998年摄制. -- 1盘卷片(13米261拍)：

1:10, 2B；35mm银盐
收藏馆：缩微中心，广东

000O024238
黄山纪游诗：一卷 / (清)程之鵕撰
清乾隆(1736-1795)刻本
1996年摄制. -- 1盘卷片(2米35拍)：1:10,
2B；35mm银盐
收藏馆：缩微中心，安徽

000O009711
迂斋学古编：四卷 / (清)法坤宏撰
清乾隆三十九年(1774)海上庐刻本
1989年摄制. -- 1盘卷片(10米164拍)：
1:10, 2B；35mm银盐
收藏馆：缩微中心，湖北

000O026226
看山阁集：四十卷 / (清)黄图珌撰
清乾隆(1736-1795)刻本
1997年摄制. -- 2盘卷片(37米703拍)：
1:10, 2B；35mm银盐
收藏馆：缩微中心，国图

000O018945
皇华集：一卷；附石湖草：一卷 / (清)朱令昭撰
清(1644-1911)稿本. -- (清)张希杰跋。
1993年摄制. -- 1盘卷片(4米40拍)：1:10,
2B；35mm银盐
收藏馆：缩微中心，山东

000O010035
静便斋集：十卷 / (清)王曾祥撰
清乾隆二十八年(1763)刻本. -- 版框高十八
厘米宽十三厘米。
1989年摄制. -- 1盘卷片(9米178拍)：1:10,
2B；35mm银盐
收藏馆：缩微中心，广东

000O023906
海桐书屋诗抄：不分卷 / (清)岳梦渊撰
清乾隆(1736-1795)刻本
1996年摄制. -- 1盘卷片(8米189拍)：1:10,
2B；35mm银盐
收藏馆：缩微中心，河南

000O009857
雪声轩诗集：十二卷 / (清)高纲撰
清雍正(1723-1735)刻本
1989年摄制. -- 1盘卷片(13米278拍)：
1:10, 2B；35mm银盐
收藏馆：缩微中心，浙江

000O010000
产鹤亭诗十稿：十卷 / (清)曹庭栋撰
清乾隆(1736-1795)刻本. -- 版框高十七厘米
宽十四厘米。
1989年摄制. -- 1盘卷片(16米328拍)：
1:10, 2B；35mm银盐
收藏馆：缩微中心，广东

000O027335
南庄类稿：八卷 / (清)黄永年撰
清乾隆(1736-1795)集思堂刻本
1997年摄制. -- 1盘卷片(16米313拍)：
1:10, 2B；35mm银盐
收藏馆：缩微中心，国图

000O019197
拙圃诗草：初集一卷二集一卷三集一卷；烟花
债传奇：一卷 / (清)崔应阶撰
清乾隆(1736-1795)刻本
1994年摄制. -- 1盘卷片(12米211拍)：
1:10, 2B；35mm银盐
收藏馆：缩微中心，国图

000O012631
樗亭诗稿：不分卷 / (清)萨哈岱撰
清乾隆七年(1742)刻本
1990年摄制. -- 1盘卷片(10.8米222拍)：
1:10, 2B；35mm银盐
收藏馆：缩微中心，辽宁

000O010434
随园诗草：八卷附禅家公案颂一卷 / (清)边连宝
撰
清乾隆四十年(1775)精刻本
1989年摄制. -- 1盘卷片(18米373拍)：
1:10, 2B；35mm银盐
收藏馆：缩微中心，天津

000O018571
吹万阁诗钞：五卷文抄六卷词抄一卷 / (清)顾诒
禄撰
清乾隆(1736-1795)刻本
1993年摄制. -- 1盘卷片(10米160拍)：
1:10, 2B；35mm银盐
收藏馆：缩微中心，国图

000O018242
尧封胜稿：一卷 / (清)陈岠撰
清(1644-1911)惜阴堂抄本
1993年摄制. -- 1盘卷片(4米63拍)：1:10,
2B；35mm银盐
收藏馆：缩微中心，山东

000O007901
翼堂文集：不分卷 / (清)吴华孙撰
清(1644-1911)抄本
1988年摄制. -- 1盘卷片(32米678拍) :
1:10, 2B ; 35mm银盐
收藏馆：缩微中心, 湖南

000O014481
胥山诗录：一卷 / (清)柴世堂撰
清(1644-1911)稿本
1992年摄制. -- 1盘卷片(6.9米125拍) :
1:11, 2B ; 35mm银盐
收藏馆：缩微中心, 重庆

000O012628
诗存：四卷 / (清)金德瑛撰
清乾隆三十三年(1768)刻本
1990年摄制. -- 1盘卷片(7.9米153拍) :
1:10, 2B ; 35mm银盐
收藏馆：缩微中心, 辽宁

000O021247
诗存：四卷 / (清)金德瑛撰
清乾隆(1736-1795)如心堂刻本
1995年摄制. -- 1盘卷片(8米126拍) : 1:10,
2B ; 35mm银盐
收藏馆：缩微中心, 国图

000O021248
观剧绝句：一卷 / (清)金德瑛撰. 郡贤崇祀录：
一卷
清嘉庆(1796-1820)刻本
1995年摄制. -- 1盘卷片(3米30拍) : 1:10,
2B ; 35mm银盐
收藏馆：缩微中心, 国图

000O028742
芝庭诗稿：十六卷文稿八卷 / (清)彭启丰撰
清乾隆(1736-1795)刻增修本
1998年摄制. -- 2盘卷片(37米681拍) :
1:10, 2B ; 35mm银盐
收藏馆：缩微中心, 苏州

000O000233
帷园尺牍：四卷 / (清)董柴撰
清(1644-1911)稿本
1985年摄制. -- 1盘卷片(12米246拍) :
1:10, 2B ; 35mm银盐
收藏馆：缩微中心, 国图

000O016567
四知堂文集：三十六卷附崇祀录一卷 / (清)杨锡
绂撰；(清)杨有涵辑

清嘉庆十一年(1806)杨氏乙照斋刻本
1993年摄制. -- 3盘卷片(79米1575拍) :
1:10, 2B ; 35mm银盐
收藏馆：缩微中心, 山西

000O000541
白山氓铸陶：一卷 / (清)石永宁撰
清乾隆(1736-1795)石观保刻本
1985年摄制. -- 1盘卷片(3.6米45拍) :
1:10, 2B ; 35mm银盐
收藏馆：缩微中心, 国图

000O019044
白山氓铸陶：一卷 / (清)石永宁撰
清乾隆(1736-1795)石观保刻本. -- 还有合刻
著作：鹰青山人集杜一卷/(清)李锴撰。
1994年摄制. -- 1盘卷片(4米48拍) : 1:10,
2B ; 35mm银盐
收藏馆：缩微中心, 国图

000O026453
云锦斋诗钞：八卷 / (清)沈廉撰
清乾隆三十年(1765)金永昌容德堂刻本
1997年摄制. -- 1盘卷片(8米124拍) : 1:10,
2B ; 35mm银盐
收藏馆：缩微中心, 国图

000O010043
匊芳园诗钞：八卷 / (清)何梦瑶撰
清乾隆十七年(1752)刻本. -- 版框高十七厘
米宽十三厘米。
1989年摄制. -- 1盘卷片(10米195拍) :
1:10, 2B ; 35mm银盐
收藏馆：缩微中心, 广东

000O027991
瞻华集：不分卷 / (清)张之浚撰
清乾隆(1736-1795)刻本
1996年摄制. -- 1盘卷片(16米322拍) :
1:10, 2B ; 35mm银盐
收藏馆：缩微中心, 福建

000O026223
著老书堂集：八卷词一卷 / (清)张世进撰
清乾隆(1736-1795)刻本
1997年摄制. -- 1盘卷片(10米161拍) :
1:10, 2B ; 35mm银盐
收藏馆：缩微中心, 国图

000O010329
隐拙斋集：五十卷续集五卷 / (清)沈廷芳撰
清乾隆二十二年(1757)则经堂刻本
1989年摄制. -- 2盘卷片(45.5米956拍) :

1:10，2B；35mm银盐
收藏馆：缩微中心，湖北

000O026232
旧雨斋集：八卷 / (清)施安撰
清乾隆(1736-1795)刻本
1997年摄制. -- 1盘卷片(10米174拍)：
1:10，2B；35mm银盐
收藏馆：缩微中心，国图

000O004290
野园诗集：三种三卷 / (清)介福撰
清(1644-1911)抄本
1986年摄制. -- 1盘卷片(6米112拍)：1:10，
2B；35mm银盐
收藏馆：缩微中心，国图

000O026248
古盐官曲：一卷 / (清)查岐昌撰
清(1644-1911)抄本
1996年摄制. -- 1盘卷片(3米14拍)：1:10，
2B；35mm银盐
收藏馆：缩微中心，国图

000O012632
剑虹斋诗文集：十二卷 / (清)梁浚撰
清乾隆三十六年(1771)梁本荣一亩园刻本
1990年摄制. -- 1盘卷片(11米227拍)：
1:10，2B；35mm银盐
收藏馆：缩微中心，辽宁

000O025970
家帚集：十二卷 / (清)程穆衡撰
清(1644-1911)杏香庐抄本
1996年摄制. -- 1盘卷片(22米463拍)：
1:10，2B；35mm银盐
收藏馆：缩微中心，南京

000O024258
台山初稿瑞竹堂诗：四卷 / (清)齐召南撰
清(1644-1911)抄本
1996年摄制. -- 1盘卷片(6米99拍)：1:10，
2B；35mm银盐
收藏馆：缩微中心，安徽

000O009999
悦亭诗稿初集：二卷 / (清)李豫撰
清乾隆二十年(1755)刻本. -- 版框高十八厘
米宽十三厘米。
1989年摄制. -- 1盘卷片(9米166拍)：1:10，
2B；35mm银盐
收藏馆：缩微中心，广东

000O006973
小安乐窝诗钞：不分卷 / (清)邵树德撰
清(1644-1911)稿本. -- (清)邵恩多校，(清)
黄丕烈校并跋。
1987年摄制. -- 1盘卷片(4米61拍)：1:10，
2B；35mm银盐
收藏馆：缩微中心，国图

000O000399
咏菊百绝句：一卷 / (清)鄂□□撰
清乾隆二十七年(1762)鄂氏清虚斋刻本
1985年摄制. -- 1盘卷片(3.2米35拍)：
1:10，2B；35mm银盐
收藏馆：缩微中心，国图

000O010444
九畹古文：十卷 / (清)刘绍撰
清乾隆八年(1743)树蕙居刻本
1989年摄制. -- 1盘卷片(25米552拍)：
1:10，2B；35mm银盐
收藏馆：缩微中心，天津

000O024140
乐阜山堂遗稿：不分卷 / (清)王会汾撰
清(1644-1911)抄本
1996年摄制. -- 1盘卷片(9米170拍)：1:10，
2B；35mm银盐
收藏馆：缩微中心，湖北

000O017254
津门杂事诗：一卷 / (清)汪沆撰
清乾隆四年(1739)刻本
1993年摄制. -- 1盘卷片(3米46拍)：1:10，
2B；35mm银盐
收藏馆：缩微中心，天津

000O008987
槐塘诗稿：十六卷文稿四卷 / (清)汪沆撰
清乾隆五十一年(1786)刻本
1988年摄制. -- 1盘卷片(20米414拍)：
1:10，2B；35mm银盐
收藏馆：缩微中心，湖北

000O020492
槐塘诗稿：十六卷文稿四卷 / (清)汪沆撰
清乾隆五十一年(1786)汪沆刻本
1994年摄制. -- 1盘卷片(20米383拍)：
1:10，2B；35mm银盐
收藏馆：缩微中心，国图

000O009018
东庄遗集：四卷 / (清)陈黄中撰
清乾隆三十二年(1767)大树斋刻本

1988年摄制. -- 1盘卷片(7米93拍) ： 1:10，
2B ； 35mm银盐
收藏馆：缩微中心，湖北

000O020239
**鲒埼亭诗集：十卷文外编五十卷文外□□卷 /
(清)全祖望撰**
清(1644-1911)抄本. -- 存二十五卷：诗卷六
至卷十，文外编卷一至卷五、卷三十六至卷
四十，文外卷二十六至卷三十五。
1994年摄制. -- 1盘卷片(26米525拍) ：
1:10，2B ； 35mm银盐
收藏馆：缩微中心，国图

000O026480
鲒埼亭诗集：十卷 / (清)全祖望撰
清道光十四年(1834)郑尔龄笺经阁刻本. --
(清)李慈铭跋。
1997年摄制. -- 1盘卷片(11米197拍) ：
1:10，2B ； 35mm银盐
收藏馆：缩微中心，国图

000O014017
鲒埼亭诗集：十卷 / (清)全祖望撰
清道光十四年(1834)郑尔龄刻本. -- □锵校
并跋。
1991年摄制. -- 1盘卷片(11米198拍) ：
1:10，2B ； 35mm银盐
收藏馆：缩微中心，国图

000O022537
鲒埼亭诗集：十卷 / (清)全祖望撰
清道光十四年(1834)笺经阁刻本. -- (清)徐
恕转录(清)郑尔龄录(清)董秉纯跋。
1995年摄制. -- 1盘卷片(12.5米237拍) ：
1:10，2B ； 35mm银盐
收藏馆：缩微中心，湖北

000O026229
**鲒埼亭集：三十八卷 / (清)全祖望撰 . 年谱：一
卷全氏世谱一卷 / (清)董秉纯撰**
清嘉庆九年(1804)史梦蛟刻同治十一年(1872)
印本. -- (清)李慈铭校注。
1997年摄制. -- 2盘卷片(52米1013拍) ：
1:10，2B ； 35mm银盐
收藏馆：缩微中心，国图

000O000062
**鲒埼亭集：三十八卷 / (清)全祖望撰 . 年谱：一
卷 / (清)董秉纯撰**
清(1644-1911)抄本. -- 卷三十四至卷三十八
配抄本。
1985年摄制. -- 2盘卷片(34米714拍) ：

1:10，2B ； 35mm银盐
收藏馆：缩微中心，国图

000O017814
鲒埼亭集：三十八卷 / (清)全祖望撰
清(1644-1911)抄本. -- 还有合刻著作：谢山
先生世谱一卷/(清)董秉纯撰。
1993年摄制. -- 2盘卷片(40米811拍) ：
1:10，2B ； 35mm银盐
收藏馆：缩微中心，国图

000O013497
**鲒埼亭集：三十八卷 / (清)全祖望撰 . 全谢山先
生世谱：一卷年谱一卷 / (清)董秉纯撰**
清(1644-1911)抄本
1991年摄制. -- 2盘卷片(37米735拍) ：
1:10，2B ； 35mm银盐
收藏馆：缩微中心，国图

000O014252
鲒埼亭集：□□卷 / (清)全祖望撰
清(1644-1911)抄本. -- 存三十卷：卷一至卷
三十。(清)陈劢校并跋。
1992年摄制. -- 1盘卷片(28米552拍) ：
1:10，2B ； 35mm银盐
收藏馆：缩微中心，国图

000O016074
**鲒埼亭集：三十八卷外编五十卷 / (清)全祖望撰 .
年谱：一卷全氏世谱一卷 / (清)董秉纯撰**
清嘉庆九年(1804)史梦蛟刻同治十一年(1872)
印本. -- 章钰校并跋，吴昌绶题款。
1993年摄制. -- 4盘卷片(107米2152拍) ：
1:10，2B ； 35mm银盐
收藏馆：缩微中心，国图

000O026471
鲒埼亭外集：五十卷杂录一卷 / (清)全祖望撰
清(1644-1911)抄本
1997年摄制. -- 2盘卷片(55米1143拍) ：
1:10，2B ； 35mm银盐
收藏馆：缩微中心，国图

000O026473
鲒埼亭集外编：五十卷 / (清)全祖望撰
清嘉庆十六年(1811)刻本. -- (清)李慈铭校
注并跋。
1997年摄制. -- 2盘卷片(56米1164拍) ：
1:10，2B ； 35mm银盐
收藏馆：缩微中心，国图

000O007483
鲒埼亭诗集：十卷 / (清)全祖望撰

清(1644-1911)抄本. -- 孙毓修跋。
1987年摄制. -- 1盘卷片(12.2米253拍) : 1:10, 2B ; 35mm银盐
收藏馆：缩微中心，国图

000O006576
全谢山先生句余土音：六卷 / (清)全祖望撰
清(1644-1911)抄本
1987年摄制. -- 1盘卷片(7米135拍) : 1:10, 2B ; 35mm银盐
收藏馆：缩微中心，国图

000O006788
句余土音增注：三十二卷 / (清)陈铭海撰
清(1644-1911)抄本. -- 存二十三卷：卷一至卷二十一、卷二十九至卷三十。
1987年摄制. -- 2盘卷片(37米784拍) : 1:10, 2B ; 35mm银盐
收藏馆：缩微中心，国图

000O019125
南漪先生遗集：四卷 / (清)张熷撰
清乾隆(1736-1795)刻本
1994年摄制. -- 1盘卷片(6米88拍) : 1:10, 2B ; 35mm银盐
收藏馆：缩微中心，国图

000O018822
话堕集：三卷 / (清)释篆玉撰
清(1644-1911)刻本
1994年摄制. -- 1盘卷片(4米46拍) : 1:10, 2B ; 35mm银盐
收藏馆：缩微中心，国图

000O026199
澹竹轩草：三卷 / (清)李枝桂撰
清乾隆(1736-1795)刻本
1996年摄制. -- 1盘卷片(8米125拍) : 1:10, 2B ; 35mm银盐
收藏馆：缩微中心，国图

000O006660
丁辛老屋集：十卷 / (清)王又曾撰
清(1644-1911)稿本
1987年摄制. -- 1盘卷片(8米159拍) : 1:10, 2B ; 35mm银盐
收藏馆：缩微中心，国图

000O026219
松泉诗集：六卷 / (清)江昱撰
清乾隆二十六年(1761)小东轩刻本
1996年摄制. -- 1盘卷片(8米126拍) : 1:10, 2B ; 35mm银盐

收藏馆：缩微中心，国图

000O021553
余先生诗钞：一卷 / (清)余元甲撰；(清)蒋德选
清乾隆三十年(1765)余氏濡雪堂刻本
1995年摄制. -- 1盘卷片(4米41拍) : 1:10, 2B ; 35mm银盐
收藏馆：缩微中心，国图

000O010923
秋声馆吟稿：一卷 / (清)符之恒撰
清乾隆四年(1739)刻本
1989年摄制. -- 1盘卷片(4米54拍) : 1:10, 2B ; 35mm银盐
收藏馆：缩微中心，湖北

000O011079
漱芳居文钞：八卷二集八卷 / (清)赵青藜撰
清嘉庆(1796-1820)精刻本. -- 漱芳居文钞卷二最后一页与封底贴在一起，卷八最后一页与封底贴在一起；二集卷四最后一页与封底贴在一起，卷六最后一页与封底贴在一起，卷二第四页页码错。
1989年摄制. -- 1盘卷片(32米710拍) : 1:10, 2B ; 35mm银盐
收藏馆：缩微中心，天津

000O010532
十笏斋诗：八卷 / (清)沈世枫撰
清乾隆三十年(1765)精刻本
1989年摄制. -- 1盘卷片(12米235拍) : 1:10, 2B ; 35mm银盐
收藏馆：缩微中心，天津

000O011111
清风堂诗钞：六卷 / (清)余峥撰
清(1644-1911)抄本. -- 钤"余峥之印""之平""礼"印。
1989年摄制. -- 1盘卷片(9米149拍) : 1:10, 2B ; 35mm银盐
收藏馆：缩微中心，天津

000O021557
清风草堂诗钞：八卷 / (清)余峥撰
清(1644-1911)余氏刻本
1995年摄制. -- 1盘卷片(11米186拍) : 1:10, 2B ; 35mm银盐
收藏馆：缩微中心，国图

000O018816
茶坪诗钞：十卷 / (清)徐永宣撰
清康熙(1662-1722)刻本
1994年摄制. -- 1盘卷片(10米162拍) :

1:10, 2B ; 35mm银盐
收藏馆：缩微中心，国图

000O021644
上湖纪岁诗编：四卷续编一卷分类文编一卷 /
(清)汪师韩撰
清乾隆(1736-1795)刻本
1995年摄制. -- 1盘卷片(10米186拍) ：
1:10, 2B ; 35mm银盐
收藏馆：缩微中心，国图

000O009849
丹橘林诗：二卷 / (清)吴楷撰
清乾隆(1736-1795)刻本
1989年摄制. -- 1盘卷片(4米64拍) ：1:10,
2B ; 35mm银盐
收藏馆：缩微中心，浙江

000O012627
梦堂诗稿：十五卷 / (清)英廉撰
清乾隆(1736-1795)延福[等]刻本
1990年摄制. -- 1盘卷片(11.5米237拍) ：
1:10, 2B ; 35mm银盐
收藏馆：缩微中心，辽宁

000O028080
凝斋先生遗集：十卷末一卷 / (清)陈道撰
清乾隆二十七年(1762)刻本
1997年摄制. -- 1盘卷片(17米341拍) ：
1:10, 2B ; 35mm银盐
收藏馆：缩微中心，福建

000O027131
缉斋文集：八卷首一卷附录一卷 / (清)蔡新撰
清乾隆五十年(1785)刻本
1996年摄制. -- 1盘卷片(22米456拍) ：
1:10, 2B ; 35mm银盐
收藏馆：缩微中心，福建

000O009720
织云楼诗：八卷附抄一卷 / (清)庄大中撰
清乾隆(1736-1795)刻本
1989年摄制. -- 1盘卷片(15米277拍) ：
1:10, 2B ; 35mm银盐
收藏馆：缩微中心，湖北

000O010494
最乐堂文集：六卷 / (清)乔光烈撰；(清)牛运震
评
清乾隆二十一年(1756)刻本. -- 存一卷：卷
一。
1989年摄制. -- 1盘卷片(10米153拍) ：
1:10, 2B ; 35mm银盐

收藏馆：缩微中心，天津

000O018947
吟风弄月诗稿：四卷 / (清)毕宿寿撰
清(1644-1911)稿本. -- (清)毕所锴跋。
1993年摄制. -- 1盘卷片(6米102拍) ：1:10,
2B ; 35mm银盐
收藏馆：缩微中心，山东

000O013718
省耕诗图：一卷 / (清)曹秀先撰
清乾隆三十一年(1766)曹秀先刻本
1991年摄制. -- 1盘卷片(4米31拍) ：1:10,
2B ; 35mm银盐
收藏馆：缩微中心，国图

000O017453
省耕诗图：一卷 / (清)曹秀先撰
清乾隆三十一年(1766)曹秀先刻本
1993年摄制. -- 1盘卷片(4米32拍) ：1:10,
2B ; 35mm银盐
收藏馆：缩微中心，国图

000O010945
海门初集：九卷首一卷 / (清)鲍皋撰
清乾隆四年(1739)尹嘉铨选刻本
1989年摄制. -- 1盘卷片(10.5米177拍) ：
1:10, 2B ; 35mm银盐
收藏馆：缩微中心，湖北

000O001196
荔支诗：一卷 / (清)鲍倚云撰
清乾隆(1736-1795)刻本
1985年摄制. -- 1盘卷片(3米31拍) ：1:10,
2B ; 35mm银盐
收藏馆：缩微中心，国图

000O029813
箨石斋诗集：四十九卷 / (清)钱载撰
清乾隆(1736-1795)刻本. -- (清)翁方纲批
点。
2001年摄制. -- 1盘卷片(27米576拍) ：
1:10, 2B ; 35mm银盐
收藏馆：缩微中心，国图

000O005308
箨石斋诗集：四十九卷文集二十六卷 / (清)钱载
撰
清乾隆(1736-1795)刻本. -- (清)孙承光跋并
录(清)翁方纲等评注。
1986年摄制. -- 2盘卷片(38.6米840拍) ：
1:10, 2B ; 35mm银盐
收藏馆：缩微中心，国图

000O006525
择石斋诗集：五十卷文集二十六卷 / (清)钱载撰
清乾隆(1736-1795)刻本. -- (清)钱泰吉录
(清)顾列星等评语。
1987年摄制. -- 2盘卷片(39米836拍)：
1:10, 2B ；35mm银盐
收藏馆：缩微中心，国图

000O029815
择石斋诗集：五十卷 / (清)钱载撰
清乾隆(1736-1795)刻本. -- (清)钱聚朝跋并
录(清)翁方纲、(清)顾列星、(清)钱仪吉评
语。
2001年摄制. -- 1盘卷片(28米594拍)：
1:10, 2B ；35mm银盐
收藏馆：缩微中心，国图

000O008631
晚晴楼诗稿：四卷诗余一卷 / (清)曹锡淑撰．行
略：一卷 / (清)陆秉笏撰
清(1644-1911)抄本. -- (清)陆秉笏题诗。
1988年摄制. -- 1盘卷片(6米107拍)：1:10,
2B ；35mm银盐
收藏馆：缩微中心，国图

000O005152
勿药文稿：一卷 / (清)赵一清撰
清(1644-1911)抄本. -- (清)全祖望批。
1986年摄制. -- 1盘卷片(4米63拍)：1:10,
2B ；35mm银盐
收藏馆：缩微中心，国图

000O031241
东潜文稿：二卷 / (清)赵一清撰
清乾隆五十九年(1794)小山堂刻本
2004年摄制. -- 1盘卷片(11米213拍)：
1:10, 2B ；35mm银盐
收藏馆：缩微中心，国图

000O021039
东潜文稿：二卷 / (清)赵一清撰
清乾隆五十九年(1794)赵氏小山堂刻本
1994年摄制. -- 1盘卷片(11米195拍)：
1:10, 2B ；35mm银盐
收藏馆：缩微中心，国图

000O010456
澄碧斋诗钞：十二卷 / (清)钱奇撰
清乾隆(1736-1795)刻本
1989年摄制. -- 1盘卷片(12米249拍)：
1:10, 2B ；35mm银盐
收藏馆：缩微中心，天津

000O012633
南屏山人诗集：十卷赋一卷 / (清)任端书撰
清乾隆(1736-1795)刻本
1990年摄制. -- 1盘卷片(11.2米230拍)：
1:10, 2B ；35mm银盐
收藏馆：缩微中心，辽宁

000O027502
壶溪文集：八卷 / (清)黄可润撰
清(1644-1911)稿本. -- 存七卷：卷一至卷
二、卷四至卷八。
1996年摄制. -- 1盘卷片(23.9米494拍)：
1:10, 2B ；35mm银盐
收藏馆：缩微中心，福建

000O027147
壶溪文集初稿：不分卷 / (清)黄可润撰
清(1644-1911)抄本
1996年摄制. -- 1盘卷片(8.9米163拍)：
1:10, 2B ；35mm银盐
收藏馆：缩微中心，福建

000O026179
兰藻堂集：十二卷 / (清)舒瞻撰
清乾隆(1736-1795)刻本
1996年摄制. -- 1盘卷片(13米243拍)：
1:10, 2B ；35mm银盐
收藏馆：缩微中心，国图

000O018118
海右堂集钞：一卷 / (清)刘伍宽撰
清乾隆三十二年(1767)刘文垣抄本
1993年摄制. -- 1盘卷片(3米28拍)：1:10,
2B ；35mm银盐
收藏馆：缩微中心，山东

000O012643
竹溪诗集：三卷 / (清)宋廷魁撰
清乾隆二十五年(1760)刻本
1990年摄制. -- 1盘卷片(3.9米57拍)：
1:10, 2B ；35mm银盐
收藏馆：缩微中心，辽宁

000O009923
春星草堂诗稿：八卷 / (清)吴熙撰
清乾隆三十九年(1774)精刻本
1989年摄制. -- 1盘卷片(9米154拍)：1:10,
2B ；35mm银盐
收藏馆：缩微中心，天津

000O000928
寄闲堂诗集：八卷 / (清)明德撰．东村先生诗：
一卷 / (清)永宁撰．东溪先生诗：一卷 / (清)富

宁撰
清嘉庆十二年(1807)德元强恕堂刻本
1985年摄制. -- 1盘卷片(11米221拍) :
1:10, 2B ; 35mm银盐
收藏馆：缩微中心, 国图

000O020976
花间堂诗钞：八卷 / (清)允禧撰
清(1644-1911)稿本
1993年摄制. -- 1盘卷片(9.9米200拍) :
1:10, 2B ; 35mm银盐
收藏馆：缩微中心, 辽宁

000O031407
紫琼岩诗钞：三卷 / (清)允禧撰
清乾隆二十三年(1758)刻本
2004年摄制. -- 1盘卷片(4米90拍) : 1:10,
2B ; 35mm银盐
收藏馆：缩微中心, 国图

000O010240
御制乐善堂集：四卷 / (清)高宗弘历撰；(清)姚
培谦注
清乾隆六年(1741)精刻本. -- 封面题：御制
赋.
1989年摄制. -- 1盘卷片(11米216拍) :
1:10, 2B ; 35mm银盐
收藏馆：缩微中心, 天津

000O000120
乐善堂全集：三十卷 / (清)高宗弘历撰
清乾隆元年(1736)内府刻巾箱本. -- 存十一
卷：卷七、卷九、卷十至卷十一、卷十五至卷
十六、卷二十二至卷二十三、卷二十七至卷
二十九。
1985年摄制. -- 1盘卷片(15米316拍) :
1:10, 2B ; 35mm银盐
收藏馆：缩微中心, 国图

000O001493
乐善堂全集：四十卷 / (清)高宗弘历撰
清乾隆二年(1737)刻本
1986年摄制. -- 2盘卷片(52米1167拍) :
1:10, 2B ; 35mm银盐
收藏馆：缩微中心, 吉林

000O012542
御制诗初集：四十四卷目录四卷 / (清)高宗弘历
撰
清乾隆十四年(1749)内府刻本
1990年摄制. -- 2盘卷片(61.4米1389拍) :
1:10, 2B ; 35mm银盐
收藏馆：缩微中心, 辽宁

000O012732
高宗御制诗：九十卷目录十卷 / (清)高宗弘历撰
清乾隆(1736-1795)内府刻本
1990年摄制. -- 5盘卷片(128.2米2872拍) :
1:10, 2B ; 35mm银盐
收藏馆：缩微中心, 辽宁

000O012723
御制诗三集：一百卷目录十二卷 / (清)高宗弘历
撰；(清)于敏中[等]编
清乾隆(1736-1795)内府刻本
1990年摄制. -- 6盘卷片(164.1米3692拍) :
1:10, 2B ; 35mm银盐
收藏馆：缩微中心, 辽宁

000O012525
御制诗四集：一百卷目录十二卷 / (清)高宗弘历
撰；(清)梁国治[等]编
清乾隆(1736-1795)内府刻本
1990年摄制. -- 6盘卷片(177米3994拍) :
1:10, 2B ; 35mm银盐
收藏馆：缩微中心, 辽宁

000O012541
御制诗集：五集一百卷目录十二卷 / (清)高宗弘
历撰
清乾隆六十年(1795)内府刻本
1990年摄制. -- 6盘卷片(179.1米4051拍) :
1:10, 2B ; 35mm银盐
收藏馆：缩微中心, 辽宁

000O012625
御制诗余集：二十卷目录三卷 / (清)高宗弘历撰
清嘉庆(1796-1820)内府刻本
1990年摄制. -- 1盘卷片(29.3米639拍) :
1:10, 2B ; 35mm银盐
收藏馆：缩微中心, 辽宁

000O017897
御制圆明园诗：二卷 / (清)高宗弘历撰；(清)鄂
尔泰,(清)张廷玉注
清乾隆(1736-1795)内府刻套印本
1993年摄制. -- 1盘卷片(9米163拍) : 1:10,
2B ; 35mm银盐
收藏馆：缩微中心, 国图

000O021600
御制圆明园诗：二卷 / (清)高宗弘历撰；(清)鄂
尔泰,(清)张廷玉注
清乾隆(1736-1795)内府刻本
1995年摄制. -- 1盘卷片(9米163拍) : 1:10,
2B ; 35mm银盐
收藏馆：缩微中心, 国图

00O012683
御制文初集：三十卷目录二卷 / (清)高宗弘历撰
清乾隆二十八年(1763)内府刻本
1990年摄制. -- 1盘卷片(25.5米272拍)：
1:10, 2B；35mm银盐
收藏馆：缩微中心，辽宁

00O012677
御制文二集：四十四卷目录二卷 / (清)高宗弘历撰
清乾隆五十一年(1786)内府刻本
1990年摄制. -- 1盘卷片(28米611拍)：
1:10, 2B；35mm银盐
收藏馆：缩微中心，辽宁

00O012689
御制文三集：十六卷目录二卷余集二卷 / (清)高宗弘历撰
清嘉庆(1796-1820)内府刻本. -- 目录存一卷。
1990年摄制. -- 1盘卷片(15.5米314拍)：
1:10, 2B；35mm银盐
收藏馆：缩微中心，辽宁

00O025798
御制诗文十全集：五十四卷 / (清)高宗弘历撰
清乾隆(1736-1795)武英殿聚珍版丛书活字印本. -- 存十八卷：卷八至卷二十五。
1996年摄制. -- 1盘卷片(19米358拍)：
1:10, 2B；35mm银盐
收藏馆：缩微中心，国图

00O009072
御制盛京赋(篆文)：三十二卷附篆书缘起一卷 / (清)傅恒,(清)汪由敦辑
清乾隆十三年(1748)内府刻本
1988年摄制. -- 3盘卷片(85米1829拍)：
1:10, 2B；35mm银盐
收藏馆：缩微中心，湖南

00O013158
御制冰嬉赋：一卷 / (清)高宗弘历撰
清乾隆十年(1745)内府刻朱墨套印本
1991年摄制. -- 1盘卷片(2.7米29拍)：
1:10, 2B；35mm银盐
收藏馆：缩微中心，辽宁

00O013894
御制文津阁记：一卷诗一卷 / (清)高宗弘历撰
清乾隆(1736-1795)刘权之抄本
1992年摄制. -- 1盘卷片(3米18拍)：1:10,
2B；35mm银盐
收藏馆：缩微中心，国图

00O001767
御制万寿山五百罗汉堂记：一卷 / (清)高宗弘历撰
清乾隆(1736-1795)谢墉抄本
1986年摄制. -- 1盘卷片(3米39拍)：1:10,
2B；35mm银盐
收藏馆：缩微中心，国图

00O014978
御制平定两金川告成太学碑文：一卷 / (清)高宗弘历撰
清乾隆(1736-1795)周煌写本. -- (清)周煌跋。
1992年摄制. -- 1盘卷片(3米22拍)：1:10,
2B；35mm银盐
收藏馆：缩微中心，国图

00O006291
御制古稀说：一卷 / (清)高宗弘历撰
清乾隆(1736-1795)刻本
1987年摄制. -- 1盘卷片(4米42拍)：1:10,
2B；35mm银盐
收藏馆：缩微中心，吉林

00O025797
定武敷文：一卷 / (清)高宗弘历撰
清乾隆(1736-1795)刻本
1996年摄制. -- 1盘卷片(3米21拍)：1:10,
2B；35mm银盐
收藏馆：缩微中心，国图

00O025802
御制全韵诗：五卷 / (清)高宗弘历撰
清乾隆(1736-1795)刘墉刻本
1996年摄制. -- 1盘卷片(9米147拍)：1:10,
2B；35mm银盐
收藏馆：缩微中心，国图

00O010385
御制全韵诗：不分卷 / (清)高宗弘历撰
清乾隆(1736-1795)彭元瑞刻本
1989年摄制. -- 1盘卷片(7.5米127拍)：
1:10, 2B；35mm银盐
收藏馆：缩微中心，湖北

00O024128
御制记实诗 / (清)高宗弘历撰
清(1644-1911)抄本. -- 存四卷：卷十、卷十六、卷九十五、卷九十九。
1996年摄制. -- 1盘卷片(13米260拍)：
1:10, 2B；35mm银盐
收藏馆：缩微中心，湖北

00O012654
御制咏左传诗：二卷 / (清)高宗弘历撰
清乾隆(1736-1795)内府刻本
1990年摄制. -- 1盘卷片(5.3米90拍) ：
1:10, 2B ; 35mm银盐
收藏馆：缩微中心，辽宁

00O026233
宝闲堂集：四卷末一卷 / (清)张四科撰
清乾隆二十四年(1759)张四科刻本. -- 卷首
有撰者像。
1997年摄制. -- 1盘卷片(8米131拍) ：1:10,
2B ; 35mm银盐
收藏馆：缩微中心，国图

00O013749
绳庵内集：十六卷外集八卷 / (清)刘纶撰
清乾隆(1736-1795)用拙堂刻本
1991年摄制. -- 1盘卷片(25.0米560拍) ：
1:10, 2B ; 35mm银盐
收藏馆：缩微中心，辽宁

00O021200
绳庵内集：十六卷外集八卷 / (清)刘纶撰
清乾隆(1736-1795)用拙堂刻本
1995年摄制. -- 1盘卷片(26米537拍) ：
1:10, 2B ; 35mm银盐
收藏馆：缩微中心，国图

00O010004
戢思堂诗钞：二卷 / (清)李宏撰
清乾隆五十七年(1792)刻本. -- 版框高十九
厘米宽十五厘米。
1989年摄制. -- 1盘卷片(6米109拍) ：1:10,
2B ; 35mm银盐
收藏馆：缩微中心，广东

00O026479
怡情集：二卷 / (清)梁御撰
清乾隆三十六年(1771)梁观保[等]刻巾箱本
1997年摄制. -- 1盘卷片(10米179拍) ：
1:10, 2B ; 35mm银盐
收藏馆：缩微中心，国图

00O016029
闻渔阁续集：不分卷；瓠屋漫稿：不分卷 / (清)
万光泰撰
清(1644-1911)稿本
1993年摄制. -- 1盘卷片(4米42拍) ：1:10,
2B ; 35mm银盐
收藏馆：缩微中心，国图

00O021117
范蘅洲先生文稿：一卷 / (清)范家相撰
清(1644-1911)稿本
1994年摄制. -- 1盘卷片(4米35拍) ：1:10,
2B ; 35mm银盐
收藏馆：缩微中心，国图

00O026805
许红桥先生文稿：一卷 / (清)许朝撰
清(1644-1911)抄本
1990年摄制. -- 1盘卷片(7米82拍) ：1:10,
2B ; 35mm银盐
收藏馆：缩微中心，南京

00O002105
许红桥先生文集：一卷 / (清)许朝撰
清光绪二十七年(1901)翁同龢抄本. -- (清)
翁同龢补目并跋。
1986年摄制. -- 1盘卷片(3.6米40拍) ：
1:10, 2B ; 35mm银盐
收藏馆：缩微中心，国图

00O010005
芦溪诗钞：三卷 / (清)杨震青撰
清乾隆三十八年(1773)抱璞堂刻本. -- 版框
高十八厘米宽十三厘米。
1989年摄制. -- 1盘卷片(17米340拍) ：
1:10, 2B ; 35mm银盐
收藏馆：缩微中心，广东

00O028306
纪行诗：十卷 / (清)熊为霖撰
清乾隆(1736-1795)熊氏心松书屋刻本. -- 封
面题：纪行诗十册。
1998年摄制. -- 1盘卷片(12米240拍) ：
1:10, 2B ; 35mm银盐
收藏馆：缩微中心，广东

00O021552
纪行诗：十卷 / (清)熊为霖撰
清乾隆(1736-1795)心松书屋刻本
1995年摄制. -- 1盘卷片(16米311拍) ：
1:10, 2B ; 35mm银盐
收藏馆：缩微中心，国图

00O010235
守坡居士诗集：十二卷 / (清)宫去矜撰
清乾隆三十三年(1768)颐志堂精刻本
1989年摄制. -- 1盘卷片(11米227拍) ：
1:10, 2B ; 35mm银盐
收藏馆：缩微中心，天津

000O011008
所存集：二卷 / (清)胡绍鼎撰
清乾隆四十一年(1776)刻本
1989年摄制. -- 1盘卷片(5.5米77拍) :
1:10, 2B ; 35mm银盐
收藏馆：缩微中心，湖北

000O027581
矕文书屋集略：八卷 / (清)潘相撰
清乾隆(1736-1795)刻本
1997年摄制. -- 1盘卷片(17米335拍) :
1:10, 2B ; 35mm银盐
收藏馆：缩微中心，国图

000O020774
杖乡集：四卷 / (清)汪伟撰
清乾隆三十八年(1773)汪伟刻本
1994年摄制. -- 1盘卷片(7米103拍) : 1:10,
2B ; 35mm银盐
收藏馆：缩微中心，国图

000O021109
嘉树楼诗钞：四卷 / (清)余文仪撰
清乾隆三十九年(1774)刻本
1994年摄制. -- 1盘卷片(7米95拍) : 1:10,
2B ; 35mm银盐
收藏馆：缩微中心，国图

000O026415
海岳集：十卷 / (清)张开东撰
清光绪三十二年(1906)张承震稿本
1996年摄制. -- 1盘卷片(10米184拍) :
1:10, 2B ; 35mm银盐
收藏馆：缩微中心，湖北

000O001128
于文襄公手札：不分卷 / (清)于敏中撰
清(1644-1911)稿本. -- (清)何士祁、(清)黄
芳、陈垣跋。
1985年摄制. -- 1盘卷片(5.1米80拍) :
1:10, 2B ; 35mm银盐
收藏馆：缩微中心，国图

000O000876
祇平居士集：三十卷 / (清)王元启撰
清嘉庆十七年(1812)王尚绳恭寿堂刻本
1985年摄制. -- 1盘卷片(22米481拍) :
1:10, 2B ; 35mm银盐
收藏馆：缩微中心，国图

000O016882
祇平居士集：三十卷 / (清)王元启撰
清嘉庆十七年(1812)王尚绳恭寿堂刻本

1993年摄制. -- 1盘卷片(23米459拍) :
1:10, 2B ; 35mm银盐
收藏馆：缩微中心，国图

000O024924
一咏轩诗草：二卷附录一卷 / (清)吴进撰
清乾隆五十年(1785)碧润堂刻本. -- (清)丁
晏题诗。
1996年摄制. -- 1盘卷片(9米153拍) : 1:10,
2B ; 35mm银盐
收藏馆：缩微中心，南京

000O010447
海山存稿：二十卷 / (清)周煌撰
清乾隆五十八年(1793)刻本
1989年摄制. -- 1盘卷片(16米345拍) :
1:10, 2B ; 35mm银盐
收藏馆：缩微中心，天津

000O009154
一楼集：二十卷 / (清)黄达撰
清乾隆(1736-1795)刻本
1988年摄制. -- 1盘卷片(23米473拍) :
1:10, 2B ; 35mm银盐
收藏馆：缩微中心，湖南

000O010219
大雅堂初稿：六卷补编八卷 / (清)邹方锷撰
清乾隆二十七年(1762)精刻本
1989年摄制. -- 1盘卷片(12米213拍) :
1:10, 2B ; 35mm银盐
收藏馆：缩微中心，天津

000O028364
雪庄文集：六卷续编四卷 / (清)郑作梅撰
清乾隆四十四年(1779)谢鸣銮刻乾隆五十一年
(1786)续刻本
1997年摄制. -- 1盘卷片(13.7米270拍) :
1:10, 2B ; 35mm银盐
收藏馆：缩微中心，福建

000O011113
益斋诗稿：七卷文稿一卷 / (清)永敬撰
清(1644-1911)抄本
1989年摄制. -- 1盘卷片(15米310拍) :
1:10, 2B ; 35mm银盐
收藏馆：缩微中心，天津

000O020726
朱梅崖文钞：不分卷 / (清)朱仕琇撰
清(1644-1911)蒋氏别下斋抄本. -- (清)胡达
源跋并圈点。
1994年摄制. -- 1盘卷片(7米116拍) : 1:10,

2B ; 35mm银盐
收藏馆：缩微中心，国图

000O017956

铜鼓书堂遗稿：三十二卷 / (清)查礼撰
清乾隆五十三年(1788)查淳刻本
1993年摄制. -- 1盘卷片(23米470拍) : 1:10, 2B ; 35mm银盐
收藏馆：缩微中心，国图

000O021628

铜鼓书堂遗稿：三十二卷 / (清)查礼撰
清乾隆(1736-1795)查淳刻本
1995年摄制. -- 1盘卷片(23米469拍) : 1:10, 2B ; 35mm银盐
收藏馆：缩微中心，国图

000O026156

笠亭诗集：十二卷 / (清)朱琰撰
清乾隆三十八年(1773)樊桐山房刻本
1996年摄制. -- 1盘卷片(14米254拍) : 1:10, 2B ; 35mm银盐
收藏馆：缩微中心，国图

000O002303

荔门诗录：九卷 / (清)张馨撰
清(1644-1911)抄本. -- (清)阮文题款，(清)翁同书跋。
1986年摄制. -- 1盘卷片(9米179拍) : 1:10, 2B ; 35mm银盐
收藏馆：缩微中心，国图

000O019572

随园诗稿：不分卷 / (清)袁枚撰
清(1644-1911)稿本
1994年摄制. -- 1盘卷片(3米15拍) : 1:10, 2B ; 35mm银盐
收藏馆：缩微中心，国图

000O010512

袁文笺正：十六卷补注一卷 / (清)袁枚撰；(清)石韫玉笺
清嘉庆十七年(1812)精刻本
1989年摄制. -- 1盘卷片(21米463拍) : 1:10, 2B ; 35mm银盐
收藏馆：缩微中心，天津

000O014750

袁简斋手札 / (清)袁枚撰
清(1644-1911)稿本
1992年摄制. -- 1盘卷片(3米11拍) : 1:10, 2B ; 35mm银盐
收藏馆：缩微中心，国图

000O019651

随园手翰 / (清)袁枚撰
清(1644-1911)稿本. -- (清)周廷寀、(清)赵亿孙、(清)吴锡麒、(清)周宗杬、(清)吴嵩梁、(清)李懿曾等跋，(清)蔡之定、(清)汪正鋆、(清)董士锡题款。
1994年摄制. -- 1盘卷片(3米18拍) : 1:10, 2B ; 35mm银盐
收藏馆：缩微中心，国图

000O021688

姜畦诗集：六卷 / (清)邵廷镐撰
清乾隆(1736-1795)刻本
1995年摄制. -- 1盘卷片(6米88拍) : 1:10, 2B ; 35mm银盐
收藏馆：缩微中心，国图

000O005057

无不宜斋未定稿：四卷 / (清)瞿灏撰
清乾隆十七年(1752)瞿灏刻本. -- (清)罗以智批校。
1986年摄制. -- 1盘卷片(7米113拍) : 1:10, 2B ; 35mm银盐
收藏馆：缩微中心，国图

000O015890

抱经堂文抄：一卷 / (清)卢文弨撰
清(1644-1911)吴骞抄本. -- (清)吴骞、(清)徐光济跋。
1993年摄制. -- 1盘卷片(3米13拍) : 1:10, 2B ; 35mm银盐
收藏馆：缩微中心，国图

000O027992

畬经堂文集：八卷 / (清)朱景英撰
清乾隆(1736-1795)刻本
1996年摄制. -- 1盘卷片(15.3米306拍) : 1:10, 2B ; 35mm银盐
收藏馆：缩微中心，福建

000O022558

西湖百咏：一卷 / (清)李倩荃撰
清乾隆十一年(1746)倚香楼刻本
1995年摄制. -- 1盘卷片(3.5米66拍) : 1:10, 2B ; 35mm银盐
收藏馆：缩微中心，湖北

000O012626

戢园诗集：十卷 / (清)程晋芳撰
清乾隆二十七年(1762)敬箷堂刻本
1990年摄制. -- 1盘卷片(13.1米277拍) : 1:10, 2B ; 35mm银盐
收藏馆：缩微中心，辽宁

000O013936
洛间山人诗抄：十卷 / (清)薛宁廷撰
清(1644-1911)抄本
1992年摄制. -- 1盘卷片(9米160拍) ： 1:10,
2B ； 35mm银盐
收藏馆：缩微中心，国图

000O011105
还浦集：六卷；丁卯集：一卷 / (清)余世廉撰
清(1644-1911)抄本. -- 钤"余世廉""李时
馨"印。
1989年摄制. -- 1盘卷片(7米117拍) ： 1:10,
2B ； 35mm银盐
收藏馆：缩微中心，天津

000O027172
巽亭先生诗集：一卷 / (清)黄宽撰
清(1644-1911)抄本
1996年摄制. -- 1盘卷片(4米55拍) ： 1:10,
2B ； 35mm银盐
收藏馆：缩微中心，福建

000O013639
定圃先生遗稿：不分卷 / (清)德保撰
清(1644-1911)抄本. -- (清)法式善跋。
1991年摄制. -- 1盘卷片(8米141拍) ： 1:10,
2B ； 35mm银盐
收藏馆：缩微中心，国图

000O005860
食味杂咏：一卷 / (清)谢墉撰
清(1644-1911)抄本. -- (清)阮元校并跋。
1987年摄制. -- 1盘卷片(4米60拍) ： 1:10,
2B ； 35mm银盐
收藏馆：缩微中心，国图

000O008512
听钟山房集食味杂咏：二卷 / (清)谢墉撰
清(1644-1911)抄本
1988年摄制. -- 1盘卷片(5米83拍) ： 1:10,
2B ； 35mm银盐
收藏馆：缩微中心，国图

000O027159
簪花轩诗钞：一卷 / (清)郑咏谢撰
清(1644-1911)拾穗山房抄本
1996年摄制. -- 1盘卷片(4.5米69拍) ：
1:10, 2B ； 35mm银盐
收藏馆：缩微中心，福建

000O027673
偕存集：三卷；入楚吟笺：一卷 / (清)戈守智撰 .
南楼吟稿：二卷 / (清)徐映玉撰

清乾隆(1736-1795)霁云堂刻本
1997年摄制. -- 1盘卷片(6米81拍) ： 1:10,
2B ； 35mm银盐
收藏馆：缩微中心，国图

000O027165
绿筠书屋诗抄：十一卷 / (清)叶观国撰
清(1644-1911)稿本. -- 存六卷：卷一至卷
二、卷七至卷九、卷十一。
1996年摄制. -- 1盘卷片(7米132拍) ： 1:10,
2B ； 35mm银盐
收藏馆：缩微中心，福建

000O028955
绿筠书屋诗抄：十八卷 / (清)叶观国撰
清乾隆五十七年(1792)刻本
1998年摄制. -- 1盘卷片(13米231拍) ：
1:10, 2B ； 35mm银盐
收藏馆：缩微中心，苏州

000O015617
蒋春农文集：不分卷；遗研斋集：二卷 / (清)蒋
宗海撰
清(1644-1911)抄本
1992年摄制. -- 1盘卷片(21米396拍) ：
1:10, 2B ； 35mm银盐
收藏馆：缩微中心，国图

000O006451
虞东文钞：四卷诗抄三卷应制诗一卷 / (清)顾镇
撰；(清)吴卓信辑
清(1644-1911)稿本
1987年摄制. -- 1盘卷片(15.1米324拍) ：
1:10, 2B ； 35mm银盐
收藏馆：缩微中心，国图

000O009184
厚石斋诗集：十二卷 / (清)汪孟鋗撰
清(1644-1911)刻本
1988年摄制. -- 1盘卷片(8米150拍) ： 1:10,
2B ； 35mm银盐
收藏馆：缩微中心，湖南

000O015915
拙巢先生遗稿：一卷 / (清)吴霖撰
清(1644-1911)抄本
1993年摄制. -- 1盘卷片(3米11拍) ： 1:10,
2B ； 35mm银盐
收藏馆：缩微中心，国图

000O023949
二树诗集：四卷 / (清)童钰撰
清嘉庆十二年(1807)逍遥庄刻本

1996年摄制. -- 1盘卷片(8米169拍) : 1:10,
2B ; 35mm银盐
收藏馆：缩微中心，河南

000O026498
童二树先生题画诗：一卷题梅诗一卷 / (清)童钰
撰 . 奚铁生先生题画诗：一卷 / (清)奚冈撰
清道光十四年(1834)管庭芬抄本
1997年摄制. -- 1盘卷片(4米42拍) : 1:10,
2B ; 35mm银盐
收藏馆：缩微中心，国图

000O024693
疏影楼题画诗：一卷 / (清)黄钰撰 . 淳溪老屋题
画诗：一卷 / (清)管庭芬撰
清宣统三年(1911)管元耀抄本
1996年摄制. -- 1盘卷片(5米80拍) : 1:10,
2B ; 35mm银盐
收藏馆：缩微中心，浙江

000O015706
寒松穉子杂著：十六卷杂吟四卷 / (清)韩□曾撰
清(1644-1911)抄本
1993年摄制. -- 2盘卷片(34米666拍) :
1:10, 2B ; 35mm银盐
收藏馆：缩微中心，国图

000O026489
南园初集诗钞：一卷 / (清)陈文栋撰
清乾隆(1736-1795)刻本
1997年摄制. -- 1盘卷片(4米46拍) : 1:10,
2B ; 35mm银盐
收藏馆：缩微中心，国图

000O028081
兰陔诗集：二卷 / (清)郑王臣撰
清乾隆(1736-1795)刻本
1997年摄制. -- 1盘卷片(4.75米72拍) :
1:10, 2B ; 35mm银盐
收藏馆：缩微中心，福建

000O027580
竹素园诗草：三卷；日下集：一卷 / (清)王鸣盛
撰
清乾隆(1736-1795)求野堂刻本
1997年摄制. -- 1盘卷片(5米60拍) : 1:10,
2B ; 35mm银盐
收藏馆：缩微中心，国图

000O020664
西庄始存稿：三十卷附一卷 / (清)王鸣盛撰
清乾隆三十年(1765)刻乾隆三十一年(1766)重
修本

1994年摄制. -- 1盘卷片(26米522拍) :
1:10, 2B ; 35mm银盐
收藏馆：缩微中心，国图

000O031431
西庄始存稿：三十卷附一卷 / (清)王鸣盛撰
清乾隆三十年(1765)刻乾隆三十一年(1766)重
修本
2004年摄制. -- 1盘卷片(27米581拍) :
1:10, 2B ; 35mm银盐
收藏馆：缩微中心，国图

000O025793
明善堂诗集：三十卷诗余一卷词余一卷 / (清)弘
晓撰
清乾隆(1736-1795)刻本
1996年摄制. -- 1盘卷片(24米484拍) :
1:10, 2B ; 35mm银盐
收藏馆：缩微中心，国图

000O012678
明善堂诗集：四十二卷文集四卷诗余一卷词余
一卷 / (清)弘晓撰
清乾隆四十二年(1777)刻本
1990年摄制. -- 1盘卷片(30米660拍) :
1:10, 2B ; 35mm银盐
收藏馆：缩微中心，辽宁

000O026496
厚冈文集：二十卷 / (清)李荣陛撰
清嘉庆(1796-1820)亘古斋刻本
1997年摄制. -- 2盘卷片(35米671拍) :
1:10, 2B ; 35mm银盐
收藏馆：缩微中心，国图

000O026230
石研斋集：十二卷 / (清)秦黉撰
清嘉庆十六年(1811)秦恩复刻本
1997年摄制. -- 1盘卷片(10米177拍) :
1:10, 2B ; 35mm银盐
收藏馆：缩微中心，国图

000O011072
南冈诗草：十六卷 / (清)于豹文撰
清(1644-1911)于巨澍抄本
1989年摄制. -- 1盘卷片(12米251拍) :
1:10, 2B ; 35mm银盐
收藏馆：缩微中心，天津

000O024617
春雨诗钞：四卷 / (清)黄大龄撰
清(1644-1911)刻本
1996年摄制. -- 1盘卷片(10米179拍) :

1:10, 2B ；35mm银盐
收藏馆：缩微中心，浙江

000○020760
六堂诗存：四卷续集一卷 / (清)万经撰
清乾隆三十四年(1769)刻本
1994年摄制. -- 1盘卷片（12米207拍）：
1:10, 2B ；35mm银盐
收藏馆：缩微中心，国图

000○028605
南雪巢诗钞：二卷 / (清)潘有为撰
抄本. -- (清)陈昙校并跋。
1998年摄制. -- 1盘卷片(5米81拍)： 1:10,
2B ；35mm银盐
收藏馆：缩微中心，广东

000○024236
频螺暂存稿：一卷 / (清)梁同书撰
清(1644-1911)稿本
1996年摄制. -- 1盘卷片(3米61拍)： 1:10,
2B ；35mm银盐
收藏馆：缩微中心，安徽

000○021608
赐宴宗室礼成恭纪七言排律一百韵：一卷 / (清)
弘旿撰
清乾隆(1736-1795)内府刻本
1995年摄制. -- 1盘卷片(3米26拍)： 1:10,
2B ；35mm银盐
收藏馆：缩微中心，国图

000○031236
赐宴宗室礼成恭纪七言排律一百韵：一卷 / (清)
弘旿撰
清乾隆(1736-1795)刻本
2004年摄制. -- 1盘卷片(4米40拍)： 1:9,
2B ；35mm银盐
收藏馆：缩微中心，国图

000○015945
苏阁文稿：不分卷 / (清)吴寿旸撰
清(1644-1911)稿本
1993年摄制. -- 1盘卷片(4米31拍)： 1:10,
2B ；35mm银盐
收藏馆：缩微中心，国图

000○020109
小桐庐诗草：十卷 / (清)袁景辂撰
清乾隆(1736-1795)刻本
1994年摄制. -- 1盘卷片(7米113拍)： 1:10,
2B ；35mm银盐
收藏馆：缩微中心，国图

000○010436
瘦石稿：十卷 / (清)黄振撰
清乾隆三十二年(1767)寄生草堂精刻本
1989年摄制. -- 1盘卷片(16米311拍)：
1:10, 2B ；35mm银盐
收藏馆：缩微中心，天津

000○027047
戴东原集：十二卷 / (清)戴震撰
清光绪十年(1884)张氏秋树根斋刻戴段合刻
本. -- 王国维注。
1997年摄制. -- 1盘卷片（15米291拍）：
1:10, 2B ；35mm银盐
收藏馆：缩微中心，国图

000○006892
戴东原集：十二卷 / (清)戴震撰 . 覆校札记：一
卷 / (清)段玉裁撰
清乾隆五十七年(1792)经韵楼刻本
1987年摄制. -- 1盘卷片(18.1米388拍)：
1:9, 2B ；35mm银盐
收藏馆：缩微中心，重庆

000○027390
戴东原集：十二卷 / (清)戴震撰 . 覆校札记：一
卷 / (清)段玉裁撰
清乾隆五十七年(1792)段玉裁经韵楼刻本. --
(清)陈鳣批校。
1996年摄制. -- 1盘卷片(15米309拍)：
1:10, 2B ；35mm银盐
收藏馆：缩微中心，南京

000○005479
频迦偶吟：六卷 / (清)张世荦撰
清乾隆三十六年(1771)朱文藻抄本. -- (清)
朱文藻跋。
1986年摄制. -- 1盘卷片(4米57拍)： 1:10,
2B ；35mm银盐
收藏馆：缩微中心，国图

000○018951
遂初集：二卷 / (清)张启愚撰
清(1644-1911)稿本
1993年摄制. -- 1盘卷片(7米121拍)： 1:10,
2B ；35mm银盐
收藏馆：缩微中心，山东

000○026493
春融堂集：六十八卷 / (清)王昶撰 . 年谱：二卷 /
(清)严荣撰
清嘉庆十二年(1807)塾南书舍刻本. -- (清)
李慈铭批并跋。
1997年摄制. -- 3盘卷片(68米1389拍)：

1:10, 2B ; 35mm银盐
收藏馆：缩微中心，国图

000O020871
新城伯子文集：八卷 / (清)胡虔善撰
清嘉庆四年(1799)刻本
1994年摄制. -- 1盘卷片(22米440拍) ：
1:10, 2B ; 35mm银盐
收藏馆：缩微中心，国图

000O000109
蒋清容先生遗稿：二十八卷 / (清)蒋士铨撰
清(1644-1911)稿本. -- (清)袁枚等批，(清)
王鸣盛题诗，(清)沈庙勋、(清)高藻、(清)高
文藻、(清)王又曾、(清)彭云鸿、(清)汪彝
鼎、(清)张垻、(清)褚寅亮题词。
1985年摄制. -- 2盘卷片(45米990拍) ：
1:10, 2B ; 35mm银盐
收藏馆：缩微中心，国图

000O006991
纫余漫草：一卷 / (清)王慧增撰
清(1644-1911)稿本. -- (清)顾谦跋并题诗，
(清)闻人瑞、(清)瞿骧跋。
1987年摄制. -- 1盘卷片(3米36拍) ： 1:10,
2B ; 35mm银盐
收藏馆：缩微中心，国图

000O009924
南坪诗钞：十四卷；观光纪程诗：一卷 / (清)张
学举撰
清乾隆二十二年(1757)希贤堂刻本
1989年摄制. -- 1盘卷片(14米267拍) ：
1:10, 2B ; 35mm银盐
收藏馆：缩微中心，天津

000O015665
石斋遗稿：一卷 / (清)吴嵘撰
清(1644-1911)抄本
1993年摄制. -- 1盘卷片(2米7拍) ： 1:10,
2B ; 35mm银盐
收藏馆：缩微中心，国图

000O014390
石斋遗稿：一卷 / (清)吴嵘撰
李盛铎抄本
1992年摄制. -- 1盘卷片(3米7拍) ： 1:10,
2B ; 35mm银盐
收藏馆：缩微中心，国图

000O013152
清绮轩初集：文一卷诗一卷词一卷赋一卷 / (清)
夏秉衡撰

清乾隆十五年(1750)刻本
1991年摄制. -- 1盘卷片(6.7米124拍) ：
1:10, 2B ; 35mm银盐
收藏馆：缩微中心，辽宁

000O009195
敦拙堂诗集：十三卷 / (清)陈奉兹撰
清乾隆六十年(1795)刻本
1988年摄制. -- 1盘卷片(16.1米332拍) ：
1:10, 2B ; 35mm银盐
收藏馆：缩微中心，湖南

000O007932
清献堂集：十卷 / (清)赵佑撰
清(1644-1911)刻本
1988年摄制. -- 1盘卷片(26米552拍) ：
1:10, 2B ; 35mm银盐
收藏馆：缩微中心，湖南

000O018959
铁峰集：一卷 / (清)朱琦撰
清(1644-1911)稿本
1993年摄制. -- 1盘卷片(3米26拍) ： 1:10,
2B ; 35mm银盐
收藏馆：缩微中心，山东

000O026178
晓窗诗钞：二卷诗续一卷 / (清)徐曰明撰
清乾隆(1736-1795)刻本
1997年摄制. -- 1盘卷片(4米49拍) ： 1:10,
2B ; 35mm银盐
收藏馆：缩微中心，国图

000O026475
讱荽诗存：六卷 / (清)汪启淑撰
清乾隆(1736-1795)刻本
1997年摄制. -- 1盘卷片(13米218拍) ：
1:10, 2B ; 35mm银盐
收藏馆：缩微中心，国图

000O021256
瓯江游草：一卷 / (清)汪启淑撰
清乾隆(1736-1795)刻本
1995年摄制. -- 1盘卷片(4米31拍) ： 1:10,
2B ; 35mm银盐
收藏馆：缩微中心，国图

000O027614
南楼吟稿：二卷 / (清)徐映玉撰. 偕存集：三卷 .
入楚吟笺：一卷 / (清)戈守智撰
清乾隆三十一年(1766)沈大成有华书塾刻本
1997年摄制. -- 1盘卷片(5米57拍) ： 1:10,
2B ; 35mm银盐

收藏馆：缩微中心，国图

000O012844

爱吟草：一卷附恩恤道崇庆牧常君殉节录一卷；爱吟前草：一卷附慈惺圃寄理斋诗一卷 / (清)常纪撰．爱吟草题跋：二卷 / (清)王尔烈辑

清乾隆五十三年(1788)刻乾隆五十五年(1790)王尔烈增修本

1990年摄制． -- 1盘卷片(7.9米153拍)：1:10，2B；35mm银盐

收藏馆：缩微中心，辽宁

000O000512

太谷山堂集：六卷 / (清)梦麟撰

清乾隆(1736-1795)刻本

1985年摄制． -- 1盘卷片(7.2米128拍)：1:10，2B；35mm银盐

收藏馆：缩微中心，国图

000O026482

潜研堂文集：五十卷 / (清)钱大昕撰

清嘉庆十一年(1806)刻本． -- (清)李慈铭校．

1997年摄制． -- 2盘卷片(48米978拍)：1:10，2B；35mm银盐

收藏馆：缩微中心，国图

000O009870

木鸢集：五卷 / (清)朱受新撰

清乾隆(1736-1795)刻本

1989年摄制． -- 1盘卷片(5米84拍)：1:10，2B；35mm银盐

收藏馆：缩微中心，浙江

000O001145

菖蒲集诗选：十卷续集诗选二卷残集诗草一卷 / (清)商採撰

清(1644-1911)稿本

1985年摄制． -- 1盘卷片(16.6米359拍)：1:10，2B；35mm银盐

收藏馆：缩微中心，国图

000O014377

不厌吟录：五卷 / (清)冯□撰

清(1644-1911)稿本． -- (清)冯浩跋，(清)胡重批点并跋．

1992年摄制． -- 1盘卷片(5米72拍)：1:10，2B；35mm银盐

收藏馆：缩微中心，国图

000O014307

不厌吟录：八卷 / (清)冯□撰

抄本． -- (清)钱大昕、(清)冯浩题诗，(清)

吴骞跋．

1992年摄制． -- 1盘卷片(6米78拍)：1:10，2B；35mm银盐

收藏馆：缩微中心，国图

000O027208

椒花吟舫文稿：不分卷 / (清)朱筠撰

稿本

1997年摄制． -- 1盘卷片(21米396拍)：1:10，2B；35mm银盐

收藏馆：缩微中心，国图

000O014350

懋斋诗钞：一卷 / (清)敦敏撰

清(1644-1911)稿本

1992年摄制． -- 1盘卷片(5米67拍)：1:10，2B；35mm银盐

收藏馆：缩微中心，国图

000O017077

浔阳诗稿：一卷词稿一卷附辋川乐事一卷新调思春一卷 / (清)戴全德撰

清嘉庆三年(1798)戴全德刻本

1993年摄制． -- 1盘卷片(6米72拍)：1:10，2B；35mm银盐

收藏馆：缩微中心，国图

000O000025

梦楼诗集：二十二卷 / (清)王文治撰

清乾隆六十年(1795)食旧堂刻本

1986年摄制． -- 1盘卷片(18.6米392拍)：1:10，2B；35mm银盐

收藏馆：缩微中心，山西

000O005865

南涧文稿：不分卷 / (清)李文藻撰

清(1644-1911)稿本

1987年摄制． -- 1盘卷片(4米61拍)：1:10，2B；35mm银盐

收藏馆：缩微中心，国图

000O010138

李南涧先生古文：三卷 / (清)李文藻撰；(清)闫湘蕙辑

清(1644-1911)稿本． -- 王献唐跋．

1989年摄制． -- 1盘卷片(6米95拍)：1:10，2B；35mm银盐

收藏馆：缩微中心，山东

000O026397

蓬庐诗钞：二十卷 / (清)周广业撰

清(1644-1911)稿本． -- (清)王棠题诗．

1996年摄制． -- 1盘卷片(17米358拍)：

1:10, 2B ; 35mm银盐
收藏馆：缩微中心，南京

00O026501
常用应酬小束：一卷 / (清)周广业撰
清(1644-1911)稿本
1997年摄制. -- 1盘卷片(3米14拍) : 1:10,
2B ; 35mm银盐
收藏馆：缩微中心，国图

00O018241
蓼溪诗略：二卷 / (清)王中孚撰
清乾隆(1736-1795)刻本
1993年摄制. -- 1盘卷片(5米78拍) : 1:10,
2B ; 35mm银盐
收藏馆：缩微中心，山东

00O023926
寸田诗草：八卷诗余一卷 / (清)吕公溥撰
清乾隆五十五年(1790)刻本
1996年摄制. -- 1盘卷片(10米197拍) :
1:10, 2B ; 35mm银盐
收藏馆：缩微中心，河南

00O012639
抱山堂诗集：十卷 / (清)朱彭撰
清乾隆五十五年(1790)刻本
1990年摄制. -- 1盘卷片(8.5米167拍) :
1:10, 2B ; 35mm银盐
收藏馆：缩微中心，辽宁

00O014465
清闻斋诗存：三卷 / (清)周鼎枢撰
清(1644-1911)姚觐元咫进斋抄本
1992年摄制. -- 1盘卷片(4.1米60拍) :
1:11, 2B ; 35mm银盐
收藏馆：缩微中心，重庆

00O003323
惜抱轩文集：十六卷后集十卷；法帖题跋：三卷 / (清)姚鼐撰
清嘉庆(1796-1820)刻本. -- (清)翁同龢批注。
1986年摄制. -- 1盘卷片(22米473拍) :
1:10, 2B ; 35mm银盐
收藏馆：缩微中心，国图

00O020305
惜抱轩文抄：一卷 / (清)姚鼐撰
清(1644-1911)青萝山馆抄本
1994年摄制. -- 1盘卷片(4米39拍) : 1:10,
2B ; 35mm银盐
收藏馆：缩微中心，国图

00O007903
惜抱先生尺牍：八卷 / (清)姚鼐撰；(清)陈用光辑
清道光三年(1823)郭汝骢刻本
1988年摄制. -- 1盘卷片(9.4米179拍) :
1:10, 2B ; 35mm银盐
收藏馆：缩微中心，湖南

00O009067
鸣春集：一卷 / (清)曹仁虎撰
清(1644-1911)抄本
1988年摄制. -- 1盘卷片(4.8米74拍) :
1:10, 2B ; 35mm银盐
收藏馆：缩微中心，湖南

00O031248
竹叶庵文集：三十三卷 / (清)张埙撰
清乾隆五十一年(1786)张埙刻本
2004年摄制. -- 1盘卷片(22米445拍) :
1:10, 2B ; 35mm银盐
收藏馆：缩微中心，国图

00O013804
恩余堂经进稿：□□卷 / (清)彭元瑞撰
清(1644-1911)稿本. -- 存十五卷：初稿卷二至卷四、卷八、卷十一至卷十二，续稿八卷，三稿卷九。
1992年摄制. -- 1盘卷片(18米334拍) :
1:10, 2B ; 35mm银盐
收藏馆：缩微中心，国图

00O010926
恩余堂经进初稿：十二卷续稿二十二卷三稿十一卷 / (清)彭元瑞撰
清乾隆(1736-1795)刻本. -- 本书还装订有：策问存课、知圣道斋读书跋尾。
1989年摄制. -- 2盘卷片(62米1302拍) :
1:10, 2B ; 35mm银盐
收藏馆：缩微中心，湖北

00O010932
恩余堂辑稿：四卷 / (清)彭元瑞撰
清道光七年(1827)刻本
1989年摄制. -- 1盘卷片(12米246拍) :
1:10, 2B ; 35mm银盐
收藏馆：缩微中心，湖北

00O024260
恩余堂辑稿：五卷知圣道斋未刻文抄一卷 / (清)彭元瑞撰
清(1644-1911)抄本
1996年摄制. -- 1盘卷片(11米201拍) :
1:10, 2B ; 35mm银盐

收藏馆：缩微中心，安徽

00O028070
书带草堂诗抄：二卷 / (清)郑廷苣撰
清乾隆六十年(1795)谢曦刻本
1997年摄制. -- 1盘卷片(5.9米98拍) :
1:10, 2B ; 35mm银盐
收藏馆：缩微中心，福建

00O010977
响泉集：十二卷 / (清)顾光旭撰
清乾隆四十年(1775)刻本
1989年摄制. -- 1盘卷片(13米260拍) :
1:10, 2B ; 35mm银盐
收藏馆：缩微中心，湖北

00O010321
响泉集：三十卷 / (清)顾光旭撰
清乾隆四十一年(1776)刻本
1989年摄制. -- 1盘卷片(30.5米682拍) :
1:10, 2B ; 35mm银盐
收藏馆：缩微中心，湖北

00O028266
苏门山人诗钞：三卷 / (清)张符升撰
清(1644-1911)刻本
1997年摄制. -- 1盘卷片(4米65拍) : 1:10,
2B ; 35mm银盐
收藏馆：缩微中心，辽宁

00O024368
一辐集：十八卷 / (清)项淳撰
清乾隆五十五年(1790)殖荫轩刻本
1996年摄制. -- 1盘卷片(23米459拍) :
1:10, 2B ; 35mm银盐
收藏馆：缩微中心，国图

00O024371
一辐集续编：十二卷 / (清)项淳撰
清嘉庆十一年(1806)殖荫轩刻本
1996年摄制. -- 1盘卷片(18米352拍) :
1:10, 2B ; 35mm银盐
收藏馆：缩微中心，国图

00O010426
北溪诗集：二十卷文集二卷附集一卷 / (清)王元
文撰
清嘉庆十七年(1812)随善斋刻本
1989年摄制. -- 1盘卷片(17米365拍) :
1:10, 2B ; 35mm银盐
收藏馆：缩微中心，天津

00O007760
鹤溪文稿：四卷 / (清)王鸣韶撰
清(1644-1911)稿本
1987年摄制. -- 1盘卷片(19米392拍) :
1:10, 2B ; 35mm银盐
收藏馆：缩微中心，湖南

00O009998
香亭文稿：十二卷 / (清)吴玉纶撰
清乾隆六十年(1795)滋德堂刻本. -- 版框高
十七厘米宽十三厘米。
1989年摄制. -- 1盘卷片(18米380拍) :
1:10, 2B ; 35mm银盐
收藏馆：缩微中心，广东

00O026252
希音堂集：六卷 / (清)张佩芳撰 . 泗州府君事辑：
一卷 / (清)张穆撰
清道光二十七年(1847)刻本
1997年摄制. -- 1盘卷片(18米358拍) :
1:10, 2B ; 35mm银盐
收藏馆：缩微中心，国图

00O009065
山木居士外集：四卷 / (清)鲁九皋撰
清乾隆四十七年(1782)刻本
1988年摄制. -- 1盘卷片(12米230拍) :
1:10, 2B ; 35mm银盐
收藏馆：缩微中心，湖南

00O021722
山木居士外集：四卷 / (清)鲁九皋撰
清乾隆四十七年(1782)刻嘉庆二年(1797)重修
本
1995年摄制. -- 1盘卷片(12米219拍) :
1:10, 2B ; 35mm银盐
收藏馆：缩微中心，国图

00O009708
山木居士外集：四卷附一卷 / (清)鲁九皋撰
清乾隆四十七年(1782)刻本
1989年摄制. -- 1盘卷片(13米236拍) :
1:10, 2B ; 35mm银盐
收藏馆：缩微中心，湖北

00O010989
山木居士文集：十二卷首一卷外集二卷；鲁宾
之文钞：一卷 / (清)鲁九皋撰
清道光十四年(1834)桐华书屋刻本. -- 还有
合刻著作：鲁习之文钞一卷/(清)鲁九皋撰。
1989年摄制. -- 1盘卷片(26.5米576拍) :
1:10, 2B ; 35mm银盐
收藏馆：缩微中心，湖北

000O011090

山木居士文集：不分卷附外集四卷 / (清)鲁九皋撰

清(1644-1911)稿本. -- 书口标二编三编续编，佚初编。

1989年摄制. -- 1盘卷片(31米626拍) ：1:10, 2B ； 35mm银盐

收藏馆：缩微中心，天津

000O025713

南淳诗稿：不分卷 / (清)钱九韶撰

清(1644-1911)听濑山房抄本

1996年摄制. -- 1盘卷片(19米440拍) ：1:10, 2B ； 35mm银盐

收藏馆：缩微中心，河南

000O024642

讷斋未定稿：一卷读史吟一卷 / (清)平世增撰

清(1644-1911)稿本

1996年摄制. -- 1盘卷片(4米45拍) ：1:10, 2B ； 35mm银盐

收藏馆：缩微中心，浙江

000O016197

春雨楼诗集：五卷 / (清)沈彩撰

清(1644-1911)稿本. -- 存三卷：卷三至卷五。罗振常跋。

1993年摄制. -- 1盘卷片(3米25拍) ：1:10, 2B ； 35mm银盐

收藏馆：缩微中心，国图

000O008634

春雨楼集：三卷 / (清)沈彩撰

清(1644-1911)稿本. -- (清)罗庄辑诗附录并跋。

1988年摄制. -- 1盘卷片(3米43拍) ：1:10, 2B ； 35mm银盐

收藏馆：缩微中心，国图

000O017526

春雨楼集：十四卷题词一卷 / (清)沈彩撰

清乾隆(1736-1795)刻本. -- 郑振铎跋。

1993年摄制. -- 1盘卷片(8米123拍) ：1:10, 2B ； 35mm银盐

收藏馆：缩微中心，国图

000O012635

云汀诗钞：四卷 / (清)张宾鹤撰

清乾隆五十六年(1791)怡府刻本

1990年摄制. -- 1盘卷片(13米274拍) ：1:10, 2B ； 35mm银盐

收藏馆：缩微中心，辽宁

000O027648

桐韵诗删：一卷 / (清)潘本温撰

清乾隆(1736-1795)刻本

1997年摄制. -- 1盘卷片(4米39拍) ：1:10, 2B ； 35mm银盐

收藏馆：缩微中心，国图

000O011676

绣余近草：一卷 / (清)归懋仪撰

清(1644-1911)稿本. -- (清)许兆桂等跋。

1989年摄制. -- 1盘卷片(4米49拍) ：1:10, 2B ； 35mm银盐

收藏馆：缩微中心，天津

000O031238

鸣盛集：二卷 / (清)弘瞻撰

清乾隆二十七年(1762)弘瞻刻本

2004年摄制. -- 1盘卷片(12米215拍) ：1:10, 2B ； 35mm银盐

收藏馆：缩微中心，国图

000O026051

鸣盛集：四卷；乐府：一卷 / (清)弘瞻撰

清乾隆二十三年(1758)经畬斋刻本

1990年摄制. -- 1盘卷片(13米250拍) ：1:10, 2B ； 35mm银盐

收藏馆：缩微中心，南京

000O004845

拜经楼诗草：不分卷 / (清)吴骞撰

清(1644-1911)稿本. -- 孙毓修跋。

1986年摄制. -- 1盘卷片(7米124拍) ：1:10, 2B ； 35mm银盐

收藏馆：缩微中心，国图

000O027702

拜经楼诗文稿：十三卷 / (清)吴骞撰并辑

清(1644-1911)稿本. -- (清)朱型家、储征甲跋，任安上、魏鈛题诗，(清)陈敬璋题词。

1997年摄制. -- 1盘卷片(11米185拍) ：1:10, 2B ； 35mm银盐

收藏馆：缩微中心，国图

000O015825

哀兰集些：一卷；挽篇：一卷 / (清)吴骞撰

清(1644-1911)稿本

1993年摄制. -- 1盘卷片(3米13拍) ：1:10, 2B ； 35mm银盐

收藏馆：缩微中心，国图

000O019300

愚谷文存：不分卷 / (清)吴骞撰

清(1644-1911)稿本

1994年摄制. -- 1盘卷片(13米224拍) :
1:10, 2B ; 35mm银盐
收藏馆：缩微中心，国图

000O016258
愚谷文稿：不分卷 / (清)吴骞撰
清(1644-1911)稿本
1993年摄制. -- 1盘卷片(2米3拍) : 1:10,
2B ; 35mm银盐
收藏馆：缩微中心，国图

000O006946
翁覃溪诗：不分卷 / (清)翁方纲撰；(清)钱载评
清(1644-1911)稿本
1986年摄制. -- 2盘卷片(37米789拍) :
1:10, 2B ; 35mm银盐
收藏馆：缩微中心，国图

000O019722
复初斋诗稿：不分卷 / (清)翁方纲撰
清(1644-1911)稿本
1994年摄制. -- 1盘卷片(3米28拍) : 1:10,
2B ; 35mm银盐
收藏馆：缩微中心，国图

000O006492
翁苏斋手删诗稿：不分卷 / (清)翁方纲撰
清(1644-1911)稿本
1987年摄制. -- 1盘卷片(6米89拍) : 1:10,
2B ; 35mm银盐
收藏馆：缩微中心，国图

000O002116
复初斋诗集：七十卷 / (清)翁方纲撰
清(1644-1911)稿本. -- 存十四卷：卷二十一
至卷二十二、卷二十四至卷二十六、卷二十八
至卷三十六。
1986年摄制. -- 1盘卷片(18米393拍) :
1:10, 2B ; 35mm银盐
收藏馆：缩微中心，国图

000O007777
复初斋诗集：十二卷 / (清)翁方纲撰
清(1644-1911)稿本
1987年摄制. -- 1盘卷片(18米375拍) :
1:10, 2B ; 35mm银盐
收藏馆：缩微中心，湖南

000O013947
复初斋诗集：七十卷 / (清)翁方纲撰
清(1644-1911)稿本. -- 存一卷：卷六十四。
1991年摄制. -- 1盘卷片(3米16拍) : 1:10,
2B ; 35mm银盐

收藏馆：缩微中心，国图

000O006397
复初斋诗集：七十卷 / (清)翁方纲撰
清(1644-1911)稿本. -- 存二十卷：卷一至卷
二十。
1987年摄制. -- 1盘卷片(23米494拍) :
1:10, 2B ; 35mm银盐
收藏馆：缩微中心，国图

000O023994
复初斋诗集：七十卷 / (清)翁方纲撰
清道光二十五年(1845)叶志诜刻本. -- (清)
李鸿裔批，褚德彝跋。
1995年摄制. -- 3盘卷片(69米1018拍) :
1:10, 2B ; 35mm银盐
收藏馆：缩微中心，南京

000O006770
零文杂钞：不分卷 / (清)翁方纲辑
清(1644-1911)稿本
1986年摄制. -- 1盘卷片(7米120拍) : 1:10,
2B ; 35mm银盐
收藏馆：缩微中心，国图

000O004047
复初斋文集：三十五卷 / (清)翁方纲撰
清道光十六年(1836)李彦章刻本. -- (清)翁
同龢批注。
1985年摄制. -- 2盘卷片(35米749拍) :
1:10, 2B ; 35mm银盐
收藏馆：缩微中心，国图

000O001633
复初斋文集：三十五卷 / (清)翁方纲撰
清(1644-1911)稿本. -- 存十四卷：卷七至卷
二十。
1986年摄制. -- 1盘卷片(24米518拍) :
1:10, 2B ; 35mm银盐
收藏馆：缩微中心，国图

000O006522
复初斋文集：三十五卷 / (清)翁方纲撰
清(1644-1911)抄本
1987年摄制. -- 2盘卷片(37米767拍) :
1:10, 2B ; 35mm银盐
收藏馆：缩微中心，国图

000O014003
苏斋书简：不分卷 / (清)翁方纲撰
清(1644-1911)稿本
1991年摄制. -- 1盘卷片(3米14拍) : 1:10,
2B ; 35mm银盐

收藏馆：缩微中心，国图

000O031253

覃溪书札 / (清)翁方纲撰
清(1644-1911)稿本
2004年摄制. -- 1盘卷片(3米25拍) ： 1:10,
2B ； 35mm银盐
收藏馆：缩微中心，国图

000O019937

覃溪书札 / (清)翁方纲撰
清(1644-1911)稿本
1994年摄制. -- 1盘卷片(2米3拍) ： 1:10,
2B ； 35mm银盐
收藏馆：缩微中心，国图

000O017104

苏斋书札：不分卷 / (清)翁方纲撰
清(1644-1911)稿本
1993年摄制. -- 1盘卷片(3米12拍) ： 1:10,
2B ； 35mm银盐
收藏馆：缩微中心，国图

000O005058

心香室诗稿：不分卷 / (清)彭冠撰 . 杂录：不分
卷 / (清)彭冠辑
清(1644-1911)稿本
1986年摄制. -- 1盘卷片(7米117拍) ： 1:10,
2B ； 35mm银盐
收藏馆：缩微中心，国图

000O027583

香叶草堂诗存：不分卷 / (清)罗聘撰
清嘉庆(1796-1820)刻本
1997年摄制. -- 1盘卷片(4米48拍) ： 1:10,
2B ； 35mm银盐
收藏馆：缩微中心，国图

000O010921

尊闻居士集：八卷 / (清)罗有高撰
清乾隆四十七年(1782)刻本
1989年摄制. -- 1盘卷片(12米233拍) ：
1:10, 2B ； 35mm银盐
收藏馆：缩微中心，湖北

000O019345

孟兰舟先生诗文稿：不分卷附录一卷 / (清)孟生
蕙撰
清(1644-1911)抄本
1994年摄制. -- 1盘卷片(20米363拍) ：
1:10, 2B ； 35mm银盐
收藏馆：缩微中心，国图

000O024704

吹万楼诗稿：不分卷 / (清)胡蔚撰
清(1644-1911)稿本
1996年摄制. -- 1盘卷片(5米80拍) ： 1:10,
2B ； 35mm银盐
收藏馆：缩微中心，浙江

000O013912

欻夫文稿：二卷时体诗七卷古诗稿一卷杂稿一
卷 / (清)李梦松撰
清(1644-1911)抄本
1991年摄制. -- 1盘卷片(12米214拍) ：
1:10, 2B ； 35mm银盐
收藏馆：缩微中心，国图

000O020047

四松堂集：不分卷杂志一卷；鹪鹩庵笔麈：一
卷 / (清)敦诚撰
清(1644-1911)稿本
1994年摄制. -- 1盘卷片(14米216拍) ：
1:10, 2B ； 35mm银盐
收藏馆：缩微中心，国图

000O011050

瓣香山房诗集：十五卷 / (清)曾廷枚撰
清嘉庆(1796-1820)精刻本
1989年摄制. -- 1盘卷片(11米196拍) ：
1:10, 2B ； 35mm银盐
收藏馆：缩微中心，天津

000O010980

海愚诗钞：十二卷 / (清)朱孝纯撰
清乾隆五十九年(1794)刻本
1989年摄制. -- 1盘卷片(12米238拍) ：
1:10, 2B ； 35mm银盐
收藏馆：缩微中心，湖北

000O025845

御览集：四卷；兰韵堂诗集：八卷 / (清)沈初撰
清乾隆(1736-1795)刻本
1996年摄制. -- 1盘卷片(12米218拍) ：
1:10, 2B ； 35mm银盐
收藏馆：缩微中心，国图

000O026483

芳荪书屋存稿：四卷制艺一卷 / (清)吴瑛撰
清乾隆十八年(1753)刻本
1997年摄制. -- 1盘卷片(8米120拍) ： 1:10,
2B ； 35mm银盐
收藏馆：缩微中心，国图

000O007086

容斋诗集：二十卷 / (清)茹纶常撰

清乾隆(1736-1795)刻本
1987年摄制. -- 1盘卷片(15.7米325拍)：
1:10，2B；35mm银盐
收藏馆：缩微中心，介休

000O013139
师尚斋诗集：八卷 / (清)庄炘撰
清(1644-1911)抄本
1991年摄制. -- 1盘卷片(9.3米186拍)：
1:10，2B；35mm银盐
收藏馆：缩微中心，辽宁

000O019155
经韵楼集校勘记：一卷
清(1644-1911)抄本. -- (清)王萱龄跋。
1994年摄制. -- 1盘卷片(3米11拍)：1:10,
2B；35mm银盐
收藏馆：缩微中心，国图

000O021135
补瓢存稿：六卷 / (清)韩骐撰
清乾隆二十三年(1758)南荫书屋刻本
1994年摄制. -- 1盘卷片(12米220拍)：
1:10，2B；35mm银盐
收藏馆：缩微中心，国图

000O010054
补瓢存稿：六卷 / (清)韩骐撰；(清)沈德潜鉴定
清乾隆二十三年(1758)南荫书屋刻本. -- 版
框高二十厘米宽十四厘米。
1989年摄制. -- 1盘卷片(12米251拍)：
1:10，2B；35mm银盐
收藏馆：缩微中心，广东

000O013636
补亭先生遗稿：不分卷 / (清)观保撰
清(1644-1911)稿本. -- (清)法式善英和跋。
1991年摄制. -- 1盘卷片(5米60拍)：1:10,
2B；35mm银盐
收藏馆：缩微中心，国图

000O007350
年年集：一卷；从军集：一卷；梦曙集：一卷 /
(清)褚道潜撰
清(1644-1911)刻本. -- 还有合刻著作：鲛珠
一卷/(清)褚道潜撰。
1987年摄制. -- 1盘卷片(4米50拍)：1:10,
2B；35mm银盐
收藏馆：缩微中心，国图

000O001239
绿绮堂旸谷集：诗集十五卷文集五卷别集六卷 /
(清)傅为霖撰

清康熙十年(1671)傅为霖刻本. -- 存二十五
卷：诗卷一至卷十、卷十二至卷十五，文集五
卷，别集六卷。
1985年摄制. -- 1盘卷片(18.1米393拍)：
1:10，2B；35mm银盐
收藏馆：缩微中心，国图

000O008049
播琴堂诗集：十二卷文集六卷 / (清)金学诗撰
清乾隆(1736-1795)刻本
1988年摄制. -- 1盘卷片(18米373拍)：
1:10，2B；35mm银盐
收藏馆：缩微中心，湖南

000O007962
晚学集：八卷；未谷诗集：四卷 / (清)桂馥撰
清道光二十一年(1841)刻本
1988年摄制. -- 1盘卷片(13米254拍)：
1:10，2B；35mm银盐
收藏馆：缩微中心，湖南

000O006834
晚学集：七卷；未谷诗集：一卷 / (清)桂馥撰
清道光二十七年(1847)毛氏尚友斋抄本
1987年摄制. -- 1盘卷片(8米141拍)：1:10,
2B；35mm银盐
收藏馆：缩微中心，国图

000O018194
扫垢山房诗钞：十卷 / (清)黄文阳撰
清(1644-1911)稿本
1993年摄制. -- 1盘卷片(10米185拍)：
1:10，2B；35mm银盐
收藏馆：缩微中心，山东

000O011925
扫垢山房诗钞：十卷 / (清)黄文阳撰
清(1644-1911)稿本
1990年摄制. -- 1盘卷片(10米182拍)：
1:10，2B；35mm银盐
收藏馆：缩微中心，山东

000O026959
扫垢山房诗钞：十二卷 / (清)黄文阳撰
清嘉庆七年(1802)阙里刻本
1997年摄制. -- 1盘卷片(15米287拍)：
1:10，2B；35mm银盐
收藏馆：缩微中心，国图

000O010448
雨春轩诗草：十卷经进诗一卷 / (清)姚颐撰
清(1644-1911)刻本
1989年摄制. -- 1盘卷片(15米310拍)：

1:10，2B ；35mm银盐
收藏馆：缩微中心，天津

000O016504
依竹山房集：十二卷 / (清)沈可培撰
清(1644-1911)抄本
1993年摄制. -- 1盘卷片(11米191拍) ：
1:10，2B ；35mm银盐
收藏馆：缩微中心，国图

000O013138
纪行诗钞：二卷 / (清)永珹撰
清乾隆(1736-1795)抄本
1991年摄制. -- 1盘卷片(6.4米118拍) ：
1:10，2B ；35mm银盐
收藏馆：缩微中心，辽宁

000O004507
秋室百衲琴：一卷 / (清)余集撰
清嘉庆(1796-1820)刻本
1986年摄制. -- 1盘卷片(4米43拍) ：1:10，
2B ；35mm银盐
收藏馆：缩微中心，国图

000O016094
秋室百衲琴：一卷 / (清)余集撰
清嘉庆(1796-1820)刻本
1993年摄制. -- 1盘卷片(3米25拍) ：1:10，
2B ；35mm银盐
收藏馆：缩微中心，国图

000O031432
秋室百衲琴：一卷 / (清)余集撰
清嘉庆(1796-1820)刻本
2004年摄制. -- 1盘卷片(4米49拍) ：1:10，
2B ；35mm银盐
收藏馆：缩微中心，国图

000O005161
章氏遗著：不分卷导蘮集不分卷 / (清)章学诚撰
清(1644-1911)朱氏椒花唫舫抄本. -- (清)朱
锡庚校并跋，(清)翁同龢跋。
1986年摄制. -- 1盘卷片(22米487拍) ：
1:10，2B ；35mm银盐
收藏馆：缩微中心，国图

000O000358
花韵轩咏物诗存：一卷 / (清)鲍廷博撰
清(1644-1911)抄本
1985年摄制. -- 1盘卷片(3.8米54拍) ：
1:10，2B ；35mm银盐
收藏馆：缩微中心，国图

000O000068
湘南集：二卷；邕管集：一卷 / (清)刘玉麐撰
清(1644-1911)稿本. -- (清)胡虔跋。
1985年摄制. -- 1盘卷片(5米77拍) ：1:10，
2B ；35mm银盐
收藏馆：缩微中心，国图

000O017869
红桐书屋诗集：九卷 / (清)孔继涵撰
清(1644-1911)抄本. -- (清)孔继涵改定。
1993年摄制. -- 1盘卷片(10米169拍) ：
1:10，2B ；35mm银盐
收藏馆：缩微中心，国图

000O024709
浣青诗草：八卷续草一卷 / (清)钱孟钿撰
清乾隆(1736-1795)刻本
1996年摄制. -- 1盘卷片(10.5米192拍) ：
1:10，2B ；35mm银盐
收藏馆：缩微中心，浙江

000O020030
虚白斋存稿：十卷馆课诗一卷馆课赋一卷 / (清)吴寿昌撰
清乾隆五十五年(1790)吴寿昌刻本
1994年摄制. -- 1盘卷片(22米433拍) ：
1:10，2B ；35mm银盐
收藏馆：缩微中心，国图

000O000497
白兰堂吴游纪略：一卷 / (清)冯公亮撰
清乾隆(1736-1795)刻本
1985年摄制. -- 1盘卷片(3.4米40拍) ：
1:10，2B ；35mm银盐
收藏馆：缩微中心，国图

000O027150
须庵诗集：十一卷 / (清)郑际唐撰
清(1644-1911)稿本
1996年摄制. -- 1盘卷片(11米213拍) ：
1:10，2B ；35mm银盐
收藏馆：缩微中心，福建

000O027151
须庵集：不分卷 / (清)郑际唐撰
清(1644-1911)抄本
1996年摄制. -- 1盘卷片(5米79拍) ：1:10，
2B ；35mm银盐
收藏馆：缩微中心，福建

000O021325
赘言存稿：一卷 / (清)吴敬亭撰
清嘉庆五年(1800)稿本

1994年摄制. -- 1盘卷片(4米51拍)：1:10,
2B；35mm银盐
收藏馆：缩微中心，青海

000O000273

无闻集：二卷 / (清)崔述撰

清(1644-1911)抄本
1985年摄制. -- 1盘卷片(7米113拍)：1:10,
2B；35mm银盐
收藏馆：缩微中心，国图

000O004783

彭尺木文稿：不分卷 / (清)彭绍升撰

清(1644-1911)稿本
1986年摄制. -- 1盘卷片(16米307拍)：
1:10, 2B；35mm银盐
收藏馆：缩微中心，国图

000O006944

彭尺木先生文稿：一卷 / (清)彭绍升撰

清(1644-1911)稿本. -- (清)彭绍勋跋。
1986年摄制. -- 1盘卷片(2.3米19拍)：
1:10, 2B；35mm银盐
收藏馆：缩微中心，国图

000O007963

测海集：六卷 / (清)彭绍升撰

清嘉庆二十四年(1819)刻本
1988年摄制. -- 1盘卷片(10米176拍)：
1:10, 2B；35mm银盐
收藏馆：缩微中心，湖南

000O007351

刻楮吟：一卷陟岵草一卷字字珠一卷梦余草一
卷 / (清)周文鼎撰

清(1644-1911)稿本. -- (清)程定谟、(清)许
廷诰题诗。
1987年摄制. -- 1盘卷片(5米74拍)：1:10,
2B；35mm银盐
收藏馆：缩微中心，国图

000O014310

补亭诗抄：五卷 / (清)冯念祖撰

清(1644-1911)抄本
1992年摄制. -- 1盘卷片(6米92拍)：1:10,
2B；35mm银盐
收藏馆：缩微中心，国图

000O014335

东游草：一卷 / (清)冯念祖撰

清(1644-1911)抄本
1992年摄制. -- 1盘卷片(3米15拍)：1:10,
2B；35mm银盐

收藏馆：缩微中心，国图

000O014296

吴会吟：一卷濒海集一卷 / (清)冯念祖撰

清(1644-1911)抄本
1992年摄制. -- 1盘卷片(3米23拍)：1:10,
2B；35mm银盐
收藏馆：缩微中心，国图

000O026159

霍林山人诗集：五卷 / (清)吴文溥撰；(清)戴经
编

清乾隆(1736-1795)研山堂刻本
1997年摄制. -- 1盘卷片(8米124拍)：1:10,
2B；35mm银盐
收藏馆：缩微中心，国图

000O027611

绿秋书屋诗钞：一卷 / (清)张因撰

清嘉庆(1796-1820)刻本
1997年摄制. -- 1盘卷片(7米102拍)：1:10,
2B；35mm银盐
收藏馆：缩微中心，国图

000O018942

摩墨亭稿：一卷；种李园近稿：一卷 / (清)颜崇
榘撰

清(1644-1911)稿本
1993年摄制. -- 1盘卷片(7米120拍)：1:10,
2B；35mm银盐
收藏馆：缩微中心，山东

000O011192

述耐堂诗集：八卷 / (清)孔继涵撰

清(1644-1911)稿本
1989年摄制. -- 1盘卷片(25米529拍)：
1:10, 2B；35mm银盐
收藏馆：缩微中心，山东

000O021564

秋心集：一卷 / (清)沃林撰

清乾隆(1736-1795)刻本
1995年摄制. -- 1盘卷片(4米41拍)：1:10,
2B；35mm银盐
收藏馆：缩微中心，国图

000O009927

河干诗钞：四卷 / (清)马慧裕撰

清嘉庆九年(1804)贻谷堂刻本
1989年摄制. -- 1盘卷片(8米143拍)：1:10,
2B；35mm银盐
收藏馆：缩微中心，天津

00O015170

澹如轩诗钞：五卷 / (清)章铨撰

清(1644-1911)抄本

1992年摄制. -- 1盘卷片(5米65拍) ： 1:10,
2B ； 35mm银盐

收藏馆：缩微中心，国图

00O007036

功余草：一卷 / (清)荣玉洁撰

清(1644-1911)稿本. -- (清)黄廷鉴跋。

1987年摄制. -- 1盘卷片(3米35拍) ： 1:10,
2B ； 35mm银盐

收藏馆：缩微中心，国图

00O010501

惜分轩诗钞：四卷 / (清)顾葵撰

清乾隆五十八年(1793)精刻本

1989年摄制. -- 1盘卷片(7米128拍) ： 1:10,
2B ； 35mm银盐

收藏馆：缩微中心，天津

00O014548

啬生居文集：不分卷删余文稿一卷骈体文稿一
卷诗集剩稿一卷 / (清)李保泰撰

清(1644-1911)抄本. -- (清)李宝生跋。

1992年摄制. -- 1盘卷片(27米546拍) ：
1:10, 2B ； 35mm银盐

收藏馆：缩微中心，国图

00O025885

小通津山房诗稿：一卷文稿一卷 / (清)周锡瓒撰 .
群公投赠诗文：一卷

清(1644-1911)抄本

1996年摄制. -- 1盘卷片(6米88拍) ： 1:10,
2B ； 35mm银盐

收藏馆：缩微中心，浙江

00O026236

鹤泉文钞续选：九卷 / (清)戚学标撰；(清)张灼
[等]评

清嘉庆十八年(1813)刻本. -- (清)李慈铭
跋。

1997年摄制. -- 1盘卷片(13米247拍) ：
1:10, 2B ； 35mm银盐

收藏馆：缩微中心，国图

00O008036

悦亲楼诗集：三十卷 / (清)祝德麟撰

清嘉庆二年(1797)刻本. -- 叶德辉题跋。

1988年摄制. -- 1盘卷片(30米639拍) ：
1:10, 2B ； 35mm银盐

收藏馆：缩微中心，湖南

00O021132

九思堂诗钞：四卷 / (清)永瑢撰

清乾隆(1736-1795)刻本

1994年摄制. -- 1盘卷片(8米125拍) ： 1:10,
2B ； 35mm银盐

收藏馆：缩微中心，国图

00O026235

南江文钞：十二卷诗钞四卷札记四卷 / (清)邵晋
涵撰

清道光(1821-1850)刻本

1997年摄制. -- 2盘卷片(41米804拍) ：
1:10, 2B ； 35mm银盐

收藏馆：缩微中心，国图

00O001555

临江阁集：十二卷 / (清)谭书撰

清嘉庆(1796-1820)抄本

1986年摄制. -- 1盘卷片(11米210拍) ：
1:10, 2B ； 35mm银盐

收藏馆：缩微中心，吉林

00O019708

王石臞先生文稿：不分卷 / (清)王念孙撰

清(1644-1911)稿本

1994年摄制. -- 1盘卷片(3米19拍) ： 1:10,
2B ； 35mm银盐

收藏馆：缩微中心，国图

00O019731

沈存圃书札诗翰 / (清)沈峻撰

清(1644-1911)稿本

1994年摄制. -- 1盘卷片(5米65拍) ： 1:10,
2B ； 35mm银盐

收藏馆：缩微中心，国图

00O019892

黄小松书札 / (清)黄易撰

清(1644-1911)稿本

1994年摄制. -- 1盘卷片(2米7拍) ： 1:10,
2B ； 35mm银盐

收藏馆：缩微中心，国图

00O020752

黄小松等书札：不分卷 / (清)黄易[等]撰

清(1644-1911)稿本. -- 撰者还有：陆飞。

1994年摄制. -- 1盘卷片(3米19拍) ： 1:10,
2B ； 35mm银盐

收藏馆：缩微中心，国图

00O026228

邗江三百吟：十卷 / (清)林苏门撰

清嘉庆十三年(1808)刻本. -- 目录前有撰者

像。
1997年摄制. -- 1盘卷片(11米182拍) ：
1:10，2B ；35mm银盐
收藏馆：缩微中心，国图

00O028342
静斋小稿：一卷 / (清)陈广逊撰
清乾隆(1736-1795)刻本
1998年摄制. -- 1盘卷片(3米42拍) ：1:10,
2B ；35mm银盐
收藏馆：缩微中心，广东

00O009876
述学：三卷 / (清)汪中撰
清(1644-1911)汪氏刻本
1989年摄制. -- 1盘卷片(7米116拍) ：1:10,
2B ；35mm银盐
收藏馆：缩微中心，浙江

00O026193
述学：内篇三卷外篇一卷 / (清)汪中撰
清(1644-1911)刻本. -- (清)吴廷康校。
1996年摄制. -- 1盘卷片(5米55拍) ：1:10,
2B ；35mm银盐
收藏馆：缩微中心，国图

00O005759
述学：内篇三卷外篇一卷补遗一卷别录一卷 /
(清)汪中撰
清道光三年(1823)汪喜孙刻本
1987年摄制. -- 1盘卷片(7.5米141拍) ：
1:10，2B ；35mm银盐
收藏馆：缩微中心，国图

00O026713
述学：内篇三卷外篇一卷补遗一卷别录一卷 /
(清)汪中撰
清道光三年(1823)汪喜孙刻本. -- (清)吕贤
基圈点，(清)翁同龢批并跋。
1996年摄制. -- 1盘卷片(8米132拍) ：1:10,
2B ；35mm银盐
收藏馆：缩微中心，南京

00O008031
述学：内篇三卷外篇一卷补遗一卷别录一卷 /
(清)汪中撰
清同治八年(1869)扬州书局刻本
1988年摄制. -- 1盘卷片(8米147拍) ：1:10,
2B ；35mm银盐
收藏馆：缩微中心，湖南

00O001388
容甫先生遗诗：五卷附录一卷 / (清)汪中撰

清(1644-1911)汉阳叶氏抄本
1985年摄制. -- 1盘卷片(3.6米49拍) ：
1:10，2B ；35mm银盐
收藏馆：缩微中心，国图

00O027148
樾亭诗稿：不分卷 / (清)林乔荫撰
清(1644-1911)抄本
1996年摄制. -- 1盘卷片(6.3米106拍) ：
1:10，2B ；35mm银盐
收藏馆：缩微中心，福建

00O001673
戴紫垣先生尺牍：不分卷 / (清)戴映奎撰
清(1644-1911)稿本. -- (清)郝松年、(清)戴
锡龄跋。
1986年摄制. -- 1盘卷片(5米75拍) ：1:10,
2B ；35mm银盐
收藏馆：缩微中心，国图

00O026257
学古集：四卷；诗论：一卷；牧牛村舍外集：四
卷 / (清)宋大樽撰
清嘉庆(1796-1820)刻本
1996年摄制. -- 1盘卷片(7米112拍) ：1:10,
2B ；35mm银盐
收藏馆：缩微中心，国图

00O026463
拟两晋南北史乐府：二卷 / (清)洪亮吉撰
清乾隆三十六年(1771)刻本
1997年摄制. -- 1盘卷片(5米63拍) ：1:10,
2B ；35mm银盐
收藏馆：缩微中心，国图

00O000361
礼耕堂诗集：三卷外集一卷 / (清)施国祁撰
清(1644-1911)抄本
1985年摄制. -- 1盘卷片(3.8米54拍) ：
1:10，2B ；35mm银盐
收藏馆：缩微中心，国图

00O024645
游楚吴吟：不分卷 / (清)张云璈撰
清(1644-1911)稿本
1996年摄制. -- 1盘卷片(6米92拍) ：1:10,
2B ；35mm银盐
收藏馆：缩微中心，浙江

00O027575
简松草堂文集：十二卷附录一卷 / (清)张云璈撰
清道光(1821-1850)简松草堂刻本
1997年摄制. -- 1盘卷片(18米341拍) ：

1:10, 2B ; 35mm银盐
收藏馆：缩微中心，国图

000O019636
冯鱼山先生书札 / (清)冯敏昌撰
清(1644-1911)稿本
1994年摄制. -- 1盘卷片(3米12拍) : 1:10,
2B ; 35mm银盐
收藏馆：缩微中心，国图

000O001046
渔村文集：八卷诗集二十二卷 / (清)汪灼撰
清(1644-1911)抄本
1985年摄制. -- 1盘卷片(30.5米686拍) :
1:10, 2B ; 35mm银盐
收藏馆：缩微中心，国图

000O029959
小学庵遗稿：四卷 / (清)钱馥撰
清(1644-1911)抄本
2001年摄制. -- 1盘卷片(8米99拍) : 1:10,
2B ; 35mm银盐
收藏馆：缩微中心，国图

000O014834
小学庵遗稿：不分卷 / (清)钱馥撰
清同治八年(1869)赵之谦抄本. -- (清)赵之
谦校并跋。
1992年摄制. -- 1盘卷片(8米127拍) : 1:10,
2B ; 35mm银盐
收藏馆：缩微中心，国图

000O029289
**两当轩诗抄：十四卷；悔存词抄：二卷 / (清)黄
景仁撰**
清嘉庆二十二年(1817)南河高堰厂署刻本. --
(清)王运长、(清)何绍基、(清)徐适华校圈
点，雷庐跋。
1999年摄制. -- 1盘卷片(12米247拍) :
1:10, 2B ; 35mm银盐
收藏馆：缩微中心，湖南

000O004472
**两当轩集：二十二卷考异二卷附录六卷 / (清)黄
景仁撰；(清)黄志述辑**
清同治六年(1867)刘履芬抄本
1986年摄制. -- 1盘卷片(19米417拍) :
1:10, 2B ; 35mm银盐
收藏馆：缩微中心，国图

000O009470
**两当轩集：二十二卷考异二卷附录六卷 / (清)黄
景仁撰；(清)黄志述辑**

清同治十二年(1873)集珍斋活字印本. --
(清)费念慈批注。
1988年摄制. -- 1盘卷片(26.9米592拍) :
1:9, 2B ; 35mm银盐
收藏馆：缩微中心，重庆

000O027626
乾隆庚子科顺天乡试朱卷：一卷 / (清)王锡培撰
清乾隆(1736-1795)刻本
1997年摄制. -- 1盘卷片(3米9拍) : 1:10,
2B ; 35mm银盐
收藏馆：缩微中心，国图

000O006510
日下新讴：一卷 / (清)前因居士撰
清(1644-1911)稿本
1987年摄制. -- 1盘卷片(4米53拍) : 1:10,
2B ; 35mm银盐
收藏馆：缩微中心，国图

000O019282
敬堂先生文：不分卷
清(1644-1911)抄本. -- (清)李兆洛跋。
1994年摄制. -- 1盘卷片(5米70拍) : 1:10,
2B ; 35mm银盐
收藏馆：缩微中心，国图

000O002898
梦余诗钞：八卷 / (清)邵骦撰
清(1644-1911)稿本
1986年摄制. -- 1盘卷片(11米189拍) :
1:10, 2B ; 35mm银盐
收藏馆：缩微中心，国图

000O000725
潜虚制义钞：不分卷 / (清)翁咸封撰
清(1644-1911)翁心存抄本. -- (清)翁心存
跋。
1985年摄制. -- 1盘卷片(9.3米183拍) :
1:10, 2B ; 35mm银盐
收藏馆：缩微中心，国图

000O010432
可石小草：一卷 / (清)段奇撰
清嘉庆元年(1796)精刻本
1989年摄制. -- 1盘卷片(4米63拍) : 1:10,
2B ; 35mm银盐
收藏馆：缩微中心，天津

000O014958
莲城诗草：不分卷 / (清)张骏撰
清(1644-1911)抄本
1992年摄制. -- 1盘卷片(6米91拍) : 1:10,

2B ；35mm银盐
收藏馆：缩微中心，国图

000O021073
祁韵士等书札：不分卷 / (清)祁韵士,(清)祁寯藻撰
清(1644-1911)稿本
1994年摄制. -- 1盘卷片(3米20拍) ：1:10,
2B ；35mm银盐
收藏馆：缩微中心，国图

000O011924
云卧山房集：不分卷 / (清)周嘉猷撰
清(1644-1911)稿本
1990年摄制. -- 1盘卷片(11米219拍) ：
1:10, 2B ；35mm银盐
收藏馆：缩微中心，山东

000O018943
云卧山房集：不分卷 / (清)周嘉猷撰
清(1644-1911)稿本
1993年摄制. -- 1盘卷片(11米220拍) ：
1:10, 2B ；35mm银盐
收藏馆：缩微中心，山东

000O004367
金华山樵诗后集：十卷 / (清)师范撰
清嘉庆九年(1804)二余堂刻本
1986年摄制. -- 1盘卷片(24米538拍) ：
1:10, 2B ；35mm银盐
收藏馆：缩微中心，国图

000O010458
冲溪先生集：二十二卷 / (明)彭辂撰
明万历三十九年(1611)刻本
1989年摄制. -- 1盘卷片(31米604拍) ：
1:10, 2B ；35mm银盐
收藏馆：缩微中心，天津

000O003628
宝应乡贤刘蓼野端临乔梓遗札 / (清)刘台拱撰
清(1644-1911)稿本
1986年摄制. -- 1盘卷片(5.3米88拍) ：
1:10, 2B ；35mm银盐
收藏馆：缩微中心，国图

000O026477
紫华舫诗初集：四卷；竹沪渔唱：一卷 / (清)屈
为章撰
清嘉庆(1796-1820)刻本
1997年摄制. -- 1盘卷片(5米68拍) ：1:10,
2B ；35mm银盐
收藏馆：缩微中心，国图

000O026457
梅花书屋近体诗钞：四卷 / (清)叶廷勋撰
清嘉庆十六年(1811)刻本
1997年摄制. -- 1盘卷片(7米102拍) ：1:10,
2B ；35mm银盐
收藏馆：缩微中心，国图

000O010984
诒晋斋集：八卷后集一卷随笔一卷 / (清)永瑆撰
清道光二十八年(1848)载锐刻本
1989年摄制. -- 1盘卷片(11米222拍) ：
1:10, 2B ；35mm银盐
收藏馆：缩微中心，湖北

000O000507
诒晋斋集：八卷后集一卷随笔一卷 / (清)永瑆撰
清(1644-1911)载锐刻本. -- 载锐跋。
1985年摄制. -- 1盘卷片(11.4米231拍) ：
1:10, 2B ；35mm银盐
收藏馆：缩微中心，国图

000O008048
春雨楼诗略：八卷 / (清)孙韶撰
清嘉庆(1796-1820)顾晴崖刻本
1988年摄制. -- 1盘卷片(5米82拍) ：1:10,
2B ；35mm银盐
收藏馆：缩微中心，湖南

000O027345
经遗堂全集：二十六卷 / (清)韦佩金撰
清道光二十一年(1841)丁光煦刻本
1997年摄制. -- 1盘卷片(19米385拍) ：
1:10, 2B ；35mm银盐
收藏馆：缩微中心，国图

000O020878
琴士文钞：六卷诗钞十二卷 / (清)赵绍祖撰
清道光十二年(1832)古墨斋刻本
1994年摄制. -- 1盘卷片(20米371拍) ：
1:10, 2B ；35mm银盐
收藏馆：缩微中心，国图

000O001451
琴士诗抄：十二卷文抄六卷 / (清)赵绍祖撰
清道光(1821-1850)赵氏古墨斋刻本
1985年摄制. -- 1盘卷片(19米415拍) ：
1:10, 2B ；35mm银盐
收藏馆：缩微中心，国图

000O019299
淮西小草：一卷 / (清)钱保撰
清嘉庆七年(1802)张振德许鲤跃[等]刻本
1994年摄制. -- 1盘卷片(4米39拍) ：1:10,

2B ；35mm银盐
收藏馆：缩微中心，国图

000O019303
玉门诗钞：二卷 / (清)钱保撰
清嘉庆(1796-1820)刻本
1994年摄制. -- 1盘卷片(4米39拍) ：1:10,
2B ；35mm银盐
收藏馆：缩微中心，国图

000O013122
敬恕翁诗稿：不分卷 / (清)许巽行撰
清乾隆(1736-1795)稿本
1991年摄制. -- 1盘卷片(5.4米95拍) ：
1:10, 2B ；35mm银盐
收藏馆：缩微中心，辽宁

000O007909
白云草堂诗钞：三卷首二卷文钞七卷 / (清)吕星
垣撰
清嘉庆八年(1803)刻本
1988年摄制. -- 1盘卷片(16米326拍) ：
1:10, 2B ；35mm银盐
收藏馆：缩微中心，湖南

000O013923
存素堂文续集：一卷 / (清)法式善撰
清(1644-1911)稿本
1991年摄制. -- 1盘卷片(4米37拍) ：1:10,
2B ；35mm银盐
收藏馆：缩微中心，国图

000O019979
诗龛诗稿：一卷 / (清)法式善撰
清(1644-1911)稿本
1994年摄制. -- 1盘卷片(3米16拍) ：1:10,
2B ；35mm银盐
收藏馆：缩微中心，国图

000O026450
存素堂诗稿：二卷 / (清)法式善撰
清(1644-1911)刻本
1997年摄制. -- 1盘卷片(4米33拍) ：1:10,
2B ；35mm银盐
收藏馆：缩微中心，国图

000O026744
存素堂文集：四卷 / (清)法式善撰
清嘉庆十二年(1807)程邦瑞扬州刻本. --
(清)法式善校。
1996年摄制. -- 1盘卷片(9米168拍) ：1:10,
2B ；35mm银盐
收藏馆：缩微中心，南京

000O016868
存素堂文集：四卷续集一卷 / (清)法式善撰
清嘉庆十二年(1807)程氏扬州刻本
1993年摄制. -- 1盘卷片(10米161拍) ：
1:10, 2B ；35mm银盐
收藏馆：缩微中心，国图

000O021899
问字堂集：六卷 / (清)孙星衍撰
清乾隆六十年(1795)兰陵孙氏刻本
1995年摄制. -- 1盘卷片(7.8米146拍) ：
1:10, 2B ；35mm银盐
收藏馆：缩微中心，长治

000O009178
岱南阁集：二卷；嘉谷堂集：一卷 / (清)孙星衍
撰
清嘉庆(1796-1820)刻本
1988年摄制. -- 1盘卷片(6米90拍) ：1:10,
2B ；35mm银盐
收藏馆：缩微中心，湖南

000O016718
孙渊如先生书札：不分卷 / (清)孙星衍撰
清(1644-1911)稿本
1993年摄制. -- 1盘卷片(2米5拍) ：1:10,
2B ；35mm银盐
收藏馆：缩微中心，国图

000O018787
孙渊如先生书札：不分卷 / (清)孙星衍撰
稿本
1994年摄制. -- 1盘卷片(3米12拍) ：1:10,
2B ；35mm银盐
收藏馆：缩微中心，国图

000O026245
对策：六卷缀文六卷 / (清)陈鱣撰
清嘉庆十年至十二年(1805-1807)陈氏士乡堂
刻本. -- (清)李慈铭校并跋。
1996年摄制. -- 1盘卷片(11米199拍) ：
1:10, 2B ；35mm银盐
收藏馆：缩微中心，国图

000O000406
对策：六卷缀文 / (清)陈鱣撰
清嘉庆十年至十二年(1805-1807)陈氏士乡堂
刻本
1985年摄制. -- 1盘卷片(10.7米217拍) ：
1:10, 2B ；35mm银盐
收藏馆：缩微中心，国图

000O009897
芙蓉山馆文抄：一卷 / (清)杨芳灿撰
清嘉庆十年(1805)刻本
1988年摄制. -- 1盘卷片(8.4米157拍) :
1:10, 2B ; 35mm银盐
收藏馆：缩微中心, 湖南

000O020183
秋室集：十卷 / (清)杨凤苞撰
清光绪九年(1883)湖州陆氏刻本. -- 存五
卷：卷一至卷五。(清)李文田校注。
1994年摄制. -- 1盘卷片(8米144拍) : 1:10,
2B ; 35mm银盐
收藏馆：缩微中心, 国图

000O024650
秋室遗文：一卷南疆逸史跋一卷 / (清)杨凤苞撰
清(1644-1911)傅氏长恩阁抄本
1996年摄制. -- 1盘卷片(6米90拍) : 1:10,
2B ; 35mm银盐
收藏馆：缩微中心, 浙江

000O025596
碧山栖诗稿：二卷 / (清)孙传曾撰
清(1644-1911)稿本. -- (清)丁丙跋。
1996年摄制. -- 1盘卷片(5米83拍) : 1:10,
2B ; 35mm银盐
收藏馆：缩微中心, 浙江

000O018239
卢溪诗草：一卷 / (清)臧法高撰
清(1644-1911)活字印本
1993年摄制. -- 1盘卷片(4米51拍) : 1:10,
2B ; 35mm银盐
收藏馆：缩微中心, 山东

000O004467
惕甫时文稿：一卷 / (清)王芑孙撰
清(1644-1911)稿本. -- (清)徐嵩、(清)洪亮
吉、(清)何道生等跋, (清)莫友芝题款。
1986年摄制. -- 1盘卷片(3米29拍) : 1:10,
2B ; 35mm银盐
收藏馆：缩微中心, 国图

000O003912
王铁夫杂稿：不分卷 / (清)王芑孙撰
清(1644-1911)稿本
1986年摄制. -- 1盘卷片(4米56拍) : 1:10,
2B ; 35mm银盐
收藏馆：缩微中心, 国图

000O021101
晚闻居士遗集：九卷首一卷 / (清)王宗炎撰

清道光十年(1830)刻本
1994年摄制. -- 1盘卷片(17米310拍) :
1:10, 2B ; 35mm银盐
收藏馆：缩微中心, 国图

000O026499
藤梧馆杂体文：一卷 / (清)孔广栻撰
清(1644-1911)稿本
1997年摄制. -- 1盘卷片(4米31拍) : 1:10,
2B ; 35mm银盐
收藏馆：缩微中心, 国图

000O018245
藤梧馆诗草：一卷 / (清)孔广栻撰
清(1644-1911)稿本
1993年摄制. -- 1盘卷片(5米76拍) : 1:10,
2B ; 35mm银盐
收藏馆：缩微中心, 山东

000O026962
藤梧馆诗钞：一卷 / (清)孔广栻撰
清(1644-1911)孔氏藤梧馆抄本
1997年摄制. -- 1盘卷片(3米13拍) : 1:10,
2B ; 35mm银盐
收藏馆：缩微中心, 国图

000O019565
吴山尊先生手札：不分卷 / (清)吴鼐撰
清(1644-1911)稿本
1994年摄制. -- 1盘卷片(3米15拍) : 1:10,
2B ; 35mm银盐
收藏馆：缩微中心, 国图

000O015842
荫泉亭文稿：三卷；于斯堂诗草：二卷 / (清)徐
民望撰
清(1644-1911)稿本
1993年摄制. -- 1盘卷片(13米235拍) :
1:10, 2B ; 35mm银盐
收藏馆：缩微中心, 国图

000O000939
凝绪堂诗稿：八卷 / (清)孔宪培撰
清嘉庆(1796-1820)刻本
1985年摄制. -- 1盘卷片(11.9米240拍) :
1:10, 2B ; 35mm银盐
收藏馆：缩微中心, 国图

000O002005
独学庐诗稿：一卷 / (清)石韫玉撰
清(1644-1911)稿本
1986年摄制. -- 1盘卷片(3米22拍) : 1:10,
2B ; 35mm银盐

收藏馆：缩微中心，国图

000O024882
独学庐初稿：四种十三卷 / (清)石韫玉撰
清乾隆六十年(1795)长沙官舍刻本. -- (清)
王芑孙批并跋，邓邦述跋，章钰题诗。
1996年摄制. -- 1盘卷片(18米385拍)：
1:10，2B；35mm银盐
收藏馆：缩微中心，南京

000O001889
竹堂文类：八卷 / (清)石韫玉撰
清(1644-1911)抄本
1986年摄制. -- 2盘卷片(39米837拍)：
1:10，2B；35mm银盐
收藏馆：缩微中心，国图

000O001892
竹堂类稿：十六卷 / (清)石韫玉撰
清(1644-1911)抄本
1986年摄制. -- 1盘卷片(26米581拍)：
1:10，2B；35mm银盐
收藏馆：缩微中心，国图

000O018244
怡堂诗草：不分卷 / (清)李世治撰
清(1644-1911)稿本
1993年摄制. -- 1盘卷片(4米48拍)：1:10，
2B；35mm银盐
收藏馆：缩微中心，山东

000O026244
校礼堂文集：三十六卷诗集十四卷 / (清)凌廷堪
撰
清嘉庆十八年(1813)张其锦刻本. -- (清)李
慈铭批并跋。
1996年摄制. -- 2盘卷片(36米707拍)：
1:10，2B；35mm银盐
收藏馆：缩微中心，国图

000O028370
惕园初稿：十六卷外稿一卷 / (清)陈庚焕撰
清道光(1821-1850)活字印本. -- (清)吴贤昌
等批校并跋。
1997年摄制. -- 1盘卷片(21.8米450拍)：
1:10，2B；35mm银盐
收藏馆：缩微中心，福建

000O026500
大云山房文稿：初集四卷二集四卷 / (清)恽敬撰
清嘉庆二十年(1815)卢旬宣刻本。
1997年摄制. -- 1盘卷片(26米514拍)：
1:10，2B；35mm银盐

收藏馆：缩微中心，国图

000O026267
大云山房文稿：初集四卷二集四卷补编一卷 /
(清)恽敬撰
清同治八年(1869)雷信述斋刻本. -- (清)姚
觐元校注并跋又过录前人评语。
1996年摄制. -- 1盘卷片(25米522拍)：
1:10，2B；35mm银盐
收藏馆：缩微中心，国图

000O028362
二勿斋文集：六卷首一卷 / (清)谢金銮撰
清(1644-1911)稿本
1997年摄制. -- 1盘卷片(11.5米224拍)：
1:10，2B；35mm银盐
收藏馆：缩微中心，福建

000O026101
柳桥山人诗草：二卷 / (清)周光邻撰
清(1644-1911)稿本
1996年摄制. -- 1盘卷片(8米164拍)：1:10，
2B；35mm银盐
收藏馆：缩微中心，河南

000O010982
白云文集：五卷诗集二卷 / (清)陈斌撰
清嘉庆十二年(1807)刻本
1996年摄制. -- 1盘卷片(11米223拍)：
1:10，2B；35mm银盐
收藏馆：缩微中心，湖北

000O008609
使粤草：不分卷 / (清)郑辰撰
清(1644-1911)稿本. -- (清)朱云骧题诗，
(清)徐时栋跋。
1988年摄制. -- 1盘卷片(5米75拍)：1:10，
2B；35mm银盐
收藏馆：缩微中心，国图

000O027503
盥白斋诗钞：三卷 / (清)刘永标撰
清(1644-1911)抄本
1996年摄制. -- 1盘卷片(6米88拍)：1:10，
2B；35mm银盐
收藏馆：缩微中心，福建

000O028062
红叶山房诗草：五卷 / (清)谢宗善撰
清(1644-1911)稿本
1997年摄制. -- 1盘卷片(4米54拍)：1:10，
2B；35mm银盐
收藏馆：缩微中心，福建

00O021031

古州诗草：一卷 / (清)沈毓荪撰

清(1644-1911)抄本

1994年摄制. -- 1盘卷片(3米26拍) ： 1:10，
2B ； 35mm银盐

收藏馆：缩微中心，国图

00O026265

邃雅堂集：十卷续编一卷 / (清)姚文田撰

清道光元年(1821)澄江学使署刻本. -- (清)
李慈铭批并跋。

1996年摄制. -- 1盘卷片(25米520拍) ：
1:10，2B ； 35mm银盐

收藏馆：缩微中心，国图

00O028762

秋农诗草：一卷 / (清)姚文田撰

清(1644-1911)稿本. -- (清)陈寿祺、(清)叶
绍桂、(清)刘嗣绾跋。

1998年摄制. -- 1盘卷片(4米35拍) ： 1:10，
2B ； 35mm银盐

收藏馆：缩微中心，苏州

00O026394

顽石庐文集：十卷 / (清)徐养原撰

清(1644-1911)抄本. -- (清)费念慈跋。

1996年摄制. -- 1盘卷片(20米438拍) ：
1:10，2B ； 35mm银盐

收藏馆：缩微中心，南京

00O028926

大涤山房诗录：八卷试帖一卷 / (清)张吉安撰

清道光十四年(1834)刻本

1998年摄制. -- 1盘卷片(15米278拍) ：
1:10，2B ； 35mm银盐

收藏馆：缩微中心，苏州

00O027346

梅花溪诗草：四卷续草一卷 / (清)钱泳撰．蔗轩
遗稿：一卷 / (清)钱有谷撰

清嘉庆二十四年(1819)履园刻本

1997年摄制. -- 1盘卷片(11米198拍) ：
1:10，2B ； 35mm银盐

收藏馆：缩微中心，国图

00O018958

挹翠堂诗稿：不分卷 / (清)毕所铠撰

清(1644-1911)稿本

1993年摄制. -- 1盘卷片(10米188拍) ：
1:10，2B ； 35mm银盐

收藏馆：缩微中心，山东

00O026239

烟霞万古楼文集：六卷 / (清)王昙撰

清道光(1821-1850)刻本

1997年摄制. -- 1盘卷片(8米126拍) ： 1:10，
2B ； 35mm银盐

收藏馆：缩微中心，国图

00O024041

听莺居文钞：三十卷 / (清)翁广平撰

清(1644-1911)小苏斋抄本

1996年摄制. -- 1盘卷片(22米465拍) ：
1:10，2B ； 35mm银盐

收藏馆：缩微中心，南京

00O012555

味余书室全集定本：四十卷目录四卷随笔二卷 /
(清)仁宗颙琰撰

清嘉庆(1796-1820)内府刻本

1990年摄制. -- 3盘卷片(78米1747拍) ：
1:10，2B ； 35mm银盐

收藏馆：缩微中心，辽宁

00O012536

皇考圣德神功全韵诗：四卷 / (清)仁宗颙琰撰

清嘉庆(1796-1820)内府刻本

1990年摄制. -- 1盘卷片(9.5米142拍) ：
1:10，2B ； 35mm银盐

收藏馆：缩微中心，辽宁

00O012733

御制诗初集：四十八卷目录六卷 / (清)仁宗颙琰
撰

清嘉庆八年(1803)内府刻本

1990年摄制. -- 3盘卷片(69米1572拍) ：
1:10，2B ； 35mm银盐

收藏馆：缩微中心，辽宁

00O012548

御制诗二集：六十四卷目录八卷 / (清)仁宗颙琰
撰

清嘉庆十六年(1811)内府刻本

1990年摄制. -- 3盘卷片(88米1989拍) ：
1:10，2B ； 35mm银盐

收藏馆：缩微中心，辽宁

00O012531

御制诗三集：六十四卷目录八卷余集六卷目录
一卷 / (清)仁宗颙琰撰

清嘉庆二十年(1815)内府刻本

1990年摄制. -- 4盘卷片(108.9米2440拍) ：
1:10，2B ； 35mm银盐

收藏馆：缩微中心，辽宁

00O012655
御制文：二卷 / (清)仁宗颙琰撰
清嘉庆(1796-1820)内府刻本
1990年摄制. -- 1盘卷片(3.8米55拍) :
1:10, 2B ; 35mm银盐
收藏馆：缩微中心，辽宁

00O025796
御制文初集：十卷 / (清)仁宗颙琰撰
清嘉庆(1796-1820)内府刻本
1996年摄制. -- 1盘卷片(11米186拍) :
1:10, 2B ; 35mm银盐
收藏馆：缩微中心，国图

00O012640
御制文余集：二卷 / (清)仁宗颙琰撰
清道光(1821-1850)内府刻本
1990年摄制. -- 1盘卷片(6.4米117拍) :
1:10, 2B ; 35mm银盐
收藏馆：缩微中心，辽宁

00O019492
雪蓬集：七卷；春波词：一卷 / (清)殷圻撰
清(1644-1911)抄本
1994年摄制. -- 1盘卷片(10米177拍) :
1:10, 2B ; 35mm银盐
收藏馆：缩微中心，国图

00O009160
杨妙泉诗集：不分卷 / (清)杨秉植撰
清(1644-1911)抄本
1988年摄制. -- 1盘卷片(8米126拍) : 1:10,
2B ; 35mm银盐
收藏馆：缩微中心，湖南

00O000823
乙丙集：二卷 / (清)江藩撰
清(1644-1911)稿本
1985年摄制. -- 1盘卷片(3.6米48拍) :
1:10, 2B ; 35mm银盐
收藏馆：缩微中心，国图

00O017631
青来馆吟稿：十二卷文一卷 / (清)沈铨撰
清(1644-1911)稿本. -- (清)陈兆寿、(清)王
翼淳题诗。
1993年摄制. -- 1盘卷片(10米166拍) :
1:10, 2B ; 35mm银盐
收藏馆：缩微中心，国图

00O010919
箕山堂诗钞：十二卷 / (清)王赓言撰
清嘉庆(1796-1820)刻本

1989年摄制. -- 1盘卷片(14.5米301拍) :
1:10, 2B ; 35mm银盐
收藏馆：缩微中心，湖北

00O001341
未之思轩诗草拾遗：一卷 / (清)朱锡庚撰
清咸丰七年(1857)朱庭干抄本
1985年摄制. -- 1盘卷片(3米33拍) : 1:10,
2B ; 35mm银盐
收藏馆：缩微中心，国图

00O026520
璞存山房初稿：一卷 / (清)朱锡庚撰
清(1644-1911)刻本
1997年摄制. -- 1盘卷片(3米9拍) : 1:10,
2B ; 35mm银盐
收藏馆：缩微中心，国图

00O026282
雕菰集：二十四卷 / (清)焦循撰
清(1644-1911)稿本. -- 存六卷：卷一至卷
六。
1996年摄制. -- 1盘卷片(8米123拍) : 1:10,
2B ; 35mm银盐
收藏馆：缩微中心，国图

00O013784
里堂诗集：八卷词集二卷 / (清)焦循撰
清(1644-1911)稿本
1992年摄制. -- 1盘卷片(6米79拍) : 1:10,
2B ; 35mm银盐
收藏馆：缩微中心，国图

00O020540
松壶先生画赞集：二卷 / (清)钱杜撰
清光绪五年(1879)松茂斋抄本. -- (清)桂馥
等跋。
1994年摄制. -- 1盘卷片(5米82拍) : 1:10,
2B ; 35mm银盐
收藏馆：缩微中心，烟台

00O024697
文选楼诗草：一卷 / (清)阮元撰
清(1644-1911)稿本. -- (清)朱为弼跋。
1996年摄制. -- 1盘卷片(3米22拍) : 1:10,
2B ; 35mm银盐
收藏馆：缩微中心，浙江

00O014831
张船山书札：不分卷 / (清)张问陶撰
清(1644-1911)稿本
1992年摄制. -- 1盘卷片(3米9拍) : 1:10,
2B ; 35mm银盐

收藏馆：缩微中心，国图

000○016807
北泾草堂集：五卷外集三卷 / (清)陈栋撰
清道光三年(1823)周之琦剑南室刻本
1993年摄制. -- 1盘卷片(10米165拍) ：
1:10，2B ；35mm银盐
收藏馆：缩微中心，国图

000○031429
北泾草堂集：五卷 / (清)陈栋撰
清道光三年(1823)周之琦剑南室刻本
2004年摄制. -- 1盘卷片(11米190拍) ：
1:10，2B ；35mm银盐
收藏馆：缩微中心，国图

000○016100
借秋亭诗草：五卷补遗一卷吴歈百绝一卷 / (清)蔡云撰
清道光十年(1830)程岭梅刻本. -- (清)叶廷琯跋。
1993年摄制. -- 1盘卷片(8米142拍) ：1:10,
2B ；35mm银盐
收藏馆：缩微中心，国图

000○019585
鲍双五先生手札：不分卷 / (清)鲍桂星撰
清(1644-1911)稿本. -- (清)蔡绍本、(清)徐松、(清)陈庆镛跋，(清)张曜署首。
1994年摄制. -- 1盘卷片(3米11拍) ：1:10,
2B ；35mm银盐
收藏馆：缩微中心，国图

000○019080
晏如斋古文简钞：三卷诗抄三卷 / (清)顾应期撰
清道光十二年(1832)顾一堂刻本. -- (清)徐时栋跋。
1994年摄制. -- 1盘卷片(7米109拍) ：1:10,
2B ；35mm银盐
收藏馆：缩微中心，国图

000○019629
顾吴羹先生尺牍 / (清)顾莼撰
清(1644-1911)稿本. -- (清)吴钝斋跋。
1994年摄制. -- 1盘卷片(3米14拍) ：1:10,
2B ；35mm银盐
收藏馆：缩微中心，国图

000○001185
王文简公遗文：不分卷 / (清)王引之撰
清(1644-1911)稿本
1985年摄制. -- 1盘卷片(11.6米239拍) ：
1:10，2B ；35mm银盐

收藏馆：缩微中心，国图

000○014114
诗草存删：一卷；花痴生词稿：一卷文稿一卷 / (清)叶舟撰
清(1644-1911)稿本. -- (清)汪端光、(清)袁承福、(清)李文瑛、(清)释清恒跋，(清)熊方受、(清)阮亨、(清)裴挺、(清)张维贞、(清)谢堃题诗，(清)李方湛、(清)赵祖仁、(清)邓立诚、(清)李育、(清)阮亨、(清)谢堃、(清)徐鸣珂等题款。
1992年摄制. -- 1盘卷片(6米84拍) ：1:10,
2B ；35mm银盐
收藏馆：缩微中心，国图

000○019556
梦花楼诗草：三卷 / (清)乐钧撰
清(1644-1911)稿本. -- (清)史炳批并跋，(清)郭麐批，(清)吴慈鹤跋。
1994年摄制. -- 1盘卷片(5米55拍) ：1:10,
2B ；35mm银盐
收藏馆：缩微中心，国图

000○026255
思适斋集：十八卷 / (清)顾广圻撰
清道光二十九年(1849)徐渭仁刻春晖堂丛书本. -- (清)李慈铭校注并跋。
1996年摄制. -- 1盘卷片(16米311拍) ：
1:10，2B ；35mm银盐
收藏馆：缩微中心，国图

000○016894
思适斋集：十八卷 / (清)顾广圻撰
清道光二十九年(1849)徐渭仁刻春晖堂丛书本. -- (清)戈载批校，(清)叶廷琯跋。
1993年摄制. -- 1盘卷片(16米311拍) ：
1:10，2B ；35mm银盐
收藏馆：缩微中心，国图

000○008786
思适斋集：十八卷 / (清)顾广圻撰
清道光二十九年(1849)徐渭仁刻春晖堂丛书本. -- (清)沈锡祚跋。
1988年摄制. -- 1盘卷片(15.7米332拍) ：
1:11，2B ；35mm银盐
收藏馆：缩微中心，重庆

000○026502
思适斋集：十八卷 / (清)顾广圻撰
清道光二十九年(1849)徐渭仁刻春晖堂丛书本. -- 王国维注。
1997年摄制. -- 1盘卷片(16米301拍) ：
1:10，2B ；35mm银盐

000O015668

吟箫偶存：二卷 / (清)钱樟撰

清嘉庆二十五年(1820)钱泰吉抄本. -- (清)钱泰吉跋。

1993年摄制. -- 1盘卷片(4米49拍) : 1:10, 2B ; 35mm银盐

收藏馆：缩微中心，国图

000O027146

白华楼诗钞笺注：五卷 / (清)萨玉衡撰；(清)萨大年笺注

清光绪二十七年(1901)萨嘉曦抄本

1996年摄制. -- 1盘卷片(14米276拍) : 1:10, 2B ; 35mm银盐

收藏馆：缩微中心，福建

000O020103

改吟斋集：九卷 / (清)叶树枚撰

清(1644-1911)稿本. -- (清)仲湘跋。

1994年摄制. -- 1盘卷片(11米172拍) : 1:10, 2B ; 35mm银盐

收藏馆：缩微中心，国图

000O020270

改吟斋诗：四卷 / (清)叶树枚撰

清嘉庆十三年(1808)叶树枚刻本. -- (清)叶树枚校改并跋。

1994年摄制. -- 1盘卷片(4米49拍) : 1:10, 2B ; 35mm银盐

收藏馆：缩微中心，国图

000O020102

改吟斋烬余什一：一卷 / (清)叶树枚撰

清道光十四年(1834)叶树枚刻本. -- (清)叶树枚校。

1994年摄制. -- 1盘卷片(3米26拍) : 1:10, 2B ; 35mm银盐

收藏馆：缩微中心，国图

000O026485

拜经堂文稿：不分卷；拜经日记：十二卷；诗考：四卷 / (清)臧庸撰

清(1644-1911)抄本. -- 还有合刻著作：释颂一卷、五岳释一卷、毛诗郑笺校字一卷、郑注论语二卷。(清)费念慈题款。

1997年摄制. -- 2盘卷片(40米743拍) : 1:10, 2B ; 35mm银盐

收藏馆：缩微中心，国图

000O017318

听松阁诗：不分卷 / (清)沈铭彝撰

清(1644-1911)抄本

1993年摄制. -- 1盘卷片(11米192拍) : 1:10, 2B ; 35mm银盐

收藏馆：缩微中心，国图

000O000364

冬青馆甲集：六卷乙集八卷 / (清)张鉴撰

清道光十九年(1839)张鉴刻本

1985年摄制. -- 1盘卷片(17.5米379拍) : 1:10, 2B ; 35mm银盐

收藏馆：缩微中心，国图

000O014629

桂馨堂集：三卷 / (清)张廷济撰

清道光十九年(1839)张廷济刻本

1992年摄制. -- 1盘卷片(4米92拍) : 1:10, 2B ; 35mm银盐

收藏馆：缩微中心，国图

000O004784

张叔未编年诗：不分卷 / (清)张廷济撰

清(1644-1911)稿本

1986年摄制. -- 1盘卷片(7.2米128拍) : 1:10, 2B ; 35mm银盐

收藏馆：缩微中心，国图

000O005619

太乙舟待删草：二卷；使浙草：一卷；乙未诗抄：一卷 / (清)陈用光撰

清(1644-1911)稿本. -- (清)吴德旋批并跋，(清)童槐、周叔弢跋，(清)冯登府、(清)梅曾亮、(清)李彦章题款。

1987年摄制. -- 1盘卷片(5.7米100拍) : 1:10, 2B ; 35mm银盐

收藏馆：缩微中心，国图

000O009066

戴简恪公遗集：八卷 / (清)戴敦元撰

清道光二十六年(1846)吴钟骏刻本

1988年摄制. -- 1盘卷片(12米233拍) : 1:10, 2B ; 35mm银盐

收藏馆：缩微中心，湖南

000O016714

野云居诗稿：二卷文稿一卷 / (清)郑竺撰

清嘉庆三年(1798)郑勋刻本

1993年摄制. -- 1盘卷片(4米41拍) : 1:10, 2B ; 35mm银盐

收藏馆：缩微中心，国图

000O026281

小谟觞馆诗集：八卷续集二卷文集四卷文续集二卷诗余一卷诗余附录一卷 / (清)彭兆荪撰

清同治(1862-1874)刻本. -- (清)李慈铭批注。
1996年摄制. -- 1盘卷片(21米415拍) : 1:10, 2B ; 35mm银盐
收藏馆：缩微中心，国图

00O014536
游山诗：一卷 / (清)彭兆荪撰
清(1644-1911)稿本. -- (清)沈钦韩、(清)梅植之、(清)袁廷璜跋，(清)舒位题诗。
1992年摄制. -- 1盘卷片(3米27拍) : 1:10, 2B ; 35mm银盐
收藏馆：缩微中心，国图

00O016111
小谟觞馆文集：四卷续集二卷 / (清)彭兆荪撰
清同治二年至四年(1863-1865)刘履芬抄本. -- (清)刘履芬跋。
1993年摄制. -- 1盘卷片(8米140拍) : 1:10, 2B ; 35mm银盐
收藏馆：缩微中心，国图

00O018954
纯甫文稿：一卷 / (清)朱曾喆撰
清(1644-1911)稿本. -- (清)成瓘、(清)牟庭等批校。
1993年摄制. -- 1盘卷片(8米149拍) : 1:10, 2B ; 35mm银盐
收藏馆：缩微中心，山东

00O026251
婆娑洋集：一卷 / (清)孙尔准撰
清道光(1821-1850)刻本
1997年摄制. -- 1盘卷片(3米27拍) : 1:10, 2B ; 35mm银盐
收藏馆：缩微中心，国图

00O015871
孙文靖公书札：不分卷 / (清)孙尔准撰
清(1644-1911)稿本. -- (清)李兆洛、(清)费树藩、(清)冯桂芬题诗，(清)顾翔云、(清)冯印光跋。
1993年摄制. -- 1盘卷片(3米24拍) : 1:10, 2B ; 35mm银盐
收藏馆：缩微中心，国图

00O026508
研秋斋诗略：一卷文略一卷笔记二卷 / (清)刘彦矩撰 . 行述：一卷 / (清)刘鹓,(清)刘鷴撰
清道光十七年至十八年(1837-1838)五之堂刻本
1997年摄制. -- 1盘卷片(6米77拍) : 1:10, 2B ; 35mm银盐
收藏馆：缩微中心，国图

00O019973
瀛洲集：三卷容台集一卷 / (清)英和撰
清(1644-1911)稿本. -- (清)法式善跋，(清)张问陶圈评并跋，(清)胡敬、(清)吴嵩梁题款。
1994年摄制. -- 1盘卷片(11米191拍) : 1:10, 2B ; 35mm银盐
收藏馆：缩微中心，国图

00O026249
梦陔堂诗集：五十卷文说十一卷文集十卷 / (清)黄承吉撰
清道光(1821-1850)刻本
1997年摄制. -- 5盘卷片(137米2790拍) : 1:10, 2B ; 35mm银盐
收藏馆：缩微中心，国图

00O026263
蕴愫阁诗集：十二卷文集六卷别集四卷 / (清)盛大士撰
清道光元年至六年(1821-1826)刻本
1996年摄制. -- 1盘卷片(24米494拍) : 1:10, 2B ; 35mm银盐
收藏馆：缩微中心，国图

00O029270
秣陵集：六卷图考一卷 / (清)陈文述辑
清道光二年(1822)刻本
1999年摄制. -- 1盘卷片(16米336拍) : 1:10, 2B ; 35mm银盐
收藏馆：缩微中心，湖南

00O020123
思元斋全集：七卷 / (清)裕瑞撰
清嘉庆七年至十七年(1802-1812)裕瑞刻本
1994年摄制. -- 1盘卷片(28米563拍) : 1:10, 2B ; 35mm银盐
收藏馆：缩微中心，国图

00O020398
草檐即山集：一卷枣窗文稿二卷 / (清)裕瑞撰
清嘉庆十六年至十七年(1811-1812)裕瑞刻本
1994年摄制. -- 1盘卷片(14米254拍) : 1:10, 2B ; 35mm银盐
收藏馆：缩微中心，国图

00O027152
怡山馆文稿：不分卷 / (清)朱锡谷撰
清(1644-1911)抄本
1996年摄制. -- 1盘卷片(7.4米134拍) : 1:10, 2B ; 35mm银盐

收藏馆：缩微中心，福建

000O021246
粤游小草：一卷 / (清)沈心益撰
清(1644-1911)稿本
1995年摄制. -- 1盘卷片(5米56拍) ： 1:10,
2B ； 35mm银盐
收藏馆：缩微中心，国图

000O027153
拾穗山房诗存：十卷文钞四卷 / (清)林轩开撰
清(1644-1911)拾穗山房抄本
1996年摄制. -- 1盘卷片(15.7米317拍) ：
1:10, 2B ； 35mm银盐
收藏馆：缩微中心，福建

000O027154
拾穗山房诗稿：不分卷 / (清)林轩开撰
清(1644-1911)稿本
1996年摄制. -- 1盘卷片(5米78拍) ： 1:10,
2B ； 35mm银盐
收藏馆：缩微中心，福建

000O027155
拾穗山房诗存：三卷 / (清)林轩开撰
清(1644-1911)稿本
1996年摄制. -- 1盘卷片(3.5米44拍) ：
1:10, 2B ； 35mm银盐
收藏馆：缩微中心，福建

000O028075
拾穗山房文稿：不分卷 / (清)林轩开撰
清(1644-1911)稿本
1997年摄制. -- 1盘卷片(4.2米61拍) ：
1:10, 2B ； 35mm银盐
收藏馆：缩微中心，福建

000O028076
拾穗山房倡和集：一卷 / (清)林轩开撰
清(1644-1911)稿本
1997年摄制. -- 1盘卷片(4米34拍) ： 1:10,
2B ； 35mm银盐
收藏馆：缩微中心，福建

000O020702
梅垞诗钞：四卷 / (清)蒋燮撰
清道光七年(1827)蒋氏木活字印本
1994年摄制. -- 1盘卷片(7米99拍) ： 1:10,
2B ； 35mm银盐
收藏馆：缩微中心，国图

000O001310
悔庵学诗：不分卷 / (清)严元照撰

清(1644-1911)稿本
1985年摄制. -- 1盘卷片(5米75拍) ： 1:10,
2B ； 35mm银盐
收藏馆：缩微中心，国图

000O026269
悔庵学文：八卷补遗一卷 / (清)严元照撰
清光绪(1875-1908)陆心源刻湖州丛书本. --
王国维校并跋。
1996年摄制. -- 1盘卷片(12米220拍) ：
1:10, 2B ； 35mm银盐
收藏馆：缩微中心，国图

000O016095
悔庵学文：八卷 / (清)严元照撰
清光绪五年(1879)刘履芬抄本. -- (清)刘履
芬跋。
1993年摄制. -- 1盘卷片(11米198拍) ：
1:10, 2B ； 35mm银盐
收藏馆：缩微中心，国图

000O026297
柯家山馆遗诗：六卷词三卷 / (清)严元照撰
清(1644-1911)刻本. -- 王国维校。
1996年摄制. -- 1盘卷片(11米198拍) ：
1:10, 2B ； 35mm银盐
收藏馆：缩微中心，国图

000O026474
生香馆诗：二卷词二卷 / (清)李佩金撰
清嘉庆二十四年(1819)刻本
1997年摄制. -- 1盘卷片(5米54拍) ： 1:10,
2B ； 35mm银盐
收藏馆：缩微中心，国图

000O000215
席门集：十六卷 / (清)陈海霖撰
清(1644-1911)稿本
1985年摄制. -- 1盘卷片(14米301拍) ：
1:10, 2B ； 35mm银盐
收藏馆：缩微中心，国图

000O011062
秋舫诗钞：二卷 / (清)陈沆撰
清(1644-1911)清白石山馆抄本. -- 钤"吴嵩
梁印""芝雪生"印。
1989年摄制. -- 1盘卷片(4米45拍) ： 1:10,
2B ； 35mm银盐
收藏馆：缩微中心，天津

000O018941
袁江于役草：一卷 / (清)李廷芳撰
清(1644-1911)稿本

1993年摄制. -- 1盘卷片(3米27拍) ： 1:10,
2B ；35mm银盐
收藏馆：缩微中心，山东

000O018195
碧梧红豆草堂诗：不分卷 / (清)李廷芳撰
清(1644-1911)稿本. -- (清)吴焘、(清)孙伯
渊批校并跋。
1993年摄制. -- 1盘卷片(6米93拍) ： 1:10,
2B ；35mm银盐
收藏馆：缩微中心，山东

000O011661
乔阪先生遗诗：一卷 / (清)郑补撰
清道光(1821-1850)郑照抄本
1989年摄制. -- 1盘卷片(4米43拍) ： 1:10,
2B ；35mm银盐
收藏馆：缩微中心，天津

000O011064
**悦云山房初存文集：一卷诗集八卷词集四卷 /
(清)刘敦元撰**
清(1644-1911)抄本
1989年摄制. -- 1盘卷片(12米255拍) ：
1:10, 2B ；35mm银盐
收藏馆：缩微中心，天津

000O028343
求真是斋诗钞：不分卷诗余一卷 / (清)颜伯焘撰
清(1644-1911)抄本
1998年摄制. -- 1盘卷片(6米97拍) ： 1:10,
2B ；35mm银盐
收藏馆：缩微中心，广东

000O025011
小倦游阁集：十四卷 / (清)包世臣撰
清(1644-1911)包氏小倦游阁抄本. -- 存
二十六卷：卷一至卷二十一、卷二十三至卷
二十七。
1996年摄制. -- 2盘卷片(33米685拍) ：
1:10, 2B ；35mm银盐
收藏馆：缩微中心，安徽

000O026238
幼学堂诗稿：十卷文稿四卷 / (清)沈钦韩撰
清嘉庆十八年(1813)刻本
1997年摄制. -- 1盘卷片(23米445拍) ：
1:10, 2B ；35mm银盐
收藏馆：缩微中心，国图

000O019042
幼学堂文稿：四卷 / (清)沈钦韩撰
清道光(1821-1850)刻本

1994年摄制. -- 1盘卷片(11米190拍) ：
1:10, 2B ；35mm银盐
收藏馆：缩微中心，国图

000O000410
幼学堂诗稿：十七卷文稿八卷 / (清)沈钦韩撰
清嘉庆道光(1796-1850)刻本
1985年摄制. -- 2盘卷片(38.6米834拍) ：
1:10, 2B ；35mm银盐
收藏馆：缩微中心，国图

000O017510
幼学堂诗稿：十七卷 / (清)沈钦韩撰
清嘉庆(1796-1820)刻道光(1821-1850)续刻本
1993年摄制. -- 1盘卷片(22米437拍) ：
1:10, 2B ；35mm银盐
收藏馆：缩微中心，国图

000O018829
捧月楼诗：四卷 / (清)袁通撰
清(1644-1911)稿本. -- (清)杨芳灿批圈并
跋。
1994年摄制. -- 1盘卷片(5米60拍) ： 1:10,
2B ；35mm银盐
收藏馆：缩微中心，国图

000O021619
蠡测汇钞：不分卷 / (清)邓传安撰
清道光十年(1830)邓氏有本堂刻本
1995年摄制. -- 1盘卷片(6米74拍) ： 1:10,
2B ；35mm银盐
收藏馆：缩微中心，国图

000O027577
清逸山房画媵：六卷 / (清)魏容撰
清嘉庆十七年(1812)陈珑刻本
1997年摄制. -- 1盘卷片(7米99拍) ： 1:10,
2B ；35mm银盐
收藏馆：缩微中心，国图

000O020291
忆山堂诗录：六卷 / (清)宋翔凤撰
清嘉庆(1796-1820)刻本
1994年摄制. -- 1盘卷片(7米108拍) ： 1:10,
2B ；35mm银盐
收藏馆：缩微中心，国图

000O019171
求是堂诗集：二十二卷诗余一卷 / (清)胡承珙撰
清道光十三年(1833)胡承珙刻本
1994年摄制. -- 1盘卷片(20米386拍) ：
1:10, 2B ；35mm银盐
收藏馆：缩微中心，国图

00O001763
蕙荪堂烬存草：二卷 / (清)昭梿撰
清(1644-1911)抄本
1986年摄制. -- 1盘卷片(5米67拍) ： 1:10,
2B ；35mm银盐
收藏馆：缩微中心，国图

00O019603
籀庄杂稿：不分卷 / (清)徐同柏撰
清(1644-1911)稿本
1994年摄制. -- 1盘卷片(8米130拍) ： 1:10,
2B ；35mm银盐
收藏馆：缩微中心，国图

00O010931
刘礼部集：十一卷 / (清)刘逢禄撰 . 麟石文钞：
一卷 / (清)刘承宠撰
清道光十年(1830)思误斋刻本
1989年摄制. -- 1盘卷片(22米470拍) ：
1:10, 2B ；35mm银盐
收藏馆：缩微中心，湖北

00O026504
刘礼部集：十一卷 / (清)刘逢禄撰 . 麟石文钞：
一卷 / (清)刘承宠撰
清道光十年(1830)思误斋刻本. -- (清)李慈
铭跋。
1997年摄制. -- 1盘卷片(23米454拍) ：
1:10, 2B ；35mm银盐
收藏馆：缩微中心，国图

00O010998
芙村文钞：二卷附芙村学吟一卷 / (清)沈豫撰
清道光十七年(1837)蛾术堂刻本
1989年摄制. -- 1盘卷片(7米106拍) ： 1:10,
2B ；35mm银盐
收藏馆：缩微中心，湖北

00O028590
小书巢诗课偶存注略：四卷 / (清)陆以庄撰；
(清)杨筠注
清(1644-1911)玉笥山房抄本
1998年摄制. -- 1盘卷片(11米204拍) ：
1:10, 2B ；35mm银盐
收藏馆：缩微中心，广东

00O026486
唐宋旧经楼诗稿：七卷 / (清)孔璐华撰
清道光(1821-1850)阙里刻本
1997年摄制. -- 1盘卷片(9米147拍) ： 1:10,
2B ；35mm银盐
收藏馆：缩微中心，国图

00O028765
夫椒山馆诗：二十二卷 / (清)周仪暐撰
清(1644-1911)稿本. -- 存十九卷：卷一至卷
二、卷五至卷十四、卷十六至卷二十二。蒋学
圻批校。
1998年摄制. -- 1盘卷片(21米382拍) ：
1:10, 2B ；35mm银盐
收藏馆：缩微中心，苏州

00O028349
岭海楼诗钞：四卷 / (清)黄培芳撰
清(1644-1911)孔继昌抄本
1998年摄制. -- 1盘卷片(8米140拍) ： 1:10,
2B ；35mm银盐
收藏馆：缩微中心，广东

00O024109
曾益斋诗抄：二卷 / (清)狄垣撰
清(1644-1911)抄本. -- (清)方保升批。
1996年摄制. -- 1盘卷片(6米90拍) ： 1:10,
2B ；35mm银盐
收藏馆：缩微中心，湖北

00O017829
来青阁遗稿：二卷 / (清)蒋楷撰
清(1644-1911)蒋光煦刻本
1993年摄制. -- 1盘卷片(3米27拍) ： 1:10,
2B ；35mm银盐
收藏馆：缩微中心，国图

00O028581
凝雅轩诗稿：二集四卷 / (清)钱照撰
清(1644-1911)稿本. -- 有朱墨笔批校圈点。
1998年摄制. -- 1盘卷片(7米112拍) ： 1:10,
2B ；35mm银盐
收藏馆：缩微中心，广东

00O017958
闻妙香室诗：十二卷文十九卷 / (清)李宗昉撰
清道光(1821-1850)李宗昉刻本
1993年摄制. -- 1盘卷片(25米498拍) ：
1:10, 2B ；35mm银盐
收藏馆：缩微中心，国图

00O015576
闻妙香室诗：十二卷词一卷文十九卷经进集五
卷黔记四卷 / (清)李宗昉撰
清道光(1821-1850)李宗昉刻本
1993年摄制. -- 2盘卷片(35米671拍) ：
1:10, 2B ；35mm银盐
收藏馆：缩微中心，国图

00O024658
内自讼斋古文稿：十一卷 / (清)周凯撰
清(1644-1911)稿本
1996年摄制. -- 1盘卷片(27米549拍) ：
1:10, 2B ；35mm银盐
收藏馆：缩微中心，浙江

00O024116
内自讼斋古文稿：十一卷 / (清)周凯撰
清(1644-1911)抄本. -- (清)高澍然评点。
1996年摄制. -- 1盘卷片(26米532拍) ：
1:10, 2B ；35mm银盐
收藏馆：缩微中心，湖北

00O028583
四素余珍：不分卷 / (清)黄浚撰
清(1644-1911)稿本
1998年摄制. -- 1盘卷片(4米62拍) ：1:10,
2B ；35mm银盐
收藏馆：缩微中心，广东

00O018962
花隐庵诗草：一卷 / (清)牛坤撰
清(1644-1911)稿本. -- (清)牛东跋。
1993年摄制. -- 1盘卷片(5米64拍) ：1:10,
2B ；35mm银盐
收藏馆：缩微中心，山东

00O018965
花隐庵诗草：一卷 / (清)牛坤撰
清(1644-1911)稿本. -- (清)胡兆松、(清)王
汝玉跋。
1993年摄制. -- 1盘卷片(4米50拍) ：1:10,
2B ；35mm银盐
收藏馆：缩微中心，山东

00O027003
小庚词存：二卷 / (清)叶申芗撰
清道光十四年(1834)天籁轩刻本
1997年摄制. -- 1盘卷片(5米54拍) ：1:10,
2B ；35mm银盐
收藏馆：缩微中心，国图

00O028033
小庚词存：不分卷 / (清)叶申芗撰
清(1644-1911)稿本
1996年摄制. -- 1盘卷片(4米55拍) ：1:10,
2B ；35mm银盐
收藏馆：缩微中心，福建

00O018968
求是斋文集：一卷 / (清)刘晖撰
清(1644-1911)抄本. -- (清)柯劭忞跋。

1993年摄制. -- 1盘卷片(7米128拍) ：1:10,
2B ；35mm银盐
收藏馆：缩微中心，山东

00O016729
苏甘廊诗集：十八卷文集二十卷乐府二卷 / (清)
杜煦撰
清咸丰(1851-1861)刻本. -- (清)陶濬宣校并
跋。
1993年摄制. -- 2盘卷片(41米786拍) ：
1:10, 2B ；35mm银盐
收藏馆：缩微中心，国图

00O009061
听松庐诗钞：六卷 / (清)张维屏撰；(清)黄乔松
编
清道光(1821-1850)刻本
1988年摄制. -- 1盘卷片(12米241拍) ：
1:10, 2B ；35mm银盐
收藏馆：缩微中心，湖南

00O010236
是程堂集：十四卷 / (清)屠倬撰
清嘉庆十九年(1814)精刻本
1989年摄制. -- 1盘卷片(17米339拍) ：
1:10, 2B ；35mm银盐
收藏馆：缩微中心，天津

00O002109
稽瑞楼文草：一卷 / (清)陈揆撰
清(1644-1911)稿本
1986年摄制. -- 1盘卷片(2.5米25拍) ：
1:10, 2B ；35mm银盐
收藏馆：缩微中心，国图

00O004050
稽瑞楼文草：一卷 / (清)陈揆撰
清(1644-1911)翁氏陔华唫馆抄本. -- (清)翁
同龢校。
1985年摄制. -- 1盘卷片(2.8米28拍) ：
1:10, 2B ；35mm银盐
收藏馆：缩微中心，国图

00O001012
稽瑞楼文草：一卷 / (清)陈揆撰
清光绪十年(1884)翁同龢刻本. -- (清)翁同
龢批注并跋。
1985年摄制. -- 1盘卷片(3米30拍) ：1:10,
2B ；35mm银盐
收藏馆：缩微中心，国图

00O005095
宁河廉琴舫侍郎墨迹汇存：不分卷 / (清)廉兆纶

撰
清(1644-1911)稿本
1986年摄制. -- 1盘卷片(10米188拍) :
1:10, 2B ; 35mm银盐
收藏馆：缩微中心，国图

000O014736
青荃诗集：二卷外集二卷 / (清)蒋蘷撰
清咸丰四年(1854)许氏古均阁刻本
1992年摄制. -- 1盘卷片(6米83拍) : 1:10,
2B ; 35mm银盐
收藏馆：缩微中心，国图

000O027838
介存斋诗：四卷 / (清)周济撰
清道光(1821-1850)刻本
1997年摄制. -- 1盘卷片(6米80拍) : 1:10,
2B ; 35mm银盐
收藏馆：缩微中心，国图

000O017414
天香别墅漫存：一卷 / (清)王振纲撰
清(1644-1911)抄本
1993年摄制. -- 1盘卷片(7米101拍) : 1:10,
2B ; 35mm银盐
收藏馆：缩微中心，国图

000O017874
天香别墅学吟：十一卷 / (清)王振纲撰
清(1644-1911)抄本
1993年摄制. -- 1盘卷片(12米216拍) :
1:10, 2B ; 35mm银盐
收藏馆：缩微中心，国图

000O028940
瘦竹幽花之馆诗存：不分卷 / (清)石同福撰
清(1644-1911)稿本. -- 叶氏批跋。
1998年摄制. -- 1盘卷片(15米275拍) :
1:10, 2B ; 35mm银盐
收藏馆：缩微中心，苏州

000O012675
御制诗初集：二十四卷目录四卷 / (清)宣宗旻宁撰
清道光(1821-1850)内府刻本
1990年摄制. -- 1盘卷片(29米653拍) :
1:10, 2B ; 35mm银盐
收藏馆：缩微中心，辽宁

000O012532
御制诗余集：十二卷目录二卷 / (清)宣宗旻宁撰
清咸丰(1851-1861)内府刻本
1990年摄制. -- 1盘卷片(10.6米216拍) :

1:10, 2B ; 35mm银盐
收藏馆：缩微中心，辽宁

000O012685
御制文初集：十卷 / (清)宣宗旻宁撰
清道光十一年(1831)内府刻本
1990年摄制. -- 1盘卷片(11.6米242拍) :
1:10, 2B ; 35mm银盐
收藏馆：缩微中心，辽宁

000O012535
御制文余集：六卷 / (清)宣宗旻宁撰
清咸丰(1851-1861)内府刻本
1990年摄制. -- 1盘卷片(6.6米122拍) :
1:10, 2B ; 35mm银盐
收藏馆：缩微中心，辽宁

000O026503
研六室文钞：十卷 / (清)胡培翚撰
清道光十七年(1837)泾川书院刻本
1997年摄制. -- 1盘卷片(15米269拍) :
1:10, 2B ; 35mm银盐
收藏馆：缩微中心，国图

000O031675
研六室文钞：十卷 / (清)胡培翚撰
清道光十七年(1837)泾川书院刻本
2005年摄制. -- 1盘卷片(15米300拍) :
1:10, 2B ; 35mm银盐
收藏馆：缩微中心，国图

000O004302
金粟书屋诗稿：四卷；二知堂试帖偶存：一卷 /
(清)平浩撰
清(1644-1911)稿本. -- (清)朱凤梧跋，(清)
平畴、(清)梁之望、(清)平步青题诗。
1986年摄制. -- 1盘卷片(7.2米135拍) :
1:10, 2B ; 35mm银盐
收藏馆：缩微中心，国图

000O025878
柳东先生诗词剩稿：不分卷 / (清)冯登府撰
清(1644-1911)稿本
1996年摄制. -- 1盘卷片(12米217拍) :
1:10, 2B ; 35mm银盐
收藏馆：缩微中心，浙江

000O000839
拜竹诗堪诗存：二卷；钓船笛谱：一卷 / (清)冯登府撰
清道光九年(1829)冯登府刻本
1985年摄制. -- 1盘卷片(4米64拍) : 1:10,
2B ; 35mm银盐

收藏馆：缩微中心，国图

000O026271
石经阁诗略：五卷；石经阁邝砚倡酬集：一卷；小槜李亭诗录：二卷 / (清)冯登府撰
清道光(1821-1850)刻本. -- (清)冯登府重定。
1996年摄制. -- 1盘卷片(7米102拍) ：1:10, 2B ；35mm银盐
收藏馆：缩微中心，国图

000O019098
拜竹诗堪集外稿：五卷 / (清)冯登府撰；(清)史诠辑
抄本
1994年摄制. -- 1盘卷片(4米42拍) ：1:10, 2B ；35mm银盐
收藏馆：缩微中心，国图

000O026505
拜竹诗堪诗集外稿：一卷；拜竹诗堪集外稿：一卷；种芸词初稿：一卷 / (清)冯登府撰；(清)史诠辑
清(1644-1911)抄本
1997年摄制. -- 1盘卷片(4米49拍) ：1:10, 2B ；35mm银盐
收藏馆：缩微中心，国图

000O025803
风怀诗补注：一卷 / (清)冯登府撰
清(1644-1911)抄本
1996年摄制. -- 1盘卷片(3米11拍) ：1:10, 2B ；35mm银盐
收藏馆：缩微中心，国图

000O018529
压线集：不分卷 / (清)冯登府撰
清(1644-1911)稿本
1993年摄制. -- 1盘卷片(5米47拍) ：1:10, 2B ；35mm银盐
收藏馆：缩微中心，国图

000O026262
石经阁文稿：一卷；竹边词：一卷 / (清)冯登府撰
清(1644-1911)稿本. -- 费寅跋。
1997年摄制. -- 1盘卷片(3米26拍) ：1:10, 2B ；35mm银盐
收藏馆：缩微中心，国图

000O026250
石经阁文初集：八卷 / (清)冯登府撰
清道光(1821-1850)刻本

1997年摄制. -- 1盘卷片(10米175拍) ：1:10, 2B ；35mm银盐
收藏馆：缩微中心，国图

000O019756
石经阁文集：不分卷 / (清)冯登府撰
清道光(1821-1850)刻本
1994年摄制. -- 1盘卷片(5米67拍) ：1:10, 2B ；35mm银盐
收藏馆：缩微中心，国图

000O026261
石经阁文集续编：八卷 / (清)冯登府撰；费寅辑
费寅抄本. -- (清)费寅校并跋。
1997年摄制. -- 1盘卷片(9米147拍) ：1:10, 2B ；35mm银盐
收藏馆：缩微中心，国图

000O026509
石经阁文续集：七卷 / (清)冯登府撰；(清)史诠辑
清(1644-1911)抄本. -- 费寅跋。
1997年摄制. -- 1盘卷片(4米50拍) ：1:10, 2B ；35mm银盐
收藏馆：缩微中心，国图

000O014133
密梅花馆诗录：四卷 / (清)焦廷琥撰
清(1644-1911)稿本
1992年摄制. -- 1盘卷片(3米28拍) ：1:10, 2B ；35mm银盐
收藏馆：缩微中心，国图

000O016859
因柳阁诗录：三卷 / (清)焦廷琥撰
清(1644-1911)稿本
1993年摄制. -- 1盘卷片(3米29拍) ：1:10, 2B ；35mm银盐
收藏馆：缩微中心，国图

000O027132
绛雪山房诗钞：二十卷 / (清)杨庆琛撰
清(1644-1911)抄本
1996年摄制. -- 1盘卷片(23.2米484拍) ：1:10, 2B ；35mm银盐
收藏馆：缩微中心，福建

000O018953
筠心集：一卷 / (清)刘汝藻撰
清(1644-1911)稿本
1993年摄制. -- 1盘卷片(5米68拍) ：1:10, 2B ；35mm银盐

收藏馆：缩微中心，山东

00O028121
衍石斋集：二卷 / (清)钱仪吉撰
清(1644-1911)戚灞江抄本. -- (清)翁方纲批，(清)钱吉泰跋.
1996年摄制. -- 1盘卷片(5米74拍) ： 1:10, 2B ；35mm银盐
收藏馆：缩微中心，南京

00O015912
衍石斋集：十三卷 / (清)钱仪吉撰
清(1644-1911)抄本
1993年摄制. -- 1盘卷片(13米216拍) ： 1:10, 2B ；35mm银盐
收藏馆：缩微中心，国图

00O026507
衍石斋记事稿：十卷 / (清)钱仪吉撰
清道光(1821-1850)刻本. -- (清)李慈铭校并跋.
1997年摄制. -- 1盘卷片(19米379拍) ： 1:10, 2B ；35mm银盐
收藏馆：缩微中心，国图

00O026260
衍石斋记事稿：十卷续稿十卷；刻楮集：四卷；旅逸小稿：二卷 / (清)钱仪吉撰
清光绪六年(1880)钱彝甫刻本. -- (清)李慈铭校并跋.
1997年摄制. -- 2盘卷片(49米961拍) ： 1:10, 2B ；35mm银盐
收藏馆：缩微中心，国图

00O004204
衍石斋诗集：三十卷 / (清)钱仪吉撰
清咸丰七年(1857)潘贻谷抄本. -- 存二十四卷：澄观集八卷、定庐集六卷、旅逸续稿二卷、浚稿八卷。(清)钱泰吉校并跋，(清)钱应溥跋.
1986年摄制. -- 1盘卷片(20米439拍) ： 1:10, 2B ；35mm银盐
收藏馆：缩微中心，国图

00O013999
衍石先生致弟书：不分卷 / (清)钱仪吉撰
清(1644-1911)抄本
1992年摄制. -- 1盘卷片(8米143拍) ： 1:10, 2B ；35mm银盐
收藏馆：缩微中心，国图

00O026514
拜石山房诗钞：八卷词钞四卷 / (清)顾翰撰

清道光(1821-1850)刻本
1997年摄制. -- 1盘卷片(13米247拍) ： 1:10, 2B ；35mm银盐
收藏馆：缩微中心，国图

00O018963
泼墨轩诗集：一卷 / (清)戴鉴撰
清(1644-1911)慎道书屋抄本. -- (清)许瀚跋。
1993年摄制. -- 1盘卷片(4米56拍) ： 1:10, 2B ；35mm银盐
收藏馆：缩微中心，山东

00O016915
珤研斋吟草：一卷 / (清)方成珪撰
清道光二十七年(1847)活字印本
1993年摄制. -- 1盘卷片(6米80拍) ： 1:10, 2B ；35mm银盐
收藏馆：缩微中心，国图

00O023924
佩渠：前集一卷后集一卷 / (清)张调光撰
清(1644-1911)稿本
1996年摄制. -- 1盘卷片(10米232拍) ： 1:10, 2B ；35mm银盐
收藏馆：缩微中心，河南

00O012137
燕京杂咏：二卷 / (清)潘挹奎撰
清(1644-1911)稿本
1989年摄制. -- 1盘卷片(5米73拍) ： 1:10, 2B ；35mm银盐
收藏馆：缩微中心，甘肃

00O011528
潘挹奎文稿：不分卷 / (清)潘挹奎撰
清(1644-1911)稿本
1990年摄制. -- 1盘卷片(6米101拍) ： 1:10, 2B ；35mm银盐
收藏馆：缩微中心，甘肃

00O001707
燕晋纪游草：一卷 / (清)禧恩撰
清(1644-1911)抄本
1986年摄制. -- 1盘卷片(4米58拍) ： 1:10, 2B ；35mm银盐
收藏馆：缩微中心，国图

00O028369
虚白室偶存诗草：一卷 / (清)梁际昌撰
清(1644-1911)抄本
1997年摄制. -- 1盘卷片(4米56拍) ： 1:10, 2B ；35mm银盐

收藏馆：缩微中心，福建

000O010588
泥版试印初编 / (清)翟金生撰
清道光二十四年(1844)歙州翟氏泥活字印本. -- 版框高十七厘米宽十一厘米。
1989年摄制. -- 1盘卷片(8米153拍) : 1:10, 2B ; 35mm银盐
收藏馆：缩微中心，广东

000O012109
朱鲁存先生遗集：十卷 / (清)朱道文撰
清(1644-1911)抄本
1990年摄制. -- 1盘卷片(11米231拍) : 1:10, 2B ; 35mm银盐
收藏馆：缩微中心，山东

000O018957
朱鲁存先生遗集：十卷 / (清)朱道文撰
清(1644-1911)抄本
1993年摄制. -- 1盘卷片(12米232拍) : 1:10, 2B ; 35mm银盐
收藏馆：缩微中心，山东

000O024686
云左山房文钞：五卷 / (清)林则徐撰
清(1644-1911)抄本
1996年摄制. -- 1盘卷片(8米129拍) : 1:10, 2B ; 35mm银盐
收藏馆：缩微中心，浙江

000O014001
林文忠公书札诗稿：不分卷 / (清)林则徐撰
清(1644-1911)稿本
1991年摄制. -- 1盘卷片(3米8拍) : 1:10, 2B ; 35mm银盐
收藏馆：缩微中心，国图

000O019898
林文忠公尺牍 / (清)林则徐撰
清(1644-1911)稿本
1994年摄制. -- 1盘卷片(3米22拍) : 1:10, 2B ; 35mm银盐
收藏馆：缩微中心，国图

000O018122
静远草堂诗稿：不分卷 / (清)周乐清撰
清(1644-1911)稿本. -- (清)李星沅、(清)张家矩等跋。
1993年摄制. -- 1盘卷片(6米93拍) : 1:10, 2B ; 35mm银盐
收藏馆：缩微中心，山东

000O018249
静远草堂稿：不分卷 / (清)周乐清撰
清(1644-1911)稿本. -- (清)李星沅、(清)张家矩等跋。
1993年摄制. -- 1盘卷片(29米621拍) : 1:10, 2B ; 35mm银盐
收藏馆：缩微中心，山东

000O019687
畿辅辒轩集：一卷 / (清)张祥河撰
清(1644-1911)稿本
1994年摄制. -- 1盘卷片(3米14拍) : 1:10, 2B ; 35mm银盐
收藏馆：缩微中心，国图

000O024157
简学斋诗存：一卷 / (清)陈沆撰
清(1644-1911)抄本
1996年摄制. -- 1盘卷片(3米40拍) : 1:10, 2B ; 35mm银盐
收藏馆：缩微中心，湖北

000O005311
春海侍郎焦桐遗响：不分卷 / (清)程恩泽撰
清(1644-1911)稿本. -- (清)何绍基跋。
1986年摄制. -- 1盘卷片(5.1米83拍) : 1:10, 2B ; 35mm银盐
收藏馆：缩微中心，国图

000O004146
程侍郎遗集初编：十卷 / (清)程恩泽撰
清道光二十五年(1845)豋喜斋刻本. -- (清)翁同龢批点。
1986年摄制. -- 1盘卷片(14.7米312拍) : 1:10, 2B ; 35mm银盐
收藏馆：缩微中心，国图

000O024605
帚珍斋诗存：二十卷 / (清)沈奎撰
清(1644-1911)抄本
1996年摄制. -- 1盘卷片(11米194拍) : 1:10, 2B ; 35mm银盐
收藏馆：缩微中心，浙江

000O026456
女萝亭诗稿：六卷 / (清)唐庆云撰
清道光(1821-1850)刻本
1997年摄制. -- 1盘卷片(8米129拍) : 1:10, 2B ; 35mm银盐
收藏馆：缩微中心，国图

000O015265
吉金乐石山房诗集：二卷又不分卷 / (清)朱士端

撰
清(1644-1911)稿本
1992年摄制. -- 1盘卷片(7米104拍) : 1:10,
2B ; 35mm银盐
收藏馆：缩微中心，国图

000O011509
味蔗轩诗钞：四卷 / (清)顾熙世撰
清同治七年(1868)李嘉绩抄本. -- 存三卷：
卷二至卷四。
1990年摄制. -- 1盘卷片(6米92拍) : 1:10,
2B ; 35mm银盐
收藏馆：缩微中心，甘肃

000O011570
求志居诗稿：四卷 / (清)陈世熔撰
清(1644-1911)稿本. -- (清)林则徐、(清)蒋
湘南题款。
1990年摄制. -- 1盘卷片(9米167拍) : 1:10,
2B ; 35mm银盐
收藏馆：缩微中心，甘肃

000O018116
鉴泉诗草：不分卷 / (清)朱沄撰
清(1644-1911)抄本. -- (清)周乐批校并跋。
1993年摄制. -- 1盘卷片(5米84拍) : 1:10,
2B ; 35mm银盐
收藏馆：缩微中心，山东

000O028937
徐邨老农文近稿：不分卷 / (清)潘道根撰
清(1644-1911)稿本. -- (清)叶裕仁跋。
1998年摄制. -- 1盘卷片(6米71拍) : 1:10,
2B ; 35mm银盐
收藏馆：缩微中心，苏州

000O008369
凝神草堂诗存：二卷诗余一卷 / (清)秦士豪撰
清(1644-1911)抄本. -- (清)邵正笏、(清)张
广埏、(清)王学厚、(清)陆晟曾题诗，(清)孙
庆熊题词。
1988年摄制. -- 1盘卷片(7米111拍) : 1:10,
2B ; 35mm银盐
收藏馆：缩微中心，国图

000O028368
朴庵偶存草：一卷；学蛮吟草：一卷 / (清)程万
里撰
清(1644-1911)稿本
1997年摄制. -- 1盘卷片(5.7米93拍) :
1:10, 2B ; 35mm银盐
收藏馆：缩微中心，福建

000O028484
秋蝉吟草：不分卷 / (清)程万里撰
清(1644-1911)稿本
1997年摄制. -- 1盘卷片(3.84米52拍) :
1:10, 2B ; 35mm银盐
收藏馆：缩微中心，福建

000O026360
六草斋虫吟：一卷 / (清)李曾馥撰
清(1644-1911)稿本
1997年摄制. -- 1盘卷片(4米50拍) : 1:10,
2B ; 35mm银盐
收藏馆：缩微中心，湖北

000O027140
天花丈室诗稿：不分卷 / (清)梁云镛撰
清(1644-1911)抄本. -- (清)谢章铤校。
1996年摄制. -- 1盘卷片(14.5米288拍) :
1:10, 2B ; 35mm银盐
收藏馆：缩微中心，福建

000O001176
斗枢诗志：一卷 / (清)许经文撰
清(1644-1911)抄本
1985年摄制. -- 1盘卷片(2.8米29拍) :
1:10, 2B ; 35mm银盐
收藏馆：缩微中心，国图

000O029852
春及园虫鸣草：四卷 / (清)孔昭恢撰
清(1644-1911)稿本. -- (清)慕宗悫跋并题
诗，方世振题诗。
2001年摄制. -- 1盘卷片(10米197拍) :
1:10, 2B ; 35mm银盐
收藏馆：缩微中心，国图

000O026247
春及园虫鸣草选抄：一卷 / (清)孔昭恢撰
清(1644-1911)稿本
1996年摄制. -- 1盘卷片(5米55拍) : 1:10,
2B ; 35mm银盐
收藏馆：缩微中心，国图

000O019036
风雨茅堂稿：三卷三编二卷外集不分卷 / (清)张
澹撰
清(1644-1911)抄本. -- 仲湘批并跋。
1994年摄制. -- 1盘卷片(24米478拍) :
1:10, 2B ; 35mm银盐
收藏馆：缩微中心，国图

000O031776
休复居诗集：六卷文集六卷附一卷 / (清)毛岳生

撰
清道光二十四年(1844)黄氏西溪草庐刻本
2005年摄制. -- 1盘卷片(22米465拍) :
1:10, 2B ; 35mm银盐
收藏馆：缩微中心，国图

000000607
休复居诗集：六卷文集六卷附一卷 / (清)毛岳生撰
清道光二十四年(1844)嘉定黄氏西溪草庐刻本
1985年摄制. -- 1盘卷片(17米373拍) :
1:10, 2B ; 35mm银盐
收藏馆：缩微中心，国图

000019355
念楼诗稿：一卷 / (清)刘宝楠撰
清(1644-1911)稿本. -- (清)伊秉绶评并跋，
(清)应让、(清)钱之鼎、(清)李周南、(清)潘
文铬、(清)黄盛修、(清)汪喜孙、(清)吴应溶
跋，(清)阮享题诗。
1994年摄制. -- 1盘卷片(3米14拍) : 1:10,
2B ; 35mm银盐
收藏馆：缩微中心，国图

000027384
念楼集：八卷 / (清)刘宝楠撰
清(1644-1911)稿本. -- (清)梅植之跋，(清)
孔继铼评点并跋。
1996年摄制. -- 1盘卷片(14米267拍) :
1:10, 2B ; 35mm银盐
收藏馆：缩微中心，南京

000004444
甘泉乡人稿：三卷 / (清)钱泰吉撰
清同治七年(1868)刻本. -- (清)刘履芬批注
并跋。
1986年摄制. -- 1盘卷片(7.2米130拍) :
1:10, 2B ; 35mm银盐
收藏馆：缩微中心，国图

000004445
甘泉乡人稿：三卷 / (清)钱泰吉撰
清同治七年(1868)刻本. -- 吴梅批注并跋。
1986年摄制. -- 1盘卷片(7.4米137拍) :
1:10, 2B ; 35mm银盐
收藏馆：缩微中心，国图

000015716
甘泉乡人稿：二十二卷 / (清)钱泰吉撰
清道光二十九年(1849)陈锡麒[等]抄本. --
(清)钱泰吉校。
1993年摄制. -- 1盘卷片(20米409拍) :
1:10, 2B ; 35mm银盐

收藏馆：缩微中心，国图

000028082
蟫余诗抄：二卷 / (清)吴国翰撰
清(1644-1911)抄本
1997年摄制. -- 1盘卷片(7.6米137拍) :
1:10, 2B ; 35mm银盐
收藏馆：缩微中心，福建

000018944
是真语者斋吟草：不分卷 / (清)周乐撰
清(1644-1911)稿本. -- (清)张傑、(清)周天
爵跋。
1993年摄制. -- 1盘卷片(7米121拍) : 1:10,
2B ; 35mm银盐
收藏馆：缩微中心，山东

000027497
榕亭诗文钞：十五卷 / (清)李彦彬撰
清(1644-1911)抄本. -- 第九册归燕吟草与第
十七册归燕吟中的内容，从"春闱报罢祆被南
还书以志感"至"书札尾寄淞生兄"为重复部
分。
1996年摄制. -- 2盘卷片(37.8米787拍) :
1:10, 2B ; 35mm银盐
收藏馆：缩微中心，福建

000024648
花宜馆诗续抄：一卷 / (清)吴振棫撰
清(1644-1911)稿本
1996年摄制. -- 1盘卷片(3米31拍) : 1:10,
2B ; 35mm银盐
收藏馆：缩微中心，浙江

000025622
花宜馆文略：一卷 / (清)吴振棫撰
清(1644-1911)稿本
1996年摄制. -- 1盘卷片(5米66拍) : 1:10,
2B ; 35mm银盐
收藏馆：缩微中心，浙江

000026510
定庵文集：三卷续集四卷续录一卷；己亥杂诗：
一卷；庚子雅词：一卷 / (清)龚自珍撰
清同治七年(1868)吴煦刻本. -- 还有合刻著
作：古今体诗二卷/(清)龚自珍撰。(清)李慈
铭批注。
1997年摄制. -- 1盘卷片(15米293拍) :
1:10, 2B ; 35mm银盐
收藏馆：缩微中心，国图

000004196
定庵文集：三卷续集四卷 / (清)龚自珍撰

清同治七年(1868)吴煦刻本. -- (清)李慈铭
跋。
1986年摄制. -- 1盘卷片(10.3米208拍) :
1:10, 2B ; 35mm银盐
收藏馆：缩微中心，国图

000O019298
定庵续集己亥杂诗：一卷 / (清)龚自珍撰
清道光二十年(1840)龚氏羽琌别墅刻本
1994年摄制. -- 1盘卷片(4米88拍) : 1:10,
2B ; 35mm银盐
收藏馆：缩微中心，国图

000O018457
定庵文集：三卷余集一卷 / (清)龚自珍撰
清道光(1821-1850)刻本. -- (清)王萱龄、郑
振铎跋。
1993年摄制. -- 1盘卷片(7米113拍) : 1:10,
2B ; 35mm银盐
收藏馆：缩微中心，国图

000O017986
定庵文集：一卷余集一卷 / (清)龚自珍撰
清道光七年(1827)龚自珍刻本
1993年摄制. -- 1盘卷片(4米37拍) : 1:10,
2B ; 35mm银盐
收藏馆：缩微中心，国图

000O017721
定庵龚先生集外文：不分卷 / (清)龚自珍撰
清同治元年(1862)魏锡曾抄本. -- (清)魏锡
曾校，(清)赵之谦、(清)胡澍校并署检，(清)
赵之谦跋并补目。
1993年摄制. -- 1盘卷片(10米172拍) :
1:10, 2B ; 35mm银盐
收藏馆：缩微中心，国图

000O016090
咄咄吟：二卷 / (清)贝清乔撰
清(1644-1911)刘履芬抄本
1993年摄制. -- 1盘卷片(6米95拍) : 1:10,
2B ; 35mm银盐
收藏馆：缩微中心，国图

000O019404
缦斫亭诗文稿：一卷 / (清)祁寯藻撰
清(1644-1911)稿本
1994年摄制. -- 1盘卷片(3米12拍) : 1:10,
2B ; 35mm银盐
收藏馆：缩微中心，国图

000O013669
缦斫亭文稿：不分卷 / (清)祁寯藻撰

清(1644-1911)稿本
1991年摄制. -- 1盘卷片(3米17拍) : 1:10,
2B ; 35mm银盐
收藏馆：缩微中心，国图

000O016570
缦斫亭诗草：不分卷 / (清)祁寯藻撰
清(1644-1911)稿本
1993年摄制. -- 1盘卷片(4.6米74拍) :
1:10, 2B ; 35mm银盐
收藏馆：缩微中心，山西

000O010001
**仙屏书屋初集：诗录十六卷后录二卷 / (清)黄爵
滋撰**
清道光二十六年(1846)翟金生泥活字印本. --
版框高十七厘米宽十二厘米。
1989年摄制. -- 1盘卷片(14米295拍) :
1:10, 2B ; 35mm银盐
收藏馆：缩微中心，广东

000O021724
**仙屏书屋初集：诗录十六卷后录二卷 / (清)黄爵
滋撰**
清道光二十七年(1847)翟金生泥活字印本
1995年摄制. -- 1盘卷片(15米261拍) :
1:10, 2B ; 35mm银盐
收藏馆：缩微中心，国图

000O024652
勉益斋偶存稿：不分卷 / (清)裕谦撰
清(1644-1911)抄本
1996年摄制. -- 1盘卷片(6米87拍) : 1:10,
2B ; 35mm银盐
收藏馆：缩微中心，浙江

000O005651
**嘉荫簃杂箸：一卷 / (清)刘喜海撰．石墨联吟：
一卷 / (清)张开福撰**
清(1644-1911)刘氏嘉荫簃抄本
1987年摄制. -- 1盘卷片(3.4米43拍) :
1:10, 2B ; 35mm银盐
收藏馆：缩微中心，国图

000O004474
**伊蒿室文集：六卷诗集二卷诗余一卷 / (清)王效
成撰**
清咸丰五年(1855)吴氏望三益斋刻本. --
(清)刘履芬跋并录(清)鲁一同评语。
1986年摄制. -- 1盘卷片(10.3米209拍) :
1:10, 2B ; 35mm银盐
收藏馆：缩微中心，国图

00O011112
江乡偶话：不分卷 / (清)金淳撰
清(1644-1911)抄本. -- 封面题：古砚山房诗集。
1989年摄制. -- 1盘卷片(9米177拍) ： 1:10, 2B ；35mm银盐
收藏馆：缩微中心，天津

00O012694
颐志斋诗文钞：三卷 / (清)丁晏撰
清(1644-1911)抄本
1990年摄制. -- 1盘卷片(12.7米266拍) ： 1:10, 2B ；35mm银盐
收藏馆：缩微中心，辽宁

00O007996
吉皆公遗著：不分卷 / (清)郭吉皆撰
清(1644-1911)稿本
1988年摄制. -- 1盘卷片(7米112拍) ： 1:10, 2B ；35mm银盐
收藏馆：缩微中心，湖南

00O027825
嵇庵诗集：十卷文集二卷 / (清)梅植之撰
清道光十六年至二十四年(1836-1844)刻本
1997年摄制. -- 1盘卷片(15米276拍) ： 1:10, 2B ；35mm银盐
收藏馆：缩微中心，国图

00O000508
行有恒堂初集：二卷 / (清)载铨撰
清道光二十八年(1848)载铨刻本
1985年摄制. -- 1盘卷片(5.7米98拍) ： 1:10, 2B ；35mm银盐
收藏馆：缩微中心，国图

00O019466
古微堂诗稿：不分卷 / (清)魏源撰
清(1644-1911)抄本. -- (清)魏源校。
1994年摄制. -- 1盘卷片(5米76拍) ： 1:10, 2B ；35mm银盐
收藏馆：缩微中心，国图

00O019871
古微堂诗集：十卷 / (清)魏源撰
清(1644-1911)抄本. -- 存三卷：卷八至卷十。(清)魏源校。
1994年摄制. -- 1盘卷片(4米52拍) ： 1:10, 2B ；35mm银盐
收藏馆：缩微中心，国图

00O019464
古微堂文稿：不分卷 / (清)魏源撰
清(1644-1911)稿本
1994年摄制. -- 1盘卷片(9米147拍) ： 1:10, 2B ；35mm银盐
收藏馆：缩微中心，国图

000O014297
落帆楼文稿：四卷 / (清)沈垚撰
清道光二十七年(1847)灵石杨墨林刻连筠簃丛书本. -- (清)赵之谦跋。
1992年摄制. -- 1盘卷片(7米121拍) ： 1:10, 2B ；35mm银盐
收藏馆：缩微中心，国图

000O001342
仰止集：三卷 / (清)高骧云撰
清(1644-1911)稿本
1985年摄制. -- 1盘卷片(7米123拍) ： 1:10, 2B ；35mm银盐
收藏馆：缩微中心，国图

000O026258
啸雨草堂集：十卷 / (清)盛征玙撰 . 蕴愫阁诗文全集：二十八卷 / (清)盛大士撰
清道光元年至六年(1821-1826)刻本
1996年摄制. -- 2盘卷片(36米706拍) ： 1:10, 2B ；35mm银盐
收藏馆：缩微中心，国图

000O025574
桂辛山人诗稿：一卷；书学雅言：一卷 / (清)杨鼎撰
清(1644-1911)稿本
1996年摄制. -- 1盘卷片(5米72拍) ： 1:10, 2B ；35mm银盐
收藏馆：缩微中心，浙江

000O025601
重远斋吟稿：一卷 / (清)杨鼎撰
清(1644-1911)抄本
1996年摄制. -- 1盘卷片(4米45拍) ： 1:10, 2B ；35mm银盐
收藏馆：缩微中心，浙江

000O002060
听香读画山房遗稿：四卷 / (清)德诚撰
清(1644-1911)抄本
1986年摄制. -- 1盘卷片(5米67拍) ： 1:10, 2B ；35mm银盐
收藏馆：缩微中心，国图

000O019634
吴式芬书札 / (清)吴式芬撰
清(1644-1911)稿本

1994年摄制. -- 1盘卷片(3米20拍) : 1:10,
2B ; 35mm银盐
收藏馆：缩微中心，国图

000O031951
湘阴李文恭公书翰：不分卷 / (清)李星沅撰
清(1644-1911)稿本
2010年摄制. -- 1盘卷片(3米24拍) : 1:15,
2B ; 35mm银盐
收藏馆：缩微中心，国图

000O010895
攀古小庐文：一卷补遗一卷 / (清)许瀚撰
清光绪元年(1875)杨氏函青阁刻本
1989年摄制. -- 1盘卷片(6米103拍) : 1:10,
2B ; 35mm银盐
收藏馆：缩微中心，湖北

000O013127
攀古小庐杂著：□□卷 / (清)许瀚撰
清(1644-1911)稿本
1991年摄制. -- 1盘卷片(13.7米292拍) :
1:10, 2B ; 35mm银盐
收藏馆：缩微中心，辽宁

000O005092
攀古小庐杂著：三卷 / (清)许瀚撰
清(1644-1911)抄本
1986年摄制. -- 1盘卷片(4米52拍) : 1:10,
2B ; 35mm银盐
收藏馆：缩微中心，国图

000O026513
攀古小庐杂著：十二卷 / (清)许瀚撰
清(1644-1911)刻本
1997年摄制. -- 1盘卷片(16米315拍) :
1:10, 2B ; 35mm银盐
收藏馆：缩微中心，国图

000O025593
芷湘吟稿：不分卷 / (清)管庭芬撰
清(1644-1911)稿本
1996年摄制. -- 1盘卷片(9米156拍) : 1:10,
2B ; 35mm银盐
收藏馆：缩微中心，浙江

000O026246
柴辟亭诗集：四卷 / (清)沈涛撰
清道光二十二年(1842)刻本
1996年摄制. -- 1盘卷片(7米101拍) : 1:10,
2B ; 35mm银盐
收藏馆：缩微中心，国图

000O026266
十经斋文集：二卷 / (清)沈涛撰
清嘉庆十九年(1814)刻本
1996年摄制. -- 1盘卷片(4米48拍) : 1:10,
2B ; 35mm银盐
收藏馆：缩微中心，国图

000O026242
十经斋文集：四卷 / (清)沈涛撰
清道光(1821-1850)刻本
1997年摄制. -- 1盘卷片(7米103拍) : 1:10,
2B ; 35mm银盐
收藏馆：缩微中心，国图

000O027778
集词楹帖：不分卷 / (清)顾文彬撰
清(1644-1911)稿本
1997年摄制. -- 1盘卷片(4米30拍) : 1:10,
2B ; 35mm银盐
收藏馆：缩微中心，苏州

000O018730
知白斋诗草：八卷续草八卷 / (清)陈宇撰
清(1644-1911)抄本
1994年摄制. -- 1盘卷片(20米399拍) :
1:10, 2B ; 35mm银盐
收藏馆：缩微中心，国图

000O027149
知白斋诗草：四卷续草八卷别草一卷吟草四卷
杂文不分卷附一卷 / (清)陈宇撰
清(1644-1911)稿本. -- (清)陈少香、(清)黄
树斋、(清)周保绪等批。
1996年摄制. -- 2盘卷片(32.8米700拍) :
1:10, 2B ; 35mm银盐
收藏馆：缩微中心，福建

000O028689
何绍基诗文稿：不分卷 / (清)何绍基撰
清(1644-1911)稿本
1998年摄制. -- 1盘卷片(2米16拍) : 1:10,
2B ; 35mm银盐
收藏馆：缩微中心，湖南

000O014193
何蝯叟致杨龙石诗翰：不分卷 / (清)何绍基撰
清(1644-1911)稿本
1992年摄制. -- 1盘卷片(3米10拍) : 1:10,
2B ; 35mm银盐
收藏馆：缩微中心，国图

000O028794
何子贞文稿：不分卷 / (清)何绍基撰

清(1644-1911)稿本
1997年摄制. -- 1盘卷片(2米16拍) : 1:10,
2B ; 35mm银盐
收藏馆：缩微中心，湖南

00O028052
足雨簃诗抄：一卷 / (清)王溁撰
清(1644-1911)抄本
1997年摄制. -- 1盘卷片(3.5米46拍) :
1:10, 2B ; 35mm银盐
收藏馆：缩微中心，福建

00O020950
百二十盘山旧舍诗稿：三卷 / (清)崔曾震撰
清嘉庆(1796-1820)抄本
1994年摄制. -- 1盘卷片(4.8米78拍) :
1:10, 2B ; 35mm银盐
收藏馆：缩微中心，山西

00O028758
曼陀罗馆诗集：不分卷 / (清)金宝树撰
清(1644-1911)稿本. -- (清)叶廷琯跋，(清)
蒋德馨、(清)尤淞镇、(清)范未治批并跋。
1998年摄制. -- 1盘卷片(22米404拍) :
1:10, 2B ; 35mm银盐
收藏馆：缩微中心，苏州

00O028946
芳草园文甲集：不分卷乙集不分卷 / (清)金宝树撰
清(1644-1911)稿本. -- 王睿跋。
1998年摄制. -- 1盘卷片(20米371拍) :
1:10, 2B ; 35mm银盐
收藏馆：缩微中心，苏州

00O024240
竹瑞堂诗钞：十四卷文钞二卷续集二卷 / (清)黄德华撰
清(1644-1911)稿本
1996年摄制. -- 1盘卷片(18米405拍) :
1:10, 2B ; 35mm银盐
收藏馆：缩微中心，安徽

00O028381
闽省竹枝词：不分卷 / (清)何则贤撰
清(1644-1911)抄本. -- (清)雪溪老渔跋。
1997年摄制. -- 1盘卷片(2.9米31拍) :
1:10, 2B ; 35mm银盐
收藏馆：缩微中心，福建

00O027156
石泉山人吟稿：不分卷 / (清)郭柏荫撰
清(1644-1911)抄本. -- (清)郭增祥跋。

1996年摄制. -- 1盘卷片(5米70拍) : 1:10,
2B ; 35mm银盐
收藏馆：缩微中心，福建

00O006953
燹余吟：四卷 / (清)陆以湉撰
清(1644-1911)抄本
1987年摄制. -- 1盘卷片(4米63拍) : 1:10,
2B ; 35mm银盐
收藏馆：缩微中心，国图

00O020045
戴文节公书札 / (清)戴熙撰
清(1644-1911)稿本. -- 邵章跋。
1994年摄制. -- 1盘卷片(3米9拍) : 1:10,
2B ; 35mm银盐
收藏馆：缩微中心，国图

00O020694
访粤集：一卷 / (清)戴熙撰 . 白云倡和诗：一卷 / (清)戴熙[等]撰
清道光二十年(1840)刻本. -- 撰者还有：
(清)黄培芳等。
1994年摄制. -- 1盘卷片(5米50拍) : 1:10,
2B ; 35mm银盐
收藏馆：缩微中心，国图

00O004151
松斋忆存草：一卷 / (清)王诚撰
清同治十年(1871)刘履芬抄本
1986年摄制. -- 1盘卷片(3米32拍) : 1:10,
2B ; 35mm银盐
收藏馆：缩微中心，国图

00O023918
省庵叶余稿二集：一卷 / (清)孙汉撰
清(1644-1911)抄本
1996年摄制. -- 1盘卷片(7米101拍) : 1:10,
2B ; 35mm银盐
收藏馆：缩微中心，河南

00O015943
汪士铎书札 / (清)汪士铎撰
清(1644-1911)稿本
1993年摄制. -- 1盘卷片(3米12拍) : 1:10,
2B ; 35mm银盐
收藏馆：缩微中心，国图

00O017524
小蓬庐杂缀：二卷 / (清)周勋懋撰
清(1644-1911)稿本
1993年摄制. -- 1盘卷片(6米77拍) : 1:10,
2B ; 35mm银盐

收藏馆：缩微中心，国图

00O011672
见真吾斋诗草：十卷诗余二卷 / (清)徐大镛撰
清(1644-1911)抄本
1990年摄制. -- 1盘卷片（23米492拍）：
1:10，2B；35mm银盐
收藏馆：缩微中心，天津

00O025621
暖春书屋诗删：三卷 / (清)方俊撰
清(1644-1911)抄本. -- (清)杨诚虚跋。
1996年摄制. -- 1盘卷片（5米71拍）：1:10，
2B；35mm银盐
收藏馆：缩微中心，浙江

00O024646
枕琴轩诗草：一卷 / (清)崇恩撰
抄本. -- (清)陈森跋。
1996年摄制. -- 1盘卷片（3米33拍）：1:10，
2B；35mm银盐
收藏馆：缩微中心，浙江

00O020853
崇恩手札：不分卷 / (清)崇恩撰
清(1644-1911)稿本
1994年摄制. -- 1盘卷片（3米13拍）：1:10，
2B；35mm银盐
收藏馆：缩微中心，国图

00O025573
双瑞竹馆吟钞：不分卷 / (清)许传襄撰
清(1644-1911)稿本. -- (清)宗湘文、(清)陈
昆等跋。
1996年摄制. -- 1盘卷片（5米73拍）：1:10，
2B；35mm银盐
收藏馆：缩微中心，浙江

00O001981
淳则斋文钞：二卷 / (清)洪齮孙撰
清(1644-1911)抄本. -- (清)赵之谦、(清)庄
蕴宽跋。
1986年摄制. -- 1盘卷片（5米81拍）：1:10，
2B；35mm银盐
收藏馆：缩微中心，国图

00O025584
适园丛稿：四卷 / (清)袁学澜撰
清(1644-1911)稿本. -- (清)亢树滋等跋。
1996年摄制. -- 1盘卷片（5米66拍）：1:10，
2B；35mm银盐
收藏馆：缩微中心，浙江

00O007949
学忍堂诗词小草：二卷 / (清)崔文焕撰
清(1644-1911)抄本
1988年摄制. -- 1盘卷片（13.2米265拍）：
1:10，2B；35mm银盐
收藏馆：缩微中心，湖南

00O024695
诗问稿：□□卷 / (清)姚燮撰
清(1644-1911)稿本. -- 存一卷：卷二十五。
(清)傅谦、(清)叶廷校跋。
1996年摄制. -- 1盘卷片（3米31拍）：1:10，
2B；35mm银盐
收藏馆：缩微中心，浙江

00O022857
复庄诗问：三十四卷 / (清)姚燮撰
清道光二十八年(1848)孙廷璋刻本. -- (清)
谭仪录(清)蒋敦复批跋。
1995年摄制. -- 2盘卷片（47米950拍）：
1:10，2B；35mm银盐
收藏馆：缩微中心，南京

00O013710
月斋书札诗稿：不分卷 / (清)张穆撰
清(1644-1911)稿本
1991年摄制. -- 1盘卷片（4米44拍）：1:10，
2B；35mm银盐
收藏馆：缩微中心，国图

00O011655
古藤书屋文：甲集十二卷附录一卷乙集六卷诗
稿六卷 / (清)汤成烈撰
清(1644-1911)稿本
1989年摄制. -- 1盘卷片（23米512拍）：
1:10，2B；35mm银盐
收藏馆：缩微中心，天津

00O002985
竹溪鬳斋十一稿续集：三十卷 / (宋)林希逸撰
清(1644-1911)抄本
1986年摄制. -- 1盘卷片（28米633拍）：
1:10，2B；35mm银盐
收藏馆：缩微中心，国图

00O023270
竹溪鬳斋十一稿续集：三十卷 / (宋)林希逸撰
清(1644-1911)抄本. -- 朱桻之跋。
1995年摄制. -- 2盘卷片（38米768拍）：
1:10，2B；35mm银盐
收藏馆：缩微中心，国图

000O000519
妙香馆咏物全韵：一卷 / (清)苏完铭岳撰
清道光十三年(1833)苏完铭岳刻本
1985年摄制. -- 1盘卷片(3米34拍) ： 1:10,
2B ；35mm银盐
收藏馆：缩微中心，国图

000O013753
蟫红集：二卷；帆南集：一卷 / (清)樊封撰
清(1644-1911)抄本
1991年摄制. -- 1盘卷片(10.2米208拍) ：
1:10, 2B ；35mm银盐
收藏馆：缩微中心，辽宁

000O000520
东使吟草：一卷；出塞杂咏：一卷 / (清)花沙纳
撰
清(1644-1911)稿本. -- (清)方朔圈评并跋。
1985年摄制. -- 1盘卷片(3.2米37拍) ：
1:10, 2B ；35mm银盐
收藏馆：缩微中心，国图

000O018948
七十二砚斋癸甲集：一卷 / (清)吴步韩撰
清(1644-1911)稿本
1993年摄制. -- 1盘卷片(6米99拍) ： 1:10,
2B ；35mm银盐
收藏馆：缩微中心，山东

000O026367
孔叙仲诗草：四种六卷 / (清)孔宪彝撰
清(1644-1911)稿本
1997年摄制. -- 1盘卷片(11米200拍) ：
1:10, 2B ；35mm银盐
收藏馆：缩微中心，湖北

000O028582
韩斋稿：四卷 / (清)孔宪彝撰
清(1644-1911)稿本. -- 贻汾、董生等批。
1998年摄制. -- 1盘卷片(10米198拍) ：
1:10, 2B ；35mm银盐
收藏馆：缩微中心，广东

000O026351
复生杂文：不分卷 / (清)张耀孙撰
清(1644-1911)稿本
1997年摄制. -- 1盘卷片(8米140拍) ： 1:10,
2B ；35mm银盐
收藏馆：缩微中心，湖北

000O016120
万言书：一卷啸古堂文钞一卷 / (清)蒋敦复撰
清(1644-1911)稿本. -- (清)俞樾署检，(清)

莫友芝跋。
1993年摄制. -- 1盘卷片(5米57拍) ： 1:10,
2B ；35mm银盐
收藏馆：缩微中心，国图

000O001773
绮余书室诗稿：一卷 / (清)陈葆贞撰
清(1644-1911)稿本. -- (清)沈善宝评并跋。
1986年摄制. -- 1盘卷片(3米21拍) ： 1:10,
2B ；35mm银盐
收藏馆：缩微中心，国图

000O013777
锲不舍斋文集：不分卷 / (清)李祖望撰
清(1644-1911)李氏半亩园抄本
1991年摄制. -- 1盘卷片(9米163拍) ： 1:10,
2B ；35mm银盐
收藏馆：缩微中心，国图

000O020157
听雪轩诗存：三卷 / (清)李善兰撰
徐氏汲修斋抄本
1994年摄制. -- 1盘卷片(4米36拍) ： 1:10,
2B ；35mm银盐
收藏馆：缩微中心，国图

000O019743
邵蕙西先生诗稿：一卷 / (清)邵懿辰撰
清(1644-1911)稿本. -- (清)吴庆坻跋并题
诗。
1994年摄制. -- 1盘卷片(3米16拍) ： 1:10,
2B ；35mm银盐
收藏馆：缩微中心，国图

000O020256
邵位西诗册：一卷 / (清)邵懿辰撰
清(1644-1911)稿本. -- (清)徐赓陛、(清)吴
庆坻、(清)孙衣言、(清)蔡振武、(清)罗惇衍
跋，(清)马新贻、(清)王拯、(清)孙衣言、
(清)沈兆霖、(清)程恭寿、(清)潘曾绶题诗。
1994年摄制. -- 1盘卷片(3米26拍) ： 1:10,
2B ；35mm银盐
收藏馆：缩微中心，国图

000O020018
半岩庐诗册 / (清)邵懿辰撰
清(1644-1911)稿本. -- (清)罗惇衍、(清)孙
衣言、(清)黄彭年、(清)沈兆霖、吴庆坻、范
梁、(清)袁昶、邵章跋，(清)施补华题诗。
1994年摄制. -- 1盘卷片(4米38拍) ： 1:10,
2B ；35mm银盐
收藏馆：缩微中心，国图

000〇020023
半岩庐遗诗：一卷 / (清)邵懿辰撰
清(1644-1911)稿本． -- (清)朱学勤、(清)潘祖荫、孙诒经、(清)谭献、(清)杨文莹、吴庆坻跋，(清)杜文澜、林启、陈豪、(清)梁鼎芬题诗。
1994年摄制． -- 1盘卷片(3米25拍) ： 1:10，2B ；35mm银盐
收藏馆：缩微中心，国图

000〇020265
半岩庐集外诗草：一卷 / (清)邵懿辰撰
清(1644-1911)抄本． -- (清)边保枢、邵章跋。
1994年摄制． -- 1盘卷片(3米11拍) ： 1:10，2B ；35mm银盐
收藏馆：缩微中心，国图

000〇020044
半岩庐文稿：不分卷 / (清)邵懿辰撰
清(1644-1911)抄本． -- 邵章跋。
1994年摄制． -- 1盘卷片(6米86拍) ： 1:10，2B ；35mm银盐
收藏馆：缩微中心，国图

000〇020262
半岩庐书札：不分卷 / (清)邵懿辰撰
清(1644-1911)稿本． -- 邵章跋。
1994年摄制． -- 1盘卷片(7米77拍) ： 1:10，2B ；35mm银盐
收藏馆：缩微中心，国图

000〇024669
桐华舸诗钞：五卷 / (清)鲍瑞骏撰
清(1644-1911)稿本． -- (清)□苏跋。
1996年摄制． -- 1盘卷片(14米273拍) ： 1:10，2B ；35mm银盐
收藏馆：缩微中心，浙江

000〇029298
二百兰亭斋未定稿：不分卷 / (清)吴云撰
清(1644-1911)稿本． -- 书名代拟。
1997年摄制． -- 1盘卷片(9米143拍) ： 1:10，2B ；35mm银盐
收藏馆：缩微中心，苏州

000〇028950
二百兰亭斋稿本：一卷 / (清)吴云撰
清(1644-1911)稿本
1998年摄制． -- 1盘卷片(4米44拍) ： 1:10，2B ；35mm银盐
收藏馆：缩微中心，苏州

000〇015941
两罍轩书札：不分卷 / (清)吴云撰
清(1644-1911)稿本
1993年摄制． -- 1盘卷片(3米13拍) ： 1:10，2B ；35mm银盐
收藏馆：缩微中心，国图

000〇028873
两罍轩尺牍残稿：不分卷 / (清)吴云撰
清(1644-1911)稿本
1996年摄制． -- 1盘卷片(29米567拍) ： 1:10，2B ；35mm银盐
收藏馆：缩微中心，苏州

000〇019772
吴平斋尺牍 / (清)吴云撰
清(1644-1911)稿本
1994年摄制． -- 1盘卷片(3米24拍) ： 1:10，2B ；35mm银盐
收藏馆：缩微中心，国图

000〇013978
郘亭诗文稿：不分卷书跋不分卷 / (清)莫友芝撰
清(1644-1911)稿本
1992年摄制． -- 1盘卷片(6米75拍) ： 1:10，2B ；35mm银盐
收藏馆：缩微中心，国图

000〇027879
郘亭诗文稿：不分卷 / (清)莫友芝撰
清(1644-1911)稿本． -- (清)徐子苓批改并跋，(清)郑珍、(清)黎兆勋跋。
1996年摄制． -- 1盘卷片(16米316拍) ： 1:10，2B ；35mm银盐
收藏馆：缩微中心，南京

000〇018770
郘亭诗钞：一卷 / (清)莫友芝撰
稿本
1994年摄制． -- 1盘卷片(3米13拍) ： 1:10，2B ；35mm银盐
收藏馆：缩微中心，国图

000〇004252
郘亭诗钞：六卷 / (清)莫友芝撰
清咸丰三年(1853)遵义湘川讲舍刻同治五年(1866)三山客舍重修本． -- (清)杨葆光批并跋。
1986年摄制． -- 1盘卷片(8米139拍) ： 1:10，2B ；35mm银盐
收藏馆：缩微中心，国图

00O000449
拳峰馆诗：二卷 / (清)许宗衡撰
清(1644-1911)稿本. -- (清)蒋超伯、(清)符葆森、(清)谭廷献等跋，(清)叶毓祥、(清)吴养原、(清)耿治润、(清)汪南金等题款。
1985年摄制. -- 1盘卷片(5.7米98拍) ：1:10, 2B ; 35mm银盐
收藏馆：缩微中心，国图

00O000590
拳峰馆诗：二卷词一卷 / (清)许宗衡撰
清(1644-1911)稿本. -- (清)鲁一同跋，(清)程宇光题诗，(清)王凤翼、(清)吴养原、(清)黄秩林题款。
1985年摄制. -- 1盘卷片(10.1米201拍) ：1:10, 2B ; 35mm银盐
收藏馆：缩微中心，国图

00O007959
曾国藩军情文牍：不分卷 / (清)曾国藩撰
清(1644-1911)稿本
1988年摄制. -- 1盘卷片(3米24拍) ：1:10, 2B ; 35mm银盐
收藏馆：缩微中心，湖南

00O021175
曾文正公手简真迹：不分卷 / (清)曾国藩撰
清(1644-1911)稿本
1995年摄制. -- 1盘卷片(3米27拍) ：1:10, 2B ; 35mm银盐
收藏馆：缩微中心，国图

00O024701
宝芸斋诗草：三卷 / (清)叶名澧撰
清(1644-1911)稿本
1996年摄制. -- 1盘卷片(5米83拍) ：1:10, 2B ; 35mm银盐
收藏馆：缩微中心，浙江

00O027593
溯舞集：一卷 / (清)叶名澧撰
清道光二十九年(1849)刻本
1997年摄制. -- 1盘卷片(4米31拍) ：1:10, 2B ; 35mm银盐
收藏馆：缩微中心，国图

00O028580
敦夙好斋诗集：四卷 / (清)叶名澧撰
清(1644-1911)稿本. -- 清道光五年至二十年(1825-1840)叶氏诗稿。(清)孔继镁批读。
1998年摄制. -- 1盘卷片(6米104拍) ：1:10, 2B ; 35mm银盐
收藏馆：缩微中心，广东

00O011191
王子梅诗词集：六卷 / (清)王鸿撰
清(1644-1911)稿本. -- (清)张仲元、(清)孔宪庚跋。
1989年摄制. -- 1盘卷片(15米304拍) ：1:10, 2B ; 35mm银盐
收藏馆：缩微中心，山东

00O027145
擘海楼诗初集：九卷 / (清)陈宝璇撰
清(1644-1911)稿本
1996年摄制. -- 1盘卷片(6.6米128拍) ：1:10, 2B ; 35mm银盐
收藏馆：缩微中心，福建

00O026300
旺坞诗草：不分卷 / (清)彭汝楫撰
清(1644-1911)稿本
1997年摄制. -- 1盘卷片(7米159拍) ：1:10, 2B ; 35mm银盐
收藏馆：缩微中心，河南

00O019655
尔尔书屋诗续集：不分卷文集不分卷 / (清)史梦兰撰
清(1644-1911)稿本
1994年摄制. -- 1盘卷片(9米144拍) ：1:10, 2B ; 35mm银盐
收藏馆：缩微中心，国图

00O019662
尔尔书屋文草：不分卷诗草不分卷 / (清)史梦兰撰
清(1644-1911)稿本
1994年摄制. -- 1盘卷片(5米69拍) ：1:10, 2B ; 35mm银盐
收藏馆：缩微中心，国图

00O026506
栎寄诗存：一卷 / (清)汪曰桢撰
清(1644-1911)稿本
1997年摄制. -- 1盘卷片(3米23拍) ：1:10, 2B ; 35mm银盐
收藏馆：缩微中心，国图

00O000368
玉鉴堂诗录：不分卷 / (清)汪曰桢撰
清(1644-1911)稿本. -- (清)蒋世镛、(清)陈政钟、(清)叶廷琯等题款。
1985年摄制. -- 1盘卷片(5.1米81拍) ：1:10, 2B ; 35mm银盐
收藏馆：缩微中心，国图

00O014659
玉鉴堂诗存：一卷 / (清)汪曰桢撰
清(1644-1911)蒋锡初抄本. -- 还有合刻著
作：蓼红闲馆诗稿二卷/(清)许旦复撰。
1992年摄制. -- 1盘卷片(3米10拍) : 1:10,
2B ; 35mm银盐
收藏馆：缩微中心，国图

00O015773
陈介祺致潘祖荫手札：不分卷 / (清)陈介祺撰
清(1644-1911)稿本
1992年摄制. -- 1盘卷片(7米95拍) : 1:10,
2B ; 35mm银盐
收藏馆：缩微中心，国图

00O026472
丰乐楼诗草：六卷 / (清)毛鸠臣撰
清(1644-1911)稿本
1997年摄制. -- 1盘卷片(5米64拍) : 1:10,
2B ; 35mm银盐
收藏馆：缩微中心，国图

00O028489
刘秀峰先生遗集：一卷 / (清)刘文芝撰
清(1644-1911)抄本
1997年摄制. -- 1盘卷片(5.5米89拍) :
1:10, 2B ; 35mm银盐
收藏馆：缩微中心，福建

00O018946
杞园吟稿：八卷 / (清)孔昭珩撰
清(1644-1911)稿本
1993年摄制. -- 1盘卷片(7米106拍) : 1:10,
2B ; 35mm银盐
收藏馆：缩微中心，山东

00O028469
梧圃诗钞：不分卷 / (清)林寿平撰
清(1644-1911)抄本
1996年摄制. -- 1盘卷片(7.7米136拍) :
1:10, 2B ; 35mm银盐
收藏馆：缩微中心，福建

00O014658
蓼红闲馆诗稿：二卷 / (清)许旦复撰 . 玉鉴堂诗
存：一卷 / (清)汪曰桢撰
清光绪十四年(1888)蒋锡初抄本
1992年摄制. -- 1盘卷片(6米86拍) : 1:10,
2B ; 35mm银盐
收藏馆：缩微中心，国图

00O003328
二知轩文钞：三十二卷 / (清)方浚颐撰

清(1644-1911)抄本
1986年摄制. -- 2盘卷片(50米1091拍) :
1:10, 2B ; 35mm银盐
收藏馆：缩微中心，国图

00O026330
龙壁山房文集：不分卷 / (清)王拯撰
清(1644-1911)稿本
1996年摄制. -- 1盘卷片(24米484拍) :
1:10, 2B ; 35mm银盐
收藏馆：缩微中心，湖北

00O015060
鹤侪诗存：不分卷 / (清)乔松年撰
清(1644-1911)稿本
1992年摄制. -- 1盘卷片(18米328拍) :
1:10, 2B ; 35mm银盐
收藏馆：缩微中心，国图

00O028240
庸晦堂诗集：八卷 / (清)方葆馨撰
清(1644-1911)稿本
1997年摄制. -- 1盘卷片(7米117拍) : 1:10,
2B ; 35mm银盐
收藏馆：缩微中心，安庆

00O029042
袁芳瑛书札 / (清)袁芳瑛撰
清(1644-1911)稿本
1999年摄制. -- 1盘卷片(3米38拍) : 1:10,
2B ; 35mm银盐
收藏馆：缩微中心，国图

00O024665
翕园诗存：二卷 / (清)陶在新撰
清(1644-1911)稿本. -- (清)陶濬宣跋。
1996年摄制. -- 1盘卷片(4米60拍) : 1:10,
2B ; 35mm银盐
收藏馆：缩微中心，浙江

00O026416
耐轩文初钞：十卷首一卷 / (清)杨士达撰
清(1644-1911)稿本
1997年摄制. -- 1盘卷片(10米190拍) :
1:10, 2B ; 35mm银盐
收藏馆：缩微中心，湖北

00O028893
采兰斋诗：二卷 / (清)周腾虎撰
清(1644-1911)稿本. -- (清)包世臣跋，(清)
管晏、(清)须弥保题款。
1995年摄制. -- 1盘卷片(4米41拍) : 1:10,
2B ; 35mm银盐

收藏馆：缩微中心，苏州

000O028960
餐芍花馆诗(采兰斋诗)：十卷 / (清)周腾虎撰；(清)杜文澜,(清)赵烈文评
清(1644-1911)稿本. -- (清)戴望跋，叶昌炽题款。
1998年摄制. -- 1盘卷片(11米195拍)：1:10, 2B；35mm银盐
收藏馆：缩微中心，苏州

000O018952
思过斋杂体诗：□□卷 / (清)萧培元撰
清(1644-1911)稿本. -- 存十二卷：卷一至卷十二。(清)汪世铎、(清)简宗杰跋。
1993年摄制. -- 1盘卷片(4米63拍)：1:10, 2B；35mm银盐
收藏馆：缩微中心，山东

000O005073
判花轩集诗：一卷文一卷 / (清)王祖源撰
清(1644-1911)抄本
1986年摄制. -- 1盘卷片(7米114拍)：1:10, 2B；35mm银盐
收藏馆：缩微中心，国图

000O011073
判花轩吟稿：一卷 / (清)王祖源撰
清(1644-1911)稿本
1989年摄制. -- 1盘卷片(4米44拍)：1:10, 2B；35mm银盐
收藏馆：缩微中心，天津

000O028486
果堂诗文杂存：不分卷 / (清)谢宗本撰；(清)谢叔元修订
清(1644-1911)稿本
1997年摄制. -- 1盘卷片(3.5米46拍)：1:10, 2B；35mm银盐
收藏馆：缩微中心，福建

000O027139
井窗蛩吟集：一卷 / (清)林熙撰
清(1644-1911)抄本
1996年摄制. -- 1盘卷片(4米56拍)：1:10, 2B；35mm银盐
收藏馆：缩微中心，福建

000O021172
睦州存稿：八卷台垣疏稿一卷 / (清)丁寿昌撰
清同治五年(1866)刻本
1995年摄制. -- 1盘卷片(18米351拍)：1:10, 2B；35mm银盐

收藏馆：缩微中心，国图

000O025003
柏堂集：九十四卷附编□□卷余编一卷后编□□卷外编□□卷 / (清)方宗诚撰
清(1644-1911)稿本. -- 存十五卷：柏堂集卷九至卷十六、卷二十七至卷二十九，附编卷二至卷六，余编一卷，后编二卷，外编三卷。
1996年摄制. -- 2盘卷片(41米791拍)：1:10, 2B；35mm银盐
收藏馆：缩微中心，安徽

000O019633
方宗诚书札 / (清)方宗诚撰
清(1644-1911)稿本
1994年摄制. -- 1盘卷片(3米26拍)：1:10, 2B；35mm银盐
收藏馆：缩微中心，国图

000O024150
刘椒云先生遗集：四卷 / (清)刘传莹撰
清(1644-1911)抄本. -- (清)方宗诚批校并跋。
1996年摄制. -- 1盘卷片(3米50拍)：1:10, 2B；35mm银盐
收藏馆：缩微中心，湖北

000O001675
祥止室诗草：十卷 / (清)沈炳垣撰
清(1644-1911)稿本. -- (清)冯煦跋，(清)方坰、(清)吴廷榕等题款，(清)屠怡燕题诗。
1986年摄制. -- 1盘卷片(12米240拍)：1:10, 2B；35mm银盐
收藏馆：缩微中心，国图

000O025595
祥止室诗钞：四卷 / (清)沈炳垣撰
清(1644-1911)稿本. -- (清)朱绶批校并跋，(清)顾翊题。
1996年摄制. -- 1盘卷片(5米81拍)：1:10, 2B；35mm银盐
收藏馆：缩微中心，浙江

000O003233
研研山房诗钞：八卷存吾春室诗赏三卷 / (清)沈炳垣撰
清(1644-1911)稿本. -- (清)宋咸熙题诗，(清)顾翊批改并跋。
1986年摄制. -- 1盘卷片(10米186拍)：1:10, 2B；35mm银盐
收藏馆：缩微中心，国图

000O024734
迟鸿轩诗续：一卷文续一卷 / (清)杨岘撰
清(1644-1911)稿本
1996年摄制. -- 1盘卷片(7米118拍) : 1:10,
2B ; 35mm银盐
收藏馆：缩微中心，浙江

000O027133
不忘初斋辑稿：不分卷 / (清)王绍燕撰
清(1644-1911)稿本
1996年摄制. -- 1盘卷片(7.5米130拍) :
1:10, 2B ; 35mm银盐
收藏馆：缩微中心，福建

000O027138
谢枚如先生文稿：一卷 / (清)谢章铤撰
清(1644-1911)稿本. -- (清)萨嘉矩跋。
1996年摄制. -- 1盘卷片(3米28拍) : 1:10,
2B ; 35mm银盐
收藏馆：缩微中心，福建

000O027134
赌棋山庄余集：不分卷 / (清)谢章铤撰
清(1644-1911)稿本
1996年摄制. -- 1盘卷片(8米146拍) : 1:10,
2B ; 35mm银盐
收藏馆：缩微中心，福建

000O027136
赌棋山庄遗稿：不分卷 / (清)谢章铤撰
清(1644-1911)稿本
1996年摄制. -- 1盘卷片(6.1米106拍) :
1:10, 2B ; 35mm银盐
收藏馆：缩微中心，福建

000O027135
赌棋山庄余集剩笔：一卷 / (清)谢章铤撰
清(1644-1911)稿本
1996年摄制. -- 1盘卷片(3.1米36拍) :
1:10, 2B ; 35mm银盐
收藏馆：缩微中心，福建

000O027137
赌棋山庄删余偶存：不分卷 / (清)谢章铤撰
清(1644-1911)稿本
1996年摄制. -- 1盘卷片(4.5米64拍) :
1:10, 2B ; 35mm银盐
收藏馆：缩微中心，福建

000O017031
茶集：二卷烹茶图集一卷 / (明)喻政辑
明万历(1573-1620)刻本
1993年摄制. -- 1盘卷片(7米99拍) : 1:10,
2B ; 35mm银盐
收藏馆：缩微中心，国图

000O020089
茶集：二卷烹茶图集一卷 / (明)喻政辑
明万历(1573-1620)刻本
1994年摄制. -- 1盘卷片(7米110拍) : 1:10,
2B ; 35mm银盐
收藏馆：缩微中心，国图

000O009064
曲园诗翰：不分卷 / (清)俞樾撰
清(1644-1911)稿本
1988年摄制. -- 1盘卷片(3米32拍) : 1:10,
2B ; 35mm银盐
收藏馆：缩微中心，湖南

000O019468
曲园老人书札：不分卷 / (清)俞樾撰
稿本. -- 金兆棨跋。
1994年摄制. -- 1盘卷片(6米79拍) : 1:10,
2B ; 35mm银盐
收藏馆：缩微中心，国图

000O024682
补勤诗存：七卷续编三卷 / (清)陈锦撰
清(1644-1911)稿本. -- 存七卷：补琴子诗存
七卷。(清)孙文川跋。
1996年摄制. -- 1盘卷片(16米306拍) :
1:10, 2B ; 35mm银盐
收藏馆：缩微中心，浙江

000O016721
瘦华盦诗稿：四卷 / (清)周世绪撰
清(1644-1911)徐氏烟屿楼抄本
1993年摄制. -- 1盘卷片(5米69拍) : 1:10,
2B ; 35mm银盐
收藏馆：缩微中心，国图

000O006390
结夅草：一卷 / (清)徐永昭撰
清(1644-1911)抄本
1987年摄制. -- 1盘卷片(3米19拍) : 1:10,
2B ; 35mm银盐
收藏馆：缩微中心，国图

000O028764
香禅精舍集：一卷 / (清)潘钟瑞撰
清(1644-1911)稿本
1998年摄制. -- 1盘卷片(5米60拍) : 1:10,
2B ; 35mm银盐
收藏馆：缩微中心，苏州

00O014789
百不如人室诗草：三卷词草七卷 / (清)潘钟瑞撰
清(1644-1911)稿本. -- (清)仲湘批识并跋，(清)管兰滋跋并题诗，(清)刘禧延题诗，(清)杜元勋、(清)吴嘉洤等题词，(清)叶廷琯、(清)王寿廷等题款，(清)蒋敬汶跋。
1992年摄制. -- 1盘卷片(12米221拍) : 1:10, 2B ; 35mm银盐
收藏馆：缩微中心，国图

00O026120
沙溪集略：八卷 / (清)凌应秋纂
抄本
1996年摄制. -- 1盘卷片(18米383拍) : 1:10, 2B ; 35mm银盐
收藏馆：缩微中心，安徽

00O007907
云卧山庄诗稿：九卷 / (清)郭崑焘撰
清(1644-1911)抄本
1988年摄制. -- 1盘卷片(10米173拍) : 1:10, 2B ; 35mm银盐
收藏馆：缩微中心，湖南

00O009132
郭崑焘诗稿：不分卷 / (清)郭崑焘撰
清(1644-1911)稿本
1988年摄制. -- 1盘卷片(7米122拍) : 1:10, 2B ; 35mm银盐
收藏馆：缩微中心，湖南

00O007911
云卧山庄文存：二卷附录一卷 / (清)郭崑焘撰
清(1644-1911)稿本. -- 存一卷：卷一。
1988年摄制. -- 1盘卷片(5米71拍) : 1:10, 2B ; 35mm银盐
收藏馆：缩微中心，湖南

00O025587
吾悔集：一卷 / (清)郭传朴撰
清(1644-1911)稿本
1996年摄制. -- 1盘卷片(4米58拍) : 1:10, 2B ; 35mm银盐
收藏馆：缩微中心，浙江

00O025617
抱潜诗稿：一卷 / (清)陈元禄撰
清(1644-1911)稿本. -- (清)孙衣言、(清)王鸿、(清)沈兆麟跋。
1996年摄制. -- 1盘卷片(3米32拍) : 1:10, 2B ; 35mm银盐
收藏馆：缩微中心，浙江

00O018956
菊园诗草：一卷 / (清)王积熙撰 ；(清)丁善宝,(清)郭杭之选
清(1644-1911)稿本
1993年摄制. -- 1盘卷片(4米59拍) : 1:10, 2B ; 35mm银盐
收藏馆：缩微中心，山东

00O015525
绿窗吟稿：一卷；小壶天课子草：一卷诗余一卷 / (清)沈云裳撰
清(1644-1911)抄本. -- (清)陶濬宣题款。
1993年摄制. -- 1盘卷片(4米32拍) : 1:10, 2B ; 35mm银盐
收藏馆：缩微中心，国图

00O027142
小酉腴山馆诗钞：不分卷 / (清)吴大廷撰
清(1644-1911)稿本
1996年摄制. -- 1盘卷片(5米78拍) : 1:10, 2B ; 35mm银盐
收藏馆：缩微中心，福建

00O026286
亢艺堂集：六卷 / (清)孙廷璋撰
清(1644-1911)抄本. -- (清)李慈铭校。
1996年摄制. -- 1盘卷片(8米121拍) : 1:10, 2B ; 35mm银盐
收藏馆：缩微中心，国图

00O028230
青史吟谈：四卷 / (清)汪博撰
清(1644-1911)稿本
1997年摄制. -- 1盘卷片(14米276拍) : 1:10, 2B ; 35mm银盐
收藏馆：缩微中心，安庆

00O025566
镜海楼诗稿：四卷文稿一卷 / (清)杨凤翰撰
清(1644-1911)稿本. -- (清)薛时雨、(清)管庭芬、(清)吴文生跋。
1996年摄制. -- 1盘卷片(9米163拍) : 1:10, 2B ; 35mm银盐
收藏馆：缩微中心，浙江

00O025883
秋心废稿：一卷；皋庑偶存：一卷；淮浦闲草：一卷 / (清)刘履芬撰
清(1644-1911)稿本
1996年摄制. -- 1盘卷片(6米99拍) : 1:10, 2B ; 35mm银盐
收藏馆：缩微中心，浙江

00O003644
越缦堂诗文钞：不分卷 / (清)李慈铭撰
安越堂抄本
1986年摄制. -- 1盘卷片(7米119拍) : 1:10,
2B ; 35mm银盐
收藏馆：缩微中心，国图

00O013657
越缦堂杏华香雪斋诗钞：九卷 / (清)李慈铭撰
清(1644-1911)稿本
1991年摄制. -- 1盘卷片(10米184拍) :
1:10, 2B ; 35mm银盐
收藏馆：缩微中心，国图

00O019875
越缦堂诗词稿：不分卷 / (清)李慈铭撰
清(1644-1911)稿本
1994年摄制. -- 1盘卷片(2米2拍) : 1:10,
2B ; 35mm银盐
收藏馆：缩微中心，国图

00O027591
越缦堂杂稿：不分卷 / (清)李慈铭撰
清(1644-1911)稿本
1997年摄制. -- 2盘卷片(39米879拍) :
1:10, 2B ; 35mm银盐
收藏馆：缩微中心，国图

00O019706
越缦堂书札诗翰 / (清)李慈铭撰
清(1644-1911)稿本
1994年摄制. -- 1盘卷片(4米28拍) : 1:10,
2B ; 35mm银盐
收藏馆：缩微中心，国图

00O013920
越缦堂书札：不分卷 / (清)李慈铭撰
清(1644-1911)稿本
1991年摄制. -- 1盘卷片(5米62拍) : 1:10,
2B ; 35mm银盐
收藏馆：缩微中心，国图

00O001366
讽字室诗集：一卷 / (清)唐仁寿撰
清(1644-1911)唐氏讽字室抄本. -- (清)唐嘉
登跋。
1985年摄制. -- 1盘卷片(3.7米50拍) :
1:10, 2B ; 35mm银盐
收藏馆：缩微中心，国图

00O019906
寒松阁诗翰书札 / (清)张鸣珂撰
清(1644-1911)稿本

1994年摄制. -- 1盘卷片(2米10拍) : 1:10,
2B ; 35mm银盐
收藏馆：缩微中心，国图

00O020689
张鸣珂书札：不分卷 / (清)张鸣珂撰
清(1644-1911)稿本
1994年摄制. -- 1盘卷片(6米87拍) : 1:10,
2B ; 35mm银盐
收藏馆：缩微中心，国图

00O006493
赵悲盦诗文稿：不分卷 / (清)赵之谦撰
清(1644-1911)稿本
1987年摄制. -- 1盘卷片(4米49拍) : 1:10,
2B ; 35mm银盐
收藏馆：缩微中心，国图

00O030177
赵扬叔手稿：不分卷 / (清)赵之谦撰
清(1644-1911)稿本
2001年摄制. -- 1盘卷片(5.5米76拍) :
1:10, 2B ; 35mm银盐
收藏馆：缩微中心，厦门

00O019901
悲庵家书 / (清)赵之谦撰
清(1644-1911)稿本
1994年摄制. -- 1盘卷片(3米14拍) : 1:10,
2B ; 35mm银盐
收藏馆：缩微中心，国图

00O013931
悲庵书札：不分卷 / (清)赵之谦撰
清(1644-1911)稿本
1992年摄制. -- 1盘卷片(4米36拍) : 1:10,
2B ; 35mm银盐
收藏馆：缩微中心，国图

00O019888
悲庵书札 / (清)赵之谦撰
清(1644-1911)稿本
1994年摄制. -- 1盘卷片(3米20拍) : 1:10,
2B ; 35mm银盐
收藏馆：缩微中心，国图

00O028050
尊经斋诗集：四卷外集一卷 / (清)沈绍九撰
清(1644-1911)抄本
1997年摄制. -- 1盘卷片(9.2米173拍) :
1:10, 2B ; 35mm银盐
收藏馆：缩微中心，福建

000O014489
匏隐斋诗草：不分卷 / (清)徐人俊撰
清(1644-1911)稿本. -- 王树枏批語。
1992年摄制. -- 1盘卷片(9.1米176拍) :
1:9, 2B ; 35mm银盐
收藏馆：缩微中心，重庆

000O004052
瓶庐诗稿：八卷 / (清)翁同龢撰；(清)翁斌孙辑
清(1644-1911)稿本
1985年摄制. -- 2盘卷片(44米963拍) :
1:10, 2B ; 35mm银盐
收藏馆：缩微中心，国图

000O031178
笙华书屋试帖稿：不分卷 / (清)翁同龢撰
清(1644-1911)稿本
2004年摄制. -- 1盘卷片(19米381拍) : 1:9,
2B ; 35mm银盐
收藏馆：缩微中心，国图

000O013688
瓶庐书札：不分卷 / (清)翁同龢撰
清(1644-1911)稿本
1991年摄制. -- 1盘卷片(4米26拍) : 1:10,
2B ; 35mm银盐
收藏馆：缩微中心，国图

000O020141
翁文恭公手札：不分卷 / (清)翁同龢撰
清(1644-1911)稿本
1994年摄制. -- 1盘卷片(3米14拍) : 1:10,
2B ; 35mm银盐
收藏馆：缩微中心，国图

000O027143
冠悔堂文：四卷诗二卷词二卷 / (清)杨浚撰
清(1644-1911)稿本
1996年摄制. -- 1盘卷片(17米339拍) :
1:10, 2B ; 35mm银盐
收藏馆：缩微中心，福建

000O027498
冠悔堂稿：不分卷剩稿不分卷 / (清)杨浚撰
清(1644-1911)稿本
1996年摄制. -- 1盘卷片(10米192拍) :
1:10, 2B ; 35mm银盐
收藏馆：缩微中心，福建

000O027500
玉瑑别集：不分卷 / (清)杨浚撰
清(1644-1911)稿本
1996年摄制. -- 1盘卷片(4米54拍) : 1:10,
2B ; 35mm银盐
收藏馆：缩微中心，福建

000O019643
郑庵书札 / (清)潘祖荫撰
清(1644-1911)稿本
1994年摄制. -- 1盘卷片(5米52拍) : 1:10,
2B ; 35mm银盐
收藏馆：缩微中心，国图

000O001573
潘文勤公书札 / (清)潘祖荫撰
清(1644-1911)稿本
1986年摄制. -- 1盘卷片(10米193拍) :
1:10, 2B ; 35mm银盐
收藏馆：缩微中心，国图

000O019713
潘文勤书札 / (清)潘祖荫撰
清(1644-1911)稿本
1994年摄制. -- 1盘卷片(3米26拍) : 1:10,
2B ; 35mm银盐
收藏馆：缩微中心，国图

000O021763
潘文勤书札 / (清)潘祖荫撰
清(1644-1911)稿本
1995年摄制. -- 1盘卷片(4米32拍) : 1:10,
2B ; 35mm银盐
收藏馆：缩微中心，国图

000O027267
潘伯寅致陈簠斋书札：不分卷 / (清)潘祖荫撰
清(1644-1911)稿本
1997年摄制. -- 1盘卷片(8米121拍) : 1:10,
2B ; 35mm银盐
收藏馆：缩微中心，国图

000O012518
御制文集：二卷诗集八卷 / (清)文宗奕詝撰
清(1644-1911)内府刻本
1990年摄制. -- 1盘卷片(10.6米217拍) :
1:10, 2B ; 35mm银盐
收藏馆：缩微中心，辽宁

000O011578
芸香馆遗诗：二卷 / (清)那逊兰保撰
清同治十三年(1874)盛昱刻本
1989年摄制. -- 1盘卷片(4米44拍) : 1:10,
2B ; 35mm银盐
收藏馆：缩微中心，湖北

000O024667
松梦寮文集：三卷 / (清)丁丙撰
抄本
1996年摄制. -- 1盘卷片（13米237拍）：
1:10, 2B；35mm银盐
收藏馆：缩微中心，浙江

000O003636
越吟残草：一卷 / (清)平步青撰
清(1644-1911)抄本
1986年摄制. -- 1盘卷片（4米57拍）：1:10,
2B；35mm银盐
收藏馆：缩微中心，国图

000O019695
安越堂外集：十卷 / (清)平步青撰
清(1644-1911)抄本
1994年摄制. -- 1盘卷片（9米154拍）：1:10,
2B；35mm银盐
收藏馆：缩微中心，国图

000O019702
潜园书札 / (清)陆心源撰
清(1644-1911)稿本
1994年摄制. -- 1盘卷片（3米24拍）：1:10,
2B；35mm银盐
收藏馆：缩微中心，国图

000O018949
枝栖吟草：一卷 / (清)杜义荣撰
清(1644-1911)稿本
1993年摄制. -- 1盘卷片（4米52拍）：1:10,
2B；35mm银盐
收藏馆：缩微中心，山东

000O017189
惜荫书屋诗集：四集 / (清)李毓恒撰；(清)李继章辑
清(1644-1911)稿本
1993年摄制. -- 1盘卷片（9米179拍）：1:10,
2B；35mm银盐
收藏馆：缩微中心，山东

000O001280
管蠡抄：十卷
日本抄本
1985年摄制. -- 1盘卷片（3米45拍）：1:10,
2B；35mm银盐
收藏馆：缩微中心，国图

000O029262
王湘绮诗稿 / (清)王闿运撰
清(1644-1911)稿本. -- 杨树达、刘向字题

跋。
1999年摄制. -- 1盘卷片（2米21拍）：1:10,
2B；35mm银盐
收藏馆：缩微中心，湖南

000O001434
吴大澂书札：不分卷 / (清)吴大澂撰
清(1644-1911)稿本
1985年摄制. -- 1盘卷片（3.3米40拍）：
1:10, 2B；35mm银盐
收藏馆：缩微中心，国图

000O005309
吴大澂书札：不分卷 / (清)吴大澂撰
清(1644-1911)稿本
1986年摄制. -- 1盘卷片（9米175拍）：1:10,
2B；35mm银盐
收藏馆：缩微中心，国图

000O013872
吴大澂书札：不分卷 / (清)吴大澂撰
清(1644-1911)稿本
1992年摄制. -- 1盘卷片（3米21拍）：1:10,
2B；35mm银盐
收藏馆：缩微中心，国图

000O019896
吴大澂书札 / (清)吴大澂撰
清(1644-1911)稿本
1994年摄制. -- 1盘卷片（4米28拍）：1:10,
2B；35mm银盐
收藏馆：缩微中心，国图

000O020763
吴大澂书札：不分卷 / (清)吴大澂撰
清(1644-1911)稿本
1994年摄制. -- 1盘卷片（2米7拍）：1:10,
2B；35mm银盐
收藏馆：缩微中心，国图

000O031749
吴清卿书劄：不分卷 / (清)吴大澂撰
清(1644-1911)稿本
2005年摄制. -- 1盘卷片（13米240拍）：
1:10, 2B；35mm银盐
收藏馆：缩微中心，国图

000O018248
靖侯诗草：一卷 / (清)郭绥之撰
清(1644-1911)稿本
1993年摄制. -- 1盘卷片（4米45拍）：1:10,
2B；35mm银盐
收藏馆：缩微中心，山东

00O018950
尺牍偶存：一卷 / (清)郭绥之撰
清(1644-1911)稿本
1993年摄制. -- 1盘卷片(3米21拍) : 1:10,
2B ; 35mm银盐
收藏馆：缩微中心，山东

00O027141
乌石山房文稿：不分卷 / (清)龚易图撰
清(1644-1911)稿本
1996年摄制. -- 1盘卷片(11米207拍) :
1:10, 2B ; 35mm银盐
收藏馆：缩微中心，福建

00O003304
绿绮轩诗钞：一卷文钞一卷 / (清)舒寿撰
清(1644-1911)杨氏四经四史斋抄本
1986年摄制. -- 1盘卷片(4米59拍) : 1:10,
2B ; 35mm银盐
收藏馆：缩微中心，国图

00O019686
吟雪山房诗草：一卷 / (清)翁曾翰撰
清(1644-1911)稿本
1994年摄制. -- 1盘卷片(5米55拍) : 1:10,
2B ; 35mm银盐
收藏馆：缩微中心，国图

00O020554
张香涛诗稿：一卷 / (清)张之洞撰
清光绪十年(1884)稿本. -- (清)陈仁轩、
(清)稚穌跋。
1994年摄制. -- 1盘卷片(4米55拍) : 1:10,
2B ; 35mm银盐
收藏馆：缩微中心，山东

00O020242
香涛制军手札 / (清)张之洞撰
清(1644-1911)稿本
1994年摄制. -- 1盘卷片(7米95拍) : 1:10,
2B ; 35mm银盐
收藏馆：缩微中心，国图

00O011524
悚斋遗书：十八卷 / (清)于荫霖撰；(清)于翰笃
编
清(1644-1911)稿本
1990年摄制. -- 2盘卷片(41米827拍) :
1:10, 2B ; 35mm银盐
收藏馆：缩微中心，甘肃

00O021718
七宝楼诗集：七十四卷 / (清)胡大镛撰

清(1644-1911)稿本. -- 存七十卷：卷一至卷
五十五、卷六十至卷七十四。
1995年摄制. -- 3盘卷片(73米1474拍) :
1:10, 2B ; 35mm银盐
收藏馆：缩微中心，国图

00O028941
万宜楼诗录：二卷 / (清)汪鸣銮撰
清(1644-1911)稿本
1998年摄制. -- 1盘卷片(15米273拍) :
1:10, 2B ; 35mm银盐
收藏馆：缩微中心，苏州

00O019812
汪鸣銮书札 / (清)汪鸣銮撰
清(1644-1911)稿本
1994年摄制. -- 1盘卷片(3米18拍) : 1:10,
2B ; 35mm银盐
收藏馆：缩微中心，国图

00O000470
邻苏老人书札：一卷 / 杨守敬撰
稿本
1985年摄制. -- 1盘卷片(2.8米27拍) :
1:10, 2B ; 35mm银盐
收藏馆：缩微中心，国图

00O026323
杨星吾先生手书谢幼槃集校记稿：一卷 / 杨守
敬撰
清(1644-1911)稿本
1996年摄制. -- 1盘卷片(2米20拍) : 1:10,
2B ; 35mm银盐
收藏馆：缩微中心，湖北

00O015938
吴汝纶书札 / (清)吴汝纶撰
清(1644-1911)稿本
1993年摄制. -- 1盘卷片(3米22拍) : 1:10,
2B ; 35mm银盐
收藏馆：缩微中心，国图

00O024245
吴挚甫先生函稿：一卷 / (清)吴汝纶撰
清(1644-1911)稿本
1996年摄制. -- 1盘卷片(4米70拍) : 1:10,
2B ; 35mm银盐
收藏馆：缩微中心，安徽

00O025801
九思堂诗稿：四卷 / (清)奕譞撰
清同治十一年(1872)刻本
1996年摄制. -- 1盘卷片(18米357拍) :

1:10，2B；35mm银盐
收藏馆：缩微中心，国图

000O017190
校经室文集：不分卷 / (清)孙葆田撰
清(1644-1911)稿本
1993年摄制. -- 1盘卷片(11米220拍) :
1:10，2B；35mm银盐
收藏馆：缩微中心，山东

000O024612
佑启堂诗稿：十五卷 / (清)景星撰
清(1644-1911)稿本
1996年摄制. -- 1盘卷片(16米310拍) :
1:10，2B；35mm银盐
收藏馆：缩微中心，浙江

000O028934
前后桃坞百绝：二卷 / (清)石方洛撰
清(1644-1911)稿本
1998年摄制. -- 1盘卷片(5米70拍) : 1:10，
2B；35mm银盐
收藏馆：缩微中心，苏州

000O024676
泽雅堂集：一卷 / (清)施补华撰
清(1644-1911)稿本. -- (清)樊增祥跋。
1996年摄制. -- 1盘卷片(5米80拍) : 1:10，
2B；35mm银盐
收藏馆：缩微中心，浙江

000O011526
代耕堂雪鸿草：二十卷 / (清)李嘉绩撰
清(1644-1911)稿本
1990年摄制. -- 1盘卷片(9米172拍) : 1:10，
2B；35mm银盐
收藏馆：缩微中心，甘肃

000O011527
代耕堂初稿：六卷 / (清)李嘉绩撰
清(1644-1911)稿本
1990年摄制. -- 1盘卷片(8米132拍) : 1:10，
2B；35mm银盐
收藏馆：缩微中心，甘肃

000O025565
梦若山房诗稿：六卷 / (清)朱棁撰
清(1644-1911)稿本
1996年摄制. -- 1盘卷片(11米202拍) :
1:10，2B；35mm银盐
收藏馆：缩微中心，浙江

000O029349
敬斋诗稿：不分卷 / (清)郭庆藩撰
清(1644-1911)稿本
1999年摄制. -- 1盘卷片(10米197拍) :
1:10，2B；35mm银盐
收藏馆：缩微中心，湖南

000O013176
甲午诗钞：不分卷 / (清)尚贤撰
清(1644-1911)稿本
1991年摄制. -- 1盘卷片(5.1米86拍) :
1:10，2B；35mm银盐
收藏馆：缩微中心，辽宁

000O018935
午清吟馆诗抄：二十二卷；退一步斋诗抄：二
卷 / (清)余庆撰
清(1644-1911)稿本
1993年摄制. -- 1盘卷片(9米155拍) : 1:10，
2B；35mm银盐
收藏馆：缩微中心，山东

000O013958
王文敏公书札：不分卷 / (清)王懿荣撰
清(1644-1911)稿本
1992年摄制. -- 1盘卷片(3米19拍) : 1:10，
2B；35mm银盐
收藏馆：缩微中心，国图

000O029102
王文敏公寄女书：不分卷 / (清)王懿荣撰
清(1644-1911)稿本
1999年摄制. -- 1盘卷片(9米215拍) : 1:10，
2B；35mm银盐
收藏馆：缩微中心，国图

000O019698
王廉生书札 / (清)王懿荣撰
清(1644-1911)稿本
1994年摄制. -- 1盘卷片(5米56拍) : 1:10，
2B；35mm银盐
收藏馆：缩微中心，国图

000O021190
王懿荣致叶德辉书札：不分卷 / (清)王懿荣撰
清(1644-1911)稿本
1995年摄制. -- 1盘卷片(3米17拍) : 1:10，
2B；35mm银盐
收藏馆：缩微中心，国图

000O031729
王廉生至陈簠斋书劄：不分卷 / (清)王懿荣撰
稿本

2005年摄制. -- 1盘卷片(21米425拍)：
1:10, 2B ; 35mm银盐
收藏馆：缩微中心，国图

000O019899

八家诗翰书札：不分卷 / (清)王懿荣[等]撰
清(1644-1911)稿本. -- 撰者还有：(清)赵之
谦、(清)李慈铭、(清)江标、(清)孙贻经、
(清)俞樾、(清)汪鸣銮、(清)陆润庠等。
1994年摄制. -- 1盘卷片(3米24拍) : 1:10,
2B ; 35mm银盐
收藏馆：缩微中心，国图

000O028309

巴里客余生诗草：六卷 / (清)延清撰
清(1644-1911)稿本
1998年摄制. -- 1盘卷片(8米153拍) : 1:10,
2B ; 35mm银盐
收藏馆：缩微中心，广东

000O025589

湘麇馆遗墨粹存：一卷 / (清)陶方琦撰
清(1644-1911)稿本. -- (清)樊增祥批校。
1996年摄制. -- 1盘卷片(4米58拍) : 1:10,
2B ; 35mm银盐
收藏馆：缩微中心，浙江

000O025618

潩庐初稿：四卷 / (清)陶方琦撰
清(1644-1911)稿本. -- (清)马赓良跋。
1996年摄制. -- 1盘卷片(4米60拍) : 1:10,
2B ; 35mm银盐
收藏馆：缩微中心，浙江

000O024683

辛未嘿庐杂著草稿：不分卷 / (清)陶方琦撰
清(1644-1911)稿本
1996年摄制. -- 1盘卷片(4米60拍) : 1:10,
2B ; 35mm银盐
收藏馆：缩微中心，浙江

000O024657

止轩集：不分卷 / (清)王继香撰
清(1644-1911)稿本
1996年摄制. -- 1盘卷片(27米534拍) :
1:10, 2B ; 35mm银盐
收藏馆：缩微中心，浙江

000O024675

止轩文习初草：四卷文蜕一卷 / (清)王继香撰
清(1644-1911)稿本
1996年摄制. -- 1盘卷片(21米423拍) :
1:10, 2B ; 35mm银盐

收藏馆：缩微中心，浙江

000O003913

魏季词先生遗集：十一卷 / (清)魏毓兰撰
稿本. -- 李瑞清、(清)陈三立、(清)姚永概
跋。
1986年摄制. -- 1盘卷片(2米36拍) : 1:10,
2B ; 35mm银盐
收藏馆：缩微中心，国图

000O028387

随庵遗稿：一卷 / (清)刘三才撰
清(1644-1911)抄本
1997年摄制. -- 1盘卷片(7米124拍) : 1:10,
2B ; 35mm银盐
收藏馆：缩微中心，福建

000O029041

黄遵宪书札 / (清)黄遵宪撰
清(1644-1911)稿本
1999年摄制. -- 1盘卷片(3米45拍) : 1:10,
2B ; 35mm银盐
收藏馆：缩微中心，国图

000O029191

张佩纶书札 / (清)张佩纶撰
清(1644-1911)稿本
1999年摄制. -- 1盘卷片(5米111拍) : 1:10,
2B ; 35mm银盐
收藏馆：缩微中心，国图

000O028066

沧趣楼律赋：一卷 / (清)陈宝琛撰
清(1644-1911)抄本
1997年摄制. -- 1盘卷片(3.6米46拍) :
1:10, 2B ; 35mm银盐
收藏馆：缩微中心，福建

000O001727

张祖翼书札 / (清)张祖翼撰
清(1644-1911)稿本
1986年摄制. -- 1盘卷片(4米38拍) : 1:10,
2B ; 35mm银盐
收藏馆：缩微中心，国图

000O020268

听邠馆赤牍：不分卷 / (清)钱溯耆撰
清(1644-1911)稿本
1994年摄制. -- 1盘卷片(15米278拍) :
1:10, 2B ; 35mm银盐
收藏馆：缩微中心，国图

00O019646
味古斋诗存：六卷 / (清)史一经撰
清(1644-1911)抄本
1994年摄制. -- 1盘卷片(6米84拍) ： 1:10,
2B ；35mm银盐
收藏馆：缩微中心，国图

00O019661
小沧屿山房诗存：六卷 / (清)史一经撰
清(1644-1911)抄本
1994年摄制. -- 1盘卷片(6米92拍) ： 1:10,
2B ；35mm银盐
收藏馆：缩微中心，国图

00O019976
衍庐遗稿：不分卷 / (清)朱昌燕撰
清(1644-1911)稿本
1994年摄制. -- 1盘卷片(12米213拍) ：
1:10, 2B ；35mm银盐
收藏馆：缩微中心，国图

00O019986
衍庐杂稿：不分卷 / (清)朱昌燕撰
清(1644-1911)稿本
1994年摄制. -- 1盘卷片(17米325拍) ：
1:10, 2B ；35mm银盐
收藏馆：缩微中心，国图

00O019984
朱衍庐先生遗稿续编：二卷 / (清)朱昌燕撰
清(1644-1911)抄本
1994年摄制. -- 1盘卷片(11米198拍) ：
1:10, 2B ；35mm银盐
收藏馆：缩微中心，国图

00O019401
牟溪生诗钞：四卷 / (清)黎汝谦撰
清(1644-1911)稿本
1994年摄制. -- 1盘卷片(6米81拍) ： 1:10,
2B ；35mm银盐
收藏馆：缩微中心，国图

00O024638
寤歌室诗集：不分卷 / (清)彭宗因撰
清(1644-1911)抄本
1996年摄制. -- 1盘卷片(9米161拍) ： 1:10,
2B ；35mm银盐
收藏馆：缩微中心，浙江

00O017200
大梁诗集：一卷 / (清)王廉撰
清(1644-1911)稿本
1993年摄制. -- 1盘卷片(5米83拍) ： 1:10,

2B ；35mm银盐
收藏馆：缩微中心，山东

00O011908
大梁集：六卷 / (清)王廉撰
清(1644-1911)稿本
1990年摄制. -- 1盘卷片(14米282拍) ：
1:10, 2B ；35mm银盐
收藏馆：缩微中心，山东

00O017867
小方壶斋存稿：十卷 / (清)王锡祺撰
清(1644-1911)稿本
1993年摄制. -- 1盘卷片(11米186拍) ：
1:10, 2B ；35mm银盐
收藏馆：缩微中心，国图

00O024235
抱润轩文：一卷 / (清)马其昶撰；(清)吴汝
纶,(清)萧穆批
清(1644-1911)稿本
1996年摄制. -- 1盘卷片(3米60拍) ： 1:10,
2B ；35mm银盐
收藏馆：缩微中心，安徽

00O027144
陋轩诗钞：不分卷 / (清)郭曾炘撰
清(1644-1911)稿本
1996年摄制. -- 1盘卷片(6.2米104拍) ：
1:10, 2B ；35mm银盐
收藏馆：缩微中心，福建

00O021221
萍游小草：一卷 / (清)吴枚臣撰
清(1644-1911)刻本
1995年摄制. -- 1盘卷片(4米34拍) ： 1:10,
2B ；35mm银盐
收藏馆：缩微中心，国图

00O005365
吴松邻舍人遗札 / 吴昌绶撰
稿本
1986年摄制. -- 1盘卷片(3.6米50拍) ：
1:10, 2B ；35mm银盐
收藏馆：缩微中心，国图

00O029148
吴昌绶书札 / 吴昌绶撰
清(1644-1911)稿本
1999年摄制. -- 1盘卷片(3米51拍) ： 1:10,
2B ；35mm银盐
收藏馆：缩微中心，国图

000O012873
御制文集：十卷诗集六卷 / (清)穆宗载淳撰
清光绪(1875-1908)内府刻本
1990年摄制. -- 1盘卷片(18.9米414拍) ：
1:10, 2B ; 35mm银盐
收藏馆：缩微中心，辽宁

000O014485
大鹤山人诗稿：不分卷 / (清)郑文焯撰
清(1644-1911)稿本
1992年摄制. -- 1盘卷片(16.4米348拍) ：
1:10, 2B ; 35mm银盐
收藏馆：缩微中心，重庆

000O021582
瘦碧诗词稿：不分卷 / (清)郑文焯撰
清(1644-1911)稿本
1995年摄制. -- 1盘卷片(4米41拍) ：1:10,
2B ; 35mm银盐
收藏馆：缩微中心，国图

000O001372
大鹤山人杂稿：不分卷 / (清)郑文焯撰
清(1644-1911)稿本
1985年摄制. -- 1盘卷片(7米113拍) ：1:10,
2B ; 35mm银盐
收藏馆：缩微中心，国图

000O019775
江建霞尺牍 / (清)江标撰
清(1644-1911)稿本
1994年摄制. -- 1盘卷片(4米46拍) ：1:10,
2B ; 35mm银盐
收藏馆：缩微中心，国图

000O019588
端方书札 / (清)端方撰
清(1644-1911)稿本
1994年摄制. -- 1盘卷片(3米11拍) ：1:10,
2B ; 35mm银盐
收藏馆：缩微中心，国图

000O003907
端方书札 / (清)端方撰
清(1644-1911)稿本. -- 周进跋。
1986年摄制. -- 1盘卷片(2.5米26拍) ：
1:10, 2B ; 35mm银盐
收藏馆：缩微中心，国图

000O025571
三湖诗稿：一卷 / (清)笪四基撰
清(1644-1911)稿本
1996年摄制. -- 1盘卷片(4米53拍) ：1:10,

2B ; 35mm银盐
收藏馆：缩微中心，浙江

000O027180
琼州杂事诗：不分卷 / (清)程秉钊撰
清(1644-1911)蓬梗斋抄本
1997年摄制. -- 1盘卷片(3米36拍) ：1:10,
2B ; 35mm银盐
收藏馆：缩微中心，安庆

000O024261
蜕私轩文稿：一卷 / (清)姚永模撰；(清)方宗诚
批
清(1644-1911)稿本
1996年摄制. -- 1盘卷片(5米81拍) ：1:10,
2B ; 35mm银盐
收藏馆：缩微中心，安徽

000O020590
罗振玉书札：不分卷 / 罗振玉撰
清(1644-1911)稿本
1994年摄制. -- 1盘卷片(4米32拍) ：1:10,
2B ; 35mm银盐
收藏馆：缩微中心，国图

000O005079
罗振玉书札 / 罗振玉撰
稿本
1986年摄制. -- 1盘卷片(27.3米614拍) ：
1:10, 2B ; 35mm银盐
收藏馆：缩微中心，国图

000O024633
滇游草：一卷；回风草：一卷 / (清)张宝和撰
清(1644-1911)稿本. -- (清)周有声批校并
跋。
1996年摄制. -- 1盘卷片(4.5米64拍) ：
1:10, 2B ; 35mm银盐
收藏馆：缩微中心，浙江

000O015779
集句桂花诗：一卷
清(1644-1911)抄本
1993年摄制. -- 1盘卷片(4米51拍) ：1:10,
2B ; 35mm银盐
收藏馆：缩微中心，国图

000O031954
集句桂花诗：一卷
清(1644-1911)抄彩绘本
2010年摄制. -- 1盘卷片(5米68拍) ：1:12,
2B ; 35mm银盐
收藏馆：缩微中心，国图

000O005081
陈云书札：不分卷 / (清)陈云撰
清(1644-1911)稿本
1986年摄制. -- 1盘卷片(22米476拍)：
1:10, 2B；35mm银盐
收藏馆：缩微中心，国图

000O000145
益斋乱稿：十卷拾遗一卷 / (朝鲜)李齐贤撰
朝鲜肃宗十九年(1692)鸡林府刻本
1985年摄制. -- 1盘卷片(14.7米313拍)：
1:10, 2B；35mm银盐
收藏馆：缩微中心，国图

000O027726
益斋乱稿：十卷 / (朝鲜)李齐贤撰
清(1644-1911)艺海楼抄本
1997年摄制. -- 1盘卷片(16米299拍)：
1:10, 2B；35mm银盐
收藏馆：缩微中心，国图

000O016456
牧隐诗稿：三十五卷目录三卷文稿二十卷附录
一卷 / (高丽)李穑撰
朝鲜仁祖四年(1626)李德洙刻本
1992年摄制. -- 3盘卷片(80米1621拍)：
1:10, 2B；35mm银盐
收藏馆：缩微中心，国图

000O016037
三峰先生集：八卷 / (朝鲜)郑道传撰
朝鲜成宗十八年(1487)刻本
1993年摄制. -- 1盘卷片(20米409拍)：
1:10, 2B；35mm银盐
收藏馆：缩微中心，国图

000O000920
陶隐先生集：五卷 / (朝鲜)李崇仁撰
刻本
1985年摄制. -- 1盘卷片(7.2米126拍)：
1:10, 2B；35mm银盐
收藏馆：缩微中心，国图

000O007485
静庵先生文集：十卷年谱一卷 / (朝鲜)赵光祖撰
朝鲜肃宗九年(1682)刻本
1987年摄制. -- 1盘卷片(11米229拍)：
1:10, 2B；35mm银盐
收藏馆：缩微中心，国图

000O005157
二十一都怀古诗：一卷 / (朝鲜)柳得恭撰
清(1644-1911)抄本

1986年摄制. -- 1盘卷片(3.6米47拍)：
1:10, 2B；35mm银盐
收藏馆：缩微中心，国图

000O020494
二十一都怀古诗：一卷 / (朝鲜)柳得恭撰
朝鲜刻本
1994年摄制. -- 1盘卷片(4米39拍)：1:10,
2B；35mm银盐
收藏馆：缩微中心，国图

000O019475
耳溪散稿：五卷 / (朝鲜)洪良浩撰
清(1644-1911)抄本. -- (清)翁树培校并跋
1994年摄制. -- 1盘卷片(8米128拍)：1:10,
2B；35mm银盐
收藏馆：缩微中心，国图

000O000441
热河纪行诗：二卷 / (朝鲜)柳得恭撰
朝鲜抄本
1985年摄制. -- 1盘卷片(4米46拍)：1:10,
2B；35mm银盐
收藏馆：缩微中心，国图

000O018399
保晚斋集：十六卷 / (朝鲜)徐命膺撰
朝鲜宪宗四年(1837)活字印本
1993年摄制. -- 1盘卷片(34米702拍)：
1:10, 2B；35mm银盐
收藏馆：缩微中心，国图

000O008376
存春轩诗钞：不分卷 / (朝鲜)金永爵撰
朝鲜抄本. -- (明)黄文焕、(清)程恭寿题
款，贺昌群跋。
1987年摄制. -- 1盘卷片(4米63拍)：1:10,
2B；35mm银盐
收藏馆：缩微中心，国图

000O005390
燕蓟风烟：一卷 / (朝鲜)李肇源撰
朝鲜抄本. -- (清)翁同龢跋。
1986年摄制. -- 1盘卷片(4米52拍)：1:10,
2B；35mm银盐
收藏馆：缩微中心，国图

总集类

000O018750
屈陶合刻：□□卷
明万历四十六年至天启五年(1618-1625)毛氏
绿君亭刻本. -- 郑振铎跋。

1994年摄制. -- 1盘卷片(14米242拍)：1:10, 2B；35mm银盐
收藏馆：缩微中心，国图

000O031141
七十二家集：三百四十六卷附录七十二卷 / (明)张燮编
明天启(1621-1627)刻本. -- 存三百八十二卷。
2004年摄制. -- 11盘卷片(338米7275拍)：1:9, 2B；35mm银盐
收藏馆：缩微中心，国图

000O000670
七十二家集：三百四十六卷附录七十二卷 / (明)张燮编
明末(1621-1644)刻本. -- 存四百九卷。
1985年摄制. -- 13盘卷片(346.6米7781拍)：1:10, 2B；35mm银盐
收藏馆：缩微中心，国图

000O023435
七十二家集：三百四十六卷附录七十二卷 / (明)张燮编
明末(1621-1644)刻本. -- 陆平原集八卷附录一卷配抄本。
1995年摄制. -- 12盘卷片(365米7573拍)：1:10, 2B；35mm银盐
收藏馆：缩微中心，国图

000O025849
汉魏诸名家集：二十一种一百二十四卷附一种八卷
明万历十一年(1583)南城翁少麓刻本
1996年摄制. -- 5盘卷片(136米2667拍)：1:10, 2B；35mm银盐
收藏馆：缩微中心，国图

000O031169
汉魏六朝诸家文集：二十二种一百二十九卷
明(1368-1644)刻本. -- 存九种五十八卷。
2004年摄制. -- 2盘卷片(43米875拍)：1:9, 2B；35mm银盐
收藏馆：缩微中心，国图

000O012125
汉魏六朝诸家文集：二十二种三十三卷
清道光二十八年(1848)稿本
1990年摄制. -- 1盘卷片(32米707拍)：1:10, 2B；35mm银盐
收藏馆：缩微中心，山东

000O008084
汉魏六朝一百三家集：一百三种一百十八卷 / (明)张溥编
明(1368-1644)娄东张氏刻本
1988年摄制. -- 12盘卷片(349.5米7704拍)：1:10, 2B；35mm银盐
收藏馆：缩微中心，湖北

000O006518
合刻忠武靖节二编：二十一卷 / (明)杨时伟编
明万历四十年(1612)杨时伟刻本
1987年摄制. -- 1盘卷片(20米447拍)：1:10, 2B；35mm银盐
收藏馆：缩微中心，国图

000O017700
合刻忠武靖节二编：二十一卷 / (明)杨时伟编
明万历四十七年(1619)杨时伟刻本. -- 郑振铎跋。
1993年摄制. -- 1盘卷片(21米407拍)：1:10, 2B；35mm银盐
收藏馆：缩微中心，国图

000O021704
陶韦合集：二十一卷 / (明)凌濛初编
明(1368-1644)凌濛初刻套印本
1995年摄制. -- 1盘卷片(18米320拍)：1:10, 2B；35mm银盐
收藏馆：缩微中心，国图

000O031986
陶韦合集：二十一卷 / (明)凌濛初编
明(1368-1644)凌濛初刻套印本. -- 八行十八字无直格白口四周单边。
2010年摄制. -- 1盘卷片(22米400拍)：1:12, 2B；35mm银盐
收藏馆：缩微中心，国图

000O007986
黄茅冈四贤合璧：四卷 / (清)杨妍辑
清顺治(1644-1661)刻本
1988年摄制. -- 1盘卷片(17米330拍)：1:10, 2B；35mm银盐
收藏馆：缩微中心，湖南

000O007987
唐宋诗词：六种十卷
清(1644-1911)吉邻斋抄本
1988年摄制. -- 1盘卷片(8米132拍)：1:10, 2B；35mm银盐
收藏馆：缩微中心，湖南

000O009753

三间草堂集录：二十一种一百二十九卷内三种不分卷

清(1644-1911)陆香圃三间草堂抄本. -- 小畜外集存七卷：卷七至卷十三。

1989年摄制. -- 5盘卷片(127.2米2783拍) : 1:10, 2B ; 35mm银盐

收藏馆：缩微中心，重庆

000O011167

诗词杂俎：十二种二十五卷 / (明)毛晋编

明天启元年至崇祯元年(1621-1628)毛氏汲古阁刻本

1989年摄制. -- 1盘卷片(26米567拍) : 1:10, 2B ; 35mm银盐

收藏馆：缩微中心，山东

000O018648

建安七子集：二十八卷 / (明)杨德周编

明崇祯十一年(1638)陈朝辅刻本

1994年摄制. -- 1盘卷片(17米337拍) : 1:10, 2B ; 35mm银盐

收藏馆：缩微中心，国图

000O029962

建安七子集：二十八卷 / (明)杨德周编

明崇祯十一年(1638)陈朝辅刻本

2001年摄制. -- 1盘卷片(19米379拍) : 1:10, 2B ; 35mm银盐

收藏馆：缩微中心，国图

000O008960

刘沈合集：二十卷 / (明)阮元声编

明崇祯六年(1633)刻本

1988年摄制. -- 1盘卷片(23米417拍) : 1:10, 2B ; 35mm银盐

收藏馆：缩微中心，湖北

000O030991

初唐四子集：四十八卷 / (明)张燮辑

明崇祯十三年(1640)张燮曹荃刻本

2004年摄制. -- 2盘卷片(42米882拍) : 1:10, 2B ; 35mm银盐

收藏馆：缩微中心，国图

000O004193

唐六家集：二十六卷

明嘉靖(1522-1566)刻本

1986年摄制. -- 1盘卷片(17米377拍) : 1:10, 2B ; 35mm银盐

收藏馆：缩微中心，国图

000O009940

合刻分体李杜全集：一百二十卷 / (明)刘世教辑

明万历四十年(1612)刻本

1988年摄制. -- 2盘卷片(62米1346拍) : 1:10, 2B ; 35mm银盐

收藏馆：缩微中心，天津

000O006257

元白长庆集：一百三十九卷 / (唐)元稹,(唐)白居易撰

明万历(1573-1620)刻本

1987年摄制. -- 4盘卷片(92米2016拍) : 1:10, 2B ; 35mm银盐

收藏馆：缩微中心，吉林

000O007809

韩文杜律：二卷 / (明)郭正域编

明(1368-1644)闵齐伋刻套印本

1988年摄制. -- 1盘卷片(8.2米158拍) : 1:10, 2B ; 35mm银盐

收藏馆：缩微中心，重庆

000O021034

韩文杜律：二卷

明万历(1573-1620)闵齐伋刻三色套印本

1994年摄制. -- 1盘卷片(8米141拍) : 1:10, 2B ; 35mm银盐

收藏馆：缩微中心，国图

000O031989

韩文杜律：二卷

明万历(1573-1620)闵齐伋刻三色套印本. -- 八行十八字无直格白口左右单边。

2011年摄制. -- 1盘卷片(10米165拍) : 1:12, 2B ; 35mm银盐

收藏馆：缩微中心，国图

000O005491

韩柳全集：一百四卷 / (明)蒋之翘编

明崇祯(1628-1644)豹变斋刻本

1987年摄制. -- 5盘卷片(131米2832拍) : 1:10, 2B ; 35mm银盐

收藏馆：缩微中心，山西

000O008032

韩柳合刻：八卷 / (明)陆梦龙编并评

明崇祯(1628-1644)刻本. -- 存韩昌黎集选四卷。

1988年摄制. -- 1盘卷片(27米570拍) : 1:10, 2B ; 35mm银盐

收藏馆：缩微中心，湖南

00O018020

唐人六集：四十一卷 / (明)毛晋编

清初(1644-1722)毛氏汲古阁刻本

1993年摄制. -- 1盘卷片(26米534拍) : 1:10, 2B ; 35mm银盐

收藏馆：缩微中心, 国图

00O026288

唐人六集：四十一卷 / (明)毛晋编

清初(1644-1722)毛氏汲古阁刻本

1998年摄制. -- 1盘卷片(26米536拍) : 1:10, 2B ; 35mm银盐

收藏馆：缩微中心, 国图

00O031138

宋人小集：五十五种七十六卷

清(1644-1911)冰蓮阁抄本

2004年摄制. -- 2盘卷片(56米1190拍) : 1:10, 2B ; 35mm银盐

收藏馆：缩微中心, 国图

00O019116

宋人小集：十卷

清(1644-1911)吴允嘉抄本. -- (清)吴允嘉校.

1994年摄制. -- 1盘卷片(9米138拍) : 1:10, 2B ; 35mm银盐

收藏馆：缩微中心, 国图

00O027706

黄鹤楼集：三卷 / (明)孙承荣辑；(明)任家相[等]增辑

明万历(1573-1620)刻本

1997年摄制. -- 1盘卷片(11米201拍) : 1:10, 2B ; 35mm银盐

收藏馆：缩微中心, 国图

00O024135

明季十家集：十一种十四卷

清(1644-1911)抄本

1996年摄制. -- 1盘卷片(22.5米440拍) : 1:10, 2B ; 35mm银盐

收藏馆：缩微中心, 湖北

00O013969

名贤遗迹：不分卷 / (清)朱珪,(清)翁方纲,(清)纪昀撰

稿本

1992年摄制. -- 1盘卷片(3米22拍) : 1:10, 2B ; 35mm银盐

收藏馆：缩微中心, 国图

00O027342

审岩集：九种二十三卷

清道光二十四年至二十五年(1844-1845)非能园刻本

1997年摄制. -- 1盘卷片(22米426拍) : 1:10, 2B ; 35mm银盐

收藏馆：缩微中心, 国图

00O005274

寒松阁钞书：四种五卷 / (清)张鸣珂编

清(1644-1911)张鸣珂抄本

1986年摄制. -- 1盘卷片(5.7米97拍) : 1:10, 2B ; 35mm银盐

收藏馆：缩微中心, 国图

00O017999

名家诗词丛抄：二十八卷

清(1644-1911)抄本

1993年摄制. -- 1盘卷片(20米365拍) : 1:10, 2B ; 35mm银盐

收藏馆：缩微中心, 国图

00O003237

六朝诗集：二十四种五十五卷

明嘉靖(1522-1566)刻本

1986年摄制. -- 2盘卷片(34米728拍) : 1:10, 2B ; 35mm银盐

收藏馆：缩微中心, 国图

00O000289

六朝诗集：二十四种五十五卷

明嘉靖(1522-1566)刻本

1985年摄制. -- 2盘卷片(34.8米751拍) : 1:10, 2B ; 35mm银盐

收藏馆：缩微中心, 国图

00O000881

六朝诗集：二十四种五十五卷

明嘉靖(1522-1566)刻本. -- 存三种三卷。

1985年摄制. -- 1盘卷片(3.4米40拍) : 1:10, 2B ; 35mm银盐

收藏馆：缩微中心, 国图

00O007271

六朝诗集：五十五卷

明嘉靖(1522-1566)刻本. -- 存五十一卷。

1987年摄制. -- 1盘卷片(30米677拍) : 1:10, 2B ; 35mm银盐

收藏馆：缩微中心, 国图

00O031015

六朝诗集：二十四种五十五卷

明嘉靖(1522-1566)刻本. -- 郑振铎跋。

2004年摄制. -- 2盘卷片(38米770拍) : 1:9,
2B ; 35mm银盐
收藏馆：缩微中心，国图

000O016378
合刻曹陶谢三家：十一卷 / (清)卓尔堪编
清康熙(1662-1722)刻本. -- (清)梅植之批点
并跋。
1992年摄制. -- 1盘卷片(10米150拍) :
1:10, 2B ; 35mm银盐
收藏馆：缩微中心，国图

000O005224
陶谢诗集：十三卷 / (清)姚培谦编
清乾隆二十九年(1764)姚培谦刻本
1986年摄制. -- 1盘卷片(13米264拍) :
1:10, 2B ; 35mm银盐
收藏馆：缩微中心，国图

000O021276
唐宋四家诗选：二十一卷 / (清)余柏岩辑
清康熙(1662-1722)濂溪山房刻本
1995年摄制. -- 1盘卷片(20米375拍) :
1:10, 2B ; 35mm银盐
收藏馆：缩微中心，国图

000O011686
唐宋八家诗：五十二卷 / (清)姚培谦辑
清雍正六年(1728)刻本
1990年摄制. -- 2盘卷片(53米1154拍) :
1:10, 2B ; 35mm银盐
收藏馆：缩微中心，天津

000O009071
唐宋元三朝名贤小集：二十九种四十九卷 / (清)
赵典辑
清乾隆嘉庆(1736-1820)赵之玉星凤阁抄本
1988年摄制. -- 2盘卷片(42米886拍) :
1:10, 2B ; 35mm银盐
收藏馆：缩微中心，湖南

000O026274
四妇人集：五卷 / (清)沈恕编
清嘉庆十五年(1810)沈氏古倪园刻本
1997年摄制. -- 1盘卷片(6米79拍) : 1:10,
2B ; 35mm银盐
收藏馆：缩微中心，国图

000O031117
宋元诗：四十二种二百八卷 / (明)潘是仁编
明万历四十三年(1615)潘是仁刻本
2004年摄制. -- 4盘卷片(102米2165拍) :
1:10, 2B ; 35mm银盐

收藏馆：缩微中心，国图

000O011264
宋元名家诗选 / (明)潘是仁编
明万历(1573-1620)刻本. -- 存三十九册：册
二至册四十。
1988年摄制. -- 5盘卷片(129米2744拍) :
1:10, 2B ; 35mm银盐
收藏馆：缩微中心，甘肃

000O025854
宋元诗：六十一种二百七十三卷 / (明)潘是仁编
明万历四十三年(1615)刻天启二年(1622)重修
本. -- 郑振铎跋。
1996年摄制. -- 5盘卷片(142米2665拍) :
1:10, 2B ; 35mm银盐
收藏馆：缩微中心，国图

000O011581
宋金三家诗选：五卷 / (清)沈德潜编
清乾隆三十四年(1769)刻本
1989年摄制. -- 1盘卷片(11.5米229拍) :
1:10, 2B ; 35mm银盐
收藏馆：缩微中心，湖北

000O006813
宋元人诗集：八十二种二百七十卷 / (清)法式善
辑
清(1644-1911)法氏存素堂抄本
1987年摄制. -- 6盘卷片(175米3900拍) :
1:10, 2B ; 35mm银盐
收藏馆：缩微中心，国图

000O011652
御选宋金元明四朝诗：三百十七卷 / (清)张豫章
[等]辑
清康熙四十八年(1709)刻本. -- 书名据纂选
人员表题。
1990年摄制. -- 15盘卷片(471米10552拍) :
1:10, 2B ; 35mm银盐
收藏馆：缩微中心，天津

000O003431
梅花百咏：三卷
明嘉靖三十二年(1553)朱宸湴刻本
1986年摄制. -- 1盘卷片(4.2米63拍) :
1:10, 2B ; 35mm银盐
收藏馆：缩微中心，国图

000O025700
三家咏物诗：不分卷 / (清)贺光烈编
清康熙五十三年(1714)刻本
1996年摄制. -- 1盘卷片(5米118拍) : 1:10,

2B ；35mm银盐

收藏馆：缩微中心，河南

000O021133

三家咏物诗：三种三卷 / (清)贺光烈编

清康熙(1662-1722)刻本

1994年摄制. -- 1盘卷片(5米67拍) ：1:10,
2B ；35mm银盐

收藏馆：缩微中心，国图

000O000971

海昌丽则：十卷 / (清)吴骞编

清乾隆(1736-1795)吴氏拜经楼刻本

1985年摄制. -- 1盘卷片(12.6米264拍) ：
1:10, 2B ；35mm银盐

收藏馆：缩微中心，国图

000O007190

八代文钞：一百六种一百六卷 / (明)李宾编

明末(1621-1644)刻本

1987年摄制. -- 12盘卷片(334米5810拍) ：
1:10, 2B ；35mm银盐

收藏馆：缩微中心，山东

000O023983

唐宋八大家文钞：一百四十四卷 / (明)茅坤辑

明万历七年(1579)茅一桂刻本. -- (清)丁丙
跋。

1995年摄制. -- 6盘卷片(179米3727拍) ：
1:10, 2B ；35mm银盐

收藏馆：缩微中心，南京

000O009394

唐宋八大家文钞：一百四十四卷 / (明)茅坤编

明万历七年(1579)茅一桂刻本

1988年摄制. -- 6盘卷片(169.5米3680拍) ：
1:10, 2B ；35mm银盐

收藏馆：缩微中心，湖北

000O001509

唐宋八大家文钞：一百四十四卷 / (明)茅坤编

明崇祯四年(1631)茅著刻本

1986年摄制. -- 7盘卷片(177.1米3810拍) ：
1:10, 2B ；35mm银盐

收藏馆：缩微中心，山西

000O023761

重刻韩柳欧苏文抄：四种八卷 / (明)陆粲编；
(明)徐时行校

明(1368-1644)刻本

1996年摄制. -- 1盘卷片(20米386拍) ：
1:10, 2B ；35mm银盐

收藏馆：缩微中心，浙江

000O026441

唐宋八大家文钞：十九卷 / (清)张伯行编

清康熙(1662-1722)张氏正谊堂刻本

1993年摄制. -- 2盘卷片(32米749拍) ：
1:10, 2B ；35mm银盐

收藏馆：缩微中心，哈尔滨

000O026390

元明七大家古文选：十一卷 / (清)刘肇虞编并评

清乾隆二十九年(1764)步月楼刻本

1996年摄制. -- 2盘卷片(34.5米698拍) ：
1:10, 2B ；35mm银盐

收藏馆：缩微中心，福建

000O013289

四家宫词：不分卷 / (明)李良柱编

明万历七年(1579)刻本

1991年摄制. -- 1盘卷片(4米54拍) ：1:10,
2B ；35mm银盐

收藏馆：缩微中心，湖北

000O000350

三体宫词：三卷

明万历二十二年(1594)吴氏云栖馆刻本

1985年摄制. -- 1盘卷片(3.6米46拍) ：
1:10, 2B ；35mm银盐

收藏馆：缩微中心，国图

000O004691

编选四家宫词：四卷 / (明)黄鲁曾编

明嘉靖三十一年(1552)郭云鹏刻本

1986年摄制. -- 1盘卷片(5米74拍) ：1:10,
2B ；35mm银盐

收藏馆：缩微中心，国图

000O008565

唐大历十子诗集：□□卷 / (明)刘成德编

明正德(1506-1521)刻本. -- 存三种七卷。

1988年摄制. -- 1盘卷片(3米30拍) ：1:10,
2B ；35mm银盐

收藏馆：缩微中心，国图

000O020875

唐百家诗：□□卷

明(1368-1644)刻本. -- 存六家八卷。李一氓
跋。

1994年摄制. -- 1盘卷片(7米102拍) ：1:10,
2B ；35mm银盐

收藏馆：缩微中心，国图

000O031664

唐百家诗：一百七十卷

明(1368-1644)刻本. -- 存四十三家六十六

卷。
2005年摄制. -- 2盘卷片(41米870拍) ：
1:10, 2B ；35mm银盐
收藏馆：缩微中心，国图

000O009548
李杜诗选：十二卷 / (明)顾明编；(明)史秉直评释
明嘉靖三十七年(1558)金澜刻本
1988年摄制. -- 1盘卷片(8.4米160拍) ：
1:10, 2B ；35mm银盐
收藏馆：缩微中心，重庆

000O009953
李杜诗选：十一卷 / (明)闵映璧辑；(明)杨慎[等]评点
明(1368-1644)闵氏刻套印本
1989年摄制. -- 1盘卷片(11米217拍) ：
1:10, 2B ；35mm银盐
收藏馆：缩微中心，天津

000O008791
李杜诗通：六十一卷 / (明)胡震亨撰
清顺治七年(1650)朱茂时刻本
1988年摄制. -- 2盘卷片(44.9米974拍) ：
1:9, 2B ；35mm银盐
收藏馆：缩微中心，重庆

000O026824
唐十子诗：十四卷 / (明)王准编
清光绪三十三年(1907)陶氏涉园抄本. -- 据明嘉靖(1522-1566)刻本影抄。
1996年摄制. -- 1盘卷片(8米142拍) ：1:10, 2B ；35mm银盐
收藏馆：缩微中心，南京

000O025744
中唐十二家诗集：七十八卷 / (明)蒋孝编
明嘉靖二十九年(1550)蒋孝刻本
1996年摄制. -- 2盘卷片(50米955拍) ：
1:10, 2B ；35mm银盐
收藏馆：缩微中心，国图

000O017049
二张诗集：四卷
明嘉靖三十三年(1554)黄榜刻本
1993年摄制. -- 1盘卷片(8米135拍) ：1:10, 2B ；35mm银盐
收藏馆：缩微中心，国图

000O001958
二张集：四卷 / (明)高叔嗣编
明(1368-1644)刻本

1986年摄制. -- 1盘卷片(8米153拍) ：1:10, 2B ；35mm银盐
收藏馆：缩微中心，国图

000O006015
二张集：四卷 / (明)高叔嗣编
明(1368-1644)刻本
1987年摄制. -- 1盘卷片(8米151拍) ：1:10, 2B ；35mm银盐
收藏馆：缩微中心，国图

000O004689
唐诗二十六家：五十卷 / (明)黄贯曾编
明嘉靖三十三年(1554)黄氏浮玉山房刻本
1986年摄制. -- 1盘卷片(28米625拍) ：
1:10, 2B ；35mm银盐
收藏馆：缩微中心，国图

000O001856
唐诗二十六家：五十卷 / (明)黄贯曾编
明嘉靖三十三年(1554)黄氏浮玉山房刻本. -- 存四十九卷。
1987年摄制. -- 1盘卷片(27米594拍) ：
1:10, 2B ；35mm银盐
收藏馆：缩微中心，国图

000O005756
唐诗二十六家：五十卷 / (明)黄贯曾编
明嘉靖三十三年(1554)黄氏浮玉山房刻本
1987年摄制. -- 1盘卷片(28米630拍) ：
1:10, 2B ；35mm银盐
收藏馆：缩微中心，国图

000O027733
唐诗二十六家：五十卷 / (明)黄贯曾辑
明嘉靖三十三年(1554)黄氏浮玉山房刻本
1997年摄制. -- 1盘卷片(29米560拍) ：
1:10, 2B ；35mm银盐
收藏馆：缩微中心，国图

000O000102
十二家唐诗：二十四卷 / (明)张逊业编
明嘉靖(1522-1566)黄埻刻本. -- 存七家十四卷。
1985年摄制. -- 1盘卷片(16.6米332拍) ：
1:10, 2B ；35mm银盐
收藏馆：缩微中心，国图

000O005754
十二家唐诗：二十四卷 / (明)张逊业编
明嘉靖(1522-1566)黄埻刻本. -- 存八家十六卷。
1987年摄制. -- 1盘卷片(25米557拍) ：

1:10，2B；35mm银盐
收藏馆：缩微中心，国图

000O007536
十二家唐诗：二十四卷 / (明)张逊业编
明嘉靖(1522-1566)黄埻刻本. -- 存十一家
二十二卷。
1987年摄制. -- 1盘卷片(29米663拍)：
1:10，2B；35mm银盐
收藏馆：缩微中心，国图

000O012918
十二家唐诗：二十四卷 / (明)张逊业编
明嘉靖(1522-1566)黄墩刻本. -- (清)丁丙
跋。
1991年摄制. -- 2盘卷片(36米746拍)：
1:10，2B；35mm银盐
收藏馆：缩微中心，南京

000O017085
十二家唐诗：二十四卷 / (明)张逊业编
明嘉靖(1522-1566)黄埻刻本. -- 存四家八
卷。
1993年摄制. -- 1盘卷片(10米174拍)：
1:10，2B；35mm银盐
收藏馆：缩微中心，国图

000O028716
唐十二家诗：四十九卷 / (明)张逊业撰
明嘉靖(1522-1566)刻本
1997年摄制. -- 2盘卷片(34米806拍)：
1:10，2B；35mm银盐
收藏馆：缩微中心，吉林

000O017502
唐人选唐诗：六种十二卷
明(1368-1644)刻本. -- 郑振铎跋。
1993年摄制. -- 1盘卷片(16米291拍)：
1:10，2B；35mm银盐
收藏馆：缩微中心，国图

000O009933
六家诗选：十二卷 / (明)杨巍辑；(明)杨采校
明隆庆三年(1569)杨采刻本. -- (明)杨采
校。
1989年摄制. -- 1盘卷片(13米266拍)：
1:10，2B；35mm银盐
收藏馆：缩微中心，天津

000O021124
唐十二名家诗：十二种十二卷 / (明)杨一统编
明万历十二年(1584)杨一统刻本
1994年摄制. -- 1盘卷片(33米651拍)：

000O019210
前唐十二家诗：二十四卷 / (明)许自昌编
明万历三十一年(1603)霏玉轩刻本. -- 郑振
铎跋。
1994年摄制. -- 1盘卷片(33米685拍)：
1:10，2B；35mm银盐
收藏馆：缩微中心，国图

000O029120
前唐十二家诗：□□卷 / (明)许自昌编
明万历三十一年(1603)霏玉轩刻本. -- 存
十一家二十一卷。(清)翁同龢跋。
1999年摄制. -- 1盘卷片(29米649拍)：
1:10，2B；35mm银盐
收藏馆：缩微中心，国图

000O028651
中唐十二家诗集：十一卷 / (明)朱之蕃编
明万历(1573-1620)王世茂金陵书坊刻本
1996年摄制. -- 3盘卷片(70米1392拍)：
1:10，2B；35mm银盐
收藏馆：缩微中心，南京

000O006344
唐诗艳逸品：四卷 / (明)杨肇祉辑
明天启元年(1621)闵一栻刻套印本
1987年摄制. -- 1盘卷片(9米162拍)：1:10，
2B；35mm银盐
收藏馆：缩微中心，国图

000O020645
唐诗艳逸品：四卷 / (明)杨肇祉辑
明天启元年(1621)闵一栻刻套印本. -- 存三
卷。
1994年摄制. -- 1盘卷片(7米105拍)：1:10，
2B；35mm银盐
收藏馆：缩微中心，国图

000O031914
唐诗艳逸品：四卷 / (明)杨肇祉辑
明天启元年(1621)闵一栻刻套印本
2010年摄制. -- 1盘卷片(10米175拍)：
1:12，2B；35mm银盐
收藏馆：缩微中心，国图

000O031977
唐诗艳逸品：四卷 / (明)杨肇祉辑
明天启元年(1621)闵一栻刻套印本. -- 存三
卷：名媛集一卷、香奁集一卷、观妓集一卷。
2010年摄制. -- 1盘卷片(9米136拍)：1:13，

2B ；35mm银盐
收藏馆：缩微中心，国图

000O017879
唐诗艳逸品：四卷 / (明)杨肇祉辑
明(1368-1644)刻本
1993年摄制. -- 1盘卷片(8米120拍) ：1:10,
2B ；35mm银盐
收藏馆：缩微中心，国图

000O007868
唐人选唐诗：八种二十三卷 / (明)毛晋编
明崇祯元年(1628)毛氏汲古阁刻本
1988年摄制. -- 2盘卷片(38.8米838拍) ：
1:9, 2B ；35mm银盐
收藏馆：缩微中心，重庆

000O015409
唐人选唐诗：八种二十三卷 / (明)毛晋编
明崇祯元年(1628)毛氏汲古阁刻本. -- 吴景
恩校跋并录(清)叶奕、(清)陆贻典、(清)何焯
等批校题识。
1992年摄制. -- 2盘卷片(41米800拍) ：
1:10, 2B ；35mm银盐
收藏馆：缩微中心，国图

000O009068
唐人选唐诗八种：二十三卷 / (明)毛晋编
清康熙三十二年(1693)黄虞学稼草堂刻本
1988年摄制. -- 2盘卷片(42米878拍) ：
1:10, 2B ；35mm银盐
收藏馆：缩微中心，湖南

000O006902
唐人八家诗：四十二卷 / (明)毛晋编
明崇祯十二年(1639)毛氏汲古阁刻本
1987年摄制. -- 1盘卷片(26.3米576拍) ：
1:9, 2B ；35mm银盐
收藏馆：缩微中心，重庆

000O018018
唐人八家诗：四十二卷 / (明)毛晋编
明崇祯十二年(1639)毛氏汲古阁刻本
1993年摄制. -- 1盘卷片(27米554拍) ：
1:10, 2B ；35mm银盐
收藏馆：缩微中心，国图

000O009657
唐人四集：十二卷 / (明)毛晋编
明(1368-1644)毛氏汲古阁刻本
1988年摄制. -- 1盘卷片(11米225拍) ：
1:10, 2B ；35mm银盐
收藏馆：缩微中心，甘肃

000O009060
唐人四集：十二卷 / (明)毛晋编
明崇祯(1628-1644)毛氏汲古阁刻本
1988年摄制. -- 1盘卷片(12米237拍) ：
1:10, 2B ；35mm银盐
收藏馆：缩微中心，湖南

000O017698
唐人四集：十二卷
明末(1621-1644)毛氏汲古阁刻本. -- (清)翁
同书、郑振铎跋。
1993年摄制. -- 1盘卷片(12米207拍) ：
1:10, 2B ；35mm银盐
收藏馆：缩微中心，国图

000O018530
五唐人诗集：二十六卷 / (明)毛晋编
明末(1621-1644)毛氏汲古阁刻本
1993年摄制. -- 1盘卷片(22米431拍) ：
1:10, 2B ；35mm银盐
收藏馆：缩微中心，国图

000O019149
五唐人诗集：二十六卷 / (明)毛晋编
明末(1621-1644)毛氏汲古阁刻本. -- 郑振铎
跋。
1994年摄制. -- 1盘卷片(22米436拍) ：
1:10, 2B ；35mm银盐
收藏馆：缩微中心，国图

000O003567
唐四家诗：四卷
明(1368-1644)抄本
1985年摄制. -- 1盘卷片(8米135拍) ：1:10,
2B ；35mm银盐
收藏馆：缩微中心，国图

000O031509
唐四十家诗：九十八卷
明(1368-1644)抄本
2004年摄制. -- 3盘卷片(79米1605拍) ：
1:10, 2B ；35mm银盐
收藏馆：缩微中心，国图

000O019289
唐四家诗：二十四卷 / (明)欧阳景编
明(1368-1644)王吉修欧阳景刻本
1994年摄制. -- 1盘卷片(23米455拍) ：
1:10, 2B ；35mm银盐
收藏馆：缩微中心，国图

000O017075
唐四家诗：八卷

明(1368-1644)郑氏琅嬛斋刻本
1993年摄制. -- 1盘卷片(18米363拍)：
1:10, 2B ; 35mm银盐
收藏馆：缩微中心，国图

000O019684
唐六家诗：六卷
明(1368-1644)刻本
1994年摄制. -- 1盘卷片(9米150拍)：1:10,
2B ; 35mm银盐
收藏馆：缩微中心，国图

000O019179
唐八家诗：二十六卷
明(1368-1644)刻本
1994年摄制. -- 1盘卷片(18米338拍)：
1:10, 2B ; 35mm银盐
收藏馆：缩微中心，国图

000O008451
百家唐诗
清初(1644-1722)抄本. -- 存五十四种。
1988年摄制. -- 4盘卷片(100.8米2231拍)：
1:10, 2B ; 35mm银盐
收藏馆：缩微中心，国图

000O020472
十种唐诗选：十七卷 / (清)王士禛选
清(1644-1911)稿本. -- 存九种十一卷。
1994年摄制. -- 1盘卷片(11米192拍)：
1:10, 2B ; 35mm银盐
收藏馆：缩微中心，国图

000O007442
十种唐诗选：五卷 / (清)王士禛辑
清(1644-1911)宋氏漫堂抄本
1987年摄制. -- 1盘卷片(17米364拍)：
1:10, 2B ; 35mm银盐
收藏馆：缩微中心，国图

000O007378
唐诗百名家全集：三百二十六卷 / (清)席启寓辑
清康熙(1662-1722)席氏琴川书屋刻本
1987年摄制. -- 8盘卷片(230米5152拍)：
1:10, 2B ; 35mm银盐
收藏馆：缩微中心，吉林市

000O031152
中晚唐诗：五十一卷 / (清)刘云份编
清康熙(1662-1722)刻本
2004年摄制. -- 3盘卷片(85米1820拍)：
1:8, 2B ; 35mm银盐
收藏馆：缩微中心，国图

000O018743
唐三高僧诗集：四十七卷
明末(1621-1644)毛氏汲古阁刻本. -- 郑振铎跋。
1994年摄制. -- 2盘卷片(49米789拍)：
1:10, 2B ; 35mm银盐
收藏馆：缩微中心，国图

000O005211
六十家名贤小集：七十七卷 / (宋)陈起编
清(1644-1911)冰蘥阁抄本. -- (清)彭元瑞校补并跋。
1986年摄制. -- 2盘卷片(56米1250拍)：
1:10, 2B ; 35mm银盐
收藏馆：缩微中心，国图

000O014457
两宋名贤小集：三百八十卷附录一卷 / (宋)陈思编；(元)陈世隆补
清(1644-1911)抄本
1992年摄制. -- 9盘卷片(256.7米5649拍)：
1:11, 2B ; 35mm银盐
收藏馆：缩微中心，重庆

000O031019
群贤小集：六十八种一百二十二卷 / (宋)陈思编
清(1644-1911)抄本
2004年摄制. -- 3盘卷片(94米2010拍)：
1:9, 2B ; 35mm银盐
收藏馆：缩微中心，国图

000O000018
宋诗钞：四集一百六卷 / (清)吕留良[等]编
清康熙十年(1671)吴氏鉴古堂刻本. -- 本书实刻四集九十五卷。编者还有：(清)吴之振、(清)吴尔尧等。
1986年摄制. -- 4盘卷片(118.8米2622拍)：
1:10, 2B ; 35mm银盐
收藏馆：缩微中心，山西

000O012014
宋四名家诗钞：二十七卷 / (清)周之鳞,(清)柴升辑
清康熙三十二年(1693)刻本
1990年摄制. -- 1盘卷片(26米579拍)：
1:10, 2B ; 35mm银盐
收藏馆：缩微中心，天津

000O011666
宋十五家诗选：十六卷 / (清)陈讦辑
清康熙三十二年(1693)刻本
1990年摄制. -- 2盘卷片(41米896拍)：
1:10, 2B ; 35mm银盐

收藏馆：缩微中心，天津

00O011662
宋百家诗存：一百卷 / (清)曹庭栋编
清乾隆六年(1741)嘉善曹氏二六书堂刻本
1990年摄制. -- 3盘卷片(75米1655拍) ：
1:10, 2B ；35mm银盐
收藏馆：缩微中心，天津

00O010988
宋人小集：四种四卷
清乾隆二十八年(1763)吴氏池北草堂刻本. --
(清)口广年批校。
1989年摄制. -- 1盘卷片(4.5米59拍) ：
1:10, 2B ；35mm银盐
收藏馆：缩微中心，湖北

00O007982
宋人小集六种：不分卷
清(1644-1911)抄本
1988年摄制. -- 1盘卷片(4.4米66拍) ：
1:10, 2B ；35mm银盐
收藏馆：缩微中心，湖南

00O018973
微波榭钞诗三种：八卷 / (清)孔继涵编
清(1644-1911)孔继涵抄本. -- (清)孔继涵校
并跋。
1993年摄制. -- 1盘卷片(6米100拍) ：1:10,
2B ；35mm银盐
收藏馆：缩微中心，山东

00O008619
南宋群贤小集：十一种二十卷
清(1644-1911)抄本
1988年摄制. -- 1盘卷片(13米282拍) ：
1:10, 2B ；35mm银盐
收藏馆：缩微中心，国图

00O022222
南宋群贤小集：十种二十一卷
清(1644-1911)抄本. -- 存十种十六卷。
1995年摄制. -- 1盘卷片(12米210拍) ：
1:10, 2B ；35mm银盐
收藏馆：缩微中心，国图

00O021896
南宋群贤小集补遗：十五卷 / (宋)赵公豫撰
清(1644-1911)抄本. -- 存十一卷：卷一至卷
二、卷七至卷十五。
1995年摄制. -- 1盘卷片(7.1米131拍) ：
1:10, 2B ；35mm银盐
收藏馆：缩微中心，临猗

00O031135
宋四十名家小集：六十一卷
清(1644-1911)抄本. -- (清)胡重跋。
2004年摄制. -- 2盘卷片(42米870拍) ：1:8,
2B ；35mm银盐
收藏馆：缩微中心，国图

00O019146
元人集十种：五十四卷 / (明)毛晋编
明崇祯十一年(1638)毛氏汲古阁刻本. -- 郑
振铎跋。
1994年摄制. -- 3盘卷片(79米1631拍) ：
1:10, 2B ；35mm银盐
收藏馆：缩微中心，国图

00O031020
元人集：十种六十一卷 / (明)毛晋编
明崇祯十一年(1638)毛氏汲古阁刻清初
(1644-1722)增刻本
2004年摄制. -- 3盘卷片(93米1960拍) ：
1:9, 2B ；35mm银盐
收藏馆：缩微中心，国图

00O006279
元四大家诗集：二十七卷 / (明)毛晋编
明(1368-1644)汲古阁刻本
1987年摄制. -- 1盘卷片(33米740拍) ：
1:10, 2B ；35mm银盐
收藏馆：缩微中心，吉林

00O021918
梅花百咏：三卷 / (明)王化醇编
明(1368-1644)刻本
1995年摄制. -- 1盘卷片(4米52拍) ：1:10,
2B ；35mm银盐
收藏馆：缩微中心，国图

00O018678
李何近体诗选：七卷 / (明)来复辑
明万历(1573-1620)刻本
1994年摄制. -- 1盘卷片(5米66拍) ：1:10,
2B ；35mm银盐
收藏馆：缩微中心，国图

00O021236
明十二家诗选：三十九卷 / (明)赵南星辑
明万历(1573-1620)刻本. -- 存十家三十卷。
1995年摄制. -- 1盘卷片(35米684拍) ：
1:10, 2B ；35mm银盐
收藏馆：缩微中心，国图

00O023455
人琴集：七卷 / (明)钱继章编

清初(1644-1722)刻本
1995年摄制. -- 1盘卷片(11米198拍) :
1:10, 2B ; 35mm银盐
收藏馆：缩微中心，国图

000O019483
四子集：三十卷 / (明)方鏳编
清初(1644-1722)刻本
1994年摄制. -- 1盘卷片(17米322拍) :
1:10, 2B ; 35mm银盐
收藏馆：缩微中心，国图

000O018815
二友诗：二卷 / (明)白璧编
清(1644-1911)林氏朴学斋抄本
1994年摄制. -- 1盘卷片(4米46拍) : 1:10,
2B ; 35mm银盐
收藏馆：缩微中心，国图

000O019181
诗慰初集二十家：二十四卷 / (清)陈允衡编
清顺治(1644-1661)澄怀阁刻本. -- 存十四家
十六卷。郑振铎跋。
1994年摄制. -- 1盘卷片(23米458拍) :
1:10, 2B ; 35mm银盐
收藏馆：缩微中心，国图

000O026192
诗慰初集二十家：二十四卷 / (清)陈允衡编
清顺治(1644-1661)澄怀阁刻本. -- 存七家七
卷。
1996年摄制. -- 1盘卷片(14米199拍) :
1:10, 2B ; 35mm银盐
收藏馆：缩微中心，国图

000O005342
诗慰：□□卷 / (清)陈允衡辑
清初(1644-1722)澄怀阁刻本. -- 存十六卷。
1986年摄制. -- 1盘卷片(16米334拍) :
1:10, 2B ; 35mm银盐
收藏馆：缩微中心，国图

000O021046
两孤存：四卷
清康熙(1662-1722)刻本
1994年摄制. -- 1盘卷片(10米182拍) :
1:10, 2B ; 35mm银盐
收藏馆：缩微中心，国图

000O003308
名媛诗选：□□卷 / (清)邹漪编
清初(1644-1722)刻本. -- 存五卷。
1986年摄制. -- 1盘卷片(6.1米110拍) :

1:10, 2B ; 35mm银盐
收藏馆：缩微中心，国图

000O011663
八家诗选：八种八卷 / (清)吴之振辑
清康熙十一年(1672)鉴古堂刻本
1990年摄制. -- 1盘卷片(18米383拍) :
1:10, 2B ; 35mm银盐
收藏馆：缩微中心，天津

000O001339
依园七子诗选：七卷 / (清)徐行,(清)曾灿辑
清康熙十九年(1680)刻本
1985年摄制. -- 1盘卷片(7.3米135拍) :
1:10, 2B ; 35mm银盐
收藏馆：缩微中心，国图

000O016301
汪柯庭汇刻宾朋诗：十一卷 / (清)汪文柏辑
清康熙三十一年(1692)汪文柏刻本
1993年摄制. -- 1盘卷片(9米179拍) : 1:10,
2B ; 35mm银盐
收藏馆：缩微中心，国图

000O000036
二家诗钞：二十卷 / (清)邵长蘅编
清康熙三十四年(1695)刻本
1986年摄制. -- 1盘卷片(25.7米553拍) :
1:10, 2B ; 35mm银盐
收藏馆：缩微中心，山西

000O007415
二家诗钞：二十卷 / (清)邵长衡选
清康熙(1662-1722)刻本
1987年摄制. -- 1盘卷片(26米577拍) :
1:10, 2B ; 35mm银盐
收藏馆：缩微中心，吉林

000O017583
沧江诗选：三卷 / (清)王之醇辑
清康熙五十三年(1714)王氏松筠堂刻本
1993年摄制. -- 1盘卷片(8米141拍) : 1:10,
2B ; 35mm银盐
收藏馆：缩微中心，国图

000O031434
长留集：九卷 / (清)孔尚任撰；(清)刘廷玑辑
清康熙五十四年(1715)岱宝楼刻本
2004年摄制. -- 1盘卷片(20米416拍) :
1:10, 2B ; 35mm银盐
收藏馆：缩微中心，国图

000O007402
五大家诗抄：不分卷
清康熙(1662-1722)刻本
1987年摄制. -- 1盘卷片(28米621拍) ：
1:10，2B；35mm银盐
收藏馆：缩微中心，吉林市

000O026270
慎墨堂名家诗品：□□卷 / (清)邓汉仪辑
清康熙(1662-1722)刻本. -- 存六卷：彭栓诗
二卷、施闰章诗二卷、梁清标诗二卷。
1996年摄制. -- 1盘卷片(10米173拍) ：
1:10，2B；35mm银盐
收藏馆：缩微中心，国图

000O027604
**小南邨集：七卷二集八卷 / (清)徐昂发,(清)金国
栋辑**
清康熙(1662-1722)芳润堂刻本
1997年摄制. -- 1盘卷片(11米203拍) ：
1:10，2B；35mm银盐
收藏馆：缩微中心，国图

000O010946
国朝六家诗钞：八卷 / (清)刘执玉编
清乾隆三十二年(1767)诒燕楼刻本. -- (清)
黄爵滋批。
1989年摄制. -- 1盘卷片(22米431拍) ：
1:10，2B；35mm银盐
收藏馆：缩微中心，湖北

000O010958
国朝六家诗钞：八卷 / (清)刘执玉辑
清乾隆三十二年(1767)诒燕楼刻本. -- (清)
石渠老人批并录(清)沈德潜批语。
1989年摄制. -- 1盘卷片(22米429拍) ：
1:10，2B；35mm银盐
收藏馆：缩微中心，湖北

000O012600
菉漪园怀集：七种七卷 / (清)永恩编
清乾隆四十二年(1777)刻本
1990年摄制. -- 1盘卷片(4.9米81拍) ：
1:10，2B；35mm银盐
收藏馆：缩微中心，辽宁

000O010751
七子诗撰：十四卷 / (清)沈德潜辑
清乾隆(1736-1795)精刻本. -- 本书为连卷。
1989年摄制. -- 1盘卷片(12米237拍) ：
1:10，2B；35mm银盐
收藏馆：缩微中心，天津

000O019193
宗风师法真传：五卷
清道光三年(1823)黄氏士礼居刻本
1994年摄制. -- 1盘卷片(8米128拍) ：1:10，
2B；35mm银盐
收藏馆：缩微中心，国图

000O013119
清诗抄：八卷 / (清)方登峄[等]撰
清(1644-1911)抄本
1991年摄制. -- 1盘卷片(5.5米96拍) ：
1:10，2B；35mm银盐
收藏馆：缩微中心，辽宁

000O020624
**熊刘诗集：不分卷 / (清)熊伯龙,(清)刘子壮撰；
(清)易履泰编**
清乾隆五十七年(1792)名山阁刻本
1994年摄制. -- 1盘卷片(9米154拍) ：1:10，
2B；35mm银盐
收藏馆：缩微中心，国图

000O004306
越南使臣诗稿：一卷 / (清)阮述[等]撰
清(1644-1911)抄本
1986年摄制. -- 1盘卷片(2.5米26拍) ：
1:10，2B；35mm银盐
收藏馆：缩微中心，国图

000O015034
箕雅：不分卷 / (朝鲜)南龙翼辑
朝鲜抄本
1992年摄制. -- 1盘卷片(15米282拍) ：
1:10，2B；35mm银盐
收藏馆：缩微中心，国图

000O007038
韩柳文：一百卷附录一卷 / (明)游居敬编
明嘉靖三十五年(1556)莫如士刻本
1987年摄制. -- 2盘卷片(54米1207拍) ：
1:10，2B；35mm银盐
收藏馆：缩微中心，国图

000O018709
韩柳文：一百卷 / (明)游居敬编
明嘉靖三十五年(1556)莫如士刻本
1994年摄制. -- 2盘卷片(52米1061拍) ：
1:10，2B；35mm银盐
收藏馆：缩微中心，国图

000O010737
**王荆石先生批评韩柳文：二十二卷 / (唐)韩
愈,(唐)柳宗元撰**

明(1368-1644)刻本
1989年摄制. -- 3盘卷片(73米1569拍) :
1:10, 2B ; 35mm银盐
收藏馆：缩微中心，天津

000O006267
三唐人文集：三十四卷 / (唐)李翱[等]撰
明末(1621-1644)汲古阁刻本
1987年摄制. -- 1盘卷片(16米352拍) :
1:10, 2B ; 35mm银盐
收藏馆：缩微中心，吉林

000O002077
三唐人文集：三十四卷 / (明)毛晋编
明末(1621-1644)毛氏汲古阁刻清嘉庆道光
(1796-1850)重修本. -- (清)翁同龢校跋并录
(清)翁同书校，(清)储欣等评点。
1986年摄制. -- 1盘卷片(16米342拍) :
1:10, 2B ; 35mm银盐
收藏馆：缩微中心，国图

000O016027
三唐人文集：三十四卷 / (明)毛晋编
明末(1621-1644)毛氏汲古阁刻清嘉庆道光
(1796-1850)重修本. -- 章钰临(清)何焯校
跋。
1993年摄制. -- 1盘卷片(17米324拍) :
1:10, 2B ; 35mm银盐
收藏馆：缩微中心，国图

000O000027
唐文吕选：四种十三卷 / (清)吕留良编；(清)董
采评
清康熙四十三年(1704)困学阁刻本
1986年摄制. -- 1盘卷片(18.7米395拍) :
1:10, 2B ; 35mm银盐
收藏馆：缩微中心，山西

000O018527
秦氏石研斋校刻书：三种二十八卷考证一卷 /
(清)秦恩复编
清嘉庆(1796-1820)秦氏石研斋刻本. -- 考证
一卷/(清)顾广圻撰。
1993年摄制. -- 1盘卷片(18米341拍) :
1:10, 2B ; 35mm银盐
收藏馆：缩微中心，国图

000O001354
唐三家集：九卷
明(1368-1644)姜道生刻本
1985年摄制. -- 1盘卷片(13米272拍) :
1:10, 2B ; 35mm银盐
收藏馆：缩微中心，国图

000O020267
澹轩杂抄：二卷
抄本
1994年摄制. -- 1盘卷片(11米208拍) :
1:10, 2B ; 35mm银盐
收藏馆：缩微中心，国图

000O015888
重订成仁遗稿：七卷 / (明)舒芬编
明正德十五年(1520)书林余氏刻本
1993年摄制. -- 1盘卷片(21米407拍) :
1:10, 2B ; 35mm银盐
收藏馆：缩微中心，国图

000O005392
宋文正范先生文集：十卷 / (宋)范仲淹撰
明万历三十六年(1608)康丕扬刻宋两名相集本
1986年摄制. -- 2盘卷片(38.5米843拍) :
1:10, 2B ; 35mm银盐
收藏馆：缩微中心，国图

000O009325
苏黄风流小品(东坡题跋)：十六卷 / (明)黄嘉惠
编
明崇祯(1628-1644)尔如堂刻本
1988年摄制. -- 1盘卷片(23米490拍) :
1:10, 2B ; 35mm银盐
收藏馆：缩微中心，湖南

000O013588
苏黄题跋：二种十二卷 / (明)杨鹤编
明(1368-1644)刻本
1991年摄制. -- 1盘卷片(20米389拍) :
1:10, 2B ; 35mm银盐
收藏馆：缩微中心，浙江

000O024036
陈沈两先生稿：二十二卷 / (明)陈仁锡编
明万历四十三年(1615)陈氏阅帆堂刻本
1996年摄制. -- 1盘卷片(29米617拍) :
1:10, 2B ; 35mm银盐
收藏馆：缩微中心，南京

000O009665
皇明十大家文选：二十五卷 / (明)钟惺编
明(1368-1644)刻本
1988年摄制. -- 2盘卷片(36米741拍) :
1:10, 2B ; 35mm银盐
收藏馆：缩微中心，甘肃

000O016870
三异人集：二十二卷附录四卷 / (明)俞允谐辑
明(1368-1644)俞氏求古堂刻本

1993年摄制. -- 1盘卷片（28米561拍）：
1:10，2B；35mm银盐
收藏馆：缩微中心，国图

000O023793
明四家文选：十四卷 / (明)宗臣[等]撰；(明)孙鑛[等]选校
明(1368-1644)刻本
1995年摄制. -- 1盘卷片（22米426拍）：
1:10，2B；35mm银盐
收藏馆：缩微中心，浙江

000O006582
明四家集：八卷
明(1368-1644)刻本
1987年摄制. -- 1盘卷片（10米175拍）：
1:10，2B；35mm银盐
收藏馆：缩微中心，国图

000O000017
丘海二公文集合编：十六卷 / (清)焦映汉,(清)贾棠编
清康熙四十七年(1708)刻本
1986年摄制. -- 1盘卷片（33.1米721拍）：
1:10，2B；35mm银盐
收藏馆：缩微中心，山西

000O019807
徐高二家集选：二卷
清(1644-1911)抄本. -- (清)王士禛校。
1994年摄制. -- 1盘卷片（4米48拍）：1:10，
2B；35mm银盐
收藏馆：缩微中心，国图

000O000021
国朝三家文钞：三十二卷 / (清)宋荦,(清)许汝霖编
清康熙三十三年(1694)刻本
1986年摄制. -- 2盘卷片（38.2米806拍）：
1:10，2B；35mm银盐
收藏馆：缩微中心，山西

000O019754
五家四六：五卷
清(1644-1911)抄本
1994年摄制. -- 1盘卷片（15米279拍）：
1:10，2B；35mm银盐
收藏馆：缩微中心，国图

000O000699
国朝大家制义：四十二卷 / (清)陈名夏编
明末(1621-1644)陈氏石云居刻本
1985年摄制. -- 6盘卷片（151米3378拍）：

1:10，2B；35mm银盐
收藏馆：缩微中心，国图

000O031143
皇明十六家小品：三十二卷 / (明)丁允和,(明)陆云龙辑；(明)陆云龙评
明崇祯六年(1633)陆云龙刻本
2004年摄制. -- 3盘卷片（71米1470拍）：
1:9，2B；35mm银盐
收藏馆：缩微中心，国图

000O011603
皇明论程文选：四卷 / (明)陈仁锡撰
明崇祯(1628-1644)刻本
1989年摄制. -- 1盘卷片（3米35拍）：1:10，
2B；35mm银盐
收藏馆：缩微中心，吉林

000O018621
文选：六十卷 / (梁)萧统辑
明隆庆六年(1572)楚少鹤山房刻本
1993年摄制. -- 2盘卷片（47.9米1043拍）：
1:10，2B；35mm银盐
收藏馆：缩微中心，重庆

000O015011
文选：六十卷 / (梁)萧统辑
明万历六年(1578)楚府刻本
1992年摄制. -- 2盘卷片（49米944拍）：
1:10，2B；35mm银盐
收藏馆：缩微中心，国图

000O008662
文选：十二卷 / (梁)萧统辑
明万历(1573-1620)吴勉学刻本
1987年摄制. -- 2盘卷片（45.4米987拍）：
1:10，2B；35mm银盐
收藏馆：缩微中心，重庆

000O006853
梁昭明文选：二十四卷 / (梁)萧统辑；(明)张凤翼纂注
明崇祯十六年(1643)卢之颐刻本
1987年摄制. -- 2盘卷片（52米1151拍）：
1:10，2B；35mm银盐
收藏馆：缩微中心，山东

000O004501
文选：十二卷音注十二卷 / (梁)萧统辑
明万历二十三年(1595)吴近仁刻本. -- (明)瞿式耜批点,(明)曹昌文跋。
1986年摄制. -- 2盘卷片（41米889拍）：
1:10，2B；35mm银盐

收藏馆：缩微中心，国图

00O011143
文选：十二卷 / (梁)萧统辑
明万历二十三年(1595)吴近仁刻本
1989年摄制． -- 2盘卷片(41.7米883拍)：
1:10，2B；35mm银盐
收藏馆：缩微中心，湖南

00O006528
六臣注文选：六十卷 / (唐)李善[等]注
明(1368-1644)刻本． -- 注者还有：(唐)吕延
济、(唐)刘良、(唐)张铣、(唐)吕向、(唐)李
周翰．附：诸儒议论一卷/(元)陈仁子辑。
1987年摄制． -- 4盘卷片(120米2404拍)：
1:10，2B；35mm银盐
收藏馆：缩微中心，国图

00O007519
**六臣注文选：六十卷 / (梁)萧统辑；(唐)李善[等]
注**
明(1368-1644)刻本． -- 注者还有：(唐)吕延
济、(唐)刘良、(唐)张铣、(唐)吕向、(唐)李
周翰．附：诸儒议论一卷/(元)陈仁子辑。
1987年摄制． -- 4盘卷片(112米2328拍)：
1:10，2B；35mm银盐
收藏馆：缩微中心，国图

00O006287
昭明文选：六十卷 / (梁)萧统选
宋(960-1279)刻本
1987年摄制． -- 5盘卷片(157米3517拍)：
1:10，2B；35mm银盐
收藏馆：缩微中心，吉林

00O019688
文选注：六十卷 / (唐)李善[等]撰
宋(960-1279)赣州州学刻宋元明(960-1644)
递修本． -- 存十三卷：卷四至卷七、卷
三十八、卷四十五至卷四十八、卷五十一至卷
五十二、卷五十五至卷五十六。
1994年摄制． -- 1盘卷片(30米618拍)：
1:10，2B；35mm银盐
收藏馆：缩微中心，国图

00O000297
文选：六十卷 / (梁)萧统辑；(唐)李善注
明成化二十三年(1487)唐藩朱芝址刻本． --
存五十卷：卷一至卷三十四、卷四十五至卷
六十。
1985年摄制． -- 3盘卷片(66.6米1472拍)：
1:10，2B；35mm银盐
收藏馆：缩微中心，国图

00O007314
文选：六十卷 / (梁)萧统辑；(唐)李善注
明成化二十三年(1487)唐藩朱芝址刻本
1987年摄制． -- 3盘卷片(80.3米1800拍)：
1:10，2B；35mm银盐
收藏馆：缩微中心，国图

00O015449
文选注：六十卷 / (唐)李善[等]撰
明成化二十三年(1487)唐藩朱芝址刻本
1992年摄制． -- 3盘卷片(82米1653拍)：
1:10，2B；35mm银盐
收藏馆：缩微中心，国图

00O000274
文选：六十卷 / (梁)萧统辑；(唐)李善注
明嘉靖元年(1522)汪谅刻本． -- 卷五至卷
七、卷四十九至卷五十二配清(1644-1911)抄
本。
1985年摄制． -- 3盘卷片(81.6米1829拍)：
1:10，2B；35mm银盐
收藏馆：缩微中心，国图

00O001420
文选：六十卷 / (梁)萧统辑；(唐)李善注
明嘉靖元年(1522)汪谅刻本． -- (清)杨绍
和、(清)高均儒跋。
1985年摄制． -- 3盘卷片(83.8米1885拍)：
1:10，2B；35mm银盐
收藏馆：缩微中心，国图

00O007514
文选：六十卷 / (梁)萧统辑；(唐)李善注
明嘉靖元年(1522)汪谅刻本
1987年摄制． -- 3盘卷片(83米1782拍)：
1:10，2B；35mm银盐
收藏馆：缩微中心，国图

00O008420
文选：六十卷 / (梁)萧统辑；(唐)李善注
明嘉靖元年(1522)汪谅刻本
1988年摄制． -- 3盘卷片(87米1943拍)：
1:10，2B；35mm银盐
收藏馆：缩微中心，国图

00O017467
文选注：六十卷 / (唐)李善[等]撰
明嘉靖元年(1522)汪谅刻本
1993年摄制． -- 3盘卷片(82米1673拍)：
1:10，2B；35mm银盐
收藏馆：缩微中心，国图

000O000295
文选：六十卷 / (梁)萧统辑；(唐)李善注
明嘉靖四年(1525)晋藩养德书院刻本
1985年摄制. -- 3盘卷片(78.5米1758拍) ：
1:10，2B ；35mm银盐
收藏馆：缩微中心，国图

000O006401
文选：六十卷 / (梁)萧统辑；(唐)李善注
明嘉靖四年(1525)晋藩养德书院刻本
1987年摄制. -- 3盘卷片(78.7米1745拍) ：
1:10，2B ；35mm银盐
收藏馆：缩微中心，国图

000O020972
文选：六十卷 / (梁)萧统辑；(唐)李善注
明嘉靖四年(1525)晋藩养德书院刻本. --
(清)丁丙跋。
1994年摄制. -- 3盘卷片(81米1776拍) ：
1:10，2B ；35mm银盐
收藏馆：缩微中心，南京

000O007516
文选：六十卷 / (梁)萧统辑；(唐)李善注
明隆庆五年(1571)唐藩朱硕熿刻本. -- 卷
三十五至卷三十八配明成化二十三年(1487)
唐藩朱芝址刻本。存五十九卷：卷一至卷
五十六、卷五十八至卷六十。
1987年摄制. -- 3盘卷片(78米1744拍) ：
1:10，2B ；35mm银盐
收藏馆：缩微中心，国图

000O000316
文选：六十卷 / (梁)萧统辑；(唐)李善注
明(1368-1644)刻本
1985年摄制. -- 4盘卷片(108.5米2433拍) ：
1:10，2B ；35mm银盐
收藏馆：缩微中心，国图

000O017909
文选注：六十卷 / (唐)李善[等]注
明(1368-1644)刻本. -- 注者还有：(唐)吕延
济、(唐)刘良、(唐)张铣、(唐)吕向、(唐)李
周翰。附：诸儒议论一卷/(元)陈仁子辑。
1993年摄制. -- 4盘卷片(115米2226拍) ：
1:10，2B ；35mm银盐
收藏馆：缩微中心，国图

000O011355
文选：六十卷 / (梁)萧统辑；(唐)李善注
明末(1621-1644)毛氏汲古阁刻本. -- 存
四十二卷：卷一至卷三十、卷四十六至卷
五十四、卷五十八至卷六十。

1989年摄制. -- 1盘卷片(33米750拍) ：
1:10，2B ；35mm银盐
收藏馆：缩微中心，辽宁

000O019280
文选注：六十卷 / (唐)李善撰
明末(1621-1644)毛氏汲古阁刻本. -- (清)邓
传密跋并录(清)俞正燮批校，佚名录(清)何焯
批校题识。
1994年摄制. -- 2盘卷片(49米981拍) ：
1:10，2B ；35mm银盐
收藏馆：缩微中心，国图

000O020564
文选：六十卷 / (梁)萧统辑；(唐)李善注
明末(1621-1644)毛氏汲古阁刻清康熙二十五
年(1686)钱士谧重修本. -- (清)毕怀图校
跋。
1994年摄制. -- 2盘卷片(48米985拍) ：
1:10，2B ；35mm银盐
收藏馆：缩微中心，国图

000O007269
文选：六十卷 / (梁)萧统辑；(唐)李善注
明末(1621-1644)毛氏汲古阁刻清乾隆二十七
年(1762)杨氏儒缨堂重修本. -- (清)阮元跋
并录(清)冯武、(清)陆贻典、(清)顾广圻校
跋。
1987年摄制. -- 2盘卷片(52米1106拍) ：
1:10，2B ；35mm银盐
收藏馆：缩微中心，国图

000O014343
文选注：六十卷 / (唐)李善[等]撰
日本宽永二年(1625)活字印本
1992年摄制. -- 4盘卷片(109米2204拍) ：
1:10，2B ；35mm银盐
收藏馆：缩微中心，国图

000O013696
文选注：六十卷 / (唐)李善[等]撰 . 考异：十卷 /
(清)胡克家撰
清嘉庆十四年(1809)胡克家影宋(960-1279)刻
本
1991年摄制. -- 4盘卷片(96米1961拍) ：
1:10，2B ；35mm银盐
收藏馆：缩微中心，国图

000O007927
文选：六十卷 / (梁)萧统辑；(唐)李善注
清嘉庆十四年(1809)胡克家影宋(960-1279)刻
本
1988年摄制. -- 4盘卷片(98.9米2111拍) ：

1:10，2B ；35mm银盐
收藏馆：缩微中心，湖南

000○011572
文选：六十卷 / (梁)萧统辑；(唐)李善注
清乾隆三十七年(1772)叶氏海录轩刻朱墨套印本. -- (清)何焯评。
1989年摄制. -- 2盘卷片(53米1048拍) ：1:10，2B ；35mm银盐
收藏馆：缩微中心，湖北

000○010814
六臣注文选：六十卷 / (梁)萧统辑；(唐)李善[等]注
明嘉靖二十八年(1549)万卷堂刻本. -- 注者还有：(唐)吕延济、(唐)刘良、(唐)张铣、(唐)李周翰、(唐)吕向。附：诸儒议论一卷 / (元)陈仁子辑。
1988年摄制. -- 4盘卷片(109米2410拍) ：1:10，2B ；35mm银盐
收藏馆：缩微中心，天津

000○006457
六臣注文选：六十卷 / (唐)李善[等]注
明(1368-1644)潘惟时潘惟德刻本. -- 注者还有：(唐)吕延济、(唐)刘良、(唐)张铣、(唐)吕向、(唐)李周翰。
1987年摄制. -- 5盘卷片(140.8米3070拍) ：1:10，2B ；35mm银盐
收藏馆：缩微中心，国图

000○023017
文选：六十卷 / (梁)萧统辑；(唐)李善注
宋(960-1279)赣州州学刻宋元(960-1368)递修本. -- 注者还有：(唐)吕延济、(唐)刘良、(唐)张铣、(唐)吕向、(唐)李周翰。存四十二卷：卷一、卷四至卷五、卷八至卷九、卷十三至卷十五、卷十七至卷十八、卷二十二至卷二十五、卷二十八至卷三十五、卷四十至卷四十八、卷五十至卷六十。
1995年摄制. -- 4盘卷片(104米2103拍) ：1:10，2B ；35mm银盐
收藏馆：缩微中心，国图

000○005581
文选注：六十卷 / (唐)李善[等]撰
宋(960-1279)赣州州学刻元明(1271-1644)递修本
1987年摄制. -- 5盘卷片(143米3190拍) ：1:10，2B ；35mm银盐
收藏馆：缩微中心，国图

000○015266
文选注：六十卷 / (梁)萧统辑；(唐)李善[等]注
宋(960-1279)赣州州学刻宋元明(960-1644)递修本. -- 注者还有：(唐)吕延济、(唐)刘良、(唐)张铣、(唐)吕向、(唐)李周翰。
1992年摄制. -- 6盘卷片(157米3087拍) ：1:10，2B ；35mm银盐
收藏馆：缩微中心，国图

000○020140
六家文选注：六十卷 / (唐)李善[等]注
明嘉靖十三年至二十八年(1534-1549)袁褧嘉趣堂刻本. -- 注者还有：(唐)吕延济、(唐)刘良、(唐)张铣、(唐)吕向、(唐)李周翰。
1994年摄制. -- 3盘卷片(93米1966拍) ：1:10，2B ；35mm银盐
收藏馆：缩微中心，国图

000○007521
六家文选：六十卷 / (梁)萧统辑；(唐)李善[等]注
明(1368-1644)丁觐刻本. -- 注者还有：(唐)吕延济、(唐)刘良、(唐)张铣、(唐)吕向、(唐)李周翰。卷二至卷十、卷十四、卷五十一至卷五十二配明嘉靖十三年至二十八年袁褧嘉趣堂刻本。
1987年摄制. -- 4盘卷片(100米2242拍) ：1:10，2B ；35mm银盐
收藏馆：缩微中心，国图

000○001894
六家文选：六十卷 / (梁)萧统辑；(唐)李善[等]注
明嘉靖十三年至二十八年(1534-1549)袁褧嘉趣堂刻本. -- 注者还有：(唐)吕延济、(唐)刘良、(唐)张铣、(唐)吕向、(唐)李周翰。
1986年摄制. -- 4盘卷片(99米2192拍) ：1:10，2B ；35mm银盐
收藏馆：缩微中心，国图

000○007579
六家文选：六十卷 / (梁)萧统辑；(唐)李善[等]注
明嘉靖十三年至二十八年(1534-1549)袁褧嘉趣堂刻本. -- 注者还有：(唐)吕延济、(唐)刘良、(唐)张铣、(唐)吕向、(唐)李周翰。
1987年摄制. -- 4盘卷片(96米2128拍) ：1:10，2B ；35mm银盐
收藏馆：缩微中心，国图

000○014931
六家文选：六十卷 / (梁)萧统辑；(唐)李善[等]注
明嘉靖十三年至二十八年(1534-1549)袁褧嘉趣堂刻本. -- 注者还有：(唐)吕延济、(唐)刘良、(唐)张铣、(唐)吕向、(唐)李周翰。(清)庄虎孙跋。

1992年摄制. -- 4盘卷片(99米2005拍)：
1:10, 2B；35mm银盐
收藏馆：缩微中心, 国图

000O008561
六家文选注：六十卷 / (唐)李善[等]注
明(1368-1644)丁觐刻本. -- 注者还有：(唐)
吕延济、(唐)刘良、(唐)张铣、(唐)吕向、
(唐)李周翰。
1988年摄制. -- 4盘卷片(110.1米2200拍)：
1:10, 2B；35mm银盐
收藏馆：缩微中心, 国图

000O021793
六家文选：六十卷 / (梁)萧统辑；(唐)李善[等]注
明(1368-1644)丁觐刻本. -- 注者还有：(唐)
吕延济、(唐)刘良、(唐)张铣、(唐)吕向、
(唐)李周翰。(清)丁丙跋。
1994年摄制. -- 4盘卷片(105.5米2276拍)：
1:10, 2B；35mm银盐
收藏馆：缩微中心, 南京

000O004477
六臣注文选：六十卷 / (梁)萧统辑；(唐)李善[等]注
明万历二年(1574)崔孔昕刻本. -- 注者还
有：(唐)吕延济、(唐)刘良、(唐)张铣、(唐)
李周翰、(唐)吕向。
1986年摄制. -- 5盘卷片(139.6米2469拍)：
1:10, 2B；35mm银盐
收藏馆：缩微中心, 国图

000O014703
六臣注文选：六十卷 / (梁)萧统辑；(唐)李善[等]注
明万历二年(1574)崔孔昕刻万历六年(1578)杜
徐重修本. -- 注者还有：(唐)吕延济、(唐)
刘良、(唐)张铣、(唐)吕向、(唐)李周翰。
1992年摄制. -- 5盘卷片(143米2922拍)：
1:10, 2B；35mm银盐
收藏馆：缩微中心, 国图

000O023443
文选注：六十卷 / (唐)李善[等]注
朝鲜活字印本. -- 注者还有：(唐)吕延济、
(唐)刘良、(唐)张铣、(唐)吕向、(唐)李周
翰。存三十四卷：卷五至卷八、卷十七至卷
十八、卷二十一至卷二十二、卷二十五至卷
二十六、卷三十二至卷三十八、卷四十三至卷
五十九。
1995年摄制. -- 3盘卷片(80米1624拍)：
1:10, 2B；35mm银盐
收藏馆：缩微中心, 国图

000O019088
六臣注文选：六十卷 / (唐)李善[等]注
明嘉靖二十八年(1549)洪楩刻本. -- 注者还
有：(唐)吕延济、(唐)刘良、(唐)张铣、(唐)
吕向、(唐)李周翰。附：诸儒议论一卷/(元)
陈仁子辑。卷十七至卷六十, 配明潘惟时潘惟
德刻本。
1994年摄制. -- 5盘卷片(135米2744拍)：
1:10, 2B；35mm银盐
收藏馆：缩微中心, 国图

000O009507
文选：六十卷 / (梁)萧统辑；(明)何孟伦辑注
明嘉靖(1522-1566)刻本
1987年摄制. -- 2盘卷片(54.6米1200拍)：
1:10, 2B；35mm银盐
收藏馆：缩微中心, 重庆

000O009411
文选：十二卷 / (梁)萧统辑；(明)张凤翼纂注
明万历(1573-1620)刻本. -- 版框高十九厘米
宽十三厘米。
1988年摄制. -- 2盘卷片(52米1121拍)：
1:10, 2B；35mm银盐
收藏馆：缩微中心, 广东

000O008708
新纂六臣注汉文选：二十四卷 / (梁)萧统辑；(明)张凤翼纂注
明万历十四年(1586)刻本
1988年摄制. -- 2盘卷片(48.9米1069拍)：
1:11, 2B；35mm银盐
收藏馆：缩微中心, 重庆

000O006403
文选纂注：十二卷 / (梁)萧统辑；(明)张凤翼纂注
明万历(1573-1620)刻本
1987年摄制. -- 2盘卷片(51米1075拍)：
1:10, 2B；35mm银盐
收藏馆：缩微中心, 国图

000O008978
梁昭明文选：十二卷 / (明)张凤翼纂注
明万历二十九年(1601)悙绍龙刻本
1988年摄制. -- 2盘卷片(54.5米1144拍)：
1:10, 2B；35mm银盐
收藏馆：缩微中心, 湖北

000O008675
文选：十二卷 / (梁)萧统辑；(明)张凤翼纂注
明末(1621-1644)刻本
1988年摄制. -- 2盘卷片(49.5米1081拍)：

1:10, 2B ; 35mm银盐
收藏馆：缩微中心，重庆

000O008663
文选章句：二十八卷 / (明)陈与郊撰
明万历二十五年(1597)刻本
1987年摄制. -- 3盘卷片(66.2米1526拍)：
1:10, 2B ; 35mm银盐
收藏馆：缩微中心，重庆

000O029293
文选后集：五卷 / (梁)萧统撰；(明)郭正域评
明(1368-1644)闵于忱松筠馆刻朱墨套印本
1999年摄制. -- 1盘卷片(11米205拍)：
1:10, 2B ; 35mm银盐
收藏馆：缩微中心，湖南

000O007790
文选删注：十二卷 / (明)王象乾撰
明万历(1573-1620)刻本
1988年摄制. -- 2盘卷片(48.1米1052拍)：
1:11, 2B ; 35mm银盐
收藏馆：缩微中心，重庆

000O008741
孙月峰先生评文选：三十卷 / (梁)萧统辑；(明)
孙鑛评；(明)闵齐华注
明末(1621-1644)乌程闵氏刻本
1988年摄制. -- 3盘卷片(75米1499拍)：
1:10, 2B ; 35mm银盐
收藏馆：缩微中心，重庆

000O013254
孙月峰先生评文选：三十卷 / (梁)萧统辑；(明)
孙鑛评；(明)闵齐华注
明末(1621-1644)乌程闵氏刻清康熙二十年
(1681)柯维桢重修本
1991年摄制. -- 3盘卷片(66.5米1330拍)：
1:10, 2B ; 35mm银盐
收藏馆：缩微中心，湖北

000O009727
文选尤：十四卷 / (明)邹思明编
明(1368-1644)刻本
1987年摄制. -- 2盘卷片(33米707拍)：
1:10, 2B ; 35mm银盐
收藏馆：缩微中心，吉林

000O020740
文选尤：十四卷 / (明)邹思明选评
明天启(1621-1627)刻三色套印本
1994年摄制. -- 1盘卷片(33米759拍)：
1:10, 2B ; 35mm银盐

收藏馆：缩微中心，国图

000O002352
文选举正：不分卷 / (清)陈景云撰
清咸丰七年(1857)周镇抄本. -- (清)翁同书
跋。
1986年摄制. -- 1盘卷片(11米220拍)：
1:10, 2B ; 35mm银盐
收藏馆：缩微中心，国图

000O021794
选诗补注：八卷补遗二卷续编四卷 / (元)刘履辑
明弘治十四年(1501)王玺刻本
1994年摄制. -- 1盘卷片(22米486拍)：
1:10, 2B ; 35mm银盐
收藏馆：缩微中心，南京

000O021678
选诗：八卷 / (元)刘履补注
明嘉靖四年(1525)萧梅林刻本
1995年摄制. -- 1盘卷片(16米300拍)：
1:10, 2B ; 35mm银盐
收藏馆：缩微中心，国图

000O015027
选诗补注：八卷 / (元)刘履撰
明嘉靖四年(1525)萧梅林刻本
1992年摄制. -- 1盘卷片(14米284拍)：
1:10, 2B ; 35mm银盐
收藏馆：缩微中心，国图

000O024868
选诗补注：八卷补遗二卷续编四卷 / (元)刘履撰
明(1368-1644)养吾堂刻本. -- (清)丁丙跋。
1996年摄制. -- 1盘卷片(21米467拍)：
1:10, 2B ; 35mm银盐
收藏馆：缩微中心，南京

000O021265
选诗：八卷 / (元)刘履辑
明嘉靖三十一年(1552)顾存仁刻本
1995年摄制. -- 1盘卷片(16米296拍)：
1:10, 2B ; 35mm银盐
收藏馆：缩微中心，国图

000O016437
选诗补注：八卷 / (元)刘履撰
明嘉靖三十一年(1552)顾存仁养吾堂刻本
1993年摄制. -- 1盘卷片(16米296拍)：
1:10, 2B ; 35mm银盐
收藏馆：缩微中心，国图

000O019285
选诗补注：八卷补遗二卷续编四卷 / (元)刘履撰
明嘉靖三十一年(1552)顾存仁养吾堂刻本
1994年摄制. -- 1盘卷片(21米411拍) :
1:10, 2B ; 35mm银盐
收藏馆：缩微中心，国图

000O016430
选诗补注：八卷补遗二卷续编四卷 / (元)刘履撰
明(1368-1644)刻本. -- 补遗二卷续编四
卷/(元)刘履辑。
1993年摄制. -- 1盘卷片(21米398拍) :
1:10, 2B ; 35mm银盐
收藏馆：缩微中心，国图

000O020159
选诗补注：八卷补遗二卷续编四卷 / (元)刘履撰
明(1368-1644)刻本
1994年摄制. -- 1盘卷片(17米302拍) :
1:10, 2B ; 35mm银盐
收藏馆：缩微中心，国图

000O022180
选诗补注：八卷 / (元)刘履撰
明(1368-1644)刻本. -- 存七卷：卷一至卷
七。
1995年摄制. -- 1盘卷片(13米235拍) :
1:10, 2B ; 35mm银盐
收藏馆：缩微中心，国图

000O002081
选诗续编：四卷 / (元)刘履辑
明(1368-1644)刻本. -- (清)周星诒跋。
1986年摄制. -- 1盘卷片(5.3米89拍) :
1:10, 2B ; 35mm银盐
收藏馆：缩微中心，国图

000O018102
选诗：三卷 / (明)许少莘辑
明嘉靖六年(1527)刘士元王銮刻本
1993年摄制. -- 1盘卷片(11米211拍) :
1:10, 2B ; 35mm银盐
收藏馆：缩微中心，山东

000O007411
选诗：三卷
明(1368-1644)刻本
1987年摄制. -- 1盘卷片(9米181拍) : 1:10,
2B ; 35mm银盐
收藏馆：缩微中心，吉林市

000O009899
选诗：三卷

明(1368-1644)刻本
1988年摄制. -- 1盘卷片(10米179拍) :
1:10, 2B ; 35mm银盐
收藏馆：缩微中心，湖南

000O021120
选诗：三卷 / (明)刘大文辑
明(1368-1644)刻本
1994年摄制. -- 1盘卷片(8米122拍) : 1:10,
2B ; 35mm银盐
收藏馆：缩微中心，国图

000O005364
选诗：三卷补一卷 / (明)刘大文辑；(明)顾大猷
撰补
明万历二十八年(1600)刘大文刻本
1986年摄制. -- 1盘卷片(13米269拍) :
1:10, 2B ; 35mm银盐
收藏馆：缩微中心，国图

000O015103
选诗：三卷补一卷 / (明)刘大文辑；(明)顾大猷
撰补
明万历二十八年(1600)刘大文刻本. -- 补一
卷/(明)顾大猷辑。
1992年摄制. -- 1盘卷片(14米236拍) :
1:10, 2B ; 35mm银盐
收藏馆：缩微中心，国图

000O032091
选诗：三卷补一卷 / (明)刘大文辑；(明)顾大猷
撰补
明万历二十八年(1600)刘大文刻本. -- 十行
二十字小字双行同白口左右双边。
2011年摄制. -- 1盘卷片(16米279拍) :
1:13, 2B ; 35mm银盐
收藏馆：缩微中心，国图

000O005415
选诗约注：八卷评议一卷 / (明)冯惟讷撰
明万历九年(1581)沈思孝刻本
1986年摄制. -- 1盘卷片(21.2米470拍) :
1:10, 2B ; 35mm银盐
收藏馆：缩微中心，国图

000O007055
文选诗集：七卷 / (梁)萧统辑；(明)虞九章订注
明万历(1573-1620)刻本
1987年摄制. -- 1盘卷片(16米358拍) :
1:10, 2B ; 35mm银盐
收藏馆：缩微中心，山东

00O019083
选诗：七卷订注七卷 / (梁)萧统辑；(明)郭正域批点；(明)凌濛初辑评
明(1368-1644)凌濛初刻套印本
1994年摄制. -- 1盘卷片(18米340拍) ：1:10, 2B；35mm银盐
收藏馆：缩微中心，国图

00O006264
选赋：六卷 / (梁)萧统选
明(1368-1644)刻本
1987年摄制. -- 1盘卷片(17米358拍) ：1:10, 2B；35mm银盐
收藏馆：缩微中心，吉林

00O016108
文馆词林：一千卷 / (唐)许敬宗[等]辑．左氏蒙求：一卷 / (元)吴化龙撰
清同治三年(1864)刘履芬抄本. -- 存四卷：卷六百二十二、卷六百六十四、卷六百六十八、卷六百九十五。
1993年摄制. -- 1盘卷片(5米55拍) ：1:10, 2B；35mm银盐
收藏馆：缩微中心，国图

00O024884
文馆词林：一千卷 / (唐)许敬宗[等]辑．叙录：一卷 / (清)傅以礼辑
清光绪二十三年(1897)傅氏七林书堂抄本. -- 存二十卷：卷一百五十六至卷一百五十八、卷三百四十七至卷三百四十八、卷四百五十二至卷四百五十三、卷四百五十七、卷四百五十九、卷六百六十二、卷六百六十四至卷六百六十八、卷六百七十、卷六百九十一、卷六百九十五、卷六百九十九，叙录一卷。
1996年摄制. -- 1盘卷片(16米322拍) ：1:10, 2B；35mm银盐
收藏馆：缩微中心，南京

00O002214
文苑英华：一千卷 / (宋)李昉[等]辑
明隆庆元年(1567)胡维新戚继光刻本. -- 卷二百八十四至卷二百九十、卷七百五十七至卷七百七十三、卷八百至卷八百九配清(1644-1911)抄本。
1986年摄制. -- 18盘卷片(511米11405拍) ：1:10, 2B；35mm银盐
收藏馆：缩微中心，国图

00O009393
文苑英华：一千卷 / (宋)李昉[等]辑
明隆庆元年(1567)胡维新戚继光刻隆庆六年(1572)万历六年(1578)递修本

1988年摄制. -- 17盘卷片(508米11160拍) ：1:10, 2B；35mm银盐
收藏馆：缩微中心，湖北

00O029167
文苑英华：一千卷 / (宋)李昉[等]辑
明隆庆元年(1567)胡维新戚继光刻本. -- 存七百五十卷：卷一至卷一百、卷一百五十一至卷四百五十、卷五百一至卷五百五十、卷六百一至卷六百五十、卷七百一至卷八百、卷八百五十一至卷一千。王思范跋。
1999年摄制. -- 14盘卷片(395米9085拍) ：1:10, 2B；35mm银盐
收藏馆：缩微中心，国图

00O000218
文苑英华：一千卷 / (宋)李昉[等]辑
明(1368-1644)抄本. -- 存九百六十卷：卷一至卷二百十、卷二百二十一至卷三百、卷三百十一至卷五百、卷五百十一至卷五百四十、卷五百五十一至卷七百三十、卷七百四十一至卷八百、卷八百十一至卷一千。卷一百四十一至卷一百五十、卷五百三十一至卷五百四十，配另一明抄本。
1985年摄制. -- 15盘卷片(406米9088拍) ：1:10, 2B；35mm银盐
收藏馆：缩微中心，国图

00O003184
文苑英华：一千卷 / (宋)李昉[等]辑
明(1368-1644)抄本. -- 存九百九十六卷：卷一至卷六百三十三、卷六百三十六至卷六百五十九、卷六百六十一至卷九百五十一、卷九百五十三至卷一千。
1986年摄制. -- 15盘卷片(430.3米9718拍) ：1:10, 2B；35mm银盐
收藏馆：缩微中心，国图

00O024292
文苑英华：一千卷 / (宋)李昉[等]辑
明（1368-1644)抄本. -- 存十卷：卷四百三十一至卷四百四十。
1996年摄制. -- 1盘卷片(6米77拍) ：1:10, 2B；35mm银盐
收藏馆：缩微中心，国图

00O016682
会通馆印正文苑英华纂要：八十四卷 / (宋)高似孙辑
明(1368-1644)刻本
1993年摄制. -- 1盘卷片(17米321拍) ：1:10, 2B；35mm银盐
收藏馆：缩微中心，国图

000O000298

会通馆印正文苑英华辨证：十卷 / (宋)彭叔夏撰

明(1368-1644)刻本

1985年摄制. -- 1盘卷片(5.9米102拍) ：

1:10, 2B ；35mm银盐

收藏馆：缩微中心，国图

000O015626

会通馆印正文苑英华辨证：十卷 / (宋)彭叔夏撰

明(1368-1644)刻本

1993年摄制. -- 1盘卷片(6米90拍) ： 1:10,

2B ；35mm银盐

收藏馆：缩微中心，国图

000O023441

文苑英华辨证：十卷 / (宋)彭叔夏撰

明万历四十二年(1614)熊祺刻本

1995年摄制. -- 1盘卷片(7米111拍) ： 1:10,

2B ；35mm银盐

收藏馆：缩微中心，国图

000O003181

文苑英华辨证：十卷 / (宋)彭叔夏撰

明(1368-1644)刻本

1986年摄制. -- 1盘卷片(6米103拍) ： 1:10,

2B ；35mm银盐

收藏馆：缩微中心，国图

000O023438

文苑英华辨证：十卷 / (宋)彭叔夏撰

清(1644-1911)抄本. -- (清)李文藻校并跋。

1995年摄制. -- 1盘卷片(6米91拍) ： 1:10,

2B ；35mm银盐

收藏馆：缩微中心，国图

000O005861

古文苑：九卷

清初(1644-1722)抄本

1987年摄制. -- 1盘卷片(9米169拍) ： 1:10,

2B ；35mm银盐

收藏馆：缩微中心，国图

000O005862

古文苑：九卷

清(1644-1911)抄本. -- (清)蔡廷相校。

1987年摄制. -- 1盘卷片(9米169拍) ： 1:10,

2B ；35mm银盐

收藏馆：缩微中心，国图

000O010762

古文苑：二十一卷 / (宋)章樵重编

明成化十八年(1482)刻本

1988年摄制. -- 1盘卷片(17米348拍) ：

1:10, 2B ；35mm银盐

收藏馆：缩微中心，天津

000O024001

古文苑：二十一卷 / (宋)章樵注

明成化十八年(1482)张世用刻本. -- (清)丁

丙跋。

1996年摄制. -- 1盘卷片(18米363拍) ：

1:10, 2B ；35mm银盐

收藏馆：缩微中心，南京

000O004028

古文苑：二十一卷 / (宋)章樵注

明弘治十二年(1499)王岳刻本

1985年摄制. -- 1盘卷片(16米343拍) ：

1:10, 2B ；35mm银盐

收藏馆：缩微中心，国图

000O010647

古文苑注：二十一卷 / (宋)章樵撰

明弘治(1488-1505)刻本

1989年摄制. -- 1盘卷片(19米420拍) ：

1:10, 2B ；35mm银盐

收藏馆：缩微中心，吉林

000O020316

古文苑注：三十一卷 / (宋)章樵撰

明弘治十二年(1499)王岳刻本

1994年摄制. -- 1盘卷片(17米308拍) ：

1:10, 2B ；35mm银盐

收藏馆：缩微中心，国图

000O019213

古文苑注：二十一卷 / (宋)章樵撰

明万历(1573-1620)张象贤刻本

1994年摄制. -- 1盘卷片(20米406拍) ：

1:10, 2B ；35mm银盐

收藏馆：缩微中心，国图

000O001977

古文苑：二十一卷 / (宋)章樵注

明万历(1573-1620)刻本

1986年摄制. -- 1盘卷片(19米419拍) ：

1:10, 2B ；35mm银盐

收藏馆：缩微中心，国图

000O019474

古文苑注：二十一卷 / (宋)章樵撰

明(1368-1644)刻蓝印本

1994年摄制. -- 1盘卷片(19米352拍) ：

1:10, 2B ；35mm银盐

收藏馆：缩微中心，国图

00O007215
古文苑：二十一卷 / (宋)章樵注
明(1368-1644)刻本
1987年摄制. -- 1盘卷片(16.4米355拍) :
1:10, 2B ; 35mm银盐
收藏馆：缩微中心，国图

00O008422
古文苑：二十一卷 / (宋)章樵注
明(1368-1644)刻本
1988年摄制. -- 1盘卷片(17米362拍) :
1:10, 2B ; 35mm银盐
收藏馆：缩微中心，国图

00O006589
古文苑注：二十一卷 / (宋)章樵撰
明(1368-1644)刻本
1987年摄制. -- 1盘卷片(17米365拍) :
1:10, 2B ; 35mm银盐
收藏馆：缩微中心，国图

00O020857
古文苑注：二十一卷 / (宋)章樵撰
明(1368-1644)刻本. -- 存二卷：卷八至卷
九。
1994年摄制. -- 1盘卷片(4米41拍) : 1:10,
2B ; 35mm银盐
收藏馆：缩微中心，国图

00O015246
文选补遗：四十卷 / (元)陈仁子辑
明(1368-1644)抄本
1992年摄制. -- 2盘卷片(55米1122拍) :
1:10, 2B ; 35mm银盐
收藏馆：缩微中心，国图

00O009508
文选补遗：四十卷 / (元)陈仁子辑
明(1368-1644)刻本
1988年摄制. -- 2盘卷片(55.4米1220拍) :
1:11, 2B ; 35mm银盐
收藏馆：缩微中心，重庆

00O018758
文选增定：二十三卷
明(1368-1644)大梁书院刻本
1994年摄制. -- 1盘卷片(32米660拍) :
1:10, 2B ; 35mm银盐
收藏馆：缩微中心，国图

00O001514
广文选：八十二卷 / (明)刘节辑
明嘉靖十二年(1533)刻本

1986年摄制. -- 3盘卷片(69米1519拍) :
1:10, 2B ; 35mm银盐
收藏馆：缩微中心，吉林

00O009493
广文选：六十卷 / (明)刘节辑
明嘉靖十六年(1537)陈惠刻本
1987年摄制. -- 3盘卷片(69.1米1504拍) :
1:10, 2B ; 35mm银盐
收藏馆：缩微中心，重庆

00O024956
词海遗珠：四卷 / (明)劳堪辑
明万历三年(1575)卢整吴邦刻本. -- (清)丁
丙跋。
1996年摄制. -- 1盘卷片(8米139拍) : 1:10,
2B ; 35mm银盐
收藏馆：缩微中心，南京

00O021651
词海遗珠：四卷 / (明)劳堪辑
明万历四年(1576)卢整吴邦刻本
1995年摄制. -- 1盘卷片(7米112拍) : 1:10,
2B ; 35mm银盐
收藏馆：缩微中心，国图

00O023452
词海遗珠：四卷 / (明)劳堪辑
明万历四年(1576)卢整吴邦刻本
1995年摄制. -- 1盘卷片(8米114拍) : 1:10,
2B ; 35mm银盐
收藏馆：缩微中心，国图

00O010773
衡门集：十五卷 / (明)郑履淳编
明万历十三年(1585)刻本
1988年摄制. -- 2盘卷片(45米963拍) :
1:10, 2B ; 35mm银盐
收藏馆：缩微中心，天津

00O024904
天佚草堂重订文选：二十卷诗选十卷 / (明)马维
铭辑
明万历四十三年(1615)刻本
1996年摄制. -- 2盘卷片(51米1043拍) :
1:10, 2B ; 35mm银盐
收藏馆：缩微中心，南京

00O024034
续文选：十四卷 / (明)胡震亨辑
明万历(1573-1620)刻本
1996年摄制. -- 1盘卷片(19米412拍) :
1:10, 2B ; 35mm银盐

收藏馆：缩微中心，南京

00O013563

续文选：十四卷著作人姓名录一卷 / (明)胡震亨辑；(明)孙耀祖笺评
明崇祯(1628-1644)刻本
1991年摄制. -- 1盘卷片(30米613拍) : 1:10，2B ；35mm银盐
收藏馆：缩微中心，浙江

00O019106

续文选：三十二卷 / (明)汤绍祖辑
明万历三十年(1602)希贵堂刻本
1994年摄制. -- 2盘卷片(50米984拍) : 1:10，2B ；35mm银盐
收藏馆：缩微中心，国图

00O023773

舟枕山欣赏古文辞：六卷 / (明)郑之惠选编
明(1368-1644)童子俊朱大章刻本. -- 胡荣瑺批校。
1995年摄制. -- 1盘卷片(6米101拍) : 1:10，2B ；35mm银盐
收藏馆：缩微中心，浙江

00O020877

古今女史前集：十二卷诗集八卷姓氏字里详节一卷 / (明)赵世杰辑
明崇祯(1628-1644)刻本
1994年摄制. -- 2盘卷片(39米780拍) : 1:10，2B ；35mm银盐
收藏馆：缩微中心，国图

00O020088

竹洲诗文集：一卷 / (宋)吴儆明[等]撰．友梅堂诗卷：一卷 / (明)吴仪中辑
明(1368-1644)抄本. -- 撰者还有：(宋)程叔春等。(明)张宁莫藏姚绶题诗。
1994年摄制. -- 1盘卷片(4米49拍) : 1:10，2B ；35mm银盐
收藏馆：缩微中心，国图

00O002349

玉台新咏：十卷 / (陈)徐陵辑
清嘉庆十六年(1811)翁心存影抄本. -- 据明冯知十影宋(960-1279)抄本影抄。(清)翁心存跋。
1986年摄制. -- 1盘卷片(6米87拍) : 1:10，2B ；35mm银盐
收藏馆：缩微中心，国图

00O004863

玉台新咏：十卷 / (陈)徐陵撰

明崇祯六年(1633)赵均刻本. -- (清)伊秉绶、(清)王霖、(清)叶志诜、(清)屠倬、(清)刘嗣绾、(清)汪喜、(清)孙管同、(清)梅曾亮、(清)邓瑶、(清)李士菜等题款，(清)陈鸿寿跋。
1986年摄制. -- 1盘卷片(6米96拍) : 1:10，2B ；35mm银盐
收藏馆：缩微中心，国图

00O007434

玉台新咏：十卷 / (陈)徐陵辑
明崇祯六年(1633)赵均刻本. -- (清)翁方纲、许乃普跋，董文焕、周叔弢题款。
1987年摄制. -- 1盘卷片(6米102拍) : 1:10，2B ；35mm银盐
收藏馆：缩微中心，国图

00O008453

玉台新咏：十卷 / (陈)徐陵辑
明崇祯六年(1633)赵均刻本
1988年摄制. -- 1盘卷片(6米88拍) : 1:10，2B ；35mm银盐
收藏馆：缩微中心，国图

00O008533

玉台新咏：十卷 / (陈)徐陵辑
明崇祯六年(1633)赵均刻本
1988年摄制. -- 1盘卷片(5米87拍) : 1:10，2B ；35mm银盐
收藏馆：缩微中心，国图

00O009200

玉台新咏：十卷 / (陈)徐陵辑
明崇祯六年(1633)赵均刻本
1988年摄制. -- 1盘卷片(6米100拍) : 1:10，2B ；35mm银盐
收藏馆：缩微中心，湖南

00O013458

玉台新咏：十卷 / (陈)徐陵辑
明崇祯六年(1633)赵均刻本
1991年摄制. -- 1盘卷片(6米75拍) : 1:10，2B ；35mm银盐
收藏馆：缩微中心，国图

00O020700

玉台新咏：十卷 / (陈)徐陵辑
明崇祯六年(1633)赵均刻本
1994年摄制. -- 1盘卷片(6米80拍) : 1:10，2B ；35mm银盐
收藏馆：缩微中心，国图

000O024291
玉台新咏：十卷 / (陈)徐陵辑
明崇祯六年(1633)赵均刻本. -- 佚名临(清)钱谦益跋。
1996年摄制. -- 1盘卷片(6米75拍) : 1:10, 2B ; 35mm银盐
收藏馆：缩微中心，国图

000O021457
玉台新咏：十卷 / (陈)徐陵辑
明崇祯六年(1633)赵均刻本
1995年摄制. -- 1盘卷片(6米76拍) : 1:10, 2B ; 35mm银盐
收藏馆：缩微中心，国图

000O021754
玉台新咏：十卷 / (陈)徐陵辑
明崇祯六年(1633)赵均刻本
1995年摄制. -- 1盘卷片(5米76拍) : 1:10, 2B ; 35mm银盐
收藏馆：缩微中心，国图

000O029790
玉台新咏：十卷 / (陈)徐陵辑
明崇祯六年(1633)赵均刻本
2001年摄制. -- 1盘卷片(6米93拍) : 1:10, 2B ; 35mm银盐
收藏馆：缩微中心，国图

000O004776
玉台新咏：十卷 / (陈)徐陵辑
明崇祯六年(1633)赵均刻本
1986年摄制. -- 1盘卷片(6米89拍) : 1:10, 2B ; 35mm银盐
收藏馆：缩微中心，国图

000O000262
玉台新咏：十卷 / (陈)徐陵辑；(清)纪昀校正
清(1644-1911)稿本
1985年摄制. -- 1盘卷片(10.4米210拍) : 1:10, 2B ; 35mm银盐
收藏馆：缩微中心，国图

000O002246
玉台新咏：十卷 / (陈)徐陵辑
清(1644-1911)抄本. -- (清)翁心存跋。
1986年摄制. -- 1盘卷片(5.3米88拍) : 1:10, 2B ; 35mm银盐
收藏馆：缩微中心，国图

000O022967
玉台新咏：十卷 / (陈)徐陵辑
清(1644-1911)抄本

1995年摄制. -- 1盘卷片(6米75拍) : 1:10, 2B ; 35mm银盐
收藏馆：缩微中心，国图

000O029003
玉台新咏：十卷 / (陈)徐陵辑 . 续玉台新咏：五卷 / (明)郑玄抚辑
明嘉靖十九年(1540)郑玄抚刻本
1999年摄制. -- 1盘卷片(16米339拍) : 1:10, 2B ; 35mm银盐
收藏馆：缩微中心，湖南

000O019723
玉台新咏：十卷 / (陈)徐陵辑
明嘉靖十九年(1540)郑玄抚刻本
1994年摄制. -- 1盘卷片(15米271拍) : 1:10, 2B ; 35mm银盐
收藏馆：缩微中心，国图

000O019503
玉台新咏：十卷 / (陈)徐陵辑 . 续玉台新咏：五卷 / (明)郑玄抚辑
明嘉靖十九年(1540)郑玄抚刻本. -- 存六卷：卷一至卷四、卷九至卷十。郑振铎跋。
1994年摄制. -- 1盘卷片(13米229拍) : 1:10, 2B ; 35mm银盐
收藏馆：缩微中心，国图

000O024905
玉台新咏：十卷 / (陈)徐陵辑 . 续玉台新咏：五卷 / (明)郑玄抚辑
明嘉靖二十二年(1543)杨士开刻本. -- (清)钱庆曾校并跋，(清)丁丙跋。
1996年摄制. -- 1盘卷片(18米367拍) : 1:10, 2B ; 35mm银盐
收藏馆：缩微中心，南京

000O005401
玉台新咏：十卷 / (陈)徐陵辑 . 续玉台新咏：五卷 / (明)郑玄抚辑
明万历七年(1579)茅元祯刻本
1986年摄制. -- 1盘卷片(17.5米381拍) : 1:10, 2B ; 35mm银盐
收藏馆：缩微中心，国图

000O013397
玉台新咏：十卷 / (陈)徐陵辑 . 续玉台新咏：五卷 / (明)郑玄抚辑
明万历七年(1579)茅元祯刻本
1991年摄制. -- 1盘卷片(19米350拍) : 1:10, 2B ; 35mm银盐
收藏馆：缩微中心，国图

000O013566
玉台新咏：十卷 / (陈)徐陵辑．玉台新咏续：四卷 / (明)郑玄抚辑；(明)袁宏道评
明天启二年(1622)沈逢春刻本
1991年摄制. -- 1盘卷片(21米408拍)：
1:10，2B；35mm银盐
收藏馆：缩微中心，浙江

000O006912
玉台新咏：十卷 / (陈)徐陵辑；(明)陈垣芳订正
明(1368-1644)刻本
1987年摄制. -- 1盘卷片(10.9米218拍)：
1:9，2B；35mm银盐
收藏馆：缩微中心，重庆

000O016390
玉台新咏：十卷 / (陈)徐陵辑
明(1368-1644)刻本
1993年摄制. -- 1盘卷片(15米265拍)：
1:10，2B；35mm银盐
收藏馆：缩微中心，国图

000O006349
玉台新咏校正：十卷 / (陈)徐陵辑；(清)纪昀校正
清(1644-1911)撷英书屋抄本. -- 佚名批点。
1987年摄制. -- 1盘卷片(11米212拍)：
1:10，2B；35mm银盐
收藏馆：缩微中心，国图

000O026338
玉台新咏定本：十卷 / (陈)徐陵辑；(清)梁章钜注
清(1644-1911)稿本
1997年摄制. -- 1盘卷片(13米225拍)：
1:10，2B；35mm银盐
收藏馆：缩微中心，湖北

000O008482
汉魏诗纪：二十卷 / (明)冯惟讷辑
明嘉靖三十八年(1559)冯惟讷刻本
1987年摄制. -- 1盘卷片(16米353拍)：
1:10，2B；35mm银盐
收藏馆：缩微中心，国图

000O015698
汉魏诗纪：二十卷 / (明)冯惟讷辑．谈艺录：一卷 / (明)徐祯卿撰
明嘉靖三十八年(1559)徐祯卿刻本
1993年摄制. -- 1盘卷片(19米333拍)：
1:10，2B；35mm银盐
收藏馆：缩微中心，国图

000O002211
诗纪：一百三十卷前集十卷外集四卷别集十二卷 / (明)冯惟讷辑
明嘉靖三十九年(1560)甄敬刻本
1986年摄制. -- 5盘卷片(128米2802拍)：
1:10，2B；35mm银盐
收藏馆：缩微中心，国图

000O006343
诗纪：一百三十卷前集十卷附录一卷外集四卷别集十二卷 / (明)冯惟讷辑
明万历四十一年(1613)黄承玄冯珣刻本
1987年摄制. -- 5盘卷片(139米3089拍)：
1:10，2B；35mm银盐
收藏馆：缩微中心，国图

000O024893
诗纪：一百五十六卷目录三十六卷 / (明)冯惟讷辑
明万历(1573-1620)吴琯谢陛陆弼俞策刻本. -- (清)丁丙跋。
1996年摄制. -- 6盘卷片(141米3084拍)：
1:10，2B；35mm银盐
收藏馆：缩微中心，南京

000O013516
诗纪：一百五十六卷目录三十六卷 / (明)冯惟讷辑
明万历(1573-1620)吴琯谢陛陆弼俞策刻本
1991年摄制. -- 5盘卷片(132米2865拍)：
1:10，2B；35mm银盐
收藏馆：缩微中心，国图

000O017969
诗纪：一百五十六卷 / (明)冯惟讷辑
明万历(1573-1620)吴琯谢陛陆弼俞策刻本. -- 存二十九卷：卷一至卷二十九。(清)丁晏批校。
1993年摄制. -- 1盘卷片(22米428拍)：
1:10，2B；35mm银盐
收藏馆：缩微中心，国图

000O005421
汉魏诗集：十四卷 / (明)刘成德辑
明万历(1573-1620)陈堂刻本
1986年摄制. -- 1盘卷片(10米198拍)：
1:10，2B；35mm银盐
收藏馆：缩微中心，国图

000O006402
汉魏诗集：十四卷 / (明)刘成德辑
明万历(1573-1620)陈堂刻本
1987年摄制. -- 1盘卷片(10.3米209拍)：

1:10, 2B ; 35mm银盐
收藏馆：缩微中心，国图

00O018200
汉魏诗选：二卷 / (明)吕阳辑
明万历(1573-1620)刻本. -- 王献唐跋。
1993年摄制. -- 1盘卷片(6米100拍) : 1:10,
2B ; 35mm银盐
收藏馆：缩微中心，山东

00O007245
汉魏诗乘：二十卷总录一卷；吴诗：一卷 / (明)
梅鼎祚辑
明万历十一年(1583)刘文显徐家庆刻本
1987年摄制. -- 1盘卷片(19米401拍) :
1:10, 2B ; 35mm银盐
收藏馆：缩微中心，国图

00O012106
汉魏诗选：不分卷 / (清)李澄中辑
清(1644-1911)稿本
1990年摄制. -- 1盘卷片(15米315拍) :
1:10, 2B ; 35mm银盐
收藏馆：缩微中心，山东

00O018143
汉魏诗选：不分卷 / (清)李澄中辑
清(1644-1911)稿本
1993年摄制. -- 1盘卷片(16米316拍) :
1:10, 2B ; 35mm银盐
收藏馆：缩微中心，山东

00O010956
汉魏诗钞：五卷 / (清)钮孝思辑
清乾隆二十五年(1760)刻本
1989年摄制. -- 1盘卷片(7米96拍) : 1:10,
2B ; 35mm银盐
收藏馆：缩微中心，湖北

00O018146
类选唐宋四时绝句：不分卷 / (明)毕自严辑
明(1368-1644)稿本
1993年摄制. -- 2盘卷片(39米796拍) :
1:10, 2B ; 35mm银盐
收藏馆：缩微中心，山东

00O028717
古唐选屑：二十卷 / (明)李本纬[等]辑
明万历(1573-1620)刻本
1997年摄制. -- 1盘卷片(14米327拍) :
1:10, 2B ; 35mm银盐
收藏馆：缩微中心，吉林

00O014947
御选唐宋诗醇：四十七卷文醇五十八卷 / (清)高
宗弘历辑
清乾隆十五年(1750)内府刻四色套印本
1992年摄制. -- 6盘卷片(162米3296拍) :
1:10, 2B ; 35mm银盐
收藏馆：缩微中心，国图

00O031949
御选唐宋诗醇：四十七卷文醇五十八卷 / (清)高
宗弘历辑
清乾隆十五年(1750)内府刻四色套印本
2010年摄制. -- 7盘卷片(193米3608拍) :
1:12, 2B ; 35mm银盐
收藏馆：缩微中心，国图

00O019667
唐宋文醇：五十八卷 / (清)高宗弘历辑
清乾隆三年(1738)武英殿刻彩色套印本
1994年摄制. -- 3盘卷片(74米1485拍) :
1:10, 2B ; 35mm银盐
收藏馆：缩微中心，国图

000O009490
乐府诗集：一百卷目录二卷 / (宋)郭茂倩辑
元至正元年(1341)集庆路儒学刻明(1368-1644)
递修本
1987年摄制. -- 3盘卷片(71米1559拍) :
1:9, 2B ; 35mm银盐
收藏馆：缩微中心，重庆

000O024385
乐府诗集：一百卷 / (宋)郭茂倩辑
明(1368-1644)抄本. -- 存七卷：卷一至卷
七。
1996年摄制. -- 1盘卷片(6米96拍) : 1:10,
2B ; 35mm银盐
收藏馆：缩微中心，国图

000O006670
古乐府：十卷 / (元)左克明辑
元至正(1341-1368)刻明(1368-1644)重修本
1987年摄制. -- 1盘卷片(14米283拍) :
1:10, 2B ; 35mm银盐
收藏馆：缩微中心，国图

000O014842
古乐府：十卷 / (元)左克明辑
元至正(1341-1368)刻明(1368-1644)重修
本. -- (清)黄丕烈、(清)季锡畴、(清)乔松
年跋。
1992年摄制. -- 1盘卷片(14米254拍) :
1:10, 2B ; 35mm银盐

收藏馆：缩微中心，国图

00O016683
古乐府：十卷 / (元)左克明辑
元至正(1341-1368)刻明(1368-1644)重修本
1993年摄制. -- 1盘卷片(14米242拍)：
1:10, 2B ; 35mm银盐
收藏馆：缩微中心，国图

00O020119
古乐府：十卷 / (元)左克明辑
明嘉靖二十三年(1544)萧一中刻本
1994年摄制. -- 1盘卷片(15米280拍)：
1:10, 2B ; 35mm银盐
收藏馆：缩微中心，国图

00O027802
古乐府：十卷 / (元)左克明辑
明嘉靖二十三年(1544)萧一中刻本. -- (清)
丁丙跋。
1996年摄制. -- 1盘卷片(15米297拍)：
1:10, 2B ; 35mm银盐
收藏馆：缩微中心，南京

00O007821
古乐府：十卷 / (元)左克明辑
明嘉靖二十六年(1547)汪尚磨刻本
1988年摄制. -- 1盘卷片(15.3米320拍)：
1:11, 2B ; 35mm银盐
收藏馆：缩微中心，重庆

00O005184
古乐府：十卷 / (元)左克明辑
明(1368-1644)王文元刻万历七年(1579)田艺
蘅重修本
1986年摄制. -- 1盘卷片(14.5米311拍)：
1:10, 2B ; 35mm银盐
收藏馆：缩微中心，国图

00O015643
古乐府：十卷 / (元)左克明辑
明(1368-1644)王文元刻万历七年(1579)田艺
蘅重修本
1993年摄制. -- 1盘卷片(15米287拍)：
1:10, 2B ; 35mm银盐
收藏馆：缩微中心，国图

00O022509
古乐府：十卷 / (元)左克明辑
明(1368-1644)王文元刻万历七年(1579)田艺
蘅重修本
1995年摄制. -- 1盘卷片(17.5米352拍)：
1:10, 2B ; 35mm银盐

收藏馆：缩微中心，湖北

00O020247
古乐府：十卷 / (元)左克明辑
明万历三十年(1602)何汝教刻本
1994年摄制. -- 1盘卷片(15米291拍)：
1:10, 2B ; 35mm银盐
收藏馆：缩微中心，国图

00O003155
古乐府：十卷 / (元)左克明辑
明(1368-1644)刻本
1986年摄制. -- 1盘卷片(10米190拍)：
1:10, 2B ; 35mm银盐
收藏馆：缩微中心，国图

00O015855
古乐府：十卷 / (元)左克明辑
明(1368-1644)刻本
1993年摄制. -- 1盘卷片(10米176拍)：
1:10, 2B ; 35mm银盐
收藏馆：缩微中心，国图

00O020309
古乐苑：五十二卷前卷一卷衍录四卷 / (明)梅鼎
祚辑
明万历(1573-1620)吕胤昌刻本
1994年摄制. -- 2盘卷片(57米1091拍)：
1:10, 2B ; 35mm银盐
收藏馆：缩微中心，国图

00O028663
古乐苑：五十二卷前卷一卷衍录四卷目录二卷 /
(明)梅鼎祚辑
明万历(1573-1620)刻本. -- (清)丁丙跋。
1996年摄制. -- 2盘卷片(60米1135拍)：
1:10, 2B ; 35mm银盐
收藏馆：缩微中心，南京

00O022183
新刊古今岁时杂咏：四十六卷目录二卷 / (宋)蒲
积中辑
明(1368-1644)石城书屋抄本
1995年摄制. -- 1盘卷片(24米490拍)：
1:10, 2B ; 35mm银盐
收藏馆：缩微中心，国图

00O015899
新刊古今岁时杂咏：四十六卷 / (宋)蒲积中辑
明(1368-1644)抄本. -- 存二十八卷：卷十九
至卷四十六。
1993年摄制. -- 1盘卷片(15米289拍)：
1:10, 2B ; 35mm银盐

收藏馆：缩微中心，国图

000O005618
新刊古今岁时杂咏：四十六卷 / (宋)蒲积中辑
明(1368-1644)抄本
1987年摄制. -- 1盘卷片(24米532拍) :
1:10, 2B ; 35mm银盐
收藏馆：缩微中心，国图

000O004051
新刊古今岁时杂咏 / (宋)蒲积中辑
清(1644-1911)抄本
1985年摄制. -- 1盘卷片(26.3米588拍) :
1:10, 2B ; 35mm银盐
收藏馆：缩微中心，国图

000O028459
岁时杂咏今集：不分卷 / (宋)蒲积中辑
明(1368-1644)抄本
1996年摄制. -- 1盘卷片(11.5米224拍) :
1:10, 2B ; 35mm银盐
收藏馆：缩微中心，福建

000O020679
回文类聚：四卷 / (宋)桑世昌辑；(明)张之象补
明万历四十四年(1616)刻本
1994年摄制. -- 1盘卷片(5米70拍) : 1:10,
2B ; 35mm银盐
收藏馆：缩微中心，国图

000O024965
诗准：四卷；诗翼：四卷 / (宋)何无适,(宋)倪希程辑
明(1368-1644)刻本. -- (清)丁丙跋。
1996年摄制. -- 1盘卷片(8米121拍) : 1:10,
2B ; 35mm银盐
收藏馆：缩微中心，南京

000O010644
瀛奎律髓：四十九卷 / (元)方回辑
明成化(1465-1487)刻本
1989年摄制. -- 2盘卷片(38米809拍) :
1:10, 2B ; 35mm银盐
收藏馆：缩微中心，吉林

000O004055
紫阳方先生瀛奎律髓：四十九卷 / (宋)方回辑
清康熙四十九年(1710)陈士泰刻本. -- (清)
冯舒、(清)冯班评点,(清)翁心存跋。
1985年摄制. -- 3盘卷片(64米1390拍) :
1:10, 2B ; 35mm银盐
收藏馆：缩微中心，国图

000O013970
紫阳方先生瀛奎律髓：四十九卷 / (元)方回辑
清康熙四十九年(1710)陈士泰刻本. -- 佚名
录(清)冯舒、(清)冯班评点题识。
1992年摄制. -- 3盘卷片(65米1326拍) :
1:10, 2B ; 35mm银盐
收藏馆：缩微中心，国图

000O003373
瀛奎律髓：四十九卷 / (元)方回辑 . 重刻纪言：一卷 / (清)吴宝芝撰
清康熙五十一年(1712)吴宝芝黄叶村庄刻本. -- 佚名录(清)查慎行评点，(清)马思赞、(清)沈廷芳跋。
1986年摄制. -- 2盘卷片(40米872拍) :
1:10, 2B ; 35mm银盐
收藏馆：缩微中心，国图

000O032069
瀛奎律髓：四十九卷 / (元)方回辑 . 重刻纪言：一卷 / (清)吴宝芝撰
清康熙五十一年(1712)吴宝芝黄叶村庄刻本. -- 十行十九字小字双行二十五字白口左右双边。佚名录(清)查慎行评点，(清)马思赞、(清)沈廷芳跋。
2011年摄制. -- 2盘卷片(48米887拍) :
1:12, 2B ; 35mm银盐
收藏馆：缩微中心，国图

000O017336
分门纂类唐宋时贤千家诗选：二十五卷 / (宋)刘克庄辑
明(1368-1644)抄本
1993年摄制. -- 1盘卷片(12米213拍) :
1:10, 2B ; 35mm银盐
收藏馆：缩微中心，国图

000O018408
新刻草字千家诗：二卷 / (宋)谢枋得辑；[题](明)李贽书
明(1368-1644)陈君美观成堂刻本
1993年摄制. -- 1盘卷片(5米75拍) : 1:10,
2B ; 35mm银盐
收藏馆：缩微中心，国图

000O031934
千家诗：不分卷
明(1368-1644)抄彩绘本
2010年摄制. -- 1盘卷片(5米53拍) : 1:15,
2B ; 35mm银盐
收藏馆：缩微中心，国图

00O010804

宋金元诗永：二十卷补遗二卷 / (清)吴绮[等]辑
清康熙十七年(1678)千古堂刻本
1988年摄制. -- 2盘卷片(42米902拍)：
1:10, 2B；35mm银盐
收藏馆：缩微中心，天津

00O008927

宋元诗会：一百卷 / (清)陈焯辑
清康熙二十二年(1683)程仕刻本
1988年摄制. -- 4盘卷片(102米2241拍)：
1:10, 2B；35mm银盐
收藏馆：缩微中心，湖北

00O005766

宋元诗会：一百卷 / (清)陈焯辑
清(1644-1911)法氏存素堂抄本
1987年摄制. -- 4盘卷片(98米2109拍)：
1:10, 2B；35mm银盐
收藏馆：缩微中心，国图

00O009409

宋金元诗选：六卷 / (清)吴翌凤录
清乾隆五十八年(1793)吴氏古欢堂刻本. --
版框高十八厘米宽十四厘米。
1988年摄制. -- 1盘卷片(12米251拍)：
1:10, 2B；35mm银盐
收藏馆：缩微中心，广东

00O008532

古逸诗载：八卷 / (明)麻三衡辑
明末(1621-1644)刻本
1988年摄制. -- 1盘卷片(14米306拍)：
1:10, 2B；35mm银盐
收藏馆：缩微中心，国图

00O015605

古歌谣残稿：不分卷 / (明)范钦辑
明(1368-1644)稿本
1993年摄制. -- 1盘卷片(12米216拍)：
1:10, 2B；35mm银盐
收藏馆：缩微中心，国图

00O010200

采菽堂古诗选：三十八卷补遗四卷 / (清)陈祚明编
清康熙(1662-1722)刻本
1989年摄制. -- 3盘卷片(68米1466拍)：
1:10, 2B；35mm银盐
收藏馆：缩微中心，天津

00O009947

阮亭选古诗：三十二卷 / (清)王士禛选

00O010801

清(1644-1911)天藜阁刻本. -- 佚名录(□)董
南江批校。
1989年摄制. -- 1盘卷片(31米675拍)：
1:10, 2B；35mm银盐
收藏馆：缩微中心，天津

00O010801

古诗笺：三十二卷 / (清)闻人倓撰
清乾隆三十一年(1766)藏兰堂刻本
1988年摄制. -- 2盘卷片(52米1162拍)：
1:10, 2B；35mm银盐
收藏馆：缩微中心，天津

00O000531

古诗刊误：十卷 / (清)黄之纪撰
清乾隆(1736-1795)编录堂刻本
1985年摄制. -- 1盘卷片(7.6米143拍)：
1:10, 2B；35mm银盐
收藏馆：缩微中心，国图

00O005074

光岳英华：十五卷 / (明)许中丽辑
明洪武(1368-1398)刻明(1368-1644)重修本
1986年摄制. -- 1盘卷片(10米201拍)：
1:10, 2B；35mm银盐
收藏馆：缩微中心，国图

00O027379

光岳英华：十五卷补遗一卷 / (明)许中丽辑
清(1644-1911)谭吉璁抄本. -- 存九卷：卷八
至卷十五、补遗一卷。(清)谭吉璁校并跋，
(清)徐时栋跋。
1996年摄制. -- 1盘卷片(5米88拍)：1:10,
2B；35mm银盐
收藏馆：缩微中心，南京

00O016236

幼学日诵五伦诗选内集：五卷 / (明)沈易辑
清(1644-1911)抄本
1993年摄制. -- 1盘卷片(6米86拍)：1:10,
2B；35mm银盐
收藏馆：缩微中心，国图

00O010030

云岩诗集：六卷 / (明)朱素和辑
明正德九年(1514)潘镇元重刻本. -- 版框高
二十厘米宽十二厘米。
1989年摄制. -- 1盘卷片(10米188拍)：
1:10, 2B；35mm银盐
收藏馆：缩微中心，广东

00O005652

五言律祖：六卷 / (明)杨慎辑

清(1644-1911)抄本
1987年摄制. -- 1盘卷片(4米57拍) : 1:10,
2B ; 35mm银盐
收藏馆：缩微中心，国图

000O009511
诗隽类函：一百五十卷 / (明)俞安期辑；(明)梅
鼎祚增定
明万历三十七年(1609)俞安期刻本
1988年摄制. -- 8盘卷片(221.8米4881拍) :
1:10, 2B ; 35mm银盐
收藏馆：缩微中心，重庆

000O010772
诗隽类函：一百五十卷 / (明)俞安期编；(明)梅
鼎祚增定
明万历三十七年(1609)刻本
1988年摄制. -- 7盘卷片(211米4689拍) :
1:10, 2B ; 35mm银盐
收藏馆：缩微中心，天津

000O011173
诗隽类函：一百五十卷 / (明)俞安期辑；(明)梅
鼎祚增辑
明万历(1573-1620)刻本
1989年摄制. -- 8盘卷片(219米4798拍) :
1:10, 2B ; 35mm银盐
收藏馆：缩微中心，山东

000O003377
苑诗类选：三十卷 / (明)包节辑
明嘉靖二十五年(1546)何城刻本
1986年摄制. -- 2盘卷片(42米904拍) :
1:10, 2B ; 35mm银盐
收藏馆：缩微中心，国图

000O009941
九代乐章：二十三卷 / (明)刘濂著
明嘉靖(1522-1566)刻本
1988年摄制. -- 1盘卷片(11米209拍) :
1:10, 2B ; 35mm银盐
收藏馆：缩微中心，天津

000O009500
风雅广逸：十卷附录一卷 / (明)冯惟讷辑
明嘉靖三十年(1551)乔承慈刻本
1987年摄制. -- 1盘卷片(9.4米183拍) :
1:9, 2B ; 35mm银盐
收藏馆：缩微中心，重庆

000O006405
六朝诗汇：一百十四卷目录九卷诗评一卷 / (明)
张谦辑；(明)王宗圣增辑

明嘉靖三十一年(1552)金城陆师道刻本
1987年摄制. -- 3盘卷片(80.1米1773拍) :
1:10, 2B ; 35mm银盐
收藏馆：缩微中心，国图

000O017758
六朝诗汇：一百十四卷 / (明)张谦辑；(明)王宗
圣增辑
明嘉靖三十一年(1552)金城陆师道刻本. --
存九十六卷：卷一至卷九十六。
1993年摄制. -- 2盘卷片(55米1147拍) :
1:10, 2B ; 35mm银盐
收藏馆：缩微中心，国图

000O018587
绝句辨体：八卷 / (明)杨慎辑
明万历二十五年(1597)张栋张氏山房刻本
1993年摄制. -- 1盘卷片(4米43拍) : 1:10,
2B ; 35mm银盐
收藏馆：缩微中心，国图

000O015368
绝句衍义：四卷辨体八卷附录一卷增奇五卷搜
奇一卷六言绝句一卷五言绝句一卷 / (明)杨慎
撰；(明)焦竑批点
明(1368-1644)曼山馆刻本
1992年摄制. -- 1盘卷片(11米196拍) :
1:10, 2B ; 35mm银盐
收藏馆：缩微中心，国图

000O026070
风雅逸篇：十卷 / (明)杨慎辑
明(1368-1644)抄本. -- (清)丁丙跋。
1993年摄制. -- 1盘卷片(7米119拍) : 1:10,
2B ; 35mm银盐
收藏馆：缩微中心，南京

000O015361
千里面谭：二卷 / (明)杨慎辑
明万历四年(1576)蔡翰臣琳琅馆刻本
1992年摄制. -- 1盘卷片(3米21拍) : 1:10,
2B ; 35mm银盐
收藏馆：缩微中心，国图

000O019286
彤管新编：八卷 / (明)张之象辑
明嘉靖三十三年(1554)魏留耕刻本
1994年摄制. -- 1盘卷片(12米212拍) :
1:10, 2B ; 35mm银盐
收藏馆：缩微中心，国图

000O015924
诗学正宗：十六卷 / (明)浦南金辑

明嘉靖三十六年(1557)五乐堂刻本
1993年摄制. -- 1盘卷片(21米402拍) :
1:10, 2B ; 35mm银盐
收藏馆：缩微中心，国图

000〇017494
诗学正宗：十六卷 / (明)浦南金辑
明嘉靖三十六年(1557)五乐堂刻本. -- 存
十五卷：卷一至卷十三、卷十五至卷十六。
1993年摄制. -- 1盘卷片(21米378拍) :
1:10, 2B ; 35mm银盐
收藏馆：缩微中心，国图

000〇003496
周诗遗轨：十卷 / (明)刘节辑
明嘉靖(1522-1566)刻本
1985年摄制. -- 1盘卷片(13米271拍) :
1:10, 2B ; 35mm银盐
收藏馆：缩微中心，国图

000〇017615
周诗遗轨：十卷 / (明)刘节辑
明嘉靖(1522-1566)刻本
1993年摄制. -- 1盘卷片(14米251拍) :
1:10, 2B ; 35mm银盐
收藏馆：缩微中心，国图

000〇000980
姑苏新刻彤管遗编：前集四卷后集十卷续集三
卷附集一卷 / (明)郦琥辑
明隆庆元年(1567)郦琥刻本
1985年摄制. -- 1盘卷片(22米480拍) :
1:10, 2B ; 35mm银盐
收藏馆：缩微中心，国图

000〇024031
姑苏新刻彤管遗编：二十卷 / (明)郦琥辑
明隆庆元年(1567)刻本
1996年摄制. -- 1盘卷片(25米522拍) :
1:10, 2B ; 35mm银盐
收藏馆：缩微中心，南京

000〇014824
新刊古今名贤品汇注释玉堂诗选：八卷 / (明)舒
芬辑 ; (明)舒琛增补 ; (明)杨淙注
明万历七年(1579)唐氏富春堂刻本
1992年摄制. -- 1盘卷片(22米439拍) :
1:10, 2B ; 35mm银盐
收藏馆：缩微中心，国图

000〇009942
八代诗乘：四十五卷吴诗一卷总录一卷补遗一
卷 / (明)梅鼎祚辑

明万历三十四年(1606)刻本
1988年摄制. -- 2盘卷片(50米1094拍) :
1:10, 2B ; 35mm银盐
收藏馆：缩微中心，天津

000〇016297
镌历朝列女诗选名媛玑囊：四卷 / (明)池上客辑 .
女论语：一卷
明万历二十三年(1595)书林郑云竹刻本
1993年摄制. -- 1盘卷片(10米167拍) :
1:10, 2B ; 35mm银盐
收藏馆：缩微中心，国图

000〇013574
名媛玑囊：二卷 / (明)池上客辑
明万历(1573-1620)刻本
1991年摄制. -- 1盘卷片(10米190拍) :
1:10, 2B ; 35mm银盐
收藏馆：缩微中心，浙江

000〇006005
诗家全体：十四卷 / (明)李之用辑
明万历二十六年(1598)邵武府学刻本. -- 存
十二卷：卷一至卷十、卷十三至卷十四。
1987年摄制. -- 1盘卷片(26米585拍) :
1:10, 2B ; 35mm银盐
收藏馆：缩微中心，国图

000〇010800
诗家全体：十四卷 / (明)李之用辑
明万历二十六年(1598)刻本. -- 卷十三至卷
十四为续补二卷。(明)李之周校。
1988年摄制. -- 2盘卷片(36米772拍) :
1:10, 2B ; 35mm银盐
收藏馆：缩微中心，天津

000〇006411
情采编：三十六卷目录二卷 / (明)屠本畯辑
明万历二十六年(1598)屠本畯刻本
1987年摄制. -- 1盘卷片(27米598拍) :
1:10, 2B ; 35mm银盐
收藏馆：缩微中心，国图

000〇014798
香雪林集：二十六卷 / (明)王思义辑
明万历三十一年(1603)王思义刻本
1992年摄制. -- 2盘卷片(58米1206拍) :
1:10, 2B ; 35mm银盐
收藏馆：缩微中心，国图

000〇024862
香雪林集：二十六卷 / (明)王思义辑
明万历三十二年(1604)王思义刻本. -- (清)

丁丙跋。
1996年摄制. -- 2盘卷片(60米1326拍) ：
1:10, 2B ；35mm银盐
收藏馆：缩微中心，南京

000O005316

香雪林集：二十六卷 / (明)王思义辑
明万历三十三年(1605)王思义刻本. -- 存
七卷：卷六、卷八、卷十六、卷二十一至卷
二十四。
1986年摄制. -- 1盘卷片(15米319拍) ：
1:10, 2B ；35mm银盐
收藏馆：缩微中心，国图

000O009564

诗宿：二十八卷 / (明)刘一相辑
明万历三十六年(1608)刻本. -- 附：诗人考
世二卷。
1988年摄制. -- 4盘卷片(114米2476拍) ：
1:10, 2B ；35mm银盐
收藏馆：缩微中心，山东

000O009666

古诗归：十五卷；唐诗归：三十六卷 / (明)钟
惺,(明)谭元春辑
明万历四十五年(1617)刻本
1988年摄制. -- 3盘卷片(67米1407拍) ：
1:10, 2B ；35mm银盐
收藏馆：缩微中心，甘肃

000O007843

诗归：五十一卷 / (明)钟惺,(明)谭元春辑
明万历四十五年(1617)刻本. -- 古诗归十五
卷，唐诗归三十六卷。
1987年摄制. -- 3盘卷片(66.7米1447拍) ：
1:10, 2B ；35mm银盐
收藏馆：缩微中心，重庆

000O006408

古诗归：十五卷 / (明)钟惺,(明)谭元春辑
明(1368-1644)闵振业刻三色套印本
1987年摄制. -- 1盘卷片(17米372拍) ：
1:10, 2B ；35mm银盐
收藏馆：缩微中心，国图

000O009951

古诗归：十五卷；唐诗归：三十六卷 / (明)钟
惺,(明)谭元春编
明(1368-1644)闵振业刻三色套印本. -- (明)
吴德舆等校。
1989年摄制. -- 2盘卷片(58米1293拍) ：
1:10, 2B ；35mm银盐
收藏馆：缩微中心，天津

000O031913

古诗归：十五卷 / (明)钟惺,(明)谭元春辑
明(1368-1644)闵振业刻三色套印本
2010年摄制. -- 1盘卷片(20米319拍) ：
1:11, 2B ；35mm银盐
收藏馆：缩微中心，国图

000O012891

古诗归：十五卷；唐诗归：三十六卷 / (明)钟
惺,(明)谭元春辑；(明)刘敳重订
明末(1621-1644)刻本. -- (清)鲍瑞骏跋。
1991年摄制. -- 2盘卷片(58.2米1228拍) ：
1:10, 2B ；35mm银盐
收藏馆：缩微中心，湖北

000O008696

诗归：五十一卷 / (明)钟惺,(明)谭元春辑；(明)
林梦熊重订
明末(1621-1644)刻本. -- 古诗归十五卷，唐
诗归三十六卷。
1987年摄制. -- 2盘卷片(53.6米1182拍) ：
1:9, 2B ；35mm银盐
收藏馆：缩微中心，重庆

000O010792

古诗归：十五卷；唐诗归：三十六卷 / (明)钟
惺,(明)谭元春辑；(明)刘敳重订
明末(1621-1644)刻本
1988年摄制. -- 2盘卷片(59米1312拍) ：
1:10, 2B ；35mm银盐
收藏馆：缩微中心，天津

000O020410

名媛诗归：三十六卷 / [题](明)钟惺编
明(1368-1644)刻本
1994年摄制. -- 2盘卷片(42米842拍) ：
1:10, 2B ；35mm银盐
收藏馆：缩微中心，国图

000O015989

丰韵情书情词情诗：六卷 / (明)竹溪主人辑
明万历(1573-1620)刻本. -- 存三卷：卷四至
卷六。
1993年摄制. -- 1盘卷片(7米111拍) ：1:10,
2B ；35mm银盐
收藏馆：缩微中心，国图

000O020608

诗所：五十六卷首一卷 / (明)臧懋循辑
明(1368-1644)刻本
1994年摄制. -- 3盘卷片(90米1807拍) ：
1:10, 2B ；35mm银盐
收藏馆：缩微中心，国图

00O006858
诗所：五十五卷补遗一卷 / (明)臧懋循辑
明万历(1573-1620)刻本
1987年摄制. -- 3盘卷片(78米1733拍) :
1:10, 2B ; 35mm银盐
收藏馆：缩微中心, 吉林

00O009673
四家宫词：二卷 / (明)林志尹辑；(明)杨慎批评
明(1368-1644)刻本. -- 版框高二十厘米宽
十五厘米。
1988年摄制. -- 1盘卷片(6米111拍) : 1:10,
2B ; 35mm银盐
收藏馆：缩微中心, 广东

00O021832
南华集古：八卷 / (明)周宗邠辑
明万历二十三年(1595)周宗邠刻本
1995年摄制. -- 2盘卷片(40米811拍) :
1:10, 2B ; 35mm银盐
收藏馆：缩微中心, 南京

00O013354
青楼韵语辑注校证：四卷 / (明)朱元亮撰；(明)
张梦征辑
明万历(1573-1620)刻本
1991年摄制. -- 1盘卷片(10米162拍) :
1:10, 2B ; 35mm银盐
收藏馆：缩微中心, 国图

00O013855
青楼韵语辑注校证：四卷 / (明)朱元亮撰；(明)
张梦征辑
明万历(1573-1620)刻本
1992年摄制. -- 1盘卷片(9米141拍) : 1:10,
2B ; 35mm银盐
收藏馆：缩微中心, 国图

00O017019
青楼韵语辑注校证：四卷 / (明)朱元亮撰；(明)
张梦征辑
明万历(1573-1620)刻本
1993年摄制. -- 1盘卷片(9米155拍) : 1:10,
2B ; 35mm银盐
收藏馆：缩微中心, 国图

00O023450
青楼韵语辑注校证：四卷 / (明)朱元亮撰；(明)
张梦征辑
明万历(1573-1620)刻本
1995年摄制. -- 1盘卷片(10米164拍) :
1:10, 2B ; 35mm银盐
收藏馆：缩微中心, 国图

00O023787
古今女诗选：六卷 / (明)郭炜辑并评
明天启(1621-1627)刻本
1995年摄制. -- 1盘卷片(14米266拍) :
1:10, 2B ; 35mm银盐
收藏馆：缩微中心, 浙江

00O015252
古今女诗选：四卷 / (明)郭炜辑并评
明(1368-1644)刻本
1992年摄制. -- 1盘卷片(9米137拍) : 1:10,
2B ; 35mm银盐
收藏馆：缩微中心, 国图

00O000220
石仓十二代诗选：□□卷 / (明)曹学佺辑
明崇祯(1628-1644)刻本. -- 存八百八十八
卷。
1985年摄制. -- 38盘卷片(1044.9米23466拍) :
1:10, 2B ; 35mm银盐
收藏馆：缩微中心, 国图

00O016863
补石仓诗选：十四卷 / (清)魏宪辑
清康熙(1662-1722)魏氏枕江堂刻本
1993年摄制. -- 1盘卷片(16米295拍) :
1:10, 2B ; 35mm银盐
收藏馆：缩微中心, 国图

00O029279
诗禅：不分卷 / (明)石万程辑
明崇祯八年(1635)刻本. -- (明)朱建寅校。
1999年摄制. -- 1盘卷片(21米436拍) :
1:10, 2B ; 35mm银盐
收藏馆：缩微中心, 湖南

00O027517
诗体明辨：二十六卷 / (明)徐师曾辑；(明)沈
芬,(明)沈骥笺注
明崇祯十三年(1640)刻本
1997年摄制. -- 2盘卷片(48米945拍) :
1:10, 2B ; 35mm银盐
收藏馆：缩微中心, 苏州

00O016858
古今名媛汇诗：二十卷 / (明)郑文昂辑
明泰昌元年(1620)张正岳刻本
1993年摄制. -- 1盘卷片(29米604拍) :
1:10, 2B ; 35mm银盐
收藏馆：缩微中心, 国图

00O019606
古今诗删：三十四卷目录二卷 / (明)李攀龙辑

明(1368-1644)汪时元刻本
1994年摄制. -- 2盘卷片(40米761拍) ：
1:10，2B ；35mm银盐
收藏馆：缩微中心，国图

000O029329
诗删：二十三卷 / (明)李攀龙辑；(明)钟惺,(明)谭元春评
明(1368-1644)汪琪刻朱墨套印本
1999年摄制. -- 1盘卷片(22米474拍) ：
1:10，2B ；35mm银盐
收藏馆：缩微中心，湖南

000O019147
诗删：十卷 / (明)李攀龙辑；(明)钟惺,(明)谭元春评
明(1368-1644)刻套印本
1994年摄制. -- 1盘卷片(11米196拍) ：
1:10，2B ；35mm银盐
收藏馆：缩微中心，国图

000O013355
六朝声偶集：七卷 / (明)徐献忠辑
明(1368-1644)华亭徐氏文房刻本
1991年摄制. -- 1盘卷片(9米168拍) ：1:10，
2B ；35mm银盐
收藏馆：缩微中心，国图

000O014275
六朝声偶集：七卷 / (明)徐献忠辑
明(1368-1644)华亭徐氏文房刻本
1992年摄制. -- 1盘卷片(10米168拍) ：
1:10，2B ；35mm银盐
收藏馆：缩微中心，国图

000O020533
六朝声偶删补：七卷 / (明)邵一律辑
明泰昌元年(1620)刻本
1994年摄制. -- 1盘卷片(17米339拍) ：
1:10，2B ；35mm银盐
收藏馆：缩微中心，文登

000O028889
菊花集句：一卷；菊花百咏：一卷 / (明)寄傲居士,(明)刘常泰辑
明(1368-1644)刻本
1998年摄制. -- 1盘卷片(5米52拍) ：1:10，
2B ；35mm银盐
收藏馆：缩微中心，苏州

000O004176
诗冶：二十六卷 / (明)黄廷鹄评注
明末(1621-1644)黄泰苞刻本

1986年摄制. -- 1盘卷片(22米478拍) ：
1:10，2B ；35mm银盐
收藏馆：缩微中心，国图

000O024273
诗林辨体：十六卷 / (明)潘援辑
明(1368-1644)刻本. -- 存八卷：卷一至卷八。
1996年摄制. -- 1盘卷片(12米235拍) ：
1:10，2B ；35mm银盐
收藏馆：缩微中心，安徽

000O012595
绝祖：三卷 / (明)茅翁积辑；(明)陈万言评点
明(1368-1644)茅兆河刻朱墨套印本
1990年摄制. -- 1盘卷片(8.8米182拍) ：
1:10，2B ；35mm银盐
收藏馆：缩微中心，辽宁

000O015286
新刻彤管摘奇：二卷 / (明)胡文焕辑
明(1368-1644)胡文焕刻格致丛书本
1992年摄制. -- 1盘卷片(9米213拍) ：1:10，
2B ；35mm银盐
收藏馆：缩微中心，国图

000O014328
曹孝娥名贤题咏：一卷 / (明)张居傑辑
明(1368-1644)刻本
1992年摄制. -- 1盘卷片(4米47拍) ：1:10，
2B ；35mm银盐
收藏馆：缩微中心，国图

000O023791
百梅一韵：四卷；百花一韵：一卷 / (明)汪元英辑
明(1368-1644)汪应鼎刻本
1995年摄制. -- 1盘卷片(9米156拍) ：1:10，
2B ；35mm银盐
收藏馆：缩微中心，浙江

000O007989
风雅元音：六卷 / (明)傅振商辑
明末(1621-1644)刻本
1988年摄制. -- 1盘卷片(23米490拍) ：
1:10，2B ；35mm银盐
收藏馆：缩微中心，湖南

000O010590
诗镜：九十四卷 / (明)陆时雍撰
明末(1621-1644)刻本. -- 版框高十九厘米宽十五厘米。
1988年摄制. -- 4盘卷片(109米2325拍) ：

1:10, 2B ; 35mm银盐
收藏馆：缩微中心, 广东

000O015591
诗苑天声应制集：四卷应试集三卷朝堂集七卷馆课集六卷历代乐章二卷 / (明)范良辑并评
清初(1644-1722)金阊童晋之武林还读斋刻本
1993年摄制. -- 2盘卷片(37米726拍) :
1:10, 2B ; 35mm银盐
收藏馆：缩微中心, 国图

000O016851
维风诗集：三十二卷 / (明)陆嘉颖辑
清(1644-1911)抄本. -- 存二十六卷：卷二至卷十五、卷二十一至卷三十二。
1993年摄制. -- 2盘卷片(36米713拍) :
1:10, 2B ; 35mm银盐
收藏馆：缩微中心, 国图

000O017613
扶轮集：十四卷 / (清)黄传祖辑
明崇祯十五年(1642)金阊叶敬池刻本
1993年摄制. -- 1盘卷片(34米716拍) :
1:10, 2B ; 35mm银盐
收藏馆：缩微中心, 国图

000O001321
扶轮广集：十四卷 / (清)黄传祖辑
清顺治十二年(1655)黄氏依麟草堂刻本
1985年摄制. -- 2盘卷片(35.3米763拍) :
1:10, 2B ; 35mm银盐
收藏馆：缩微中心, 国图

000O017614
扶轮广集：十四卷 / (清)黄传祖辑
清顺治十二年(1655)黄氏依麟草堂刻本
1993年摄制. -- 1盘卷片(34米723拍) :
1:10, 2B ; 35mm银盐
收藏馆：缩微中心, 国图

000O022878
扶轮新集：十四卷 / (清)黄传祖,(清)陆朝瑛辑
清顺治十六年(1659)刻本
1995年摄制. -- 2盘卷片(39米897拍) :
1:10, 2B ; 35mm银盐
收藏馆：缩微中心, 南京

000O019169
扶轮新集：十四卷 / (清)黄传祖,(清)陆朝瑛辑
清顺治十八年(1661)刻本. -- 存十卷：卷一至卷十。
1994年摄制. -- 1盘卷片(31米618拍) :
1:10, 2B ; 35mm银盐

收藏馆：缩微中心, 国图

000O027210
诗源初集：十七卷 / (清)姚佺辑
清初(1644-1722)抱经楼刻本. -- 存十六卷：卷一至卷七、卷九至卷十五, 衲子一卷, 列女一卷。
1997年摄制. -- 2盘卷片(48米974拍) :
1:10, 2B ; 35mm银盐
收藏馆：缩微中心, 国图

000O009207
先儒诗集：一卷 / (清)杨妍辑
清初(1644-1722)刻本
1988年摄制. -- 1盘卷片(5米81拍) : 1:10, 2B ; 35mm银盐
收藏馆：缩微中心, 湖南

000O018032
历代诗家：一集五十六卷二集八十六卷 / (清)戴明说[等]辑
清顺治十三年(1656)毛氏汲古阁刻本
1993年摄制. -- 4盘卷片(117米2608拍) :
1:10, 2B ; 35mm银盐
收藏馆：缩微中心, 天津

000O024917
鼓吹新编：十四卷 / (清)程棨,(清)施諲辑
清顺治(1644-1661)刻本
1996年摄制. -- 1盘卷片(21米457拍) :
1:10, 2B ; 35mm银盐
收藏馆：缩微中心, 南京

000O026516
诗原：一集四卷二集五卷三集五卷四集四卷五集七卷 / (清)顾大申辑
清顺治(1644-1661)和鹤堂刻本
1997年摄制. -- 2盘卷片(39米767拍) :
1:10, 2B ; 35mm银盐
收藏馆：缩微中心, 国图

000O010022
六朝选诗定论：十八卷 / (清)吴淇撰
清康熙九年(1670)刻本. -- 版框高二十厘米宽十五厘米。
1989年摄制. -- 2盘卷片(40米843拍) :
1:10, 2B ; 35mm银盐
收藏馆：缩微中心, 广东

000O010906
六朝选诗定论：十八卷 / (清)吴淇撰
清康熙九年(1670)雨蕉斋刻本
1989年摄制. -- 2盘卷片(39米820拍) :

1:10, 2B ; 35mm银盐
收藏馆：缩微中心，湖北

000O026289
诗持：一集四卷二集十卷三集十卷 / (清)魏宪辑
清康熙(1662-1722)魏氏枕江堂刻本
1996年摄制. -- 2盘卷片(56米1175拍) :
1:10, 2B ; 35mm银盐
收藏馆：缩微中心，国图

000O017348
诗持：一集四卷二集十卷三集十卷 / (清)魏宪辑
清康熙(1662-1722)魏氏枕江堂刻本
1993年摄制. -- 2盘卷片(62米1296拍) :
1:10, 2B ; 35mm银盐
收藏馆：缩微中心，国图

000O009051
本事诗：十二卷 / (清)徐釚辑
清乾隆二十二年(1757)汪肯堂半松书屋刻本
1988年摄制. -- 1盘卷片(16米321拍) :
1:10, 2B ; 35mm银盐
收藏馆：缩微中心，湖北

000O010012
本事诗：十二卷 / (清)徐釚辑
清雍正(1723-1735)刻本. -- 版框高十九厘米
宽十三厘米。
1989年摄制. -- 1盘卷片(15米307拍) :
1:10, 2B ; 35mm银盐
收藏馆：缩微中心，广东

000O016591
善鸣集：十二卷 / (清)陆次云辑
清康熙二十六年(1687)蓉江怀古堂刻本
1993年摄制. -- 3盘卷片(80米1600拍) :
1:10, 2B ; 35mm银盐
收藏馆：缩微中心，山西

000O009955
诗林韶濩：二十卷 / (清)顾嗣立辑
清康熙四十四年(1705)秀野草堂刻本
1989年摄制. -- 2盘卷片(40米821拍) :
1:10, 2B ; 35mm银盐
收藏馆：缩微中心，天津

000O010791
诗林韶濩选：二十卷 / (清)顾嗣立辑；(清)周皇
重辑
清乾隆二十九年(1764)精刻本
1988年摄制. -- 1盘卷片(17米351拍) :
1:10, 2B ; 35mm银盐
收藏馆：缩微中心，天津

000O009486
御定历代题画诗类：一百二十卷 / (清)陈邦彦辑
清康熙四十六年(1707)内府刻本
1987年摄制. -- 4盘卷片(104.5米2292拍) :
1:9, 2B ; 35mm银盐
收藏馆：缩微中心，重庆

000O010585
御定历代题画诗类：一百二十卷 / (清)陈邦彦辑
清康熙四十六年(1707)内府刻本. -- 版框高
十九厘米宽十四厘米。
1989年摄制. -- 4盘卷片(109米2340拍) :
1:10, 2B ; 35mm银盐
收藏馆：缩微中心，广东

000O021055
诗伦：二卷 / (清)汪薇辑
清康熙(1662-1722)寒木堂刻本
1994年摄制. -- 1盘卷片(10米170拍) :
1:10, 2B ; 35mm银盐
收藏馆：缩微中心，国图

000O009058
诗伦：二卷 / (清)汪薇辑
清康熙五十六年(1717)寒木堂刻本
1988年摄制. -- 1盘卷片(9米185拍) : 1:10,
2B ; 35mm银盐
收藏馆：缩微中心，湖北

000O007204
近光集：二十八卷 / (清)汪士铉辑；(清)徐修仁
注
清康熙五十八年(1719)刻本
1987年摄制. -- 2盘卷片(35米719拍) :
1:10, 2B ; 35mm银盐
收藏馆：缩微中心，山东

000O009327
近光集：二十八卷 / (清)汪士铉辑；(清)徐修仁
注
清康熙五十八年(1719)刻本
1988年摄制. -- 2盘卷片(36米735拍) :
1:10, 2B ; 35mm银盐
收藏馆：缩微中心，湖南

000O026515
莼阁诗藏：十七卷 / (清)赵炎辑
清康熙(1662-1722)刻本
1997年摄制. -- 1盘卷片(30米637拍) :
1:10, 2B ; 35mm银盐
收藏馆：缩微中心，国图

000O011580
历代诗选：二十四卷 / (清)鲁超辑
清康熙五十八年(1719)百尺堂刻本
1990年摄制. -- 3盘卷片(67.5米1463拍) :
1:10, 2B ; 35mm银盐
收藏馆：缩微中心，湖北

000O028259
八代诗揆：五卷补遗一卷 / (清)陆奎勋撰
清康熙(1662-1722)刻本
1997年摄制. -- 1盘卷片(7米125拍) : 1:10,
2B ; 35mm银盐
收藏馆：缩微中心，辽宁

000O026777
八代诗揆：五卷补遗一卷 / (清)陆奎勋辑
清乾隆十八年(1753)怀永堂刻本. -- (清)孙
蕚升批并跋。
1996年摄制. -- 1盘卷片(8米124拍) : 1:10,
2B ; 35mm银盐
收藏馆：缩微中心，南京

000O018734
历朝闰雅：十二卷 / (清)揆叙辑
清康熙(1662-1722)刻本
1994年摄制. -- 1盘卷片(11米193拍) :
1:10, 2B ; 35mm银盐
收藏馆：缩微中心，国图

000O020431
历朝闰雅：十二卷 / (清)揆叙辑
清康熙(1662-1722)刻本
1994年摄制. -- 1盘卷片(11米193拍) :
1:10, 2B ; 35mm银盐
收藏馆：缩微中心，国图

000O031704
历朝闰雅：十二卷 / (清)揆叙辑
清康熙(1662-1722)刻本
2005年摄制. -- 1盘卷片(12米205拍) :
1:10, 2B ; 35mm银盐
收藏馆：缩微中心，国图

000O009964
历朝诗选简全集：六卷 / (清)张薇辑
清乾隆二十三年(1758)刻本
1989年摄制. -- 1盘卷片(19米421拍) :
1:10, 2B ; 35mm银盐
收藏馆：缩微中心，天津

000O009963
历朝名媛诗词：十二卷 / (清)陆昶编
清乾隆三十八年(1773)红树楼刻本

1989年摄制. -- 1盘卷片(17米354拍) :
1:10, 2B ; 35mm银盐
收藏馆：缩微中心，天津

000O019233
七言律诗钞：十八卷 / (清)翁方纲辑
清(1644-1911)稿本. -- 存八卷：卷一至卷
八。(清)杨岘跋。
1994年摄制. -- 1盘卷片(7米89拍) : 1:10,
2B ; 35mm银盐
收藏馆：缩微中心，国图

000O011195
小石帆亭五言诗续钞：八卷首一卷 / (清)翁方纲
辑
清光绪九年(1883)金陵翁氏菇古阁抄本
1989年摄制. -- 1盘卷片(8米143拍) : 1:10,
2B ; 35mm银盐
收藏馆：缩微中心，山东

000O021222
八代诗截玉集：首集十六卷次集二十卷三集
十四卷末集六卷附录集外诗四卷 / (清)李嶟辑
清(1644-1911)李泰阶抄本
1995年摄制. -- 1盘卷片(29米585拍) :
1:10, 2B ; 35mm银盐
收藏馆：缩微中心，国图

000O009225
历代名人诗抄：不分卷 / (清)袁芳瑛集
清(1644-1911)袁氏卧云楼抄本. -- 书前有缺
页。
1988年摄制. -- 1盘卷片(4米63拍) : 1:10,
2B ; 35mm银盐
收藏馆：缩微中心，湖南

000O007520
朱弦集：四卷 / (清)宋荦辑
清(1644-1911)宋氏漫堂抄本
1987年摄制. -- 1盘卷片(7米140拍) : 1:10,
2B ; 35mm银盐
收藏馆：缩微中心，国图

000O013450
朱弦集：四卷 / (清)宋荦辑
清(1644-1911)宋氏漫堂抄本
1991年摄制. -- 1盘卷片(8米123拍) : 1:10,
2B ; 35mm银盐
收藏馆：缩微中心，国图

000O008524
何义门选诗：不分卷 / (清)何焯辑
清(1644-1911)邵氏六行堂抄本. -- (清)韩应

陛跋, (清)邵泰跋并录(清)何焯批识。
1988年摄制. -- 1盘卷片(4米48拍) : 1:10, 2B ; 35mm银盐
收藏馆：缩微中心，国图

000O026511
诗词随抄：四卷 / (清)张开第辑
清(1644-1911)绿云书屋抄本
1997年摄制. -- 1盘卷片(13米234拍) : 1:10, 2B ; 35mm银盐
收藏馆：缩微中心，国图

000O028600
广三百首诗选：一卷 / (清)黄培芳辑；(清)黄崇奎校
清(1644-1911)黄氏岭海楼抄本
1998年摄制. -- 1盘卷片(6米89拍) : 1:10, 2B ; 35mm银盐
收藏馆：缩微中心，广东

000O007517
昭君怨诗集：一卷 / (清)庞垲辑
清(1644-1911)稿本
1987年摄制. -- 1盘卷片(4米43拍) : 1:10, 2B ; 35mm银盐
收藏馆：缩微中心，国图

000O018273
风雅遗宗：□□卷 / (清)永恩辑
清(1644-1911)稿本
1993年摄制. -- 3盘卷片(87米1880拍) : 1:10, 2B ; 35mm银盐
收藏馆：缩微中心，山东

000O017259
七律中声：五卷 / (清)姚大源辑
清(1644-1911)稿本. -- 钤"诵芬堂图书记""芝乡姚大源""雨方""姚大源"印。
1993年摄制. -- 1盘卷片(11米197拍) : 1:10, 2B ; 35mm银盐
收藏馆：缩微中心，天津

000O028697
王船山古近体诗评选：不分卷 / (清)王夫之辑评
清(1644-1911)抄本
1997年摄制. -- 1盘卷片(18米399拍) : 1:10, 2B ; 35mm银盐
收藏馆：缩微中心，湖南

000O020705
古赋辨体：十卷 / (元)祝尧辑
明嘉靖十一年(1532)刻本. -- 李一氓跋。
1994年摄制. -- 1盘卷片(15米273拍) :

1:10, 2B ; 35mm银盐
收藏馆：缩微中心，国图

000O024801
古赋辨体：十卷 / (元)祝尧辑；(明)张鲲校
明嘉靖十六年(1537)刻本
1995年摄制. -- 1盘卷片(16米312拍) : 1:10, 2B ; 35mm银盐
收藏馆：缩微中心，浙江

000O027478
古赋辨体：十卷 / (元)祝尧辑
明嘉靖二十一年(1542)苏佑刻本
1996年摄制. -- 1盘卷片(18米370拍) : 1:10, 2B ; 35mm银盐
收藏馆：缩微中心，南京

000O014305
宋金元明赋选：八卷 / (清)汪宪辑
清(1644-1911)抄本. -- (清)王鸿朗跋。
1992年摄制. -- 2盘卷片(42米832拍) : 1:10, 2B ; 35mm银盐
收藏馆：缩微中心，国图

000O010793
历代赋钞：三十二卷 / (清)赵维烈辑
清康熙二十五年(1686)立敬堂刻本
1988年摄制. -- 2盘卷片(38米778拍) : 1:10, 2B ; 35mm银盐
收藏馆：缩微中心，天津

000O010760
历朝赋格：三集十五卷 / (清)陆菜辑
清康熙二十五年(1686)刻本. -- (清)沈季友等校。
1988年摄制. -- 2盘卷片(56米1266拍) : 1:10, 2B ; 35mm银盐
收藏馆：缩微中心，天津

000O006856
御定历代赋汇：一百四十卷 / (清)陈元龙辑
清康熙(1662-1722)刻本
1987年摄制. -- 7盘卷片(207米4629拍) : 1:10, 2B ; 35mm银盐
收藏馆：缩微中心，吉林

000O026391
历朝赋楷：八卷首一卷 / (清)王修玉辑
清康熙二十五年(1686)尚德堂刻本
1996年摄制. -- 1盘卷片(24米494拍) : 1:10, 2B ; 35mm银盐
收藏馆：缩微中心，福建

000O028375
历朝赋选笺释：十卷首一卷 / (清)沈德潜辑
清乾隆二十二年(1757)刻本
1997年摄制. -- 1盘卷片(19.5米403拍)：
1:10, 2B；35mm银盐
收藏馆：缩微中心，福建

000O023770
辞赋标义：十八卷 / (明)俞王言撰；(明)金溥参订
明万历二十九年(1601)休宁金氏浑朴居刻本. -- (清)梅一枝校跋。
1995年摄制. -- 2盘卷片(36米715拍)：
1:10, 2B；35mm银盐
收藏馆：缩微中心，浙江

000O005481
赋苑：八卷 / (明)李鸿辑
明万历(1573-1620)刻本
1987年摄制. -- 2盘卷片(59.4米1287拍)：
1:10, 2B；35mm银盐
收藏馆：缩微中心，山西

000O019165
赋略：三十四卷绪言一卷列传一卷外篇二十卷 / (明)陈山毓辑
明崇祯七年(1634)陈舒陈皋[等]刻本
1994年摄制. -- 2盘卷片(53米1080拍)：
1:10, 2B；35mm银盐
收藏馆：缩微中心，国图

000O006413
赋海补遗：三十卷 / (明)周履靖,(明)刘凤,(明)屠隆辑
明(1368-1644)书林叶如春刻本
1987年摄制. -- 1盘卷片(30米664拍)：
1:10, 2B；35mm银盐
收藏馆：缩微中心，国图

000O002799
赋珍：八卷 / (明)施重光辑
明(1368-1644)刻本
1986年摄制. -- 2盘卷片(41米895拍)：
1:10, 2B；35mm银盐
收藏馆：缩微中心，国图

000O009004
赋钞笺略：十五卷 / (清)雷琳,(清)张杏滨撰
清乾隆三十一年(1766)刻本. -- (清)徐松批校并跋。
1988年摄制. -- 1盘卷片(29米562拍)：
1:10, 2B；35mm银盐
收藏馆：缩微中心，湖北

000O010786
赋钞笺略：十五卷 / (清)雷琳,(清)张杏滨撰
清乾隆三十一年(1766)刻本
1989年摄制. -- 1盘卷片(26米579拍)：
1:10, 2B；35mm银盐
收藏馆：缩微中心，天津

000O008640
华国编唐赋选：二卷 / (清)孙濩孙辑
清雍正十一年(1733)孙濩孙刻本
1996年摄制. -- 1盘卷片(11米183拍)：
1:10, 2B；35mm银盐
收藏馆：缩微中心，山东

000O009956
新刻旁注四六类函：十二卷 / (明)朱锦[等]辑
明(1368-1644)刻本. -- (明)徐榜等校。
1989年摄制. -- 1盘卷片(25米551拍)：
1:10, 2B；35mm银盐
收藏馆：缩微中心，天津

000O001621
古今四六：古集七卷今集六卷 / (明)张应泰辑
明万历(1573-1620)刻本
1986年摄制. -- 1盘卷片(26米574拍)：
1:10, 2B；35mm银盐
收藏馆：缩微中心，国图

000O008700
四六法海：十二卷 / (明)王志坚辑
明天启七年(1627)刻本
1987年摄制. -- 2盘卷片(58.8米1300拍)：
1:10, 2B；35mm银盐
收藏馆：缩微中心，重庆

000O006310
四六采腴：二十卷 / (明)陈钟盛书
明崇祯(1628-1644)刻本
1987年摄制. -- 2盘卷片(43米922拍)：
1:10, 2B；35mm银盐
收藏馆：缩微中心，吉林

000O007173
四六选锐：二卷 / (明)曾孔遇辑
明(1368-1644)刻本
1987年摄制. -- 1盘卷片(9米160拍)：1:10,
2B；35mm银盐
收藏馆：缩微中心，山东

000O017253
八代四六全书：十六卷 / (明)李天麟辑；(明)余良枢[等]校
明万历十五年(1587)刻本

1993年摄制. -- 1盘卷片(31米624拍) :
1:10, 2B ; 35mm银盐
收藏馆：缩微中心，天津

00O010198
四六纂组：十卷 / (清)胡吉豫编
清康熙十八年(1679)刻本. -- 卷十为历代官制沿革。
1989年摄制. -- 2盘卷片(39米790拍) :
1:10, 2B ; 35mm银盐
收藏馆：缩微中心，天津

00O002075
骈体文钞：三十一卷 / (清)李兆洛辑
清(1644-1911)合河康氏塾刻本. -- (清)翁同龢录(清)翁同书批点。
1986年摄制. -- 2盘卷片(34米732拍) :
1:10, 2B ; 35mm银盐
收藏馆：缩微中心，国图

00O002295
骈体探珠：不分卷
清(1644-1911)张燮抄本. -- (清)翁同书、(清)翁同龢跋。
1986年摄制. -- 1盘卷片(18米389拍) :
1:10, 2B ; 35mm银盐
收藏馆：缩微中心，国图

00O016405
东莱先生古文关键：二卷 / (宋)吕祖谦辑
明嘉靖十一年(1532)李成刻本
1993年摄制. -- 1盘卷片(10米160拍) :
1:10, 2B ; 35mm银盐
收藏馆：缩微中心，国图

00O002969
东莱先生古文关键：二卷 / (宋)吕祖谦辑
明(1368-1644)刻本
1986年摄制. -- 1盘卷片(9米173拍) : 1:10,
2B ; 35mm银盐
收藏馆：缩微中心，国图

00O011194
东莱先生古文关键：二卷 / (宋)吕祖谦辑；(宋)蔡文子注；(清)徐树屏考异
清(1644-1911)锡山华绮刻本. -- (清)熊文龙批校。
1989年摄制. -- 1盘卷片(8米177拍) : 1:10,
2B ; 35mm银盐
收藏馆：缩微中心，山东

00O022398
迂斋先生标注崇古文诀：三十五卷 / (宋)楼昉辑
元(1271-1368)刻明(1368-1644)重修本. --
存十七卷：卷一至卷十七。
1995年摄制. -- 1盘卷片(11米185拍) :
1:10, 2B ; 35mm银盐
收藏馆：缩微中心，国图

00O004413
新刊迂斋先生标注崇古文诀：三十五卷 / (宋)楼昉辑
明(1368-1644)刻本
1986年摄制. -- 1盘卷片(26.3米591拍) :
1:10, 2B ; 35mm银盐
收藏馆：缩微中心，国图

00O023447
新刊迂斋先生标注崇古文诀：三十五卷 / (宋)楼昉辑
明(1368-1644)刻本
1995年摄制. -- 1盘卷片(28米561拍) :
1:10, 2B ; 35mm银盐
收藏馆：缩微中心，国图

00O011350
真文忠公续文章正宗：二十卷 / (宋)真德秀辑
宋(960-1279)刻本. -- 存四卷：卷五至卷八。
1989年摄制. -- 1盘卷片(7.7米147拍) :
1:10, 2B ; 35mm银盐
收藏馆：缩微中心，辽宁

00O027730
真文忠公续文章正宗：二十卷 / (宋)真德秀辑
宋(960-1279)刻元(1271-1368)重修本. -- 存八卷：卷一至卷四、卷十至卷十三。
1997年摄制. -- 1盘卷片(13米251拍) :
1:10, 2B ; 35mm银盐
收藏馆：缩微中心，国图

00O004425
真文忠公续文章正宗：二十卷 / (宋)真德秀辑
明(1368-1644)南京国子监刻弘治十七年(1504)戴铺重修本
1986年摄制. -- 2盘卷片(35米729拍) :
1:10, 2B ; 35mm银盐
收藏馆：缩微中心，国图

00O004667
文章正宗：二十四卷 / (宋)真德秀辑
元(1271-1368)刻明(1368-1644)重修本
1987年摄制. -- 2盘卷片(61米1358拍) :
1:10, 2B ; 35mm银盐
收藏馆：缩微中心，国图

000O008479

文章正宗：二十四卷 / (宋)真德秀辑

元(1271-1368)刻明(1368-1644)重修本

1988年摄制. -- 3盘卷片(63米1387拍) ：

1:10, 2B ；35mm银盐

收藏馆：缩微中心，国图

000O019693

文章正宗：二十四卷 / (宋)真德秀辑

元(1271-1368)刻本. -- 存一卷：卷七。

1994年摄制. -- 1盘卷片(4米48拍) ：1:10,

2B ；35mm银盐

收藏馆：缩微中心，国图

000O022404

文章正宗：二十四卷 / (宋)真德秀辑

元(1271-1368)刻明(1368-1644)重修本

1995年摄制. -- 2盘卷片(62米1264拍) ：

1:10, 2B ；35mm银盐

收藏馆：缩微中心，国图

000O000815

西山先生真文忠公文章正宗：二十四卷 / (宋)真德秀辑

明初(1368-1424)刻本

1985年摄制. -- 2盘卷片(57.6米1297拍) ：

1:10, 2B ；35mm银盐

收藏馆：缩微中心，国图

000O009952

西山先生真文忠公文章正宗：二十四卷 / (宋)真德秀辑

明洪武元年至正德十五年(1368-1520)刻正德十五年(1520)重修本

1989年摄制. -- 2盘卷片(62米1356拍) ：

1:10, 2B ；35mm银盐

收藏馆：缩微中心，天津

000O023874

西山先生真文忠公文章正宗：二十四卷 / (宋)真德秀辑

明正德十五年(1520)马卿刻本

1995年摄制. -- 2盘卷片(58米1279拍) ：

1:10, 2B ；35mm银盐

收藏馆：缩微中心，南京

000O009404

西山先生真文忠公文章正宗：二十四卷 / (宋)真德秀辑

明嘉靖十五年(1536)朱鸿瀚刻本. -- 版框高二十厘米宽十三厘米。据明正德十五年(1520)本翻刻。

1988年摄制. -- 3盘卷片(67米1423拍) ：

1:10, 2B ；35mm银盐

收藏馆：缩微中心，广东

000O004099

西山先生真文忠公文章正宗：二十四卷 / (宋)真德秀辑

明(1368-1644)刻本

1986年摄制. -- 2盘卷片(59米1313拍) ：

1:10, 2B ；35mm银盐

收藏馆：缩微中心，国图

000O016546

集录真西山文章正宗：三十卷 / (宋)真德秀编；(明)孔天胤集录

明嘉靖二十三年(1544)孔天胤刻本. -- 存十卷：卷十六至卷二十五。

1993年摄制. -- 1盘卷片(23米489拍) ：

1:10, 2B ；35mm银盐

收藏馆：缩微中心，山西

000O007431

西山先生真文忠公文章正宗：二十四卷 / (宋)真德秀辑

明嘉靖(1522-1566)刻本

1987年摄制. -- 3盘卷片(68米1483拍) ：

1:10, 2B ；35mm银盐

收藏馆：缩微中心，吉林

000O017930

西山先生真文忠公文章正宗：二十四卷续二十卷 / (宋)真德秀辑

明嘉靖四十三年(1564)蒋氏家塾刻本

1993年摄制. -- 3盘卷片(90米1862拍) ：

1:10, 2B ；35mm银盐

收藏馆：缩微中心，国图

000O000826

西山先生真文忠公续文章正宗：二十卷 / (宋)真德秀辑

明(1368-1644)刻本

1985年摄制. -- 1盘卷片(30.3米684拍) ：

1:10, 2B ；35mm银盐

收藏馆：缩微中心，国图

000O024977

续真文忠公文章正宗：四十卷 / (明)郑柏辑

明正德十年(1515)刘氏日新堂刻本

1996年摄制. -- 1盘卷片(31米589拍) ：

1:10, 2B ；35mm银盐

收藏馆：缩微中心，安徽

000O004182

续真文忠公文章正宗：四十卷 / (明)郑柏辑

明(1368-1644)刻本
1986年摄制. -- 1盘卷片(27米595拍) :
1:10, 2B ; 35mm银盐
收藏馆：缩微中心，国图

000O023456
续真文忠公文章正宗：四十卷 / (明)郑柏辑
明(1368-1644)刻本. -- 存七卷：卷一至卷
七。
1995年摄制. -- 1盘卷片(8米128拍) : 1:10,
2B ; 35mm银盐
收藏馆：缩微中心，国图

000O009656
文章正宗选要：四卷 / (明)李时成辑
明万历七年(1579)刻本
1988年摄制. -- 1盘卷片(15米297拍) :
1:10, 2B ; 35mm银盐
收藏馆：缩微中心，甘肃

000O021676
文章正宗选钞：四卷 / (明)金学曾编
明(1368-1644)刻本
1995年摄制. -- 1盘卷片(12米220拍) :
1:10, 2B ; 35mm银盐
收藏馆：缩微中心，国图

000O002970
妙绝古今：不分卷 / (宋)汤汉辑
明嘉靖四十二年(1563)衢州府刻本
1986年摄制. -- 1盘卷片(10米203拍) :
1:10, 2B ; 35mm银盐
收藏馆：缩微中心，国图

000O015641
妙绝古今：不分卷 / (宋)汤汉辑
明嘉靖四十二年(1563)衢州府刻本
1993年摄制. -- 1盘卷片(11米187拍) :
1:10, 2B ; 35mm银盐
收藏馆：缩微中心，国图

000O006266
妙绝古今：不分卷 / (宋)汤汉辑
明嘉靖(1522-1566)刻本
1987年摄制. -- 1盘卷片(9米151拍) : 1:10,
2B ; 35mm银盐
收藏馆：缩微中心，吉林

000O024982
**续文章轨范百家评注：七卷 / (明)邹宋益辑；
(明)王世贞注**
明万历十九年(1591)三建书林乔山堂刻本
1996年摄制. -- 1盘卷片(10米193拍) :

1:10, 2B ; 35mm银盐
收藏馆：缩微中心，安徽

000O013553
必读古文正宗：十卷 / (明)张鼎辑并评
明(1368-1644)刻本
1991年摄制. -- 1盘卷片(29米586拍) :
1:10, 2B ; 35mm银盐
收藏馆：缩微中心，浙江

000O008643
**诸儒笺解古文真宝：前集十卷后集十卷 / [题]
(元)黄坚辑**
明万历十一年(1583)司礼监刻本
1988年摄制. -- 1盘卷片(19米383拍) :
1:10, 2B ; 35mm银盐
收藏馆：缩微中心，山东

000O002085
**虞邵庵批点文选心诀：一卷 / (元)虞集撰 . 性学
李先生古今文章精义：一卷 / (元)李涂撰**
明(1368-1644)刻本
1986年摄制. -- 1盘卷片(4米61拍) : 1:10,
2B ; 35mm银盐
收藏馆：缩微中心，国图

000O006781
文章类选：四十卷 / (明)朱栴辑
明初(1368-1424)刻本. -- (清)贺涛、(清)贺
培新跋。
1985年摄制. -- 3盘卷片(67.5米1502拍) :
1:10, 2B ; 35mm银盐
收藏馆：缩微中心，国图

000O021201
文章类选：四十卷 / (明)朱栴辑
明洪武三十一年(1398)庆藩朱栴刻本
1995年摄制. -- 3盘卷片(68米1322拍) :
1:10, 2B ; 35mm银盐
收藏馆：缩微中心，国图

000O006972
**文章辨体：五十卷外集五卷总论一卷 / (明)吴讷
辑**
明天顺八年(1464)刘孜[等]刻递修本
1987年摄制. -- 2盘卷片(55米1212拍) :
1:10, 2B ; 35mm银盐
收藏馆：缩微中心，国图

000O006094
文章辨体：五十卷 / (明)吴讷撰
明天顺八年(1464)王济刻本
1986年摄制. -- 2盘卷片(59.6米1346拍) :

1:10, 2B ; 35mm银盐
收藏馆：缩微中心, 吉林

000O016385
文章辨体：五十卷外集五卷总论一卷 / (明)吴讷辑
明嘉靖三十四年(1555)徐洛刻本
1992年摄制. -- 2盘卷片(56米1150拍) :
1:10, 2B ; 35mm银盐
收藏馆：缩微中心, 国图

000O029023
文章辨体：三十五卷外集五卷 / (明)吴讷编
明(1368-1644)西吴钟原刻本
1999年摄制. -- 3盘卷片(79米1680拍) :
1:10, 2B ; 35mm银盐
收藏馆：缩微中心, 湖南

000O027487
文章变体：七卷
明(1368-1644)刻本
1996年摄制. -- 1盘卷片(12米232拍) :
1:10, 2B ; 35mm银盐
收藏馆：缩微中心, 南京

000O005380
古文精粹：十卷
明成化十一年(1475)刻本
1986年摄制. -- 1盘卷片(13米281拍) :
1:10, 2B ; 35mm银盐
收藏馆：缩微中心, 国图

000O016434
文翰类选大成：一百六十三卷 / (明)李伯玙,(明)冯厚辑
明弘治十四年(1501)淮府刻本
1992年摄制. -- 11盘卷片(306米6245拍) :
1:10, 2B ; 35mm银盐
收藏馆：缩微中心, 国图

000O028336
群英珠玉：五卷 / (明)范士衡辑
明末(1621-1644)抄本
1998年摄制. -- 1盘卷片(6米91拍) : 1:10,
2B ; 35mm银盐
收藏馆：缩微中心, 广东

000O024939
学约古文：三卷 / (明)岳伦辑
明嘉靖十年(1531)杨抚刻本
1996年摄制. -- 1盘卷片(15米291拍) :
1:10, 2B ; 35mm银盐
收藏馆：缩微中心, 南京

000O009966
古文集：四卷 / (明)何景明辑
明嘉靖十五年(1536)校刻本. -- (明)张士
隆、(明)郑钢校。
1989年摄制. -- 1盘卷片(12米256拍) :
1:10, 2B ; 35mm银盐
收藏馆：缩微中心, 天津

000O011353
何大复先生学约古文：十卷 / (明)何景明辑
明万历三十六年(1608)宝树堂刻本
1989年摄制. -- 1盘卷片(15.2米326拍) :
1:10, 2B ; 35mm银盐
收藏馆：缩微中心, 辽宁

000O018765
何大复先生学约古文：十二卷 / (明)何景明辑；(明)岳伦增定
明崇祯五年(1632)耆好善刻本
1994年摄制. -- 1盘卷片(18米336拍) :
1:10, 2B ; 35mm银盐
收藏馆：缩微中心, 国图

000O006566
文苑春秋：四卷 / (明)崔铣辑
明嘉靖(1522-1566)刻本
1987年摄制. -- 1盘卷片(18米376拍) :
1:10, 2B ; 35mm银盐
收藏馆：缩微中心, 国图

000O024877
文苑春秋：四卷 / (明)崔铣辑
明嘉靖(1522-1566)刻本. -- (清)丁丙跋。
1996年摄制. -- 1盘卷片(18米381拍) :
1:10, 2B ; 35mm银盐
收藏馆：缩微中心, 南京

000O026307
古文会编：六卷 / (明)黄如金撰
明正德五年(1510)刻本. -- 黄式武, 号如
金。
1996年摄制. -- 1盘卷片(23米469拍) :
1:10, 2B ; 35mm银盐
收藏馆：缩微中心, 福建

000O009498
秦汉文：四卷 / (明)胡缵宗辑
明嘉靖三年(1524)刻本
1987年摄制. -- 1盘卷片(10.5米210拍) :
1:10, 2B ; 35mm银盐
收藏馆：缩微中心, 重庆

000O006686
秦汉文：四卷 / (明)胡缵宗辑
明(1368-1644)赵一中刻本
1987年摄制. -- 1盘卷片(15.2米314拍)：
1:10, 2B ；35mm银盐
收藏馆：缩微中心，山西

000O007231
秦汉文：四卷 / (明)胡缵宗辑
明(1368-1644)刻本
1987年摄制. -- 1盘卷片(10米201拍)：
1:10, 2B ；35mm银盐
收藏馆：缩微中心，国图

000O013546
秦汉文：八卷 / (明)胡缵宗辑
明嘉靖二十二年(1543)程良锡刻本
1991年摄制. -- 1盘卷片(21米423拍)：
1:10, 2B ；35mm银盐
收藏馆：缩微中心，浙江

000O003441
艺赞：三卷 / (明)任庆云辑
明嘉靖二十年(1541)任庆云刻本
1986年摄制. -- 1盘卷片(14米293拍)：
1:10, 2B ；35mm银盐
收藏馆：缩微中心，国图

000O015283
艺赞：三卷 / (明)任庆云辑
明(1368-1644)刻本
1992年摄制. -- 1盘卷片(14米275拍)：
1:10, 2B ；35mm银盐
收藏馆：缩微中心，国图

000O029268
新刊批点古文类抄：十二卷 / (明)林希元辑并评
明嘉靖三十年(1551)陈堂陈俊刻本
1999年摄制. -- 2盘卷片(40米839拍)：
1:10, 2B ；35mm银盐
收藏馆：缩微中心，湖南

000O010095
六艺流别：二十卷 / (明)黄佐辑
明嘉靖四十一年(1562)欧大任刻本
1985年摄制. -- 2盘卷片(44.5米948拍)：
1:10, 2B ；35mm银盐
收藏馆：缩微中心，祁县

000O007166
古文类选：十八卷 / (明)郑旻辑
明隆庆六年(1572)顾知类徐宏刻本
1987年摄制. -- 2盘卷片(60米1338拍)：

1:10, 2B ；35mm银盐
收藏馆：缩微中心，山东

000O009501
文编：六十四卷 / (明)唐顺之辑
明嘉靖(1522-1566)胡帛刻本
1987年摄制. -- 5盘卷片(130.5米2862拍)：
1:9, 2B ；35mm银盐
收藏馆：缩微中心，重庆

000O028995
文编：六十四卷 / (明)唐顺之辑
明嘉靖(1522-1566)胡帛刻本. -- (清)丁丙
跋。
1989年摄制. -- 5盘卷片(130米2862拍)：
1:10, 2B ；35mm银盐
收藏馆：缩微中心，南京

000O000035
六家文略：十二卷；六家始末：一卷 / (明)唐顺
之,(明)蔡瀛辑
明万历三十年(1602)蔡望卿刻本
1986年摄制. -- 2盘卷片(39米826拍)：
1:10, 2B ；35mm银盐
收藏馆：缩微中心，山西

000O020339
唐会元精选批点唐宋名贤策论文粹：八卷 /
[题](明)唐顺之辑并批点
明(1368-1644)书林桐源胡氏刻本
1994年摄制. -- 1盘卷片(18米363拍)：
1:10, 2B ；35mm银盐
收藏馆：缩微中心，国图

000O017715
唐会元精选诸儒文要：八卷
明(1368-1644)刻本
1993年摄制. -- 1盘卷片(17米322拍)：
1:10, 2B ；35mm银盐
收藏馆：缩微中心，国图

000O023137
诸儒文要：八卷
明(1368-1644)刻本
1995年摄制. -- 1盘卷片(18米322拍)：
1:10, 2B ；35mm银盐
收藏馆：缩微中心，国图

000O026841
唐宋元名表：四卷 / (明)胡松辑
明嘉靖二十一年(1542)刻本. -- (清)丁丙
跋。
1996年摄制. -- 1盘卷片(13米260拍)：

1:10，2B ；35mm银盐
收藏馆：缩微中心，南京

000O015750
唐宋元名表：四卷 / (明)胡松辑
明嘉靖(1522-1566)刻本
1993年摄制. -- 1盘卷片(13米236拍) :
1:10，2B ；35mm银盐
收藏馆：缩微中心，国图

000O007480
名家表选：八卷 / (明)陈垲辑
明嘉靖二十六年(1547)崇正书院刻本
1987年摄制. -- 1盘卷片(13米265拍) :
1:10，2B ；35mm银盐
收藏馆：缩微中心，国图

000O025865
翰林古文钞：八卷 / (明)任瀛辑
明嘉靖四十一年(1562)鲁藩刻本
1996年摄制. -- 1盘卷片(23米448拍) :
1:10，2B ；35mm银盐
收藏馆：缩微中心，安徽

000O018616
古文选要：五卷 / (明)张舜臣辑
明嘉靖三十三年(1554)黎尧勋刻本
1992年摄制. -- 1盘卷片(10.3米204拍) :
1:12，2B ；35mm银盐
收藏馆：缩微中心，重庆

000O009937
周秦两汉文选：十二卷 / (明)尤瑛辑
明万历四十三年(1615)周子文刻本
1988年摄制. -- 1盘卷片(15米315拍) :
1:10，2B ；35mm银盐
收藏馆：缩微中心，天津

000O006581
秦汉魏晋文选：十卷 / (明)余震启,(明)郑玄抚辑
明嘉靖二十四年(1545)洪廷论刻本
1987年摄制. -- 1盘卷片(23米508拍) :
1:10，2B ；35mm银盐
收藏馆：缩微中心，国图

000O014323
秦汉魏晋文选：十卷 / (明)余震启,(明)郑玄抚辑
明嘉靖二十四年(1545)洪廷论刻本
1992年摄制. -- 1盘卷片(24米471拍) :
1:10，2B ；35mm银盐
收藏馆：缩微中心，国图

000O017607
历代文选：十四卷 / (明)凌云翼辑
明嘉靖四十年(1561)宋守志谢教[等]刻本
1993年摄制. -- 2盘卷片(54米1091拍) :
1:10，2B ；35mm银盐
收藏馆：缩微中心，国图

000O000049
正续名世文宗：十六卷 / (明)王世贞辑；(明)钱允治续辑
明万历四十五年(1617)刻本
1986年摄制. -- 2盘卷片(37.8米798拍) :
1:10，2B ；35mm银盐
收藏馆：缩微中心，山西

000O021873
正续名世文宗：十六卷 / (明)王世贞辑
明万历四十五年(1617)刻本
1995年摄制. -- 2盘卷片(40.5米843拍) :
1:10，2B ；35mm银盐
收藏馆：缩微中心，山西

000O008684
正续名世文宗：十六卷 / [题](明)王世贞辑；(明)钱允治续辑；(明)陈继儒校注
明万历四十五年(1617)金陵唐予玉刻本
1988年摄制. -- 1盘卷片(31.7米705拍) :
1:10，2B ；35mm银盐
收藏馆：缩微中心，重庆

000O028918
名世文宗：八卷 / (明)王世贞辑；(明)陈继儒批点
明(1368-1644)刻本
1998年摄制. -- 1盘卷片(18米384拍) :
1:10，2B ；35mm银盐
收藏馆：缩微中心，溆浦

000O009019
名世文宗：二十卷 / (明)王世贞辑；(明)钟惺增补
明(1368-1644)刻本
1988年摄制. -- 2盘卷片(42.5米892拍) :
1:10，2B ；35mm银盐
收藏馆：缩微中心，湖北

000O007848
名世文宗：三十卷谈薮一卷 / (明)胡时化辑；(明)陈仁锡订
明崇祯元年(1628)刻本
1987年摄制. -- 4盘卷片(101.2米2215拍) :
1:10，2B ；35mm银盐
收藏馆：缩微中心，重庆

000O007192
名世文宗：三十卷谈薮一卷 / (明)胡时化辑；(明)陈仁锡订
明崇祯元年(1628)刻书林翁少麓印本
1987年摄制. -- 4盘卷片(106米2317拍) : 1:10, 2B ; 35mm银盐
收藏馆：缩微中心，山东

000O008666
新刊名世文宗：三十一卷 / (明)胡时化辑
明(1368-1644)唐廷仁刻本
1987年摄制. -- 2盘卷片(42.2米913拍) : 1:9, 2B ; 35mm银盐
收藏馆：缩微中心，重庆

000O011366
新刊名世文宗：□□卷 / (明)胡时化辑
明万历(1573-1620)刻本
1989年摄制. -- 2盘卷片(44米961拍) : 1:10, 2B ; 35mm银盐
收藏馆：缩微中心，吉林

000O008294
刻续名世文宗评林：十卷 / (明)胡时化辑
明(1368-1644)唐廷仁刻本. -- (明)佚名批校。
1988年摄制. -- 2盘卷片(45米916拍) : 1:10, 2B ; 35mm银盐
收藏馆：缩微中心，山东

000O008432
文则：四卷 / (明)张云路辑
明嘉靖三十四年(1555)张云路刻本
1988年摄制. -- 1盘卷片(13米316拍) : 1:10, 2B ; 35mm银盐
收藏馆：缩微中心，国图

000O017308
文则：四卷 / (明)张云路辑
明嘉靖三十四年(1555)张云路刻本
1993年摄制. -- 1盘卷片(15米293拍) : 1:10, 2B ; 35mm银盐
收藏馆：缩微中心，国图

000O023978
文则：四卷 / (明)张云路辑
明嘉靖三十四年(1555)刻本. -- (清)丁丙跋。
1995年摄制. -- 1盘卷片(16米323拍) : 1:10, 2B ; 35mm银盐
收藏馆：缩微中心，南京

000O008316
新刊汇编秦汉精华：十四卷 / (明)汪道昆,(明)詹惟修辑
明万历十三年(1585)刻本
1988年摄制. -- 1盘卷片(31米672拍) : 1:10, 2B ; 35mm银盐
收藏馆：缩微中心，山东

000O013582
秦汉六朝文：十卷 / (明)汪道昆辑；(明)俞王言评
明万历(1573-1620)刻本
1991年摄制. -- 2盘卷片(37米718拍) : 1:10, 2B ; 35mm银盐
收藏馆：缩微中心，浙江

000O017610
文体明辩：附录十四卷目录二卷 / (明)徐师曾辑
明(1368-1644)刻本
1993年摄制. -- 1盘卷片(30米613拍) : 1:10, 2B ; 35mm银盐
收藏馆：缩微中心，国图

000O018528
文体明辩：八十四卷首一卷 / (明)徐师曾辑
明(1368-1644)游榕活字印本. -- 存三卷：卷一至卷二、首一卷。郑振铎跋。
1993年摄制. -- 1盘卷片(7米112拍) : 1:10, 2B ; 35mm银盐
收藏馆：缩微中心，国图

000O019553
文体明辩：六十一卷首一卷目录六卷附录目录二卷附录十四卷 / (明)徐师曾辑
明(1368-1644)游榕活字印本. -- 存八十一卷：卷一至卷八、卷十至卷三十、卷三十二至卷五十二、卷五十四至卷六十一，首一卷，目录六卷，附录目录二卷，附录十四卷。
1994年摄制. -- 6盘卷片(183米3743拍) : 1:10, 2B ; 35mm银盐
收藏馆：缩微中心，国图

000O010776
文体明辩：六十一卷目录六卷首一卷 / (明)徐师曾辑
明万历十九年(1591)刻本
1989年摄制. -- 6盘卷片(166米3583拍) : 1:10, 2B ; 35mm银盐
收藏馆：缩微中心，天津

000O010528
文体明辩：四十八卷 / (明)徐师曾辑；(明)沈芬,(明)沈骐笺

明崇祯十三年(1640)刻本
1989年摄制. -- 3盘卷片(84米1864拍)：
1:10，2B；35mm银盐
收藏馆：缩微中心，天津

000O008322
古今寓言：十二卷 / (明)陈世宝,(明)詹景凤辑；
(明)车大任批点
明万历九年(1581)陈世宝刻本
1988年摄制. -- 1盘卷片(23米458拍)：
1:10，2B；35mm银盐
收藏馆：缩微中心，山东

000O017754
古今寓言：十二卷 / (明)陈世宝,(明)詹景凤辑；
(明)车大任批点
明(1368-1644)刻本. -- 存九卷：卷一至卷
九。
1993年摄制. -- 1盘卷片(16米290拍)：
1:10，2B；35mm银盐
收藏馆：缩微中心，国图

000O023765
古今寓言：四集十二卷 / (明)陈世宝,(明)詹景凤
辑；(明)车大任批点
明(1368-1644)刻本
1995年摄制. -- 1盘卷片(22米434拍)：
1:10，2B；35mm银盐
收藏馆：缩微中心，浙江

000O011349
新刻翰林诸名公评注先秦两汉文觳：五卷 / (明)
王锡爵辑
明万历十八年(1590)书林余南扶刻本
1989年摄制. -- 1盘卷片(20.1米445拍)：
1:10，2B；35mm银盐
收藏馆：缩微中心，辽宁

000O023757
文浦玄珠：六卷 / (明)穆文熙辑
明万历十四年(1586)沈榜刻本
1995年摄制. -- 1盘卷片(19米370拍)：
1:10，2B；35mm银盐
收藏馆：缩微中心，浙江

000O015649
集古文英：八卷 / (明)顾祖武辑
明嘉靖四十一年(1562)顾祖武刻本
1993年摄制. -- 2盘卷片(35米675拍)：
1:10，2B；35mm银盐
收藏馆：缩微中心，国图

000O026313
历朝文选：五十卷 / (明)姚翼辑
明万历九年(1581)刻本. -- 本书第二册卷六
至卷七为补配。
1996年摄制. -- 2盘卷片(55.5米1168拍)：
1:10，2B；35mm银盐
收藏馆：缩微中心，福建

000O023777
新锲古文四如编：四卷 / (明)郑维岳选辑；(明)
李光缙评
明末(1621-1644)书林仙源堂刻本
1995年摄制. -- 1盘卷片(19米366拍)：
1:10，2B；35mm银盐
收藏馆：缩微中心，浙江

000O008793
续刻温陵四太史评选古今名文珠玑：八卷 / (明)
黄凤翔[等]辑
明万历二十三年(1595)余绍崖自新斋刻本
1987年摄制. -- 2盘卷片(41.5米897拍)：
1:9，2B；35mm银盐
收藏馆：缩微中心，重庆

000O019212
滑耀编：四卷 / (明)贾三近辑
明万历(1573-1620)刻本
1994年摄制. -- 1盘卷片(18米347拍)：
1:10，2B；35mm银盐
收藏馆：缩微中心，国图

000O006583
滑耀编：四卷 / (明)贾三近辑
明末(1621-1644)毛氏汲古阁刻本
1987年摄制. -- 1盘卷片(20.6米447拍)：
1:10，2B；35mm银盐
收藏馆：缩微中心，国图

000O018698
崇正文选：十二卷 / (明)施策辑
明万历三十八年(1610)瞿汝说刻本
1994年摄制. -- 2盘卷片(44米862拍)：
1:10，2B；35mm银盐
收藏馆：缩微中心，国图

000O023752
批点崇正文选：十二卷 / (明)施策选；(明)朱之
蕃批点
明万历四十二年(1614)金陵车书楼刻本
1995年摄制. -- 2盘卷片(47米926拍)：
1:10，2B；35mm银盐
收藏馆：缩微中心，浙江

00O010860
古文隽：十六卷 / (明)赵耀辑
明万历六年(1578)刻本
1989年摄制. -- 2盘卷片(46米946拍) :
1:10, 2B ; 35mm银盐
收藏馆：缩微中心，甘肃

00O009567
古文隽：十六卷 / (明)赵耀辑
明崇祯元年(1628)赵胤昌刻本
1988年摄制. -- 2盘卷片(45米950拍) :
1:10, 2B ; 35mm银盐
收藏馆：缩微中心，山东

00O021205
文府滑稽：十二卷 / (明)邹迪光辑
明万历三十七年(1609)邹同光刻本
1995年摄制. -- 2盘卷片(41米782拍) :
1:10, 2B ; 35mm银盐
收藏馆：缩微中心，国图

00O016389
文府滑稽：十二卷 / (明)邹迪光辑
明万历(1573-1620)刻本
1993年摄制. -- 2盘卷片(40米785拍) :
1:10, 2B ; 35mm银盐
收藏馆：缩微中心，国图

00O024003
古文钞：十六卷 / (明)吴承光辑
明万历六年(1578)刻本
1996年摄制. -- 2盘卷片(46米979拍) :
1:10, 2B ; 35mm银盐
收藏馆：缩微中心，南京

00O001518
汇古菁华：二十四卷 / (明)张国玺,(明)刘一相编
明万历二十四年(1596)刻本
1986年摄制. -- 3盘卷片(84.7米1656拍) :
1:10, 2B ; 35mm银盐
收藏馆：缩微中心，吉林

00O026315
钜文：十二卷 / (明)屠隆辑
明(1368-1644)刻本
1996年摄制. -- 1盘卷片(25米522拍) :
1:10, 2B ; 35mm银盐
收藏馆：缩微中心，福建

00O024875
钜文：十二卷 / (明)屠隆辑
明(1368-1644)曼山馆刻本
1996年摄制. -- 1盘卷片(22米512拍) :

1:10, 2B ; 35mm银盐
收藏馆：缩微中心，南京

00O014185
适志编：不分卷 / (明)詹轸光辑
明万历(1573-1620)刻本
1992年摄制. -- 1盘卷片(5米70拍) : 1:10,
2B ; 35mm银盐
收藏馆：缩微中心，国图

00O007417
词致录：十六卷 / (明)李天麟编
明万历(1573-1620)刻本
1987年摄制. -- 1盘卷片(30米682拍) :
1:10, 2B ; 35mm银盐
收藏馆：缩微中心，吉林

00O013583
新刊李九我先生编纂大方万文一统内外集：
二十二卷 / (明)李廷机辑
明(1368-1644)建邑书林余象斗刻本
1991年摄制. -- 2盘卷片(53米1086拍) :
1:10, 2B ; 35mm银盐
收藏馆：缩微中心，浙江

00O020117
共赏编：八卷 / (明)钱士鳌辑
明万历(1573-1620)清芬馆刻本
1994年摄制. -- 1盘卷片(27米536拍) :
1:10, 2B ; 35mm银盐
收藏馆：缩微中心，国图

00O007168
新镌焦太史汇选中原文献：经集六卷史集六卷
子集七卷文集四卷通考一卷 / (明)焦竑辑；(明)
陶望龄评；(明)朱之蕃注
明万历二十四年(1596)汪元湛[等]刻本
1987年摄制. -- 2盘卷片(53米1163拍) :
1:10, 2B ; 35mm银盐
收藏馆：缩微中心，山东

00O031522
新镌焦太史汇选中原文献：二十四卷 / (明)焦竑
辑；(明)陶望龄评；(明)朱之蕃注
明万历二十四年(1596)刻本
2004年摄制. -- 2盘卷片(57米1145拍) :
1:10, 2B ; 35mm银盐
收藏馆：缩微中心，国图

00O021546
新镌焦太史汇选中原文献：四集二十四卷 / (明)
焦竑辑
明万历二十七年(1599)万卷楼刻本. -- 存

二十二卷：卷一至卷二十二。
1995年摄制. -- 2盘卷片（48米971拍）：
1:10, 2B ；35mm银盐
收藏馆：缩微中心，国图

000O028887
新锲焦太史汇选百家评林名文珠玑：十三卷 / (明)焦竑辑
明(1368-1644)刻本
1998年摄制. -- 2盘卷片（43米807拍）：
1:10, 2B ；35mm银盐
收藏馆：缩微中心，苏州

000O007598
新镌重订增补名文珠玑：不分卷 / (明)焦竑辑
明(1368-1644)刻本
1987年摄制. -- 2盘卷片（39米832拍）：
1:10, 2B ；35mm银盐
收藏馆：缩微中心，山东

000O015901
陶石篑先生批选唐宋六家表启：八卷 / (明)陶望龄辑
明天启元年(1621)茅兆海刻本
1993年摄制. -- 1盘卷片（16米303拍）：
1:10, 2B ；35mm银盐
收藏馆：缩微中心，国图

000O009455
不多集：二十二卷 / (明)吴士奇辑
明万历四十年(1612)刻本
1988年摄制. -- 2盘卷片（54.6米1203拍）：
1:9, 2B ；35mm银盐
收藏馆：缩微中心，重庆

000O009561
古文世编：一百卷 / (明)潘士达辑
明万历三十四年(1606)潘士达刻本
1987年摄制. -- 14盘卷片（388米8487拍）：
1:10, 2B ；35mm银盐
收藏馆：缩微中心，山东

000O025027
史海淘珍：二十卷 / (明)黄汝亨评释
明(1368-1644)刻本. -- 眉栏镌评。
1996年摄制. -- 1盘卷片（18米367拍）：
1:10, 2B ；35mm银盐
收藏馆：缩微中心，安徽

000O007159
刻张太史精选古文蓝田玉：四卷 / (明)张瑞图辑
明万历三十九年(1611)王惺初刻本
1987年摄制. -- 1盘卷片（17米339拍）：

1:10, 2B ；35mm银盐
收藏馆：缩微中心，山东

000O024941
古论玄箸：八卷 / (明)傅振商辑
明万历四十年(1612)刻本
1996年摄制. -- 1盘卷片（19米412拍）：
1:10, 2B ；35mm银盐
收藏馆：缩微中心，南京

000O024903
珠渊异宝：十二卷 / (明)傅振商辑
明万历四十七年(1619)刻本
1996年摄制. -- 2盘卷片（49米1042拍）：
1:10, 2B ；35mm银盐
收藏馆：缩微中心，南京

000O023745
古文选要：四卷 / (明)傅振商辑
明万历(1573-1620)刻本
1995年摄制. -- 1盘卷片（10米183拍）：
1:10, 2B ；35mm银盐
收藏馆：缩微中心，浙江

000O023941
秦藻幽胜录：十二卷 / (明)傅振商辑
明万历四十七年(1619)刻本
1996年摄制. -- 2盘卷片（43米954拍）：
1:10, 2B ；35mm银盐
收藏馆：缩微中心，河南

000O001247
蜀藻幽胜录：四卷 / (明)傅振商辑
明(1368-1644)刻本
1985年摄制. -- 1盘卷片（17米375拍）：
1:10, 2B ；35mm银盐
收藏馆：缩微中心，国图

000O027392
新刻合诸名家评选古文启秀：六卷 / (明)王纳谏辑
明(1368-1644)刻本
1996年摄制. -- 1盘卷片（24米538拍）：
1:10, 2B ；35mm银盐
收藏馆：缩微中心，南京

000O024951
清音集：三卷 / (明)贺烺辑
明(1368-1644)刻本
1996年摄制. -- 1盘卷片（17米361拍）：
1:10, 2B ；35mm银盐
收藏馆：缩微中心，南京

00O013262
古文澜编：二十卷 / (明)王志坚辑
明崇祯五年(1632)刻本
1991年摄制. -- 3盘卷片(85米1755拍) : 1:10, 2B ; 35mm银盐
收藏馆：缩微中心，湖北

00O007194
古文续编：八种二十九卷；昌黎集录：三卷；河东集录：三卷 / (唐)韩愈,(唐)柳宗元,(宋)欧阳修撰；(明)王志坚编
明崇祯(1628-1644)刻本. -- 还有合刻著作：居七集录六卷。
1987年摄制. -- 5盘卷片(150米3011拍) : 1:10, 2B ; 35mm银盐
收藏馆：缩微中心，山东

00O011482
秦汉文归：二十卷 / (明)钟惺辑
明崇祯六年(1633)刻本
1989年摄制. -- 2盘卷片(48.7米1089拍) : 1:10, 2B ; 35mm银盐
收藏馆：缩微中心，辽宁

00O025005
秦汉文归：三十卷 / (明)钟惺辑并评
明末(1621-1644)古香斋刻本
1996年摄制. -- 3盘卷片(73米1513拍) : 1:10, 2B ; 35mm银盐
收藏馆：缩微中心，安徽

00O018917
汉晋南北朝唐宋文归：七十六卷 / (明)钟惺辑并评
明末(1621-1644)古香斋集贤堂刻本
1993年摄制. -- 6盘卷片(158米3160拍) : 1:10, 2B ; 35mm银盐
收藏馆：缩微中心，山东

00O025704
南北朝文归：四卷 / (明)钟惺辑
明(1368-1644)古香斋刻本
1996年摄制. -- 1盘卷片(13米301拍) : 1:10, 2B ; 35mm银盐
收藏馆：缩微中心，河南

00O009581
唐宋十二大家文归：十四卷 / (明)钟惺辑并评．国朝大家文归：二卷 / (明)郑元勋辑并评
明末(1621-1644)刻本. -- 唐宋十二大家文归、国朝大家文归为连卷。存十五卷：卷二至卷十六。
1988年摄制. -- 2盘卷片(41.1米883拍) :

1:10, 2B ; 35mm银盐
收藏馆：缩微中心，重庆

00O014860
唐宋十二大家文归：十六卷 / (明)钟惺辑并评．国朝大家文归：二卷 / (明)郑元勋辑并评
明末(1621-1644)刻本. -- 唐宋十二大家文归、国朝大家文归为连卷。
1992年摄制. -- 2盘卷片(44米908拍) : 1:10, 2B ; 35mm银盐
收藏馆：缩微中心，贵州

00O010738
古文备体奇钞：十二卷 / (明)钟惺辑
明崇祯(1628-1644)刻本. -- (明)黄道周评,(明)刘肇庆订。
1989年摄制. -- 2盘卷片(48米1030拍) : 1:10, 2B ; 35mm银盐
收藏馆：缩微中心，天津

00O023999
文俪：十四卷 / (明)陈翼飞撰
明末(1621-1644)刻本
1996年摄制. -- 2盘卷片(43米904拍) : 1:10, 2B ; 35mm银盐
收藏馆：缩微中心，南京

00O018740
藜阁传灯：□□卷 / (明)刘万春辑
明崇祯十年(1637)刻本. -- 存十二卷：卷一至卷四、卷六至卷十三。
1994年摄制. -- 3盘卷片(76米1570拍) : 1:10, 2B ; 35mm银盐
收藏馆：缩微中心，国图

00O008689
古逸书：三十卷首一卷末一卷 / (明)潘基庆辑
明万历(1573-1620)刻本
1988年摄制. -- 2盘卷片(52.3米1146拍) : 1:10, 2B ; 35mm银盐
收藏馆：缩微中心，重庆

00O009950
古逸书：三十卷首一卷附语一卷 / (明)潘基庆辑
明末(1621-1644)刻本
1989年摄制. -- 2盘卷片(50米1115拍) : 1:10, 2B ; 35mm银盐
收藏馆：缩微中心，天津

00O021122
先秦鸿文：五卷 / (明)顾锡畴辑并评
明崇祯(1628-1644)刻本
1994年摄制. -- 1盘卷片(12米215拍) :

1:10，2B ；35mm银盐
收藏馆：缩微中心，国图

000O000047
秦汉鸿文：二十五卷 / (明)顾锡畴辑
明崇祯(1628-1644)刻本
1986年摄制. -- 2盘卷片(55.2米1193拍)：
1:10，2B ；35mm银盐
收藏馆：缩微中心，山西

000O027460
镌陈眉公评选秦汉文隽：四卷 / (明)陈继儒辑
明天启(1621-1627)书林萧少衢师俭堂刻本
1996年摄制. -- 1盘卷片(17米355拍)：
1:10，2B ；35mm银盐
收藏馆：缩微中心，南京

000O026632
先秦两汉文脍：五卷 / (明)陈继儒辑
明(1368-1644)邹彦章刻本
1995年摄制. -- 1盘卷片(26米587拍)：
1:10，2B ；35mm银盐
收藏馆：缩微中心，河南

000O009662
古文品外录：二十四卷 / (明)陈继儒辑
明(1368-1644)刘龙田乔山堂刻本
1988年摄制. -- 2盘卷片(48米1006拍)：
1:10，2B ；35mm银盐
收藏馆：缩微中心，甘肃

000O006259
古文品外录：二十四卷 / (明)陈继儒选评
明末(1621-1644)刻本
1987年摄制. -- 2盘卷片(48米1045拍)：
1:10，2B ；35mm银盐
收藏馆：缩微中心，吉林

000O023781
古文品外录：十二卷 / (明)陈继儒选评
明天启五年(1625)朱蔚然刻本. -- 存十卷：
卷一至卷十。
1995年摄制. -- 1盘卷片(29米593拍)：
1:10，2B ；35mm银盐
收藏馆：缩微中心，浙江

000O007163
秦汉文钞：十二卷 / (明)冯有德辑；(明)汪德元订
明万历(1573-1620)刻本
1987年摄制. -- 1盘卷片(27米586拍)：
1:10，2B ；35mm银盐
收藏馆：缩微中心，山东

000O009425
秦汉文钞：六卷 / (明)闵迈德[等]辑
明万历四十八年(1620)闵氏刻本. -- (明)杨融博批点。
1987年摄制. -- 1盘卷片(19.1米410拍)：
1:9，2B ；35mm银盐
收藏馆：缩微中心，重庆

000O024262
新刻汇编秦汉文选：十四卷 / (明)詹惟修辑
明万历三十一年(1603)书林郑立斋刻本
1996年摄制. -- 2盘卷片(33米672拍)：
1:10，2B ；35mm银盐
收藏馆：缩微中心，安徽

000O013570
文坛列俎：十卷 / (明)汪廷讷辑
明万历三十五年(1607)汪氏环翠堂刻本
1991年摄制. -- 3盘卷片(87米1764拍)：
1:10，2B ；35mm银盐
收藏馆：缩微中心，浙江

000O017199
文坛列俎：十卷 / (明)汪廷讷辑
明万历三十五年(1607)汪氏环翠堂刻本
1993年摄制. -- 2盘卷片(48米1048拍)：
1:10，2B ；35mm银盐
收藏馆：缩微中心，山东

000O009218
文字会宝：不分卷 / (明)朱文治辑
明万历三十六年(1608)刻本
1988年摄制. -- 1盘卷片(16米331拍)：
1:10，2B ；35mm银盐
收藏馆：缩微中心，湖南

000O013311
文字会宝：不分卷 / (明)朱文治辑
明万历三十六年(1608)刻本
1991年摄制. -- 1盘卷片(20.9米450拍)：
1:11，2B ；35mm银盐
收藏馆：缩微中心，重庆

000O021059
文字会宝：不分卷 / (明)朱文治辑
明万历三十六年(1608)朱文治刻本
1994年摄制. -- 1盘卷片(19米353拍)：
1:10，2B ；35mm银盐
收藏馆：缩微中心，国图

000O027469
广文字会宝：不分卷 / (明)朱文治辑
明万历(1573-1620)闽建书林叶见远刻本

1996年摄制. -- 1盘卷片(24米527拍) :
1:10, 2B ; 35mm银盐
收藏馆：缩微中心，南京

000O009658
秦汉文集：十二卷 / (明)程梦庚辑
明万历四十四年(1616)刻本
1988年摄制. -- 1盘卷片(25米528拍) :
1:10, 2B ; 35mm银盐
收藏馆：缩微中心，甘肃

000O000039
古文奇赏：二十二卷；续古文奇赏：三十四卷；
奇赏斋广文苑英华：二十六卷 / (明)陈仁锡辑
明万历四十六年至天启(1618-1627)刻本. --
还有合刻著作：四续古文奇赏五十三卷、明文
奇赏四十卷。
1986年摄制. -- 16盘卷片(483.6米10501拍) :
1:10, 2B ; 35mm银盐
收藏馆：缩微中心，山西

000O010168
古文奇赏：二十二卷；续古文奇赏：三十四卷 /
(明)陈仁锡辑
明万历四十六年至天启元年(1618-1621)刻
本. -- (清)杨以增跋。
1989年摄制. -- 7盘卷片(182米3888拍) :
1:10, 2B ; 35mm银盐
收藏馆：缩微中心，山东

000O025711
古文奇赏：二十四卷 / (明)李一鹏辑
明崇祯十四年(1641)刻本
1996年摄制. -- 2盘卷片(36米799拍) :
1:10, 2B ; 35mm银盐
收藏馆：缩微中心，河南

000O000034
奇赏斋古文汇编：二百三十六卷 / (明)陈仁锡辑
并评
明崇祯七年(1634)刻本
1986年摄制. -- 17盘卷片(579米11234拍) :
1:10, 2B ; 35mm银盐
收藏馆：缩微中心，山西

000O009934
陈明卿先生评选古今文统：十六卷 / (明)张以忠
辑
明崇祯二年(1629)刻本. -- 卷十二残。
1989年摄制. -- 2盘卷片(61米1322拍) :
1:10, 2B ; 35mm银盐
收藏馆：缩微中心，天津

000O011151
古今人物论：三十六卷 / (明)郑贤辑
明万历三十六年(1608)余彰德刻本
1989年摄制. -- 2盘卷片(61米1340拍) :
1:10, 2B ; 35mm银盐
收藏馆：缩微中心，山东

000O010637
新刊陈眉公先生精选古今人物论：三十六卷 /
(明)郑贤辑；(明)陈继儒选
明万历(1573-1620)刻本
1989年摄制. -- 2盘卷片(60米1350拍) :
1:10, 2B ; 35mm银盐
收藏馆：缩微中心，浙江

000O006414
古今人物论：三十六卷 / (明)郑贤辑
明万历(1573-1620)余彰德刻本
1987年摄制. -- 3盘卷片(67米1451拍) :
1:10, 2B ; 35mm银盐
收藏馆：缩微中心，国图

000O013575
秦汉文定：十二卷 / (明)倪元璐辑
明末(1621-1644)书林来仪堂刻本
1991年摄制. -- 1盘卷片(33米672拍) :
1:10, 2B ; 35mm银盐
收藏馆：缩微中心，浙江

000O010368
历代古文国玮集：一百四十一卷 / (明)方岳贡辑
明(1368-1644)刻本. -- 存五十六卷。
1989年摄制. -- 3盘卷片(88米1866拍) :
1:10, 2B ; 35mm银盐
收藏馆：缩微中心，湖北

000O022788
文心内符：十卷 / (明)黄道周辑
明(1368-1644)刻本
1995年摄制. -- 1盘卷片(30米666拍) :
1:10, 2B ; 35mm银盐
收藏馆：缩微中心，南京

000O012098
新镌三太史评选历代名文凤采：五卷 / (明)项
煜,(清)翁鸿业,(清)黄景方辑
明(1368-1644)乔山堂刻本
1990年摄制. -- 1盘卷片(17米369拍) :
1:10, 2B ; 35mm银盐
收藏馆：缩微中心，山东

000O028013
玉台文苑：八卷 / (明)汪元禧辑 . 续：四卷 /

(明)汪元祚辑
明崇祯(1628-1644)刻本
1996年摄制. -- 1盘卷片(23米480拍) :
1:10, 2B ; 35mm银盐
收藏馆：缩微中心，南京

000O006309
张太史评选秦汉文范：十三卷 / (明)张溥评选
明(1368-1644)刻本
1987年摄制. -- 1盘卷片(29米652拍) :
1:10, 2B ; 35mm银盐
收藏馆：缩微中心，吉林

000O007603
文致：不分卷 / (明)刘士鳞辑；(明)闵无颇,(明)
闵昭明集评
明天启元年(1621)闵元衢刻朱墨套印本
1987年摄制. -- 1盘卷片(17米368拍) :
1:10, 2B ; 35mm银盐
收藏馆：缩微中心，山东

000O018972
文致：不分卷 / (明)刘士鳞辑；(明)闵无颇,(明)
闵昭明集评
明天启元年(1621)闵元衢刻朱墨套印本
1993年摄制. -- 1盘卷片(6米105拍) : 1:10,
2B ; 35mm银盐
收藏馆：缩微中心，山东

000O021188
文致：不分卷 / (明)刘士鳞辑；(明)闵无颇集评
明天启元年(1621)闵氏刻朱墨套印本
1995年摄制. -- 1盘卷片(19米360拍) :
1:10, 2B ; 35mm银盐
收藏馆：缩微中心，国图

000O023772
兰雪斋增订文致：八卷 / (明)刘士鳞辑
明崇祯元年(1628)刻本
1995年摄制. -- 1盘卷片(27米551拍) :
1:10, 2B ; 35mm银盐
收藏馆：缩微中心，浙江

000O006265
删补古今文致：十卷 / (明)刘士鳞选；(明)王宇
增删
明天启(1621-1627)刻本
1987年摄制. -- 1盘卷片(25米553拍) :
1:10, 2B ; 35mm银盐
收藏馆：缩微中心，吉林

000O026317
慧眼山房评选古今小品：八卷 / (清)陈天定辑并

评
清雍正(1723-1735)刻本
1996年摄制. -- 2盘卷片(34.6米697拍) :
1:10, 2B ; 35mm银盐
收藏馆：缩微中心，福建

000O009210
千古文章：不分卷 / (明)祖功辑
明(1368-1644)抄本
1988年摄制. -- 3盘卷片(68.4米1449拍) :
1:10, 2B ; 35mm银盐
收藏馆：缩微中心，湖南

000O028916
松窗随录：一百卷 / (明)韩昌箕辑
明(1368-1644)稿本
1998年摄制. -- 8盘卷片(226米4862拍) :
1:10, 2B ; 35mm银盐
收藏馆：缩微中心，湖南

000O023756
古今议论参：五十五卷 / (明)林德谋辑
明崇祯(1628-1644)刻本
1995年摄制. -- 3盘卷片(78米1604拍) :
1:10, 2B ; 35mm银盐
收藏馆：缩微中心，浙江

000O009935
汉魏六朝正史文选：二十四卷 / (明)陈裕[等]辑；
(明)顾之萃[等]参订
明崇祯八年(1635)刻本
1989年摄制. -- 2盘卷片(61米1356拍) :
1:10, 2B ; 35mm银盐
收藏馆：缩微中心，天津

000O025728
古文意：八卷 / (明)王汉辑
明崇祯十三年(1640)刻本
1996年摄制. -- 1盘卷片(22米464拍) :
1:10, 2B ; 35mm银盐
收藏馆：缩微中心，河南

000O015057
古今辞命达：八卷 / (明)胡正心辑
明崇祯十二年(1639)胡氏十竹斋刻本
1992年摄制. -- 1盘卷片(18米353拍) :
1:10, 2B ; 35mm银盐
收藏馆：缩微中心，国图

000O017409
古今辞命达：八卷 / (明)胡正心辑
明崇祯十二年(1639)胡氏十竹斋刻本
1993年摄制. -- 1盘卷片(17米335拍) :

1:10，2B；35mm银盐
收藏馆：缩微中心，国图

000O029016
二十一史文选：一百卷 / (明)周钟辑
明崇祯十五年(1642)刻本
1998年摄制. -- 16盘卷片(436米9331拍) :
1:10，2B；35mm银盐
收藏馆：缩微中心，湖南

000O026369
汉魏名文乘：不分卷
明末(1621-1644)刻本
1992年摄制. -- 6盘卷片(166.5米3656拍) :
1:10，2B；35mm银盐
收藏馆：缩微中心，北碚

000O023899
文腴：十四卷 / (明)唐昕辑
明崇祯十七年(1644)刻本
1996年摄制. -- 2盘卷片(36米799拍) :
1:10，2B；35mm银盐
收藏馆：缩微中心，河南

000O011164
古文选：不分卷
明(1368-1644)抄本
1989年摄制. -- 2盘卷片(50米1062拍) :
1:10，2B；35mm银盐
收藏馆：缩微中心，山东

000O000261
名文小品冰雪携二刻：六卷 / (清)卫泳辑
清顺治十一年(1654)酉阳室刻本
1985年摄制. -- 2盘卷片(32.1米690拍) :
1:10，2B；35mm银盐
收藏馆：缩微中心，国图

000O016295
赖古堂文选：二十卷 / (清)周亮工辑
清康熙六年(1667)周亮工刻本
1993年摄制. -- 2盘卷片(41米779拍) :
1:10，2B；35mm银盐
收藏馆：缩微中心，国图

000O028373
岭云编：不分卷 / (清)徐越辑
清康熙二十二年(1683)刻本. -- 页码编排多
处有错，但内容连贯。
1997年摄制. -- 11盘卷片(310.7米6538拍) :
1:10，2B；35mm银盐
收藏馆：缩微中心，福建

000O019143
晚邨先生八家古文精选：八卷 / (清)吕留良辑；
(清)吕葆中批点
清康熙四十三年(1704)吕氏家塾刻本
1994年摄制. -- 1盘卷片(22米424拍) :
1:10，2B；35mm银盐
收藏馆：缩微中心，国图

000O021524
古学鸿裁：十五卷；诗学鸿裁：二卷 / (清)范
桎,(清)周采辑评
清顺治十六年至十七年(1659-1660)尚德堂刻
本
1995年摄制. -- 2盘卷片(48米871拍) :
1:10，2B；35mm银盐
收藏馆：缩微中心，国图

000O013556
古学鸿裁：十五卷；诗学鸿裁：二卷 / (清)范
桎,(清)周采辑
清顺治(1644-1661)金阊振邺堂刻本
1991年摄制. -- 2盘卷片(47米952拍) :
1:10，2B；35mm银盐
收藏馆：缩微中心，浙江

000O027750
养根集：十卷 / (清)许遇评选
清(1644-1911)稿本
1996年摄制. -- 2盘卷片(42.5米887拍) :
1:10，2B；35mm银盐
收藏馆：缩微中心，福建

000O021902
留青全集：二十四卷 / (清)陈枚编
清康熙二十二年(1683)刻本. -- 存十一卷：
卷一至卷十一。
1995年摄制. -- 3盘卷片(61米1290拍) :
1:10，2B；35mm银盐
收藏馆：缩微中心，稷山

000O020543
凭山阁留青：二集十卷 / (清)陈枚辑
清康熙(1662-1722)凭山阁刻本
1994年摄制. -- 2盘卷片(48米998拍) :
1:10，2B；35mm银盐
收藏馆：缩微中心，烟台

000O017793
凭山阁汇辑四六留青采珍集：十二卷 / (清)陈枚
辑；(清)陈德裕校
清康熙(1662-1722)凭山阁刻本
1993年摄制. -- 2盘卷片(57.5米1150拍) :
1:10，2B；35mm银盐

收藏馆：缩微中心，天津

00O010802
凭山阁增辑留青新集：三十卷 / (清)陈枚辑；(清)陈德裕增辑
清康熙四十七年(1708)大观堂刻本. -- 卷十三第八页、第九页颠倒，卷十第五十七页、第五十八页颠倒。
1988年摄制. -- 3盘卷片(94米2066拍)：1:10，2B；35mm银盐
收藏馆：缩微中心，天津

00O025722
古学文存辨体：八卷 / (清)王昊,(清)徐与乔辑
清康熙五年(1666)醉耕堂刻本
1996年摄制. -- 2盘卷片(55米1221拍)：1:10，2B；35mm银盐
收藏馆：缩微中心，河南

00O010584
春花集：十五卷 / (明)释行冈编
清初(1644-1722)刻本. -- 版框高二十一厘米宽十五厘米。
1989年摄制. -- 1盘卷片(23米503拍)：1:10，2B；35mm银盐
收藏馆：缩微中心，广东

00O009035
积书岩古文选略：十二卷 / (清)顾贞观辑
清康熙二十七年(1688)刻本
1988年摄制. -- 1盘卷片(24米485拍)：1:10，2B；35mm银盐
收藏馆：缩微中心，湖北

00O021227
古文渊鉴：六十四卷 / (清)徐乾学[等]辑并注
清康熙四十九年(1710)内府刻四色套印本
1995年摄制. -- 5盘卷片(134米2759拍)：1:10，2B；35mm银盐
收藏馆：缩微中心，国图

00O032006
古文渊鉴：六十四卷 / (清)徐乾学[等]辑并注
清康熙四十九年(1710)内府刻四色套印本. -- 九行二十字小字双行同黑口四周单边。存六十卷：卷五至卷六十四。
2010年摄制. -- 5盘卷片(153米2869拍)：1:14，2B；35mm银盐
收藏馆：缩微中心，国图

00O000411
文津：二卷 / (清)王晫辑
清康熙三年(1664)王氏霞举堂刻本

1985年摄制. -- 1盘卷片(13米269拍)：1:10，2B；35mm银盐
收藏馆：缩微中心，国图

00O018476
文津：二卷 / (清)王晫辑
清康熙三年(1664)王氏霞举堂刻本
1993年摄制. -- 1盘卷片(13米245拍)：1:10，2B；35mm银盐
收藏馆：缩微中心，国图

00O013561
朱子论定文抄：二十卷 / (清)吴震方辑
清康熙四十四年(1705)刻本
1991年摄制. -- 2盘卷片(45米920拍)：1:10，2B；35mm银盐
收藏馆：缩微中心，浙江

00O007384
古文披金：二十四卷 / (清)纳兰常安辑
清(1644-1911)刻本
1987年摄制. -- 2盘卷片(61米1365拍)：1:10，2B；35mm银盐
收藏馆：缩微中心，吉林市

00O021328
古文雅正：十四卷 / (清)蔡世远辑评
清雍正三年(1725)念修堂刻本
1994年摄制. -- 1盘卷片(28米603拍)：1:10，2B；35mm银盐
收藏馆：缩微中心，青海

00O017799
兰雪斋韩欧文批评：一卷国策选评一卷 / (清)陈仪撰
清乾隆(1736-1795)抄本. -- 钤"曲周县儒学记"印。
1993年摄制. -- 1盘卷片(8米176拍)：1:10，2B；35mm银盐
收藏馆：缩微中心，天津

00O007381
古文约选：不分卷 / (清)允礼辑
清雍正(1723-1735)武英殿刻本
1987年摄制. -- 2盘卷片(49米1079拍)：1:10，2B；35mm银盐
收藏馆：缩微中心，吉林市

00O028495
古文斫：前集十六卷后集十八卷 / (清)姚培谦辑并注
清康熙六十一年至雍正元年(1722-1723)刻本
1997年摄制. -- 3盘卷片(71.8米1516拍)：

1:10, 2B ; 35mm银盐
收藏馆：缩微中心，福建

00O011561
汪文端评点古文：不分卷 / (清)汪由敦辑
清乾隆(1736-1795)抄本. -- (清)汪由敦批。
1990年摄制. -- 1盘卷片(5米84拍) : 1:10,
2B ; 35mm银盐
收藏馆：缩微中心，甘肃

00O021168
古文约集正解：三卷 / (清)梅潭撰
清(1644-1911)精抄本. -- 书名据书口题，书
口标六卷。佚名录(清)卢文弨题识
1993年摄制. -- 1盘卷片(22米492拍) :
1:10, 2B ; 35mm银盐
收藏馆：缩微中心，天津

00O024202
文辙：二卷 / (清)程岩辑并评
清(1644-1911)刻本. -- 书名据书口题。版框
高二十二厘米宽十五厘米。(清)黄培芳批校。
1996年摄制. -- 1盘卷片(7米117拍) : 1:10,
2B ; 35mm银盐
收藏馆：缩微中心，广东

00O018858
经史艺文：不分卷
清(1644-1911)刘墉抄本. -- (清)刘墉、(清)
朱锡庚跋，(清)刘喜海题跋。
1994年摄制. -- 1盘卷片(6米85拍) : 1:10,
2B ; 35mm银盐
收藏馆：缩微中心，国图

00O023763
八表停云录：三十卷 / (清)严长明辑
清(1644-1911)抄本
1995年摄制. -- 1盘卷片（26米530拍） :
1:10, 2B ; 35mm银盐
收藏馆：缩微中心，浙江

00O002124
古文辞类纂：七十四卷 / (清)姚鼐辑
清(1644-1911)合河康氏家塾刻本. -- (清)翁
同书批识并录(清)梅曾亮批点，(清)翁同龢
跋。
1986年摄制. -- 2盘卷片(41.6米970拍) :
1:10, 2B ; 35mm银盐
收藏馆：缩微中心，国图

00O020928
黎选古文稿本：不分卷 / (清)黎庶昌编
清(1644-1911)稿本

1992年摄制. -- 2盘卷片(33米713拍) :
1:10, 2B ; 35mm银盐
收藏馆：缩微中心，贵州

00O023785
会心集：不分卷 / (清)管阆风辑
清(1644-1911)稿本. -- (清)管庭芬跋。
1995年摄制. -- 1盘卷片(5米64拍) : 1:10,
2B ; 35mm银盐
收藏馆：缩微中心，浙江

00O023758
映雪楼古文练要正编：三十四卷 / (清)庄仲方辑
清(1644-1911)稿本. -- 存二十六卷：卷一至
卷四、卷九至卷十二、卷十五至卷十六、卷
十九至卷三十四。(清)金蓉镜跋。
1995年摄制. -- 2盘卷片(51米1039拍) :
1:10, 2B ; 35mm银盐
收藏馆：缩微中心，浙江

00O013116
正始集：八卷补遗一卷 / (清)姚春,(清)程鼎辑
清(1644-1911)稿本
1991年摄制. -- 2盘卷片(31.°0米704拍) :
1:10, 2B ; 35mm银盐
收藏馆：缩微中心，辽宁

00O014844
六朝文絜：四卷 / (清)许梿辑评
清道光五年(1825)许氏享金宝石斋刻套印本
1992年摄制. -- 1盘卷片(5米69拍) : 1:10,
2B ; 35mm银盐
收藏馆：缩微中心，国图

00O016371
六朝文絜：四卷 / (清)许梿辑评
清道光五年(1825)许氏享金宝石斋刻套印本
1993年摄制. -- 1盘卷片(5米70拍) : 1:10,
2B ; 35mm银盐
收藏馆：缩微中心，国图

00O020463
六朝文絜：四卷 / (清)许梿辑评
清道光五年(1825)许氏享金宝石斋刻套印本
1994年摄制. -- 1盘卷片(5米68拍) : 1:10,
2B ; 35mm银盐
收藏馆：缩微中心，国图

00O031939
六朝文絜：四卷 / (清)许梿辑评
清道光五年(1825)许氏享金宝石斋刻套印本
2010年摄制. -- 1盘卷片(7米94拍) : 1:13,
2B ; 35mm银盐

收藏馆：缩微中心，国图

00O031948
六朝文絜：四卷 / (清)许梿辑评
清道光五年(1825)许氏享金宝石斋刻套印本
2010年摄制. -- 1盘卷片(7米93拍) ： 1:13,
2B ；35mm银盐
收藏馆：缩微中心，国图

00O031966
六朝文絜：四卷 / (清)许梿辑评
清道光五年(1825)许氏享金宝石斋刻套印本
2010年摄制. -- 1盘卷片(7米90拍) ： 1:12,
2B ；35mm银盐
收藏馆：缩微中心，国图

00O003211
清芬外集：八卷 / (清)刘宝楠辑
清(1644-1911)抄本
1986年摄制. -- 1盘卷片(15米318拍) ：
1:10, 2B ；35mm银盐
收藏馆：缩微中心，国图

00O025895 ˙
剪灯集：十四卷后集二卷 / (清)郭凤诏选
清(1644-1911)郭氏壶天阁抄本
1996年摄制. -- 1盘卷片(23米453拍) ：
1:10, 2B ；35mm银盐
收藏馆：缩微中心，浙江

00O009580
周文归：二十卷 / (明)钟惺辑
明崇祯十四年(1641)刻本
1988年摄制. -- 2盘卷片(55米1145拍) ：
1:10, 2B ；35mm银盐
收藏馆：缩微中心，山东

00O010250
汉诗音注：十卷 / (清)李因笃撰
清康熙三十六年(1697)王梓刻本
1989年摄制. -- 1盘卷片(13米229拍) ：
1:10, 2B ；35mm银盐
收藏馆：缩微中心，湖北

00O000566
汉诗说：十卷总说一卷 / (清)沈用济,(清)费锡璜撰
清康熙(1662-1722)刻本
1985年摄制. -- 1盘卷片(9.3米184拍) ：
1:10, 2B ；35mm银盐
收藏馆：缩微中心，国图

00O005405
皇霸文纪：十三卷 / (明)梅鼎祚辑
明崇祯(1628-1644)刻本
1986年摄制. -- 1盘卷片(18米378拍) ：
1:10, 2B ；35mm银盐
收藏馆：缩微中心，国图

00O027001
西汉文类：四十卷 / (宋)陶叔献辑
清(1644-1911)瞿氏铁琴铜剑楼抄本. -- 存五
卷：卷三十六至卷四十。
1997年摄制. -- 1盘卷片(6米76拍) ： 1:10,
2B ；35mm银盐
收藏馆：缩微中心，国图

00O007169
西汉文苑：十卷 / (明)申用嘉辑
明万历二十八年(1600)宝伦堂刻本
1987年摄制. -- 2盘卷片(54米1162拍) ：
1:10, 2B ；35mm银盐
收藏馆：缩微中心，山东

00O021537
西汉文苑：十卷 / (明)申用嘉辑
明万历二十八年(1600)刻本
1995年摄制. -- 2盘卷片(54米1064拍) ：
1:10, 2B ；35mm银盐
收藏馆：缩微中心，国图

00O001711
西汉文纪：二十四卷 / (明)梅鼎祚辑
明崇祯(1628-1644)刻本
1986年摄制. -- 2盘卷片(41.2米911拍) ：
1:10, 2B ；35mm银盐
收藏馆：缩微中心，国图

00O009898
东汉文：二十卷 / (明)张采辑
明崇祯(1628-1644)金阊委苑斋刻本
1988年摄制. -- 3盘卷片(69米1466拍) ：
1:10, 2B ；35mm银盐
收藏馆：缩微中心，湖南

00O003742
东汉文鉴：二十卷 / (宋)陈鉴辑
明嘉靖二年(1523)刘弘毅慎独斋刻本
1985年摄制. -- 1盘卷片(15.4米328拍) ：
1:10, 2B ；35mm银盐
收藏馆：缩微中心，国图

00O003606
西汉文鉴：二十卷东汉文鉴二十卷 / (宋)陈鉴辑
明(1368-1644)刻本. -- 存三十三卷：西汉文

鉴卷五至卷十七、东汉文鉴二十卷。
1985年摄制. -- 1盘卷片(27米603拍) :
1:10, 2B ; 35mm银盐
收藏馆：缩微中心，国图

000O015858
西汉文鉴：二十一卷 / (宋)陈鉴辑
明(1368-1644)刻本
1993年摄制. -- 1盘卷片(20米389拍) :
1:10, 2B ; 35mm银盐
收藏馆：缩微中心，国图

000O021846
西汉文鉴：二十一卷东汉文鉴二十卷 / (宋)陈鉴辑
明(1368-1644)刻本
1995年摄制. -- 2盘卷片(37米786拍) :
1:10, 2B ; 35mm银盐
收藏馆：缩微中心，南京

000O012603
两汉策要：十二卷 / (宋)陶叔献[等]辑
清乾隆五十六年(1791)张朝栾刻本
1990年摄制. -- 1盘卷片(27.8米626拍) :
1:10, 2B ; 35mm银盐
收藏馆：缩微中心，辽宁

000O008707
两汉文选：不分卷 / (明)卫勋辑
明万历三十七年(1609)卫拱宸刻本
1988年摄制. -- 1盘卷片(25.4米555拍) :
1:9, 2B ; 35mm银盐
收藏馆：缩微中心，重庆

000O007382
两汉文选：四十卷 / (明)张采辑
明崇祯(1628-1644)刻本
1987年摄制. -- 5盘卷片(124米2762拍) :
1:10, 2B ; 35mm银盐
收藏馆：缩微中心，吉林

000O009488
两汉文选：四十卷 / (明)张采辑
明崇祯(1628-1644)五云居刻本
1987年摄制. -- 5盘卷片(123米2688拍) :
1:9, 2B ; 35mm银盐
收藏馆：缩微中心，重庆

000O009709
两汉文删：二十四卷 / (明)宗元豫辑
清康熙十五年(1676)刻本
1989年摄制. -- 2盘卷片(42.5米847拍) :
1:10, 2B ; 35mm银盐

收藏馆：缩微中心，湖北

000O006532
三国文章类钞：不分卷 / (明)钱谷辑
明(1368-1644)抄本
1987年摄制. -- 1盘卷片(12米242拍) :
1:10, 2B ; 35mm银盐
收藏馆：缩微中心，国图

000O001699
三国文纪：二十四卷 / (明)梅鼎祚辑
明崇祯(1628-1644)刻本. -- 缺二卷：魏卷一至卷二。
1986年摄制. -- 2盘卷片(44米979拍) :
1:10, 2B ; 35mm银盐
收藏馆：缩微中心，国图

000O019085
三国文：二十卷 / (明)张采辑
明崇祯(1628-1644)刻本. -- 存十六卷：卷一至卷十六。
1994年摄制. -- 2盘卷片(54米1098拍) :
1:10, 2B ; 35mm银盐
收藏馆：缩微中心，国图

000O020583
三国文：二十卷 / (明)张采辑
明崇祯(1628-1644)刻本
1994年摄制. -- 2盘卷片(63米1321拍) :
1:10, 2B ; 35mm银盐
收藏馆：缩微中心，国图

000O022853
三国文：二十卷 / (明)张采辑
明崇祯(1628-1644)刻本
1995年摄制. -- 3盘卷片(68米1429拍) :
1:10, 2B ; 35mm银盐
收藏馆：缩微中心，南京

000O004587
三国志文类：六十卷
清(1644-1911)味书室抄本
1986年摄制. -- 1盘卷片(23米507拍) :
1:10, 2B ; 35mm银盐
收藏馆：缩微中心，国图

000O008977
两晋文钞：十卷 / (明)朱隗辑
明崇祯元年(1628)刻本
1988年摄制. -- 1盘卷片(30.5米676拍) :
1:10, 2B ; 35mm银盐
收藏馆：缩微中心，湖北

000O001696
晋文纪：二十卷 / (明)梅鼎祚辑
明崇祯(1628-1644)刻本
1986年摄制. -- 2盘卷片(40.5米886拍) :
1:10, 2B ; 35mm银盐
收藏馆：缩微中心, 国图

000O013581
西晋文：二十卷 / (明)张采辑
明崇祯(1628-1644)刻本
1991年摄制. -- 2盘卷片(61米1227拍) :
1:10, 2B ; 35mm银盐
收藏馆：缩微中心, 浙江

000O001714
宋文纪：十八卷 / (明)梅鼎祚辑
明崇祯十年(1637)周维新刻本
1986年摄制. -- 2盘卷片(35米762拍) :
1:10, 2B ; 35mm银盐
收藏馆：缩微中心, 国图

000O010056
南朝宋文：二十八卷 / (明)张采辑
明崇祯十一年(1638)刻本. -- 版框高二十厘
米宽十四厘米。
1989年摄制. -- 3盘卷片(71米1492拍) :
1:10, 2B ; 35mm银盐
收藏馆：缩微中心, 广东

000O005278
南齐文纪：十卷 / (明)梅鼎祚辑
明崇祯(1628-1644)迟日豫刻清顺治十五年
(1658)重修本
1986年摄制. -- 1盘卷片(19.3米425拍) :
1:10, 2B ; 35mm银盐
收藏馆：缩微中心, 国图

000O008935
南朝齐文：十二卷 / (明)张采辑
明崇祯十二年(1639)刻本
1988年摄制. -- 1盘卷片(30.5米657拍) :
1:10, 2B ; 35mm银盐
收藏馆：缩微中心, 湖北

000O002874
陈文纪：八卷 / (明)梅鼎祚辑
明崇祯(1628-1644)刻本
1986年摄制. -- 1盘卷片(12米251拍) :
1:10, 2B ; 35mm银盐
收藏馆：缩微中心, 国图

000O010476
高氏三宴诗集：三卷 / (唐)高正臣辑. 香山九老

诗：一卷 / (唐)白居易辑
清(1644-1911)当归草堂抄四库全书本. -- 钤
"钱唐丁氏藏书""风木庵"印。(清)丁丙题
识。
1989年摄制. -- 1盘卷片(3米30拍) : 1:10,
2B ; 35mm银盐
收藏馆：缩微中心, 天津

000O005621
河岳英灵集：三卷 / (唐)殷璠辑
明(1368-1644)抄本
1987年摄制. -- 1盘卷片(7米120拍) : 1:10,
2B ; 35mm银盐
收藏馆：缩微中心, 国图

000O004912
河岳英灵集：三卷 / (唐)殷璠辑
明(1368-1644)刻本. -- (清)毛扆校并跋,
(清)黄丕烈跋, (清)邵恩多题款。
1987年摄制. -- 1盘卷片(5.9米104拍) :
1:10, 2B ; 35mm银盐
收藏馆：缩微中心, 国图

000O022188
河岳英灵集：三卷 / (唐)殷璠辑
明(1368-1644)刻本
1995年摄制. -- 1盘卷片(6米89拍) : 1:10,
2B ; 35mm银盐
收藏馆：缩微中心, 国图

000O000948
国秀集：三卷 / (唐)芮挺章辑
明(1368-1644)刻本
1985年摄制. -- 1盘卷片(5米77拍) : 1:10,
2B ; 35mm银盐
收藏馆：缩微中心, 国图

000O015642
国秀集：三卷 / (唐)芮挺章辑
明(1368-1644)刻本
1993年摄制. -- 1盘卷片(5米62拍) : 1:10,
2B ; 35mm银盐
收藏馆：缩微中心, 国图

000O016939
国秀集：三卷 / (唐)芮挺章辑
明(1368-1644)刻本
1993年摄制. -- 1盘卷片(5米54拍) : 1:10,
2B ; 35mm银盐
收藏馆：缩微中心, 国图

000O023774
国秀集：三卷 / (唐)芮挺章辑

明(1368-1644)刻本. -- (清)姜渭校。
1995年摄制. -- 1盘卷片(5米67拍) : 1:10,
2B ; 35mm银盐
收藏馆：缩微中心，浙江

000O003715
中兴间气集：二卷 / (唐)高仲武辑
明崇祯(1628-1644)汲古阁刻唐人选唐诗
本. -- 佚名录(清)何焯校。
1985年摄制. -- 1盘卷片(5米68拍) : 1:10,
2B ; 35mm银盐
收藏馆：缩微中心，国图

000O000979
中兴间气集：二卷 / (唐)高仲武辑
明(1368-1644)刻本
1985年摄制. -- 1盘卷片(5米70拍) : 1:10,
2B ; 35mm银盐
收藏馆：缩微中心，国图

000O009172
极玄集：二卷 / (唐)姚合辑
明崇祯元年(1628)毛氏汲古阁刻唐人选唐诗本
1988年摄制. -- 1盘卷片(4米57拍) : 1:10,
2B ; 35mm银盐
收藏馆：缩微中心，湖南

000O029807
极玄集：二卷 / (唐)姚合辑
明(1368-1644)刻本. -- 莫棠跋，杨守敬题
款。
2001年摄制. -- 1盘卷片(4米47拍) : 1:10,
2B ; 35mm银盐
收藏馆：缩微中心，国图

000O016386
搜玉小集：一卷
明(1368-1644)刻本
1992年摄制. -- 1盘卷片(3米24拍) : 1:10,
2B ; 35mm银盐
收藏馆：缩微中心，国图

000O003552
松陵集：十卷 / (唐)皮日休,(唐)陆龟蒙撰
明弘治十五年(1502)刘济民刻本
1985年摄制. -- 1盘卷片(12米230拍) :
1:10, 2B ; 35mm银盐
收藏馆：缩微中心，国图

000O017078
松陵集：十卷 / (唐)皮日休,(唐)陆龟蒙撰
明弘治十五年(1502)刘济民刻本
1993年摄制. -- 1盘卷片(12米215拍) :
1:10, 2B ; 35mm银盐
收藏馆：缩微中心，国图

000O018581
松陵集：十卷 / (唐)皮日休,(唐)陆龟蒙撰
明弘治十五年(1502)刘济民刻本
1993年摄制. -- 1盘卷片(12米213拍) :
1:10, 2B ; 35mm银盐
收藏馆：缩微中心，国图

000O024296
松陵集：十卷 / (唐)皮日休,(唐)陆龟蒙撰
明弘治十五年(1502)刘济民刻本
1996年摄制. -- 1盘卷片(11米209拍) :
1:10, 2B ; 35mm银盐
收藏馆：缩微中心，国图

000O017673
松陵集：十卷 / (唐)皮日休,(唐)陆龟蒙撰
明崇祯九年(1636)顾氏诗瘦阁刻本
1993年摄制. -- 1盘卷片(13米229拍) :
1:10, 2B ; 35mm银盐
收藏馆：缩微中心，国图

000O025982
松陵集：十卷 / (唐)皮日休,(唐)陆龟蒙撰
明末(1621-1644)毛氏汲古阁刻本. -- (清)卢
文弨校,(清)丁丙跋。
1996年摄制. -- 1盘卷片(15米324拍) :
1:10, 2B ; 35mm银盐
收藏馆：缩微中心，南京

000O016034
松陵集：十卷 / (唐)皮日休,(唐)陆龟蒙撰
明末(1621-1644)毛氏汲古阁刻清(1644-1911)
因树楼印本. -- 章钰跋。
1993年摄制. -- 1盘卷片(16米298拍) :
1:10, 2B ; 35mm银盐
收藏馆：缩微中心，国图

000O018744
松陵集：十卷 / (唐)皮日休,(唐)陆龟蒙撰
明末(1621-1644)毛氏汲古阁刻本. -- 郑振铎
跋。
1994年摄制. -- 1盘卷片(16米298拍) :
1:10, 2B ; 35mm银盐
收藏馆：缩微中心，国图

000O020303
松陵集：十卷 / (唐)皮日休,(唐)陆龟蒙撰
明末(1621-1644)毛氏汲古阁刻本
1994年摄制. -- 1盘卷片(16米297拍) :
1:10, 2B ; 35mm银盐

收藏馆：缩微中心，国图

000○003331
松陵集：十卷 / (唐)皮日休,(唐)陆龟蒙撰
清初(1644-1722)影宋(960-1279)抄本
1986年摄制. -- 1盘卷片(9米169拍)：1:10,
2B ；35mm银盐
收藏馆：缩微中心，国图

000○008043
才调集：十卷 / (五代)韦縠辑
明(1368-1644)刻重修本
1988年摄制. -- 1盘卷片(17米354拍)：
1:10, 2B ；35mm银盐
收藏馆：缩微中心，湖南

000○018913
才调集：十卷 / (五代)韦縠辑；(清)冯舒,(清)冯班评点
明(1368-1644)刻重修本
1991年摄制. -- 1盘卷片(19米356拍)：
1:10, 2B ；35mm银盐
收藏馆：缩微中心，湖北

000○009556
才调集：十卷 / (五代)韦縠辑
明末(1621-1644)毛氏汲古阁刻唐人选唐诗本. -- (明)孙永祚批校并跋，莫棠跋。
1988年摄制. -- 1盘卷片(18.2米386拍)：
1:10, 2B ；35mm银盐
收藏馆：缩微中心，重庆

000○011005
才调集：十卷 / (五代)韦縠辑；(清)冯舒,(清)冯班评阅
清康熙四十三年(1704)汪氏垂云堂刻本. -- (清)蔡圃录(清)何焯跋。
1989年摄制. -- 1盘卷片(17.5米339拍)：
1:10, 2B ；35mm银盐
收藏馆：缩微中心，湖北

000○018252
才调集选：三卷 / (清)王士禛辑
清康熙(1662-1722)刻本. -- (清)王宸跋并录(清)赵执信、(清)沈敬亭批校。
1993年摄制. -- 1盘卷片(5米80拍)：1:10,
2B ；35mm银盐
收藏馆：缩微中心，山东

000○007500
王荆公唐百家诗选：二十卷 / (宋)王安石辑
清康熙四十三年(1704)宋荦丘迥刻本
1987年摄制. -- 1盘卷片(18米393拍)：

1:10, 2B ；35mm银盐
收藏馆：缩微中心，国图

000○020626
王荆公唐百家诗选：二十卷 / (宋)王安石辑
清康熙四十三年(1704)宋荦丘迥刻本
1994年摄制. -- 1盘卷片(18米346拍)：
1:10, 2B ；35mm银盐
收藏馆：缩微中心，国图

000○009996
王荆公唐百家诗选：二十卷 / (宋)王安石编
清康熙四十二年(1703)双清阁刻本. -- 版框高十九厘米宽十四厘米
1989年摄制. -- 1盘卷片(20米410拍)：
1:10, 2B ；35mm银盐
收藏馆：缩微中心，广东

000○010645
王荆公唐百家诗选：二十卷 / (宋)王安石辑
清康熙(1662-1722)刻本
1989年摄制. -- 1盘卷片(19米402拍)：
1:10, 2B ；35mm银盐
收藏馆：缩微中心，吉林

000○005915
万首唐人绝句：一百一卷 / (宋)洪迈辑
明嘉靖十九年(1540)陈敬学德星堂刻本
1987年摄制. -- 3盘卷片(70米1548拍)：
1:10, 2B ；35mm银盐
收藏馆：缩微中心，国图

000○006517
万首唐人绝句：一百一卷 / (宋)洪迈辑
明嘉靖十九年(1540)陈敬学德星堂刻本
1987年摄制. -- 3盘卷片(70米1490拍)：
1:10, 2B ；35mm银盐
收藏馆：缩微中心，国图

000○017968
万首唐人绝句：一百一卷 / (宋)洪迈辑
明嘉靖十九年(1540)陈敬学德星堂刻本. -- 郑振铎跋。
1993年摄制. -- 3盘卷片(71米1400拍)：
1:10, 2B ；35mm银盐
收藏馆：缩微中心，国图

000○023449
万首唐人绝句：一百一卷 / (宋)洪迈辑
明嘉靖十九年(1540)陈敬学德星堂刻本
1995年摄制. -- 3盘卷片(71米1414拍)：
1:10, 2B ；35mm银盐
收藏馆：缩微中心，国图

000O006864
万首唐人绝句：四十卷 / (宋)洪迈辑
明万历(1573-1620)刻本
1987年摄制. -- 3盘卷片(86米1924拍) ：
1:10, 2B ；35mm银盐
收藏馆：缩微中心, 吉林

000O005064
分门纂类唐歌诗：一百卷 / (宋)赵孟奎辑
清(1644-1911)抄本. -- 存十卷：天地山川类
四卷、草木虫鱼类六卷(卷三至卷八)。(清)吴
骞、(清)唐翰题跋。
1986年摄制. -- 1盘卷片(20米424拍) ：
1:10, 2B ；35mm银盐
收藏馆：缩微中心, 国图

000O014107
**笺注唐贤三体诗法：二十卷 / (宋)周弼辑；(元)
释圆至注**
明(1368-1644)火钱刻本
1992年摄制. -- 1盘卷片(9米142拍) ：1:10,
2B ；35mm银盐
收藏馆：缩微中心, 国图

000O004673
**笺注唐贤绝句三体诗法：二十卷 / (宋)周弼辑；
(元)释圆至注**
明(1368-1644)刻本. -- (清)何焯评点。
1986年摄制. -- 1盘卷片(10米186拍) ：
1:10, 2B ；35mm银盐
收藏馆：缩微中心, 国图

000O016321
**笺注唐贤绝句三体诗法：二十卷 / (宋)周弼辑；
(元)释圆至注**
明(1368-1644)刻本. -- 叶德辉跋并录(清)何
煌、袁芳瑛评校题识。
1992年摄制. -- 1盘卷片(10米165拍) ：
1:10, 2B ；35mm银盐
收藏馆：缩微中心, 国图

000O032105
**笺注唐贤绝句三体诗法：二十卷 / (宋)周弼辑；
(元)释圆至注**
明(1368-1644)刻本. -- 九行十七字小字双行
同黑口四周双边。佚名评点并录(清)何焯评
点。
2011年摄制. -- 1盘卷片(12米192拍) ：
1:14, 2B ；35mm银盐
收藏馆：缩微中心, 国图

000O018462
增注唐贤绝句三体诗法：三卷 / (宋)周弼辑；

(元)释圆至注；(元)裴庚增注
日本刻本
1993年摄制. -- 1盘卷片(9米159拍) ：1:10,
2B ；35mm银盐
收藏馆：缩微中心, 国图

000O009719
**碛砂唐诗：三卷 / (宋)周弼辑；(元)释圆至注；
(清)盛传敏,(清)王谦纂释**
清康熙十九年(1680)南村刻本
1989年摄制. -- 1盘卷片(10米183拍) ：
1:10, 2B ；35mm银盐
收藏馆：缩微中心, 湖北

000O005582
众妙集：一卷 / (宋)赵师秀辑
明(1368-1644)抄本
1987年摄制. -- 1盘卷片(5米90拍) ：1:10,
2B ；35mm银盐
收藏馆：缩微中心, 国图

000O002972
二妙集：一卷 / (宋)赵师秀辑
明(1368-1644)抄本. -- (清)何煌跋。
1986年摄制. -- 1盘卷片(4米65拍) ：1:10,
2B ；35mm银盐
收藏馆：缩微中心, 国图

000O016249
唐僧弘秀集：十卷 / (宋)李龏辑
明万历四十七年(1619)沈春泽刻本. -- (清)
陆贻典、邓邦述校并跋。
1993年摄制. -- 1盘卷片(10米165拍) ：
1:10, 2B ；35mm银盐
收藏馆：缩微中心, 国图

000O017086
唐僧弘秀集：十卷 / (宋)李龏辑
明(1368-1644)黄鲁曾刻本
1993年摄制. -- 1盘卷片(8米98拍) ：1:10,
2B ；35mm银盐
收藏馆：缩微中心, 国图

000O018586
唐僧弘秀集：十卷 / (宋)李龏辑
明(1368-1644)刻本. -- 朱文钧跋。
1993年摄制. -- 1盘卷片(7米99拍) ：1:10,
2B ；35mm银盐
收藏馆：缩微中心, 国图

000O005653
唐僧弘秀集：十卷 / (宋)李龏辑
清初(1644-1722)毛氏汲古阁刻本. -- 周叔弢

校。
1987年摄制. -- 1盘卷片(11米223拍) :
1:10, 2B ; 35mm银盐
收藏馆：缩微中心，国图

000O003716
注唐诗鼓吹：十卷 / (元)郝天挺撰
明(1368-1644)刻本
1985年摄制. -- 1盘卷片(13米272拍) :
1:10, 2B ; 35mm银盐
收藏馆：缩微中心，国图

000O010439
新刊三订便蒙唐诗鼓吹大全：十卷；新增草堂
辞调赋歌：十卷 / (金)元好问辑；(元)郝天挺注
明嘉靖十七年(1538)广勤书堂刻两节本. --
两节本，上节为新增草堂辞调赋歌。存新刊三
订便蒙唐诗鼓吹大全五卷、新增草堂辞调赋歌
五卷。
1989年摄制. -- 1盘卷片(9米159拍) : 1:10,
2B ; 35mm银盐
收藏馆：缩微中心，天津

000O016545
唐诗鼓吹：十卷 / (金)元好问辑；(元)郝天挺注
清顺治十六年(1659)三乐斋刻本
1993年摄制. -- 1盘卷片(16米332拍) :
1:10, 2B ; 35mm银盐
收藏馆：缩微中心，山西

000O003708
唐音：十卷 / (元)杨士弘辑
明初(1368-1424)魏氏仁实堂刻本. -- 缺卷配
另一明(1368-1644)刻本。
1985年摄制. -- 1盘卷片(14.7米313拍) :
1:10, 2B ; 35mm银盐
收藏馆：缩微中心，国图

000O022184
唐音：十卷 / (元)杨士弘辑
明(1368-1644)刻本. -- 存三卷：始音一卷，
正音卷一至卷二。
1995年摄制. -- 1盘卷片(8米125拍) : 1:10,
2B ; 35mm银盐
收藏馆：缩微中心，国图

000O005615
唐音：十一卷 / (元)杨士弘辑
明初(1368-1424)刻本. -- 唐音遗响配另一明
初刻本。
1987年摄制. -- 1盘卷片(16米346拍) :
1:10, 2B ; 35mm银盐
收藏馆：缩微中心，国图

000O024340
唐音：十一卷 / (元)杨士弘辑
明正统七年(1442)道立书堂刻本. -- 存五
卷：始音，正音卷一上、卷三下、卷四下、卷
五上。
1996年摄制. -- 1盘卷片(5米60拍) : 1:10,
2B ; 35mm银盐
收藏馆：缩微中心，国图

000O000695
唐音辑注：十四卷 / (元)杨士弘辑；(明)张震注
明(1368-1644)刻本
1985年摄制. -- 1盘卷片(23.8米528拍) :
1:10, 2B ; 35mm银盐
收藏馆：缩微中心，国图

000O004684
唐音辑注：十四卷 / (元)杨士弘辑；(明)张震注
明(1368-1644)刻本
1986年摄制. -- 1盘卷片(23米493拍) :
1:10, 2B ; 35mm银盐
收藏馆：缩微中心，国图

000O007160
唐音：十四卷 / (元)杨士弘辑；(明)顾璘批点
明(1368-1644)刻朱墨套印本
1987年摄制. -- 1盘卷片(14米285拍) :
1:10, 2B ; 35mm银盐
收藏馆：缩微中心，山东

000O013564
唐音：十四卷 / (元)杨士弘辑；(明)顾璘批点
明嘉靖二十年(1541)温秀刻本
1991年摄制. -- 1盘卷片(14米265拍) :
1:10, 2B ; 35mm银盐
收藏馆：缩微中心，浙江

000O010653
唐音：十四卷 / (元)杨士弘辑
明末(1621-1644)刻本
1989年摄制. -- 1盘卷片(15米323拍) :
1:10, 2B ; 35mm银盐
收藏馆：缩微中心，吉林

000O023453
唐诗正音：六卷 / (元)杨士弘辑
明(1368-1644)刻本. -- 存三卷：卷四至卷
六。
1995年摄制. -- 1盘卷片(6米86拍) : 1:10,
2B ; 35mm银盐
收藏馆：缩微中心，国图

000O023466
唐音遗响：四卷 / (元)杨士弘辑
明(1368-1644)刻本. -- 存二卷：卷一至卷二
上。
1995年摄制. -- 1盘卷片(3米30拍) ： 1:10,
2B ；35mm银盐
收藏馆：缩微中心，国图

000O020112
唐人五言排律选：十卷 / (元)李存辑
清(1644-1911)刻本
1994年摄制. -- 1盘卷片(14米276拍) ：
1:10, 2B ；35mm银盐
收藏馆：缩微中心，国图

000O006273
唐诗品汇：九十卷拾遗十卷 / (明)高棅辑
明洪武二十六年(1393)刻本
1987年摄制. -- 3盘卷片(84米1888拍) ：
1:10, 2B ；35mm银盐
收藏馆：缩微中心，吉林

000O023865
唐诗品汇：九十卷拾遗十卷 / (明)高棅辑
明弘治六年(1493)张璁刻嘉靖十七年(1538)康
河重修本. -- (清)丁丙跋。
1993年摄制. -- 3盘卷片(89米1890拍) ：
1:10, 2B ；35mm银盐
收藏馆：缩微中心，南京

000O005483
唐诗品汇：九十卷拾遗十卷 / (明)高棅辑
明嘉靖十六年(1537)姚芹泉刻本. -- (清)董
文焕批校。
1987年摄制. -- 3盘卷片(79.2米1716拍) ：
1:10, 2B ；35mm银盐
收藏馆：缩微中心，山西

000O020424
唐诗品汇：九十卷拾遗十卷 / (明)高棅辑
明嘉靖十八年(1539)牛斗刻本
1994年摄制. -- 3盘卷片(84米1753拍) ：
1:10, 2B ；35mm银盐
收藏馆：缩微中心，国图

000O010794
唐诗品汇：九十卷拾遗十卷诗人爵里详节一卷 /
(明)高棅辑
明(1368-1644)屠隆刻本. -- (明)费懋质校。
1988年摄制. -- 4盘卷片(124米2743拍) ：
1:10, 2B ；35mm银盐
收藏馆：缩微中心，天津

000O006516
唐诗品汇：九十卷拾遗十卷 / (明)高棅辑
明(1368-1644)刻本
1987年摄制. -- 3盘卷片(90米1965拍) ：
1:10, 2B ；35mm银盐
收藏馆：缩微中心，国图

000O001564
唐诗品汇：九十卷 / (明)高棅辑
明(1368-1644)刻本
1986年摄制. -- 2盘卷片(62.3米1412拍) ：
1:10, 2B ；35mm银盐
收藏馆：缩微中心，吉林

000O023970
唐诗正声：二十二卷 / (明)高棅辑
明嘉靖二十四年(1545)何城刻本. -- (清)丁
丙跋。
1993年摄制. -- 1盘卷片(15米307拍) ：
1:10, 2B ；35mm银盐
收藏馆：缩微中心，南京

000O010806
批点唐诗正声：二十二卷 / (明)高棅辑
明嘉靖(1522-1566)刻本. -- (明)桂天祥批
点。
1988年摄制. -- 1盘卷片(13米270拍) ：
1:10, 2B ；35mm银盐
收藏馆：缩微中心，天津

000O003197
唐诗正声：二十二卷 / (明)高棅辑
明万历七年(1579)计谦亨刻本. -- 存二十一
卷：卷一至卷十七、卷十九至卷二十二。
1986年摄制. -- 1盘卷片(13米269拍) ：
1:10, 2B ；35mm银盐
收藏馆：缩微中心，国图

000O013565
唐诗正声：二十二卷 / (明)高棅辑
明(1368-1644)书林熊冲宇种德堂刻本
1991年摄制. -- 1盘卷片(19米370拍) ：
1:10, 2B ；35mm银盐
收藏馆：缩微中心，浙江

000O015063
唐诗正声：二十二卷 / (明)高棅辑
明(1368-1644)刻本
1992年摄制. -- 1盘卷片(14米243拍) ：
1:10, 2B ；35mm银盐
收藏馆：缩微中心，国图

000O008968
增定评注唐诗正声：十二卷 / (明)高棅辑；(明)
郭濬评点
明天启六年(1626)郭浚刻本
1988年摄制. -- 1盘卷片(24.5米525拍) :
1:10, 2B ; 35mm银盐
收藏馆：缩微中心，湖北

000O005407
雅音会编：十二卷 / (明)康麟辑
明嘉靖二十四年(1545)沈藩勉学书院刻本
1986年摄制. -- 2盘卷片(41米912拍) :
1:10, 2B ; 35mm银盐
收藏馆：缩微中心，国图

000O017581
雅音会编：十二卷 / (明)康麟辑
明万历二十二年(1594)沈藩刻本
1993年摄制. -- 2盘卷片(43米857拍) :
1:10, 2B ; 35mm银盐
收藏馆：缩微中心，国图

000O018749
雅音会编：十二卷 / (明)康麟辑
明万历二十二年(1594)沈藩刻本. -- 存十一
卷：卷一至卷四、卷六至卷十二。
1994年摄制. -- 2盘卷片(39米768拍) :
1:10, 2B ; 35mm银盐
收藏馆：缩微中心，国图

000O008680
重选唐音大成：十五卷 / (明)邵天和辑
明嘉靖五年(1526)叶良佩刻本
1988年摄制. -- 1盘卷片(18.6米398拍) :
1:11, 2B ; 35mm银盐
收藏馆：缩微中心，重庆

000O014816
唐雅：八卷 / (明)胡缵宗辑
明嘉靖二十八年(1549)文斗山堂刻本
1992年摄制. -- 1盘卷片(16米299拍) :
1:10, 2B ; 35mm银盐
收藏馆：缩微中心，国图

000O008642
唐诗绝句类选：四卷总评一卷人物一卷 / (明)敖
英辑并批点
明(1368-1644)凌云刻三色套印本
1988年摄制. -- 1盘卷片(12米213拍) :
1:10, 2B ; 35mm银盐
收藏馆：缩微中心，山东

000O014147
唐李杜诗集：十六卷 / (唐)李白,(唐)杜甫撰；
(明)万虞恺辑
明嘉靖二十一年(1542)万虞恺刻本
1992年摄制. -- 1盘卷片(31米596拍) :
1:10, 2B ; 35mm银盐
收藏馆：缩微中心，国图

000O007922
新刻翰林考正京本李诗评选：四卷；杜诗评选：
四卷 / (明)何焯辑；(明)李廷机评
明万历(1573-1620)宗文书舍刻本. -- 杜诗评
选存三卷：卷一至卷三。
1988年摄制. -- 1盘卷片(7.2米130拍) :
1:10, 2B ; 35mm银盐
收藏馆：缩微中心，湖南

000O023788
唐雅：二十一卷 / (明)张之象辑
明嘉靖二十年(1541)长水书院刻本
1995年摄制. -- 2盘卷片(40米779拍) :
1:10, 2B ; 35mm银盐
收藏馆：缩微中心，浙江

000O003379
唐雅：二十六卷 / (明)张之象辑
明嘉靖三十一年(1552)无锡县刻本
1986年摄制. -- 1盘卷片(31米687拍) :
1:10, 2B ; 35mm银盐
收藏馆：缩微中心，国图

000O021817
唐雅：二十六卷 / (明)张之象辑
明嘉靖三十一年(1552)无锡县刻本. -- (清)
丁丙跋。
1995年摄制. -- 1盘卷片(30.5米701拍) :
1:10, 2B ; 35mm银盐
收藏馆：缩微中心，南京

000O010112
唐雅：二十一卷 / (明)张之象辑
明万历(1573-1620)吴勉学刻本
1989年摄制. -- 1盘卷片(25米518拍) :
1:10, 2B ; 35mm银盐
收藏馆：缩微中心，山东

000O008698
唐诗类苑：二百卷 / (明)张之象辑
明万历二十九年(1601)曹仁孙刻本
1987年摄制. -- 11盘卷片(305.5米6720拍) :
1:10, 2B ; 35mm银盐
收藏馆：缩微中心，重庆

000O002378
唐诗类苑：一百卷 / (明)卓明卿辑
明万历十四年(1586)崧斋活字印本
1986年摄制. -- 4盘卷片(92米2026拍)：
1:10, 2B；35mm银盐
收藏馆：缩微中心，国图

000O017611
唐诗类钞：八卷 / (明)顾应祥辑
明嘉靖三十一年(1552)顾应祥刻本
1993年摄制. -- 1盘卷片(25米486拍)：
1:10, 2B；35mm银盐
收藏馆：缩微中心，国图

000O028274
唐诗类钞：八卷 / (明)顾应祥辑
明嘉靖三十一年(1552)刻本. -- (清)丁丙
跋。
1996年摄制. -- 1盘卷片(25米536拍)：
1:10, 2B；35mm银盐
收藏馆：缩微中心，南京

000O014332
唐诗选玄集：不分卷 / (明)万表辑
明(1368-1644)聚好楼抄本
1992年摄制. -- 1盘卷片(9米165拍)：1:10,
2B；35mm银盐
收藏馆：缩微中心，国图

000O008320
唐诗选：七卷附录一卷 / (明)李攀龙辑. 汇释：
七卷 / (明)蒋一葵撰
明万历二十一年(1593)蒋一葵刻本
1988年摄制. -- 1盘卷片(19米364拍)：
1:10, 2B；35mm银盐
收藏馆：缩微中心，山东

000O009550
镌李及泉参于鳞笺释唐诗选：七卷 / (明)李攀龙
辑；(明)李颐参阅
明(1368-1644)晏良棨刻本
1988年摄制. -- 1盘卷片(15.4米323拍)：
1:9, 2B；35mm银盐
收藏馆：缩微中心，重庆

000O010047
李于鳞唐诗广选：六卷 / (明)李攀龙编；(明)凌
弘宪重编
明(1368-1644)吴兴凌氏刻朱墨套印本. -- 版
框高二十二厘米宽十五厘米。
1989年摄制. -- 1盘卷片(15米317拍)：
1:10, 2B；35mm银盐
收藏馆：缩微中心，广东

000O023780
邹庵重订李于鳞唐诗选：七卷 / (明)李攀龙编选；
(明)蒋一葵笺释
明崇祯元年(1628)刻本. -- 本书还装订有：
邹庵增订唐诗评/(明)黄家鼎评订。
1995年摄制. -- 1盘卷片(21米424拍)：
1:10, 2B；35mm银盐
收藏馆：缩微中心，浙江

000O018683
唐诗选：七卷附录一卷 / (明)李攀龙辑. 汇释：
七卷 / (明)蒋一葵笺释
明(1368-1644)刻套印本
1994年摄制. -- 1盘卷片(19米377拍)：
1:10, 2B；35mm银盐
收藏馆：缩微中心，国图

000O031974
唐诗选：七卷附录一卷 / (明)李攀龙辑. 汇释：
七卷 / (明)蒋一葵撰
明(1368-1644)刻套印本
2010年摄制. -- 1盘卷片(26米439拍)：
1:12, 2B；35mm银盐
收藏馆：缩微中心，国图

000O028942
十二家唐诗类选：十二卷 / (明)何东序辑
明隆庆四年(1570)刻本
1998年摄制. -- 1盘卷片(19米349拍)：
1:10, 2B；35mm银盐
收藏馆：缩微中心，苏州

000O008966
唐诗会选：十卷 / (明)李栻辑
明万历二年(1574)李栻刻本
1988年摄制. -- 1盘卷片(26米523拍)：
1:10, 2B；35mm银盐
收藏馆：缩微中心，湖北

000O017349
唐诗纪：一百七十卷目录三十四卷 / (明)黄德
水,(明)吴琯辑
明万历十三年(1585)吴琯刻本
1993年摄制. -- 5盘卷片(147米3034拍)：
1:10, 2B；35mm银盐
收藏馆：缩微中心，国图

000O009728
唐诗纪：一百七十卷 / (明)黄德水,(明)吴琯辑
明万历(1573-1620)刻本
1987年摄制. -- 5盘卷片(146米3295拍)：
1:10, 2B；35mm银盐
收藏馆：缩微中心，吉林

000O009453
唐诗所：四十七卷 / (明)臧懋循辑
明万历(1573-1620)刻本
1987年摄制. -- 4盘卷片(101.8米2231拍) :
1:10，2B；35mm银盐
收藏馆：缩微中心，重庆

000O011884
唐雅同声：五十卷目录二卷
明万历十六年(1588)毛谦刻崇祯六年(1633)重
修本
1990年摄制. -- 3盘卷片(69米1450拍) :
1:10，2B；35mm银盐
收藏馆：缩微中心，山东

000O009288
类选唐诗助道微机：六卷；类选唐诗助道微机
或问记：一卷 / (明)周汝登辑；(明)胡正言撰
明(1368-1644)十竹斋刻本
1988年摄制. -- 1盘卷片(13米253拍) :
1:10，2B；35mm银盐
收藏馆：缩微中心，湖南

000O009936
全唐风雅：十二卷唐诗人姓字爵里一卷 / (明)黄
克缵,(明)卫一凤辑
明万历四十六年(1618)刻本
1988年摄制. -- 2盘卷片(45米972拍) :
1:10，2B；35mm银盐
收藏馆：缩微中心，天津

000O017499
唐诗类选：六卷 / (明)张居仁辑
明万历二十四年(1596)张居仁刻本
1993年摄制. -- 1盘卷片(22米435拍) :
1:10，2B；35mm银盐
收藏馆：缩微中心，国图

000O017096
初唐汇诗：七十卷诗人氏系履历一卷目录十卷 /
(明)吴勉学辑
明万历三十年(1602)吴勉学刻四唐汇诗本
1993年摄制. -- 2盘卷片(52米1051拍) :
1:10，2B；35mm银盐
收藏馆：缩微中心，国图

000O017678
盛唐汇诗：一百二十四卷诗人氏系履历一卷目
录二十二卷 / (明)吴勉学辑
明万历三十年(1602)吴勉学刻本. -- 四唐汇
诗本。
1993年摄制. -- 3盘卷片(93米1969拍) :
1:10，2B；35mm银盐

收藏馆：缩微中心，国图

000O017087
唐乐府：十八卷 / (明)吴勉学辑
明(1368-1644)刻本
1993年摄制. -- 1盘卷片(17米328拍) :
1:10，2B；35mm银盐
收藏馆：缩微中心，国图

000O013562
详注百家唐诗汇选：三十卷 / (明)徐克辑并注
明万历三十三年(1605)周如滨晏少溪刻本
1991年摄制. -- 1盘卷片(20米383拍) :
1:10，2B；35mm银盐
收藏馆：缩微中心，浙江

000O020618
唐世精华：十二卷 / (明)余俨辑
明万历(1573-1620)四其轩刻本
1994年摄制. -- 1盘卷片(12米218拍) :
1:10，2B；35mm银盐
收藏馆：缩微中心，国图

000O020604
唐诗解：五十卷首一卷 / (明)唐汝询撰
明万历(1573-1620)刻本
1994年摄制. -- 2盘卷片(64米1296拍) :
1:10，2B；35mm银盐
收藏馆：缩微中心，国图

000O011667
唐诗解：五十卷 / (明)唐汝询撰
清顺治十六年(1659)万笈堂刻本. -- (明)毛
先舒等校。
1988年摄制. -- 2盘卷片(62米1370拍) :
1:10，2B；35mm银盐
收藏馆：缩微中心，天津

000O010775
删定唐诗解：二十四卷 / (明)唐汝询辑；(清)吴
昌祺评定
清康熙四十年(1701)诵懿堂刻本
1988年摄制. -- 2盘卷片(35米743拍) :
1:10，2B；35mm银盐
收藏馆：缩微中心，天津

000O012660
弄石庵唐诗名花集：四卷 / (明)杨肇祉辑
明(1368-1644)弄石庵刻本
1990年摄制. -- 1盘卷片(6.3米116拍) :
1:10，2B；35mm银盐
收藏馆：缩微中心，辽宁

000○015583
重广草木虫鱼杂咏诗集：□□卷
明(1368-1644)刻本. -- 存十卷：卷六至卷七、卷十一至卷十八。
1992年摄制. -- 1盘卷片(8米108拍)：1:10, 2B；35mm银盐
收藏馆：缩微中心，国图

000○011060
唐诗近体集韵：三十卷 / (明)施重光辑
明(1368-1644)刻本
1989年摄制. -- 1盘卷片(22米488拍)：1:10, 2B；35mm银盐
收藏馆：缩微中心，天津

000○010797
唐音戊签：二百一卷余一卷余闰六十三卷 / (明)胡震亨辑
清康熙二十六年(1687)刻本
1988年摄制. -- 5盘卷片(137米3166拍)：1:10, 2B；35mm银盐
收藏馆：缩微中心，天津

000○015975
僧诗选：不分卷
明(1368-1644)抄本
1993年摄制. -- 1盘卷片(20米377拍)：1:10, 2B；35mm银盐
收藏馆：缩微中心，国图

000○013745
唐诗类苑选：三十四卷 / (清)戴明说[等]辑
清顺治十六年(1659)刻本
1991年摄制. -- 3盘卷片(86.9米1993拍)：1:10, 2B；35mm银盐
收藏馆：缩微中心，辽宁

000○018333
唐诗快：十六卷 / (清)黄周星选评
清康熙三十三年(1694)刻本. -- 包括：惊天集、泣鬼集、移人集。
1993年摄制. -- 1盘卷片(24.9米557拍)：1:10, 2B；35mm银盐
收藏馆：缩微中心，辽宁

000○018139
贯华堂选批唐才子诗甲集七言律：八卷 / (清)金人瑞辑；(清)金雍注
清初(1644-1722)刻本. -- (清)冯文炌批校并跋。
1993年摄制. -- 1盘卷片(32米681拍)：1:10, 2B；35mm银盐
收藏馆：缩微中心，山东

000○022832
近体秋阳：十七卷 / (清)谭宗辑
清(1644-1911)刻本
1995年摄制. -- 1盘卷片(29米641拍)：1:10, 2B；35mm银盐
收藏馆：缩微中心，南京

000○026525
唐人万首绝句选：七卷 / (清)王士禛辑
清康熙(1662-1722)松花屋刻本. -- (清)李慈铭批校并跋。
1997年摄制. -- 1盘卷片(9米153拍)：1:10, 2B；35mm银盐
收藏馆：缩微中心，国图

000○020881
唐人万首绝句选：七卷 / (清)王士禛辑
清雍正(1723-1735)刻本. -- (清)钱泰吉跋。
1994年摄制. -- 1盘卷片(9米151拍)：1:10, 2B；35mm银盐
收藏馆：缩微中心，国图

000○019917
唐贤三昧集：三卷 / (清)王士禛辑
清康熙(1662-1722)刻本. -- (清)汪洪度圈点批注，□素邨跋。
1994年摄制. -- 1盘卷片(7米115拍)：1:10, 2B；35mm银盐
收藏馆：缩微中心，国图

000○007302
唐贤三昧集：三卷 / (清)王士禛辑
清(1644-1911)抄本
1987年摄制. -- 1盘卷片(7米123拍)：1:10, 2B；35mm银盐
收藏馆：缩微中心，国图

000○020100
唐诗揽香集：十六卷 / (清)俞南史辑
清初(1644-1722)刻本
1994年摄制. -- 1盘卷片(14米262拍)：1:10, 2B；35mm银盐
收藏馆：缩微中心，国图

000○009712
唐诗正：三十卷 / (清)俞南史,(清)汪森辑
清康熙十四年(1675)刻本
1989年摄制. -- 2盘卷片(40.5米836拍)：1:10, 2B；35mm银盐
收藏馆：缩微中心，湖北

000○007151
唐诗韵汇：不分卷 / (清)施端教辑

清康熙(1662-1722)啸阁刻本
1987年摄制. -- 8盘卷片(211米4626拍)：
1:10, 2B ; 35mm银盐
收藏馆：缩微中心，山东

000O030729
唐诗：七百十七卷目录五卷 / (清)季振宜辑
清(1644-1911)稿本. -- 存七百十六卷：
卷一至卷一百八十一、卷一百八十六至卷
三百六十一、卷三百六十四至卷七百十七，目
录五卷。
2003年摄制. -- 21盘卷片(641米12416拍)：
1:10, 2B ; 35mm银盐
收藏馆：缩微中心，国图

000O021020
**全唐诗：九百卷目录十二卷 / (清)曹寅,(清)彭定
求辑**
清康熙四十四年至四十六年(1705-1707)扬州
诗局刻本
1994年摄制. -- 15盘卷片(467米9833拍)：
1:10, 2B ; 35mm银盐
收藏馆：缩微中心，国图

000O007376
**全唐诗：九百卷目录十二卷 / (清)曹寅,(清)彭定
求辑**
清康熙(1662-1722)刻本
1988年摄制. -- 16盘卷片(466米10504拍)：
1:10, 2B ; 35mm银盐
收藏馆：缩微中心，吉林

000O000001
**御选唐诗：三十二卷目录三卷 / (清)圣祖玄烨辑；
(清)陈廷敬辑注**
清康熙五十二年(1713)内府刻朱墨套印本
1985年摄制. -- 4盘卷片(110.1米2379拍)：
1:10, 2B ; 35mm银盐
收藏馆：缩微中心，山西

000O000054
御定全唐诗录：一百卷 / (清)徐倬辑
清康熙四十五年(1706)扬州诗局刻本
1986年摄制. -- 4盘卷片(111.9米2419拍)：
1:10, 2B ; 35mm银盐
收藏馆：缩微中心，山西

000O023768
载云舫诗耕：十五卷 / (清)闵奕仕辑
清(1644-1911)抄本
1995年摄制. -- 1盘卷片(11米194拍)：
1:10, 2B ; 35mm银盐
收藏馆：缩微中心，浙江

000O009057
唐近体诗永：十四卷首一卷 / (清)吴绮辑
清康熙二十八年(1689)林蕙堂刻本
1988年摄制. -- 1盘卷片(24米444拍)：
1:10, 2B ; 35mm银盐
收藏馆：缩微中心，湖北

000O009052
唐诗掞藻：八卷 / (清)高士奇辑
清康熙三十二年(1693)刻本
1988年摄制. -- 1盘卷片(16米309拍)：
1:10, 2B ; 35mm银盐
收藏馆：缩微中心，湖北

000O021647
续唐三体诗：八卷 / (清)高士奇辑
清康熙(1662-1722)刻本
1995年摄制. -- 1盘卷片(14米259拍)：
1:10, 2B ; 35mm银盐
收藏馆：缩微中心，国图

000O001718
**寒瘦集：一卷 / (唐)孟郊,(唐)贾岛撰；(清)岳端
辑评**
清康熙三十八年(1699)岳端红兰室刻套印本
1986年摄制. -- 1盘卷片(4米60拍)：1:10,
2B ; 35mm银盐
收藏馆：缩微中心，国图

000O017672
**寒瘦集：一卷 / (唐)孟郊,(唐)贾岛撰；(清)岳端
辑评**
清康熙三十八年(1699)岳端红兰室刻套印本
1993年摄制. -- 1盘卷片(4米48拍)：1:10,
2B ; 35mm银盐
收藏馆：缩微中心，国图

000O031936
**寒瘦集：一卷 / (唐)孟郊,(唐)贾岛撰；(清)岳端
辑评**
清康熙三十八年(1699)岳端红兰室刻套印本
2010年摄制. -- 1盘卷片(5米100拍)：1:11,
2B ; 35mm银盐
收藏馆：缩微中心，国图

000O000055
**中晚唐诗叩弹集：十二卷续集三卷 / (清)杜
诏,(清)杜庭珠辑**
清康熙四十三年(1704)采山亭刻本
1986年摄制. -- 1盘卷片(20.6米437拍)：
1:10, 2B ; 35mm银盐
收藏馆：缩微中心，山西

000O010347
唐七律选：四卷 / (清)毛奇龄论定；(清)王锡[等]辑
清康熙四十一年(1702)学者堂刻本
1989年摄制. -- 1盘卷片(6米110拍) ： 1:10,
2B ；35mm银盐
收藏馆：缩微中心，湖北

000O009968
唐律消夏录：五卷 / (清)顾安辑
清乾隆二十七年(1762)嘉善何文焕精刻本
1989年摄制. -- 1盘卷片(8米144拍) ： 1:10,
2B ；35mm银盐
收藏馆：缩微中心，天津

000O009027
丙子消夏录：五卷 / (清)顾安辑
清(1644-1911)刻本
1988年摄制. -- 1盘卷片(6.5米122拍) ：
1:10, 2B ；35mm银盐
收藏馆：缩微中心，湖北

000O010983
唐古诗则：六卷 / (清)程功辑
清康熙四十六年(1707)刻本
1989年摄制. -- 1盘卷片(9.5米169拍) ：
1:10, 2B ；35mm银盐
收藏馆：缩微中心，湖北

000O000046
唐诗贯珠：六十卷 / (清)胡以梅辑并笺释
清康熙五十四年(1715)苏州胡氏素心堂刻本
1986年摄制. -- 3盘卷片(73米1552拍) ：
1:10, 2B ；35mm银盐
收藏馆：缩微中心，山西

000O012576
唐五言六韵诗豫：四卷 / (清)花豫主人辑
清康熙(1662-1722)花豫楼刻本
1990年摄制. -- 1盘卷片(14.3米302拍) ：
1:10, 2B ；35mm银盐
收藏馆：缩微中心，辽宁

000O014527
唐诗排律：七卷 / (清)牟钦元辑
清乾隆二十三年(1758)刻本
1992年摄制. -- 1盘卷片(12.9米272拍) ：
1:10, 2B ；35mm银盐
收藏馆：缩微中心，辽宁

000O022105
全唐诗逸：三卷 / (日)河世宁辑
清(1644-1911)抄本
1995年摄制. -- 1盘卷片(4米44拍) ： 1:10,
2B ；35mm银盐
收藏馆：缩微中心，国图

000O009954
玉台新咏：十卷 / (清)朱存孝辑
清康熙五十六年(1717)精刻本
1989年摄制. -- 1盘卷片(10米191拍) ：
1:10, 2B ；35mm银盐
收藏馆：缩微中心，天津

000O009948
晚唐诗钞：二十六卷 / (清)查克弘[等]辑；(清)杨兆璘校
清康熙四十二年(1703)十干诗坞精刻本
1989年摄制. -- 1盘卷片(28米613拍) ：
1:10, 2B ；35mm银盐
收藏馆：缩微中心，天津

000O020441
唐宫闺诗：二卷 / (清)刘云份辑
清康熙(1662-1722)梦香阁刻本
1994年摄制. -- 1盘卷片(10米163拍) ：
1:10, 2B ；35mm银盐
收藏馆：缩微中心，国图

000O021730
唐诗宗：十七卷 / (清)沈德潜编
清(1644-1911)抄本
1995年摄制. -- 1盘卷片(19米373拍) ：
1:10, 2B ；35mm银盐
收藏馆：缩微中心，国图

000O021740
唐诗别裁集：十卷 / (清)沈德潜,(清)陈培脉辑
清康熙五十六年(1717)刻本
1995年摄制. -- 1盘卷片(22米451拍) ：
1:10, 2B ；35mm银盐
收藏馆：缩微中心，国图

000O010747
唐诗观澜集：二十四卷；唐小传：一卷 / (清)李因培辑；(清)凌应曾注
清乾隆二十四年(1759)刻本
1989年摄制. -- 1盘卷片(29米637拍) ：
1:10, 2B ；35mm银盐
收藏馆：缩微中心，天津

000O016578
唐诗成法：十二卷 / (清)屈复辑
清(1644-1911)抄本
1993年摄制. -- 1盘卷片(11米227拍) ：
1:10, 2B ；35mm银盐

收藏馆：缩微中心，山西

000O010202
全唐诗钞：八十卷补遗十六卷附诗人爵里节略一卷 / (清)吴成仪辑
清乾隆二十四年(1759)精刻本
1989年摄制. -- 3盘卷片(89米1965拍) ：
1:10, 2B ；35mm银盐
收藏馆：缩微中心，天津

000O010978
全唐近体诗钞：五卷 / (清)沈裳锦辑
清乾隆三十五年(1770)西巢刻本
1989年摄制. -- 1盘卷片(7.5米143拍) ：
1:10, 2B ；35mm银盐
收藏馆：缩微中心，湖北

000O005493
网师园唐诗笺：十八卷 / (清)宋宗元辑
清乾隆三十二年(1767)网师园刻本
1987年摄制. -- 1盘卷片(21.2米451拍) ：
1:10, 2B ；35mm银盐
收藏馆：缩微中心，山西

000O010749
大历诗略：六卷 / (清)乔仪辑
清乾隆三十七年(1772)居安乐玩之堂精刻本
1989年摄制. -- 1盘卷片(8米142拍) ：1:10,
2B ；35mm银盐
收藏馆：缩微中心，天津

000O021303
佳春堂诗选：不分卷 / (清)焦循辑
清(1644-1911)稿本
1994年摄制. -- 1盘卷片(5米78拍) ：1:10,
2B ；35mm银盐
收藏馆：缩微中心，甘肃

000O002285
唐诗五律读本选注：一卷 / (清)翁同龢撰
清(1644-1911)稿本
1986年摄制. -- 1盘卷片(3米24拍) ：1:10,
2B ；35mm银盐
收藏馆：缩微中心，国图

000O010910
六家七律诗选：十二卷 / (清)周曰沆辑
清乾隆三十四年(1769)静观草庐刻本
1989年摄制. -- 1盘卷片(16米329拍) ：
1:10, 2B ；35mm银盐
收藏馆：缩微中心，湖北

000O021148
全唐诗选：不分卷 / (清)厉鹗批校
清咸丰三年(1853)仁和沈映玲抄本
1992年摄制. -- 1盘卷片(17米328拍) ：
1:10, 2B ；35mm银盐
收藏馆：缩微中心，吉林

000O003489
重校正唐文粹：一百卷 / (宋)姚铉辑
明嘉靖三年(1524)徐焴刻本
1985年摄制. -- 3盘卷片(64米1390拍) ：
1:10, 2B ；35mm银盐
收藏馆：缩微中心，国图

000O005403
重校正唐文粹：一百卷 / (宋)姚铉辑
明嘉靖三年(1524)徐焴刻本
1986年摄制. -- 2盘卷片(61米1367拍) ：
1:10, 2B ；35mm银盐
收藏馆：缩微中心，国图

000O007524
重校正唐文粹：一百卷 / (宋)姚铉辑
明嘉靖三年(1524)徐焴刻本
1987年摄制. -- 3盘卷片(66米1389拍) ：
1:10, 2B ；35mm银盐
收藏馆：缩微中心，国图

000O008485
重校正唐文粹：一百卷 / (宋)姚铉辑
明嘉靖三年(1524)徐焴刻本
1988年摄制. -- 3盘卷片(66米1403拍) ：
1:10, 2B ；35mm银盐
收藏馆：缩微中心，国图

000O020629
重校正唐文粹：一百卷 / (宋)姚铉辑
明嘉靖三年(1524)徐焴刻本. -- 存四卷：卷
二十五至卷二十六、卷九十九至卷一百。
1994年摄制. -- 1盘卷片(5米67拍) ：1:10,
2B ；35mm银盐
收藏馆：缩微中心，国图

000O020684
重校正唐文粹：一百卷 / (宋)姚铉辑
明嘉靖三年(1524)徐焴刻本. -- 存二十三
卷：卷五至卷十一、卷十八至卷十九、卷
三十六至卷三十八、卷四十一至卷四十三、卷
四十六至卷五十三。
1994年摄制. -- 1盘卷片(15米268拍) ：
1:10, 2B ；35mm银盐
收藏馆：缩微中心，国图

000O021709
重校正唐文粹：一百卷 / (宋)姚铉辑
明嘉靖三年(1524)徐焴刻本. -- 叶德辉跋.
1995年摄制. -- 2盘卷片(65米1299拍) :
1:10, 2B ; 35mm银盐
收藏馆：缩微中心, 国图

000O002967
文粹：一百卷 / (宋)姚铉辑
明初(1368-1424)刻本
1986年摄制. -- 2盘卷片(56米1233拍) :
1:10, 2B ; 35mm银盐
收藏馆：缩微中心, 国图

000O005914
文粹：一百卷 / (宋)姚铉辑
明初(1368-1424)刻递修本
1987年摄制. -- 2盘卷片(56米1248拍) :
1:10, 2B ; 35mm银盐
收藏馆：缩微中心, 国图

000O009395
重校正唐文粹：一百卷 / (宋)姚铉辑
明万历四十六年(1618)邓渼刻本
1988年摄制. -- 4盘卷片(106.5米2320拍) :
1:10, 2B ; 35mm银盐
收藏馆：缩微中心, 湖北

000O022947
唐文粹：一百卷 / (宋)姚铉辑
明嘉靖五年至七年(1526-1528)晋藩养德书院
刻本
1995年摄制. -- 3盘卷片(76米1541拍) :
1:10, 2B ; 35mm银盐
收藏馆：缩微中心, 国图

000O000456
唐文粹：一百卷 / (宋)姚铉辑
明嘉靖八年(1529)晋藩养德书院刻本
1987年摄制. -- 3盘卷片(74.7米1663拍) :
1:10, 2B ; 35mm银盐
收藏馆：缩微中心, 国图

000O011356
唐文粹：一百卷 / (宋)姚铉辑
明末(1621-1644)刻本
1989年摄制. -- 4盘卷片(112.6米2539拍) :
1:10, 2B ; 35mm银盐
收藏馆：缩微中心, 辽宁

000O001065
重校正唐文粹：一百卷 / (宋)姚铉辑
明(1368-1644)刻本

1985年摄制. -- 3盘卷片(66米1460拍) :
1:10, 2B ; 35mm银盐
收藏馆：缩微中心, 国图

000O007187
唐文粹：一百卷 / (宋)姚铉辑
明末(1621-1644)刻本
1987年摄制. -- 4盘卷片(115米2515拍) :
1:10, 2B ; 35mm银盐
收藏馆：缩微中心, 山东

000O010212
**文粹：一百卷补遗二十六卷 / (宋)姚铉辑 . 补遗：
二十六卷 / (清)郭麔撰**
清光绪十六年(1890)杭州许氏榆园刻本
1989年摄制. -- 3盘卷片(76米1647拍) :
1:10, 2B ; 35mm银盐
收藏馆：缩微中心, 天津

000O025942
唐文鉴：二十一卷 / (明)贺泰辑
明正德六年(1511)孙佐刻本. -- (清)丁丙
跋.
1996年摄制. -- 1盘卷片(23米508拍) :
1:10, 2B ; 35mm银盐
收藏馆：缩微中心, 南京

000O004512
增注唐策：十卷
明正德十四年(1519)汪灿刻本
1986年摄制. -- 1盘卷片(12米256拍) :
1:10, 2B ; 35mm银盐
收藏馆：缩微中心, 国图

000O023778
唐名家文抄：不分卷 / (清)温睿临选辑
清(1644-1911)墨妙楼抄本
1995年摄制. -- 1盘卷片(32米662拍) :
1:10, 2B ; 35mm银盐
收藏馆：缩微中心, 浙江

000O000056
钦定全唐文：一千卷首四卷 / (清)董诰辑
清嘉庆(1796-1820)内府刻本
1986年摄制. -- 39盘卷片(1249.1米24073拍) :
1:10, 2B ; 35mm银盐
收藏馆：缩微中心, 山西

000O024518
研经室全唐文补遗：一卷
清(1644-1911)抄本
1996年摄制. -- 1盘卷片(13米247拍) :
1:10, 2B ; 35mm银盐

收藏馆：缩微中心，浙江

000O000184
西昆酬唱集：二卷 / (宋)杨亿[等]撰
明嘉靖十六年(1537)张綖玩珠堂刻本
1985年摄制. -- 1盘卷片(4米58拍) ：1:10,
2B ；35mm银盐
收藏馆：缩微中心，国图

000O010763
西昆酬唱集：二卷 / (宋)杨亿[等]撰
清康熙四十七年(1708)朱俊升刻本
1988年摄制. -- 1盘卷片(7米105拍) ：1:10,
2B ；35mm银盐
收藏馆：缩微中心，天津

000O021578
西昆酬唱集：二卷 / (宋)杨亿[等]撰
清康熙四十七年(1708)朱俊升刻本
1995年摄制. -- 1盘卷片(6米92拍) ：1:10,
2B ；35mm银盐
收藏馆：缩微中心，国图

000O014708
坡门酬唱：二十三卷 / (宋)邵浩辑
清(1644-1911)影宋(960-1279)抄本
1992年摄制. -- 1盘卷片(22米433拍) ：
1:10, 2B ；35mm银盐
收藏馆：缩微中心，国图

000O022193
坡门酬唱：二十三卷 / (宋)邵浩辑
清(1644-1911)抄本
1995年摄制. -- 1盘卷片(14米248拍) ：
1:10, 2B ；35mm银盐
收藏馆：缩微中心，国图

000O004092
南岳倡酬集：一卷 / (宋)朱熹,(宋)张栻,(宋)林用中撰
明弘治(1488-1505)刻本
1986年摄制. -- 1盘卷片(4米50拍) ：1:10,
2B ；35mm银盐
收藏馆：缩微中心，国图

000O022792
南岳倡酬集：一卷附录一卷 / (宋)朱熹,(宋)张栻,(宋)林用中撰
清(1644-1911)抄本. -- (清)丁丙跋。
1995年摄制. -- 1盘卷片(6米93拍) ：1:10,
2B ；35mm银盐
收藏馆：缩微中心，南京

000O026926
诗家鼎脔：二卷
清(1644-1911)抄本. -- (清)劳权校跋，(清)
丁丙跋。
1996年摄制. -- 1盘卷片(5米64拍) ：1:10,
2B ；35mm银盐
收藏馆：缩微中心，南京

000O001988
前贤小集拾遗：五卷 / (宋)陈起辑
清(1644-1911)抄本. -- (清)王士禛批点。
1986年摄制. -- 1盘卷片(5米76拍) ：1:10,
2B ；35mm银盐
收藏馆：缩微中心，国图

000O022185
中兴群公吟稿戊集：七卷 / (宋)陈起辑
清(1644-1911)抄本
1995年摄制. -- 1盘卷片(7米111拍) ：1:10,
2B ；35mm银盐
收藏馆：缩微中心，国图

000O022189
增广圣宋高僧诗选：前集一卷后集三卷续集一卷 / (宋)陈起辑
清(1644-1911)赵氏亦有生斋抄本
1995年摄制. -- 1盘卷片(5米78拍) ：1:10,
2B ；35mm银盐
收藏馆：缩微中心，国图

000O002973
增广圣宋高僧诗选：前集一卷后集三卷续集一卷 / (宋)陈起辑
清(1644-1911)抄本. -- (清)黄丕烈跋并题诗。
1986年摄制. -- 1盘卷片(6米91拍) ：1:10,
2B ；35mm银盐
收藏馆：缩微中心，国图

000O008454
增广圣宋高僧诗选：前集一卷后集三卷续集一卷 / (宋)陈起辑
清(1644-1911)抄本
1988年摄制. -- 1盘卷片(5米79拍) ：1:10,
2B ；35mm银盐
收藏馆：缩微中心，国图

000O026747
圣宋高僧诗选：三卷后集三卷续集一卷 / (宋)陈起辑 . 宋僧诗选补：三卷 / (元)陈世隆辑
清(1644-1911)抄本. -- (清)丁丙跋。
1996年摄制. -- 1盘卷片(7米109拍) ：1:10,
2B ；35mm银盐

收藏馆：缩微中心，南京

000O002974
九僧诗：一卷 / (宋)释希昼[等]撰
清(1644-1911)抄本
1986年摄制. -- 1盘卷片(4米48拍) : 1:10, 2B；35mm银盐
收藏馆：缩微中心，国图

000O024101
九僧诗：一卷 / (宋)释希昼[等]撰；(清)毛扆增辑
清(1644-1911)抄本
1996年摄制. -- 1盘卷片(4米50拍) : 1:10, 2B；35mm银盐
收藏馆：缩微中心，湖北

000O014696
月泉吟社：一卷 / (宋)吴渭辑
清(1644-1911)林佶朴学斋抄本
1992年摄制. -- 1盘卷片(5米57拍) : 1:10, 2B；35mm银盐
收藏馆：缩微中心，国图

000O005660
月泉吟社：一卷 / (宋)吴渭辑
清咸丰十年(1860)韩应陛抄本. -- (清)韩应陛、周叔弢跋。
1987年摄制. -- 1盘卷片(4米55拍) : 1:10, 2B；35mm银盐
收藏馆：缩微中心，国图

000O026733
月泉吟社：一卷 / (宋)吴渭辑
清(1644-1911)小辋川抄本. -- (清)丁丙跋。
1996年摄制. -- 1盘卷片(5米64拍) : 1:10, 2B；35mm银盐
收藏馆：缩微中心，南京

000O005867
月泉吟社：一卷 / (宋)吴渭辑
清(1644-1911)抄本
1987年摄制. -- 1盘卷片(5.2米86拍) : 1:10, 2B；35mm银盐
收藏馆：缩微中心，国图

000O021917
濂洛风雅：七卷 / (宋)金履祥辑
清(1644-1911)抄本
1995年摄制. -- 1盘卷片(8米123拍) : 1:10, 2B；35mm银盐
收藏馆：缩微中心，国图

000O001708
宋艺圃集：二十二卷续集三卷 / (明)李蓘辑
明隆庆(1567-1572)暴孟奇李蓘刻本
1986年摄制. -- 2盘卷片(35米739拍) : 1:10, 2B；35mm银盐
收藏馆：缩微中心，国图

000O020116
积书岩宋诗选：二十五卷 / (清)顾贞观辑
清康熙(1662-1722)宝翰楼刻本
1994年摄制. -- 2盘卷片(38米762拍) : 1:10, 2B；35mm银盐
收藏馆：缩微中心，国图

000O026284
积书岩宋诗删：二十五卷 / (清)顾贞观辑
清康熙(1662-1722)刻本
1996年摄制. -- 2盘卷片(38米762拍) : 1:10, 2B；35mm银盐
收藏馆：缩微中心，国图

000O025666
积书岩宋诗选：一卷 / (清)顾贞观辑
清(1644-1911)姚氏咫进斋抄本
1996年摄制. -- 1盘卷片(4米53拍) : 1:10, 2B；35mm银盐
收藏馆：缩微中心，南京

000O021225
宋诗删：二卷 / (清)邵骨,(清)柯弘祚辑
清康熙(1662-1722)刻本
1995年摄制. -- 1盘卷片(8米133拍) : 1:10, 2B；35mm银盐
收藏馆：缩微中心，国图

000O020488
宋诗选：不分卷 / (清)郑钺辑
清(1644-1911)抄本
1994年摄制. -- 1盘卷片(5米74拍) : 1:10, 2B；35mm银盐
收藏馆：缩微中心，国图

000O016684
南宋群贤诗选：十二卷 / (清)陆钟辉辑
清雍正九年(1731)陆氏水云渔屋刻本
1993年摄制. -- 1盘卷片(16米291拍) : 1:10, 2B；35mm银盐
收藏馆：缩微中心，国图

000O021224
南宋群贤诗选：十二卷 / (清)陆钟辉辑
清雍正九年(1731)陆氏水云渔屋刻本
1995年摄制. -- 1盘卷片(15米291拍) :

1:10，2B ；35mm银盐
收藏馆：缩微中心，国图

000O020949
宋诗略：十八卷 / (清)汪景龙,(清)姚塯撰
清乾隆三十五年(1770)竹雨山房刻本
1994年摄制． -- 1盘卷片(21.2米450拍) :
1:10，2B ；35mm银盐
收藏馆：缩微中心，山西

000O010986
千首宋人绝句：十卷 / (清)严长明辑
清乾隆三十五年(1770)毕源刻本
1989年摄制． -- 1盘卷片(9.5米183拍) :
1:10，2B ；35mm银盐
收藏馆：缩微中心，湖北

000O021804
圣宋文选全集：三十二卷
宋(960-1279)刻本． -- 卷一至卷二十二、卷
二十七至卷三十二配清(1644-1911)影宋抄
本。(清)丁丙跋。
1994年摄制． -- 1盘卷片(19米412拍) :
1:10，2B ；35mm银盐
收藏馆：缩微中心，南京

000O027716
圣宋文选全集：三十二卷
清末(1851-1911)抄本
1997年摄制． -- 1盘卷片(21米422拍) :
1:10，2B ；35mm银盐
收藏馆：缩微中心，国图

000O027302
新雕圣宋文海：一百二十卷 / (宋)江钿辑
抄本。 -- 存六卷：卷四至卷九。
1997年摄制． -- 1盘卷片(5米66拍) : 1:10，
2B ；35mm银盐
收藏馆：缩微中心，国图

000O023457
皇朝文鉴：一百五十卷 / (宋)吕祖谦辑
宋嘉泰四年(1204)新安郡斋刻宋元(960-1368)
递修本． -- 存二十六卷：卷十七至卷十九、
卷三十三至卷三十五、卷三十九、卷四十一至
卷四十二、卷四十八至卷四十九、卷六十五至
卷七十、卷七十四、卷七十六、卷八十七至卷
九十三。
1995年摄制． -- 1盘卷片(20米370拍) :
1:10，2B ；35mm银盐
收藏馆：缩微中心，国图

000O022405
皇朝文鉴：一百五十卷目录三卷 / (宋)吕祖谦辑
宋嘉泰四年(1204)新安郡斋刻元明(1271-1644)
递修本． -- 存六十四卷：皇朝文鉴卷二至卷
九、卷十四至卷十六、卷三十一、卷三十三至
卷三十五、卷三十九至卷四十一、卷五十五、
卷七十一至卷七十三、卷八十七至卷九十三、
卷九十八至卷一百十二、卷一百十六至卷
一百十九、卷一百二十一、卷一百二十四、卷
一百三十四至卷一百四十三、卷一百四十六至
卷一百四十八，目录卷中。
1995年摄制． -- 2盘卷片(60米1246拍) :
1:10，2B ；35mm银盐
收藏馆：缩微中心，国图

000O003178
皇朝文鉴：一百五十卷目录三卷 / (宋)吕祖谦辑
明(1368-1644)抄本． -- (清)顾之逵、(清)黄
丕烈跋。
1986年摄制． -- 5盘卷片(143米3117拍) :
1:10，2B ；35mm银盐
收藏馆：缩微中心，国图

000O021801
**新雕宋朝文鉴：一百五十卷目录三卷 / (宋)吕祖
谦辑**
明天顺八年(1464)严州府刻本． -- (清)丁丙
跋。
1994年摄制． -- 4盘卷片(108米2277拍) :
1:10，2B ；35mm银盐
收藏馆：缩微中心，南京

000O010777
大宋文鉴：一百五十卷 / (宋)吕祖谦撰
明正德(1506-1521)慎独斋刻本． -- 间有抄
配。
1989年摄制． -- 4盘卷片(99米2146拍) :
1:10，2B ；35mm银盐
收藏馆：缩微中心，天津

000O017285
大宋文鉴：一百五十卷目录三卷 / (宋)吕祖谦辑
明正德十三年(1518)刘洪慎独书斋刻本． --
存一百五十二卷：文鉴一百五十卷，目录卷
上、卷下。(清)陆儁跋。
1992年摄制． -- 4盘卷片(106米1995拍) :
1:10，2B ；35mm银盐
收藏馆：缩微中心，国图

000O006514
宋文鉴：一百五十卷目录三卷 / (宋)吕祖谦辑
明(1368-1644)晋藩养德书院刻本
1987年摄制． -- 4盘卷片(105米2286拍) :

1:10, 2B ；35mm银盐
收藏馆：缩微中心，国图

000O003495
宋文鉴：一百五十卷目录三卷 / (宋)吕祖谦辑
明嘉靖五年(1526)晋藩养德书院刻本
1985年摄制. -- 4盘卷片(102米2238拍)：
1:10, 2B ；35mm银盐
收藏馆：缩微中心，国图

000O007527
宋文鉴：一百五十卷目录三卷 / (宋)吕祖谦辑
明嘉靖五年(1526)晋藩养德书院刻本
1987年摄制. -- 4盘卷片(104米2272拍)：
1:10, 2B ；35mm银盐
收藏馆：缩微中心，国图

000O021806
宋文鉴：一百五十卷目录三卷 / (宋)吕祖谦辑
明嘉靖五年(1526)晋藩养德书院刻本. --
(清)丁丙跋。
1994年摄制. -- 4盘卷片(106米2338拍)：
1:10, 2B ；35mm银盐
收藏馆：缩微中心，南京

000O007396
宋朝文鉴：一百五十卷 / (宋)吕祖谦辑
明(1368-1644)刻本
1988年摄制. -- 4盘卷片(107米2375拍)：
1:10, 2B ；35mm银盐
收藏馆：缩微中心，吉林

000O005498
校正重刊官板宋朝文鉴：一百五十卷目录三卷 /
(宋)吕祖谦辑
明(1368-1644)刻本
1987年摄制. -- 5盘卷片(135.8米2921拍)：
1:10, 2B ；35mm银盐
收藏馆：缩微中心，山西

000O008937
校正重刊官板宋朝文鉴：一百五十卷目录三卷 /
(宋)吕祖谦辑
明(1368-1644)刻金陵唐锦池印本
1988年摄制. -- 5盘卷片(136米2854拍)：
1:10, 2B ；35mm银盐
收藏馆：缩微中心，湖北

000O021078
宋文鉴删：十二卷 / (明)张溥辑并评
明(1368-1644)段君定刻本
1994年摄制. -- 1盘卷片(27米560拍)：
1:10, 2B ；35mm银盐

收藏馆：缩微中心，国图

000O000139
圣宋名贤五百家播芳大全文粹：一百卷 / (宋)魏
齐贤,(宋)叶棻辑
明(1368-1644)抄本. -- 存九十九卷：卷一至
卷十九、卷二十一至卷一百。
1985年摄制. -- 4盘卷片(110.5米2481拍)：
1:10, 2B ；35mm银盐
收藏馆：缩微中心，国图

000O031992
圣宋名贤五百家播芳大全文粹：一百十卷 / (宋)
魏齐贤,(宋)叶棻辑
清(1644-1911)孔广陶岳雪楼抄本. -- 十行
二十字无格。傅增湘校补并跋。
2010年摄制. -- 6盘卷片(167米3097拍)：
1:12, 2B ；35mm银盐
收藏馆：缩微中心，国图

000O003604
圣宋名贤五百家播芳大全文粹：一百五十卷目
录十卷 / (宋)魏齐贤,(宋)叶棻辑
清(1644-1911)抄本. -- (清)孙均、(清)姚
椿、(清)丁国钧跋。
1985年摄制. -- 8盘卷片(216米4790拍)：
1:10, 2B ；35mm银盐
收藏馆：缩微中心，国图

000O026272
圣宋名贤五百家播芳大全文粹：一百五十卷目
录十卷 / (宋)魏齐贤,(宋)叶棻辑
瞿氏铁琴铜剑楼抄本
1997年摄制. -- 8盘卷片(223米4436拍)：
1:10, 2B ；35mm银盐
收藏馆：缩微中心，国图

000O014868
论学绳尺：十卷 / (宋)魏天应编选
明成化(1465-1487)刻本
1992年摄制. -- 2盘卷片(34米737拍)：
1:10, 2B ；35mm银盐
收藏馆：缩微中心，吉林

000O013367
精选皇宋策学绳尺：十卷
清(1644-1911)抄本
1991年摄制. -- 1盘卷片(9米151拍)：1:10,
2B ；35mm银盐
收藏馆：缩微中心，国图

000O022462
二十先生回澜文鉴：前集二十卷后集二十卷 /

(宋)虞祖南评次；(宋)虞夔笺注

宋(960-1279)江仲达群玉堂刻本. -- 前集卷十三至卷二十、后集卷八配清(1644-1911)抄本。存二十三卷：前集卷十三至卷二十，后集卷一至卷八、卷十四至卷二十。(清)陆心源、(清)丁丙跋。

1995年摄制. -- 1盘卷片(15米298拍)：1:10，2B；35mm银盐

收藏馆：缩微中心，南京

00O022466

苏门六君子文粹：七十卷 / (宋)陈亮辑

明崇祯六年(1633)胡潜刻本. -- (清)丁丙跋。

1995年摄制. -- 2盘卷片(50米1091拍)：1:10，2B；35mm银盐

收藏馆：缩微中心，南京

00O006258

苏门六君子文粹：七十卷 / [题](宋)陈亮辑

明崇祯(1628-1644)刻本

1987年摄制. -- 2盘卷片(56米1237拍)：1:10，2B；35mm银盐

收藏馆：缩微中心，吉林

00O027727

苏门六君子文粹：七十卷 / [题](宋)陈亮辑

明(1368-1644)抄本. -- 存二十一卷：卷三至卷六、卷十五至卷二十五、卷五十四至卷五十九。

1997年摄制. -- 1盘卷片(14米265拍)：1:10，2B；35mm银盐

收藏馆：缩微中心，国图

00O002042

诸儒奥论：前集二卷续集二卷 / (元)陈□□辑

明万历四十五年(1617)张惟任刻本

1986年摄制. -- 1盘卷片(12米237拍)：1:10，2B；35mm银盐

收藏馆：缩微中心，国图

00O007157

辟疆园宋文选：三十卷 / (清)顾宸辑

清顺治十八年(1661)顾氏辟疆园刻本

1987年摄制. -- 5盘卷片(130米2824拍)：1:10，2B；35mm银盐

收藏馆：缩微中心，山东

00O003410

宋四六选：二十四卷 / (清)彭元瑞,(清)曹振镛辑

清乾隆四十一年(1776)曹振镛刻本. -- (清)翁同龢录(清)翁同书批点。

1986年摄制. -- 2盘卷片(42米906拍)：

1:10，2B；35mm银盐

收藏馆：缩微中心，国图

00O005492

宋四六选：二十四卷 / (清)彭元瑞,(清)曹振镛辑

清乾隆四十一年(1776)曹振镛刻本

1987年摄制. -- 2盘卷片(44.5米950拍)：1:10，2B；35mm银盐

收藏馆：缩微中心，山西

00O023578

中州集：十卷 / (金)元好问辑

元至大三年(1310)曹氏进德斋刻递修本. -- 存四卷：卷三至卷六。

1995年摄制. -- 1盘卷片(6米92拍)：1:10，2B；35mm银盐

收藏馆：缩微中心，国图

00O005869

中州集：十卷 / (金)元好问辑

明弘治九年(1496)李瀚刻本

1987年摄制. -- 1盘卷片(27.1米608拍)：1:10，2B；35mm银盐

收藏馆：缩微中心，国图

00O006275

中州集：十卷 / (金)元好问辑

明万历(1573-1620)汲古阁刻本

1987年摄制. -- 2盘卷片(46米998拍)：1:10，2B；35mm银盐

收藏馆：缩微中心，吉林

00O016156

中州集：十卷首一卷乐府一卷 / (金)元好问辑

明末(1621-1644)毛氏汲古阁刻本. -- 章钰校跋并录(清)冯舒、(清)冯班批校题识，(清)何焯批校。

1993年摄制. -- 2盘卷片(46米945拍)：1:10，2B；35mm银盐

收藏馆：缩微中心，国图

00O000188

中州集：十卷乐府一卷 / (金)元好问辑

明末(1621-1644)毛氏汲古阁刻清(1644-1911)吴门寒松堂印本

1985年摄制. -- 2盘卷片(45.5米1001拍)：1:10，2B；35mm银盐

收藏馆：缩微中心，国图

00O001053

中州集：十卷首一卷乐府一卷 / (金)元好问辑

明末(1621-1644)毛氏汲古阁刻本. -- 佚名录(清)何焯批校题识。

1985年摄制. -- 2盘卷片(44.6米985拍)：
1:10, 2B ; 35mm银盐
收藏馆：缩微中心，国图

000O008654

御订全金诗增补中州集：七十二卷首二卷 / (金)
元好问辑；(清)郭元釪补辑
清康熙五十年(1711)内府刻本
1987年摄制. -- 4盘卷片(105.5米2314拍)：
1:9, 2B ; 35mm银盐
收藏馆：缩微中心，重庆

000O020939

金诗选：四卷 / (清)顾奎光辑
清乾隆十六年(1751)刻本
1994年摄制. -- 1盘卷片(8.7米167拍)：
1:10, 2B ; 35mm银盐
收藏馆：缩微中心，山西

000O023878

金文最：一百二十卷 / (清)张金吾辑
清(1644-1911)抄本. -- (清)丁丙跋。
1995年摄制. -- 5盘卷片(115米2448拍)：
1:10, 2B ; 35mm银盐
收藏馆：缩微中心，南京

000O006446

金文最：一百卷 / (清)张金吾辑
清(1644-1911)抄本. -- (清)黄廷鉴跋。
1987年摄制. -- 4盘卷片(111.5米2444拍)：
1:10, 2B ; 35mm银盐
收藏馆：缩微中心，国图

000O026759

金文最定本目次：一卷 / (清)张金吾辑
清(1644-1911)抄本. -- (清)叶廷琯校。
1996年摄制. -- 1盘卷片(9米156拍)：1:10,
2B ; 35mm银盐
收藏馆：缩微中心，南京

000O000354

谷音：二卷 / (元)杜本辑
清(1644-1911)抄本. -- (清)彭元瑞校。
1985年摄制. -- 1盘卷片(3.6米47拍)：
1:10, 2B ; 35mm银盐
收藏馆：缩微中心，国图

000O024294

忠义集：七卷 / (元)赵景良辑
明(1368-1644)抄本. -- (明)毛晋校。
1996年摄制. -- 1盘卷片(7米110拍)：1:10,
2B ; 35mm银盐
收藏馆：缩微中心，国图

000O015069

皇元风雅前集：六卷 / (元)傅习辑．后集：六卷 /
(元)孙存吾辑
清(1644-1911)抄本. -- (清)莫友芝跋。
1992年摄制. -- 1盘卷片(15米290拍)：
1:10, 2B ; 35mm银盐
收藏馆：缩微中心，国图

000O021831

皇元风雅前集：十二卷 / (元)傅习辑．后集：
十二卷 / (元)孙存吾辑
清(1644-1911)抄本
1995年摄制. -- 1盘卷片(22米435拍)：
1:10, 2B ; 35mm银盐
收藏馆：缩微中心，南京

000O013878

皇元风雅前集：六卷 / (元)傅习辑．后集：六卷 /
(元)孙存吾辑
日本刻本
1991年摄制. -- 1盘卷片(9米197拍)：1:10,
2B ; 35mm银盐
收藏馆：缩微中心，国图

000O001991

大雅集：八卷 / (元)赖良辑；(元)杨维桢评点
清初(1644-1722)曹氏倦圃抄本
1986年摄制. -- 1盘卷片(8米158拍)：1:10,
2B ; 35mm银盐
收藏馆：缩微中心，国图

000O001198

大雅集：八卷 / (元)赖良辑
清(1644-1911)抄本
1985年摄制. -- 1盘卷片(7米117拍)：1:10,
2B ; 35mm银盐
收藏馆：缩微中心，国图

000O002965

大雅集：八卷 / (元)赖良辑；(元)杨维桢评
清(1644-1911)抄本
1986年摄制. -- 1盘卷片(7米113拍)：1:10,
2B ; 35mm银盐
收藏馆：缩微中心，国图

000O015390

大雅集：八卷 / (元)赖良辑；(元)杨维桢评
清(1644-1911)抄本. -- (清)黄丕烈校。
1992年摄制. -- 1盘卷片(7米96拍)：1:10,
2B ; 35mm银盐
收藏馆：缩微中心，国图

000O018572
大雅集：八卷 / (元)赖良辑；(元)杨维桢评
清(1644-1911)抄本
1993年摄制. -- 1盘卷片(7米104拍)：1:10，2B；35mm银盐
收藏馆：缩微中心，国图

000O020359
大雅集：八卷 / (元)赖良辑；(元)杨维桢评
清(1644-1911)抄本
1994年摄制. -- 1盘卷片(10米175拍)：1:10，2B；35mm银盐
收藏馆：缩微中心，国图

000O022198
大雅集：八卷 / (元)赖良辑；(元)杨维桢评
清(1644-1911)抄本
1995年摄制. -- 1盘卷片(9米150拍)：1:10，2B；35mm银盐
收藏馆：缩微中心，国图

000O013108
圭塘欸乃：一卷 / (元)许有壬[等]撰
清乾隆(1736-1795)抄本
1991年摄制. -- 1盘卷片(5.5米96拍)：1:10，2B；35mm银盐
收藏馆：缩微中心，辽宁

000O002300
圭塘欸乃：一卷 / (元)许有壬[等]撰
清道光四年(1824)东武刘氏味经书屋抄本. -- (清)刘喜海跋。
1986年摄制. -- 1盘卷片(5.5米95拍)：1:10，2B；35mm银盐
收藏馆：缩微中心，国图

000O015156
圭塘欸乃集：一卷 / (元)许有壬[等]撰
清(1644-1911)李氏研录山房抄本
1992年摄制. -- 1盘卷片(6米84拍)：1:10，2B；35mm银盐
收藏馆：缩微中心，国图

000O018559
圭塘欸乃：一卷 / (元)许有壬[等]撰
清(1644-1911)抄本
1993年摄制. -- 1盘卷片(8米125拍)：1:10，2B；35mm银盐
收藏馆：缩微中心，国图

000O024021
圭塘欸乃：二卷 / (元)许有壬[等]撰
清(1644-1911)吴翌凤抄本

1993年摄制. -- 1盘卷片(6米99拍)：1:10，2B；35mm银盐
收藏馆：缩微中心，南京

000O004410
草堂雅集：十三卷 / (元)顾瑛辑
清初(1644-1722)抄本
1986年摄制. -- 1盘卷片(25米560拍)：1:10，2B；35mm银盐
收藏馆：缩微中心，国图

000O018850
草堂雅集：十三卷 / (元)顾瑛辑
清初(1644-1722)抄本. -- 目录配朱文钧抄本。
1994年摄制. -- 1盘卷片(29米589拍)：1:10，2B；35mm银盐
收藏馆：缩微中心，国图

000O004110
草堂雅集：十三卷 / (元)顾瑛辑
清(1644-1911)抄本. -- (清)胡珽跋。
1986年摄制. -- 1盘卷片(25米563拍)：1:10，2B；35mm银盐
收藏馆：缩微中心，国图

000O004431
草堂雅集：十三卷 / (元)顾瑛辑
清(1644-1911)抄本. -- 瞿熙邦校并跋。
1986年摄制. -- 1盘卷片(29米634拍)：1:10，2B；35mm银盐
收藏馆：缩微中心，国图

000O013014
草堂雅集：十三卷 / (元)顾瑛辑
清(1644-1911)抄本
1991年摄制. -- 1盘卷片(30米613拍)：1:10，2B；35mm银盐
收藏馆：缩微中心，国图

000O017978
草堂雅集：十三卷 / (元)顾瑛辑
清(1644-1911)抄本. -- 存三卷：卷十一至卷十三。
1993年摄制. -- 1盘卷片(8米132拍)：1:10，2B；35mm银盐
收藏馆：缩微中心，国图

000O017994
草堂雅集：十三卷 / (元)顾瑛辑
清(1644-1911)抄本. -- (清)翁同龢摹金粟道人小像并跋，(清)孙衣言跋。
1993年摄制. -- 1盘卷片(29米587拍)：

1:10, 2B ；35mm银盐
收藏馆：缩微中心，国图

00O023459
草堂雅集：十三卷 / (元)顾瑛辑
清(1644-1911)抄本
1995年摄制. -- 1盘卷片（30米586拍） :
1:10, 2B ；35mm银盐
收藏馆：缩微中心，国图

00O026846
草堂雅集：十三卷 / (元)顾瑛辑
清(1644-1911)影元(1271-1368)抄本
1996年摄制. -- 1盘卷片（23米509拍） :
1:10, 2B ；35mm银盐
收藏馆：缩微中心，南京

00O018702
草堂雅集：十三卷后四卷 / (元)顾瑛辑
清(1644-1911)抄本. -- 存九卷：卷一至卷
七、后卷一至卷二。
1994年摄制. -- 1盘卷片（18米352拍） :
1:10, 2B ；35mm银盐
收藏馆：缩微中心，国图

00O004686
草堂雅集：十六卷 / (元)顾瑛辑
清(1644-1911)抄本. -- 存五卷：卷一、卷
三、卷六至卷七、卷九，内容与目录不合。
(清)宋宾王校并跋。
1987年摄制. -- 1盘卷片（12.2米256拍） :
1:10, 2B ；35mm银盐
收藏馆：缩微中心，国图

00O008379
草堂雅集：十六卷 / (元)顾瑛辑
清(1644-1911)抄本. -- (清)徐渭仁跋。
1988年摄制. -- 1盘卷片（29米645拍） :
1:10, 2B ；35mm银盐
收藏馆：缩微中心，国图

00O019037
玉山倡和：一卷遗什一卷附录一卷 / (元)顾瑛[等]撰
清(1644-1911)经鉏堂抄本
1994年摄制. -- 1盘卷片（8米130拍） : 1:10,
2B ；35mm银盐
收藏馆：缩微中心，国图

00O004419
玉山倡和：一卷遗什一卷附录一卷 / (元)顾瑛[等]撰
清(1644-1911)抄本

1986年摄制. -- 1盘卷片（7米126拍） : 1:10,
2B ；35mm银盐
收藏馆：缩微中心，国图

00O018856
玉山倡和：二卷遗什二卷 / (元)顾瑛[等]撰 / (元)顾瑛撰
清(1644-1911)经鉏堂抄本
1994年摄制. -- 1盘卷片（8米131拍） : 1:10,
2B ；35mm银盐
收藏馆：缩微中心，国图

00O022102
敦交集：一卷 / (元)魏寿延辑
清(1644-1911)抄本
1995年摄制. -- 1盘卷片（3米19拍） : 1:10,
2B ；35mm银盐
收藏馆：缩微中心，国图

00O025670
敦交集：一卷 / (元)魏寿延辑
清(1644-1911)抄本. -- 本书还装订有：敦交
集补一卷/(清)朱彝尊辑，续补一卷/(清)罗以
智辑。
1996年摄制. -- 1盘卷片（3米38拍） : 1:10,
2B ；35mm银盐
收藏馆：缩微中心，南京

00O022785
荆南倡和诗集：一卷附录一卷 / (元)周砥,(元)马治撰
明(1368-1644)刻本. -- (清)丁丙跋。
1995年摄制. -- 1盘卷片（4米64拍） : 1:10,
2B ；35mm银盐
收藏馆：缩微中心，南京

00O016422
元音：十二卷 / (明)孙原理辑
明初(1368-1424)刻递修本
1993年摄制. -- 1盘卷片（13米230拍） :
1:10, 2B ；35mm银盐
收藏馆：缩微中心，国图

00O005741
元音：十二卷 / (明)孙原理辑
明(1368-1644)抄本
1987年摄制. -- 1盘卷片（13.7米288拍） :
1:10, 2B ；35mm银盐
收藏馆：缩微中心，国图

00O004676
元音：十二卷 / (明)孙原理辑
清(1644-1911)孔继涵抄本. -- (清)孔继涵校

并跋。
1986年摄制. -- 1盘卷片(14米300拍) :
1:10, 2B ; 35mm银盐
收藏馆：缩微中心，国图

00O018817
元音：十二卷 / (明)孙原理辑
清(1644-1911)抄本
1994年摄制. -- 1盘卷片(13米249拍) :
1:10, 2B ; 35mm银盐
收藏馆：缩微中心，国图

00O003427
乾坤清气：十四卷 / (明)偶桓辑
清道光四年(1824)刘氏味经书屋抄本. --
(清)刘喜海跋并题诗。
1986年摄制. -- 1盘卷片(10米203拍) :
1:10, 2B ; 35mm银盐
收藏馆：缩微中心，国图

00O023786
乾坤清气集：十五卷 / (明)偶桓辑
清(1644-1911)抄本
1995年摄制. -- 1盘卷片(20米401拍) :
1:10, 2B ; 35mm银盐
收藏馆：缩微中心，浙江

00O022113
乾坤清气：十五卷 / (明)偶桓辑
清(1644-1911)抄本. -- 存六卷：卷一至卷
六。
1995年摄制. -- 1盘卷片(6米88拍) : 1:10,
2B ; 35mm银盐
收藏馆：缩微中心，国图

00O022216
乾坤清气：十五卷 / (明)偶桓辑
清(1644-1911)抄本
1995年摄制. -- 1盘卷片(17米326拍) :
1:10, 2B ; 35mm银盐
收藏馆：缩微中心，国图

00O025037
元诗体要：十四卷 / (明)宋绪辑
明宣德八年(1433)姚肇刻本. -- 存六卷：卷
一至卷六。
1996年摄制. -- 1盘卷片(9米155拍) : 1:10,
2B ; 35mm银盐
收藏馆：缩微中心，国图

00O004181
元诗体要：十四卷 / (明)宋绪辑
明正德十四年(1519)辽藩朱宠浖刻本

00O018619
元诗体要：十四卷 / (明)宋绪辑
明(1368-1644)抄本
1993年摄制. -- 1盘卷片(17.4米370拍) :
1:10, 2B ; 35mm银盐
收藏馆：缩微中心，重庆

00O013447
元诗体要：十四卷 / (明)宋绪辑
清(1644-1911)释就堂抄本
1991年摄制. -- 1盘卷片(21米413拍) :
1:10, 2B ; 35mm银盐
收藏馆：缩微中心，国图

00O022793
至治之音：一卷
清(1644-1911)黄丕烈抄本. -- (清)丁丙跋。
1995年摄制. -- 1盘卷片(5米76拍) : 1:10,
2B ; 35mm银盐
收藏馆：缩微中心，南京

00O000720
澹游集：三卷 / (明)释来复辑
清(1644-1911)抄本
1985年摄制. -- 1盘卷片(8米155拍) : 1:10,
2B ; 35mm银盐
收藏馆：缩微中心，国图

00O026277
澹游集：二卷 / (明)释来复辑
瞿氏铁琴铜剑楼抄本
1996年摄制. -- 1盘卷片(9米148拍) : 1:10,
2B ; 35mm银盐
收藏馆：缩微中心，国图

00O010253
元诗选：初集九卷二集八卷三集八卷 / (清)顾嗣
立辑
清康熙三十三年(1694)顾氏秀野草堂刻康熙
(1662-1722)续刻本. -- 清康熙三十三年
(1694)刻初集，清康熙四十一年(1702)刻二
集，清康熙五十九年(1720)刻三集。
1989年摄制. -- 6盘卷片(174米3660拍) :
1:10, 2B ; 35mm银盐
收藏馆：缩微中心，湖北

00O007399
元诗选：十卷 / (清)顾嗣立辑
清康熙(1662-1722)刻本

1987年摄制. -- 6盘卷片(164米3683拍) :
1:10, 2B ; 35mm银盐
收藏馆：缩微中心，吉林

000O010766
元诗选：六卷补遗一卷 / (清)顾嗣立辑；(清)陶
瀚,(清)陶玉禾评
清乾隆十六年(1751)刻本
1988年摄制. -- 1盘卷片(16米328拍) :
1:10, 2B ; 35mm银盐
收藏馆：缩微中心，天津

000O016000
元诗选：一卷
清(1644-1911)刘履芬抄本
1993年摄制. -- 1盘卷片(5米66拍) : 1:10,
2B ; 35mm银盐
收藏馆：缩微中心，国图

000O017977
元诗选：不分卷
清(1644-1911)抄本
1993年摄制. -- 1盘卷片(12米218拍) :
1:10, 2B ; 35mm银盐
收藏馆：缩微中心，国图

000O001068
国朝文类：七十卷目录三卷 / (元)苏天爵辑
元至元至正（1335-1368）西湖书院刻明
(1368-1644)重修本. -- (清)朱彝尊题款。
1985年摄制. -- 3盘卷片(76米1684拍) :
1:10, 2B ; 35mm银盐
收藏馆：缩微中心，国图

000O003778
国朝文类：七十卷目录三卷 / (元)苏天爵辑
元至元至正（1335-1368）西湖书院刻明
(1368-1644)重修本
1985年摄制. -- 3盘卷片(75米1672拍) :
1:10, 2B ; 35mm银盐
收藏馆：缩微中心，国图

000O004683
国朝文类：七十卷目录三卷 / (元)苏天爵辑
元至元至正（1335-1368）西湖书院刻明
(1368-1644)重修本. -- 序目、卷一配清
(1644-1911)影元(1271-1368)抄本。吴嘉泰校
并跋。
1987年摄制. -- 3盘卷片(90米1734拍) :
1:10, 2B ; 35mm银盐
收藏馆：缩微中心，国图

000O009446
国朝文类：七十卷目录三卷 / (元)苏天爵辑
元(1271-1368)刘君佐翠严精舍刻本
1987年摄制. -- 2盘卷片(50.6米1118拍) :
1:8, 2B ; 35mm银盐
收藏馆：缩微中心，重庆

000O001519
国朝文类：六十四卷 / (元)苏天爵撰
元(1271-1368)刻本
1986年摄制. -- 1盘卷片(30.1米680拍) :
1:10, 2B ; 35mm银盐
收藏馆：缩微中心，吉林

000O001866
元文类：七十卷目录三卷 / (元)苏天爵辑
明嘉靖十六年(1537)晋藩刻本
1985年摄制. -- 3盘卷片(73.4米1635拍) :
1:10, 2B ; 35mm银盐
收藏馆：缩微中心，国图

000O002206
元文类：七十卷 / (元)苏天爵辑
明嘉靖十六年(1537)晋藩刻本. -- 存六十九
卷：卷二至卷七十。
1986年摄制. -- 3盘卷片(70米1555拍) :
1:10, 2B ; 35mm银盐
收藏馆：缩微中心，国图

000O007531
元文类：七十卷目录三卷 / (元)苏天爵辑
明嘉靖十六年(1537)晋藩刻递修本
1987年摄制. -- 3盘卷片(75米1654拍) :
1:10, 2B ; 35mm银盐
收藏馆：缩微中心，国图

000O000737
元文类：七十卷目录三卷 / (元)苏天爵辑
明末(1621-1644)修德堂刻本. -- (清)钱泰吉
批校并跋，(清)唐仁寿校。
1985年摄制. -- 3盘卷片(76.8米1712拍) :
1:10, 2B ; 35mm银盐
收藏馆：缩微中心，国图

000O000045
元文类：七十卷目录三卷 / (元)苏天爵辑
明末(1621-1644)修德堂刻本
1986年摄制. -- 3盘卷片(80.9米1748拍) :
1:10, 2B ; 35mm银盐
收藏馆：缩微中心，山西

000O021087
元文类删：四卷 / (明)张溥辑并评

明(1368-1644)段君定刻本
1994年摄制. -- 1盘卷片(13米247拍) :
1:10, 2B ; 35mm银盐
收藏馆：缩微中心，国图

000O022400
天下同文前甲集：五十卷 / (元)周南瑞辑
清康熙四十二年(1703)马思赞抄本. -- 存
四十八卷：卷一至卷十六、卷十九至卷五十。
(清)马思赞跋。
1995年摄制. -- 1盘卷片(8米128拍) : 1:10,
2B ; 35mm银盐
收藏馆：缩微中心，国图

000O008588
吴氏丛书堂外集：不分卷 / (明)吴宽辑
明(1368-1644)稿本. -- (明)吴家桢跋。
1988年摄制. -- 1盘卷片(9米164拍) : 1:10,
2B ; 35mm银盐
收藏馆：缩微中心，国图

000O013357
琼瑰录：二卷 / (明)李璧辑
明嘉靖元年(1522)李璧刻本
1991年摄制. -- 1盘卷片(3米17拍) : 1:10,
2B ; 35mm银盐
收藏馆：缩微中心，国图

000O003447
丽泽录：二十四卷 / (明)朱□□辑
明嘉靖三十六年(1557)朱氏玄畅新馆刻本
1986年摄制. -- 1盘卷片(20.8米461拍) :
1:10, 2B ; 35mm银盐
收藏馆：缩微中心，国图

000O015305
祁门金吾谢氏仲宗文集：一卷吟集一卷
明(1368-1644)抄本
1992年摄制. -- 1盘卷片(6米94拍) : 1:10,
2B ; 35mm银盐
收藏馆：缩微中心，国图

000O018516
祁门金吾谢氏仲宗文集：一卷诗集一卷
明(1368-1644)抄本
1993年摄制. -- 1盘卷片(6米87拍) : 1:10,
2B ; 35mm银盐
收藏馆：缩微中心，国图

000O020485
白岳游稿：一卷 / (明)沈明臣,(明)吴守淮撰
明(1368-1644)刻本
1994年摄制. -- 1盘卷片(3米21拍) : 1:10,

2B ; 35mm银盐
收藏馆：缩微中心，国图

000O014259
兰媜朱宗伯汇选当代名公鸿笔百寿类函释注：
八卷 / (明)徐榛,(明)吴明郊撰
明万历四十三年(1615)王世茂车书楼刻本
1992年摄制. -- 1盘卷片(31米594拍) :
1:10, 2B ; 35mm银盐
收藏馆：缩微中心，国图

000O006371
同时尚论录：十六卷 / (明)蔡士顺辑
明崇祯(1628-1644)刻本
1987年摄制. -- 2盘卷片(47米1006拍) :
1:10, 2B ; 35mm银盐
收藏馆：缩微中心，国图

000O020198
同时尚论录：十六卷 / (明)蔡士顺辑
清(1644-1911)李文田抄本. -- (清)李文田校
注。
1994年摄制. -- 2盘卷片(49米1031拍) :
1:10, 2B ; 35mm银盐
收藏馆：缩微中心，国图

000O022190
皇明朝野记录：□□卷
明(1368-1644)抄本. -- 存二十二卷。
1995年摄制. -- 1盘卷片(27米541拍) :
1:10, 2B ; 35mm银盐
收藏馆：缩微中心，国图

000O018133
[明人诗文选集]：一卷 / (清)王化洽辑
清(1644-1911)稿本. -- 书名代拟。
1993年摄制. -- 1盘卷片(5米62拍) : 1:10,
2B ; 35mm银盐
收藏馆：缩微中心，山东

000O008301
明诗选：十二卷首一卷 / (明)李攀龙辑；(明)陈
子龙增删
明崇祯(1628-1644)豹变斋刻本
1988年摄制. -- 1盘卷片(23米477拍) :
1:10, 2B ; 35mm银盐
收藏馆：缩微中心，山东

000O026084
明诗摘钞：四卷
明万历十八年(1590)范玉雪刻本
1992年摄制. -- 1盘卷片(10.5米210拍) :
1:10, 2B ; 35mm银盐

收藏馆：缩微中心，北碚

000O009939
皇明诗选：七卷 / (明)慎蒙辑
明万历(1573-1620)刻本
1988年摄制. -- 1盘卷片（20米440拍）：
1:10，2B；35mm银盐
收藏馆：缩微中心，天津

000O002861
批点明诗七言律：十二卷 / (明)穆文熙辑并批
明万历九年(1581)刘怀恕刻本
1986年摄制. -- 1盘卷片（19米420拍）：
1:10，2B；35mm银盐
收藏馆：缩微中心，国图

000O020205
明诗正声：六十卷 / (明)卢纯学辑
明万历十九年(1591)江一夔刻本
1994年摄制. -- 2盘卷片（64米1228拍）：
1:10，2B；35mm银盐
收藏馆：缩微中心，国图

000O010736
皇明诗统：四十二卷 / (明)李腾鹏辑
明万历十九年(1591)刻本. -- 有补版，本书
卷一第五十四页、五十五页、五十七至五十九
页颠倒，卷十二第三十页、三十一页颠倒，
卷十七第十九页、二十页颠倒，卷三十三第
二十二页页码错，卷三十四第五十三页、
五十四页颠倒，卷三十九第六十一页页码重，
卷四十第二十一页、二十二页颠倒。(明)王度
等校。
1988年摄制. -- 5盘卷片（148米3244拍）：
1:10，2B；35mm银盐
收藏馆：缩微中心，天津

000O018456
皇明诗统：四十二卷 / (明)李腾鹏辑
明万历(1573-1620)刻崇祯八年(1635)孟兆祥
重修本. -- 缺一卷：卷三。
1993年摄制. -- 5盘卷片（146米2948拍）：
1:10，2B；35mm银盐
收藏馆：缩微中心，国图

000O016856
盛明百家诗选：三十四卷首一卷 / (明)朱之蕃辑
明万历(1573-1620)周时泰刻本
1993年摄制. -- 3盘卷片（87米1854拍）：
1:10，2B；35mm银盐
收藏馆：缩微中心，国图

000O005111
雅颂正音：五卷 / (明)刘仔肩辑
明洪武三年(1370)王举直刻本
1986年摄制. -- 1盘卷片（5.9米101拍）：
1:10，2B；35mm银盐
收藏馆：缩微中心，国图

000O019987
雅颂正音：五卷 / (明)刘仔肩辑
明洪武三年(1370)王举直刻本. -- 四库底
本。
1994年摄制. -- 1盘卷片（7米115拍）：1:10，
2B；35mm银盐
收藏馆：缩微中心，国图

000O023458
弘正诗抄：十卷 / (明)杨□辑
明嘉靖三十六年(1557)曹忭刻本
1995年摄制. -- 1盘卷片（12米224拍）：
1:10，2B；35mm银盐
收藏馆：缩微中心，国图

000O023445
友雅：三卷 / (明)朱多炤辑
明隆庆三年(1569)依隐亭刻本
1995年摄制. -- 1盘卷片（6米76拍）：1:10，
2B；35mm银盐
收藏馆：缩微中心，国图

000O015582
题赠录：□□卷 / (明)朱拱榣辑
明嘉靖(1522-1566)刻本. -- 存十五卷：卷一
至卷六、卷八至卷十六。
1992年摄制. -- 1盘卷片（8米136拍）：1:10，
2B；35mm银盐
收藏馆：缩微中心，国图

000O016841
奏雅世业：二卷 / (明)来日升,(明)来集之撰
清初(1644-1722)来氏倘湖小筑刻本
1993年摄制. -- 1盘卷片（9米159拍）：1:10，
2B；35mm银盐
收藏馆：缩微中心，国图

000O009416
皇明诗选：十三卷 / (明)陈子龙[等]辑
明崇祯十六年(1643)刻本
1988年摄制. -- 1盘卷片（23.2米505拍）：
1:9，2B；35mm银盐
收藏馆：缩微中心，重庆

000O021049
皇明诗选：十三卷 / (明)李雯,(明)宋征舆辑

明崇祯十六年(1643)蒋复贞刻本
1994年摄制. -- 1盘卷片(24米476拍) :
1:10, 2B ; 35mm银盐
收藏馆: 缩微中心, 国图

000O022200
金兰集: 四卷补录一卷 / (明)徐达左辑
清(1644-1911)钱氏萃古斋抄本
1995年摄制. -- 1盘卷片(5米73拍) : 1:10,
2B ; 35mm银盐
收藏馆: 缩微中心, 国图

000O008697
金兰集: 三卷耕渔轩遗书一卷 / (明)徐达左辑 .
续集: 一卷 / (清)徐坚辑
清乾隆二十四年至二十五年(1759-1760)徐坚
浒溪草堂刻本
1987年摄制. -- 1盘卷片(8.5米165拍) :
1:9, 2B ; 35mm银盐
收藏馆: 缩微中心, 重庆

000O024267
沧海遗珠: 四卷
明成化十三年(1477)陈琛江西刻本. -- 四库
底本。
1996年摄制. -- 1盘卷片(5米88拍) : 1:10,
2B ; 35mm银盐
收藏馆: 缩微中心, 安徽

000O022114
沧海遗珠: 四卷
清(1644-1911)云谷山房抄本
1995年摄制. -- 1盘卷片(6米83拍) : 1:10,
2B ; 35mm银盐
收藏馆: 缩微中心, 国图

000O000328
士林诗选: 二卷 / (明)怀悦辑
明天顺五年(1461)怀悦刻本
1985年摄制. -- 1盘卷片(10.5米212拍) :
1:10, 2B ; 35mm银盐
收藏馆: 缩微中心, 国图

000O006505
皇明风雅: 四十卷 / (明)徐泰辑
明嘉靖十二年(1533)张沂刻本
1987年摄制. -- 1盘卷片(20米426拍) :
1:10, 2B ; 35mm银盐
收藏馆: 缩微中心, 国图

000O006512
皇明风雅: 四十卷 / (明)徐泰辑
明嘉靖十二年(1533)张沂刻本

1987年摄制. -- 1盘卷片(20米444拍) :
1:10, 2B ; 35mm银盐
收藏馆: 缩微中心, 国图

000O020411
皇明风雅: 四十卷 / (明)徐泰辑
明嘉靖十二年(1533)张沂刻本
1994年摄制. -- 1盘卷片(20米386拍) :
1:10, 2B ; 35mm银盐
收藏馆: 缩微中心, 国图

000O015634
明音类选: 十二卷 / (明)黎民表辑
明嘉靖三十七年(1558)潘光统刻本
1993年摄制. -- 1盘卷片(22米437拍) :
1:10, 2B ; 35mm银盐
收藏馆: 缩微中心, 国图

000O007328
国雅: 二十卷续四卷 / (明)顾起纶辑 . 国雅品:
一卷 / (明)顾起纶撰
明万历元年(1573)顾氏奇字斋刻本
1987年摄制. -- 2盘卷片(40米860拍) :
1:10, 2B ; 35mm银盐
收藏馆: 缩微中心, 国图

000O017990
国雅: 二十卷续四卷 / (明)顾起纶辑 . 国雅品:
一卷 / (明)顾起纶撰
明万历元年(1573)顾氏奇字斋刻本
1993年摄制. -- 2盘卷片(40米770拍) :
1:10, 2B ; 35mm银盐
收藏馆: 缩微中心, 国图

000O026034
皇明律范: 二十三卷 / (明)郭元极辑
明(1368-1644)刻本
1993年摄制. -- 2盘卷片(46米973拍) :
1:10, 2B ; 35mm银盐
收藏馆: 缩微中心, 南京

000O028004
国朝名公诗选: 十二卷 / (明)陈继儒辑 ; (明)陈
元素注
明天启元年(1621)刻本
1996年摄制. -- 1盘卷片(30米682拍) :
1:10, 2B ; 35mm银盐
收藏馆: 缩微中心, 南京

000O024928
明诗选最: 八卷 / (明)华淑辑
明(1368-1644)刻本
1996年摄制. -- 1盘卷片(18米374拍) :

1:10, 2B ; 35mm银盐
收藏馆：缩微中心，南京

00O023775
明诗选：八卷续七卷 / (明)周诗雅辑
明崇祯元年(1628)碧斋刻本
1995年摄制. -- 2盘卷片(38米752拍) :
1:10, 2B ; 35mm银盐
收藏馆：缩微中心，浙江

00O001688
明诗选：不分卷 / (清)钱谦益辑
清(1644-1911)稿本. -- (清)蒋凤藻、(清)翁
同龢跋。
1986年摄制. -- 1盘卷片(11米220拍) :
1:10, 2B ; 35mm银盐
收藏馆：缩微中心，国图

00O013427
明僧弘秀集：十三卷 / (明)毛晋辑
明崇祯十六年(1643)毛氏汲古阁刻本
1991年摄制. -- 1盘卷片(28米566拍) :
1:10, 2B ; 35mm银盐
收藏馆：缩微中心，国图

00O027736
顺则集：八卷 / (明)程文潞辑
明(1368-1644)刻本
1997年摄制. -- 1盘卷片(10米169拍) :
1:10, 2B ; 35mm银盐
收藏馆：缩微中心，国图

00O026847
明诗十二家：十二卷 / (明)李心学辑
明(1368-1644)劳堪刻本. -- 存八卷：卷一至
卷八。
1996年摄制. -- 1盘卷片(9米172拍) : 1:10,
2B ; 35mm银盐
收藏馆：缩微中心，南京

00O002054
盛明十二家诗选：十二卷 / (明)朱翊鈏辑并批点
明万历十三年(1585)益藩刻本
1986年摄制. -- 1盘卷片(26米588拍) :
1:10, 2B ; 35mm银盐
收藏馆：缩微中心，国图

00O018724
镌翰林考正国朝七子诗集注解：七卷 / (明)李攀龙[等]撰；(明)李廷机考正
明万历二十二年(1594)郑云竹宗文书舍刻
本. -- 撰者还有：(明)王世贞。
1994年摄制. -- 1盘卷片(8米137拍) : 1:10,

2B ; 35mm银盐
收藏馆：缩微中心，国图

00O019115
镌翰林考正国朝七子诗集注解：七卷 / (明)李攀龙[等]撰；(明)李廷机考正
明(1368-1644)刻本. -- 撰者还有：(明)王世贞。
1994年摄制. -- 1盘卷片(9米146拍) : 1:10,
2B ; 35mm银盐
收藏馆：缩微中心，国图

00O028278
新镌翰林考正国朝七子注释诗选：七卷 / (明)李攀龙[等]撰
明(1368-1644)刻本. -- 撰者还有：(明)王世贞等。
1997年摄制. -- 1盘卷片(14米301拍) :
1:10, 2B ; 35mm银盐
收藏馆：缩微中心，河南

00O001359
女中七才子兰咳集：五卷 / (明)周之标辑
明末(1621-1644)周之标刻本
1985年摄制. -- 1盘卷片(5.4米90拍) :
1:10, 2B ; 35mm银盐
收藏馆：缩微中心，国图

00O023701
新刊名山百咏诗：二卷 / (明)李瑛,(明)徐霖撰
明弘治十三年(1500)崇明院前叶宅刻本
1995年摄制. -- 1盘卷片(5米84拍) : 1:10,
2B ; 35mm银盐
收藏馆：缩微中心，浙江

00O028040
辕门十咏：二卷 / (明)朱成[等]撰
明崇祯(1628-1644)安国贤刻本
1996年摄制. -- 1盘卷片(4.8米75拍) :
1:10, 2B ; 35mm银盐
收藏馆：缩微中心，福建

00O000119
瞿氏二亲挽诗：一卷 / (明)瞿迪[等]辑
明景泰(1450-1456)刻本
1985年摄制. -- 1盘卷片(4米56拍) : 1:10,
2B ; 35mm银盐
收藏馆：缩微中心，国图

00O019795
宗室孝行诗：一卷
明弘治十四年(1501)刻本
1994年摄制. -- 1盘卷片(5米53拍) : 1:10,

2B ；35mm银盐
收藏馆：缩微中心，国图

000O023782

振鹭集：一卷 / (明)陈镐辑

明正德元年(1506)刻本
1995年摄制. -- 1盘卷片(4米46拍) ： 1:10,
2B ；35mm银盐
收藏馆：缩微中心，浙江

000O020552

振鹭集：一卷 / (明)陈镐辑

明(1368-1644)刻本
1995年摄制. -- 1盘卷片(4米45拍) ： 1:10,
2B ；35mm银盐
收藏馆：缩微中心，烟台

000O025714

落花诗：一卷 / (明)沈周[等]撰

明万历三十七年(1609)刻本. -- 撰者还有：
(明)李化龙等。
1996年摄制. -- 1盘卷片(5米100拍) ： 1:10,
2B ；35mm银盐
收藏馆：缩微中心，河南

000O015949

小瀛洲十老社诗：六卷 / (明)钱孺穀,(明)钟祖述辑

清初(1644-1722)刻本. -- 附：小传一卷/(明)
钱孺穀撰。
1993年摄制. -- 1盘卷片(8米125拍) ： 1:10,
2B ；35mm银盐
收藏馆：缩微中心，国图

000O031155

小瀛洲十老社诗：六卷 / (明)钱孺穀,(明)钟祖述辑

清初(1644-1722)刻本. -- 附：小传一卷/(明)
钱孺穀撰。
2004年摄制. -- 1盘卷片(8米140拍) ： 1:10,
2B ；35mm银盐
收藏馆：缩微中心，国图

000O003454

归桃花岭诗集：六卷；桃花岭集：七卷 / (明)杨巍辑

明万历(1573-1620)刻本
1986年摄制. -- 1盘卷片(9米168拍) ： 1:10,
2B ；35mm银盐
收藏馆：缩微中心，国图

000O017101

归桃花岭诗集：六卷 / (明)杨巍辑

明万历二十二年(1594)杨氏家塾刻本. -- 存
五卷：卷一至卷五。
1993年摄制. -- 1盘卷片(4米36拍) ： 1:10,
2B ；35mm银盐
收藏馆：缩微中心，国图

000O014268

游嵩集：一卷 / (明)乔宇,(明)薛蕙撰

明嘉靖二十二年(1543)薛蕙刻本
1992年摄制. -- 1盘卷片(3米26拍) ： 1:10,
2B ；35mm银盐
收藏馆：缩微中心，国图

000O017501

联句私抄：四卷 / (明)毛纪辑

明嘉靖(1522-1566)刻本
1993年摄制. -- 1盘卷片(5米59拍) ： 1:10,
2B ；35mm银盐
收藏馆：缩微中心，国图

000O000208

骚坛白战录：一卷 / (明)司马泰辑

清(1644-1911)劳氏丹铅精舍抄本. -- (清)劳
格校并跋。
1985年摄制. -- 1盘卷片(2.8米28拍) ：
1:10, 2B ；35mm银盐
收藏馆：缩微中心，国图

000O005419

南明纪游诗：一卷 / (明)黄中[等]撰

明嘉靖三十三年(1554)章士元刻蓝印本
1986年摄制. -- 1盘卷片(2.5米26拍) ：
1:10, 2B ；35mm银盐
收藏馆：缩微中心，国图

000O019069

二仲诗：二卷 / (明)汪道贯,(明)汪道会撰

清康熙(1662-1722)五世读书园刻本
1994年摄制. -- 1盘卷片(7米162拍) ： 1:10,
2B ；35mm银盐
收藏馆：缩微中心，国图

000O006503

志姜堂赠言：一卷 / (明)周有科[等]辑

明万历(1573-1620)刻本
1987年摄制. -- 1盘卷片(4米53拍) ： 1:10,
2B ；35mm银盐
收藏馆：缩微中心，国图

000O016746

海国宣威图题咏：一卷 / (明)刘一龙,(明)丘一龙撰

明(1368-1644)抄本

1993年摄制. -- 1盘卷片(4米35拍) : 1:10,
2B ; 35mm银盐
收藏馆：缩微中心，国图

00O017677
泛舟诗：一卷 / (明)汪道会辑
明万历八年(1580)汪道会刻本
1993年摄制. -- 1盘卷片(3米29拍) : 1:10,
2B ; 35mm银盐
收藏馆：缩微中心，国图

00O017961
壬辰四友二老诗赞：不分卷 / (明)毕自严辑
明崇祯五年(1632)毕自严刻本
1993年摄制. -- 1盘卷片(4米45拍) : 1:10,
2B ; 35mm银盐
收藏馆：缩微中心，国图

00O019108
壬辰四友二老诗赞：不分卷 / (明)毕自严辑
明崇祯五年(1632)毕自严刻本
1994年摄制. -- 1盘卷片(4米45拍) : 1:10,
2B ; 35mm银盐
收藏馆：缩微中心，国图

00O010171
明诗存：不分卷 / (明)曹学佺辑
明(1368-1644)稿本
1989年摄制. -- 3盘卷片(67米1406拍) :
1:10, 2B ; 35mm银盐
收藏馆：缩微中心，山东

00O012876
海岳灵秀集：二十二卷 / (明)朱观㲹辑
明隆庆(1567-1572)鲁藩承训书院刻本
1990年摄制. -- 1盘卷片(20.8米460拍) :
1:10, 2B ; 35mm银盐
收藏馆：缩微中心，辽宁

00O013692
紫芝社稿：二卷 / (明)汪猷芳,(明)汪迟芳撰
明(1368-1644)刻本
1991年摄制. -- 1盘卷片(5米52拍) : 1:10,
2B ; 35mm银盐
收藏馆：缩微中心，国图

00O008782
缉玉录：五卷 / (明)傅振商辑并评
明万历四十七年(1619)刻本
1988年摄制. -- 1盘卷片(19.5米419拍) :
1:11, 2B ; 35mm银盐
收藏馆：缩微中心，重庆

00O016861
奕园杂咏：一卷；奕园史：一卷 / (明)孙光宗辑
明万历(1573-1620)刻本
1993年摄制. -- 1盘卷片(11米204拍) :
1:10, 2B ; 35mm银盐
收藏馆：缩微中心，国图

00O018019
寒山蔓草：十卷 / (明)赵宧光撰
明(1368-1644)刻本. -- 存四卷：卷一至卷
四。
1993年摄制. -- 1盘卷片(5米76拍) : 1:10,
2B ; 35mm银盐
收藏馆：缩微中心，国图

00O013292
洞庭唱和：四卷 / (明)杨文骢,(明)邢昉撰
明崇祯(1628-1644)刻本
1991年摄制. -- 1盘卷片(8米142拍) : 1:10,
2B ; 35mm银盐
收藏馆：缩微中心，湖北

00O015247
耦园图咏：不分卷 / (明)来复辑
明天启(1621-1627)刻本
1992年摄制. -- 1盘卷片(5米59拍) : 1:10,
2B ; 35mm银盐
收藏馆：缩微中心，国图

00O013825
皇明七山人诗集：七卷 / (明)刘必达辑
明天启五年(1625)刘必达刻本
1992年摄制. -- 1盘卷片(6米96拍) : 1:10,
2B ; 35mm银盐
收藏馆：缩微中心，国图

00O020182
明诗平论二集：二十卷 / (明)朱隗辑
清初(1644-1722)刻本
1994年摄制. -- 1盘卷片(25米507拍) :
1:10, 2B ; 35mm银盐
收藏馆：缩微中心，国图

00O031254
明诗平论二集：二十卷 / (明)朱隗辑
清初(1644-1722)刻本
2004年摄制. -- 1盘卷片(26米555拍) : 1:9,
2B ; 35mm银盐
收藏馆：缩微中心，国图

00O024815
汇刻瑞花诗集：二卷 / (明)冯孚之辑
明崇祯元年(1628)冯孚之刻本

1995年摄制. -- 1盘卷片(8米139拍) : 1:10,
2B ; 35mm银盐
收藏馆：缩微中心，浙江

000O023464

无雩社草：一卷 / (明)朱国佐辑
明崇祯(1628-1644)异撰堂刻本
1995年摄制. -- 1盘卷片(5米54拍) : 1:10,
2B ; 35mm银盐
收藏馆：缩微中心，国图

000O023784

萍社诗选：八卷 / (明)徐郴臣辑
明崇祯十年(1637)刻本
1995年摄制. -- 1盘卷片(11米200拍) :
1:10, 2B ; 35mm银盐
收藏馆：缩微中心，浙江

000O020277

**三子新诗合稿：九卷 / (明)陈子龙,(明)李雯,(明)
宋征舆撰 ; (明)夏完淳辑**
明末(1621-1644)刻本
1994年摄制. -- 1盘卷片(16米259拍) :
1:10, 2B ; 35mm银盐
收藏馆：缩微中心，国图

000O009390

**三子新诗合稿：九卷 / (明)陈子龙,(明)李雯,(明)
宋征舆撰**
清顺治(1644-1661)抄本
1988年摄制. -- 1盘卷片(14米271拍) :
1:10, 2B ; 35mm银盐
收藏馆：缩微中心，安陆

000O018532

东池诗集：五卷 / (明)张隽[等]撰
清初(1644-1722)抄本. -- 撰者还有：(明)陈
忱等。
1993年摄制. -- 1盘卷片(3米29拍) : 1:10,
2B ; 35mm银盐
收藏馆：缩微中心，国图

000O026988

连香集：五卷 / (明)彭日贞辑
清乾隆三十年(1765)西城草堂刻本
1997年摄制. -- 1盘卷片(9米140拍) : 1:10,
2B ; 35mm银盐
收藏馆：缩微中心，国图

000O014180

皇华集：五卷 / (明)华察,(明)薛廷宠辑
明(1368-1644)抄本
1992年摄制. -- 1盘卷片(13米246拍) :

1:10, 2B ; 35mm银盐
收藏馆：缩微中心，国图

000O019716

皇华集：不分卷 / (明)陈鉴[等]撰
朝鲜铜活字印本. -- 撰者还有：(明)高闰
等。
1994年摄制. -- 1盘卷片(5米76拍) : 1:10,
2B ; 35mm银盐
收藏馆：缩微中心，国图

000O014928

皇华集：二卷 / (明)韩世能[等]撰
朝鲜铜活字印本. -- 撰者还有：(明)陈三谟
等。
1992年摄制. -- 1盘卷片(6米84拍) : 1:10,
2B ; 35mm银盐
收藏馆：缩微中心，国图

000O015066

**列朝诗集 ：乾集二卷甲集前编十一卷甲集
二十二卷乙集八卷丙集十六卷丁集十六卷闰集
六卷 / (清)钱谦益辑**
清顺治九年(1652)毛晋刻本. -- (明)毛晋、
(清)陆贻典校。
1992年摄制. -- 5盘卷片(149米3079拍) :
1:10, 2B ; 35mm银盐
收藏馆：缩微中心，国图

000O010317

明诗归：八卷 / (清)程如婴,(清)朱衣辑
清顺治(1644-1661)刻本
1989年摄制. -- 2盘卷片(54米1131拍) :
1:10, 2B ; 35mm银盐
收藏馆：缩微中心，湖北

000O010769

**明诗综：一百卷 / (清)朱彝尊辑 ; (清)汪森[等]辑
评**
清乾隆(1736-1795)刻本
1988年摄制. -- 5盘卷片(131米2916拍) :
1:10, 2B ; 35mm银盐
收藏馆：缩微中心，天津

000O010264

明诗综：一百卷 / (清)朱彝尊辑
清康熙四十四年(1705)六峰阁刻本
1989年摄制. -- 5盘卷片(133.5米2888拍) :
1:10, 2B ; 35mm银盐
收藏馆：缩微中心，湖北

000O011088

明诗综诗话：不分卷 / (清)朱彝尊辑

清乾隆四年(1739)江潇行书抄本
1989年摄制. -- 2盘卷片(47米941拍) :
1:10, 2B ; 35mm银盐
收藏馆:缩微中心, 天津

000O028068
广明诗汇选:二卷;明诗续选:一卷;响山堂集
快笔:一卷 / (清)黄简辑
清(1644-1911)抄本
1997年摄制. -- 1盘卷片(7.8米140拍) :
1:10, 2B ; 35mm银盐
收藏馆:缩微中心, 福建

000O025709
明诗百三十名家集抄:二十四卷 / (清)王企埥辑
清康熙六十一年(1722)刻本
1996年摄制. -- 4盘卷片(110米2443拍) :
1:10, 2B ; 35mm银盐
收藏馆:缩微中心, 河南

000O026527
明诗去浮:四卷 / (清)施何牧辑
清康熙(1662-1722)施氏临霞轩刻本
1997年摄制. -- 1盘卷片(10米182拍) :
1:10, 2B ; 35mm银盐
收藏馆:缩微中心, 国图

000O010805
名家诗永:十六卷 / (清)王尔纲辑;(清)郎逯参
订
清康熙(1662-1722)砌玉轩刻本
1988年摄制. -- 1盘卷片(32米727拍) :
1:10, 2B ; 35mm银盐
收藏馆:缩微中心, 天津

000O013552
遗民诗 / 十二卷 / (清)卓尔堪辑. 近青堂诗:一
卷 / (清)卓尔堪撰
清康熙(1662-1722)近青堂刻本
1991年摄制. -- 2盘卷片(38米744拍) :
1:10, 2B ; 35mm银盐
收藏馆:缩微中心, 浙江

000O027602
遗民诗 / 十二卷 / (清)卓尔堪辑. 近青堂诗:一
卷 / (清)卓尔堪撰
清康熙(1662-1722)刻本
1997年摄制. -- 1盘卷片(30米613拍) :
1:10, 2B ; 35mm银盐
收藏馆:缩微中心, 国图

000O008003
明诗别裁集:十二卷 / (清)沈德潜,(清)周准辑

清乾隆四年(1739)刻本
1988年摄制. -- 1盘卷片(17米344拍) :
1:10, 2B ; 35mm银盐
收藏馆:缩微中心, 山东

000O008002
明人诗钞续集:十四卷 / (清)朱琰辑
清乾隆二十五年(1760)樊桐山房刻本
1988年摄制. -- 1盘卷片(21米390拍) :
1:10, 2B ; 35mm银盐
收藏馆:缩微中心, 山东

000O017239
明人诗钞:正集十四卷续集十四卷 / (清)朱琰辑
清乾隆二十五年(1760)樊桐山房刻本. -- 钤
"桐乡张氏珠村草堂珍藏张千里读"印。(清)
张千里题识。
1993年摄制. -- 1盘卷片(32米695拍) :
1:10, 2B ; 35mm银盐
收藏馆:缩微中心, 天津

000O008996
明诗百一钞:十二卷 / (清)郭其炳辑
清乾隆三十四年(1769)刻本
1988年摄制. -- 1盘卷片(27米485拍) :
1:10, 2B ; 35mm银盐
收藏馆:缩微中心, 湖北

000O009054
闲情集:六卷 / (清)顾有孝辑
清康熙九年(1670)刻本
1988年摄制. -- 1盘卷片(14米266拍) :
1:10, 2B ; 35mm银盐
收藏馆:缩微中心, 湖北

000O021113
闲情集:六卷 / (清)顾有孝辑;(清)陆世楷增辑
清康熙(1662-1722)刻本
1994年摄制. -- 1盘卷片(13米244拍) :
1:10, 2B ; 35mm银盐
收藏馆:缩微中心, 国图

000O009036
藜照楼明二十四家诗定:二十四卷 / (清)黄昌衢
辑
清康熙二十八年(1689)藜照楼刻本
1988年摄制. -- 2盘卷片(42.5米892拍) :
1:10, 2B ; 35mm银盐
收藏馆:缩微中心, 湖北

000O009024
九大家诗选:十二卷 / (清)陈荚,(清)李昂枝辑并
评

清顺治十七年(1660)李德舜刻本
1988年摄制. -- 1盘卷片(24米531拍) :
1:10，2B ；35mm银盐
收藏馆：缩微中心，湖北

000O026435
明三十家诗选：初集八卷二集八卷 / (清)汪端辑
清道光二年(1822)汪端自然好学斋刻本
1993年摄制. -- 2盘卷片(31米729拍) :
1:10，2B ；35mm银盐
收藏馆：缩微中心，哈尔滨

000O010968
钟谭诗选：不分卷 / (明)钟惺,(明)谭元春撰；
(清)夏官,(清)郑星选
清顺治三年(1646)刻本
1989年摄制. -- 1盘卷片(7米118拍) : 1:10,
2B ；35mm银盐
收藏馆：缩微中心，湖北

000O008603
怀旧集：二卷 / (清)冯舒辑
清顺治四年(1647)冯舒刻本. -- (清)叶万
跋.
1988年摄制. -- 1盘卷片(4米63拍) : 1:10,
2B ；35mm银盐
收藏馆：缩微中心，国图

000O002131
怀旧集：二卷 / (清)冯舒辑
清光绪三年(1877)吴县潘祖荫刻滂喜斋丛书
本. -- (清)翁同龢批点并跋.
1986年摄制. -- 1盘卷片(5米71拍) : 1:10,
2B ；35mm银盐
收藏馆：缩微中心，国图

000O006639
怀旧集：二卷 / (清)冯舒辑
清(1644-1911)苹花水阁抄本
1987年摄制. -- 1盘卷片(5米81拍) : 1:10,
2B ；35mm银盐
收藏馆：缩微中心，国图

000O024149
怀旧集：二卷 / (清)冯舒辑
清(1644-1911)抄本. -- (清)丁秉衡跋。
1996年摄制. -- 1盘卷片(5米80拍) : 1:10,
2B ；35mm银盐
收藏馆：缩微中心，湖北

000O007237
怀旧集：一卷 / (清)冯舒辑
清(1644-1911)抄本

1987年摄制. -- 1盘卷片(4米44拍) : 1:10,
2B ；35mm银盐
收藏馆：缩微中心，国图

000O006817
养疾唱和诗：二卷 / (明)归庄[等]撰
明(1368-1644)稿本
1987年摄制. -- 1盘卷片(7.8米147拍) :
1:10，2B ；35mm银盐
收藏馆：缩微中心，国图

000O025890
念修堂七言诗选：不分卷
清(1644-1911)抄本. -- (清)丁丙校读。
1996年摄制. -- 1盘卷片(25米508拍) :
1:10，2B ；35mm银盐
收藏馆：缩微中心，浙江

000O021023
七曲吟社闺媛：一卷 / (日)鲈松塘辑
日本明治十年(1877)鲈松塘刻本
1994年摄制. -- 1盘卷片(3米28拍) : 1:10,
2B ；35mm银盐
收藏馆：缩微中心，国图

000O009017
四六徽音集前集：四卷 / (明)冯梦祯辑评；(明)
钟万禄校后集：四卷 / (明)阎士选辑评；(明)许
以忠校
明(1368-1644)刻本
1988年摄制. -- 1盘卷片(15米257拍) :
1:10，2B ；35mm银盐
收藏馆：缩微中心，湖北

000O021317
岳石帆先生鉴定四六宙函：三十卷 / (明)李自荣
辑；(明)王世茂注
明天启六年(1626)蒋时机刻本
1994年摄制. -- 2盘卷片(65米1380拍) :
1:10，2B ；35mm银盐
收藏馆：缩微中心，甘肃

000O009398
岳石帆先生鉴定四六宙函：三十卷 / (明)李自荣
辑；(明)曹可明选；(明)王世茂注
明天启六年(1626)刻本
1988年摄制. -- 3盘卷片(66米1385拍) :
1:10，2B ；35mm银盐
收藏馆：缩微中心，湖北

000O009502
车书楼汇辑旁注当代名公四六瑶函：六卷首一
卷 / (明)朱锦辑

明万历四十七年(1619)金陵张少吾刻本
1987年摄制. -- 1盘卷片(23.5米512拍) :
1:8, 2B ; 35mm银盐
收藏馆: 缩微中心, 重庆

000O009944

恕铭先生汇选当代名公四六新函: 十二卷品级
人物一卷 / (明)许以忠[等]注
明(1368-1644)刻本
1989年摄制. -- 1盘卷片(20米443拍) :
1:10, 2B ; 35mm银盐
收藏馆: 缩微中心, 天津

000O008724

车书楼汇辑各名公四六争奇: 八卷 / (明)许以忠
辑
明万历四十八年(1620)刻本
1988年摄制. -- 1盘卷片(19米408拍) :
1:10, 2B ; 35mm银盐
收藏馆: 缩微中心, 重庆

000O013585

车书楼汇辑各名公四六争奇: 八卷 / (明)许以忠
辑
明天启三年(1623)刻本
1991年摄制. -- 1盘卷片(20米388拍) :
1:10, 2B ; 35mm银盐
收藏馆: 缩微中心, 浙江

000O009949

车书楼选注当代名公四六天花: 八卷 / (明)许以
忠辑; (明)王世茂注
明(1368-1644)龚舜绪精刻本. -- 存四卷: 卷
一至卷四。
1989年摄制. -- 1盘卷片(11米199拍) :
1:10, 2B ; 35mm银盐
收藏馆: 缩微中心, 天津

000O006895

新镌选注名公四六云涛: 十卷 / (明)钟惺辑并注;
(明)陆云龙增定
明(1368-1644)刻本
1987年摄制. -- 1盘卷片(21.6米467拍) :
1:9, 2B ; 35mm银盐
收藏馆: 缩微中心, 重庆

000O008971

浣竹山堂选注四六排沙集: 十七卷 / (明)王焞辑
明末(1621-1644)王焞浣竹山堂刻本
1988年摄制. -- 1盘卷片(30.5米646拍) :
1:10, 2B ; 35mm银盐
收藏馆: 缩微中心, 湖北

000O009539

四六类编: 十六卷 / (明)李日华辑; (明)鲁重民
补订
明崇祯(1628-1644)刻本
1988年摄制. -- 2盘卷片(40.5米868拍) :
1:10, 2B ; 35mm银盐
收藏馆: 缩微中心, 重庆

000O021319

四六类编: 十三卷 / (明)李日华辑; (明)鲁重民
补订
明崇祯十三年(1640)刻本
1994年摄制. -- 1盘卷片(35米754拍) :
1:10, 2B ; 35mm银盐
收藏馆: 缩微中心, 甘肃

000O024295

皇明文衡: 一百卷目录二卷 / (明)程敏政辑
明嘉靖八年(1529)宗文堂刻本
1996年摄制. -- 3盘卷片(78米1515拍) :
1:10, 2B ; 35mm银盐
收藏馆: 缩微中心, 国图

000O008455

皇明文衡: 一百卷 / (明)程敏政辑
明(1368-1644)刻本
1988年摄制. -- 3盘卷片(75米1611拍) :
1:10, 2B ; 35mm银盐
收藏馆: 缩微中心, 国图

000O018472

皇明文选: 二十卷 / (明)汪宗元辑
明嘉靖(1522-1566)刻本
1993年摄制. -- 2盘卷片(48米975拍) :
1:10, 2B ; 35mm银盐
收藏馆: 缩微中心, 国图

000O016860

皇明文范: 九十六卷 / (明)张时彻辑
明(1368-1644)刻本. -- 存五十四卷: 卷
四十三至卷九十六。
1993年摄制. -- 4盘卷片(108米2253拍) :
1:10, 2B ; 35mm银盐
收藏馆: 缩微中心, 国图

000O021652

皇明文范: 六十八卷目录二卷 / (明)张时彻辑
明隆庆(1567-1572)刻本
1995年摄制. -- 4盘卷片(125米2654拍) :
1:10, 2B ; 35mm银盐
收藏馆: 缩微中心, 国图

000O014540
皇明文范：六十八卷 / (明)张时彻辑
明隆庆(1567-1572)刻本. -- 存三十卷：卷一至卷三十。
1992年摄制. -- 5盘卷片(134米2704拍)：1:10, 2B ; 35mm银盐
收藏馆：缩微中心, 国图

000O008928
皇明经济文录：四十一卷 / (明)万表辑
明嘉靖三十三年(1554)曲山绳游居敬刻本
1988年摄制. -- 4盘卷片(104.5米2296拍)：1:10, 2B ; 35mm银盐
收藏馆：缩微中心, 湖北

000O009401
皇明文则：二十二卷 / (明)慎蒙集
明万历元年(1573)刻本
1988年摄制. -- 3盘卷片(66米1360拍)：1:10, 2B ; 35mm银盐
收藏馆：缩微中心, 湖北

000O014732
皇明百家文范：八卷 / (明)王乾章辑
明万历三年(1575)王乾章刻本
1992年摄制. -- 1盘卷片(24米466拍)：1:10, 2B ; 35mm银盐
收藏馆：缩微中心, 国图

000O027822
皇明百家文范：八卷 / (明)王乾章辑
明万历三年(1575)刻本. -- (清)丁丙跋。
1996年摄制. -- 1盘卷片(23米501拍)：1:10, 2B ; 35mm银盐
收藏馆：缩微中心, 南京

000O019338
国朝文纂：五十卷 / (明)张士瀹辑
明(1368-1644)活字印本. -- 存十七卷：卷一至卷八、卷二十二至卷二十四、卷四十一至卷四十二、卷四十五至卷四十八。
1994年摄制. -- 1盘卷片(32米644拍)：1:10, 2B ; 35mm银盐
收藏馆：缩微中心, 国图

000O024798
皇明文教录：五卷 / (明)娄枢辑；(明)谢守淳校正
明隆庆二年(1568)刻本
1995年摄制. -- 1盘卷片(23米451拍)：1:10, 2B ; 35mm银盐
收藏馆：缩微中心, 浙江

000O018670
新镌国朝名儒文选百家评林：十二卷 / (明)沈一贯辑
明(1368-1644)唐廷仁刻本
1994年摄制. -- 1盘卷片(33米685拍)：1:10, 2B ; 35mm银盐
收藏馆：缩微中心, 国图

000O010774
皇明翰阁文宗：十二卷 / (明)黄洪宪,(明)何大通辑
明万历五年(1577)金陵书坊周竹潭刻本. -- (明)孙继皋等校。
1988年摄制. -- 1盘卷片(31米618拍)：1:10, 2B ; 35mm银盐
收藏馆：缩微中心, 天津

000O008488
皇明历朝文选类抄：不分卷
明(1368-1644)抄本
1988年摄制. -- 2盘卷片(41米843拍)：1:10, 2B ; 35mm银盐
收藏馆：缩微中心, 国图

000O026365
今文选：十四卷 / (明)孙鑛[等]辑
明(1368-1644)稿本
1997年摄制. -- 2盘卷片(37米740拍)：1:10, 2B ; 35mm银盐
收藏馆：缩微中心, 湖北

000O006511
今文选：十二卷 / (明)孙鑛,(明)唐鹤征辑
明万历三十一年(1603)坊刻本
1987年摄制. -- 1盘卷片(30米660拍)：1:10, 2B ; 35mm银盐
收藏馆：缩微中心, 国图

000O013021
国朝名公经济文钞：十卷第一续不分卷 / (明)张文炎辑
明(1368-1644)玉屑斋刻本
1991年摄制. -- 2盘卷片(38米712拍)：1:10, 2B ; 35mm银盐
收藏馆：缩微中心, 国图

000O006855
皇明文征：七十四卷 / (明)何乔远辑
明崇祯(1628-1644)刻本
1987年摄制. -- 5盘卷片(143米3186拍)：1:10, 2B ; 35mm银盐
收藏馆：缩微中心, 吉林

00O021134
皇明文征：七十四卷 / (明)何乔远辑
明崇祯四年(1631)刻本
1994年摄制. -- 5盘卷片(144米3058拍) :
1:10，2B ; 35mm银盐
收藏馆：缩微中心，国图

00O010799
鼎镌诸方家汇编皇明名公文隽：八卷 / (明)袁宏
道辑；(明)丘兆麟参补
明末(1621-1644)师俭堂刻本
1988年摄制. -- 1盘卷片(31米642拍) :
1:10，2B ; 35mm银盐
收藏馆：缩微中心，天津

00O021318
鼎镌诸方家汇编皇明名公文隽：八卷 / (明)袁宏
道辑；(明)丘兆麟补
明泰昌元年(1620)郑思鸣奎璧堂刻本
1994年摄制. -- 1盘卷片(31米661拍) :
1:10，2B ; 35mm银盐
收藏馆：缩微中心，甘肃

00O017981
石仓历代文选：二十卷 / (明)曹学佺辑
明崇祯(1628-1644)刻本. -- 郑振铎跋。
1993年摄制. -- 2盘卷片(48米925拍) :
1:10，2B ; 35mm银盐
收藏馆：缩微中心，国图

00O007248
皇明文准：八卷 / (明)张鼐辑
明万历(1573-1620)刻套印本
1987年摄制. -- 1盘卷片(23米504拍) :
1:10，2B ; 35mm银盐
收藏馆：缩微中心，国图

00O031899
皇明文准：八卷 / (明)张鼐辑
明万历(1573-1620)刻套印本
2010年摄制. -- 1盘卷片(27米535拍) :
1:10，2B ; 35mm银盐
收藏馆：缩微中心，国图

00O023955
明文致：二十卷 / (明)蒋如奇,(明)李鼎辑
明崇祯(1628-1644)咏兰堂刻本. -- 附：西湖
小史一卷/(明)李鼎撰。
1995年摄制. -- 1盘卷片(24米520拍) :
1:10，2B ; 35mm银盐
收藏馆：缩微中心，南京

00O000476
陈太史昭代经济言：十四卷 / (明)陈子壮辑
明天启(1621-1627)刻本
1985年摄制. -- 1盘卷片(28.4米636拍) :
1:10，2B ; 35mm银盐
收藏馆：缩微中心，国图

00O023783
新刻陈太史子史经济言辑要：十二卷；经制考
略：八卷 / (明)陈子壮撰
明天启(1621-1627)刻本
1995年摄制. -- 1盘卷片(17米321拍) :
1:10，2B ; 35mm银盐
收藏馆：缩微中心，浙江

00O007504
皇明经济文辑：二十三卷 / (明)陈其愫辑
明天启七年(1627)陈其愫刻本
1987年摄制. -- 2盘卷片(53米1175拍) :
1:10，2B ; 35mm银盐
收藏馆：缩微中心，国图

00O010134
皇明经济文辑：二十三卷 / (明)陈其愫辑
明天启(1621-1627)刻本. -- 存十六卷：卷八
至卷二十三。
1989年摄制. -- 1盘卷片(34米754拍) :
1:10，2B ; 35mm银盐
收藏馆：缩微中心，山东

00O013578
经世名编：二十三卷 / (明)沈懋允辑
明末(1621-1644)刻本
1991年摄制. -- 2盘卷片(55米1125拍) :
1:10，2B ; 35mm银盐
收藏馆：缩微中心，浙江

00O009520
明文奇赏：四十卷 / (明)陈仁锡辑
明天启三年(1623)刻本
1988年摄制. -- 4盘卷片(110.6米2435拍) :
1:10，2B ; 35mm银盐
收藏馆：缩微中心，重庆

00O009931
明文霱：二十卷 / (明)刘士鳞辑
明崇祯七年(1634)刻本
1988年摄制. -- 2盘卷片(54米1242拍) :
1:10，2B ; 35mm银盐
收藏馆：缩微中心，天津

00O017341
今文韵品：二卷 / (明)杨云鹤辑

明崇祯六年(1633)杨云鹤刻本
1993年摄制. -- 1盘卷片(13米230拍) ：
1:10, 2B ; 35mm银盐
收藏馆：缩微中心，国图

000O009909
皇明经世文编：五百四卷补遗四卷姓氏爵里一卷 / (明)陈子龙[等]辑 ; (明)方禹修[等]评定
明末(1621-1644)平露堂刻本. -- 间有抄配。卷首缺失甚多。
1989年摄制. -- 18盘卷片(533米12003拍) ：
1:10, 2B ; 35mm银盐
收藏馆：缩微中心，天津

000O009965
媚幽阁文娱：不分卷 / (明)郑元勋辑 ; (明)陈继儒,(明)郑元化订
明末(1621-1644)刻本
1989年摄制. -- 1盘卷片(11米214拍) ：
1:10, 2B ; 35mm银盐
收藏馆：缩微中心，天津

000O018381
媚幽阁文娱：二集 / (明)郑元勋选
明崇祯十二年(1639)刻本
1992年摄制. -- 1盘卷片(19.1米419拍) ：
1:10, 2B ; 35mm银盐
收藏馆：缩微中心，辽宁

000O005503
翠娱阁评选明文归初集：三十四卷 / (明)陆云龙辑
明崇祯(1628-1644)陆氏翠娱阁刻本
1987年摄制. -- 3盘卷片(85米1839拍) ：
1:10, 2B ; 35mm银盐
收藏馆：缩微中心，山西

000O021845
翠娱阁评选明文奇艳：十二卷 / (明)陆云龙辑
明崇祯(1628-1644)陆氏翠娱阁刻本
1995年摄制. -- 1盘卷片(30米680拍) ：
1:10, 2B ; 35mm银盐
收藏馆：缩微中心，南京

000O031267
翠娱阁评选明十四家小品：二十八卷 / (明)陆云龙[等]辑
明崇祯(1628-1644)峥霄馆刻本. -- 辑者还有：(明)丁允和等。
2004年摄制. -- 2盘卷片(55米1160拍) ：
1:9, 2B ; 35mm银盐
收藏馆：缩微中心，国图

000O013567
翠娱阁评选文韵：四卷 / (明)陆云龙评注
明崇祯四年(1631)刻本
1991年摄制. -- 1盘卷片(10.3米189拍) ：
1:10, 2B ; 35mm银盐
收藏馆：缩微中心，浙江

000O014969
明文钞：一卷
明(1368-1644)抄本
1992年摄制. -- 1盘卷片(7米93拍) ： 1:10,
2B ; 35mm银盐
收藏馆：缩微中心，国图

000O017951
明文钞：不分卷诗钞不分卷
明(1368-1644)抄本
1993年摄制. -- 1盘卷片(27米539拍) ：
1:10, 2B ; 35mm银盐
收藏馆：缩微中心，国图

000O017398
几社文选：二十卷 / (明)杜骐征,(明)徐凤彩,(明)盛翼进辑
明末(1621-1644)刻本
1993年摄制. -- 2盘卷片(37米737拍) ：
1:10, 2B ; 35mm银盐
收藏馆：缩微中心，国图

000O006506
几社壬申合稿：二十卷 / (明)杜骐征,(明)徐凤彩,(明)盛翼进辑
明崇祯(1628-1644)静贵草堂刻本
1987年摄制. -- 2盘卷片(39米793拍) ：
1:10, 2B ; 35mm银盐
收藏馆：缩微中心，国图

000O010578
几社壬申合稿：二十卷 / (明)杜骐征,(明)徐凤彩,(明)盛翼进辑
明末(1621-1644)小樊堂刻本. -- 版框高十九厘米宽十五厘米。
1989年摄制. -- 2盘卷片(43米912拍) ：
1:10, 2B ; 35mm银盐
收藏馆：缩微中心，广东

000O000837
三先生诗：十九卷 / (明)朱绍,(明)朱积辑
明宣德九年(1434)朱绍朱积刻本. -- (明)岳正清、(明)徐人跋。
1985年摄制. -- 1盘卷片(18米388拍) ：
1:10, 2B ; 35mm银盐
收藏馆：缩微中心，国图

000O009198
明文海：四百八十二卷 / (清)黄宗羲辑
清(1644-1911)顾沅艺海楼抄本. -- 存十四
卷：卷一百三十三至卷一百三十七、卷
一百六十至卷一百六十八。
1988年摄制. -- 1盘卷片（15米298拍）：
1:10, 2B ；35mm银盐
收藏馆：缩微中心，湖南

000O002209
明文海：四百八十二卷目录三卷 / (清)黄宗羲辑
清(1644-1911)抄本. -- 存四百八十三卷：卷
一至卷四百八十、目录三卷。
1986年摄制. -- 18盘卷片（505米11266拍）：
1:10, 2B ；35mm银盐
收藏馆：缩微中心，国图

000O023645
明文海：四百八十二卷 / (清)黄宗羲辑；(清)黄百家编次
清(1644-1911)抄本. -- 存四百七十三卷：
卷一至卷一百八十三、卷一百八十八至卷
四百六十、卷四百六十五至卷四百八十一。
1995年摄制. -- 18盘卷片（552米11260拍）：
1:10, 2B ；35mm银盐
收藏馆：缩微中心，浙江

000O026275
明文授读：六十二卷 / (清)黄宗羲编
清康熙(1662-1722)张氏味芹堂刻本. -- (清)
李慈铭校并跋。
1996年摄制. -- 5盘卷片（128米2571拍）：
1:10, 2B ；35mm银盐
收藏馆：缩微中心，国图

000O019175
山晓阁选明文全集：八卷续集八卷 / (清)孙琮辑
清康熙(1662-1722)刻本. -- 郑振铎跋。
1994年摄制. -- 2盘卷片（42米830拍）：
1:10, 2B ；35mm银盐
收藏馆：缩微中心，国图

000O020498
人文大观：八卷 / (清)陈介辑；(清)陈介,(清)陈瀚评
清康熙(1662-1722)聚德堂刻本
1994年摄制. -- 1盘卷片（27米554拍）：
1:10, 2B ；35mm银盐
收藏馆：缩微中心，国图

000O009960
明文英华：十卷 / (清)顾有孝编；(清)周钦,(清)顾世昌校

清康熙(1662-1722)传万堂刻本
1989年摄制. -- 2盘卷片（38米798拍）：
1:10, 2B ；35mm银盐
收藏馆：缩微中心，天津

000O004058
明文在：一百卷 / (清)薛熙辑
清康熙三十二年(1693)钱大镛[等]刻本
1985年摄制. -- 2盘卷片（46米1009拍）：
1:10, 2B ；35mm银盐
收藏馆：缩微中心，国图

000O022548
明文钞：五编 / (清)高嵣辑
清乾隆五十一年(1786)刻本
1995年摄制. -- 2盘卷片（59.2米1184拍）：
1:10, 2B ；35mm银盐
收藏馆：缩微中心，湖北

000O023776
论学统宗：二卷 / (明)郭邦藩辑
明(1368-1644)东吴宝善堂刻本
1995年摄制. -- 1盘卷片（5米73拍）：1:10,
2B ；35mm银盐
收藏馆：缩微中心，浙江

000O015199
真隐范先生寿言：十六卷
明崇祯(1628-1644)刻本
1992年摄制. -- 1盘卷片（10米179拍）：
1:10, 2B ；35mm银盐
收藏馆：缩微中心，国图

000O019452
督抚两浙定变舆颂录：□□卷
明万历(1573-1620)刻本. -- 存二卷：卷四至
卷五。
1994年摄制. -- 1盘卷片（8米116拍）：1:10,
2B ；35mm银盐
收藏馆：缩微中心，国图

000O020017
敦义编：十二卷 / (明)高宗吕辑
明(1368-1644)抄本. -- (清)高兆、(清)蔡容
跋。
1994年摄制. -- 1盘卷片（7米101拍）：1:10,
2B ；35mm银盐
收藏馆：缩微中心，国图

000O019712
祭潘充庵文汇录：不分卷
明万历(1573-1620)刻本
1994年摄制. -- 1盘卷片（7米116拍）：1:10,

2B ；35mm银盐
收藏馆：缩微中心，国图

000O013954
久德堂内集：二卷外集二卷 / (明)方年辑
明崇祯十二年(1639)方年刻本
1991年摄制. -- 1盘卷片(9米159拍) ：1:10,
2B ；35mm银盐
收藏馆：缩微中心，国图

000O026512
萧公祖德政颂：一卷 / (清)宋学显[等]辑
清顺治(1644-1661)刻本
1997年摄制. -- 1盘卷片(4米34拍) ：1:10,
2B ；35mm银盐
收藏馆：缩微中心，国图

000O000423
瑞木纪：不分卷 / (清)周亮工,(清)周亮节辑
清康熙(1662-1722)刻本
1985年摄制. -- 1盘卷片(5米72拍) ：1:10,
2B ；35mm银盐
收藏馆：缩微中心，国图

000O000974
兰言集：二十四卷 / (清)王晫辑
清康熙(1662-1722)王晫霞举堂刻本
1985年摄制. -- 1盘卷片(15.1米322拍) ：
1:10, 2B ；35mm银盐
收藏馆：缩微中心，国图

000O016932
兰言集：二十四卷 / (清)王晫辑
清康熙(1662-1722)霞举堂刻本
1993年摄制. -- 1盘卷片(16米308拍) ：
1:10, 2B ；35mm银盐
收藏馆：缩微中心，国图

000O017342
群雅集：四卷 / (清)李振裕辑
清康熙二十四年(1685)李振裕刻本. -- 郑振
铎跋。
1993年摄制. -- 1盘卷片(28米553拍) ：
1:10, 2B ；35mm银盐
收藏馆：缩微中心，国图

000O017864
怀嵩堂赠言：四卷 / (清)耿介辑
清康熙二十四年(1685)怀嵩堂刻本
1993年摄制. -- 1盘卷片(9米142拍) ：1:10,
2B ；35mm银盐
收藏馆：缩微中心，国图

000O008652
同人集：十二卷 / (清)冒襄辑
清康熙(1662-1722)冒氏水绘庵刻本
1988年摄制. -- 2盘卷片(53米1116拍) ：
1:10, 2B ；35mm银盐
收藏馆：缩微中心，山东

000O010513
竹苞集：二卷 / (清)萧仲升辑
清康熙(1662-1722)刻本. -- 本书为清萧孟舫
五十祝寿文。
1989年摄制. -- 1盘卷片(10米190拍) ：
1:10, 2B ；35mm银盐
收藏馆：缩微中心，天津

000O018722
隐湖倡和诗：三卷 / (清)陈瑚辑
清初(1644-1722)毛氏汲古阁刻本
1994年摄制. -- 1盘卷片(14米258拍) ：
1:10, 2B ；35mm银盐
收藏馆：缩微中心，国图

000O012682
从游集：二卷 / (清)陈瑚辑
清初(1644-1722)刻本
1990年摄制. -- 1盘卷片(5.3米95拍) ：
1:10, 2B ；35mm银盐
收藏馆：缩微中心，辽宁

000O010767
南邦黎献集：十六卷 / (清)鄂尔泰辑
清雍正(1723-1735)精刻本
1988年摄制. -- 1盘卷片(31米701拍) ：
1:10, 2B ；35mm银盐
收藏馆：缩微中心，天津

000O021069
南邦黎献集：十六卷 / (清)鄂尔泰辑
清雍正(1723-1735)刻本
1994年摄制. -- 1盘卷片(32米655拍) ：
1:10, 2B ；35mm银盐
收藏馆：缩微中心，国图

000O026982
因树楼赠言：文一卷诗五卷诗余一卷 / (清)洪振
玉[等]辑
清乾隆(1736-1795)洪振玉刻本
1997年摄制. -- 1盘卷片(8米138拍) ：1:10,
2B ；35mm银盐
收藏馆：缩微中心，国图

000O013983
诗龛声闻集：□□卷续编□□卷 / (清)法式善辑

清(1644-1911)法氏诗龛抄本. -- 存五卷：卷七至卷八，续编卷五、卷九至卷十。
1991年摄制. -- 1盘卷片(16米293拍) : 1:10, 2B ; 35mm银盐
收藏馆：缩微中心，国图

000O017871
读画斋偶辑：十一卷 / (清)鲍廷博[等]辑
清嘉庆十四年(1809)顾氏读画斋刻本
1993年摄制. -- 1盘卷片(8米120拍) : 1:10, 2B ; 35mm银盐
收藏馆：缩微中心，国图

000O017843
读画斋题画诗：十九卷 / (清)顾修辑
清嘉庆元年(1796)顾修读画斋刻本
1993年摄制. -- 1盘卷片(9米141拍) : 1:10, 2B ; 35mm银盐
收藏馆：缩微中心，国图

000O002248
渔隐录：一卷 / (清)袁廷梼辑
清嘉庆七年(1802)袁廷梼刻本
1986年摄制. -- 1盘卷片(3.2米39拍) : 1:10, 2B ; 35mm银盐
收藏馆：缩微中心，国图

000O017995
时贤题咏卞氏牡丹花诗：一卷首一卷
清(1644-1911)金陵甘氏谱局活字印本
1993年摄制. -- 1盘卷片(4米46拍) : 1:10, 2B ; 35mm银盐
收藏馆：缩微中心，国图

000O023794
绣谷图卷题咏汇钞：一卷 / (清)王原祁,(清)朱彝尊题；(清)蒋书衔辑
清咸丰二年(1852)吴门蒋氏抄本
1995年摄制. -- 1盘卷片(3米42拍) : 1:10, 2B ; 35mm银盐
收藏馆：缩微中心，浙江

000O010807
百名家诗选：八十九卷 / (清)魏宪辑；(清)施闰章[等]参订
清康熙(1662-1722)魏氏枕江堂刻本
1988年摄制. -- 3盘卷片(77米1710拍) : 1:10, 2B ; 35mm银盐
收藏馆：缩微中心，天津

000O029272
百名家诗选：八十九卷 / (清)魏宪辑
清康熙二十一年(1682)魏氏枕江堂刻本

1999年摄制. -- 3盘卷片(78米1687拍) : 1:10, 2B ; 35mm银盐
收藏馆：缩微中心，湖南

000O016300
百名家诗选：八十九卷 / (清)魏宪辑
清康熙二十四年(1685)圣益斋刻本. -- 郑振铎跋。
1993年摄制. -- 3盘卷片(81米1612拍) : 1:10, 2B ; 35mm银盐
收藏馆：缩微中心，国图

000O016303
诗观：初集十二卷二集十四卷闺秀别卷一卷三集十三卷闺秀别卷一卷 / (清)邓汉仪辑
清康熙(1662-1722)慎墨堂刻乾隆十五年至十七年(1750-1752)仲之琮深柳读书堂重修本
1993年摄制. -- 5盘卷片(150米3051拍) : 1:10, 2B ; 35mm银盐
收藏馆：缩微中心，国图

000O031433
诗观：初集十二卷二集十四卷闺秀别卷一卷三集十三卷闺秀别卷一卷 / (清)邓汉仪辑
清康熙(1662-1722)慎墨堂刻乾隆十五年至十七年(1750-1752)仲之琮深柳读书堂重修本
2004年摄制. -- 6盘卷片(156米3300拍) : 1:10, 2B ; 35mm银盐
收藏馆：缩微中心，国图

000O018671
溯洄集：十卷诗论一卷诗话一卷 / (清)魏裔介辑
清康熙(1662-1722)刻本
1994年摄制. -- 1盘卷片(28米579拍) : 1:10, 2B ; 35mm银盐
收藏馆：缩微中心，国图

000O012097
今诗粹：十五卷 / (清)魏畊,(清)钱价人辑
清初(1644-1722)余带堂刻本
1990年摄制. -- 2盘卷片(35米741拍) : 1:10, 2B ; 35mm银盐
收藏馆：缩微中心，山东

000O018971
今诗粹：十五卷 / (清)魏畊,(清)钱价人辑
清初(1644-1722)余带堂刻本. -- (清)王士禛批校。
1993年摄制. -- 2盘卷片(36米744拍) : 1:10, 2B ; 35mm银盐
收藏馆：缩微中心，山东

00O006690
感旧集：十六卷 / (清)王士禛辑；(清)卢见曾补传
清乾隆十七年(1752)卢见曾刻本
1987年摄制. -- 1盘卷片(29.3米636拍) : 1:10, 2B ; 35mm银盐
收藏馆：缩微中心，山西

00O009946
骊珠集：十二卷 / (清)顾有孝辑；(清)王曰高[等]定
清(1644-1911)刻本. -- (清)蔗庵老人批校。
1989年摄制. -- 1盘卷片(22米479拍) : 1:10, 2B ; 35mm银盐
收藏馆：缩微中心，天津

00O017346
过日集：二十卷名媛诗一卷 / (清)曾灿辑 . 诸体评论：一卷；曾青藜诗：八卷 / (清)曾灿撰
清康熙(1662-1722)六松草堂刻本. -- 还有合刻著作：曾丽天诗一卷/(清)曾炤撰。郑振铎跋。
1993年摄制. -- 3盘卷片(88米1749拍) : 1:10, 2B ; 35mm银盐
收藏馆：缩微中心，国图

00O018400
过日集：二十卷名媛诗一卷 / (清)曾灿辑 . 曾庭闻诗：六卷 / (清)曾畹撰 . 曾丽天诗：一卷 / (清)曾炤撰
清康熙(1662-1722)刻本. -- 还有合刻著作：曾青藜诗八卷/(清)曾灿撰，诸体评论一卷/(清)曾灿撰。
1993年摄制. -- 3盘卷片(89米1803拍) : 1:10, 2B ; 35mm银盐
收藏馆：缩微中心，国图

00O026054
东华绝句：十卷 / (清)黄容,(清)王维翰辑
清康熙十八年(1679)五松轩刻本. -- 附：藕花庄近咏一卷/(清)黄元冕撰，绮雪斋近咏一卷/(清)黄容撰，独倚楼近咏一卷/(清)王维翰撰。
1989年摄制. -- 1盘卷片(14米282拍) : 1:10, 2B ; 35mm银盐
收藏馆：缩微中心，南京

00O017344
国雅初集：不分卷 / (清)陈允衡辑
清康熙(1662-1722)刻本
1993年摄制. -- 1盘卷片(26米527拍) : 1:10, 2B ; 35mm银盐
收藏馆：缩微中心，国图

00O005427
皇清诗选：十三卷 / (清)陆次云辑
清康熙(1662-1722)刻本
1986年摄制. -- 1盘卷片(28米627拍) : 1:10, 2B ; 35mm银盐
收藏馆：缩微中心，国图

00O010261
清诗初集：十二卷 / (清)蒋鑨,(清)翁介眉辑
清康熙二十年(1681)金陵邓执中刻本
1989年摄制. -- 1盘卷片(30米614拍) : 1:10, 2B ; 35mm银盐
收藏馆：缩微中心，湖北

00O027603
清诗初集：十二卷 / (清)蒋鑨,(清)翁介眉辑；(清)马道畇重校 . 清诗二集分编：七卷 / (清)马道畇辑
清康熙(1662-1722)蒋鑨刻康熙四十二年(1703)马道畇重修本
1997年摄制. -- 2盘卷片(40米836拍) : 1:10, 2B ; 35mm银盐
收藏馆：缩微中心，国图

00O009959
皇清诗选：三十卷首一卷 / (清)孙铉辑；(清)黄米苻校
清康熙(1662-1722)刻本
1989年摄制. -- 3盘卷片(72米1527拍) : 1:10, 2B ; 35mm银盐
收藏馆：缩微中心，天津

00O010348
盛朝诗选：初集十二卷二集十二卷 / (清)顾施祯辑
清康熙二十八年(1689)心耕堂刻本. -- 存盛朝诗选二集十二卷。
1989年摄制. -- 1盘卷片(28米618拍) : 1:10, 2B ; 35mm银盐
收藏馆：缩微中心，湖北

00O000030
箧衍集：十二卷 / (清)陈维崧辑
清康熙三十六年(1697)蒋国祥刻本
1986年摄制. -- 1盘卷片(18.8米397拍) : 1:10, 2B ; 35mm银盐
收藏馆：缩微中心，山西

00O024264
箧衍集：十二卷 / (清)陈维崧辑
清乾隆二十六年(1761)华绮刻本
1996年摄制. -- 1盘卷片(19米399拍) : 1:10, 2B ; 35mm银盐

收藏馆：缩微中心，安徽

00O007766
箧衍集：十二卷 / (清)陈维崧辑
清(1644-1911)抄本
1987年摄制. -- 1盘卷片(9米193拍) : 1:10,
2B ; 35mm银盐
收藏馆：缩微中心，湖南

00O021420
别苑倡和诗册：不分卷 / (清)孙岳颁[等]撰
清(1644-1911)稿本
1995年摄制. -- 1盘卷片(3米29拍) : 1:10,
2B ; 35mm银盐
收藏馆：缩微中心，国图

00O009002
国朝诗正：六卷 / (清)朱观辑并评
清康熙五十三年(1714)光裕堂刻本
1988年摄制. -- 1盘卷片(30.5米560拍) :
1:10, 2B ; 35mm银盐
收藏馆：缩微中心，湖北

00O010909
应制体排律自得编：四卷 / (清)陈九松辑
清康熙五十四年(1715)金阊宝翰楼刻本
1989年摄制. -- 1盘卷片(12.5米255拍) :
1:10, 2B ; 35mm银盐
收藏馆：缩微中心，湖北

00O010907
名家诗选：四卷；阶木诗稿：一卷 / (清)吴蔼辑
清康熙四十九年(1710)学古堂刻本
1989年摄制. -- 1盘卷片(22.5米485拍) :
1:10, 2B ; 35mm银盐
收藏馆：缩微中心，湖北

00O001919
国朝诗因：不分卷 / (清)查羲,(清)查岐昌辑
清(1644-1911)稿本
1986年摄制. -- 1盘卷片(13米283拍) :
1:10, 2B ; 35mm银盐
收藏馆：缩微中心，国图

00O024187
国朝诗选：十四卷 / (清)彭廷梅选
清乾隆(1736-1795)据经楼刻乾隆十二年(1747)
金陵书坊印本. -- 版框高十九厘米宽十四厘
米。
1996年摄制. -- 2盘卷片(39米729拍) :
1:10, 2B ; 35mm银盐
收藏馆：缩微中心，广东

00O010369
国朝诗选：十四卷 / (清)彭廷梅选
清乾隆(1736-1795)据经楼刻乾隆十二年(1747)
金陵书坊印本
1989年摄制. -- 2盘卷片(37米799拍) :
1:10, 2B ; 35mm银盐
收藏馆：缩微中心，湖北

00O027746
昭代诗针：十六卷 / (清)吴元桂辑
清乾隆十三年(1748)刻本
1997年摄制. -- 2盘卷片(37米730拍) :
1:10, 2B ; 35mm银盐
收藏馆：缩微中心，安徽

00O001486
本朝馆阁诗：二十卷附录一卷 / (清)阮学浩,(清)阮学浚辑
清乾隆二十三年(1758)刻本
1986年摄制. -- 2盘卷片(49.8米1082拍) :
1:10, 2B ; 35mm银盐
收藏馆：缩微中心，吉林

00O006689
如兰集：二十卷 / (清)董柴辑
清乾隆二十五年(1760)古绵上聚半壁山房刻本
1987年摄制. -- 1盘卷片(27.3米590拍) :
1:10, 2B ; 35mm银盐
收藏馆：缩微中心，山西

00O009059
国朝诗别裁集：三十六卷 / (清)沈德潜辑并评
清乾隆二十四年(1759)刻本
1988年摄制. -- 2盘卷片(61米1282拍) :
1:10, 2B ; 35mm银盐
收藏馆：缩微中心，湖北

00O025742
归愚诗抄：二十卷 / (清)沈德潜撰
清(1644-1911)抄本
1996年摄制. -- 1盘卷片(29米618拍) :
1:10, 2B ; 35mm银盐
收藏馆：缩微中心，河南

00O026521
国朝诗观：十六卷 / (清)王锡侯辑
清乾隆三十年(1765)三树堂刻本
1997年摄制. -- 1盘卷片(26米513拍) :
1:10, 2B ; 35mm银盐
收藏馆：缩微中心，国图

00O012578
盛朝律楷：十二卷 / (清)姚光缙辑

清乾隆(1736-1795)迎晓书屋刻本
1990年摄制. -- 1盘卷片(20米392拍)：
1:10, 2B ; 35mm银盐
收藏馆：缩微中心，辽宁

000O009046
本朝五言近体瓣香集：十六卷 / (清)许英辑并注
清乾隆二十八年(1763)心逸堂刻本
1988年摄制. -- 1盘卷片(16米349拍)：
1:10, 2B ; 35mm银盐
收藏馆：缩微中心，湖北

000O021107
本朝五言近体瓣香集：十六卷 / (清)许英编注
清乾隆二十八年(1763)心逸堂刻本
1994年摄制. -- 1盘卷片(17米324拍)：
1:10, 2B ; 35mm银盐
收藏馆：缩微中心，国图

000O023798
所知集：初编十二卷二编四卷三编十二卷 / (清)
陈毅选辑
清乾隆五十六年(1791)眠云阁刻本
1995年摄制. -- 2盘卷片(62米1298拍)：
1:10, 2B ; 35mm银盐
收藏馆：缩微中心，浙江

000O019652
国朝诗选：十卷外编一卷 / (清)吴翌凤辑
清(1644-1911)稿本
1994年摄制. -- 1盘卷片(17米336拍)：
1:10, 2B ; 35mm银盐
收藏馆：缩微中心，国图

000O012547
钦定熙朝雅颂集：一百六卷首集二十六卷余集
二卷 / (清)铁保[等]纂辑
清嘉庆九年(1804)内府刻本
1990年摄制. -- 3盘卷片(88.3米1995拍)：
1:10, 2B ; 35mm银盐
收藏馆：缩微中心，辽宁

000O023789
爱珍诗选集：八卷 / (清)查洪莹辑
清(1644-1911)稿本
1995年摄制. -- 1盘卷片(15米286拍)：
1:10, 2B ; 35mm银盐
收藏馆：缩微中心，浙江

000O023797
国朝七律诗钞：十卷 / (清)黄金台辑
清(1644-1911)稿本
1995年摄制. -- 1盘卷片(13米249拍)：

1:10, 2B ; 35mm银盐
收藏馆：缩微中心，浙江

000O009916
诗媛名家红蕉集：二卷 / (清)邹漪辑
清初(1644-1722)刻本
1989年摄制. -- 1盘卷片(5米67拍)：1:10,
2B ; 35mm银盐
收藏馆：缩微中心，天津

000O020423
本朝名媛诗钞：六卷 / (清)胡孝思,(清)朱珫辑
清康熙五十五年(1716)凌云阁刻本
1994年摄制. -- 1盘卷片(8米124拍)：1:10,
2B ; 35mm银盐
收藏馆：缩微中心，国图

000O026519
撷芳集：八十卷 / (清)汪启淑辑
清乾隆(1736-1795)飞鸿堂刻本
1997年摄制. -- 3盘卷片(89米1851拍)：
1:10, 2B ; 35mm银盐
收藏馆：缩微中心，国图

000O013752
国朝闺秀正始集：二十卷附录二卷补遗一卷 /
(清)恽珠辑
清(1644-1911)稿本. -- 存十九卷：卷一、卷
三至卷二十。
1991年摄制. -- 2盘卷片(54.4米1234拍)：
1:10, 2B ; 35mm银盐
收藏馆：缩微中心，辽宁

000O014529
国朝闺秀正始续集：十卷附录一卷补遗一卷 /
(清)恽珠辑
清(1644-1911)稿本. -- 补遗一卷/(清)程孟
梅辑。
1992年摄制. -- 2盘卷片(35.2米769拍)：
1:10, 2B ; 35mm银盐
收藏馆：缩微中心，辽宁

000O016127
吾炙集：二卷 / (清)钱谦益辑
清(1644-1911)抄本
1993年摄制. -- 1盘卷片(5米47拍)：1:10,
2B ; 35mm银盐
收藏馆：缩微中心，国图

000O019177
姑苏杨柳枝词：一卷 / (清)周枝枞辑；(清)周靖
笺注
清初(1644-1722)刻本

1994年摄制. -- 1盘卷片(5米55拍) ： 1:10,
2B ；35mm银盐
收藏馆：缩微中心, 国图

00O010985
江北七子诗选：七卷 / (清)程封,(清)李以笃辑
清康熙十六年(1677)谢廷聘刻本
1989年摄制. -- 1盘卷片(11米218拍) ：
1:10, 2B ；35mm银盐
收藏馆：缩微中心, 湖北

00O026364
郢雪初编：一卷 / (清)龚黄辑；(清)叶封订
清(1644-1911)王家壁抄本
1997年摄制. -- 1盘卷片(4米50拍) ： 1:10,
2B ；35mm银盐
收藏馆：缩微中心, 湖北

00O026254
彭王倡和：一卷 / (清)王士禛,(清)彭孙遹撰
清康熙(1662-1722)刻本
1996年摄制. -- 1盘卷片(2米7拍) ： 1:10,
2B ；35mm银盐
收藏馆：缩微中心, 国图

00O001116
山塘唱和诗：不分卷 / (清)宋德宸[等]撰
清康熙(1662-1722)刻本
1985年摄制. -- 1盘卷片(6.1米109拍) ：
1:10, 2B ；35mm银盐
收藏馆：缩微中心, 国图

00O000523
寄园诗：一卷 / (清)赵吉士辑 . 寄园十六咏：一
卷 / (清)汪灏撰
清康熙(1662-1722)刻本
1985年摄制. -- 1盘卷片(5米79拍) ： 1:10,
2B ；35mm银盐
收藏馆：缩微中心, 国图

00O004378
寄园集诗：四卷 / (清)赵吉士辑
清康熙(1662-1722)刻本
1986年摄制. -- 1盘卷片(8米140拍) ： 1:10,
2B ；35mm银盐
收藏馆：缩微中心, 国图

00O027622
中丞公署磬阶梅华诗：一卷 / (清)许维祚辑
清康熙(1662-1722)刻本
1997年摄制. -- 1盘卷片(3米14拍) ： 1:10,
2B ；35mm银盐
收藏馆：缩微中心, 国图

00O017911
丰草亭诗：一卷 / (清)徐釚辑
清(1644-1911)徐氏菊庄抄本
1993年摄制. -- 1盘卷片(3米25拍) ： 1:10,
2B ；35mm银盐
收藏馆：缩微中心, 国图

00O023732
大司寇新城王公载书图诗：不分卷 / (清)黄元治
[等]撰；(清)禹之鼎绘图；(清)张起麟辑
清康熙四十年(1701)刻本
1995年摄制. -- 1盘卷片(4米55拍) ： 1:10,
2B ；35mm银盐
收藏馆：缩微中心, 浙江

00O001231
洛如诗抄：六卷 / (清)朱彝尊辑
清康熙四十七年(1708)陆氏尊道堂刻本
1985年摄制. -- 1盘卷片(8米152拍) ： 1:10,
2B ；35mm银盐
收藏馆：缩微中心, 国图

00O026966
西城别墅倡和集：不分卷 / (清)王启涑[等]撰
清康熙(1662-1722)刻本
1997年摄制. -- 1盘卷片(11米196拍) ：
1:10, 2B ；35mm银盐
收藏馆：缩微中心, 国图

00O000137
花果会唱和诗：二卷 / (清)梅清辑
清康熙(1662-1722)刻本
1985年摄制. -- 1盘卷片(3米30拍) ： 1:10,
2B ；35mm银盐
收藏馆：缩微中心, 国图

00O026963
橘社唱和集：一卷 / (清)张云章,(清)查嗣琏撰
清(1644-1911)抄本. -- 费寅跋。
1997年摄制. -- 1盘卷片(3米28拍) ： 1:10,
2B ；35mm银盐
收藏馆：缩微中心, 国图

00O006412
冰花唱和诗：二卷 / (清)许山辑
清(1644-1911)抄本
1987年摄制. -- 1盘卷片(3米29拍) ： 1:10,
2B ；35mm银盐
收藏馆：缩微中心, 国图

00O000353
遂园禊饮集：三卷 / (清)徐乾学辑
清康熙三十三年(1694)徐乾学刻本

1985年摄制. -- 1盘卷片(3.8米51拍) ：
1:10, 2B ；35mm银盐
收藏馆：缩微中心，国图

000O000412
双溪倡和诗：六卷 / (清)徐倬辑
清康熙(1662-1722)刻本
1985年摄制. -- 1盘卷片(8米150拍) ：1:10,
2B ；35mm银盐
收藏馆：缩微中心，国图

000O016888
双溪倡和诗：六卷 / (清)徐倬辑
清康熙(1662-1722)刻本
1993年摄制. -- 1盘卷片(8米133拍) ：1:10,
2B ；35mm银盐
收藏馆：缩微中心，国图

000O015656
无题唱和诗：十八卷 / (清)姜遴[等]撰
清康熙(1662-1722)刻本. -- 撰者还有：(清)
孙镱等。
1993年摄制. -- 1盘卷片(8米125拍) ：1:10,
2B ；35mm银盐
收藏馆：缩微中心，国图

000O010973
兰言集：八卷 / (清)何之铣辑
清康熙三十四年(1695)刻本
1989年摄制. -- 1盘卷片(13米268拍) ：
1:10, 2B ；35mm银盐
收藏馆：缩微中心，湖北

000O026353
今诗兼：一卷；近诗兼：一卷；明诗兼：一卷 /
(清)韩纯玉辑
清(1644-1911)抄本. -- (清)俞樾跋。
1997年摄制. -- 1盘卷片(27米570拍) ：
1:10, 2B ；35mm银盐
收藏馆：缩微中心，湖北

000O020580
先文毅公汇草辨疑题跋：不分卷 / (清)马世永辑
清康熙(1662-1722)刻本
1994年摄制. -- 1盘卷片(8米111拍) ：1:10,
2B ；35mm银盐
收藏馆：缩微中心，国图

000O012570
万口碑辑：四卷 / (清)张经[等]辑 . 东南舆诵：
一卷 / (清)陆鸣球,(清)徐允哲辑
清康熙三十九年(1700)刻本
1990年摄制. -- 1盘卷片(14.7米313拍)

1:10, 2B ；35mm银盐
收藏馆：缩微中心，辽宁

000O009676
法性禅院倡和诗：六卷续集六卷 / (清)周冷泉编
清康熙四十一年(1702)蕾卜楼刻本. -- 版框
高十七厘米宽十三厘米。
1989年摄制. -- 1盘卷片(9米169拍) ：1:10,
2B ；35mm银盐
收藏馆：缩微中心，广东

000O000422
华及堂视昔编：六卷 / (清)汪森辑
清康熙四十六年(1707)汪森刻本
1985年摄制. -- 1盘卷片(10.5米210拍) ：
1:10, 2B ；35mm银盐
收藏馆：缩微中心，国图

000O031242
华及堂视昔编：六卷 / (清)汪森辑
清康熙四十六年(1707)汪森刻本. -- 存四
卷：俞南史、徐崧、周箕、沈进。
2004年摄制. -- 1盘卷片(8米135拍) ：1:9,
2B ；35mm银盐
收藏馆：缩微中心，国图

000O017595
鸳湖倡和：二卷 / (清)杨廷璧辑
清康熙(1662-1722)刻本
1993年摄制. -- 1盘卷片(7米96拍) ：1:10,
2B ；35mm银盐
收藏馆：缩微中心，国图

000O010914
云山酬倡：不分卷 / (清)徐崧辑
清康熙(1662-1722)真竹斋聚远楼刻本
1989年摄制. -- 1盘卷片(11米224拍) ：
1:10, 2B ；35mm银盐
收藏馆：缩微中心，湖北

000O026280
红苗归化恭纪诗：一卷 / (清)达礼善辑
清康熙五十二年(1713)拳石堂刻本
1996年摄制. -- 1盘卷片(6米79拍) ：1:10,
2B ；35mm银盐
收藏馆：缩微中心，国图

000O027033
鹦湖花社诗：三卷 / (清)姚廷瓒,(清)于东旻,(清)
陆奎勋撰. 花龛诗：一卷 / (清)陆奎勋撰
清康熙(1662-1722)刻本
1997年摄制. -- 1盘卷片(4米31拍) ：1:10,
2B ；35mm银盐

收藏馆：缩微中心，国图

000O026523
祭挽汇录：二十二卷续录四卷
清康熙(1662-1722)刻本
1997年摄制. -- 2盘卷片(37米686拍)：
1:10，2B；35mm银盐
收藏馆：缩微中心，国图

000O028078
石林倡和诗：不分卷 / (清)许鼎,(清)陈学良撰
清康熙四十年(1701)刻本
1997年摄制. -- 1盘卷片(4米50拍)：1:10，
2B；35mm银盐
收藏馆：缩微中心，福建

000O022616
千叟宴诗：四卷 / (清)圣祖玄烨[等]撰
清康熙六十一年(1722)内府刻本
1995年摄制. -- 1盘卷片(16米326拍)：
1:10，2B；35mm银盐
收藏馆：缩微中心，天津

000O026524
衢谣征实集：四卷 / (清)邵干[等]辑
清康熙(1662-1722)紫琅刻本
1997年摄制. -- 1盘卷片(16米286拍)：
1:10，2B；35mm银盐
收藏馆：缩微中心，国图

000O028584
卫藏和声集：一卷 / (清)希斋,(清)太庵撰
清(1644-1911)抄本
1998年摄制. -- 1盘卷片(4米58拍)：1:10，
2B；35mm银盐
收藏馆：缩微中心，广东

000O000419
半春唱和诗：四卷 / (清)符曾[等]撰
清乾隆元年(1736)刻本. -- 撰者还有：(清)
唐学潮、(清)俞大受、(清)符元嘉。
1985年摄制. -- 1盘卷片(3.6米45拍)：
1:10，2B；35mm银盐
收藏馆：缩微中心，国图

000O008490
沽上题襟集：八卷 / (清)查为仁,(清)查学礼辑
清乾隆六年(1741)查为仁查学礼刻本. -- 存
四卷：卷五至卷八。
1988年摄制. -- 1盘卷片(6米97拍)：1:10，
2B；35mm银盐
收藏馆：缩微中心，国图

000O026965
韩江雅集：十二卷 / (清)全祖望[等]撰
清乾隆(1736-1795)刻本
1997年摄制. -- 1盘卷片(14米259拍)：
1:10，2B；35mm银盐
收藏馆：缩微中心，国图

000O001169
雪窗杂咏：一卷 / (清)允禧,(清)弘瞻撰
清乾隆(1736-1795)刻本
1985年摄制. -- 1盘卷片(3.4米40拍)：
1:10，2B；35mm银盐
收藏馆：缩微中心，国图

000O019682
程绵庄钱竹汀是仲明遗墨：不分卷 / (清)程廷
祚,(清)钱大昕,(清)是镜撰
清(1644-1911)稿本. -- (清)袁枚跋。
1994年摄制. -- 1盘卷片(3米10拍)：1:10，
2B；35mm银盐
收藏馆：缩微中心，国图

000O009039
苔岑集：二十四卷附二卷 / (清)王鸣盛辑
清乾隆三十二年(1767)三槐堂刻本
1988年摄制. -- 1盘卷片(25米458拍)：
1:10，2B；35mm银盐
收藏馆：缩微中心，湖北

000O010953
卜砚集：二卷；苏文忠公生日设祀诗：一卷 /
(清)毕沅辑
清乾隆四十九年(1784)毕氏经训堂刻本
1989年摄制. -- 1盘卷片(5米56拍)：1:10，
2B；35mm银盐
收藏馆：缩微中心，湖北

000O011576
三家长律诗钞：三卷 / (清)陆费墀撰
清乾隆二十三年(1758)刻本
1989年摄制. -- 1盘卷片(6米85拍)：1:10，
2B；35mm银盐
收藏馆：缩微中心，湖北

000O004179
古今青楼集选：□□卷 / (明)周公辅辑
明天启三年(1623)周公辅刻本. -- 存一卷：
卷一。
1986年摄制. -- 1盘卷片(5米67拍)：1:10，
2B；35mm银盐
收藏馆：缩微中心，国图

00O014781

古今青楼集选：四卷 / (明)周公辅辑

明天启三年(1623)刻套印本

1992年摄制. -- 1盘卷片(11米173拍) ：
1:10, 2B ；35mm银盐

收藏馆：缩微中心，国图

00O031957

古今青楼集选：四卷 / (明)周公辅辑

明天启三年(1623)刻套印本

2010年摄制. -- 1盘卷片(13米224拍) ：
1:11, 2B ；35mm银盐

收藏馆：缩微中心，国图

00O001237

帘钩倡和诗：不分卷 / (清)吴锡麒[等]撰

清乾隆(1736-1795)穆礼贤刻本

1985年摄制. -- 1盘卷片(3.8米52拍) ：
1:10, 2B ；35mm银盐

收藏馆：缩微中心，国图

00O010981

国朝律介：一卷 / (清)铁保辑

清乾隆六十年(1795)刻本

1989年摄制. -- 1盘卷片(6.5米118拍) ：
1:10, 2B ；35mm银盐

收藏馆：缩微中心，湖北

00O027764

上书房消寒诗录：一卷 / (清)叶观国[等]撰

清乾隆(1736-1795)诒晋斋刻本. -- 撰者还
有：(清)永惺等。

1997年摄制. -- 1盘卷片(3米24拍) ：1:10,
2B ；35mm银盐

收藏馆：缩微中心，国图

00O018253

清阁臣和纯庙御制诗折：不分卷 / (清)董诰[等]撰

清(1644-1911)稿本. -- 撰者还有：(清)阮元
等

1993年摄制. -- 1盘卷片(5米71拍) ：1:10,
2B ；35mm银盐

收藏馆：缩微中心，山东

00O026268

八砖吟馆刻烛集：二卷 / (清)阮元辑

清嘉庆(1796-1820)阮氏八砖吟馆刻本

1996年摄制. -- 1盘卷片(25米522拍) ：
1:10, 2B ；35mm银盐

收藏馆：缩微中心，国图

00O013646

朋旧及见录：不分卷 / (清)法式善辑

清(1644-1911)法式玉延秋馆抄本

1991年摄制. -- 1盘卷片(5米65拍) ：1:10,
2B ；35mm银盐

收藏馆：缩微中心，国图

00O013416

渊雅堂朋旧诗钞：不分卷 / (清)王芑孙辑

清(1644-1911)稿本

1991年摄制. -- 1盘卷片(8米127拍) ：1:10,
2B ；35mm银盐

收藏馆：缩微中心，国图

00O011671

本朝二十二家诗：不分卷 / (清)桂馥辑

清(1644-1911)抄本

1989年摄制. -- 1盘卷片(8米137拍) ：1:10,
2B ；35mm银盐

收藏馆：缩微中心，天津

00O010752

千叟宴诗：三十四卷首二卷 / (清)高宗弘历[等]撰

清乾隆五十年(1785)武英殿刻本

1989年摄制. -- 3盘卷片(79米1628拍) ：
1:10, 2B ；35mm银盐

收藏馆：缩微中心，天津

00O011812

千叟宴诗：三十四卷 / (清)高宗弘历[等]撰

清嘉庆元年(1796)武英殿刻本. -- 武英殿聚
珍版，与八旬万寿盛典同匣。

1990年摄制. -- 2盘卷片(62米1300拍) ：
1:10, 2B ；35mm银盐

收藏馆：缩微中心，天津

00O028646

觐莘集诗：一卷 / (清)王随悦编

清乾隆十五年(1750)刻本

1998年摄制. -- 1盘卷片(5米68拍) ：1:10,
2B ；35mm银盐

收藏馆：缩微中心，广东

00O000835

同林倡和：一卷 / (清)赵信撰

清乾隆(1736-1795)刻本

1985年摄制. -- 1盘卷片(3.8米53拍) ：
1:10, 2B ；35mm银盐

收藏馆：缩微中心，国图

00O020306

同林倡和：一卷 / (清)赵信辑

清乾隆(1736-1795)刻本
1994年摄制. -- 1盘卷片(3米30拍)：1:10,
2B；35mm银盐
收藏馆：缩微中心，国图

00O023799
天台齐氏家藏清代名人诗稿：不分卷
稿本
1995年摄制. -- 1盘卷片(3米34拍)：1:10,
2B；35mm银盐
收藏馆：缩微中心，浙江

00O030174
时斋唱和诗：不分卷 / (清)张允和撰；(清)张锡麟辑；(清)张名扬,(清)纪臣甫校
清乾隆三十三年(1768)时斋刻本
2001年摄制. -- 1盘卷片(6.3米95拍)：
1:10, 2B；35mm银盐
收藏馆：缩微中心，厦门

00O015485
沈蘧翁寿杯歌：一卷 / (清)吴骞辑
清(1644-1911)抄本
1993年摄制. -- 1盘卷片(3米13拍)：1:10,
2B；35mm银盐
收藏馆：缩微中心，国图

00O015946
桐阴小牍：一卷 / (清)吴骞辑
清(1644-1911)抄本
1993年摄制. -- 1盘卷片(3米11拍)：1:10,
2B；35mm银盐
收藏馆：缩微中心，国图

00O028386
蜀游诗抄：六卷 / (清)陆炳辑
清乾隆三十九年(1774)且朴堂刻本
1997年摄制. -- 1盘卷片(8.7米160拍)：
1:10, 2B；35mm银盐
收藏馆：缩微中心，福建

00O023795
西碛探梅倡和诗：一卷 / (清)郑栋,(清)王昭嗣撰；(清)奚冈绘图
清(1644-1911)稿本. -- (清)王昭嗣跋。
1995年摄制. -- 1盘卷片(3米35拍)：1:10,
2B；35mm银盐
收藏馆：缩微中心，浙江

00O003343
桐溪三家诗余：三卷
清(1644-1911)陈敬璋抄本
1986年摄制. -- 1盘卷片(3.2米41拍)：

1:10, 2B；35mm银盐
收藏馆：缩微中心，国图

00O027635
霜哺遗音：六卷 / (清)袁廷梼辑
清嘉庆(1796-1820)卧雪草堂刻本
1997年摄制. -- 1盘卷片(7米101拍)：1:10,
2B；35mm银盐
收藏馆：缩微中心，国图

00O026529
渚山楼牡丹分咏：一卷 / (清)潘学诗[等]撰
清(1644-1911)抄本. -- 撰者还有：(清)陈鳣等。(清)曹宗载、(清)高惟峻跋。
1997年摄制. -- 1盘卷片(4米49拍)：1:10,
2B；35mm银盐
收藏馆：缩微中心，国图

00O013620
清代名人诗笺：不分卷 / (清)屠倬[等]撰
清(1644-1911)稿本. -- 撰者还有：(清)陈文述等。
1991年摄制. -- 1盘卷片(3米24拍)：1:10,
2B；35mm银盐
收藏馆：缩微中心，国图

00O001183
雪南倡和编：三卷 / (清)陈銮[等]撰
清嘉庆二十五年(1820)陈氏说剑楼刻本. -- 撰者还有：(清)王直渊、(清)温日鉴、(清)陈经。
1985年摄制. -- 1盘卷片(5米65拍)：1:10,
2B；35mm银盐
收藏馆：缩微中心，国图

00O020019
长洲陶凫芗小象诗册：一卷 / (清)何绍基[等]撰
清(1644-1911)稿本. -- 著者还有：(清)黄爵滋、(清)祁寯藻、(清)邵懿辰等。
1994年摄制. -- 1盘卷片(3米27拍)：1:10,
2B；35mm银盐
收藏馆：缩微中心，国图

00O018978
绿云山房二卿诗草：□□卷 / (清)劳蓉君,(清)陈锦撰
清(1644-1911)稿本. -- 存二卷：卷一至卷二。(清)周菊伍跋。
1993年摄制. -- 1盘卷片(4米51拍)：1:10,
2B；35mm银盐
收藏馆：缩微中心，山东

000〇024799
国朝两浙校官诗录：十八卷附编一卷 / (清)许正绶辑
清(1644-1911)谢莱节抄本
1995年摄制. -- 1盘卷片(6米94拍) ：1:10,
2B ；35mm银盐
收藏馆：缩微中心，浙江

000〇010970
清尊集：十六卷 / (清)汪远孙辑
清道光十九年(1839)振绮堂刻本
1989年摄制. -- 1盘卷片(17米347拍) ：
1:10, 2B ；35mm银盐
收藏馆：缩微中心，湖北

000〇028961
劫余所见诗录前编：一百十七种 / (清)叶廷琯辑
清(1644-1911)稿本
1998年摄制. -- 4盘卷片(87米1649拍) ：
1:10, 2B ；35mm银盐
收藏馆：缩微中心，苏州

000〇016582
研樵山房倡和诗存：二卷 / (清)董文焕,(清)翁同龢撰
清(1644-1911)稿本
1993年摄制. -- 1盘卷片(4.7米77拍) ：
1:10, 2B ；35mm银盐
收藏馆：缩微中心，山西

000〇017875
同声集：十四卷 / (清)王振纲辑
清(1644-1911)抄本
1993年摄制. -- 1盘卷片(8米141拍) ：1:10,
2B ；35mm银盐
收藏馆：缩微中心，国图

000〇014027
咸同间名人诗笺：不分卷 / (清)李慈铭[等]撰
清(1644-1911)稿本. -- 撰者还有：(清)陶方琦等。
1991年摄制. -- 1盘卷片(4米30拍) ：1:10,
2B ；35mm银盐
收藏馆：缩微中心，国图

000〇010822
五七言古诗钞：不分卷 / (清)王先谦辑
清(1644-1911)王先谦抄本
1989年摄制. -- 1盘卷片(4米57拍) ：1:10,
2B ；35mm银盐
收藏馆：缩微中心，湖南

000〇009197
国朝骈体正宗：十二卷 / (清)曾燠辑
清嘉庆十一年(1806)曾氏赏雨茅屋刻本
1988年摄制. -- 1盘卷片(21米436拍) ：
1:10, 2B ；35mm银盐
收藏馆：缩微中心，湖南

000〇028951
国朝骈体正宗续编：八卷 / (清)张鸣珂集
清(1644-1911)稿本
1998年摄制. -- 1盘卷片(19米345拍) ：
1:10, 2B ；35mm银盐
收藏馆：缩微中心，苏州

000〇010210
本朝馆阁赋：前集十二卷后集七卷补遗一卷附录一卷 / (清)叶抱崧[等]编
清乾隆二十九年至三十三年(1764-1768)团学斋精刻本. -- 本书还装订有：稻香楼试帖二卷/(清)程琰撰。
1989年摄制. -- 2盘卷片(49米1078拍) ：
1:10, 2B ；35mm银盐
收藏馆：缩微中心，天津

000〇019777
今文选：八卷 / (清)陈维崧,(清)冒禾书,(清)冒丹书辑
清初(1644-1722)刻本
1994年摄制. -- 1盘卷片(21米408拍) ：
1:10, 2B ；35mm银盐
收藏馆：缩微中心，国图

000〇017593
燕台文选初集：八卷 / (清)田茂遇辑
清顺治十三年(1656)松筠山房刻本
1993年摄制. -- 2盘卷片(40米711拍) ：
1:10, 2B ；35mm银盐
收藏馆：缩微中心，国图

000〇011442
皇清文颖：一百卷首二十四卷目录六卷 / (清)张廷玉[等]辑
清乾隆十二年(1747)武英殿刻本
1989年摄制. -- 6盘卷片(173.9米3919拍) ：
1:10, 2B ；35mm银盐
收藏馆：缩微中心，辽宁

000〇011439
皇清文颖续编：一百八卷首五十六卷目录十卷 / (清)董诰[等]辑
清嘉庆十五年(1810)武英殿刻本
1989年摄制. -- 12盘卷片(365.7米8280拍) ：
1:10, 2B ；35mm银盐

收藏馆：缩微中心，辽宁

000O026287
文漱初编：二十卷首一卷 / (清)钱肃润辑
清康熙(1662-1722)钱氏十峰草堂刻本
1997年摄制. -- 3盘卷片（70米1417拍）：
1:10, 2B ; 35mm银盐
收藏馆：缩微中心，国图

000O001111
传经堂集：十卷 / (清)卓天寅辑
清康熙(1662-1722)刻本
1985年摄制. -- 1盘卷片（7.2米129拍）：
1:10, 2B ; 35mm银盐
收藏馆：缩微中心，国图

000O001161
今文大篇：二十卷 / (清)诸匡鼎辑
清康熙三十三年(1694)诸氏说诗堂刻本
1985年摄制. -- 1盘卷片（22.3米491拍）：
1:10, 2B ; 35mm银盐
收藏馆：缩微中心，国图

000O023790
吕晚村评选四书文六十六篇：不分卷 / (清)吕留良辑评
清(1644-1911)抄本. -- 清乾隆三十二年(1767)丁吉臣跋。
1995年摄制. -- 1盘卷片（9米151拍）：1:10,
2B ; 35mm银盐
收藏馆：缩微中心，浙江

000O028511
闻鹤轩录见汇抄：三卷附刊二卷 / (清)卢粲辑
清雍正四年(1726)刻本
1997年摄制. -- 1盘卷片（10.7米214拍）：
1:10, 2B ; 35mm银盐
收藏馆：缩微中心，泉州

000O000031
切问斋文钞：三十卷 / (清)陆耀辑
清乾隆四十年(1775)刻本
1986年摄制. -- 2盘卷片（43.3米923拍）：
1:10, 2B ; 35mm银盐
收藏馆：缩微中心，山西

000O020948
今文粹编：八卷 / (清)赵熟典辑
清乾隆五十一年(1786)刻本
1994年摄制. -- 2盘卷片（50.2米1078拍）：
1:10, 2B ; 35mm银盐
收藏馆：缩微中心，山西

000O010441
国朝文钞：初编不分卷二编不分卷三编不分卷四编不分卷五编不分卷 / (清)高嵋辑
清乾隆五十一年(1786)刻本
1989年摄制. -- 4盘卷片（126米2793拍）：
1:10, 2B ; 35mm银盐
收藏馆：缩微中心，天津

000O015937
汪义妇辞：一卷 / (清)吴骞辑
清(1644-1911)抄本
1993年摄制. -- 1盘卷片（3米10拍）：1:10,
2B ; 35mm银盐
收藏馆：缩微中心，国图

000O015648
张杨园先生寒风伫立图题跋：不分卷 / (清)潘奕隽[等]撰
清(1644-1911)稿本. -- 撰者还有：(清)李遇孙等。
1993年摄制. -- 1盘卷片（4米45拍）：1:10,
2B ; 35mm银盐
收藏馆：缩微中心，国图

000O014610
琼贻副墨：四十六卷 / (清)姚燮辑
清(1644-1911)稿本
1992年摄制. -- 2盘卷片（43米866拍）：
1:10, 2B ; 35mm银盐
收藏馆：缩微中心，国图

000O018976
静远草堂杂钞：不分卷 / (清)周乐清辑
清(1644-1911)稿本. -- (清)周菊伍跋。
1993年摄制. -- 1盘卷片（7米111拍）：1:10,
2B ; 35mm银盐
收藏馆：缩微中心，山东

000O020120
红叶馆话别图题词：一卷附录一卷 / (清)陈明远辑
清光绪(1875-1908)刻本
1994年摄制. -- 1盘卷片（4米38拍）：1:10,
2B ; 35mm银盐
收藏馆：缩微中心，国图

000O013502
人海诗区：四卷
清(1644-1911)抄本. -- (清)彭元瑞、傅增湘跋。
1991年摄制. -- 2盘卷片（44米869拍）：
1:10, 2B ; 35mm银盐
收藏馆：缩微中心，国图

00O027306
南和十二景诗：一卷 / (清)周鐈,(清)魏裔介[等]撰
清康熙(1662-1722)刻本
1997年摄制. -- 1盘卷片(3米25拍) ：1:10,
2B ；35mm银盐
收藏馆：缩微中心，国图

00O017238
津门诗钞：三十卷 / (清)梅成栋撰
清道光四年(1824)思诚书屋刻本. -- 钤"谦
益堂""贾廷琳印"印。(清)高凌雯校并跋。
1993年摄制. -- 2盘卷片(36米762拍) ：
1:10, 2B ；35mm银盐
收藏馆：缩微中心，天津

00O017801
沽上梅花诗社存稿：二十卷 / (清)王崇绶辑
清(1644-1911)抄本. -- 存十六卷：卷一至卷
十一、卷十六至卷二十。
1993年摄制. -- 1盘卷片(15米315拍) ：
1:10, 2B ；35mm银盐
收藏馆：缩微中心，天津

00O016585
畿辅明诗：十卷 / (清)王崇简辑
清顺治十七年(1660)刻本
1993年摄制. -- 1盘卷片(13.6米278拍) ：
1:10, 2B ；35mm银盐
收藏馆：缩微中心，山西

00O020628
河汾诸老诗集：八卷 / (元)房祺辑
明(1368-1644)毛氏汲古阁刻本. -- 四库底
本。
1994年摄制. -- 1盘卷片(5米75拍) ：1:10,
2B ；35mm银盐
收藏馆：缩微中心，国图

00O016581
河汾诸老诗集：八卷 / (元)房祺辑
清乾隆四十三年(1778)汾阳敬翼堂刻本
1993年摄制. -- 1盘卷片(4.7米76拍) ：
1:10, 2B ；35mm银盐
收藏馆：缩微中心，山西

00O021051
河汾诸老诗集：八卷 / (元)房祺辑；(清)曹学敏补传
清乾隆四十三年(1778)曹氏敬翼堂刻本
1994年摄制. -- 1盘卷片(5米60拍) ：1:10,
2B ；35mm银盐
收藏馆：缩微中心，国图

00O016391
河汾诸老诗集：八卷 / (元)房祺辑
清(1644-1911)小辋川抄本
1993年摄制. -- 1盘卷片(4米47拍) ：1:10,
2B ；35mm银盐
收藏馆：缩微中心，国图

00O015188
河汾诸老诗集：八卷 / (元)房祺辑．万柳溪边旧话：一卷 / (元)尤玘撰
清(1644-1911)抄本
1992年摄制. -- 1盘卷片(5米61拍) ：1:10,
2B ；35mm银盐
收藏馆：缩微中心，国图

00O022898
晋诗选雅：九卷附录一卷 / (明)吕阳辑
明万历八年(1580)刻本. -- 版框高十九厘米
宽十四厘米。
1995年摄制. -- 1盘卷片(20米425拍) ：
1:10, 2B ；35mm银盐
收藏馆：缩微中心，广东

00O006495
清源文献：十八卷 / (明)何炯辑
明万历二十五年(1597)程朝京刻本
1987年摄制. -- 2盘卷片(48米1055拍) ：
1:10, 2B ；35mm银盐
收藏馆：缩微中心，国图

00O001653
清源文献：十八卷 / (明)何炯辑
明万历(1573-1620)刻本. -- 存十六卷：卷三
至卷十八。
1986年摄制. -- 2盘卷片(42米923拍) ：
1:10, 2B ；35mm银盐
收藏馆：缩微中心，国图

00O016586
晋四人诗：四卷 / (清)戴廷栻辑
清顺治(1644-1661)戴廷栻刻本
1993年摄制. -- 1盘卷片(8.5米162拍) ：
1:10, 2B ；35mm银盐
收藏馆：缩微中心，山西

00O011161
绵山四山人诗集：十卷 / (清)董柴辑
清乾隆二十四年(1759)半壁山房刻本
1989年摄制. -- 1盘卷片(15.2米315拍) ：
1:10, 2B ；35mm银盐
收藏馆：缩微中心，祁县

00O017246
蒲溪吟社三家诗钞：四卷 / (清)顾贻禄编
清(1644-1911)平岚书屋抄本. -- 包括：雪严诗钞一卷、双溪诗钞一卷续钞一卷、西轩诗钞一卷。
1995年摄制. -- 1盘卷片(10米166拍)：1:10, 2B；35mm银盐
收藏馆：缩微中心，天津

00O013060
北岳庙集：十一卷
明万历(1573-1620)刻蓝印本
1991年摄制. -- 1盘卷片(9米162拍)：1:10, 2B；35mm银盐
收藏馆：缩微中心，国图

00O027846
少微庄乐隐集：一卷；名公倡和集：一卷 / (明)刘亮采辑
明天启(1621-1627)刘昭德刻本
1997年摄制. -- 1盘卷片(3米25拍)：1:10, 2B；35mm银盐
收藏馆：缩微中心，国图

00O010744
明练章续集：十卷首一卷末一卷 / (清)王辅铭辑
清雍正(1723-1735)尔雅堂精刻本
1989年摄制. -- 1盘卷片(17米345拍)：1:10, 2B；35mm银盐
收藏馆：缩微中心，天津

00O010750
国朝练音初集：十卷首一卷末一卷 / (清)王辅铭辑
清乾隆八年(1743)飞霞阁精刻本
1989年摄制. -- 1盘卷片(16米335拍)：1:10, 2B；35mm银盐
收藏馆：缩微中心，天津

00O000581
练音集补：四卷首一卷附卷一卷外卷一卷 / (明)翟校辑；(清)王辅铭补辑
清乾隆八年(1743)金尚菉刻本
1985年摄制. -- 1盘卷片(7.2米126拍)：1:10, 2B；35mm银盐
收藏馆：缩微中心，国图

00O025877
国朝海上诗钞：八卷初续集二卷首一卷末一卷 / (清)曹锡辰辑
清乾隆三十三年(1768)刻本
1996年摄制. -- 1盘卷片(14米260拍)：1:10, 2B；35mm银盐

收藏馆：缩微中心，浙江

00O026292
云间棠溪诗选：八卷 / (清)陶悰[等]撰
清初(1644-1722)刻本. -- 撰者还有：(清)董黄等。
1996年摄制. -- 1盘卷片(12米212拍)：1:10, 2B；35mm银盐
收藏馆：缩微中心，国图

00O022866
嘉定四先生集：九十二卷 / (清)谢三宾编
明崇祯(1628-1644)谢三宾刻清康熙三十三年(1694)陆廷灿重修本
1995年摄制. -- 4盘卷片(108米2160拍)：1:10, 2B；35mm银盐
收藏馆：缩微中心，南京

00O009945
吴风：二卷 / (清)宋荦选评
清康熙三十三年(1694)精刻本
1989年摄制. -- 1盘卷片(6米99拍)：1:10, 2B；35mm银盐
收藏馆：缩微中心，天津

00O020755
吴风：二卷 / (清)宋荦辑
清康熙三十三年(1694)刻本
1994年摄制. -- 1盘卷片(6米79拍)：1:10, 2B；35mm银盐
收藏馆：缩微中心，国图

00O005055
江左三大家诗钞：九卷 / (清)顾有孝,(清)赵沄编
清康熙(1662-1722)绿荫堂刻本
1986年摄制. -- 1盘卷片(16米328拍)：1:10, 2B；35mm银盐
收藏馆：缩微中心，国图

00O010742
江左十五子诗选：十五卷 / (清)宋荦辑
清康熙四十二年(1703)精刻本. -- 本书为连卷。
1989年摄制. -- 1盘卷片(23米495拍)：1:10, 2B；35mm银盐
收藏馆：缩微中心，天津

00O000517
淮安诗城：八卷 / (清)邱象随辑
清初(1644-1722)刻本
1985年摄制. -- 1盘卷片(13.1米276拍)：1:10, 2B；35mm银盐
收藏馆：缩微中心，国图

000O024146

山阳耆旧诗：不分卷 / (清)吴玉搢辑；(清)吴进续辑

清(1644-1911)抄本

1996年摄制. -- 1盘卷片（14米270拍）：1:10, 2B；35mm银盐

收藏馆：缩微中心，湖北

000O013236

山阳耆旧诗：不分卷 / (清)吴玉搢辑

清(1644-1911)抄本

1991年摄制. -- 1盘卷片（26米518拍）：1:10, 2B；35mm银盐

收藏馆：缩微中心，南京

000O017354

山阳耆旧诗：不分卷 / (清)吴玉搢辑

清(1644-1911)抄本

1993年摄制. -- 1盘卷片（14米268拍）：1:10, 2B；35mm银盐

收藏馆：缩微中心，国图

000O021106

影园瑶华集：三卷 / (明)郑元勋辑

清乾隆二十七年(1762)郑开基拜影楼刻本

1994年摄制. -- 1盘卷片(5米56拍)：1:10, 2B；35mm银盐

收藏馆：缩微中心，国图

000O031732

影园瑶华集：三卷 / (明)郑元勋辑

清乾隆二十七年(1762)郑开基拜影楼刻本

2005年摄制. -- 1盘卷片(4米70拍)：1:10, 2B；35mm银盐

收藏馆：缩微中心，国图

000O017882

扬州东园题咏：四卷 / (清)贺君召辑

清乾隆十一年(1746)刻本. -- 郑振铎跋。

1993年摄制. -- 1盘卷片(7米102拍)：1:10, 2B；35mm银盐

收藏馆：缩微中心，国图

000O007133

霅湖联吟集：七卷 / (清)李光国辑

清乾隆(1736-1795)刻本

1987年摄制. -- 1盘卷片（19.3米412拍）：1:9, 2B；35mm银盐

收藏馆：缩微中心，重庆

000O003203

象求集：五卷二集三卷三集一卷 / (清)刘宝楠辑

清(1644-1911)稿本

1986年摄制. -- 1盘卷片（12米249拍）：1:10, 2B；35mm银盐

收藏馆：缩微中心，国图

000O014339

海陵诗汇：二十二卷 / (清)邹熊辑

清道光二十一年至二十二年(1841-1842)□文田砚乡抄本

1992年摄制. -- 1盘卷片（25米495拍）：1:10, 2B；35mm银盐

收藏馆：缩微中心，国图

000O022970

天平志：六卷 / (明)释宗鬯辑

清(1644-1911)抄本

1995年摄制. -- 1盘卷片（10米170拍）：1:10, 2B；35mm银盐

收藏馆：缩微中心，国图

000O031112

甫里逸诗：二卷；[甫里]逸文：一卷闻见集一卷诗文选一卷 / (清)周秉鉴辑 . 易安诗稿：一卷 / (清)周秉鉴撰

清乾隆五十年(1785)周氏易安书屋活字印本. -- 还有合刻著作：竹素园诗选二卷/(清)许廷铼撰。

2004年摄制. -- 1盘卷片（19米386拍）：1:9, 2B；35mm银盐

收藏馆：缩微中心，国图

000O001051

甫里逸诗：二卷；甫里倡酬集：一卷,[甫里]逸文：一卷闻见集一卷诗文选一卷 / (清)周秉鉴辑

清乾隆五十八年(1793)易安书屋活字印本

1985年摄制. -- 1盘卷片（16.4米351拍）：1:10, 2B；35mm银盐

收藏馆：缩微中心，国图

000O017582

甫里逸诗：二卷 / (清)周秉鉴辑

清乾隆五十八年(1793)易安书屋活字印本

1993年摄制. -- 1盘卷片（12米212拍）：1:10, 2B；35mm银盐

收藏馆：缩微中心，国图

000O028890

吴郡甫里诗编：十二卷；国朝甫里诗编：八卷 / (清)徐达源辑

清(1644-1911)稿本

1998年摄制. -- 1盘卷片（30米609拍）：1:10, 2B；35mm银盐

收藏馆：缩微中心，苏州

00O028737
包山集：四卷 / (明)蔡云程辑
明万历二十九年(1601)刻本
1998年摄制. -- 1盘卷片(10米181拍) ：
1:10, 2B ；35mm银盐
收藏馆：缩微中心，苏州

00O017335
七十二峰足征集：八十八卷 / (清)吴定璋辑
清乾隆十年(1745)吴氏依绿园刻本
1993年摄制. -- 4盘卷片(118米2428拍) ：
1:10, 2B ；35mm银盐
收藏馆：缩微中心，国图

00O000605
七十二峰足征集：八十八卷文集十五卷 / (清)吴
定璋辑
清乾隆(1736-1795)刻本
1985年摄制. -- 4盘卷片(113.1米2334拍) ：
1:10, 2B ；35mm银盐
收藏馆：缩微中心，国图

00O012558
湖山灵秀集：十六卷 / (清)席玕辑
清乾隆二十一年(1756)凝和堂刻本
1990年摄制. -- 1盘卷片(18米391拍) ：
1:10, 2B ；35mm银盐
收藏馆：缩微中心，辽宁

00O020470
林屋唱酬录：五卷 / (清)马曰琯[等]撰
清乾隆(1736-1795)刻本. -- 撰者还有：(清)
马曰璐、(清)陈章、(清)闵华、(清)楼锜。
1994年摄制. -- 1盘卷片(4米41拍) ：1:10,
2B ；35mm银盐
收藏馆：缩微中心，国图

00O003924
吴都文粹：十卷 / (宋)郑虎臣辑
明(1368-1644)抄本. -- 存三卷：卷六至卷
八。
1986年摄制. -- 1盘卷片(10米183拍) ：
1:10, 2B ；35mm银盐
收藏馆：缩微中心，国图

00O013240
吴都文粹：十卷 / (宋)郑虎臣辑
清康熙(1662-1722)钱枚抄本. -- (清)宋宾
王、(清)黄丕烈校跋，(清)丁丙跋。
1991年摄制. -- 1盘卷片(23米556拍) ：
1:10, 2B ；35mm银盐
收藏馆：缩微中心，南京

00O005870
吴都文粹：十卷 / (宋)郑虎臣辑
清(1644-1911)抄本
1987年摄制. -- 1盘卷片(24.6米547拍) ：
1:10, 2B ；35mm银盐
收藏馆：缩微中心，国图

00O014128
吴都文粹：十卷 / (宋)郑虎臣辑
清(1644-1911)抄本. -- 四库底本。
1992年摄制. -- 1盘卷片(24米496拍) ：
1:10, 2B ；35mm银盐
收藏馆：缩微中心，国图

00O009192
吴都文粹：十卷 / (宋)郑虎臣辑
清(1644-1911)活字印本
1988年摄制. -- 1盘卷片(25米527拍) ：
1:10, 2B ；35mm银盐
收藏馆：缩微中心，湖南

00O010951
吴都文粹：十卷 / (宋)郑虎臣辑
清(1644-1911)活字印本. -- 附：吴都文粹校
记/潘乘弼撰。(清)华湛恩校并跋。
1989年摄制. -- 1盘卷片(27.5米542拍) ：
1:10, 2B ；35mm银盐
收藏馆：缩微中心，湖北

00O012931
吴都文粹：十卷 / (宋)郑虎臣辑
清(1644-1911)活字印本. -- (清)季锡畴录
(清)宋宾王校跋。
1991年摄制. -- 1盘卷片(25米536拍) ：
1:10, 2B ；35mm银盐
收藏馆：缩微中心，南京

00O016072
吴都文粹：十卷 / (宋)郑虎臣辑
清(1644-1911)活字印本. -- 章钰校跋并录
(清)李希望、(清)钱枚、邓邦述题识。
1993年摄制. -- 1盘卷片(25米496拍) ：
1:10, 2B ；35mm银盐
收藏馆：缩微中心，国图

00O013251
吴都文粹续集：五十六卷补遗二卷 / (明)钱谷辑
清(1644-1911)抄本. -- (清)丁丙跋。
1991年摄制. -- 5盘卷片(121米2890拍) ：
1:10, 2B ；35mm银盐
收藏馆：缩微中心，南京

000O014130

吴都文粹续集：五十六卷补遗一卷 / (明)钱谷辑

清(1644-1911)抄本. -- 四库底本。存五十五卷：卷一至卷五十二、卷五十五至卷五十六，补遗一卷。

1992年摄制. -- 5盘卷片(113米2606拍) : 1:10, 2B ; 35mm银盐

收藏馆：缩微中心，国图

000O002961

玉山名胜集：一卷外集一卷 / (元)顾瑛辑

清(1644-1911)抄本. -- (清)黄廷鉴校并跋。

1986年摄制. -- 1盘卷片(13米270拍) : 1:10, 2B ; 35mm银盐

收藏馆：缩微中心，国图

000O007435

玉山名胜集：二卷 / (元)顾瑛辑

清(1644-1911)抄本

1987年摄制. -- 1盘卷片(9米162拍) : 1:10, 2B ; 35mm银盐

收藏馆：缩微中心，国图

000O025955

玉山名胜外集：二卷 / (元)顾瑛辑．玉山纪游：一卷 / (明)袁华辑

清(1644-1911)抄本. -- (清)丁申、(清)丁丙跋。

1996年摄制. -- 1盘卷片(5米64拍) : 1:10, 2B ; 35mm银盐

收藏馆：缩微中心，南京

000O022192

玉山名胜集：四卷 / (元)顾瑛辑

清(1644-1911)抄本

1995年摄制. -- 1盘卷片(15米275拍) : 1:10, 2B ; 35mm银盐

收藏馆：缩微中心，国图

000O005145

玉山名胜集：二十六卷外集二卷 / (元)顾瑛辑

清(1644-1911)抄本. -- (清)鲍廷博校。

1986年摄制. -- 1盘卷片(12.5米261拍) : 1:10, 2B ; 35mm银盐

收藏馆：缩微中心，国图

000O013930

玉山名胜集：不分卷 / (元)顾瑛辑

清(1644-1911)抄本

1992年摄制. -- 1盘卷片(7米107拍) : 1:10, 2B ; 35mm银盐

收藏馆：缩微中心，国图

000O015398

玉山名胜外集：二卷 / (元)顾瑛辑

清雍正九年(1731)戴范云抄本

1992年摄制. -- 1盘卷片(5米64拍) : 1:10, 2B ; 35mm银盐

收藏馆：缩微中心，国图

000O022186

昆山杂咏：六卷 / (明)王理之辑

明嘉靖二十年(1541)孟绍曾刻本. -- (清)陆梅圈评并跋。

1995年摄制. -- 1盘卷片(6米92拍) : 1:10, 2B ; 35mm银盐

收藏馆：缩微中心，国图

000O016978

昆山杂咏：二十八卷 / (明)俞允文辑

明隆庆四年(1570)孟绍曾刻本. -- 郑振铎跋。

1993年摄制. -- 1盘卷片(16米301拍) : 1:10, 2B ; 35mm银盐

收藏馆：缩微中心，国图

000O005385

玉峰诗纂：六卷 / (明)周复俊辑

明隆庆六年(1572)孟绍曾刻本

1986年摄制. -- 1盘卷片(10.5米212拍) : 1:10, 2B ; 35mm银盐

收藏馆：缩微中心，国图

000O028223

昆山诗征稿：前集二卷后集二卷续集一卷附集一卷 / (清)潘道根辑

清(1644-1911)稿本

1997年摄制. -- 1盘卷片(14米238拍) : 1:10, 2B ; 35mm银盐

收藏馆：缩微中心，苏州

000O010743

海虞诗苑：十八卷 / (清)王应奎辑

清乾隆二十四年(1759)精刻本

1989年摄制. -- 1盘卷片(23米488拍) : 1:10, 2B ; 35mm银盐

收藏馆：缩微中心，天津

000O025606

虞山四子集：四卷 / (清)王材任编

清乾隆(1736-1795)刻本

1996年摄制. -- 1盘卷片(7米111拍) : 1:10, 2B ; 35mm银盐

收藏馆：缩微中心，浙江

00O020095
增辑唐墅诗存：四卷 / (清)谭天成辑
清(1644-1911)抄本
1994年摄制. -- 1盘卷片(14米251拍) ：
1:10, 2B ; 35mm银盐
收藏馆：缩微中心，国图

00O005338
古虞文录：二卷文章表录一卷 / (明)杨仪辑
清(1644-1911)抄本
1986年摄制. -- 1盘卷片(7米115拍) ：1:10,
2B ; 35mm银盐
收藏馆：缩微中心，国图

00O003313
海虞文苑：二十四卷 / (明)张应遴辑
明万历(1573-1620)刻本
1986年摄制. -- 2盘卷片(44米958拍) ：
1:10, 2B ; 35mm银盐
收藏馆：缩微中心，国图

00O007349
海虞文苑：二十四卷 / (明)张应遴辑
明万历(1573-1620)刻本
1987年摄制. -- 2盘卷片(45米973拍) ：
1:10, 2B ; 35mm银盐
收藏馆：缩微中心，国图

00O002296
虞邑遗文录：十卷补集五卷 / (清)陈揆辑
清(1644-1911)稿本. -- 存九卷：卷五至卷
十、补集卷二至卷四。
1986年摄制. -- 1盘卷片(11米228拍) ：
1:10, 2B ; 35mm银盐
收藏馆：缩微中心，国图

00O005115
虞邑遗文录：十卷补集六卷 / (清)陈揆辑
清道光二十八年(1848)翁心存陔华吟馆抄
本. -- (清)翁心存校并跋。
1986年摄制. -- 1盘卷片(5米33拍) ：1:10,
2B ; 35mm银盐
收藏馆：缩微中心，国图

00O032049
虞邑遗文录：十卷补集六卷 / (清)陈揆辑
清道光二十八年(1848)翁心存陔华吟馆抄
本. -- 十行二十一字蓝格白口左右双边。
(清)翁心存校并跋。
2011年摄制. -- 1盘卷片(20米356拍) ：
1:12, 2B ; 35mm银盐
收藏馆：缩微中心，国图

00O010740
国朝松陵诗征：二十卷 / (清)袁景辂辑
清乾隆三十二年(1767)爱吟斋精刻本
1989年摄制. -- 1盘卷片(24米534拍) ：
1:10, 2B ; 35mm银盐
收藏馆：缩微中心，天津

00O026291
于野集：十卷 / (清)王原辑
清康熙(1662-1722)遂安堂刻本
1996年摄制. -- 1盘卷片(13米228拍) ：
1:10, 2B ; 35mm银盐
收藏馆：缩微中心，国图

00O010748
松风余韵：五十卷末一卷 / (清)姚弘绪辑
清乾隆八年(1743)精刻本
1989年摄制. -- 2盘卷片(53米1186拍) ：
1:10, 2B ; 35mm银盐
收藏馆：缩微中心，天津

00O000975
太仓十子诗选：十卷 / (清)吴伟业辑
清顺治(1644-1661)刻本
1985年摄制. -- 1盘卷片(9.5米188拍) ：
1:10, 2B ; 35mm银盐
收藏馆：缩微中心，国图

00O001209
太仓十子诗选：十卷 / (清)吴伟业辑
清顺治(1644-1661)刻本
1985年摄制. -- 1盘卷片(9.7米194拍) ：
1:10, 2B ; 35mm银盐
收藏馆：缩微中心，国图

00O021635
太仓十子诗选：十卷 / (清)吴伟业辑
清顺治(1644-1661)刻本
1995年摄制. -- 1盘卷片(11米183拍) ：
1:10, 2B ; 35mm银盐
收藏馆：缩微中心，国图

00O025953
南园风雅：二卷 / (清)王恭辑
清乾隆(1736-1795)王氏小山堂刻本
1996年摄制. -- 1盘卷片(7米104拍) ：1:10,
2B ; 35mm银盐
收藏馆：缩微中心，南京

00O010755
娄东诗派：二十八卷 / (清)汪学金辑
清嘉庆九年(1804)诗志斋刻本
1989年摄制. -- 2盘卷片(49米1046拍) ：

1:10, 2B ; 35mm银盐
收藏馆：缩微中心，天津

000O013076
太仓文略：四卷 / (明)陆之裘辑
明嘉靖二十二年(1543)王梦祥刻本
1991年摄制. -- 1盘卷片(8米116拍) : 1:10,
2B ; 35mm银盐
收藏馆：缩微中心，国图

000O016846
毗陵六逸诗钞：二十四卷 / (清)孙谠编
清康熙五十六年(1717)敬义堂刻本
1993年摄制. -- 1盘卷片(20米466拍) :
1:10, 2B ; 35mm银盐
收藏馆：缩微中心，国图

000O000922
毗陵六逸诗钞：二十四卷 / (清)孙谠编
清康熙五十六年(1717)寿南堂刻本
1985年摄制. -- 1盘卷片(19米415拍) :
1:10, 2B ; 35mm银盐
收藏馆：缩微中心，国图

000O002213
锡山遗响：十卷 / (明)莫息,(明)潘继芳辑
明正德(1506-1521)刻本
1986年摄制. -- 1盘卷片(9米167拍) : 1:10,
2B ; 35mm银盐
收藏馆：缩微中心，国图

000O016265
惠山集：六卷 / (明)邵宝辑
明(1368-1644)刻递修本
1993年摄制. -- 1盘卷片(8米119拍) : 1:10,
2B ; 35mm银盐
收藏馆：缩微中心，国图

000O025956
西林纂：一卷 / (明)安绍芳辑
明崇祯九年(1636)安璜刻本
1996年摄制. -- 1盘卷片(4米39拍) : 1:10,
2B ; 35mm银盐
收藏馆：缩微中心，南京

000O013061
善权寺古今文录：十卷 / (明)释方策辑
清嘉庆九年(1804)黄欢郎抄本. -- (清)黄香
冰、(清)吴骞校。
1991年摄制. -- 1盘卷片(6米83拍) : 1:10,
2B ; 35mm银盐
收藏馆：缩微中心，国图

000O001803
龙眠风雅：六十四卷 / (清)潘江辑
清康熙十七年(1678)潘江刻本. -- 存六十
卷：卷一至卷二十八、卷三十三至卷六十四。
1985年摄制. -- 3盘卷片(81.1米1813拍) :
1:10, 2B ; 35mm银盐
收藏馆：缩微中心，国图

000O026294
龙眠风雅：六十四卷 / (清)潘江辑
清康熙十七年(1678)潘氏石经斋刻本
1996年摄制. -- 4盘卷片(94米1883拍) :
1:10, 2B ; 35mm银盐
收藏馆：缩微中心，国图

000O000090
龙眠风雅续集：二十七卷末一卷 / (清)潘江辑
清康熙二十九年(1690)潘江刻本
1985年摄制. -- 2盘卷片(58.5米1319拍) :
1:10, 2B ; 35mm银盐
收藏馆：缩微中心，国图

000O000614
雷音：十二卷 / (清)师范辑
清嘉庆十一年(1806)师范刻本
1985年摄制. -- 1盘卷片(22米483拍) :
1:10, 2B ; 35mm银盐
收藏馆：缩微中心，国图

000O023733
半山亭诗集：不分卷 / (明)丁铣辑
明弘治元年(1488)刻本
1995年摄制. -- 1盘卷片(4米49拍) : 1:10,
2B ; 35mm银盐
收藏馆：缩微中心，浙江

000O010949
浙西六家诗钞：六卷 / (清)吴应和[等]辑
清道光七年(1827)紫微山馆刻本. -- (清)黄
培芳批并题诗。
1989年摄制. -- 1盘卷片(15.5米285拍) :
1:10, 2B ; 35mm银盐
收藏馆：缩微中心，湖北

000O024817
国朝杭郡诗续辑：四十六卷 / (清)吴颢编；(清)吴振棫重校
清(1644-1911)稿本. -- 存九卷：卷一、卷六
至卷十一、卷十四、卷二十六。(清)吴士鉴
跋。
1995年摄制. -- 1盘卷片(15米277拍) :
1:10, 2B ; 35mm银盐
收藏馆：缩微中心，浙江

000O026290
武林耆旧诗：不分卷
稿本
1996年摄制. -- 1盘卷片(6米73拍)： 1:10,
2B ；35mm银盐
收藏馆：缩微中心，国图

000O028883
武林耆旧集：不分卷 / (清)吴允嘉辑
清(1644-1911)稿本
1995年摄制. -- 1盘卷片(10米162拍)：
1:10, 2B ；35mm银盐
收藏馆：缩微中心，苏州

000O015186
西湖竹枝集：一卷 / (元)杨维桢[等]撰
明(1368-1644)刻本. -- 撰者还有：(元)虞集
等。
1992年摄制. -- 1盘卷片(4米49拍)： 1:10,
2B ；35mm银盐
收藏馆：缩微中心，国图

000O020481
西湖竹枝集：一卷 / (元)杨维桢[等]撰．杨铁崖
香奁集：一卷 / (元)杨维桢撰
明(1368-1644)刻本. -- 撰者还有：(元)虞集
等。
1994年摄制. -- 1盘卷片(5米54拍)： 1:10,
2B ；35mm银盐
收藏馆：缩微中心，国图

000O017796
西湖欸乃集：一卷
清(1644-1911)抄本. -- 钤"八千卷楼藏书之
记""嘉惠堂藏阅书""光绪辛卯嘉惠堂丁氏
所得书"诸印。
1993年摄制. -- 1盘卷片(5米84拍)： 1:10,
2B ；35mm银盐
收藏馆：缩微中心，天津

000O009020
郭西诗选：四卷 / (清)赵时敏辑
清乾隆二十四年(1759)刻本
1988年摄制. -- 1盘卷片(9米156拍)： 1:10,
2B ；35mm银盐
收藏馆：缩微中心，湖北

000O024814
峡川诗钞：二十卷词钞一卷 / (清)曹宗载辑
清(1644-1911)东山楼抄本. -- (清)许仁杰
跋。
1995年摄制. -- 1盘卷片(26米499拍)：
1:10, 2B ；35mm银盐

收藏馆：缩微中心，浙江

000O002841
欈李英华集：八卷附二卷 / (明)朱翰辑
清康熙三十一年(1692)邵长蘅抄本. -- (清)
邵长蘅校并跋。
1986年摄制. -- 1盘卷片(8.2米160拍)：
1:10, 2B ；35mm银盐
收藏馆：缩微中心，国图

000O013965
沈南疑先生欈李诗系：四十二卷 / (清)沈季友辑
清康熙四十九年(1710)金南锲敦素堂刻本
1992年摄制. -- 3盘卷片(75米1551拍)：
1:10, 2B ；35mm银盐
收藏馆：缩微中心，国图

000O017596
沈南疑先生欈李诗系：四十二卷 / (清)沈季友辑
清康熙四十九年(1710)金南锲敦素堂刻本. --
郑振铎跋。
1993年摄制. -- 3盘卷片(76米1547拍)：
1:10, 2B ；35mm银盐
收藏馆：缩微中心，国图

000O026296
梅会诗人遗集：十三种 / (清)李维钧辑
清康熙(1662-1722)刻本. -- 存十一种三十八
卷。
1996年摄制. -- 1盘卷片(19米365拍)：
1:10, 2B ；35mm银盐
收藏馆：缩微中心，国图

000O029952
梅会诗人遗集：□□卷 / (清)李维钧辑
清康熙(1662-1722)刻本. -- 存四种十五卷。
2001年摄制. -- 1盘卷片(16米310拍)：
1:10, 2B ；35mm银盐
收藏馆：缩微中心，国图

000O003206
梅会诗选：十二卷二集十六卷三集四卷附刻一
卷 / (清)李稻胜,(清)李集辑
清乾隆三十二年(1767)寸碧山堂刻本
1986年摄制. -- 1盘卷片(29米643拍)：
1:10, 2B ；35mm银盐
收藏馆：缩微中心，国图

000O027600
柳州诗集：十卷 / (清)毛蕃[等]辑
清初(1644-1722)刻本. -- 辑者还有：(清)陈
增新等。
1997年摄制. -- 1盘卷片(26米536拍)：

1:10，2B；35mm银盐
收藏馆：缩微中心，国图

000O024813
魏塘诗存：三十卷首一卷 / (清)唐啸登辑
清(1644-1911)稿本. -- 存十九卷：卷一至卷二、卷五至卷七、卷九、卷十二至卷十四、卷十六、卷十八至卷二十、卷二十四、卷二十六至卷三十。
1995年摄制. -- 2盘卷片(59米1236拍)：1:10，2B；35mm银盐
收藏馆：缩微中心，浙江

000O016749
涉园修禊集：一卷 / (清)吴骞[等]撰
清(1644-1911)吴氏拜经楼抄本. -- (清)秦瀛、(清)杨葆光题诗。
1993年摄制. -- 1盘卷片(3米17拍)：1:10，2B；35mm银盐
收藏馆：缩微中心，国图

000O001206
桐乡诗抄：二卷 / (清)卢景昌辑
清(1644-1911)抄本
1985年摄制. -- 1盘卷片(13.7米286拍)：1:10，2B；35mm银盐
收藏馆：缩微中心，国图

000O024533
桐乡十二家诗稿：一卷 / (清)钟贤录撰
清(1644-1911)抄本
1996年摄制. -- 1盘卷片(4米46拍)：1:10，2B；35mm银盐
收藏馆：缩微中心，浙江

000O023722
双溪诗汇：二十二卷 / (清)孙宪乘辑
清(1644-1911)稿本
1995年摄制. -- 1盘卷片(32米679拍)：1:10，2B；35mm银盐
收藏馆：缩微中心，浙江

000O006496
皇朝四明风雅：四卷 / (明)宋弘之辑；(明)戴鲸,(明)张时彻删补
明万历(1573-1620)刻本
1987年摄制. -- 1盘卷片(11米226拍)：1:10，2B；35mm银盐
收藏馆：缩微中心，国图

000O023463
皇朝四明风雅：四卷 / (明)宋弘之辑；(明)戴鲸,(明)张时彻删补

明万历(1573-1620)刻本
1995年摄制. -- 1盘卷片(11米192拍)：1:10，2B；35mm银盐
收藏馆：缩微中心，国图

000O019824
甬东诗括：十三卷 / (明)杨德周[等]编
明崇祯(1628-1644)刻本
1994年摄制. -- 1盘卷片(32米705拍)：1:10，2B；35mm银盐
收藏馆：缩微中心，天津

000O017599
甬上耆旧诗：三十卷 / (清)胡文学,(清)李邺嗣辑；(清)李邺嗣传. 高僧诗：二卷 / (清)李邺嗣辑
清康熙十五年至十七年(1676-1678)胡氏敬义堂刻本
1993年摄制. -- 2盘卷片(48米980拍)：1:10，2B；35mm银盐
收藏馆：缩微中心，国图

000O024517
续甬上耆旧诗：不分卷 / (清)全祖望辑
清初(1644-1722)全氏双韭山房抄本. -- 董氏看云草堂补抄。
1996年摄制. -- 1盘卷片(15米287拍)：1:10，2B；35mm银盐
收藏馆：缩微中心，浙江

000O024797
续甬上耆旧诗：十六卷 / (清)全祖望辑
清(1644-1911)抄本
1995年摄制. -- 2盘卷片(36米704拍)：1:10，2B；35mm银盐
收藏馆：缩微中心，浙江

000O023796
续甬上耆旧诗：七十九卷目录一卷 / (清)全祖望辑
清(1644-1911)抄本
1995年摄制. -- 4盘卷片(114米2412拍)：1:10，2B；35mm银盐
收藏馆：缩微中心，浙江

000O014590
续耆旧：一百四十卷 / (清)全祖望辑
清(1644-1911)槎湖草堂抄本
1992年摄制. -- 2盘卷片(38米692拍)：1:10，2B；35mm银盐
收藏馆：缩微中心，国图

000O006500
甬上续耆旧集：一百四十卷 / (清)全祖望辑

清(1644-1911)抄本
1987年摄制. -- 2盘卷片(50米1061拍) :
1:10, 2B ; 35mm银盐
收藏馆：缩微中心，国图

00O019551
续甬上耆旧诗：不分卷 / (清)全祖望辑
清(1644-1911)抄本
1994年摄制. -- 1盘卷片(29米573拍) :
1:10, 2B ; 35mm银盐
收藏馆：缩微中心，国图

00O016588
本朝甬上耆旧诗：十八卷 / (清)全祖望辑；(清)
董秉纯编
清(1644-1911)抄本
1993年摄制. -- 1盘卷片(17米353拍) :
1:10, 2B ; 35mm银盐
收藏馆：缩微中心，山西

00O023702
本朝甬上耆旧诗：四十卷；续甬上耆旧诗：
四十八卷 / (清)全祖望选；(清)董秉纯,(清)卢镐
编次
清咸丰元年至清末(1851-1911)抄本
1995年摄制. -- 6盘卷片(158米3178拍) :
1:10, 2B ; 35mm银盐
收藏馆：缩微中心，浙江

00O016085
续甬上耆旧诗：补编七卷再补编四卷
清(1644-1911)抄本
1993年摄制. -- 1盘卷片(9米144拍) : 1:10,
2B ; 35mm银盐
收藏馆：缩微中心，国图

00O004307
甬东正气集：四卷 / (清)董琅辑
清(1644-1911)六一山房稿本
1986年摄制. -- 1盘卷片(7.2米129拍) :
1:10, 2B ; 35mm银盐
收藏馆：缩微中心，国图

00O006502
四明诗萃：三十卷 / (清)袁钧辑
清(1644-1911)六一山房抄本
1987年摄制. -- 1盘卷片(30米679拍) :
1:10, 2B ; 35mm银盐
收藏馆：缩微中心，国图

00O017600
四明四友诗：六卷
清康熙(1662-1722)刻本

1993年摄制. -- 1盘卷片(9米148拍) : 1:10,
2B ; 35mm银盐
收藏馆：缩微中心，国图

00O024297
四明文献：不分卷 / (明)郑真辑
清(1644-1911)抄本
1996年摄制. -- 1盘卷片(13米240拍) :
1:10, 2B ; 35mm银盐
收藏馆：缩微中心，国图

00O022787
四明文献：二卷 / (明)郑真辑
清(1644-1911)郑乔迁抄本. -- (清)冯登府
跋。
1995年摄制. -- 1盘卷片(14米303拍) :
1:10, 2B ; 35mm银盐
收藏馆：缩微中心，南京

00O013366
四明文献集：十卷 / (明)郑真辑
清(1644-1911)抄本. -- (清)钱经藩跋。
1991年摄制. -- 1盘卷片(15米294拍) :
1:10, 2B ; 35mm银盐
收藏馆：缩微中心，国图

00O012586
四明文读：十二卷 / (明)李堂辑
明嘉靖(1522-1566)刻本
1990年摄制. -- 1盘卷片(10.9米224拍) :
1:10, 2B ; 35mm银盐
收藏馆：缩微中心，辽宁

00O006497
蛟川诗系：三十一卷 / (清)姚燮辑
清(1644-1911)稿本
1987年摄制. -- 2盘卷片(48米1036拍) :
1:10, 2B ; 35mm银盐
收藏馆：缩微中心，国图

00O019111
会稽掇英总集：二十卷 / (宋)孔延之辑
清道光元年(1821)杜氏浣花宗塾刻本. --
附：校正会稽掇英总集札记一卷/(清)杜丙杰
撰。(清)徐时栋批校并跋。
1994年摄制. -- 1盘卷片(16米289拍) :
1:10, 2B ; 35mm银盐
收藏馆：缩微中心，国图

00O025949
续会稽掇英集：五卷 / (宋)孔延之辑
清(1644-1911)抄本. -- (清)丁丙跋。
1996年摄制. -- 1盘卷片(5米67拍) : 1:10,

2B ；35mm银盐
收藏馆：缩微中心，南京

000O026298
越风：初编十五卷二编十五卷 / (清)商盘辑
清乾隆三十七年(1772)王大治刻嘉庆十六年
(1811)徐兆印本. -- (清)李慈铭注并跋。
1996年摄制. -- 2盘卷片(48米980拍)：
1:10，2B ；35mm银盐
收藏馆：缩微中心，国图

000O017243
山阴道上集：不分卷 / (清)沈复粲辑
清(1644-1911)抄本. -- 本书一名越中耆旧
诗，集宋至清越中人诗。书名依书签题。
1993年摄制. -- 3盘卷片(78米1664拍)：
1:10，2B ；35mm银盐
收藏馆：缩微中心，天津

000O018739
越中三子诗：三卷 / (清)郭毓辑
清乾隆十八年(1753)郭毓刻本
1994年摄制. -- 1盘卷片(11米189拍)：
1:10，2B ；35mm银盐
收藏馆：缩微中心，国图

000O024816
国朝绍兴诗录：四卷 / (清)陶濬宣辑
清(1644-1911)稿本. -- 卷端题：两浙輶轩续
录补编。
1995年摄制. -- 1盘卷片(18米349拍)：
1:10，2B ；35mm银盐
收藏馆：缩微中心，浙江

000O009494
墟中十八咏：一卷图一卷 / (清)章大来辑
清康熙四十一年(1702)刻本
1987年摄制. -- 1盘卷片(5.1米84拍)：
1:10，2B ；35mm银盐
收藏馆：缩微中心，重庆

000O012623
柯园十咏：不分卷 / (清)沈楢元辑
清(1644-1911)刻本
1990年摄制. -- 1盘卷片(7.5米144拍)：
1:10，2B ；35mm银盐
收藏馆：缩微中心，辽宁

000O026295
姚江逸诗：十五卷 / (清)黄宗羲辑 . 续姚江逸诗：十二卷 / (清)倪继宗辑
清康熙(1662-1722)刻康熙五十七年(1718)倪
继宗补刻本

1996年摄制. -- 1盘卷片(25米520拍)：
1:10，2B ；35mm银盐
收藏馆：缩微中心，国图

000O012554
娥江赠言：三卷 / (明)钟穀[等]辑
明万历十一年(1583)刻本
1990年摄制. -- 1盘卷片(8.8米180拍)：
1:10，2B ；35mm银盐
收藏馆：缩微中心，辽宁

000O024861
天台前集：三卷前集别编一卷拾遗一卷续集二卷续集别编六卷拾遗一卷 / (宋)李庚辑；(宋)林师蒇,(宋)林表民增辑
清(1644-1911)抄本. -- (清)丁丙跋。
1996年摄制. -- 1盘卷片(17米371拍)：
1:10，2B ；35mm银盐
收藏馆：缩微中心，南京

000O003777
赤城集：十八卷 / (宋)林表民辑
明弘治十年(1497)谢铎刻本
1985年摄制. -- 1盘卷片(19米418拍)：
1:10，2B ；35mm银盐
收藏馆：缩微中心，国图

000O013017
赤城后集：三十三卷 / (明)谢铎辑
明弘治十年(1497)谢铎刻本. -- 存三十卷：
卷一至卷三十。
1991年摄制. -- 2盘卷片(36米694拍)：
1:10，2B ；35mm银盐
收藏馆：缩微中心，国图

000O013356
赤城诗集：六卷 / (明)谢铎,(明)黄孔昭辑
明成化十八年(1482)建阳书坊刻本
1991年摄制. -- 1盘卷片(9米119拍)：1:10,
2B ；35mm银盐
收藏馆：缩微中心，国图

000O017979
赤城诗集：六卷 / (明)谢铎,(明)黄孔昭辑
清(1644-1911)抄本
1993年摄制. -- 1盘卷片(7米116拍)：1:10,
2B ；35mm银盐
收藏馆：缩微中心，国图

000O023729
天台诗征内编：六卷 / (清)张廷琛辑
清(1644-1911)稿本. -- (清)陈立树校序,
(□)许二南跋。

1995年摄制. -- 1盘卷片（10米177拍）：
1:10, 2B ；35mm银盐
收藏馆：缩微中心，浙江

000O013030
方城遗献：六卷 / (清)李成经辑
清乾隆五十二年(1787)李成经刻本
1991年摄制. -- 1盘卷片（8米130拍）：1:10,
2B ；35mm银盐
收藏馆：缩微中心，国图

000O026256
方城遗献：六卷 / (清)李成经辑
清乾隆五十二年(1787)刻本
1996年摄制. -- 1盘卷片（8米130拍）：1:10,
2B ；35mm银盐
收藏馆：缩微中心，国图

000O028892
金华诗粹：十二卷 / (明)阮元声,(明)戴应鳌辑
明崇祯(1628-1644)刻本
1998年摄制. -- 1盘卷片（26米514拍）：
1:10, 2B ；35mm银盐
收藏馆：缩微中心，苏州

000O010489
金华诗录：六十卷外集六卷别集四卷书后一卷 /
(清)朱琰编
清乾隆三十八年(1773)金华府学刻本
1989年摄制. -- 2盘卷片（63米1420拍）：
1:10, 2B ；35mm银盐
收藏馆：缩微中心，天津

000O026715
金华正学编：十卷 / (明)赵鹤辑
明正德七年(1512)杨凤刻递修本. -- (清)丁
丙跋。
1996年摄制. -- 1盘卷片（11米203拍）：
1:10, 2B ；35mm银盐
收藏馆：缩微中心，南京

000O011170
金华正学编：十二卷 / (明)赵鹤辑；(明)张朝瑞
重辑
明万历十八年(1590)刻本
1989年摄制. -- 1盘卷片（12米244拍）：
1:10, 2B ；35mm银盐
收藏馆：缩微中心，山东

000O004475
金华文统：十三卷 / (明)赵鹤辑
明正德七年(1512)赵鹤李玘刻本. -- 存九
卷：卷一至卷三、卷八至卷十三。

1986年摄制. -- 1盘卷片（12.4米257拍）：
1:10, 2B ；35mm银盐
收藏馆：缩微中心，国图

000O006791
金华文统：十三卷 / (明)赵鹤辑
明正德七年(1512)赵鹤李玘刻本
1986年摄制. -- 1盘卷片（17米369拍）：
1:10, 2B ；35mm银盐
收藏馆：缩微中心，国图

000O016387
金华文统：十三卷 / (明)赵鹤辑
明正德七年(1512)赵鹤李玘刻本
1992年摄制. -- 1盘卷片（18米327拍）：
1:10, 2B ；35mm银盐
收藏馆：缩微中心，国图

000O017579
金华文统：十三卷 / (明)赵鹤辑
明正德七年(1512)赵鹤李玘刻本
1993年摄制. -- 1盘卷片（18米326拍）：
1:10, 2B ；35mm银盐
收藏馆：缩微中心，国图

000O007845
金华文征：二十卷 / (明)阮元声,(明)高偁选评；
(明)杨德周,(明)戴应鳌辑
明崇祯五年(1632)刻本
1988年摄制. -- 3盘卷片（63.5米1374拍）：
1:10, 2B ；35mm银盐
收藏馆：缩微中心，重庆

000O022474
金华文征：二十卷 / (明)阮元声,(明)高偁选评；
(明)杨德周,(明)戴应鳌辑
明崇祯五年(1632)刻本. -- (清)丁丙跋。
1995年摄制. -- 2盘卷片（60米1303拍）：
1:10, 2B ；35mm银盐
收藏馆：缩微中心，南京

000O028026
婺贤文轨：四卷 / (明)戚雄辑
明嘉靖三十八年(1559)戚龙刻本
1996年摄制. -- 1盘卷片（9.3米174拍）：
1:10, 2B ；35mm银盐
收藏馆：缩微中心，福建

000O013850
灵洞山房集：三卷 / (明)赵志皋辑
明万历十七年(1589)赵志皋刻本
1992年摄制. -- 1盘卷片（9米149拍）：1:10,
2B ；35mm银盐

收藏馆：缩微中心，国图

00O010207
东阳历朝诗：九卷 / (清)黄肇勋辑
清乾隆(1736-1795)刻本
1989年摄制. -- 1盘卷片(10米188拍)：
1:10, 2B；35mm银盐
收藏馆：缩微中心，天津

00O001689
麟溪集：二十二卷别篇二卷 / (明)郑太和辑
明初(1368-1424)刻本. -- 存十八卷：卷二至
卷九、卷十五至卷二十二，别篇二卷。
1986年摄制. -- 1盘卷片(7米135拍)： 1:10,
2B；35mm银盐
收藏馆：缩微中心，国图

00O008577
麟溪集：十二卷 / (明)郑太和辑
明初(1368-1424)刻本
1988年摄制. -- 1盘卷片(10米196拍)：
1:10, 2B；35mm银盐
收藏馆：缩微中心，国图

00O000246
麟溪集：十卷 / (明)郑太和辑
明(1368-1644)刻本
1985年摄制. -- 1盘卷片(11.2米229拍)：
1:10, 2B；35mm银盐
收藏馆：缩微中心，国图

00O015646
麟溪集：二十二卷别篇二卷附录二卷 / (明)郑太
和辑；(明)郑玺续辑
明成化十一年(1475)郑瑅郑琥刻本
1993年摄制. -- 1盘卷片(21米402拍)：
1:10, 2B；35mm银盐
收藏馆：缩微中心，国图

00O001604
麟溪集：二十二卷别编二卷 / (明)郑太和辑
清(1644-1911)抄本
1986年摄制. -- 1盘卷片(12米238拍)：
1:10, 2B；35mm银盐
收藏馆：缩微中心，国图

00O006342
麟溪集：二十二卷别篇二卷 / (明)郑太和辑
清(1644-1911)抄本
1987年摄制. -- 1盘卷片(12米247拍)：
1:10, 2B；35mm银盐
收藏馆：缩微中心，国图

00O005142
麟溪集：二十二卷 / (明)郑太和辑；(明)郑玺续
辑
清初(1644-1722)刻本. -- 还有合刻著作：别
篇一卷/(清)郑宗敬辑。
1986年摄制. -- 1盘卷片(27.7米623拍)：
1:10, 2B；35mm银盐
收藏馆：缩微中心，国图

00O017532
青溪诗集：六卷 / (明)徐楚辑
明嘉靖(1522-1566)刻本
1993年摄制. -- 1盘卷片(6米83拍)： 1:10,
2B；35mm银盐
收藏馆：缩微中心，国图

00O021916
钓台集：八卷附录一卷 / (明)吴希孟辑
明嘉靖十五年(1536)焦煜刻本
1995年摄制. -- 1盘卷片(8米137拍)： 1:10,
2B；35mm银盐
收藏馆：缩微中心，国图

00O026955
钓台集：四卷 / (明)陈文焕辑；(明)杨束删补
明万历(1573-1620)刻重修本
1997年摄制. -- 1盘卷片(17米311拍)：
1:10, 2B；35mm银盐
收藏馆：缩微中心，国图

00O016866
选刻钓台集：五卷 / (清)钱广居,(清)潘焕寅辑
清顺治七年(1650)钱广居刻本
1993年摄制. -- 1盘卷片(12米217拍)：
1:10, 2B；35mm银盐
收藏馆：缩微中心，国图

00O003800
永嘉四灵诗：□□卷
清初(1644-1722)抄本. -- 存四卷：徐照三
卷、徐玑卷上。(清)毛绥校。
1985年摄制. -- 1盘卷片(4.2米66拍)：
1:10, 2B；35mm银盐
收藏馆：缩微中心，国图

00O016201
永嘉四灵诗：四卷
清嘉庆七年(1802)焦循抄本. -- (清)焦循
跋。
1993年摄制. -- 1盘卷片(6米88拍)： 1:10,
2B；35mm银盐
收藏馆：缩微中心，国图

000O021127
鹿城颂声：二卷 / (清)汪安,(清)汪察辑
清康熙五十四年(1715)刻本
1994年摄制. -- 1盘卷片(9米104拍) ：1:10,
2B ；35mm银盐
收藏馆：缩微中心，国图

000O007803
徽郡诗：八卷诗人爵里一卷 / (明)李敏辑
明嘉靖三十八年(1559)汪淮刻本
1987年摄制. -- 1盘卷片(12.9米267拍) ：
1:10, 2B ；35mm银盐
收藏馆：缩微中心，重庆

000O028733
徽郡诗略：二十一卷 / (明)李敏辑
明嘉靖三十九年(1560)刻本
1997年摄制. -- 1盘卷片(12米194拍) ：
1:10, 2B ；35mm银盐
收藏馆：缩微中心，苏州

000O007815
皇明徽诗汇编：四十二卷附录一卷 / (明)李敏辑
明嘉靖四十年(1561)刻本
1988年摄制. -- 1盘卷片(25.2米552拍) ：
1:9, 2B ；35mm银盐
收藏馆：缩微中心，重庆

000O011685
新安二布衣诗：八卷 / (清)王士祯辑
清康熙四十三年(1704)新安汪洪度刻本
1990年摄制. -- 1盘卷片(11米212拍) ：
1:10, 2B ；35mm银盐
收藏馆：缩微中心，天津

000O027597
新都风雅：三种三卷 / (清)汪士铉辑
清康熙(1662-1722)刻本
1997年摄制. -- 1盘卷片(14米269拍) ：
1:10, 2B ；35mm银盐
收藏馆：缩微中心，国图

000O008961
休阳诗隽：前编四卷后编八卷 / (明)汪先岸辑
明天启四年(1624)刻本
1988年摄制. -- 1盘卷片(28米570拍) ：
1:10, 2B ；35mm银盐
收藏馆：缩微中心，湖北

000O008458
新安文献志：一百卷先贤事略二卷目录二卷 /
(明)程敏政辑
明弘治十年(1497)祁司员彭哲[等]刻本

1988年摄制. -- 3盘卷片(75米1625拍) ：
1:10, 2B ；35mm银盐
收藏馆：缩微中心，国图

000O017824
新安文献志：一百卷 / (明)程敏政辑
明弘治十年(1497)祁司员彭哲[等]刻本
1993年摄制. -- 3盘卷片(71米1404拍) ：
1:10, 2B ；35mm银盐
收藏馆：缩微中心，国图

000O029000
新安文献志：一百卷先贤事略二卷目录二卷 /
(明)程敏政辑
明弘治十年(1497)祁司员彭哲[等]刻本. --
(清)丁丙跋。
1993年摄制. -- 3盘卷片(73米1630拍) ：
1:10, 2B ；35mm银盐
收藏馆：缩微中心，南京

000O007056
新安文献志：一百卷目录二卷 / (明)程敏政辑
明万历(1573-1620)刻本
1987年摄制. -- 5盘卷片(134米2911拍) ：
1:10, 2B ；35mm银盐
收藏馆：缩微中心，山东

000O003334
溽川足征录：二十八卷 / (明)罗斗,(明)罗所
蕴,(明)罗大章辑
清(1644-1911)绍衣堂抄本
1986年摄制. -- 1盘卷片(27米600拍) ：
1:10, 2B ；35mm银盐
收藏馆：缩微中心，国图

000O029025
宛雅初编：八卷 / (明)梅鼎祚原编 ；(清)施念
曾,(清)张汝霖补辑 . 二编：八卷 / (清)施闰
章,(清)蔡蓁春辑 . 三编：二十四卷 / (清)施念
曾,(清)张汝霖编辑
清乾隆(1736-1795)刻本
1999年摄制. -- 2盘卷片(41米873拍) ：
1:10, 2B ；35mm银盐
收藏馆：缩微中心，湖南

000O005622
池上诗人：四卷本末杂录一卷 / (明)刘廷銮辑
清(1644-1911)抄本
1987年摄制. -- 1盘卷片(16米342拍) ：
1:10, 2B ；35mm银盐
收藏馆：缩微中心，国图

00O018237
太平三书：十二卷 / (清)张万选辑
清顺治五年(1648)刻本
1993年摄制. -- 1盘卷片(12米236拍) :
1:10, 2B ; 35mm银盐
收藏馆：缩微中心，山东

00O013956
太平三书：十二卷 / (清)张万选辑
清顺治五年(1648)张万选衮古堂刻本. -- 卷
一原缺。
1992年摄制. -- 1盘卷片(18米356拍) :
1:10, 2B ; 35mm银盐
收藏馆：缩微中心，国图

00O019162
太平三书：十二卷 / (清)张万选辑
清顺治五年(1648)张万选衮古堂刻本. -- 卷
一原缺。
1994年摄制. -- 1盘卷片(20米389拍) :
1:10, 2B ; 35mm银盐
收藏馆：缩微中心，国图

00O027204
[乾隆]太平三书：十二卷图一卷 / (清)张万选辑；
(清)萧云从画
清乾隆三年(1738)熊同仁刻本
1997年摄制. -- 1盘卷片(22米476拍) :
1:10, 2B ; 35mm银盐
收藏馆：缩微中心，安徽

00O006487
南滁会景编：十二卷 / (明)赵廷瑞辑
明嘉靖三十四年(1555)高□刻本
1987年摄制. -- 1盘卷片(19米425拍) :
1:10, 2B ; 35mm银盐
收藏馆：缩微中心，国图

00O028673
南滁会景编：十四卷 / (明)李觉斯辑
明崇祯九年(1636)刻本
1990年摄制. -- 1盘卷片(25米542拍) :
1:10, 2B ; 35mm银盐
收藏馆：缩微中心，南京

00O003333
醉翁亭集：三卷 / (明)曾显辑
明弘治(1488-1505)刻本. -- (清)梁同书跋。
1986年摄制. -- 1盘卷片(5米81拍) : 1:10,
2B ; 35mm银盐
收藏馆：缩微中心，国图

00O008976
闽南唐雅：十二卷 / (明)费道用辑
明崇祯六年(1633)刻本
1988年摄制. -- 1盘卷片(18米365拍) :
1:10, 2B ; 35mm银盐
收藏馆：缩微中心，湖北

00O026695
闽中正声：七卷 / (明)邓原岳辑
明(1368-1644)刻本
1996年摄制. -- 1盘卷片(5.8米95拍) :
1:10, 2B ; 35mm银盐
收藏馆：缩微中心，福建

00O028365
闽诗传初集：四卷附录一卷 / (清)曾士甲辑
清康熙(1662-1722)刻本
1997年摄制. -- 1盘卷片(17米343拍) :
1:10, 2B ; 35mm银盐
收藏馆：缩微中心，福建

00O026693
闽海风雅：十卷 / (清)朱霞辑
清雍正十三年(1735)刻本
1996年摄制. -- 1盘卷片(21.5米446拍) :
1:10, 2B ; 35mm银盐
收藏馆：缩微中心，福建

00O028471
全闽诗录：四十卷 / (清)邓杰辑
清(1644-1911)稿本
1997年摄制. -- 6盘卷片(158.3米3319拍) :
1:10, 2B ; 35mm银盐
收藏馆：缩微中心，福建

00O003357
乾嘉全闽诗传：十二卷首一卷
稿本
1986年摄制. -- 1盘卷片(27米588拍) :
1:10, 2B ; 35mm银盐
收藏馆：缩微中心，国图

00O028032
国朝闽诗选：不分卷 / (清)黄景裳辑
清(1644-1911)稿本
1996年摄制. -- 1盘卷片(7.7米139拍) :
1:10, 2B ; 35mm银盐
收藏馆：缩微中心，福建

00O018781
闽贤遗墨：不分卷 / (明)曹学佺[等]撰
稿本. -- 撰者还有：(清)张远等。(清)梁章
钜跋。

1994年摄制. -- 1盘卷片(4米49拍) : 1:10,
2B ; 35mm银盐
收藏馆: 缩微中心, 国图

00O016979
闽中十子诗 : 十种三十卷 / (明)袁表,(明)马荧编
明万历(1573-1620)刻本. -- 郑振铎跋。
1993年摄制. -- 1盘卷片(26米530拍) :
1:10, 2B ; 35mm银盐
收藏馆: 缩微中心, 国图

00O028002
福唐风雅集 : 不分卷 / (明)叶向高辑
清(1644-1911)抄本
1996年摄制. -- 1盘卷片(24.4米508拍) :
1:10, 2B ; 35mm银盐
收藏馆: 缩微中心, 福建

00O023448
武夷诗集 : 二卷
清(1644-1911)抄本
1995年摄制. -- 1盘卷片(4米40拍) : 1:10,
2B ; 35mm银盐
收藏馆: 缩微中心, 国图

00O023731
绥安二布衣诗 : 二卷 / (清)丁志贤,(清)朱国汉撰 ;
(清)朱霞编
清康熙五十四年(1715)刻本
1995年摄制. -- 1盘卷片(5米84拍) : 1:10,
2B ; 35mm银盐
收藏馆: 缩微中心, 浙江

00O017245
郊居诗抄 : 八卷 / (明)昌应时辑 ; (明)林文豪校
明万历六年(1578)刻本. -- 钤"莆田刘濂斋
藏书记""闽林元之"印。
1993年摄制. -- 1盘卷片(13米264拍) :
1:10, 2B ; 35mm银盐
收藏馆: 缩微中心, 天津

00O028290
清源文献纂续合编 : 三十六卷 / (清)柯辂纂辑
清(1644-1911)稿本. -- 存三十五卷 : 卷一、
卷三至卷三十六。
1996年摄制. -- 3盘卷片(72.4米1500拍) :
1:10, 2B ; 35mm银盐
收藏馆: 缩微中心, 福建

00O020075
晋安风雅 : 十二卷 / (明)徐𤋮辑
明(1368-1644)刻本
1994年摄制. -- 1盘卷片(25米442拍) :

1:10, 2B ; 35mm银盐
收藏馆: 缩微中心, 国图

00O028507
螺阳文钞 : 不分卷 / (清)庄承祉辑
清(1644-1911)稿本
1997年摄制. -- 1盘卷片(9米168拍) : 1:10,
2B ; 35mm银盐
收藏馆: 缩微中心, 泉州

00O005384
使署闲情 : 四卷 / (清)六十七辑
清乾隆十二年(1747)六十七刻本
1986年摄制. -- 1盘卷片(9米164拍) : 1:10,
2B ; 35mm银盐
收藏馆: 缩微中心, 国图

00O028542
皇明西江诗选 : 十卷 / (明)韩阳辑
明景泰六年(1455)刻本. -- (清)丁丙跋。
1996年摄制. -- 1盘卷片(16.5米350拍) :
1:10, 2B ; 35mm银盐
收藏馆: 缩微中心, 南京

00O028071
江右古文选 : 四十卷 / (清)应麟辑
清乾隆三十一年(1766)刻本
1997年摄制. -- 3盘卷片(68.5米1414拍) :
1:10, 2B ; 35mm银盐
收藏馆: 缩微中心, 福建

00O008982
皇明豫章诗选 : 二十四卷 / (明)舒日敬[等]辑
明崇祯九年(1636)刻本
1988年摄制. -- 2盘卷片(45.5米955拍) :
1:10, 2B ; 35mm银盐
收藏馆: 缩微中心, 湖北

00O016272
滕王阁集 : 十卷 / (明)董遵辑
明(1368-1644)刻本
1993年摄制. -- 1盘卷片(9米149拍) : 1:10,
2B ; 35mm银盐
收藏馆: 缩微中心, 国图

00O019153
滕王阁征汇诗文 : 十一卷 ; 滕王阁全集 : 十三
卷 / (清)蔡士英辑
清顺治(1644-1661)刻本
1994年摄制. -- 1盘卷片(24米463拍) :
1:10, 2B ; 35mm银盐
收藏馆: 缩微中心, 国图

000O010813
南昌文考：二十卷 / (清)徐午辑
清乾隆六十年(1795)古歙徐午刻本
1989年摄制. -- 2盘卷片(45米974拍) :
1:10, 2B ; 35mm银盐
收藏馆：缩微中心，天津

000O018788
望湖亭集：四卷 / (清)徐联奎辑
清乾隆四十年(1775)刻本. -- (清)徐时栋
跋。
1994年摄制. -- 1盘卷片(21米439拍) :
1:10, 2B ; 35mm银盐
收藏馆：缩微中心，国图

000O017688
辑刻琵琶亭诗：一卷 / (清)唐英辑
清乾隆十一年(1746)唐氏古柏堂刻本
1993年摄制. -- 1盘卷片(5米70拍) : 1:10,
2B ; 35mm银盐
收藏馆：缩微中心，国图

000O025897
麻姑集：十二卷 / (明)陈克昌辑
明嘉靖二十二年(1543)朱廷臣刻本
1996年摄制. -- 1盘卷片(12米213拍) :
1:10, 2B ; 35mm银盐
收藏馆：缩微中心，浙江

000O027521
七大家文选：一百三十卷 / (明)朱益采辑
明崇祯(1628-1644)刻本
1997年摄制. -- 5盘卷片(145米2842拍) :
1:10, 2B ; 35mm银盐
收藏馆：缩微中心，苏州

000O000391
临川文献：二十五卷 / (清)胡亦堂辑
清康熙十九年(1680)梦川亭刻本
1985年摄制. -- 2盘卷片(34.9米754拍) :
1:10, 2B ; 35mm银盐
收藏馆：缩微中心，国图

000O017508
临川文献：二十五卷 / (清)胡亦堂辑
清康熙十九年(1680)梦川亭刻本
1993年摄制. -- 1盘卷片(33米676拍) :
1:10, 2B ; 35mm银盐
收藏馆：缩微中心，国图

000O000168
临川文选：十一卷 / (清)刘玉瓒辑
清康熙(1662-1722)刻本

1985年摄制. -- 2盘卷片(42.8米941拍) :
1:10, 2B ; 35mm银盐
收藏馆：缩微中心，国图

000O006847
山左明诗抄：三十五卷 / (清)宋弼辑
清乾隆三十六年(1771)刻本
1987年摄制. -- 2盘卷片(37米782拍) :
1:10, 2B ; 35mm银盐
收藏馆：缩微中心，山东

000O018975
国朝山左诗补钞：七卷 / (清)宋弼辑
清(1644-1911)抄本
1993年摄制. -- 1盘卷片(10米182拍) :
1:10, 2B ; 35mm银盐
收藏馆：缩微中心，山东

000O001968
历下十六景：十六卷 / (明)刘敕,(明)陈升辑
明万历三十六年(1608)陈升刻本. -- 存六
卷：卷一至卷六。
1986年摄制. -- 1盘卷片(6米91拍) : 1:10,
2B ; 35mm银盐
收藏馆：缩微中心，国图

000O018148
安德诗搜：一卷 / (清)程先贞辑
清(1644-1911)稿本. -- (清)石璨跋。
1993年摄制. -- 1盘卷片(7米115拍) : 1:10,
2B ; 35mm银盐
收藏馆：缩微中心，山东

000O002055
安德明诗选遗：一卷 / (清)田同之辑
清(1644-1911)稿本. -- (清)孙元复跋。
1986年摄制. -- 1盘卷片(3米33拍) : 1:10,
2B ; 35mm银盐
收藏馆：缩微中心，国图

000O018131
新城古文钞：不分卷 / (清)耿日椿辑
清(1644-1911)稿本
1993年摄制. -- 1盘卷片(7米126拍) : 1:10,
2B ; 35mm银盐
收藏馆：缩微中心，山东

000O018132
武定明诗钞：二卷 / (清)李衍孙辑
清(1644-1911)稿本. -- (清)张绶、(清)杜惟
俭跋。
1993年摄制. -- 1盘卷片(7米123拍) : 1:10,
2B ; 35mm银盐

收藏馆：缩微中心，山东

000O018142
国朝武定诗钞：不分卷 / (清)李衍孙辑
清(1644-1911)稿本
1993年摄制. -- 1盘卷片(12米229拍)：
1:10，2B ；35mm银盐
收藏馆：缩微中心，山东

000O011892
武定诗补钞：不分卷
清光绪十九年(1893)稿本
1990年摄制. -- 1盘卷片(17米355拍)：
1:10，2B ；35mm银盐
收藏馆：缩微中心，山东

000O018147
南池集：不分卷 / (清)沈廷芳辑
清(1644-1911)孙文丹抄本. -- (清)孙文丹校
并跋。
1993年摄制. -- 1盘卷片(7米121拍)：1:10，
2B ；35mm银盐
收藏馆：缩微中心，山东

000O016436
蓬莱阁诗集：不分卷 / (明)喻宗府辑
明弘治十四年(1501)喻宗府刻本
1992年摄制. -- 1盘卷片(4米53拍)：1:10，
2B ；35mm银盐
收藏馆：缩微中心，国图

000O022181
蓬莱阁集：十卷 / (明)王云鹭辑
明万历十九年(1591)王云鹭郭文灿[等]刻本
1995年摄制. -- 1盘卷片(10米166拍)：
1:10，2B ；35mm银盐
收藏馆：缩微中心，国图

000O002044
蓬莱阁集：十卷 / (明)王云鹭辑；(明)程试[等]续
辑
明万历三十一年(1603)马行健刻本
1986年摄制. -- 1盘卷片(9米169拍)：1:10，
2B ；35mm银盐
收藏馆：缩微中心，国图

000O027000
渠风集略：七卷 / (清)马长淑辑
清乾隆八年(1743)辑庆堂刻本
1997年摄制. -- 1盘卷片(11米194拍)：
1:10，2B ；35mm银盐
收藏馆：缩微中心，国图

000O012546
梁园凤雅：二十七卷 / (明)赵彦复辑
清康熙四十三年(1704)陆还焕刻本
1990年摄制. -- 1盘卷片(24.6米549拍)：
1:10，2B ；35mm银盐
收藏馆：缩微中心，辽宁

000O012953
中州名贤文表：三十卷 / (明)刘昌辑
明成化(1465-1487)刻本
1991年摄制. -- 2盘卷片(39米760拍)：
1:10，2B ；35mm银盐
收藏馆：缩微中心，国图

000O016384
中州名贤文表：三十卷 / (明)刘昌辑
清康熙四十五年(1706)汪立名刻本
1992年摄制. -- 1盘卷片(29米606拍)：
1:10，2B ；35mm银盐
收藏馆：缩微中心，国图

000O016854
中州名贤文表：三十卷 / (明)刘昌辑
清康熙四十五年(1706)汪立名刻本
1993年摄制. -- 1盘卷片(29米600拍)：
1:10，2B ；35mm银盐
收藏馆：缩微中心，国图

000O019328
中州名贤文表：三十卷 / (明)刘昌辑
清康熙四十五年(1706)汪立名刻本
1994年摄制. -- 1盘卷片(30米604拍)：
1:10，2B ；35mm银盐
收藏馆：缩微中心，国图

000O010778
雍音：四卷 / (明)胡缵宗编
明嘉靖(1522-1566)清渭草堂刻本
1988年摄制. -- 1盘卷片(16米328拍)：
1:10，2B ；35mm银盐
收藏馆：缩微中心，天津

000O020814
氾南诗钞：四卷 / (清)张邦伸[等]辑
清乾隆三十九年(1774)刻本. -- 撰者还有：
(清)耿蓂等。
1994年摄制. -- 1盘卷片(16米297拍)：
1:10，2B ；35mm银盐
收藏馆：缩微中心，国图

000O026350
山阳诗征：二十六卷 / (清)丁晏辑
清(1644-1911)稿本. -- (清)丁寿昌校。

1997年摄制. -- 2盘卷片(50.5米1034拍)：
1:10, 2B；35mm银盐
收藏馆：缩微中心，湖北

000O008999
楚风补：四十八卷前编一卷末编一卷 / (清)廖元
度辑
清乾隆十四年(1749)际恒堂刻本
1988年摄制. -- 2盘卷片(57.5米1208拍)：
1:10, 2B；35mm银盐
收藏馆：缩微中心，湖北

000O010908
汉阳五家诗选：十四卷 / (清)吴仕潮辑
清乾隆十八年(1753)刻本
1989年摄制. -- 1盘卷片(18米379拍)：
1:10, 2B；35mm银盐
收藏馆：缩微中心，湖北

000O014454
洞庭湖君山诗集：三卷 / (明)胥文相辑
明万历元年(1573)胥焯刻本
1992年摄制. -- 1盘卷片(7米113拍)：1:10,
2B；35mm银盐
收藏馆：缩微中心，国图

000O014453
岳阳楼诗集：二卷 / (明)胥文相辑
明万历元年(1573)钟崇文刻本
1992年摄制. -- 1盘卷片(8米123拍)：1:10,
2B；35mm银盐
收藏馆：缩微中心，国图

000O016287
岳阳古集：不分卷 / (明)王延辑
明万历二年(1574)王延刻本
1993年摄制. -- 1盘卷片(5米63拍)：1:10,
2B；35mm银盐
收藏馆：缩微中心，国图

000O013667
桃源洞集：□卷 / (明)陈一德辑
明嘉靖三十二年(1553)吴琰刻本. -- 存三
卷：卷一至卷三。
1991年摄制. -- 1盘卷片(6米69拍)：1:10,
2B；35mm银盐
收藏馆：缩微中心，国图

000O022406
朝阳岩集：一卷 / (明)黄焯辑
明嘉靖(1522-1566)刻本
1995年摄制. -- 1盘卷片(4米39拍)：1:10,
2B；35mm银盐

000O023461
岭南文献：三十二卷 / (明)张邦翼辑．轨范补遗：
六卷 / (明)杨瞿崃辑
明万历四十三年至四十四年(1615-1616)刻本
1995年摄制. -- 5盘卷片(152米3109拍)：
1:10, 2B；35mm银盐
收藏馆：缩微中心，国图

000O028352
岭南风雅：三卷 / (清)刘兰芝辑
清乾隆五十年(1785)刻本. -- 朱笔圈点。
1998年摄制. -- 2盘卷片(50米1037拍)：
1:10, 2B；35mm银盐
收藏馆：缩微中心，广东

000O010199
岭南三大家诗选：二十四卷 / (清)王隼撰
清(1644-1911)刻本
1989年摄制. -- 1盘卷片(17米360拍)：
1:10, 2B；35mm银盐
收藏馆：缩微中心，天津

000O012551
广东诗粹：十二卷补编一卷 / (清)梁善长辑
清乾隆十二年(1747)达朝堂刻本
1990年摄制. -- 1盘卷片(18米389拍)：
1:10, 2B；35mm银盐
收藏馆：缩微中心，辽宁

000O022948
广东诗粹：十二卷补编一卷 / (清)梁善长辑
清乾隆(1736-1795)刻本
1995年摄制. -- 1盘卷片(19米364拍)：
1:10, 2B；35mm银盐
收藏馆：缩微中心，国图

000O012687
广中五先生诗集 / (明)谈恺辑
明嘉靖三十六年(1557)王国桢刻本. -- 包
括：西庵先生诗选 / (明)孙蕡撰，听雨先生
诗选 / (明)王佐撰，雪蓬先生诗选 / (明)黄哲
撰，易庵先生诗选 / (明)李德撰，临清先生诗
选 / (明)赵介撰。附刻：汪右丞诗集五卷 / (明)
汪广洋撰。
1990年摄制. -- 1盘卷片(11.7米243拍)：
1:10, 2B；35mm银盐
收藏馆：缩微中心，辽宁

000O017810
江皋小筑集：二卷附稿一卷 / (明)李元弼辑；
(明)洪信[等]校

明万历四十年(1612)刻本
1993年摄制. -- 1盘卷片(15米322拍) :
1:10, 2B ; 35mm银盐
收藏馆：缩微中心，天津

000O028579
冈州遗稿：六卷 / (清)顾嗣协,(清)顾嗣立辑
清康熙四十九年(1710)绿屏书屋刻本
1996年摄制. -- 1盘卷片(12米240拍) :
1:10, 2B ; 35mm银盐
收藏馆：缩微中心，广东

000O028537
广东文集：□□卷 / (清)屈大均辑
清康熙(1662-1722)刻本. -- 存十六卷：陈议
郎集卷一至卷二、杨太守集卷一至卷二、刘御
史集卷一至卷二、谭处士集卷一至卷二、杨文
懿集卷一至卷二、林光禄集卷一至卷三、黎太
仆集卷一至卷三。
1996年摄制. -- 1盘卷片(20米415拍) :
1:10, 2B ; 35mm银盐
收藏馆：缩微中心，南京

000O017823
粤西诗载：二十五卷 / (清)汪森辑
清康熙四十三年(1704)汪氏梅雪堂刻本
1993年摄制. -- 1盘卷片(31米641拍) :
1:10, 2B ; 35mm银盐
收藏馆：缩微中心，国图

000O006442
成都文类：五十卷 / (宋)袁说友辑
明(1368-1644)刻本. -- 存三卷：卷十六至卷
十八。
1987年摄制. -- 1盘卷片(4米57拍) : 1:10,
2B ; 35mm银盐
收藏馆：缩微中心，国图

000O027756
滇文：不分卷 / (明)谢肇淛撰
明(1368-1644)谢氏小草斋抄本
1996年摄制. -- 1盘卷片(5米80拍) : 1:10,
2B ; 35mm银盐
收藏馆：缩微中心，福建

000O020495
明文西：四卷 / (清)韩诗辑
明崇祯十五年(1642)韩诗刻本
1994年摄制. -- 1盘卷片(22米435拍) :
1:10, 2B ; 35mm银盐
收藏馆：缩微中心，国图

000O018258
卜氏三世诗草：三卷 / (清)卜梦人,(清)卜宁
一,(清)卜祉光撰
清(1644-1911)抄本. -- 存二卷：卷一至卷
二。(清)许瀚题款。
1993年摄制. -- 1盘卷片(4米43拍) : 1:10,
2B ; 35mm银盐
收藏馆：缩微中心，山东

000O009995
三孔先生文集：五卷 / (宋)孔文仲,(宋)孔武
仲,(宋)孔平仲撰
明(1368-1644)孔尚斌重刻本. -- 版框高二十
厘米宽十三厘米。
1989年摄制. -- 1盘卷片(17米340拍) :
1:10, 2B ; 35mm银盐
收藏馆：缩微中心，广东

000O013437
三孔先生清江文集：四十卷孔氏杂说一卷 / (宋)
孔文仲,(宋)孔武仲,(宋)孔平仲撰
明(1368-1644)抄本. -- 存二十二卷：孔平仲
文卷一至卷二十一、孔氏杂说一卷。
1991年摄制. -- 1盘卷片(26米497拍) :
1:10, 2B ; 35mm银盐
收藏馆：缩微中心，国图

000O024125
三孔先生清江文集：三十卷 / (宋)孔文仲,(宋)孔
武仲,(宋)孔平仲撰
清初(1644-1722)抄本
1996年摄制. -- 1盘卷片(20米410拍) :
1:10, 2B ; 35mm银盐
收藏馆：缩微中心，湖北

000O000230
三孔先生清江文集：三十卷 / (宋)孔文仲,(宋)孔
武仲,(宋)孔平仲撰
清(1644-1911)吕氏讲习堂抄本
1985年摄制. -- 2盘卷片(33.8米715拍) :
1:10, 2B ; 35mm银盐
收藏馆：缩微中心，国图

000O004156
文氏家藏诗集：十三卷 / (明)文肇祉编
明万历十六年(1588)文肇祉刻本
1985年摄制. -- 1盘卷片(15米322拍) :
1:10, 2B ; 35mm银盐
收藏馆：缩微中心，国图

000O010346
述本堂诗集：十六种十八卷 / (清)方登峄[等]撰
清乾隆十八年(1753)述本堂刻本

1989年摄制. -- 1盘卷片(24.5米536拍) : 1:10, 2B ; 35mm银盐
收藏馆:缩微中心,湖北

000O009659
述本堂诗集:十六卷续集五卷 / (清)方登峄[等]撰
清乾隆二十年(1755)刻嘉庆十四年(1809)增刻本
1988年摄制. -- 2盘卷片(36米758拍) : 1:10, 2B ; 35mm银盐
收藏馆:缩微中心,甘肃

000O019990
东湖家乘:二十六卷 / (明)王汝为[等]撰;(明)王廷垣辑
明崇祯十七年(1644)王廷垣风月轩刻本. -- 撰者还有:(明)王统等。
1994年摄制. -- 1盘卷片(31米518拍) : 1:10, 2B ; 35mm银盐
收藏馆:缩微中心,国图

000O027620
惹香居合稿:不分卷 / (清)梁清标,(清)梁清宽,(清)梁清远撰
清顺治(1644-1661)刻本
1997年摄制. -- 1盘卷片(9米138拍) : 1:10, 2B ; 35mm银盐
收藏馆:缩微中心,国图

000O026356
片玉集:前编不分卷后编不分卷 / (清)王如璠辑;(清)王家璧辑注
清(1644-1911)稿本
1997年摄制. -- 1盘卷片(14米280拍) : 1:10, 2B ; 35mm银盐
收藏馆:缩微中心,湖北

000O014148
孟津诗:十九卷 / (清)王铎,(清)王鑨撰
清康熙五年(1666)王允明刻本. -- 续一卷 / (清)王无咎,(清)王无忝[等]撰。
1992年摄制. -- 1盘卷片(23米460拍) : 1:10, 2B ; 35mm银盐
收藏馆:缩微中心,国图

000O003263
琅琊二子近诗合选:十一卷 / (清)王士禄,(清)王士禛撰;(清)周南[等]辑评
清顺治(1644-1661)刻本. -- 辑评者还有:(清)王士禧等。
1986年摄制. -- 1盘卷片(9.5米188拍) : 1:10, 2B ; 35mm银盐

收藏馆:缩微中心,国图

000O001162
琅琊二子近诗合选:十一卷 / (清)王士禄,(清)王士禛撰;(清)周南[等]辑
清顺治(1644-1661)刻本. -- 辑者还有:(清)王士禧等。
1985年摄制. -- 1盘卷片(7.4米137拍) : 1:10, 2B ; 35mm银盐
收藏馆:缩微中心,国图

000O005075
新城王氏杂文诗词:十一种十一卷
清康熙(1662-1722)刻本
1986年摄制. -- 1盘卷片(10米186拍) : 1:10, 2B ; 35mm银盐
收藏馆:缩微中心,国图

000O010452
凌溪先生集:十八卷 / (明)朱应登撰
明嘉靖(1522-1566)刻本. -- 有补版。
1989年摄制. -- 1盘卷片(13米263拍) : 1:10, 2B ; 35mm银盐
收藏馆:缩微中心,天津

000O013780
沈国勉学书院集:十二卷 / (明)朱珵尧编
明崇祯元年(1628)沈藩勉学书院刻本
1991年摄制. -- 1盘卷片(16米288拍) : 1:10, 2B ; 35mm银盐
收藏馆:缩微中心,国图

000O018257
棣华书屋近刻:三卷
清乾隆(1736-1795)刻本
1993年摄制. -- 1盘卷片(4米56拍) : 1:10, 2B ; 35mm银盐
收藏馆:缩微中心,山东

000O015897
休宁吴氏济美集:一卷 / (唐)吴少微,(唐)吴巩撰;(清)吴骞辑
清(1644-1911)抄本. -- (清)吴骞校。
1993年摄制. -- 1盘卷片(3米60拍) : 1:10, 2B ; 35mm银盐
收藏馆:缩微中心,国图

000O003247
家鸡集:不分卷 / (明)吴兖辑
明崇祯九年(1636)吴兖刻本
1986年摄制. -- 1盘卷片(9.3米185拍) : 1:10, 2B ; 35mm银盐
收藏馆:缩微中心,国图

00O010096
延陵合璧：二十四卷 / (清)李振裕辑
清康熙三十一年(1692)李氏醒斋刻本
1989年摄制. -- 1盘卷片(23.7米508拍)：
1:10，2B；35mm银盐
收藏馆：缩微中心，山西

00O023440
六李集：三十五卷
明(1368-1644)刻本
1995年摄制. -- 1盘卷片(18米346拍)：
1:10，2B；35mm银盐
收藏馆：缩微中心，国图

00O001289
澄远堂三世诗存：三种八卷 / (明)李绳远编
清康熙三十六年(1697)李绳远刻本. -- 包括
三种：藿园诗存六卷/(明)李应征撰，苍雪斋诗
存一卷/(明)李士标撰，视彼亭诗存一卷/(明)
李寅撰。
1985年摄制. -- 1盘卷片(11.2米225拍)：
1:10，2B；35mm银盐
收藏馆：缩微中心，国图

00O016135
李诗集遗：四卷 / (清)李克若编
清(1644-1911)三十六砚居抄本
1993年摄制. -- 1盘卷片(5米70拍)：1:10，
2B；35mm银盐
收藏馆：缩微中心，国图

00O017206
武定李氏家集：不分卷 / (清)李衍孙,(清)李友骥
撰
清(1644-1911)稿本
1993年摄制. -- 1盘卷片(30米623拍)：
1:10，2B；35mm银盐
收藏馆：缩微中心，山东

00O016104
二客吟：一卷 / (清)李怀民,(清)李宪乔撰
清同治六年(1867)刘履芬抄本
1993年摄制. -- 1盘卷片(3米15拍)：1:10，
2B；35mm银盐
收藏馆：缩微中心，国图

00O017597
云间杜氏诗选：七卷 / (清)杜世祺辑
清康熙十五年(1676)杜世祺刻本
1993年摄制. -- 1盘卷片(14米266拍)：
1:10，2B；35mm银盐
收藏馆：缩微中心，国图

00O000972
环谷杏山二先生诗稿：六卷
明隆庆三年(1569)汪廷佐刻本
1985年摄制. -- 1盘卷片(7.5米140拍)：
1:10，2B；35mm银盐
收藏馆：缩微中心，国图

00O024070
汪氏家集：三种十九卷附崇礼堂诗一卷 / (清)汪
懋麟辑
清康熙十八年(1679)双芝堂刻本
1995年摄制. -- 1盘卷片(18米370拍)：
1:10，2B；35mm银盐
收藏馆：缩微中心，襄阳

00O029288
春星堂诗集：十卷 / (明)汪然明辑
清(1644-1911)抄本
1999年摄制. -- 1盘卷片(17米348拍)：
1:10，2B；35mm银盐
收藏馆：缩微中心，湖南

00O029966
沈氏三先生文集：三十九卷
明(1368-1644)刻本
2001年摄制. -- 1盘卷片(33米690拍)：
1:10，2B；35mm银盐
收藏馆：缩微中心，国图

00O013249
沈氏三先生文集：六十卷附录二卷
清康熙(1662-1722)吴允嘉抄本. -- 存四十五
卷。(清)吴允嘉校补跋，(清)丁丙跋。
1991年摄制. -- 2盘卷片(42米768拍)：
1:10，2B；35mm银盐
收藏馆：缩微中心，南京

00O010206
吴江沈氏诗集：十二卷 / (清)沈祖禹辑
清乾隆五年(1740)精刻本. -- (清)沈彤校。
1989年摄制. -- 1盘卷片(12米229拍)：
1:10，2B；35mm银盐
收藏馆：缩微中心，天津

00O024104
安成周氏家集：八卷 / (明)周寀编
清(1644-1911)抄本
1996年摄制. -- 1盘卷片(10.5米200拍)：
1:10，2B；35mm银盐
收藏馆：缩微中心，湖北

00O006598
安成周氏家集：五卷 / (明)周寀编

明万历十七年至十九年(1589-1591)周寀刻本
1987年摄制. -- 1盘卷片(7米133拍) : 1:10,
2B ; 35mm银盐
收藏馆：缩微中心，国图

000O023652

渊源录稿：三卷 / (清)周源辑
清嘉庆十七年(1812)稿本
1995年摄制. -- 1盘卷片(6米105拍) : 1:10,
2B ; 35mm银盐
收藏馆：缩微中心，浙江

000O019457

旗阳林氏三先生诗集：五卷 / (明)孙昌裔编
明崇祯九年(1636)林慎刻本
1994年摄制. -- 1盘卷片(14米253拍) :
1:10, 2B ; 35mm银盐
收藏馆：缩微中心，国图

000O020026

邵氏四家诗册：一卷 / (清)邵希曾[等]撰
清(1644-1911)稿本. -- 撰者还有：(清)邵志
纯、(清)邵书稼、(清)邵懿辰。邵章跋。
1994年摄制. -- 1盘卷片(3米13拍) : 1:10,
2B ; 35mm银盐
收藏馆：缩微中心，国图

000O023656

嘉定金氏五世家集：十一卷 / (清)金望编
清康熙(1662-1722)刻本
1995年摄制. -- 1盘卷片(15米282拍) :
1:10, 2B ; 35mm银盐
收藏馆：缩微中心，浙江

000O031765

嘉乐堂诗集：一卷；芸香堂诗集：二卷；延喜堂
诗抄：一卷 / (清)和珅,(清)和琳,(清)丰绅殷德撰
清嘉庆(1796-1820)刻本
2005年摄制. -- 1盘卷片(12米220拍) :
1:10, 2B ; 35mm银盐
收藏馆：缩微中心，国图

000O003051

唐二皇甫诗集：八卷 / (唐)皇甫冉,(唐)皇甫曾撰
明正德十三年(1518)刘成德刻本
1986年摄制. -- 1盘卷片(6米111拍) : 1:10,
2B ; 35mm银盐
收藏馆：缩微中心，国图

000O005108

唐二皇甫诗集：八卷 / (唐)皇甫冉,(唐)皇甫曾撰
明正德十三年(1518)刘成德刻本. -- 四库底
本。

1986年摄制. -- 1盘卷片(5.9米106拍) :
1:10, 2B ; 35mm银盐
收藏馆：缩微中心，国图

000O019309

嘉定侯氏三先生集：不分卷
清(1644-1911)抄本
1994年摄制. -- 1盘卷片(20米384拍) :
1:10, 2B ; 35mm银盐
收藏馆：缩微中心，国图

000O013783

姚氏世刻：十五卷 / (明)姚堦编
明嘉靖三十五年至三十六年(1556-1557)姚堦
刻本
1992年摄制. -- 1盘卷片(14米256拍) :
1:10, 2B ; 35mm银盐
收藏馆：缩微中心，国图

000O019137

柴氏四隐集：六卷目录二卷 / (宋)柴望[等]撰
清(1644-1911)抄本
1994年摄制. -- 1盘卷片(6米74拍) : 1:10,
2B ; 35mm银盐
收藏馆：缩微中心，国图

000O002299

柴氏四隐集：五卷附录一卷秋堂集补遗一卷 /
(宋)柴望[等]撰
清嘉庆三年(1798)鲍氏知不足斋抄本. --
(清)鲍廷博校。
1986年摄制. -- 1盘卷片(5米70拍) : 1:10,
2B ; 35mm银盐
收藏馆：缩微中心，国图

000O028015

柴氏四隐集：六卷 / (宋)柴望[等]撰
清(1644-1911)吴允嘉抄本. -- (清)吴允嘉、
(清)吴焯、(清)丁丙跋。
1996年摄制. -- 1盘卷片(6米88拍) : 1:10,
2B ; 35mm银盐
收藏馆：缩微中心，南京

000O004773

二妙集：八卷 / (金)段成己,(金)段克己撰
明成化十七年(1481)贾定刻本
1987年摄制. -- 1盘卷片(10米184拍) :
1:10, 2B ; 35mm银盐
收藏馆：缩微中心，国图

000O006339

二妙集：八卷 / (金)段克己,(金)段成己撰
清(1644-1911)抄本

1987年摄制. -- 1盘卷片(6米102拍) ：1:10,
2B ；35mm银盐
收藏馆：缩微中心，国图

00O003550
二段诗集：八卷补遗一卷 / (金)段克己,(金)段成
己撰
清(1644-1911)抄本
1985年摄制. -- 1盘卷片(14米286拍) ：
1:10, 2B ；35mm银盐
收藏馆：缩微中心，国图

00O021184
二洪遗稿：二种九卷
清(1644-1911)梅华书院刻本
1995年摄制. -- 1盘卷片(15米274拍) ：
1:10, 2B ；35mm银盐
收藏馆：缩微中心，国图

00O027102
二洪遗稿：三种九卷
清道光(1821-1850)刻本
1997年摄制. -- 1盘卷片(15米273拍) ：
1:10, 2B ；35mm银盐
收藏馆：缩微中心，国图

00O011683
范文正公忠宣公全集：七十三卷 / (宋)范仲
淹,(宋)范纯仁撰
清康熙四十六年(1707)范氏岁寒堂刻本
1990年摄制. -- 3盘卷片(70米1534拍) ：
1:10, 2B ；35mm银盐
收藏馆：缩微中心，天津

00O001102
唐氏三先生集：三十卷附录三卷 / (元)唐元,(明)
唐桂芳,(明)唐文凤撰
明正德十三年(1518)张芹刻本
1985年摄制. -- 2盘卷片(42.8米946拍) ：
1:10, 2B ；35mm银盐
收藏馆：缩微中心，国图

00O026299
祖氏遗编：十卷 / (清)祖之望辑
清(1644-1911)皆山草堂刻本
1996年摄制. -- 1盘卷片(13米227拍) ：
1:10, 2B ；35mm银盐
收藏馆：缩微中心，国图

00O023437
三袁先生集：五卷 / (明)曾可前编
明(1368-1644)刻本
1995年摄制. -- 1盘卷片(19米364拍) ：

1:10, 2B ；35mm银盐
收藏馆：缩微中心，国图

00O000544
梁溪马氏三世遗集：十五卷
清初(1644-1722)刻乾隆二十一年(1756)周原
溥重修本
1985年摄制. -- 2盘卷片(38.1米830拍) ：
1:10, 2B ；35mm银盐
收藏馆：缩微中心，国图

00O024293
娄上编：二十一卷
明万历二十八年(1600)张氏木雁轩刻本. --
存二十卷。
1996年摄制. -- 1盘卷片(19米368拍) ：
1:10, 2B ；35mm银盐
收藏馆：缩微中心，国图

00O023730
易庵蒲塘二翁诗稿：二卷 / (明)张时,(明)张介辑
明万历八年(1580)张谐刻本
1995年摄制. -- 1盘卷片(8米133拍) ：1:10,
2B ；35mm银盐
收藏馆：缩微中心，浙江

00O017687
赐书楼九世诗文录：四十卷 / (清)张经畲辑
清(1644-1911)抄本. -- 存二十八卷：卷一至
卷十三、卷十五至卷十六、卷十八至卷十九、
卷二十一至卷二十三、卷三十三至卷四十。
1993年摄制. -- 1盘卷片(26米493拍) ：
1:10, 2B ；35mm银盐
收藏馆：缩微中心，国图

00O019019
逐闲堂张氏诗草：二卷附录诗星阁笔记八则 /
(清)张虎士辑
清康熙(1662-1722)抄本
1994年摄制. -- 1盘卷片(10米189拍) ：
1:10, 2B ；35mm银盐
收藏馆：缩微中心，天津

00O009932
李卓吾批点曹氏一门：二卷 / (明)李贽撰
明(1368-1644)刻本
1989年摄制. -- 1盘卷片(6米92拍) ：1:10,
2B ；35mm银盐
收藏馆：缩微中心，天津

00O014210
石仓世纂 / (清)曹锡黼编
清乾隆十四年(1749)曹氏五亩园刻本

1992年摄制. -- 2盘卷片(37米735拍)：
1:10, 2B ; 35mm银盐
收藏馆：缩微中心, 国图

000O011081
石仓世纂 / (清)曹锡黼辑
清乾隆十四年(1749)曹氏五亩园上海刻本
. -- 放言居诗集前钤"小琳琅馆"印。存三
种二十一卷：放言居诗集六卷、四焉斋诗集六
卷、文集八卷、梯仙阁余课一卷。(清)钱大成
题识。
1989年摄制. -- 1盘卷片(26米568拍)：
1:10, 2B ; 35mm银盐
收藏馆：缩微中心, 天津

000O000884
安邱曹氏遗集三种：九卷
清康熙(1662-1722)刻本
1985年摄制. -- 1盘卷片(14米290拍)：
1:10, 2B ; 35mm银盐
收藏馆：缩微中心, 国图

000O024289
二陈先生全集：二十三卷 / (明)陈绳武编
明万历四十五年(1617)陈玉陛刻本
1996年摄制. -- 2盘卷片(49米964拍)：
1:10, 2B ; 35mm银盐
收藏馆：缩微中心, 国图

000O007833
长州二陈先生诗集：十四卷 / (清)承檀编
清乾隆十三年(1748)陈氏刻本
1987年摄制. -- 1盘卷片(9.4米183拍)：
1:9, 2B ; 35mm银盐
收藏馆：缩微中心, 重庆

000O005402
晋二俊文集：二十卷
明正德十四年(1519)陆元大刻本
1986年摄制. -- 1盘卷片(11.8米245拍)：
1:10, 2B ; 35mm银盐
收藏馆：缩微中心, 国图

000O028669
晋二俊文集：二十卷
明正德十四年(1519)陆元大刻本. -- (明)管
一德校，(明)曹元忠跋。
1990年摄制. -- 1盘卷片(13米249拍)：
1:10, 2B ; 35mm银盐
收藏馆：缩微中心, 南京

000O007858
晋二俊文集：二十卷 / (明)许自昌编

明正德(1506-1521)刻本
1988年摄制. -- 1盘卷片(12.9米266拍)：
1:10, 2B ; 35mm银盐
收藏馆：缩微中心, 重庆

000O016887
晋二俊文集：二十卷
明末(1621-1644)刻本
1993年摄制. -- 1盘卷片(18米345拍)：
1:10, 2B ; 35mm银盐
收藏馆：缩微中心, 国图

000O015689
晋二俊文集：二十卷
明(1368-1644)刻本
1993年摄制. -- 1盘卷片(17米343拍)：
1:10, 2B ; 35mm银盐
收藏馆：缩微中心, 国图

000O014605
陶氏世吟草：七卷 / (明)陶铨[等]撰
明隆庆四年(1570)孙科刻本
1992年摄制. -- 1盘卷片(4米30拍)：1:10,
2B ; 35mm银盐
收藏馆：缩微中心, 国图

000O016380
陶氏世吟集：五卷 / (明)陶登辑
明万历二十七年(1599)陶登刻本
1992年摄制. -- 1盘卷片(5米70拍)：1:10,
2B ; 35mm银盐
收藏馆：缩微中心, 国图

000O014996
合刻屠氏家藏二集：十二卷
明万历四十三年(1615)屠绳德刻崇祯(1628-1644)
补刻本
1992年摄制. -- 2盘卷片(37米721拍)：
1:10, 2B ; 35mm银盐
收藏馆：缩微中心, 国图

000O023670
恽氏家集：十八卷；感怀诗：一卷 / (明)恽初编
明崇祯(1628-1644)恽氏刻本. -- 配清康熙
十六年(1677)刻本。
1995年摄制. -- 1盘卷片(30米605拍)：
1:10, 2B ; 35mm银盐
收藏馆：缩微中心, 浙江

000O016195
江都焦氏家集：七种九卷 / (清)焦循编
清(1644-1911)焦循抄本
1993年摄制. -- 1盘卷片(6米88拍)：1:10,

2B；35mm银盐
收藏馆：缩微中心，国图

000O003150
率滨程氏社录：二卷 / (明)程瞻[等]辑
明嘉靖(1522-1566)刻本
1986年摄制. -- 1盘卷片(8米146拍)：1:10,
2B；35mm银盐
收藏馆：缩微中心，国图

000O023662
华氏家集：八种十一卷 / (元)华幼武[等]撰
清(1644-1911)抄本. -- 撰者还有：(元)华察
等。
1996年摄制. -- 1盘卷片(18米341拍)：
1:10, 2B；35mm银盐
收藏馆：缩微中心，浙江

000O019033
吴兴闵氏两尚书诗集：十五卷 / (明)潘季驯编
明(1368-1644)刻本
1994年摄制. -- 1盘卷片(14米293拍)：
1:10, 2B；35mm银盐
收藏馆：缩微中心，天津

000O002871
冯氏五先生集：五卷 / (明)冯琦编
明(1368-1644)刻本
1986年摄制. -- 1盘卷片(11米224拍)：
1:10, 2B；35mm银盐
收藏馆：缩微中心，国图

000O000957
黄氏捃残集：七卷附六卷 / (清)黄宗羲编
清康熙四十一年(1702)黄炳刻本
1985年摄制. -- 1盘卷片(16.2米348拍)：
1:10, 2B；35mm银盐
收藏馆：缩微中心，国图

000O000857
黄氏捃残集：七卷 / (清)黄宗羲辑
清康熙四十一年(1702)黄炳刻本
1985年摄制. -- 1盘卷片(5.5米93拍)：
1:10, 2B；35mm银盐
收藏馆：缩微中心，国图

000O018255
曹县万氏诗文集：六种七卷 / (清)万名炜辑
清(1644-1911)抄本
1993年摄制. -- 1盘卷片(5米78拍)：1:10,
2B；35mm银盐
收藏馆：缩微中心，山东

000O029304
南阳叶氏诗存：不分卷 / (明)叶盛[等]撰；(清)潘
道根辑
清咸丰(1851-1861)潘道根抄本
1999年摄制. -- 1盘卷片(9米148拍)：1:10,
2B；35mm银盐
收藏馆：缩微中心，苏州

000O005340
午梦堂集：十二种二十三卷
明崇祯(1628-1644)刻本. -- 吴梅跋。
1986年摄制. -- 2盘卷片(37米804拍)：
1:10, 2B；35mm银盐
收藏馆：缩微中心，国图

000O020300
午梦堂集：十二种二十三卷
明崇祯(1628-1644)刻本. -- 存七种九卷。
1994年摄制. -- 1盘卷片(19米382拍)：
1:10, 2B；35mm银盐
收藏馆：缩微中心，国图

000O020835
午梦堂集：七种九卷
清(1644-1911)刻本
1994年摄制. -- 1盘卷片(20米381拍)：
1:10, 2B；35mm银盐
收藏馆：缩微中心，国图

000O018107
蓬莱葛氏诗文稿：五种七卷 / (清)葛忠弼辑
清(1644-1911)稿本
1993年摄制. -- 1盘卷片(11米209拍)：
1:10, 2B；35mm银盐
收藏馆：缩微中心，山东

000O009053
新喻三刘文集：六卷首一卷 / (宋)刘敞[等]撰
清乾隆十五年(1750)水西刘氏刻本
1988年摄制. -- 1盘卷片(17米387拍)：
1:10, 2B；35mm银盐
收藏馆：缩微中心，湖北

000O000942
三刘先生家集：不分卷 / (宋)刘涣,(宋)刘恕,(宋)
刘羲仲撰；(宋)刘元高辑
清(1644-1911)抄本. -- 傅增湘跋。
1985年摄制. -- 1盘卷片(7.2米131拍)：
1:10, 2B；35mm银盐
收藏馆：缩微中心，国图

000O009957
蔡氏九儒书：九卷首一卷 / (明)蔡有鹍编

清雍正十一年(1733)刻本
1989年摄制. -- 1盘卷片(28米620拍) ：
1:10, 2B ; 35mm银盐
收藏馆：缩微中心，天津

000O017837
义门郑氏奕叶吟集：三卷 / (明)郑允宣辑
明末(1621-1644)郑氏书种堂刻本
1993年摄制. -- 1盘卷片(6米85拍) ： 1:10,
2B ; 35mm银盐
收藏馆：缩微中心，国图

000O016577
义门郑氏奕叶文集：十卷 / (清)郑应产纂
清康熙五十四年(1715)郑氏祠堂刻本
1993年摄制. -- 1盘卷片(28米598拍) ：
1:10, 2B ; 35mm银盐
收藏馆：缩微中心，山西

000O016709
慈溪郑氏诗辑残稿：不分卷
清(1644-1911)郑氏二老阁抄本
1993年摄制. -- 1盘卷片(9米151拍) ： 1:10,
2B ; 35mm银盐
收藏馆：缩微中心，国图

000O026283
吴越钱氏传芳集：一卷 / (清)钱泳辑
清嘉庆十五年(1810)钱氏刻本
1996年摄制. -- 1盘卷片(3米20拍) ： 1:10,
2B ; 35mm银盐
收藏馆：缩微中心，国图

000O023651
甬东薛氏世风删：二卷 / (明)薛冈删次
明(1368-1644)刻本. -- 配清(1644-1911)刻
本。
1995年摄制. -- 1盘卷片(6米84拍) ： 1:10,
2B ; 35mm银盐
收藏馆：缩微中心，浙江

000O019547
三谢诗：一卷 / (南朝宋)谢灵运,(南朝宋)谢惠
连,(齐)谢朓撰
明正德十六年(1521)胡琼刻本
1994年摄制. -- 1盘卷片(3米25拍) ： 1:10,
2B ; 35mm银盐
收藏馆：缩微中心，国图

000O015033
三谢诗集：八卷 / (南朝宋)谢灵运,(南朝宋)谢惠
连,(齐)谢朓撰
明(1368-1644)辽藩朱宠瀼梅南书屋刻本

1992年摄制. -- 1盘卷片(6米82拍) ： 1:10,
2B ; 35mm银盐
收藏馆：缩微中心，国图

000O028522
东岚谢氏诗文集：不分卷 / (清)谢世南辑
清(1644-1911)稿本. -- 据目录缺贤公、肇浙
公、汶韶公所著诗文。
1997年摄制. -- 1盘卷片(6.7米116拍) ：
1:10, 2B ; 35mm银盐
收藏馆：缩微中心，福建

000O005300
宁都三魏全集：七十三卷
清康熙(1662-1722)易堂刻本
1986年摄制. -- 6盘卷片(173米3186拍) ：
1:10, 2B ; 35mm银盐
收藏馆：缩微中心，国图

000O015129
罗氏世征集：十七卷
明(1368-1644)刻本. -- 存三卷：卷十五至卷
十七。
1992年摄制. -- 1盘卷片(7米106拍) ： 1:10,
2B ; 35mm银盐
收藏馆：缩微中心，国图

000O010759
南游埒篨集：二卷 / (清)边中宝,(清)边连宝撰
清乾隆二十七年(1762)精刻本
1989年摄制. -- 1盘卷片(8米102拍) ： 1:10,
2B ; 35mm银盐
收藏馆：缩微中心，天津

000O021607
南游埒篨集：二卷 / (清)边中宝,(清)边连宝撰
清乾隆(1736-1795)刻本
1995年摄制. -- 1盘卷片(6米87拍) ： 1:10,
2B ; 35mm银盐
收藏馆：缩微中心，国图

000O003481
窦氏联珠集：五卷 / (唐)窦常[等]撰
明(1368-1644)毛氏汲古阁刻唐人四集本. --
四库底本。
1986年摄制. -- 1盘卷片(4米49拍) ： 1:10,
2B ; 35mm银盐
收藏馆：缩微中心，国图

000O012962
窦氏联珠集：五卷 / (唐)窦常[等]撰
清(1644-1911)许永镐抄本. -- (清)许永镐
跋, (清)黄丕烈抄补并跋, (清)劳权、邓邦述

校跋并录(清)何焯题识。
1991年摄制. -- 1盘卷片(4米45拍) : 1:10,
2B ; 35mm银盐
收藏馆：缩微中心，国图

000O002348
窦氏联珠集：五卷 / (唐)窦常[等]撰
清(1644-1911)抄本
1986年摄制. -- 1盘卷片(4米58拍) : 1:10,
2B ; 35mm银盐
收藏馆：缩微中心，国图

000O003822
窦氏联珠集：五卷 / (唐)窦常[等]撰
清(1644-1911)抄本
1985年摄制. -- 1盘卷片(4米58拍) : 1:10,
2B ; 35mm银盐
收藏馆：缩微中心，国图

000O024705
三苏先生文粹：七十卷 / (宋)苏洵,(宋)苏轼,(宋)苏辙撰
明嘉靖十年(1531)金鳌刻本
1996年摄制. -- 1盘卷片(32米653拍) :
1:10, 2B ; 35mm银盐
收藏馆：缩微中心，浙江

000O003484
三苏先生文粹：七十卷 / (宋)苏洵,(宋)苏轼,(宋)苏辙撰
明(1368-1644)刻本
1985年摄制. -- 1盘卷片(32米678拍) :
1:10, 2B ; 35mm银盐
收藏馆：缩微中心，国图

000O005178
三苏先生文粹：七十卷 / (宋)苏洵,(宋)苏轼,(宋)苏辙撰
明(1368-1644)刻本
1986年摄制. -- 1盘卷片(28.2米636拍) :
1:10, 2B ; 35mm银盐
收藏馆：缩微中心，国图

000O004041
三苏先生文集：七十卷 / (宋)苏洵,(宋)苏轼,(宋)苏辙撰
明成化二十年(1484)许仁刻本. -- 存四十三卷：卷一至卷四十三。(清)翁同龢跋。
1985年摄制. -- 1盘卷片(18.5米404拍) :
1:10, 2B ; 35mm银盐
收藏馆：缩微中心，国图

000O003485
三苏先生文集：七十卷 / (宋)苏洵,(宋)苏轼,(宋)苏辙撰
明(1368-1644)刻本
1985年摄制. -- 1盘卷片(30米667拍) :
1:10, 2B ; 35mm银盐
收藏馆：缩微中心，国图

000O023723
三苏文集：七十一卷首一卷 / (宋)苏洵,(宋)苏轼,(宋)苏辙撰
明嘉靖十二年(1533)杨煦刻本
1995年摄制. -- 2盘卷片(59米1216拍) :
1:10, 2B ; 35mm银盐
收藏馆：缩微中心，浙江

000O015685
大宋眉山苏氏家传心学文集大全：□□卷首一卷 / (宋)苏洵,(宋)苏轼,(宋)苏辙撰
明(1368-1644)刻本. -- 存十二卷：卷一至卷十一、老泉文集首一卷。
1993年摄制. -- 1盘卷片(10米157拍) :
1:10, 2B ; 35mm银盐
收藏馆：缩微中心，国图

000O007057
大宋眉山苏氏家传心学文集大全：七十卷首一卷 / (宋)苏洵,(宋)苏轼,(宋)苏辙撰
明(1368-1644)刻本
1987年摄制. -- 2盘卷片(38米796拍) :
1:10, 2B ; 35mm银盐
收藏馆：缩微中心，山东

000O023650
谨依眉阳正本大宋真儒三贤文宗：二十卷 / (宋)苏洵,(宋)苏轼,(宋)苏辙撰
明(1368-1644)刻本
1995年摄制. -- 2盘卷片(53米1062拍) :
1:10, 2B ; 35mm银盐
收藏馆：缩微中心，浙江

000O027405
合诸名家评注三苏文定：十八卷 / (宋)苏洵,(宋)苏轼,(宋)苏辙撰
明崇祯(1628-1644)刻本
1997年摄制. -- 2盘卷片(46米1022拍) :
1:10, 2B ; 35mm银盐
收藏馆：缩微中心，河南

000O010770
静观室三苏文选：十六卷 / (明)钱穀辑
明万历三十九年(1611)刻本. -- 卷首第三页至第五页空白。

1988年摄制. -- 1盘卷片(26米561拍)：
1:10, 2B ; 35mm银盐
收藏馆：缩微中心，天津

000021844
选辑诸名家评注批点苏文：八卷 / (宋)苏轼撰；
(明)詹奎光辑
明万历六年(1578)詹斗光刻本
1995年摄制. -- 1盘卷片(28米587拍)：
1:10, 2B ; 35mm银盐
收藏馆：缩微中心，南京

000006312
新刻批选三苏文要：三卷 / (宋)苏洵,(宋)苏
轼,(宋)苏辙撰
明万历(1573-1620)刻本
1987年摄制. -- 1盘卷片(22米477拍)：
1:10, 2B ; 35mm银盐
收藏馆：缩微中心，吉林

000023663
镌李相国九我先生评选苏文汇精：六卷 / (明)李
廷机评选；(明)陈继儒参评
明(1368-1644)书林萧少衢师俭堂刻本
1996年摄制. -- 1盘卷片(16米306拍)：
1:10, 2B ; 35mm银盐
收藏馆：缩微中心，浙江

000025698
苏隽：五卷 / (明)王世元撰
明万历四十一年(1613)王世元刻本
1996年摄制. -- 2盘卷片(48米1065拍)：
1:10, 2B ; 35mm银盐
收藏馆：缩微中心，河南

000012618
眉山苏氏三大家文选：四卷 / (明)董应举辑
明崇祯(1628-1644)董应举刻本
1990年摄制. -- 1盘卷片(25.8米579拍)：
1:10, 2B ; 35mm银盐
收藏馆：缩微中心，辽宁

000007601
新镌张太史评选眉山桥梓名文隽：三卷 / (明)张
鼐辑
明天启二年(1622)书林萧世熙刻本
1987年摄制. -- 1盘卷片(15米287拍)：
1:10, 2B ; 35mm银盐
收藏馆：缩微中心，山东

000024284
鼎镌黄状元批选眉山三苏文狐白：四卷 / (明)黄
士俊辑

明万历(1573-1620)余绍崖自新斋刻两节本
1996年摄制. -- 1盘卷片(13米260拍)：
1:10, 2B ; 35mm银盐
收藏馆：缩微中心，安徽

000023934
三苏文抄：十二卷 / (宋)苏洵,(宋)苏轼,(宋)苏辙
撰
明(1368-1644)刻本
1996年摄制. -- 2盘卷片(32米710拍)：
1:10, 2B ; 35mm银盐
收藏馆：缩微中心，河南

000023940
苏集选：九卷 / (宋)苏洵[等]撰
明(1368-1644)刻本. -- 撰者还有：(宋)苏轼
等。
1996年摄制. -- 1盘卷片(25米562拍)：
1:10, 2B ; 35mm银盐
收藏馆：缩微中心，河南

000012494
听嘤堂选苏黄尺牍：四卷 / (清)黄始辑
清(1644-1911)课花书屋刻本. -- (□)王承志
批校。
1990年摄制. -- 1盘卷片(17米357拍)：
1:10, 2B ; 35mm银盐
收藏馆：缩微中心，山东

000024871
中州启札：四卷 / (元)吴弘道辑
清(1644-1911)张氏爱日精庐抄本. -- (清)黄
丕烈跋，(清)丁申校并跋。
1996年摄制. -- 1盘卷片(6米75拍)：1:10,
2B ; 35mm银盐
收藏馆：缩微中心，南京

000013520
中州启札：四卷 / (元)吴弘道辑
清(1644-1911)抄本
1991年摄制. -- 1盘卷片(5米59拍)：1:10,
2B ; 35mm银盐
收藏馆：缩微中心，国图

000022101
中州启札：四卷 / (元)吴弘道辑
清(1644-1911)抄本
1995年摄制. -- 1盘卷片(5米58拍)：1:10,
2B ; 35mm银盐
收藏馆：缩微中心，国图

000014564
赤牍清裁：四卷 / (明)杨慎辑

明(1368-1644)抄本
1992年摄制. -- 1盘卷片(3米25拍)：1:10,
2B；35mm银盐
收藏馆：缩微中心，国图

明万历二十五年(1597)刻本
1993年摄制. -- 4盘卷片(124米2613拍)：
1:10, 2B；35mm银盐
收藏馆：缩微中心，国图

000O000697
赤牍清裁：十卷 / (明)杨慎辑
明(1368-1644)刻本
1985年摄制. -- 1盘卷片(6.1米111拍)：
1:10, 2B；35mm银盐
收藏馆：缩微中心，国图

000O016791
历朝尺牍大全：十二卷 / (明)王锡爵辑
明万历三十九年(1611)书林周近泉刻本
1993年摄制. -- 2盘卷片(37米747拍)：
1:10, 2B；35mm银盐
收藏馆：缩微中心，国图

000O023766
赤牍清裁：十一卷补遗四卷 / (明)杨慎辑；(明)吴勉学补辑
明(1368-1644)吴勉学刻本
1995年摄制. -- 1盘卷片(11米194拍)：
1:10, 2B；35mm银盐
收藏馆：缩微中心，浙江

000O011168
古今振雅云笺：十卷 / (明)徐渭辑
明(1368-1644)刻本
1989年摄制. -- 1盘卷片(29米608拍)：
1:10, 2B；35mm银盐
收藏馆：缩微中心，山东

000O028744
笔媚笺：十二卷 / (明)杨慎辑
明(1368-1644)刻本
1998年摄制. -- 2盘卷片(36米665拍)：
1:10, 2B；35mm银盐
收藏馆：缩微中心，苏州

000O028885
古今振雅云笺：十卷；新镌通俗云笺：二卷 / (明)徐渭辑
明(1368-1644)刻本
1998年摄制. -- 2盘卷片(37米694拍)：
1:10, 2B；35mm银盐
收藏馆：缩微中心，苏州

000O007165
赤牍清裁：二十八卷 / (明)杨慎辑；(明)王世贞增辑
明嘉靖三十七年(1558)刻本
1987年摄制. -- 1盘卷片(13米272拍)：
1:10, 2B；35mm银盐
收藏馆：缩微中心，山东

000O018624
新镌古今名公尺牍汇编选注：四卷 / (明)王穉登辑；(明)俞肇光注
明(1368-1644)黄起元刻本
1993年摄制. -- 1盘卷片(19.4米417拍)：
1:9, 2B；35mm银盐
收藏馆：缩微中心，重庆

000O013577
尺牍清裁：六十卷补遗一卷 / (明)王世贞辑
明隆庆五年(1571)吴郡王氏刻本
1991年摄制. -- 1盘卷片(30米615拍)：
1:10, 2B；35mm银盐
收藏馆：缩微中心，浙江

000O011441
新镌历世诸大名家往来翰墨分类纂注品粹：十卷 / (明)黄志清辑
明万历二十五年(1597)书林余象斗刻本
1989年摄制. -- 1盘卷片(24.7米553拍)：
1:10, 2B；35mm银盐
收藏馆：缩微中心，辽宁

000O016286
尺牍清裁：六十卷补遗一卷 / (明)王世贞辑
明隆庆五年(1571)王世贞刻本. -- 存五十一卷：卷一至卷二十、卷三十一至卷六十，补遗一卷。
1993年摄制. -- 1盘卷片(22米450拍)：
1:10, 2B；35mm银盐
收藏馆：缩微中心，国图

000O009938
尺牍隽言：十二卷 / (明)陈臣忠辑；(明)闵迈德校
明(1368-1644)闵氏刻套印本
1988年摄制. -- 1盘卷片(11米217拍)：
1:10, 2B；35mm银盐
收藏馆：缩微中心，天津

000O018522
书记洞诠：一百十六卷目录十卷 / (明)梅鼎祚辑

000O026311
尺牍隽言：十二卷 / (明)陈臣忠辑

明(1368-1644)刻本
1996年摄制. -- 1盘卷片(12米224拍) :
1:10, 2B ; 35mm银盐
收藏馆:缩微中心,福建

000O018417
春雪笺:八卷 / (明)许以忠,(明)王焞辑
明(1368-1644)王世烘刻本
1993年摄制. -- 1盘卷片(18米350拍) :
1:10, 2B ; 35mm银盐
收藏馆:缩微中心,国图

000O022831
车书楼选刻历朝翰墨鼎彝:十卷 / (明)王世茂辑
明(1368-1644)金陵黄复宇刻本
1995年摄制. -- 1盘卷片(22米464拍) :
1:10, 2B ; 35mm银盐
收藏馆:缩微中心,南京

000O016867
**新镌注释历代尺牍绮縠:四卷 / (明)冯汝宗辑;
(明)王大醇注释**
明万历三十一年(1603)书林郑氏少斋刻本
1993年摄制. -- 1盘卷片(10米175拍) :
1:10, 2B ; 35mm银盐
收藏馆:缩微中心,国图

000O009483
**启隽类函:一百二卷职官考五卷目录九卷 / (明)
俞安期辑**
明万历(1573-1620)刻本
1987年摄制. -- 7盘卷片(176米3853拍) :
1:9, 2B ; 35mm银盐
收藏馆:缩微中心,重庆

000O021219
古今翰苑琼琚:十二卷 / (明)杨慎,(明)孙鑛编
明天启(1621-1627)刻本
1995年摄制. -- 1盘卷片(35米681拍) :
1:10, 2B ; 35mm银盐
收藏馆:缩微中心,国图

000O006256
翰苑琼琚:十二卷 / (明)杨慎选
明天启(1621-1627)刻本
1987年摄制. -- 2盘卷片(36米784拍) :
1:10, 2B ; 35mm银盐
收藏馆:缩微中心,吉林

000O007807
翰海:十二卷 / (明)沈佳胤辑
明崇祯(1628-1644)刻本
1987年摄制. -- 1盘卷片(25米547拍) : 1:9,

2B ; 35mm银盐
收藏馆:缩微中心,重庆

000O020408
翰海:十二卷 / (明)沈佳胤辑
明末(1621-1644)刻本. -- 李一氓跋。
1994年摄制. -- 1盘卷片(22米440拍) :
1:10, 2B ; 35mm银盐
收藏馆:缩微中心,国图

000O013157
尺牍青莲:十二卷 / (明)何伟然辑
明崇祯(1628-1644)刻本
1991年摄制. -- 1盘卷片(25.7米579拍) :
1:10, 2B ; 35mm银盐
收藏馆:缩微中心,辽宁

000O016078
**赖古堂尺牍新钞二选藏弃集:十六卷 / (清)周亮
工辑**
清康熙(1662-1722)周氏赖古堂刻本
1993年摄制. -- 1盘卷片(25米498拍) :
1:10, 2B ; 35mm银盐
收藏馆:缩微中心,国图

000O016909
**赖古堂尺牍新钞三选结邻集:十六卷 / (清)周在
浚,(清)周在梁,(清)周在延辑**
清康熙九年(1670)周氏赖古堂刻本
1993年摄制. -- 1盘卷片(28米526拍) :
1:10, 2B ; 35mm银盐
收藏馆:缩微中心,国图

000O016298
**赖古堂名贤尺牍新钞:十二卷 / (清)周在浚,(清)
周在梁辑**
清康熙(1662-1722)周氏赖古堂刻本
1993年摄制. -- 1盘卷片(23米463拍) :
1:10, 2B ; 35mm银盐
收藏馆:缩微中心,国图

000O000850
**赖古堂名贤尺牍新钞:十二卷二选藏弃集十六
卷三选结邻集十六卷 / (清)周亮工辑**
清康熙(1662-1722)周氏赖古堂刻本
1985年摄制. -- 3盘卷片(72米1596拍) :
1:10, 2B ; 35mm银盐
收藏馆:缩微中心,国图

000O020419
**尺牍新编:甲集二卷乙集一卷丙集三卷丁集
三卷 / (清)杨宾辑 . 阮亭游记:一卷外集二卷 /
(清)王士禛撰;(清)杨宾辑**

清(1644-1911)抄本. -- (清)陆僎跋。
1994年摄制. -- 1盘卷片(21米402拍) :
1:10，2B ；35mm银盐
收藏馆：缩微中心，国图

000O024166
分类尺牍新语：二十四卷 / (清)徐士俊,(清)汪淇辑并评
清康熙二年(1663)刻本
1996年摄制. -- 1盘卷片(18米364拍) :
1:10，2B ；35mm银盐
收藏馆：缩微中心，湖北

000O009958
赏奇堂尺牍：四卷 / (清)陈遇麒辑
清康熙三十四年(1695)刻本. -- (清)陆堦等校。
1989年摄制. -- 1盘卷片(11米211拍) :
1:10，2B ；35mm银盐
收藏馆：缩微中心，天津

000O001572
陈权等书札
稿本
1986年摄制. -- 1盘卷片(4米55拍) ：1:10,
2B ；35mm银盐
收藏馆：缩微中心，国图

000O001970
交游书翰：四卷 / (明)张时彻辑
明万历三年(1575)张时彻刻本
1986年摄制. -- 1盘卷片(9米176拍) ：1:10,
2B ；35mm银盐
收藏馆：缩微中心，国图

000O027483
国朝名公翰藻：五十二卷 / (明)凌迪知辑
明万历(1573-1620)刻本
1996年摄制. -- 5盘卷片(128米2858拍) :
1:10，2B ；35mm银盐
收藏馆：缩微中心，南京

000O020605
[镌]国朝名公翰藻超奇：十四卷 / (明)徐宗夔辑
明(1368-1644)唐廷仁周曰校刻本
1994年摄制. -- 2盘卷片(38米769拍) :
1:10，2B ；35mm银盐
收藏馆：缩微中心，国图

000O019152
国朝七名公尺牍：八卷 / (明)屠隆辑
明万历(1573-1620)文斐堂刻本
1994年摄制. -- 1盘卷片(34米662拍) :

1:10，2B ；35mm银盐
收藏馆：缩微中心，国图

000O012906
新刻国朝名公尺牍类选：十二卷 / (明)吴之美辑
明万历(1573-1620)刻本
1989年摄制. -- 1盘卷片(27.9米616拍) :
1:10，2B ；35mm银盐
收藏馆：缩微中心，重庆

000O025664
徽郡新刻名公尺牍：三卷 / (明)程大约辑
明万历四年(1576)程氏滋兰堂刻本
1996年摄制. -- 1盘卷片(13米251拍) :
1:10，2B ；35mm银盐
收藏馆：缩微中心，南京

000O025663
风教云笺后集：四卷 / (明)黄河清辑
明万历(1573-1620)舒用中天香书屋刻本
1996年摄制. -- 1盘卷片(7米136拍) ：1:10,
2B ；35mm银盐
收藏馆：缩微中心，南京

000O017850
风教云笺续集：四卷 / (明)黄河清辑
明(1368-1644)舒用中刻本
1993年摄制. -- 1盘卷片(6米95拍) ：1:10,
2B ；35mm银盐
收藏馆：缩微中心，国图

000O012488
新镌通俗云笺：二卷；古今振云笺：八卷 / (明)徐渭辑
明末(1621-1644)刻本
1990年摄制. -- 1盘卷片(18米374拍) :
1:10，2B ；35mm银盐
收藏馆：缩微中心，山东

000O006900
新镌通俗云笺：二卷 / (明)徐渭辑
明(1368-1644)刻本
1987年摄制. -- 1盘卷片(7米129拍) ：1:9,
2B ；35mm银盐
收藏馆：缩微中心，重庆

000O009552
锲熙朝名公书启连腴：八卷 / (明)顾起元辑
明万历二十九年(1601)萃庆堂刻本
1988年摄制. -- 1盘卷片(11.7米238拍) :
1:9，2B ；35mm银盐
收藏馆：缩微中心，重庆

000O006456

瑶翰：二卷；俚踪：二卷 / (明)蒋以化辑

明万历三十二年(1604)蒋以化刻本

1987年摄制. -- 1盘卷片(12米231拍)：1:10, 2B ; 35mm银盐

收藏馆：缩微中心，国图

000O022824

好我篇：二卷 / (明)朱朝瞻辑

明万历三十八年(1610)刻本. -- (清)丁丙跋。

1995年摄制. -- 1盘卷片(6.5米108拍)：1:10, 2B ; 35mm银盐

收藏馆：缩微中心，南京

000O031789

精选当代各名公短札字字珠：四卷首一卷 / (明)许以忠,(明)王焞辑

明(1368-1644)傅春溟刻本

2005年摄制. -- 1盘卷片(12米230拍)：1:10, 2B ; 35mm银盐

收藏馆：缩微中心，国图

000O000257

精选分注当代名公启牍琅函：六卷 / (明)许以忠辑；(明)虞邦誉注

明(1368-1644)金陵书坊王凤翔刻本

1985年摄制. -- 1盘卷片(22.5米498拍)：1:10, 2B ; 35mm银盐

收藏馆：缩微中心，国图

000O019928

名公贻牍：四卷 / (明)项桂芳辑

明万历四十三年(1615)项桂芳刻本

1994年摄制. -- 1盘卷片(12米215拍)：1:10, 2B ; 35mm银盐

收藏馆：缩微中心，国图

000O022851

如面谈：十六卷 / (明)钟煜辑

明(1368-1644)刻本

1995年摄制. -- 2盘卷片(40米817拍)：1:10, 2B ; 35mm银盐

收藏馆：缩微中心，南京

000O018714

新锓李先生类纂音释捷用云笺：六卷 / (明)李光祚辑注

明(1368-1644)书林詹伯元刻本. -- 存三卷：卷四至卷六。

1994年摄制. -- 1盘卷片(7米116拍)：1:10, 2B ; 35mm银盐

收藏馆：缩微中心，国图

000O001171

方孟旋先生评选邮筒类隽：十二卷 / (明)方应祥辑；(明)毛应翔注

明天启(1621-1627)周时翰刻本. -- 存十一卷：卷一至卷十一。

1985年摄制. -- 1盘卷片(22.5米498拍)：1:10, 2B ; 35mm银盐

收藏馆：缩微中心，国图

000O024265

新刻国朝万民通宝书简百震春雷：四卷 / (明)徐京元辑

明(1368-1644)建邑书林刻三节本

1996年摄制. -- 1盘卷片(6米104拍)：1:10, 2B ; 35mm银盐

收藏馆：缩微中心，安徽

000O009461

明尺牍谷音：七卷 / (明)汪之琦辑

明崇祯七年(1634)刻本

1988年摄制. -- 1盘卷片(21.6米468拍)：1:9, 2B ; 35mm银盐

收藏馆：缩微中心，重庆

000O026331

思园选辑明人尺牍：不分卷 / (清)卫台擢辑

清(1644-1911)稿本

1996年摄制. -- 1盘卷片(8米129拍)：1:10, 2B ; 35mm银盐

收藏馆：缩微中心，湖北

000O016914

明人尺牍：不分卷

明(1368-1644)抄本

1993年摄制. -- 1盘卷片(8米127拍)：1:10, 2B ; 35mm银盐

收藏馆：缩微中心，国图

000O013994

书札：不分卷 / (清)于敏中[等]撰

清(1644-1911)稿本. -- 撰者还有：(清)阮元、(清)李慈铭等。

1992年摄制. -- 1盘卷片(3米14拍)：1:10, 2B ; 35mm银盐

收藏馆：缩微中心，国图

000O016917

明人手简序录：三卷 / (清)范永祺辑

清(1644-1911)陈同夫抄本. -- (清)陈劢跋。

1993年摄制. -- 1盘卷片(8米122拍)：1:10, 2B ; 35mm银盐

收藏馆：缩微中心，国图

00O009721
明人尺牍选：四卷 / (清)王元勋,(清)程化骙辑
清康熙四十四年(1705)碧云楼刻本
1989年摄制. -- 1盘卷片（13米259拍）：
1:10, 2B；35mm银盐
收藏馆：缩微中心，湖北

00O021616
明人尺牍选：四卷 / (清)王元勋,(清)程化骙辑
清康熙四十四年(1705)碧云楼刻本
1995年摄制. -- 1盘卷片（13米233拍）：
1:10, 2B；35mm银盐
收藏馆：缩微中心，国图

00O014922
明人书札
明(1368-1644)稿本
1992年摄制. -- 1盘卷片（10米166拍）：
1:10, 2B；35mm银盐
收藏馆：缩微中心，国图

00O028036
缁林尺牍：不分卷 / (清)释道古辑
清康熙十年(1671)刻本
1996年摄制. -- 1盘卷片（6米100拍）：1:10,
2B；35mm银盐
收藏馆：缩微中心，福建

00O010745
友声初集：五卷后集五卷新集五卷 / (清)张潮辑.
尺牍偶存：十一卷 / (清)张潮撰
清乾隆四十五年(1780)心斋刻本
1989年摄制. -- 2盘卷片（47米1013拍）：
1:10, 2B；35mm银盐
收藏馆：缩微中心，天津

00O010466
曹李尺牍合选：二卷 / (清)曹溶,(清)李年良撰
清(1644-1911)刻本
1989年摄制. -- 1盘卷片（7米131拍）：1:10,
2B；35mm银盐
收藏馆：缩微中心，天津

00O021672
名贤书札：不分卷 / (清)杨芳[等]撰
清(1644-1911)稿本. -- 撰者还有：(清)曾国
藩等。
1995年摄制. -- 1盘卷片（3米23拍）：1:10,
2B；35mm银盐
收藏馆：缩微中心，国图

00O025627
乡贤缄翰记：一卷 / (清)沈复粲辑

清(1644-1911)沈氏鸣野山房抄本
1996年摄制. -- 1盘卷片（7米101拍）：1:10,
2B；35mm银盐
收藏馆：缩微中心，浙江

00O024580
昭代名人尺牍目录：一卷 / (清)吴修撰
清(1644-1911)稿本
1996年摄制. -- 1盘卷片（3米40拍）：1:10,
2B；35mm银盐
收藏馆：缩微中心，浙江

00O029104
王士禛等书札 / (清)王士禛[等]撰
清(1644-1911)稿本
1999年摄制. -- 1盘卷片（7米165拍）：1:10,
2B；35mm银盐
收藏馆：缩微中心，国图

00O020650
高士奇等书札：不分卷 / (清)高士奇[等]撰
清(1644-1911)稿本. -- 撰者还有：(清)阮元
等。
1994年摄制. -- 1盘卷片（3米16拍）：1:10,
2B；35mm银盐
收藏馆：缩微中心，国图

00O013605
梁山舟友朋书札：不分卷 / (清)卢文弨[等]撰
清(1644-1911)稿本. -- 撰者还有：(清)王
昶。
1991年摄制. -- 1盘卷片（3米17拍）：1:10,
2B；35mm银盐
收藏馆：缩微中心，国图

00O013719
清代名人书札诗稿：不分卷 / (清)刘墉[等]撰
清(1644-1911)稿本. -- 撰者还有：(清)魏
源、(清)李星沅等。
1991年摄制. -- 1盘卷片（3米17拍）：1:10,
2B；35mm银盐
收藏馆：缩微中心，国图

00O029173
吴锡麒等书札：不分卷 / (清)吴锡麒[等]撰
清(1644-1911)稿本
1999年摄制. -- 1盘卷片（3米69拍）：1:10,
2B；35mm银盐
收藏馆：缩微中心，国图

00O014450
黄小松友朋书札：不分卷 / (清)赵魏[等]撰
清(1644-1911)稿本. -- 撰者还有：(清)余

集、(清)钱坫。
1992年摄制. -- 1盘卷片(24米480拍) ：
1:10, 2B ; 35mm银盐
收藏馆：缩微中心，国图

000O029147
冯敏昌等手札 / (清)冯敏昌[等]撰
清(1644-1911)稿本. -- (清)张翔珂、(清)赵
愚轩、王献唐跋。
1999年摄制. -- 1盘卷片(3米54拍) ：1:10,
2B ; 35mm银盐
收藏馆：缩微中心，国图

000O013834
乾嘉间名人书札诗稿：不分卷 / (清)孙星衍[等]撰
清(1644-1911)稿本
1991年摄制. -- 1盘卷片(3米19拍) ： 1:10,
2B ; 35mm银盐
收藏馆：缩微中心，国图

000O019793
伊秉绶吴锡麟等书札 / (清)伊秉绶[等]撰
清(1644-1911)稿本. -- 撰者还有：(清)吴锡
麟等。(清)蔡之定、(清)蒋予蒲、(清)朱文翰
跋。
1994年摄制. -- 1盘卷片(4米32拍) ： 1:10,
2B ; 35mm银盐
收藏馆：缩微中心，国图

000O014034
清代名家尺牍诗稿：不分卷 / (清)伊秉绶,(清)祁
寯藻,(清)吴让之撰
清(1644-1911)稿本
1991年摄制. -- 1盘卷片(4米44拍) ： 1:10,
2B ; 35mm银盐
收藏馆：缩微中心，国图

000O031909
萧山王氏及诸家书札：不分卷 / (清)王宗炎[等]撰
清(1644-1911)稿本. -- 撰者还有：(清)翁心
存。
2010年摄制. -- 1盘卷片(6米73拍) ： 1:15,
2B ; 35mm银盐
收藏馆：缩微中心，国图

000O019739
二家书札 / (清)阮元,(清)孙星衍撰
清(1644-1911)稿本 .
1994年摄制. -- 1盘卷片(3米21拍) ： 1:10,
2B ; 35mm银盐
收藏馆：缩微中心，国图

000O019779
阮元俞樾等书札 / (清)阮元[等]撰
清(1644-1911)稿本. -- 撰者还有：(清)俞樾
等。
1994年摄制. -- 1盘卷片(3米24拍) ： 1:10,
2B ; 35mm银盐
收藏馆：缩微中心，国图

000O019891
六家书札 / (清)阮元[等]撰
清(1644-1911)稿本. -- 撰者还有：(清)张
穆、(清)邓石如、(清)钱杕等。
1994年摄制. -- 1盘卷片(3米9拍) ： 1:10,
2B ; 35mm银盐
收藏馆：缩微中心，国图

000O029078
墨札集珍：四卷 / (清)英和[等]撰
清(1644-1911)稿本
1999年摄制. -- 1盘卷片(7米161拍) ： 1:10,
2B ; 35mm银盐
收藏馆：缩微中心，国图

000O013712
法梧门友朋书札：不分卷 / (清)徐松[等]撰
清(1644-1911)稿本. -- 撰者还有：(清)黄安
涛等。
1991年摄制. -- 1盘卷片(3米12拍) ： 1:10,
2B ; 35mm银盐
收藏馆：缩微中心，国图

000O019648
清名人尺牍 / (清)穆彰阿[等]撰
清(1644-1911)稿本. -- 撰者还有：(清)俞樾
等。
1994年摄制. -- 1盘卷片(5米67拍) ： 1:10,
2B ; 35mm银盐
收藏馆：缩微中心，国图

000O016769
郭尚先等书札：不分卷 / (清)郭尚先[等]撰
清(1644-1911)稿本
1993年摄制. -- 1盘卷片(3米10拍) ： 1:10,
2B ; 35mm银盐
收藏馆：缩微中心，国图

000O019701
三家书札 / (清)周尔墉,(清)吴式芬,(清)严良训撰
清(1644-1911)稿本. -- (清)吴重熹跋。
1994年摄制. -- 1盘卷片(4米35拍) ： 1:10,
2B ; 35mm银盐
收藏馆：缩微中心，国图

00O020870
名人书札选青：不分卷 / (清)徐炘[等]撰
清(1644-1911)稿本. -- 撰者还有：(清)胡培翚等。
1994年摄制. -- 1盘卷片(4米49拍) ： 1:10,2B ；35mm银盐
收藏馆：缩微中心，国图

00O019945
清名人书札：不分卷 / (清)沈兆霖[等]撰
清(1644-1911)稿本. -- 撰者还有：(清)钱泰吉、(清)薛福成、(清)张裕钊等。
1994年摄制. -- 1盘卷片(4米44拍) ： 1:10,2B ；35mm银盐
收藏馆：缩微中心，国图

00O019734
十一家书札 / (清)沈兆霖[等]撰
清(1644-1911)稿本. -- 撰者还有：(清)丁丙、(清)谭献等。
1994年摄制. -- 1盘卷片(3米18拍) ： 1:10,2B ；35mm银盐
收藏馆：缩微中心，国图

00O017976
张穆祁寯藻等书札：不分卷 / (清)张穆[等]撰
清(1644-1911)稿本. -- 撰者还有：(清)祁寯藻。
1993年摄制. -- 1盘卷片(3米16拍) ： 1:10,2B ；35mm银盐
收藏馆：缩微中心，国图

00O019700
吴云胡澍吴大澂等书札 / (清)吴云,(清)胡澍,(清)吴大澂撰
清(1644-1911)稿本
1994年摄制. -- 1盘卷片(5米74拍) ： 1:10,2B ；35mm银盐
收藏馆：缩微中心，国图

00O020362
清名人信简：不分卷 / (清)张之万[等]撰
清(1644-1911)稿本. -- 撰者还有：(清)杨泗孙、(清)董文涣、(清)张荫桓等。
1994年摄制. -- 1盘卷片(5米53拍) ： 1:10,2B ；35mm银盐
收藏馆：缩微中心，国图

00O029133
胡林翼等书札：不分卷 / (清)胡林翼[等]撰
清(1644-1911)稿本
1999年摄制. -- 1盘卷片(3米57拍) ： 1:10,2B ；35mm银盐

收藏馆：缩微中心，国图

00O021083
清代名人手翰：不分卷 / (清)胡林翼,(清)彭玉麟撰
清(1644-1911)稿本
1994年摄制. -- 1盘卷片(3米14拍) ： 1:10,2B ；35mm银盐
收藏馆：缩微中心，国图

00O001756
左宗棠等书札 / (清)左宗棠[等]撰
清(1644-1911)稿本
1986年摄制. -- 1盘卷片(3米35拍) ： 1:10,2B ；35mm银盐
收藏馆：缩微中心，国图

00O019674
清名人尺牍 / (清)杜文澜[等]撰
清(1644-1911)稿本. -- 撰者还有：(清)吴大澂等。
1994年摄制. -- 1盘卷片(3米24拍) ： 1:10,2B ；35mm银盐
收藏馆：缩微中心，国图

00O019897
十一家书札 / (清)李鸿藻[等]撰
清(1644-1911)稿本. -- 撰者还有：(清)潘曾莹、(清)盛昱、(清)吴式芬等。
1994年摄制. -- 1盘卷片(3米26拍) ： 1:10,2B ；35mm银盐
收藏馆：缩微中心，国图

00O013848
同光之际名人尺牍：不分卷 / (清)丁宝桢[等]撰
清(1644-1911)稿本. -- 撰者还有：(清)翁同龢、(清)袁昶等。
1991年摄制. -- 1盘卷片(6米77拍) ： 1:10,2B ；35mm银盐
收藏馆：缩微中心，国图

00O019895
清名人手札 / (清)何彤云[等]撰
清(1644-1911)稿本. -- 撰者还有：(清)吴式芬、(清)孙毓汶等。
1994年摄制. -- 1盘卷片(4米39拍) ： 1:10,2B ；35mm银盐
收藏馆：缩微中心，国图

00O021027
赵之谦等书札：不分卷 / (清)赵之谦[等]撰
清(1644-1911)稿本. -- 撰者还有：(清)李鸿裔等。

1994年摄制. -- 1盘卷片(3米27拍) : 1:10,
2B ; 35mm银盐
收藏馆：缩微中心，国图

000O031669
十四家书札：不分卷 / (清)李慈铭[等]撰
清(1644-1911)稿本. -- 撰者还有：(清)胡
澍、(清)鲍康、(清)翁同龢等。
2004年摄制. -- 1盘卷片(5米80拍) : 1:10,
2B ; 35mm银盐
收藏馆：缩微中心，国图

000O019681
二李书札 / (清)李文田,(清)李慈铭撰
清(1644-1911)稿本
1994年摄制. -- 1盘卷片(3米14拍) : 1:10,
2B ; 35mm银盐
收藏馆：缩微中心，国图

000O020241
诸家致程容伯书札 / (清)吴兆麟[等]撰
清(1644-1911)稿本. -- 撰者还有：(清)周诒
孙等。
1994年摄制. -- 1盘卷片(7米100拍) : 1:10,
2B ; 35mm银盐
收藏馆：缩微中心，国图

000O008426
曲阜颜氏家藏尺牍：不分卷 / (清)颜运生藏并辑
清(1644-1911)抄本
1988年摄制. -- 2盘卷片(37米801拍) :
1:10, 2B ; 35mm银盐
收藏馆：缩微中心，国图

000O020273
六家书札 / (清)吴大澂[等]撰
清(1644-1911)稿本. -- 撰者还有：(清)张之
洞、(清)盛昱、(清)黄绍箕等。
1994年摄制. -- 1盘卷片(2米7拍) : 1:10,
2B ; 35mm银盐
收藏馆：缩微中心，国图

000O019856
四家书札 / (清)吴大澂[等]撰
清(1644-1911)稿本. -- 撰者还有：(清)吴
云、(清)杨岘、(清)莫友芝。
1994年摄制. -- 1盘卷片(4米44拍) : 1:10,
2B ; 35mm银盐
收藏馆：缩微中心，国图

000O013633
咸同间名人书札：不分卷 / (清)吴大澂[等]撰
清(1644-1911)稿本. -- 撰者还有：(清)黄体

芳、(清)俞樾等。
1991年摄制. -- 1盘卷片(3米26拍) : 1:10,
2B ; 35mm银盐
收藏馆：缩微中心，国图

000O002899
近今名贤手简：不分卷
稿本
1986年摄制. -- 1盘卷片(20米328拍) :
1:10, 2B ; 35mm银盐
收藏馆：缩微中心，国图

000O029093
戴彬元等书札 / (清)戴彬元[等]撰
清(1644-1911)稿本
1999年摄制. -- 1盘卷片(4米71拍) : 1:10,
2B ; 35mm银盐
收藏馆：缩微中心，国图

000O029065
张之洞等书札 / (清)张之洞[等]撰
清(1644-1911)稿本
1999年摄制. -- 1盘卷片(3米50拍) : 1:10,
2B ; 35mm银盐
收藏馆：缩微中心，国图

000O031276
吴县潘氏友朋书札诗翰：不分卷 / (清)程恭寿[等]撰
清(1644-1911)稿本. -- 撰者还有：(清)乔松
年等。
2004年摄制. -- 1盘卷片(4米42拍) : 1:11,
2B ; 35mm银盐
收藏馆：缩微中心，国图

000O019738
四家书札 / (清)王懿荣[等]撰
清(1644-1911)稿本. -- 撰者还有：(清)盛
昱、(清)潘祖荫、(清)陆润庠。
1994年摄制. -- 1盘卷片(3米12拍) : 1:10,
2B ; 35mm银盐
收藏馆：缩微中心，国图

000O019668
诸家致潘伯寅潘绂庭书札 / (清)王懿荣[等]撰
清(1644-1911)稿本. -- 撰者还有：(清)吴云
等。
1994年摄制. -- 1盘卷片(13米229拍) :
1:10, 2B ; 35mm银盐
收藏馆：缩微中心，国图

000O019877
四家书札 / (清)曹鸿勋[等]撰
清(1644-1911)稿本. -- 撰者还有：(清)黄体

清(1644-1911)稿本. -- 撰者还有：(清)王懿荣、(清)吴大澂、(清)端方。
1994年摄制. -- 1盘卷片(3米20拍) ：1:10, 2B ；35mm银盐
收藏馆：缩微中心，国图

000O002892
翰墨因缘：不分卷 / (清)廉仝辑
清(1644-1911)稿本
1986年摄制. -- 1盘卷片(10米197拍) ：1:10, 2B ；35mm银盐
收藏馆：缩微中心，国图

000O029061
吴步高等书札 / (清)吴步高[等]撰
清(1644-1911)稿本
1999年摄制. -- 1盘卷片(6米73拍) ：1:10, 2B ；35mm银盐
收藏馆：缩微中心，国图

000O023446
新刊类编历举三场文选：庚集八卷辛集□□卷 / (元)刘贞辑
元至正元年(1341)余氏勤德堂刻本. -- 庚集存七卷：古赋卷一至卷七。辛集存三卷：诏诰卷一至卷二、章表三卷。
1995年摄制. -- 1盘卷片(5米62拍) ：1:10, 2B ；35mm银盐
收藏馆：缩微中心，国图

000O026526
名家制义六十一家：六十一卷
清(1644-1911)抄本
1997年摄制. -- 3盘卷片(82米1654拍) ：1:10, 2B ；35mm银盐
收藏馆：缩微中心，国图

000O008774
举业式程程论：一卷 / (明)赵继本辑
明嘉靖(1522-1566)丁以忠刻本
1988年摄制. -- 1盘卷片(4.5米70拍) ：1:11, 2B ；35mm银盐
收藏馆：缩微中心，重庆

000O019201
新刊举业明儒论宗：八卷 / (明)薛应旂辑并批点
明隆庆元年(1567)三山书坊刻本
1994年摄制. -- 1盘卷片(22米431拍) ：1:10, 2B ；35mm银盐
收藏馆：缩微中心，国图

000O027780
举业正式：六卷

明万历(1573-1620)刻本
1998年摄制. -- 1盘卷片(15米263拍) ：1:10, 2B ；35mm银盐
收藏馆：缩微中心，苏州

000O018833
续编球琳瀚海表学启蒙：三卷 / (明)李儒烈撰
明(1368-1644)刻本
1994年摄制. -- 1盘卷片(8米128拍) ：1:10, 2B ；35mm银盐
收藏馆：缩微中心，国图

000O008695
增定国朝馆课经世宏辞 ：十五卷 / (明)王锡爵,(明)沈一贯辑
明万历十八年(1590)周曰校万卷楼刻本
1987年摄制. -- 2盘卷片(53.4米1178拍) ：1:10, 2B ；35mm银盐
收藏馆：缩微中心，重庆

000O014118
皇明馆课经世宏辞续集 ：十五卷 / (明)王锡爵,(明)陆翀之辑
明万历二十一年(1593)周曰校刻本
1992年摄制. -- 2盘卷片(57米1202拍) ：1:10, 2B ；35mm银盐
收藏馆：缩微中心，国图

000O015238
北畿贺文宗批点论学指南：二卷
明万历(1573-1620)万世德刻本
1992年摄制. -- 1盘卷片(10米173拍) ：1:10, 2B ；35mm银盐
收藏馆：缩微中心，国图

000O020451
翰林订证历科墨卷判选粹：一卷
明(1368-1644)刻本
1994年摄制. -- 1盘卷片(3米27拍) ：1:10, 2B ；35mm银盐
收藏馆：缩微中心，国图

000O020366
皇明策衡：二十二卷 / (明)茅维辑
明万历三十三年(1605)茅维刻本. -- 存十卷：卷一至卷十。
1994年摄制. -- 2盘卷片(42米839拍) ：1:10, 2B ；35mm银盐
收藏馆：缩微中心，国图

000O011100
历科后场鸣悦：不分卷 / (明)徐如珩辑
明天启(1621-1627)东观阁刻本. -- 以论表

策判分部；第一册第一百一页至一百三页共
一页；第二册第一百七十五页、一百八十二
页、二百十一页页码错，第二百四十页至
二百四十一页共一页；第三册第六十九页页码
错；第四册第一百五十二页页码错；第六册第
三百七十八页与三百七十九页之间夹七页无页
码；第七册中第八十六页至八十七页共一页；
第八册最后一页与封底粘在一起；第十一册最
后一页与封底粘在一起，第四百五十二页、第
四百五十三页页码错；第十二册最后一页与封
底粘在一起。
1989年摄制． -- 2盘卷片(62米1380拍)：
1:10，2B；35mm银盐
收藏馆：缩微中心，天津

000O013854
九会元集：九卷 / (明)吴默[等]撰；(明)闵齐华辑
明天启元年(1621)闵齐华刻套印本． -- 撰者
还有：汤宾尹。
1992年摄制． -- 1盘卷片(18米346拍)：
1:10，2B；35mm银盐
收藏馆：缩微中心，国图

000O014369
汤若士先生点阅汤许二会元制义：十二卷 / (明)汤宾尹,(明)许獬撰；(明)汤显祖点阅
明万历(1573-1620)刻本
1992年摄制． -- 1盘卷片(28米573拍)：
1:10，2B；35mm银盐
收藏馆：缩微中心，国图

000O010438
皇明馆课标奇：二十一卷 / (明)张位选
明万历(1573-1620)富春堂刻本
1989年摄制． -- 2盘卷片(43米942拍)：
1:10，2B；35mm银盐
收藏馆：缩微中心，天津

000O012557
壬辰翰林馆课纂：十六卷；馆阁新课评林纂：七卷 / (明)翁正春[等]撰
明万历(1573-1620)刘孔当刻本． -- 撰者还
有：(明)焦闳等。
1990年摄制． -- 2盘卷片(43.2米954拍)：
1:10，2B；35mm银盐
收藏馆：缩微中心，辽宁

000O012105
刻壬辰翰林馆课纂：二十三卷 / (明)刘孔当[等]辑
明(1368-1644)见冈书屋刻本． -- 存十九卷：
卷一至卷十九。
1990年摄制． -- 2盘卷片(35米737拍)：

1:10，2B；35mm银盐
收藏馆：缩微中心，山东

000O023792
新刻经世馆课玉堂椽笔录：十四卷 / (明)冯琦评选；(明)陆翀之编辑
明万历(1573-1620)书林周对峰刻本
1995年摄制． -- 2盘卷片(38米758拍)：
1:10，2B；35mm银盐
收藏馆：缩微中心，浙江

000O015134
万历二十三年乙未科馆试草：□□卷
明万历二十五年(1597)王氏刻本． -- 存一
卷：卷一。
1992年摄制． -- 1盘卷片(4米51拍)：1:10,
2B；35mm银盐
收藏馆：缩微中心，国图

000O009400
新刻壬戌科翰林馆课：五卷；新刻壬戌科翰林馆课后集：五卷 / (明)周如磐,(明)汪辉辑；新刻己未科翰林馆课：一卷 / (明)郑以伟辑
明天启元年(1621)金陵唐国达广庆堂刻本
1988年摄制． -- 2盘卷片(42.5米895拍)：
1:10，2B；35mm银盐
收藏馆：缩微中心，湖北

000O024043
勒凯编：四卷 / (明)陈一元辑
明天启(1621-1627)刻本
1996年摄制． -- 1盘卷片(11米178拍)：
1:10，2B；35mm银盐
收藏馆：缩微中心，苏州

000O007569
南畿代射录：一卷 / (明)杨希淳[等]撰
明(1368-1644)刻蓝印本． -- 撰者还有：(明)
管志道等。黄裳跋。
1987年摄制． -- 1盘卷片(3米39拍)：1:10,
2B；35mm银盐
收藏馆：缩微中心，国图

000O027013
顺治九年壬辰科翰林院馆课：不分卷 / (清)邹忠倚[等]撰
清(1644-1911)抄本
1997年摄制． -- 1盘卷片(10米95拍)：1:10,
2B；35mm银盐
收藏馆：缩微中心，国图

000O027014
顺治九年壬辰科翰林院馆课：不分卷 / (清)邹忠

倚[等]撰
清(1644-1911)抄本
1997年摄制. -- 1盘卷片(12米213拍) :
1:10, 2B ; 35mm银盐
收藏馆：缩微中心，国图

000O027606
康熙癸未科会试朱卷
清康熙(1662-1722)刻本. -- 存八卷。
1997年摄制. -- 2盘卷片(36米683拍) :
1:10, 2B ; 35mm银盐
收藏馆：缩微中心，国图

000O026972
康熙三十三年甲戌科会试墨卷：□□卷
清康熙(1662-1722)刻本. -- 存一卷：卷一。
1997年摄制. -- 1盘卷片(8米125拍) : 1:10,
2B ; 35mm银盐
收藏馆：缩微中心，国图

000O031760
康熙三十三年甲戌科会试墨卷：□□卷
清康熙(1662-1722)刻本. -- 存一卷：卷一。
2005年摄制. -- 1盘卷片(8米100拍) : 1:10,
2B ; 35mm银盐
收藏馆：缩微中心，国图

000O026968
康熙四十二年癸未科会试墨卷：□□卷
清康熙(1662-1722)刻本. -- 存四卷：卷一、
卷五至卷七。
1997年摄制. -- 1盘卷片(24米494拍) :
1:10, 2B ; 35mm银盐
收藏馆：缩微中心，国图

000O027586
康熙辛酉科顺天乡试诗一房同门朱卷：一卷 /
(清)田畇[等]撰
清康熙(1662-1722)刻本
1997年摄制. -- 1盘卷片(5米67拍) : 1:10,
2B ; 35mm银盐
收藏馆：缩微中心，国图

000O027628
康熙庚午科顺天乡试礼记房朱卷：一卷 / (清)孔
尚先[等]撰
清康熙(1662-1722)刻本
1997年摄制. -- 1盘卷片(6米84拍) : 1:10,
2B ; 35mm银盐
收藏馆：缩微中心，国图

000O026971
康熙三十五年丙子科江南乡试墨卷：□□卷

清康熙(1662-1722)刻本. -- 存一卷：卷四。
1997年摄制. -- 1盘卷片(8米126拍) : 1:10,
2B ; 35mm银盐
收藏馆：缩微中心，国图

000O026969
康熙三十五年丙子科广东乡试墨卷：□□卷
清康熙(1662-1722)刻本. -- 存一卷：卷二。
1997年摄制. -- 1盘卷片(7米113拍) : 1:10,
2B ; 35mm银盐
收藏馆：缩微中心，国图

000O026990
康熙三十五年丙子科云南乡试墨卷：□□卷
清康熙(1662-1722)刻本. -- 存一卷：卷一。
1997年摄制. -- 1盘卷片(8米128拍) : 1:10,
2B ; 35mm银盐
收藏馆：缩微中心，国图

000O026970
康熙三十八年己卯科顺天乡试墨卷：□□卷
清康熙(1662-1722)刻本. -- 存二卷：卷四、
卷十。
1997年摄制. -- 1盘卷片(12米221拍) :
1:10, 2B ; 35mm银盐
收藏馆：缩微中心，国图

000O027028
康熙三十八年己卯科山西乡试墨卷：□□卷
清康熙(1662-1722)刻本. -- 存一卷：卷二。
1997年摄制. -- 1盘卷片(7米113拍) : 1:10,
2B ; 35mm银盐
收藏馆：缩微中心，国图

000O026973
康熙三十八年己卯科浙江乡试墨卷：□□卷
清康熙(1662-1722)刻本. -- 存二卷：卷三至
卷四。
1997年摄制. -- 1盘卷片(13米238拍) :
1:10, 2B ; 35mm银盐
收藏馆：缩微中心，国图

000O027027
康熙三十八年己卯科福建乡试墨卷：□□卷
清康熙(1662-1722)刻本. -- 存一卷：卷一。
1997年摄制. -- 1盘卷片(7米114拍) : 1:10,
2B ; 35mm银盐
收藏馆：缩微中心，国图

000O027104
康熙三十八年己卯科湖广乡试墨卷：□□卷
清康熙(1662-1722)刻本. -- 存一卷：卷二。
1997年摄制. -- 1盘卷片(8米120拍) : 1:10,

2B ；35mm银盐
收藏馆：缩微中心，国图

000O026977
康熙四十一年壬午科湖广乡试墨卷：□□卷
清康熙(1662-1722)刻本. -- 存二卷：卷二至卷三。
1997年摄制. -- 1盘卷片(13米248拍) ：1:10, 2B ；35mm银盐
收藏馆：缩微中心，国图

000O027609
康熙丁酉科顺天乡试朱卷
清康熙(1662-1722)刻本
1997年摄制. -- 1盘卷片(16米305拍) ：1:10, 2B ；35mm银盐
收藏馆：缩微中心，国图

000O027621
康熙浙江乡试朱卷
清康熙(1662-1722)刻本. -- 存十卷。
1997年摄制. -- 1盘卷片(7米115拍) ：1:10, 2B ；35mm银盐
收藏馆：缩微中心，国图

000O027605
嘉庆辛酉恩科第十三房同门会试朱卷：一卷；[嘉庆辛酉恩科第十三房同门]会试荐卷：一卷 / (清)万世美[等]撰
清嘉庆(1796-1820)刻本. -- 撰者还有：(清)王之藩。
1997年摄制. -- 1盘卷片(9米139拍) ：1:10, 2B ；35mm银盐
收藏馆：缩微中心，国图

000O027613
嘉庆辛酉恩科第十七房同门会试朱卷：一卷；[嘉庆辛酉恩科第十七房同门]会试荐卷：一卷 / (清)丁步曾,(清)张式金[等]撰
清嘉庆(1796-1820)刻本
1997年摄制. -- 1盘卷片(8米134拍) ：1:10, 2B ；35mm银盐
收藏馆：缩微中心，国图

000O027610
嘉庆乙丑科会试第四房同门朱卷：一卷 / (清)聂铣敏[等]撰
清嘉庆(1796-1820)刻本
1997年摄制. -- 1盘卷片(8米143拍) ：1:10, 2B ；35mm银盐
收藏馆：缩微中心，国图

000O027599
嘉庆辛未科会试第十四房同门朱卷：一卷 / (清)汤储璠[等]撰
清嘉庆(1796-1820)刻本
1997年摄制. -- 1盘卷片(7米110拍) ：1:10, 2B ；35mm银盐
收藏馆：缩微中心，国图

000O024141
进呈册：不分卷 / (清)汪霖[等]撰
清(1644-1911)抄本
1996年摄制. -- 1盘卷片(20米420拍) ：1:10, 2B ；35mm银盐
收藏馆：缩微中心，湖北

诗文评类

000O012658
名家诗法：八卷 / (明)黄省曾编
明嘉靖二十四年(1545)结绿囊刻本
1990年摄制. -- 1盘卷片(6.3米115拍) ：1:10, 2B ；35mm银盐
收藏馆：缩微中心，辽宁

000O027737
广陵联句集：一卷 / (明)黄省曾[等]撰
明嘉靖(1522-1566)刻本
1997年摄制. -- 1盘卷片(4米38拍) ：1:10, 2B ；35mm银盐
收藏馆：缩微中心，国图

000O012581
古今诗话：八卷 / (明)陈继儒辑
清初(1644-1722)刻本. -- 存六卷：卷一至卷四、卷六至卷七。
1990年摄制. -- 1盘卷片(29.7米672拍) ：1:10, 2B ；35mm银盐
收藏馆：缩微中心，辽宁

000O000321
读杜小笺：三卷二笺一卷 / (清)钱谦益撰 . 读杜私言：一卷 / (清)卢世㴶撰
明崇祯(1628-1644)毛氏汲古阁刻本
1985年摄制. -- 1盘卷片(5.5米92拍) ：1:10, 2B ；35mm银盐
收藏馆：缩微中心，国图

000O021212
学诗津逮：八卷 / (清)朱琰辑
清乾隆二十五年(1760)刻本
1995年摄制. -- 1盘卷片(8米123拍) ：1:10, 2B ；35mm银盐
收藏馆：缩微中心，国图

00O005782
文心雕龙：十卷 / (梁)刘勰撰
明弘治十七年(1504)冯允中刻本
1987年摄制. -- 1盘卷片(8米139拍) ： 1:10,
2B ； 35mm银盐
收藏馆：缩微中心，国图

00O001592
文心雕龙：十卷 / (梁)刘勰撰
明嘉靖十九年(1540)汪一元刻本. -- (□)褚
德彝校。
1986年摄制. -- 1盘卷片(7米127拍) ： 1:10,
2B ； 35mm银盐
收藏馆：缩微中心，国图

00O005377
文心雕龙：十卷 / (梁)刘勰撰
明嘉靖十九年(1540)汪一元刻本
1986年摄制. -- 1盘卷片(7米134拍) ： 1:10,
2B ； 35mm银盐
收藏馆：缩微中心，国图

00O028656
文心雕龙：十卷 / (梁)刘勰撰
明嘉靖十九年(1540)汪一元刻本. -- (清)吴
翌凤校并录(清)冯舒校跋，(清)张绍仁校，
(清)丁丙跋。
1996年摄制. -- 1盘卷片(8米140拍) ： 1:10,
2B ； 35mm银盐
收藏馆：缩微中心，南京

00O007533
文心雕龙：十卷 / (梁)刘勰撰
明嘉靖二十二年(1543)佘诲刻本
1987年摄制. -- 1盘卷片(8米138拍) ： 1:10,
2B ； 35mm银盐
收藏馆：缩微中心，国图

00O017097
文心雕龙：十卷 / (梁)刘勰撰
明嘉靖二十二年(1543)佘诲刻本
1993年摄制. -- 1盘卷片(8米113拍) ： 1:10,
2B ； 35mm银盐
收藏馆：缩微中心，国图

00O013401
文心雕龙：十卷 / (梁)刘勰撰
明万历七年(1579)张之象刻本
1991年摄制. -- 1盘卷片(7米118拍) ： 1:10,
2B ； 35mm银盐
收藏馆：缩微中心，国图

00O024298
文心雕龙：十卷 / (梁)刘勰撰
明万历七年(1579)张之象刻本. -- (清)徐渭
仁校。
1996年摄制. -- 1盘卷片(8米119拍) ： 1:10,
2B ； 35mm银盐
收藏馆：缩微中心，国图

00O023454
文心雕龙：十卷 / (梁)刘勰撰
明(1368-1644)刻本
1995年摄制. -- 1盘卷片(7米113拍) ： 1:10,
2B ； 35mm银盐
收藏馆：缩微中心，国图

00O008001
杨升庵先生批点文心雕龙：十卷 / (梁)刘勰撰；
(明)梅庆生音注；(明)杨慎批点
明万历三十七年(1609)梅庆生刻天启二年
(1622)重修本
1988年摄制. -- 1盘卷片(13米234拍) ：
1:10，2B ； 35mm银盐
收藏馆：缩微中心，山东

00O027878
杨升庵先生批点文心雕龙音注：十卷 / (梁)刘勰
撰；(明)梅庆生撰；(明)杨慎批点
明万历三十七年(1609)刻天启二年(1622)重修
本. -- (清)沈岩录(清)何焯校跋。
1996年摄制. -- 1盘卷片(13米250拍) ：
1:10，2B ； 35mm银盐
收藏馆：缩微中心，南京

00O031996
刘子文心雕龙：二卷注二卷 / (梁)刘勰撰；(明)
杨慎[等]批点；(明)梅庆生注
明万历(1573-1620)闵绳初刻五色套印本. --
批点者还有：(明)曹学佺等。九行十九字注小
字双行同白口无直格四周单边。
2010年摄制. -- 1盘卷片(14米246拍) ：
1:12，2B ； 35mm银盐
收藏馆：缩微中心，国图

00O006811
刘子文心雕龙：二卷注二卷 / (梁)刘勰撰；(明)
杨慎[等]批点；(明)梅庆生注
明(1368-1644)闵绳初刻五色套印本. -- 批点
者还有：(明)曹学佺等。
1987年摄制. -- 1盘卷片(12米245拍) ：
1:10，2B ； 35mm银盐
收藏馆：缩微中心，国图

00O018775
刘子文心雕龙：二卷注二卷 / (梁)刘勰撰；(明)杨慎[等]批点；(明)梅庆生注
明(1368-1644)闵绳初刻套印本. -- 批点者还有：(明)曹学佺等。
1994年摄制. -- 1盘卷片(12米213拍) : 1:10, 2B ; 35mm银盐
收藏馆：缩微中心，国图

00O020771
刘子文心雕龙：二卷注二卷 / (梁)刘勰撰；(明)杨慎[等]批点；(明)梅庆生注
明万历(1573-1620)闵绳初刻五色套印本. -- 批点者还有：(明)曹学佺等。
1994年摄制. -- 1盘卷片(12米216拍) : 1:10, 2B ; 35mm银盐
收藏馆：缩微中心，国图

00O031898
刘子文心雕龙：二卷注二卷 / (梁)刘勰撰；(明)杨慎[等]批点；(明)梅庆生注
明万历(1573-1620)闵绳初刻五色套印本. -- 批点者还有：(明)曹学佺等。
2010年摄制. -- 1盘卷片(15米261拍) : 1:10, 2B ; 35mm银盐
收藏馆：缩微中心，国图

00O000280
文心雕龙训故：十卷 / (明)王惟俭撰
明万历三十九年(1611)王惟俭刻本
1985年摄制. -- 1盘卷片(10.5米213拍) : 1:10, 2B ; 35mm银盐
收藏馆：缩微中心，国图

00O000285
文心雕龙训故：十卷 / (明)王惟俭撰
明万历三十九年(1611)王惟俭刻本
1985年摄制. -- 1盘卷片(10米198拍) : 1:10, 2B ; 35mm银盐
收藏馆：缩微中心，国图

00O017186
文心雕龙训故：十卷 / (明)王惟俭撰
明(1368-1644)刻本
1993年摄制. -- 1盘卷片(13米257拍) : 1:10, 2B ; 35mm银盐
收藏馆：缩微中心，山东

00O008921
文心雕龙：十卷 / (梁)刘勰撰；(清)黄叔琳辑注
清乾隆六年(1741)姚氏养素堂刻本
1988年摄制. -- 1盘卷片(10米220拍) : 1:10, 2B ; 35mm银盐

收藏馆：缩微中心，安陆

00O013953
文心雕龙：十卷 / (梁)刘勰撰；(清)黄叔琳辑注
清乾隆六年(1741)姚培谦刻本. -- (清)陈鳣校并跋。
1991年摄制. -- 1盘卷片(11米205拍) : 1:10, 2B ; 35mm银盐
收藏馆：缩微中心，国图

00O006634
诗品：三卷 / (梁)钟嵘撰
明正德元年(1506)退翁书院抄本. -- (清)黄丕烈跋。
1987年摄制. -- 1盘卷片(4米39拍) : 1:10, 2B ; 35mm银盐
收藏馆：缩微中心，国图

00O003932
钟嵘诗品：三卷 / (梁)钟嵘撰
明(1368-1644)沈氏繁露堂刻本. -- (清)张蓉镜跋。
1986年摄制. -- 1盘卷片(3米34拍) : 1:10, 2B ; 35mm银盐
收藏馆：缩微中心，国图

00O021229
文章缘起：一卷 / (梁)任昉撰；(明)陈懋仁注
清康熙三十三年(1694)方氏侑静斋刻本
1995年摄制. -- 1盘卷片(5米61拍) : 1:10, 2B ; 35mm银盐
收藏馆：缩微中心，国图

00O000375
乐府古题要解：二卷 / (唐)吴兢撰
明(1368-1644)抄本. -- 傅增湘跋，吴昌绶题诗。
1985年摄制. -- 1盘卷片(3.9米55拍) : 1:10, 2B ; 35mm银盐
收藏馆：缩微中心，国图

00O002958
诗式：五卷 / (唐)释皎然撰
清(1644-1911)抄本
1986年摄制. -- 1盘卷片(6米87拍) : 1:10, 2B ; 35mm银盐
收藏馆：缩微中心，国图

00O005637
诗式：五卷 / (唐)释皎然撰
清(1644-1911)抄本
1987年摄制. -- 1盘卷片(5米77拍) : 1:10, 2B ; 35mm银盐

收藏馆：缩微中心，国图

000O020360
本事诗：一卷 / (唐)孟棨撰
明(1368-1644)刻本
1994年摄制. -- 1盘卷片(3米27拍) ： 1:10,
2B ； 35mm银盐
收藏馆：缩微中心，国图

000O013799
本事诗：一卷 / (唐)孟棨撰
清(1644-1911)抄本
1991年摄制. -- 1盘卷片(3米21拍) ： 1:10,
2B ； 35mm银盐
收藏馆：缩微中心，国图

000O002983
文则：一卷 / (宋)陈骙撰
明成化(1465-1487)刻本
1986年摄制. -- 1盘卷片(4米61拍) ： 1:10,
2B ； 35mm银盐
收藏馆：缩微中心，国图

000O001925
文则：一卷 / (宋)陈骙撰
明成化(1465-1487)刻弘治二年(1489)重修
本. -- (清)黄丕烈跋。
1986年摄制. -- 1盘卷片(4米61拍) ： 1:10,
2B ； 35mm银盐
收藏馆：缩微中心，国图

000O005450
文则：一卷 / (宋)陈骙撰
明(1368-1644)屠本畯刻本
1986年摄制. -- 1盘卷片(5米67拍) ： 1:10,
2B ； 35mm银盐
收藏馆：缩微中心，国图

000O010013
文则：十卷 / (宋)陈骙撰
明(1368-1644)焦竑校刻本. -- 版框高二十厘
米宽十四厘米。(清)何焯朱笔圈点批校。
1989年摄制. -- 1盘卷片(7米117拍) ： 1:10,
2B ； 35mm银盐
收藏馆：缩微中心，广东

000O008042
文则：一卷 / (宋)陈骙撰
明末(1621-1644)毛氏汲古阁影元(1271-1368)
抄本. -- 毛氏汲古阁影元(1271-1368)抄本。
1988年摄制. -- 1盘卷片(4.5米67拍) ：
1:10, 2B ； 35mm银盐
收藏馆：缩微中心，湖南

000O022195
唐诗纪事：八十一卷 / (宋)计有功辑
明嘉靖二十四年(1545)洪楩清平山堂刻本
1995年摄制. -- 2盘卷片(60米1251拍) ：
1:10, 2B ； 35mm银盐
收藏馆：缩微中心，国图

000O006790
唐诗纪事：八十一卷 / (宋)计有功辑
明嘉靖二十四年(1545)张子立刻本
1987年摄制. -- 3盘卷片(63米1361拍) ：
1:10, 2B ； 35mm银盐
收藏馆：缩微中心，国图

000O007398
唐诗纪事：八十一卷 / (宋)计有功辑
明崇祯(1628-1644)汲古阁刻本
1987年摄制. -- 3盘卷片(79米1752拍) ：
1:10, 2B ； 35mm银盐
收藏馆：缩微中心，吉林

000O011277
唐诗纪事：八十一卷 / (宋)计有功辑
明(1368-1644)蓝格抄本. -- 存十八卷：卷一
至卷十八。
1989年摄制. -- 1盘卷片(19米385拍) ：
1:10, 2B ； 35mm银盐
收藏馆：缩微中心，甘肃

000O018835
优古堂诗话：一卷 / (宋)吴开撰
明(1368-1644)抄本
1994年摄制. -- 1盘卷片(4米52拍) ： 1:10,
2B ； 35mm银盐
收藏馆：缩微中心，国图

000O001568
优古堂诗话：一卷 / (宋)吴开撰
清(1644-1911)抄本. -- (清)鲍廷博校，(清)
章憬、(清)蒋凤藻跋。
1986年摄制. -- 1盘卷片(4米57拍) ： 1:10,
2B ； 35mm银盐
收藏馆：缩微中心，国图

000O032090
优古堂诗话：一卷 / (宋)吴开撰
清(1644-1911)抄本. -- 九行二十五字无格。
(清)鲍廷博校，(清)章憬、(清)蒋凤藻跋。
2011年摄制. -- 1盘卷片(5米62拍) ： 1:12,
2B ； 35mm银盐
收藏馆：缩微中心，国图

00O002962
优古堂诗话：一卷／(宋)吴开撰
清(1644-1911)抄本
1986年摄制. -- 1盘卷片(4米57拍) : 1:10,
2B ；35mm银盐
收藏馆：缩微中心，国图

00O002957
增修诗话总龟：四十八卷后集五十卷／(宋)阮阅
辑
明嘉靖二十四年(1545)月窗道人刻本
1986年摄制. -- 2盘卷片(39米837拍) :
1:10, 2B ；35mm银盐
收藏馆：缩微中心，国图

00O016084
增修诗话总龟：四十八卷后集五十卷／(宋)阮阅
辑
明嘉靖二十四年(1545)月窗道人刻本
1993年摄制. -- 2盘卷片(40米789拍) :
1:10, 2B ；35mm银盐
收藏馆：缩微中心，国图

00O022852
增修诗话总龟：五十卷后集五十卷／(宋)阮阅辑
明(1368-1644)抄本. -- (清)丁丙跋。
1995年摄制. -- 2盘卷片(51米1170拍) :
1:10, 2B ；35mm银盐
收藏馆：缩微中心，南京

00O013480
增修诗话总龟：五十卷后集五十卷／(宋)阮阅
撰
明(1368-1644)抄本. -- 莫棠跋。
1991年摄制. -- 2盘卷片(62米1218拍) :
1:10, 2B ；35mm银盐
收藏馆：缩微中心，国图

00O001957
增修诗话总龟：五十卷后集五十卷／(宋)阮阅
辑
清(1644-1911)抄本
1986年摄制. -- 2盘卷片(57米1272拍) :
1:10, 2B ；35mm银盐
收藏馆：缩微中心，国图

00O024670
增修诗话总龟：十二卷／(宋)阮阅辑
清初(1644-1722)抄本
1996年摄制. -- 1盘卷片(8米129拍) : 1:10,
2B ；35mm银盐
收藏馆：缩微中心，浙江

00O004596
叶先生诗话：三卷／(宋)叶梦得撰
清(1644-1911)抄本
1986年摄制. -- 1盘卷片(4米58拍) : 1:10,
2B ；35mm银盐
收藏馆：缩微中心，国图

00O007973
叶梦得诗话：三卷／(宋)叶梦得撰
元(1271-1368)抄本
1988年摄制. -- 1盘卷片(4.2米61拍) :
1:10, 2B ；35mm银盐
收藏馆：缩微中心，湖南

00O013495
岁寒堂诗话：一卷／(宋)张戒撰
清咸丰九年(1859)韩应陛抄本. -- (清)韩应
陛跋。
1991年摄制. -- 1盘卷片(2米6拍) : 1:10,
2B ；35mm银盐
收藏馆：缩微中心，国图

00O003774
岁寒堂诗话：一卷／(宋)张戒撰
清(1644-1911)抄本. -- 还有合刻著作：剡溪
诗话一卷／(宋)高似孙撰，梅磵诗话三卷／(宋)
韦居安撰。
1985年摄制. -- 1盘卷片(2米16拍) : 1:10,
2B ；35mm银盐
收藏馆：缩微中心，国图

00O001546
陈学士吟窗杂录：五十卷／(宋)陈应行辑
明(1368-1644)刻本
1986年摄制. -- 1盘卷片(29米659拍) :
1:10, 2B ；35mm银盐
收藏馆：缩微中心，吉林

00O002216
陈学士吟窗杂录：五十卷目录三卷／(宋)陈应行
辑
明(1368-1644)抄本
1986年摄制. -- 2盘卷片(33米707拍) :
1:10, 2B ；.35mm银盐
收藏馆：缩微中心，国图

00O014734
全唐诗话：三卷／[题](宋)尤袤撰
明(1368-1644)刻蓝印本
1992年摄制. -- 1盘卷片(14米267拍) :
1:10, 2B ；35mm银盐
收藏馆：缩微中心，国图

000O002966
全唐诗话：三卷 / [题](宋)尤袤撰
明正德二年(1507)秦昂刻本
1986年摄制. -- 1盘卷片(14米300拍) :
1:10, 2B ; 35mm银盐
收藏馆：缩微中心，国图

000O014082
全唐诗话：三卷 / [题](宋)尤袤撰
明正德十二年(1517)鲍继文教养堂刻本
1992年摄制. -- 1盘卷片(11米240拍) :
1:10, 2B ; 35mm银盐
收藏馆：缩微中心，国图

000O006646
全唐诗话：六卷 / [题](宋)尤袤撰
明嘉靖二十二年(1543)王教王政刻本
1987年摄制. -- 1盘卷片(14米302拍) :
1:10, 2B ; 35mm银盐
收藏馆：缩微中心，国图

000O007818
全唐诗话：六卷 / (宋)尤袤撰
明嘉靖三十三年(1554)张鹗翼伊蔚堂刻万历
十七年(1589)张自宪重修本
1987年摄制. -- 1盘卷片(15.1米317拍) :
1:10, 2B ; 35mm银盐
收藏馆：缩微中心，重庆

000O001461
全唐诗话：十卷 / [题](宋)尤袤撰
明万历三十六年(1608)沈儆炌刻蓝印本. --
存六卷：卷一至卷六。
1985年摄制. -- 1盘卷片(14.7米312拍) :
1:10, 2B ; 35mm银盐
收藏馆：缩微中心，国图

000O000457
韵语阳秋：二十卷 / (宋)葛立方撰
明正德二年(1507)葛谌刻本
1985年摄制. -- 1盘卷片(12.6米261拍) :
1:10, 2B ; 35mm银盐
收藏馆：缩微中心，国图

000O002963
韵语阳秋：二十卷 / (宋)葛立方撰
明正德二年(1507)葛谌刻本
1986年摄制. -- 1盘卷片(12米248拍) :
1:10, 2B ; 35mm银盐
收藏馆：缩微中心，国图

000O013344
韵语阳秋：二十卷 / (宋)葛立方撰

明正德二年(1507)葛谌刻本. -- 卷一至卷
二、卷五至卷七、卷十八至卷二十配抄本。曹
元忠跋。
1991年摄制. -- 1盘卷片(13米229拍) :
1:10, 2B ; 35mm银盐
收藏馆：缩微中心，国图

000O018473
韵语阳秋：二十卷 / (宋)葛立方撰
明正德二年(1507)葛谌刻本
1993年摄制. -- 1盘卷片(13米226拍) :
1:10, 2B ; 35mm银盐
收藏馆：缩微中心，国图

000O018646
韵语阳秋：二十卷 / (宋)葛立方撰
明正德二年(1507)葛谌刻本
1993年摄制. -- 1盘卷片(12.4米245拍) :
1:9, 2B ; 35mm银盐
收藏馆：缩微中心，重庆

000O013602
韵语阳秋：二十卷 / (宋)葛立方撰
日本抄本
1991年摄制. -- 1盘卷片(8米125拍) : 1:10,
2B ; 35mm银盐
收藏馆：缩微中心，国图

000O026772
碧溪诗话：十卷 / (宋)黄彻撰
清乾隆(1736-1795)武英殿聚珍版丛书活字印
本. -- (清)卢文弨批校，(清)丁丙跋。
1996年摄制. -- 1盘卷片(6米96拍) : 1:10,
2B ; 35mm银盐
收藏馆：缩微中心，南京

000O005631
碧溪诗话：十卷 / (宋)黄彻撰
清(1644-1911)抄本
1987年摄制. -- 1盘卷片(5.1米84拍) :
1:10, 2B ; 35mm银盐
收藏馆：缩微中心，国图

000O003823
艇斋诗话：一卷 / (宋)曾季貍撰
明(1368-1644)抄本
1985年摄制. -- 1盘卷片(4.2米61拍) :
1:10, 2B ; 35mm银盐
收藏馆：缩微中心，国图

000O005625
环溪诗话：三卷 / (宋)吴沆撰
明(1368-1644)抄本

1987年摄制. -- 1盘卷片(5米72拍) : 1:10,
2B ; 35mm银盐
收藏馆：缩微中心，国图

00O027389
环溪诗话：一卷 / (宋)吴沆撰
清乾隆(1736-1795)抄四库全书本. -- 本书与
藏海诗话合一册。(清)丁丙跋。
1996年摄制. -- 1盘卷片(4米50拍) : 1:10,
2B ; 35mm银盐
收藏馆：缩微中心，南京

000O022204
渔隐丛话后集：四十卷 / (宋)胡仔辑
明(1368-1644)抄本. -- 存十六卷：卷一至卷
十六。
1995年摄制. -- 1盘卷片(14米264拍) :
1:10, 2B ; 35mm银盐
收藏馆：缩微中心，国图

000O013501
渔隐丛话：前集六十卷后集四十卷 / (宋)胡仔撰
明嘉靖七年(1528)徐梁抄本
1991年摄制. -- 2盘卷片(63米1239拍) :
1:10, 2B ; 35mm银盐
收藏馆：缩微中心，国图

000O015357
苕溪渔隐诗评丛话：前集六十卷后集四十卷 / (宋)胡仔辑
清(1644-1911)吕氏南阳讲习堂抄本. -- (清)
王铣跋。
1992年摄制. -- 2盘卷片(44米889拍) :
1:10, 2B ; 35mm银盐
收藏馆：缩微中心，国图

000O002291
诚斋诗话：一卷 / (宋)杨万里撰
清(1644-1911)赵之玉星凤阁抄本
1986年摄制. -- 1盘卷片(3.2米41拍) :
1:10, 2B ; 35mm银盐
收藏馆：缩微中心，国图

000O002984
杨诚斋诗话：一卷 / (宋)杨万里撰
清(1644-1911)抄本
1986年摄制. -- 1盘卷片(4米44拍) : 1:10,
2B ; 35mm银盐
收藏馆：缩微中心，国图

000O003773
剡溪诗话：一卷 / (宋)高似孙撰
清(1644-1911)抄本. -- 还有合刻著作：岁寒

堂诗话一卷/(宋)张戒撰，梅磵诗话三卷/(宋)
韦居安撰。
1985年摄制. -- 1盘卷片(3米23拍) : 1:10,
2B ; 35mm银盐
收藏馆：缩微中心，国图

00O005277
朱文公游艺至论：二卷 / (明)余祐辑
明嘉靖(1522-1566)刻本
1986年摄制. -- 1盘卷片(4米59拍) : 1:10,
2B ; 35mm银盐
收藏馆：缩微中心，国图

000O009169
朱文公游艺至论：二卷 / (宋)朱熹撰；(明)余祐辑
清康熙五十年(1711)张潜光刻本
1988年摄制. -- 1盘卷片(5米69拍) : 1:10,
2B ; 35mm银盐
收藏馆：缩微中心，湖南

000O001363
石门洪觉范天厨禁脔：三卷 / (宋)释惠洪撰
明(1368-1644)抄本
1985年摄制. -- 1盘卷片(4.2米63拍) :
1:10, 2B ; 35mm银盐
收藏馆：缩微中心，国图

000O015451
石门洪觉范天厨禁脔：三卷 / (宋)释惠洪撰
明(1368-1644)活字印本
1992年摄制. -- 1盘卷片(4米52拍) : 1:10,
2B ; 35mm银盐
收藏馆：缩微中心，国图

000O002149
冷斋夜话：十卷 / (宋)释惠洪撰
明(1368-1644)刻本. -- (清)黄丕烈抄补缺页
并跋，缪荃孙跋。
1986年摄制. -- 1盘卷片(7米119拍) : 1:10,
2B ; 35mm银盐
收藏馆：缩微中心，国图

000O001666
冷斋夜话：十卷 / (宋)释惠洪撰
日本活字印本
1986年摄制. -- 1盘卷片(7米118拍) : 1:10,
2B ; 35mm银盐
收藏馆：缩微中心，国图

000O016828
深雪偶谈：一卷 / (宋)方岳撰
清(1644-1911)抄本

1993年摄制. -- 1盘卷片(3米20拍) : 1:10,
2B ; 35mm银盐
收藏馆: 缩微中心, 国图

<u>000O006418</u>
诗人玉屑: 二十卷 / (宋)魏庆之辑
明嘉靖六年(1527)洪都潜仙刻本
1987年摄制. -- 1盘卷片(20米438拍) :
1:10, 2B ; 35mm银盐
收藏馆: 缩微中心, 国图

<u>000O022465</u>
诗人玉屑: 二十卷 / (宋)魏庆之辑
明(1368-1644)谢天瑞刻本. -- (清)丁丙跋
1995年摄制. -- 1盘卷片(21米455拍) :
1:10, 2B ; 35mm银盐
收藏馆: 缩微中心, 南京

<u>000O013873</u>
诗人玉屑: 二十卷 / (宋)魏庆之辑
明(1368-1644)汪元臣刻递修本
1992年摄制. -- 1盘卷片(21米433拍) :
1:10, 2B ; 35mm银盐
收藏馆: 缩微中心, 国图

<u>000O003177</u>
诗人玉屑: 二十卷 / (宋)魏庆之辑
明(1368-1644)刻本. -- 存十卷: 卷一至卷
十。
1986年摄制. -- 1盘卷片(10米208拍) :
1:10, 2B ; 35mm银盐
收藏馆: 缩微中心, 国图

<u>000O004432</u>
新刊古金锦绣诗人玉屑: 二十卷 / (宋)魏庆之辑
明(1368-1644)刻本
1986年摄制. -- 1盘卷片(18.7米409拍) :
1:10, 2B ; 35mm银盐
收藏馆: 缩微中心, 国图

<u>000O015962</u>
诗人玉屑: 十卷补遗一卷 / (宋)魏庆之辑
清(1644-1911)刻本. -- 存九卷: 卷三至卷
十、补遗一卷。
1993年摄制. -- 1盘卷片(11米191拍) :
1:10, 2B ; 35mm银盐
收藏馆: 缩微中心, 国图

<u>000O004253</u>
诗人玉屑: 二十一卷 / (宋)魏庆之辑
朝鲜世宗二十一年(1438)集贤殿刻本
1986年摄制. -- 1盘卷片(22米480拍) :
1:10, 2B ; 35mm银盐

<u>000O026983</u>
诗人玉屑: 二十一卷 / (宋)魏庆之辑
日本宽永十六年(1639)田原仁龙卫刻本. --
王国维校并跋。
1997年摄制. -- 1盘卷片(23米443拍) :
1:10, 2B ; 35mm银盐
收藏馆: 缩微中心, 国图

<u>000O002854</u>
娱书堂诗话: 二卷 / (宋)赵与虤撰
清(1644-1911)抄本. -- (清)鲍廷博校。
1986年摄制. -- 1盘卷片(3米29拍) : 1:10,
2B ; 35mm银盐
收藏馆: 缩微中心, 国图

<u>000O026918</u>
娱书堂诗话: 二卷 / (宋)赵与虤撰
清(1644-1911)抄本. -- (清)丁丙跋。
1996年摄制. -- 1盘卷片(3米35拍) : 1:10,
2B ; 35mm银盐
收藏馆: 缩微中心, 南京

<u>000O032078</u>
娱书堂诗话: 二卷 / (宋)赵与虤撰
清(1644-1911)抄本. -- 九行二十五字无格。
(清)鲍廷博校。
2011年摄制. -- 1盘卷片(4米32拍) : 1:12,
2B ; 35mm银盐
收藏馆: 缩微中心, 国图

<u>000O015393</u>
后村诗话: 十四卷 / (宋)刘克庄撰
明(1368-1644)抄本. -- 存八卷: 卷一至卷
八。
1992年摄制. -- 1盘卷片(10米150拍) :
1:10, 2B ; 35mm银盐
收藏馆: 缩微中心, 国图

<u>000O007264</u>
后村诗话: 十四卷 / (宋)刘克庄撰
清(1644-1911)抄本. -- 存七卷: 卷三至卷
九。(清)卢文弨校并跋。
1987年摄制. -- 1盘卷片(7米129拍) : 1:10,
2B ; 35mm银盐
收藏馆: 缩微中心, 国图

<u>000O019215</u>
后村诗话: 二卷 / (宋)刘克庄撰
清(1644-1911)抄本. -- (清)鲍廷博校。
1994年摄制. -- 1盘卷片(4米42拍) : 1:10,
2B ; 35mm银盐

收藏馆：缩微中心，国图

000O022115
诸家老杜诗评：五卷 / (宋)方深道辑
清(1644-1911)抄本
1995年摄制. -- 1盘卷片(5米59拍)：1:10，
2B；35mm银盐
收藏馆：缩微中心，国图

000O006535
对床夜语：五卷 / (宋)范晞文撰
清(1644-1911)抄本. -- (清)吴寿旸校并录
(清)鲍廷博跋。
1987年摄制. -- 1盘卷片(5米75拍)：1:10，
2B；35mm银盐
收藏馆：缩微中心，国图

000O002367
对床夜语：五卷 / (宋)范晞文撰
清(1644-1911)抄本
1986年摄制. -- 1盘卷片(3.2米71拍)：
1:10，2B；35mm银盐
收藏馆：缩微中心，国图

000O027387
对床夜语：五卷 / (宋)范晞文撰
清乾隆(1736-1795)卢文弨抄本. -- (清)卢文
弨校并跋，(清)严元照、(清)丁丙跋。
1996年摄制. -- 1盘卷片(5米63拍)：1:10，
2B；35mm银盐
收藏馆：缩微中心，南京

000O015281
梅磵诗话：三卷 / (宋)韦居安撰
明(1368-1644)抄本
1992年摄制. -- 1盘卷片(5米70拍)：1:10，
2B；35mm银盐
收藏馆：缩微中心，国图

000O003772
梅磵诗话：三卷 / (宋)韦居安撰 . 岁寒堂诗话：一卷 / (宋)张戒撰 . 刻溪诗话：一卷 / (宋)高似孙撰
清(1644-1911)抄本
1985年摄制. -- 1盘卷片(4米62拍)：1:10，
2B；35mm银盐
收藏馆：缩微中心，国图

000O002011
精选古今名贤丛话诗林广记：十卷后集十卷 / (宋)蔡正孙辑
明弘治十年(1497)张鼐刻本
1986年摄制. -- 1盘卷片(20米439拍)：

1:10，2B；35mm银盐
收藏馆：缩微中心，国图

000O015101
精选古今名贤丛话诗林广记：十卷后集十卷 / (宋)蔡正孙辑
明弘治十年(1497)张鼐刻本
1992年摄制. -- 1盘卷片(21米397拍)：
1:10，2B；35mm银盐
收藏馆：缩微中心，国图

000O022789
精选古今名贤丛话诗林广记：十卷后集十卷 / (宋)蔡正孙辑
明弘治十年(1497)张鼐刻本. -- (清)丁丙跋。
1995年摄制. -- 1盘卷片(30米676拍)：
1:10，2B；35mm银盐
收藏馆：缩微中心，南京

000O002955
精选古今名贤丛话诗林广记：十卷后集十卷 / (宋)蔡正孙辑
明(1368-1644)刻本. -- 存十七卷：前集十
卷、后集卷一至卷七。
1986年摄制. -- 1盘卷片(23米491拍)：
1:10，2B；35mm银盐
收藏馆：缩微中心，国图

000O015625
精选古今名贤丛话诗林广记：十卷后集十卷 / (宋)蔡正孙辑
明(1368-1644)刻本. -- 存十七卷：前集十
卷、后集卷一至卷七。
1993年摄制. -- 1盘卷片(25米474拍)：
1:10，2B；35mm银盐
收藏馆：缩微中心，国图

000O007951
精选诗林广记：四卷 / (宋)蔡正孙辑
明隆庆二年(1568)王圻刘子田刻本
1988年摄制. -- 1盘卷片(19米400拍)：
1:10，2B；35mm银盐
收藏馆：缩微中心，湖南

000O007819
精选诗林广记：四卷 / (宋)蔡正孙辑
明万历十七年(1589)黄邦彦刻本
1987年摄制. -- 1盘卷片(16米339拍)：
1:10，2B；35mm银盐
收藏馆：缩微中心，重庆

000O009049
精选诗林广记：四卷 / (宋)蔡正孙辑
明万历十七年(1589)金阊十乘楼刻本
1988年摄制. -- 1盘卷片(16米325拍) ：
1:10, 2B ；35mm银盐
收藏馆：缩微中心，湖北

000O013908
浩然斋雅谈：三卷 / (宋)周密撰
清乾隆(1736-1795)武英殿聚珍版丛书活字印本. -- 傅增湘跋并录(清)卢文弨批校。
1991年摄制. -- 1盘卷片(6米70拍) ： 1:10,
2B ；35mm银盐
收藏馆：缩微中心，国图

000O026967
浩然斋雅谈：三卷 / (宋)周密撰
清同治(1862-1874)江西书局刻武英殿聚珍版丛书本. -- (清)李慈铭批校。
1997年摄制. -- 1盘卷片(5米68拍) ： 1:10,
2B ；35mm银盐
收藏馆：缩微中心，国图

000O005624
王公四六话：二卷 / (宋)王铚撰
清(1644-1911)云谷山堂抄本. -- 还有合刻著作：四六谈麈一卷/(宋)谢伋撰。
1987年摄制. -- 1盘卷片(3.4米42拍) ：
1:10, 2B ；35mm银盐
收藏馆：缩微中心，国图

000O026783
王公回文话：二卷 / (宋)王铚撰
清(1644-1911)黄氏醉经楼抄本. -- (清)丁丙跋。
1996年摄制. -- 1盘卷片(3米45拍) ： 1:10,
2B ；35mm银盐
收藏馆：缩微中心，南京

000O002347
四六谈麈：一卷 / (宋)谢伋撰
清(1644-1911)彭氏知圣道斋抄本. -- (清)彭元瑞批校。
1986年摄制. -- 1盘卷片(3米29拍) ： 1:10,
2B ；35mm银盐
收藏馆：缩微中心，国图

000O005623
四六谈麈：一卷 / (宋)谢伋撰 . 王公四六话：二卷 / (宋)王铚撰
清(1644-1911)云谷山堂抄本
1987年摄制. -- 1盘卷片(2.6米26拍) ：
1:10, 2B ；35mm银盐

收藏馆：缩微中心，国图

000O003005
四六谈麈：一卷 / (宋)谢伋撰
清(1644-1911)抄本
1986年摄制. -- 1盘卷片(3米25拍) ： 1:10,
2B ；35mm银盐
收藏馆：缩微中心，国图

000O028760
诗源：不分卷 / (宋)张炎撰
抄本
1998年摄制. -- 1盘卷片(4米27拍) ： 1:10,
2B ；35mm银盐
收藏馆：缩微中心，苏州

000O001605
修辞鉴衡：二卷 / (元)王构辑
明(1368-1644)抄本. -- (清)黄丕烈跋。
1986年摄制. -- 1盘卷片(5米69拍) ： 1:10,
2B ；35mm银盐
收藏馆：缩微中心，国图

000O025586
[吴礼部诗话]：二卷 / (元)吴师道撰
缪氏藕香簃抄本
1996年摄制. -- 1盘卷片(4米61拍) ： 1:10,
2B ；35mm银盐
收藏馆：缩微中心，浙江

000O013656
吴礼部别集：一卷 / (元)吴师道撰
清乾隆五十二年(1787)吴骞抄本. -- (清)吴骞校并跋。
1991年摄制. -- 1盘卷片(4米49拍) ： 1:10,
2B ；35mm银盐
收藏馆：缩微中心，国图

000O005431
虚谷评五谢诗：一卷 / (元)方回撰
明(1368-1644)抄本
1986年摄制. -- 1盘卷片(5.3米90拍) ：
1:10, 2B ；35mm银盐
收藏馆：缩微中心，国图

000O027371
莲堂诗话：二卷 / (元)祝诚撰
清咸丰三年(1853)胡珽琳琅秘室丛书活字印本. -- (清)劳格校。
1996年摄制. -- 1盘卷片(9米92拍) ： 1:10,
2B ；35mm银盐
收藏馆：缩微中心，南京

000O025683
诗学禁脔：一卷 / (元)范梈撰
清(1644-1911)吴翌凤抄本. -- (清)吴翌凤跋
并录(清)毛表、(清)冯武题识，(清)丁丙跋。
1996年摄制. -- 1盘卷片(3米27拍) ： 1:10,
2B ；35mm银盐
收藏馆：缩微中心，南京

000O007134
**南溪笔录群贤诗话：前集一卷后集一卷续集一
卷 / (明)王恕辑**
明正德五年(1510)程启充刻本
1987年摄制. -- 1盘卷片(10.3米205拍) ：
1:9, 2B ；35mm银盐
收藏馆：缩微中心，重庆

000O028527
蜀中诗话：四卷 / (明)曹学佺撰
明(1368-1644)刻本
1997年摄制. -- 1盘卷片(6米99拍) ： 1:10,
2B ；35mm银盐
收藏馆：缩微中心，福建

000O013420
归田诗话：三卷 / (明)瞿佑撰
明(1368-1644)刻本
1991年摄制. -- 1盘卷片(5米56拍) ： 1:10,
2B ；35mm银盐
收藏馆：缩微中心，国图

000O027853
归田诗话：三卷 / (明)瞿佑撰
明成化三年(1467)瞿德恭刻本. -- (明)贡大
化批并跋，(清)丁丙跋。
1996年摄制. -- 1盘卷片(5米77拍) ： 1:10,
2B ；35mm银盐
收藏馆：缩微中心，南京

000O027887
归田诗话：三卷 / (明)瞿佑撰
明成化三年(1467)瞿德恭刻本. -- (明)贡大
化批并跋，(清)丁丙跋。
1996年摄制. -- 1盘卷片(5米76拍) ： 1:10,
2B ；35mm银盐
收藏馆：缩微中心，南京

000O005656
归田诗话：三卷 / (明)瞿佑撰
清(1644-1911)曹炎抄本. -- 周叔弢跋，周一
良抄补。
1987年摄制. -- 1盘卷片(5米70拍) ： 1:10,
2B ；35mm银盐
收藏馆：缩微中心，国图

000O002382
存斋诗话：一卷 / (明)瞿佑撰
明(1368-1644)抄本
1986年摄制. -- 1盘卷片(3米40拍) ： 1:10,
2B ；35mm银盐
收藏馆：缩微中心，国图

000O002030
名贤诗评：二十卷 / (明)俞允文,(明)李仲芳辑
明(1368-1644)刻本
1986年摄制. -- 1盘卷片(21米466拍) ：
1:10, 2B ；35mm银盐
收藏馆：缩微中心，国图

000O018764
新编名贤诗法：三卷
明(1368-1644)史潜刻本
1994年摄制. -- 1盘卷片(4米53拍) ： 1:10,
2B ；35mm银盐
收藏馆：缩微中心，国图

000O017635
新刻增补艺苑卮言：十六卷 / (明)王世贞撰
明万历十七年(1589)樵云书舍刻本
1993年摄制. -- 1盘卷片(19米370拍) ：
1:10, 2B ；35mm银盐
收藏馆：缩微中心，国图

000O007817
弇州山人艺苑卮言：十二卷 / (明)王世贞撰
明万历(1573-1620)邹道元刻本
1988年摄制. -- 1盘卷片(18.2米389拍) ：
1:11, 2B ；35mm银盐
收藏馆：缩微中心，重庆

000O007591
唐音癸签：三十三卷 / (明)胡震亨撰
清康熙(1662-1722)刻本
1987年摄制. -- 1盘卷片(18米378拍) ：
1:10, 2B ；35mm银盐
收藏馆：缩微中心，吉林

000O020753
唐音癸签：三十三卷 / (明)胡震亨撰
清(1644-1911)抄本
1994年摄制. -- 1盘卷片(14米259拍) ：
1:10, 2B ；35mm银盐
收藏馆：缩微中心，国图

000O020412
谈艺录：一卷 / (明)徐祯卿撰
明(1368-1644)刻本
1994年摄制. -- 1盘卷片(3米15拍) ： 1:10,

2B；35mm银盐
收藏馆：缩微中心，国图

00O010461

诗法：五卷；诗法源流：三卷

明嘉靖二年(1523)刻本

1989年摄制. -- 1盘卷片(11米212拍)：
1:10, 2B；35mm银盐

收藏馆：缩微中心，天津

00O015212

诗法：五卷

明(1368-1644)刻本

1992年摄制. -- 1盘卷片(6米95拍)： 1:10,
2B；35mm银盐

收藏馆：缩微中心，国图

00O016353

诗法：五卷

明(1368-1644)刻本

1992年摄制. -- 1盘卷片(7米101拍)： 1:10,
2B；35mm银盐

收藏馆：缩微中心，国图

00O012621

琼台诗话：二卷 / (明)蒋冕撰

明崇祯十一年(1638)爱吾庐刻本

1990年摄制. -- 1盘卷片(7.3米138拍)：
1:10, 2B；35mm银盐

收藏馆：缩微中心，辽宁

00O026411

诗筌：六卷 / (明)王述古撰

明(1368-1644)刻本

1997年摄制. -- 1盘卷片(23米482拍)：
1:10, 2B；35mm银盐

收藏馆：缩微中心，河南

00O019476

诗学体要类编：三卷 / (明)宋孟清辑

明弘治(1488-1505)刻本

1994年摄制. -- 1盘卷片(5米70拍)： 1:10,
2B；35mm银盐

收藏馆：缩微中心，国图

00O002385

颐山诗话：一卷 / (明)安磐撰

明(1368-1644)抄本

1986年摄制. -- 1盘卷片(3.2米37拍)：
1:10, 2B；35mm银盐

收藏馆：缩微中心，国图

00O014231

颐山诗话：一卷 / (明)安磐撰

李盛铎抄本

1992年摄制. -- 1盘卷片(3米23拍)： 1:10,
2B；35mm银盐

收藏馆：缩微中心，国图

00O020633

升庵诗话：四卷 / (明)杨慎撰

明(1368-1644)刻本. -- 存二卷：卷三至卷
四。

1994年摄制. -- 1盘卷片(4米41拍)： 1:10,
2B；35mm银盐

收藏馆：缩微中心，国图

00O022196

诗话补遗：三卷 / (明)杨慎撰

明(1368-1644)祁氏淡生堂抄本

1995年摄制. -- 1盘卷片(5米60拍)： 1:10,
2B；35mm银盐

收藏馆：缩微中心，国图

00O020869

汝南诗话：一卷 / (明)强晟撰

明正德九年(1514)杨棨刻本

1994年摄制. -- 1盘卷片(6米78拍)： 1:10,
2B；35mm银盐

收藏馆：缩微中心，国图

00O013343

蓉塘诗话：二十卷 / (明)姜南撰

明嘉靖二十六年(1547)洪梗刻本. -- (清)王
士禛批。

1991年摄制. -- 1盘卷片(15米275拍)：
1:10, 2B；35mm银盐

收藏馆：缩微中心，国图

00O010252

四溟诗话：四卷 / (明)谢榛撰

清乾隆十九年(1754)胡氏耘雅堂刻本. --
(清)胡曾校订。

1989年摄制. -- 1盘卷片(9米135拍)： 1:10,
2B；35mm银盐

收藏馆：缩微中心，湖北

00O022447

过庭诗话：二卷 / (明)刘世伟撰

明嘉靖(1522-1566)刻本

1995年摄制. -- 1盘卷片(4米87拍)： 1:10,
2B；35mm银盐

收藏馆：缩微中心，国图

000O013889
冰川诗式：十卷 / (明)梁桥撰
明隆庆四年(1570)朱睦㮮梁梦龙刻本
1992年摄制. -- 1盘卷片(13米234拍) ：
1:10，2B ；35mm银盐
收藏馆：缩微中心，国图

000O028348
冰川诗式：十卷 / (明)梁桥撰
明隆庆四年(1570)朱睦㮮梁梦龙刻本
1998年摄制. -- 1盘卷片(14米275拍) ：
1:10，2B ；35mm银盐
收藏馆：缩微中心，广东

000O017242
冰川诗式：十卷 / (明)梁桥撰
明万历三十八年(1610)刻本. -- (清)高凤翰
评点。
1993年摄制. -- 1盘卷片(14米276拍) ：
1:10，2B ；35mm银盐
收藏馆：缩微中心，天津

000O017740
冰川诗式：十卷 / (明)梁桥撰
明万历(1573-1620)刻本
1993年摄制. -- 1盘卷片(13米241拍) ：
1:10，2B ；35mm银盐
收藏馆：缩微中心，国图

000O003234
兰庄诗话：一卷 / (明)闵道充撰
明(1368-1644)抄本
1986年摄制. -- 1盘卷片(3米34拍) ： 1:10，
2B ；35mm银盐
收藏馆：缩微中心，国图

000O015561
豫章诗话：六卷 / (明)郭子章撰
明万历(1573-1620)刻本. -- 存三卷：卷四至
卷六。
1992年摄制. -- 1盘卷片(6米88拍) ： 1:10，
2B ；35mm银盐
收藏馆：缩微中心，国图

000O025677
豫章诗话：六卷 / (明)郭子章撰
清(1644-1911)抄本. -- (清)丁丙跋。
1996年摄制. -- 1盘卷片(11米193拍) ：
1:10，2B ；35mm银盐
收藏馆：缩微中心，南京

000O028654
豫章诗话：六卷 / (明)郭子章撰

清(1644-1911)抄本. -- (清)丁丙跋。
1996年摄制. -- 1盘卷片(11米196拍) ：
1:10，2B ；35mm银盐
收藏馆：缩微中心，南京

000O017750
作论秘诀心法：不分卷 / (明)汪正宗撰
明(1368-1644)抄本
1993年摄制. -- 1盘卷片(6米78拍) ： 1:10，
2B ；35mm银盐
收藏馆：缩微中心，国图

000O020640
诗薮续编：二卷 / (明)胡应麟撰
明万历(1573-1620)刻少室山房四集本. --
(清)李文田注。
1994年摄制. -- 1盘卷片(4米35拍) ： 1:10，
2B ；35mm银盐
收藏馆：缩微中心，国图

000O021656
**诗薮：内编六卷外编六卷杂编六卷续编二卷 /
(明)胡应麟撰**
明(1368-1644)刻本
1995年摄制. -- 1盘卷片(20米387拍) ：
1:10，2B ；35mm银盐
收藏馆：缩微中心，国图

000O021228
诗薮：二十卷 / (明)胡应麟撰
明(1368-1644)刻本. -- 存十六卷：内编六
卷、外编六卷、杂编二卷、续编二卷。
1995年摄制. -- 1盘卷片(19米365拍) ：
1:10，2B ；35mm银盐
收藏馆：缩微中心，国图

000O007141
**诗薮：内编六卷外编六卷杂编六卷续编二卷 /
(明)胡应麟撰**
明(1368-1644)刻本
1987年摄制. -- 1盘卷片(20.3米437拍) ：
1:9，2B ；35mm银盐
收藏馆：缩微中心，重庆

000O017139
诗法指南：二卷 / (明)王楫辑
明万历二十七年(1599)蕴古堂刻本
1993年摄制. -- 1盘卷片(4.9米81拍) ：
1:10，2B ；35mm银盐
收藏馆：缩微中心，辽宁

000O014228
客斋诗话：六卷 / (明)陈基虞撰

明(1368-1644)刻本
1992年摄制. -- 1盘卷片(7米97拍) : 1:10,
2B ; 35mm银盐
收藏馆：缩微中心，国图

000O015720
诗源辩体：十六卷；许伯清诗稿：一卷 / (明)许
学夷撰
明万历四十一年(1613)刻本
1992年摄制. -- 1盘卷片(19米366拍) :
1:10, 2B ; 35mm银盐
收藏馆：缩微中心，国图

000O015723
诗源辩体：三十六卷后集纂要二卷 / (明)许学夷
撰
明崇祯十五年(1642)陈所学刻本
1993年摄制. -- 1盘卷片(21米399拍) :
1:10, 2B ; 35mm银盐
收藏馆：缩微中心，国图

000O017971
诗话类编：三十二卷 / (明)王昌会辑
明万历(1573-1620)刻本
1993年摄制. -- 3盘卷片(78米1602拍) :
1:10, 2B ; 35mm银盐
收藏馆：缩微中心，国图

000O029300
诗学全隅：二十二卷 / (明)黄溥辑
明天启五年(1625)复礼堂刻本
1999年摄制. -- 1盘卷片(25米461拍) :
1:10, 2B ; 35mm银盐
收藏馆：缩微中心，苏州

000O002033
钟伯敬先生朱评词府灵蛇：四卷 / (明)钟惺,(明)
李光祚辑
明(1368-1644)金陵唐建元刻套印本
1986年摄制. -- 1盘卷片(10米188拍) :
1:10, 2B ; 35mm银盐
收藏馆：缩微中心，国图

000O013423
藕居士诗话：二卷 / (明)陈懋仁撰
清初(1644-1722)抄本. -- (清)宋筠校并跋。
1991年摄制. -- 1盘卷片(4米54拍) : 1:10,
2B ; 35mm银盐
收藏馆：缩微中心，国图

000O013389
藕居士诗话：二卷 / (明)陈懋仁撰
清(1644-1911)抄本

1991年摄制. -- 1盘卷片(4米54拍) : 1:10,
2B ; 35mm银盐
收藏馆：缩微中心，国图

000O024886
诗谭：十卷续录一卷 / (明)叶廷秀辑
明崇祯(1628-1644)胡正言十竹斋刻本
1996年摄制. -- 1盘卷片(20米435拍) :
1:10, 2B ; 35mm银盐
收藏馆：缩微中心，南京

000O027930
诗谭：十卷续录一卷 / (明)叶廷秀辑
明崇祯(1628-1644)胡正言十竹斋刻本
1996年摄制. -- 1盘卷片(20米431拍) :
1:10, 2B ; 35mm银盐
收藏馆：缩微中心，南京

000O000459
诗谭：十六卷续录一卷 / (明)叶廷秀辑
明崇祯八年(1635)胡正言十竹斋刻本
1985年摄制. -- 1盘卷片(19.8米282拍) :
1:10, 2B ; 35mm银盐
收藏馆：缩微中心，国图

000O000894
读杜私言：一卷 / (清)卢世撰
明崇祯(1628-1644)毛氏汲古阁刻本
1985年摄制. -- 1盘卷片(3.6米49拍) :
1:10, 2B ; 35mm银盐
收藏馆：缩微中心，国图

000O024684
来集之先生诗话稿：不分卷 / (清)来集之撰
清(1644-1911)稿本
1996年摄制. -- 1盘卷片(8米142拍) : 1:10,
2B ; 35mm银盐
收藏馆：缩微中心，浙江

000O013645
围炉诗话：六卷 / (清)吴乔撰
清(1644-1911)抄本
1991年摄制. -- 1盘卷片(8米125拍) : 1:10,
2B ; 35mm银盐
收藏馆：缩微中心，国图

000O014103
载酒园诗话：二卷皱水轩词筌一卷 / (清)贺裳撰
清初(1644-1722)贺氏载酒园皱水轩刻本
1992年摄制. -- 1盘卷片(10米161拍) :
1:10, 2B ; 35mm银盐
收藏馆：缩微中心，国图

000O018594
初白庵诗评：三卷；词综偶评：一卷 / (清)查慎行撰；(清)张载华辑
清乾隆四十二年(1777)张氏涉园观乐堂刻本
1993年摄制. -- 1盘卷片(12米222拍)：1:10, 2B；35mm银盐
收藏馆：缩微中心，国图

000O025681
初白庵诗评：三卷 / (清)查慎行撰；(清)张载华辑
清乾隆四十二年(1777)涉园观乐堂刻本. -- 附：词综偶评一卷/(清)许昂霄撰。张元济跋。
1996年摄制. -- 1盘卷片(13米242拍)：1:10, 2B；35mm银盐
收藏馆：缩微中心，南京

000O026354
诗谈：一卷 / (清)张谦益撰
清(1644-1911)稿本. -- (清)张顾校。
1997年摄制. -- 1盘卷片(5米70拍)：1:10, 2B；35mm银盐
收藏馆：缩微中心，湖北

000O028485
冠悔堂诗评选：一卷书评选一卷 / (清)杨浚撰
清(1644-1911)稿本
1997年摄制. -- 1盘卷片(4米59拍)：1:10, 2B；35mm银盐
收藏馆：缩微中心，福建

000O019157
诗法火传：十六卷 / (清)马上巘撰
清顺治(1644-1661)刻本
1994年摄制. -- 1盘卷片(25米488拍)：1:10, 2B；35mm银盐
收藏馆：缩微中心，国图

000O026343
榕海诗话：八卷 / (清)林正青辑
清(1644-1911)抄本
1997年摄制. -- 1盘卷片(7米110拍)：1:10, 2B；35mm银盐
收藏馆：缩微中心，湖北

000O010922
而庵说唐诗：二十二卷首一卷 / (清)徐增撰
清康熙五年(1666)九诰堂刻本
1989年摄制. -- 1盘卷片(27.5米607拍)：1:10, 2B；35mm银盐
收藏馆：缩微中心，湖北

000O010903
带经堂诗话：三十卷首一卷 / (清)王士禛撰；(清)张宗楠辑
清乾隆二十七年(1762)刻本
1989年摄制. -- 1盘卷片(30米662拍)：1:10, 2B；35mm银盐
收藏馆：缩微中心，湖北

000O007490
五代诗话：十二卷 / (清)王士禛辑
清(1644-1911)稿本
1987年摄制. -- 1盘卷片(10米200拍)：1:10, 2B；35mm银盐
收藏馆：缩微中心，国图

000O020727
五代诗话：十二卷 / (清)王士禛辑
清康熙(1662-1722)抄本. -- 存六卷：卷七至卷十二。(清)黄叔琳校。
1994年摄制. -- 1盘卷片(3米65拍)：1:10, 2B；35mm银盐
收藏馆：缩微中心，国图

000O029004
五代诗话：十二卷 / (清)王士禛辑；(清)宋弼编次
清乾隆十三年(1748)黄氏养素堂刻本. -- (清)黄叔琳校订，(清)陈胪声参校。
1999年摄制. -- 1盘卷片(14米272拍)：1:10, 2B；35mm银盐
收藏馆：缩微中心，湖南

000O018931
渔洋诗话拾唾：不分卷 / (清)安潜德辑
清(1644-1911)稿本
1993年摄制. -- 1盘卷片(19米395拍)：1:10, 2B；35mm银盐
收藏馆：缩微中心，山东

000O018932
燃灯记闻：一卷 / (清)王士禛授；(清)何世璂录
清(1644-1911)抄本
1993年摄制. -- 1盘卷片(3米18拍)：1:10, 2B；35mm银盐
收藏馆：缩微中心，山东

000O010911
谐声别部：六卷 / (清)王士禛撰；(清)喻端士辑
清乾隆五十四年(1789)刻本
1989年摄制. -- 1盘卷片(10.5米197拍)：1:10, 2B；35mm银盐
收藏馆：缩微中心，湖北

000O028460
静志居诗话偶抄：一卷 / (清)朱彝尊撰
清乾隆(1736-1795)孟超然抄本
1997年摄制. -- 1盘卷片(6.1米103拍)：
1:10，2B；35mm银盐
收藏馆：缩微中心，福建

000O017827
西江诗话：十二卷 / (清)裘君弘撰
清康熙四十二年(1703)裘氏妙贯堂刻本
1993年摄制. -- 1盘卷片(23米456拍)：
1:10，2B；35mm银盐
收藏馆：缩微中心，国图

000O009967
唐音审体：二十卷 / (清)钱良择辑
清康熙(1662-1722)昭质堂精刻本
1989年摄制. -- 1盘卷片(17米352拍)：
1:10，2B；35mm银盐
收藏馆：缩微中心，天津

000O011585
全闽诗话：十二卷 / (清)郑方坤辑
清乾隆十九年(1754)诗话轩刻本
1989年摄制. -- 2盘卷片(35米750拍)：
1:10，2B；35mm银盐
收藏馆：缩微中心，湖北

000O028041
诗学问津：二卷 / (清)郑磊撰
清(1644-1911)稿本
1996年摄制. -- 1盘卷片(4米56拍)：1:10，
2B；35mm银盐
收藏馆：缩微中心，福建

000O024702
历代诗话：十集八十卷 / (清)吴景旭撰
清(1644-1911)抄本
1996年摄制. -- 3盘卷片(78米1568拍)：
1:10，2B；35mm银盐
收藏馆：缩微中心，浙江

000O028933
野鸿诗的：一卷 / (清)黄子云撰
清乾隆(1736-1795)长吟阁刻本
1998年摄制. -- 1盘卷片(4米35拍)：1:10，
2B；35mm银盐
收藏馆：缩微中心，苏州

000O027032
秋窗随笔：一卷 / (清)马位撰
清乾隆(1736-1795)疎雨书堂刻本
1997年摄制. -- 1盘卷片(4米38拍)：1:10，

2B；35mm银盐
收藏馆：缩微中心，国图

000O007379
宋诗纪事：一百卷 / (清)厉鹗,(清)马曰琯辑
清康熙三年(1664)刻本
1987年摄制. -- 4盘卷片(107米2387拍)：
1:10，2B；35mm银盐
收藏馆：缩微中心，吉林市

000O016926
一瓢斋诗话：一卷 / (清)薛雪撰
清(1644-1911)扫叶村庄刻本
1993年摄制. -- 1盘卷片(5米53拍)：1:10，
2B；35mm银盐
收藏馆：缩微中心，国图

000O009542
一瓢斋诗话：一卷 / (清)薛雪撰
清(1644-1911)扫叶村庄刻本. -- (清)高凤翰
跋并录(清)徐士林跋。
1988年摄制. -- 1盘卷片(4.7米75拍)：
1:10，2B；35mm银盐
收藏馆：缩微中心，重庆

000O016883
莲坡诗话：三卷 / (清)查为仁撰
清乾隆(1736-1795)刻蔗塘外集本
1993年摄制. -- 1盘卷片(6米70拍)：1:10，
2B；35mm银盐
收藏馆：缩微中心，国图

000O020625
雪夜诗谈：三卷；国朝诗话补：一卷；明人诗话
补：一卷 / (清)彭端淑撰
清乾隆四十二年(1777)刻本
1994年摄制. -- 1盘卷片(6米87拍)：1:10，
2B；35mm银盐
收藏馆：缩微中心，国图

000O018205
随园诗话摘艳：一卷 / (清)袁枚撰
清道光元年(1821)梁怀兴抄本
1993年摄制. -- 1盘卷片(5米62拍)：1:10，
2B；35mm银盐
收藏馆：缩微中心，山东

000O022547
诗说：二种三卷 / (清)宋弼撰
清乾隆二十二年(1757)泺源书院刻本
1995年摄制. -- 1盘卷片(5.5米88拍)：
1:10，2B；35mm银盐
收藏馆：缩微中心，湖北

00O009031
二山说诗：四卷 / (清)何忠相撰
清乾隆三十一年(1766)刻本
1988年摄制. -- 1盘卷片(5米70拍) ：1:10,
2B ；35mm银盐
收藏馆：缩微中心，湖北

00O026978
耄余诗话：十卷 / (清)周春撰
清(1644-1911)抄本
1997年摄制. -- 1盘卷片(8米122拍) ：1:10,
2B ；35mm银盐
收藏馆：缩微中心，国图

00O028376
闽游诗话：三卷 / (清)徐祚永撰
清乾隆(1736-1796)刻本
1997年摄制. -- 1盘卷片(5.3米85拍) ：
1:10, 2B ；35mm银盐
收藏馆：缩微中心，福建

00O010244
艺苑名言：八卷 / (清)蒋澜辑
清乾隆四十年(1775)蒋氏怀谷轩刻本
1989年摄制. -- 1盘卷片(16米327拍) ：
1:10, 2B ；35mm银盐
收藏馆：缩微中心，湖北

00O007429
广声调谱：二卷
清(1644-1911)刻本
1987年摄制. -- 1盘卷片(7米117拍) ：1:10,
2B ；35mm银盐
收藏馆：缩微中心，吉林市

00O029127
梧门诗话：十二卷 / (清)法式善撰
清(1644-1911)稿本. -- 梧门诗话存八卷：卷
一至卷七、卷十二。(清)法式善、(清)汪之选
跋。
1999年摄制. -- 1盘卷片(14米310拍) ：
1:10, 2B ；35mm银盐
收藏馆：缩微中心，国图

00O011074
竹间诗话：八卷 / (清)盛大士撰
清(1644-1911)稿本. -- 钤"臣大士兰簃外史
印"诸印。
1989年摄制. -- 1盘卷片(7米115拍) ：1:10,
2B ；35mm银盐
收藏馆：缩微中心，天津

00O026816
诗苑雅谈：五卷 / (清)罗以智撰
清(1644-1911)稿本. -- (清)丁丙跋。
1996年摄制. -- 1盘卷片(10米187拍) ：
1:10, 2B ；35mm银盐
收藏馆：缩微中心，南京

00O024688
诗苑雅谈：三卷 / (清)罗以智撰
清(1644-1911)稿本
1996年摄制. -- 1盘卷片(6米103拍) ：1:10,
2B ；35mm银盐
收藏馆：缩微中心，浙江

00O028360
诗法举要：不分卷 / (清)黄培芳撰
清咸丰四年(1854)岭海楼稿本
1998年摄制. -- 1盘卷片(5米84拍) ：1:10,
2B ；35mm银盐
收藏馆：缩微中心，广东

00O026974
香石诗话：四卷 / (清)黄培芳撰
清嘉庆十五年(1810)岭海楼刻本
1997年摄制. -- 1盘卷片(10米173拍) ：
1:10, 2B ；35mm银盐
收藏馆：缩微中心，国图

00O027674
匏庐诗话：三卷 / (清)沈涛撰
清道光二十年(1840)刻本
1997年摄制. -- 1盘卷片(5米73拍) ：1:10,
2B ；35mm银盐
收藏馆：缩微中心，国图

00O028474
海氛诗话：不分卷 / (清)魏秀仁撰
清(1644-1911)抄本
1997年摄制. -- 1盘卷片(7.1米125拍) ：
1:10, 2B ；35mm银盐
收藏馆：缩微中心，福建

00O024685
复庄诗评：一卷 / (清)陶方琦撰
清(1644-1911)稿本
1996年摄制. -- 1盘卷片(2米19拍) ：1:10,
2B ；35mm银盐
收藏馆：缩微中心，浙江

00O024703
苏亭诗话：六卷 / (清)张少南撰
清(1644-1911)张预抄本
1996年摄制. -- 1盘卷片(8米134拍) ：1:10,

2B ；35mm银盐
收藏馆：缩微中心，浙江

000024266

楚天樵话：一卷 / (清)张清标撰；(清)刘大櫆批校

清(1644-1911)刻本

1996年摄制. -- 1盘卷片(4米56拍) ：1:10,
2B ；35mm银盐

收藏馆：缩微中心，安徽

000014347

乡诗摭谭：正集十卷首一卷续集十卷 / (清)杨希闵撰

清(1644-1911)抄本

1992年摄制. -- 1盘卷片(19米374拍) ：
1:10, 2B ；35mm银盐

收藏馆：缩微中心，国图

000012533

文章百段锦：二卷 / (宋)方颐孙辑

明隆庆二年(1568)河间府刻本

1990年摄制. -- 1盘卷片(6.9米128拍) ：
1:10, 2B ；35mm银盐

收藏馆：缩微中心，辽宁

000002067

太学新编黼藻文章百段锦：二卷 / (宋)方颐孙辑

明(1368-1644)刻本

1986年摄制. -- 1盘卷片(7米125拍) ：1:10,
2B ；35mm银盐

收藏馆：缩微中心，国图

000015875

黼藻文章百段锦：三卷 / (宋)方颐孙辑

明嘉靖元年(1522)方镃刻本

1993年摄制. -- 1盘卷片(9米141拍) ：1:10,
2B ；35mm银盐

收藏馆：缩微中心，国图

000026785

文章轨范：七卷 / (宋)谢枋得辑

明嘉靖十三年(1534)姜时和刻公文纸印本. --
卷一至卷三配清(1644-1911)抄本.

1996年摄制. -- 1盘卷片(10米175拍) ：
1:10, 2B ；35mm银盐

收藏馆：缩微中心，南京

000002964

文章轨范：七卷 / (宋)谢枋得辑 . 论学统宗：二卷 / (明)郭邦藩辑

明嘉靖四十年(1561)郭邦藩常静斋刻本

1986年摄制. -- 1盘卷片(9米172拍) ：1:10,

2B ；35mm银盐
收藏馆：缩微中心，国图

000027925

文章轨范：七卷 / (宋)谢枋得辑

明(1368-1644)戴许光刻本

1996年摄制. -- 1盘卷片(8米140拍) ：1:10,
2B ；35mm银盐

收藏馆：缩微中心，南京

000027455

文章轨范：七卷 / (宋)谢枋得辑

清康熙三十三年(1694)戴许光刻本

1996年摄制. -- 1盘卷片(8米140拍) ：1:10,
2B ；35mm银盐

收藏馆：缩微中心，南京

000024299

文式：二卷；古文矜式：一卷 / (元)陈绎曾撰

明(1368-1644)刻本

1996年摄制. -- 1盘卷片(4米50拍) ：1:10,
2B ；35mm银盐

收藏馆：缩微中心，国图

000002086

性学李先生古今文章精义：一卷 / (元)李涂撰

明(1368-1644)刻本. -- 还有合刻著作：虞邵庵批点文选心诀一卷/(元)虞集撰.

1986年摄制. -- 1盘卷片(3米25拍) ：1:10,
2B ；35mm银盐

收藏馆：缩微中心，国图

000003347

文断：不分卷 / (明)唐之淳辑

明天顺(1457-1464)黄瑜刻本

1986年摄制. -- 1盘卷片(5米79拍) ：1:10,
2B ；35mm银盐

收藏馆：缩微中心，国图

000006756

文断：不分卷 / (明)唐之淳辑

明成化十六年(1480)唐珣刻本

1986年摄制. -- 1盘卷片(7米118拍) ：1:10,
2B ；35mm银盐

收藏馆：缩微中心，国图

000007558

文断：不分卷 / (明)唐之淳辑

明成化十六年(1480)唐珣刻本. -- 叶德辉跋.

1987年摄制. -- 1盘卷片(7米117拍) ：1:10,
2B ；35mm银盐

收藏馆：缩微中心，国图

000O001996
菊坡丛话：二十六卷 / (明)单宇辑
明成化(1465-1487)刻本
1986年摄制. -- 1盘卷片(20米429拍)：
1:10, 2B；35mm银盐
收藏馆：缩微中心，国图

000O020708
菊坡丛话：二十六卷 / (明)单宇辑
明成化(1465-1487)刻本
1994年摄制. -- 1盘卷片(20米392拍)：
1:10, 2B；35mm银盐
收藏馆：缩微中心，国图

000O015207
游艺塾文规：五卷 / (明)袁黄撰
明(1368-1644)书林叶仰山刻本
1992年摄制. -- 1盘卷片(9米156拍)：1:10,
2B；35mm银盐
收藏馆：缩微中心，国图

000O014849
游艺塾续文规：十八卷 / (明)袁黄撰
明(1368-1644)刻本
1992年摄制. -- 1盘卷片(30米610拍)：
1:10, 2B；35mm银盐
收藏馆：缩微中心，国图

000O017392
文通：三十卷闰一卷 / (明)朱荃宰撰
明天启六年(1626)泙漫堂刻本
1993年摄制. -- 2盘卷片(38米745拍)：
1:10, 2B；35mm银盐
收藏馆：缩微中心，国图

000O008712
文章正论：二十卷 / (明)刘祐辑
明万历十九年(1591)徐图刻本
1988年摄制. -- 3盘卷片(71.9米1568拍)：
1:10, 2B；35mm银盐
收藏馆：缩微中心，重庆

000O020335
尧山堂偶隽：七卷 / (明)蒋一葵辑
明(1368-1644)刻本
1994年摄制. -- 1盘卷片(11米199拍)：
1:10, 2B；35mm银盐
收藏馆：缩微中心，国图

000O019072
木石居精校八朝偶隽：七卷 / (明)蒋一葵辑
明(1368-1644)木石居刻本
1994年摄制. -- 1盘卷片(10米182拍)：

1:10, 2B；35mm银盐
收藏馆：缩微中心，国图

000O001630
木石居精校八朝偶隽：七卷 / (明)蒋一葵撰
明(1368-1644)木石居刻本
1986年摄制. -- 1盘卷片(11米215拍)：
1:10, 2B；35mm银盐
收藏馆：缩微中心，国图

000O017165
偶隽：七卷 / (明)蒋一葵撰
明(1368-1644)刻本
1990年摄制. -- 1盘卷片(12米223拍)：
1:10, 2B；35mm银盐
收藏馆：缩微中心，山东

000O014949
绿天耕舍燕钞：四卷 / (明)雪畴子撰
清(1644-1911)抄本
1992年摄制. -- 1盘卷片(8米139拍)：1:10,
2B；35mm银盐
收藏馆：缩微中心，国图

000O027612
雅伦：二十四卷 / (清)费经虞撰；(清)费密补
清康熙四十五年(1706)刻雍正五年(1727)汪玉
球重修本
1997年摄制. -- 2盘卷片(48米1007拍)：
1:10, 2B；35mm银盐
收藏馆：缩微中心，国图

000O016790
定风轩活句参：十一卷 / (清)朱绍本撰
清(1644-1911)抄本
1993年摄制. -- 1盘卷片(12米216拍)：
1:10, 2B；35mm银盐
收藏馆：缩微中心，国图

000O017747
吕晚邨先生论文汇钞：不分卷 / (清)吕留良撰
清康熙五十三年(1714)吕氏家塾刻本
1993年摄制. -- 1盘卷片(6米78拍)：1:10,
2B；35mm银盐
收藏馆：缩微中心，国图

000O003390
汉魏六朝志墓金石例：三卷；唐人志墓诸例：
一卷附论一卷 / (清)吴镐撰
清嘉庆(1796-1820)蟾波阁刻本
1986年摄制. -- 1盘卷片(5米79拍)：1:10,
2B；35mm银盐
收藏馆：缩微中心，国图

000O024925

碑版文广例：十卷 / (清)王芑孙撰
清道光二十一年(1841)王鎏刻本. -- (清)傅以礼批注。
1996年摄制. -- 1盘卷片(17米359拍) : 1:10, 2B ; 35mm银盐
收藏馆：缩微中心，南京

000O019417

碑版文广例：十卷 / (清)王芑孙撰
清(1644-1911)抄本
1994年摄制. -- 1盘卷片(17米331拍) : 1:10, 2B ; 35mm银盐
收藏馆：缩微中心，国图

000O025333

金石综例：四卷 / (清)冯登府撰
清道光(1821-1850)刻本. -- (清)李慈铭批校。
1996年摄制. -- 1盘卷片(6米91拍) : 1:10, 2B ; 35mm银盐
收藏馆：缩微中心，国图

000O007092

朱饮山千金谱：二十九卷；三韵易知：十卷 / (清)朱燮撰
清乾隆五十五年(1790)治怒斋刻本
1987年摄制. -- 2盘卷片(44.7米955拍) : 1:10, 2B ; 35mm银盐
收藏馆：缩微中心，山西

000O028236

昭昧詹言节录：四卷 / (清)方东树撰；(清)方宗诚辑
清(1644-1911)抄本
1997年摄制. -- 1盘卷片(5米83拍) : 1:10, 2B ; 35mm银盐
收藏馆：缩微中心，安庆

000O019424

苍崖先生金石例：十卷 / (元)潘昂霄撰
元(1271-1368)刻本. -- 存六卷：卷一至卷六。
1994年摄制. -- 1盘卷片(5米71拍) : 1:10, 2B ; 35mm银盐
收藏馆：缩微中心，国图

000O000260

苍崖先生金石例：十卷 / (元)潘昂霄撰. 别卷附录：一卷
明(1368-1644)刻本
1985年摄制. -- 1盘卷片(8.2米158拍) : 1:10, 2B ; 35mm银盐

收藏馆：缩微中心，国图

000O004363

苍崖先生金石例：十卷 / (元)潘昂霄撰
明(1368-1644)刻本
1986年摄制. -- 1盘卷片(8米151拍) : 1:10, 2B ; 35mm银盐
收藏馆：缩微中心，国图

000O008373

苍崖先生金石例：十卷 / (元)潘昂霄撰
明(1368-1644)刻本. -- (清)金锡爵跋。
1988年摄制. -- 1盘卷片(8米148拍) : 1:10, 2B ; 35mm银盐
收藏馆：缩微中心，国图

000O014806

苍崖先生金石例：十卷 / (元)潘昂霄撰
明(1368-1644)刻本
1992年摄制. -- 1盘卷片(8米132拍) : 1:10, 2B ; 35mm银盐
收藏馆：缩微中心，国图

000O016697

苍崖先生金石例：十卷 / (元)潘昂霄撰
明(1368-1644)刻本
1993年摄制. -- 1盘卷片(9米139拍) : 1:10, 2B ; 35mm银盐
收藏馆：缩微中心，国图

000O021939

苍崖先生金石例：十卷 / (元)潘昂霄撰
清(1644-1911)抄本
1995年摄制. -- 1盘卷片(8米132拍) : 1:10, 2B ; 35mm银盐
收藏馆：缩微中心，国图

000O001710

墓铭举例：四卷 / (明)王行撰
清乾隆二十年(1755)卢见曾雅雨堂刻金石三例本. -- (清)顾广圻跋并临(清)黄丕烈录(清)惠栋批校。
1986年摄制. -- 1盘卷片(6米96拍) : 1:10, 2B ; 35mm银盐
收藏馆：缩微中心，国图

000O003158

金石三例：十五卷 / (清)卢见曾辑
清乾隆二十年(1755)卢见曾刻本. -- (清)韩应陛跋并录(清)佚名、(清)姚楮寮批语。
1986年摄制. -- 1盘卷片(12米233拍) : 1:10, 2B ; 35mm银盐
收藏馆：缩微中心，国图

000O011282
金石三例：十五卷 / (清)卢见曾辑
清乾隆二十年(1755)卢氏刻本
1989年摄制. -- 1盘卷片(13米233拍)：
1:10，2B；35mm银盐
收藏馆：缩微中心，甘肃

000O021901
金石三例：十五卷 / (清)卢见曾辑
清乾隆二十年(1755)卢见曾刻本
1995年摄制. -- 1盘卷片(12.2米242拍)：
1:10，2B；35mm银盐
收藏馆：缩微中心，阳泉

000O025680
校补金石例：四种十七卷 / (清)李瑶辑
清道光十二年(1832)李瑶活字印本. -- (清)
王振声校并跋。
1996年摄制. -- 1盘卷片(18米380拍)：
1:10，2B；35mm银盐
收藏馆：缩微中心，南京

000O031788
校补金石例：四种十七卷 / (清)李瑶校辑
清道光十二年至十三年(1832-1833)李瑶活字
印本. -- (清)王振声校跋。
2005年摄制. -- 1盘卷片(19米380拍)：
1:10，2B；35mm银盐
收藏馆：缩微中心，国图

000O001850
文镜秘府论：六卷 / (日)释空海撰
日本藤井文政堂刻本. -- 杨守敬批注。
1985年摄制. -- 1盘卷片(10米197拍)：
1:10，2B；35mm银盐
收藏馆：缩微中心，国图

词类

000O019281
花间集：四卷 / (五代)赵崇祚辑；(明)汤显祖评
明(1368-1644)刻套印本
1994年摄制. -- 1盘卷片(10米165拍)：
1:10，2B；35mm银盐
收藏馆：缩微中心，国图

000O020338
花间集：四卷 / (五代)赵崇祚辑；(明)汤显祖评
明(1368-1644)刻套印本
1994年摄制. -- 1盘卷片(10米168拍)：
1:10，2B；35mm银盐
收藏馆：缩微中心，国图

000O031964
花间集：四卷 / (五代)赵崇祚辑；(明)汤显祖评
明(1368-1644)刻套印本
2010年摄制. -- 1盘卷片(12米203拍)：
1:12，2B；35mm银盐
收藏馆：缩微中心，国图

000O031971
花间集：四卷 / (五代)赵崇祚辑；(明)汤显祖评
明(1368-1644)刻套印本
2010年摄制. -- 1盘卷片(13米211拍)：
1:12，2B；35mm银盐
收藏馆：缩微中心，国图

000O018824
词苑英华：九种四十五卷 / (明)毛晋编
明末(1621-1644)毛氏汲古阁刻本
1994年摄制. -- 2盘卷片(52米1030拍)：
1:10，2B；35mm银盐
收藏馆：缩微中心，国图

000O024654
词学丛书：二十三卷 / (清)秦恩复编
清嘉庆道光(1796-1850)享帚精舍刻本. -- 精
选名儒草堂诗余为凤林书院本；词林韵释为菉
斐轩本。(清)朱尊彝跋。
1996年摄制. -- 2盘卷片(40米784拍)：
1:10，2B；35mm银盐
收藏馆：缩微中心，浙江

000O031417
南词：十三种十六卷
董氏诵芬室抄本
2004年摄制. -- 1盘卷片(11米213拍)：
1:10，2B；35mm银盐
收藏馆：缩微中心，国图

000O005889
唐宋八家词：十卷
清(1644-1911)鲍氏知不足斋抄本. -- 吴昌绥
跋，八家词均有(清)鲍廷博、(清)魏之琇等人
校跋。
1987年摄制. -- 1盘卷片(8.2米159拍)：
1:10，2B；35mm银盐
收藏馆：缩微中心，国图

000O011098
唐宋名贤百家词集：不分卷 / (明)吴讷编
明(1368-1644)抄本
1989年摄制. -- 4盘卷片(107米2202拍)：
1:10，2B；35mm银盐
收藏馆：缩微中心，天津

00O031442
宋元明三十三家词：五十三卷
明(1368-1644)石村书屋抄本
2004年摄制. -- 2盘卷片(52米1114拍)：
1:10，2B；35mm银盐
收藏馆：缩微中心，国图

00O001159
宋元八家词：八卷
清(1644-1911)抄本
1985年摄制. -- 1盘卷片(7.4米137拍)：
1:10，2B；35mm银盐
收藏馆：缩微中心，国图

00O005046
十名家词集：十卷 / (清)侯文灿编
清康熙二十八年(1689)侯氏亦园刻本
1986年摄制. -- 1盘卷片(12米231拍)：
1:10，2B；35mm银盐
收藏馆：缩微中心，国图

00O008622
又次斋词编：十种十二卷 / (清)汪曰桢编
清(1644-1911)稿本
1988年摄制. -- 1盘卷片(9米166拍)：1:10，
2B；35mm银盐
收藏馆：缩微中心，国图

00O004550
宋金元明人词：十七种二十八卷
清光绪三十四年(1908)缪荃孙艺风堂抄本. --
缪荃孙校。
1987年摄制. -- 1盘卷片(15米307拍)：
1:10，2B；35mm银盐
收藏馆：缩微中心，国图

00O026538
宋明十六家词：十六卷
清(1644-1911)丁氏嘉惠堂抄本
1997年摄制. -- 1盘卷片(15米287拍)：
1:10，2B；35mm银盐
收藏馆：缩微中心，国图

00O015824
秦张两先生诗余合璧：五卷
明崇祯八年(1635)毛晋王象晋刻本
1993年摄制. -- 1盘卷片(11米181拍)：
1:10，2B；35mm银盐
收藏馆：缩微中心，国图

00O025623
宜秋馆诗余丛抄：七卷
宜秋馆抄本. -- 况夔生批校。

1996年摄制. -- 1盘卷片(5米68拍)：1:10，
2B；35mm银盐
收藏馆：缩微中心，浙江

00O029853
典雅词：十种十卷
清(1644-1911)劳权抄本. -- (清)劳权校并
跋。
2001年摄制. -- 1盘卷片(9米162拍)：1:10，
2B；35mm银盐
收藏馆：缩微中心，国图

00O007380
宋名家词：六十种九十卷 / (明)毛晋辑
明崇祯(1628-1644)毛氏汲古阁刻本
1987年摄制. -- 5盘卷片(120米2859拍)：
1:10，2B；35mm银盐
收藏馆：缩微中心，吉林市

00O016996
宋五家词：六卷
明(1368-1644)抄本
1993年摄制. -- 1盘卷片(5米103拍)：1:10，
2B；35mm银盐
收藏馆：缩微中心，国图

00O015850
大小晏词：四卷
清(1644-1911)抱经斋抄本
1993年摄制. -- 1盘卷片(5米70拍)：1:10，
2B；35mm银盐
收藏馆：缩微中心，国图

00O016181
宋八家词：八卷
清初(1644-1722)抄本
1993年摄制. -- 1盘卷片(7米122拍)：1:10，
2B；35mm银盐
收藏馆：缩微中心，国图

00O017229
旧抄宋人词
清(1644-1911)抄本. -- (清)冯登府校并跋。
1993年摄制. -- 1盘卷片(5米88拍)：1:10，
2B；35mm银盐
收藏馆：缩微中心，天津

00O029841
宋九家词：九卷
清道光(1821-1850)蒋氏别下斋抄本. -- (清)
许光清跋。
2001年摄制. -- 1盘卷片(8米145拍)：1:10，
2B；35mm银盐

收藏馆：缩微中心，国图

000O011092

五家词：五卷

清(1644-1911)十万卷楼抄本. -- 包括：碎锦词、拙庵词、燕喜词、袁宣卿词、龟峰词；钤"钱塘丁氏正修堂藏本""八千卷楼珍藏善本"。

1989年摄制. -- 1盘卷片(5米76拍) ：1:10，2B ；35mm银盐

收藏馆：缩微中心，天津

000O014124

宋六家词：六卷

清(1644-1911)抄本

1992年摄制. -- 1盘卷片(6米77拍) ：1:10，2B ；35mm银盐

收藏馆：缩微中心，国图

000O027642

宋元十家词：十二卷 / (清)汪曰桢辑

清(1644-1911)又次斋抄本. -- (清)汪曰桢、(清)吴绶校。

1997年摄制. -- 1盘卷片(9米150拍) ：1:10，2B ；35mm银盐

收藏馆：缩微中心，国图

000O031148

百名家词钞初集：六十卷 / (清)聂先,(清)曾王孙编

清康熙(1662-1722)绿荫堂刻本. -- 存五十八种五十八卷。

2004年摄制. -- 2盘卷片(42米868拍) ：1:10，2B ；35mm银盐

收藏馆：缩微中心，国图

000O000778

百名家词钞：一百卷 / (清)聂先,(清)曾王孙编

清康熙(1662-1722)绿荫堂刻本

1985年摄制. -- 3盘卷片(74.9米1667拍) ：1:10，2B ；35mm银盐

收藏馆：缩微中心，国图

000O031147

百名家词钞：一百卷 / (清)聂先,(清)曾王孙编

清康熙(1662-1722)绿荫堂刻本. -- 存七十八种七十八卷。

2004年摄制. -- 2盘卷片(62米1340拍) ：1:8，2B ；35mm银盐

收藏馆：缩微中心，国图

000O001100

名家词钞：三十卷 / (清)聂先,(清)曾王孙编

清康熙(1662-1722)刻本

1985年摄制. -- 1盘卷片(23.5米520拍) ：1:10，2B ；35mm银盐

收藏馆：缩微中心，国图

000O026989

百名家词钞：二十卷 / (清)聂先,(清)曾王孙辑

清康熙(1662-1722)绿荫堂刻本

1997年摄制. -- 3盘卷片(78米1600拍) ：1:10，2B ；35mm银盐

收藏馆：缩微中心，国图

000O013824

四家诗余：十一卷 / (清)孙默编

清康熙七年(1668)孙氏留松阁刻本

1992年摄制. -- 1盘卷片(16米320拍) ：1:10，2B ；35mm银盐

收藏馆：缩微中心，国图

000O031513

名家词钞：六十种六十卷 / (清)孔传铎编

清(1644-1911)抄本

2004年摄制. -- 2盘卷片(39米780拍) ：1:10，2B ；35mm银盐

收藏馆：缩微中心，国图

000O012684

浙西六家词：十一卷；山中白云词：八卷 / (清)龚翔麟编

清康熙(1662-1722)龚氏玉玲珑阁刻本

1990年摄制. -- 1盘卷片(18.3米396拍) ：1:10，2B ；35mm银盐

收藏馆：缩微中心，辽宁

000O020069

南唐二主词：一卷 / (南唐)李璟,(南唐)李煜撰

清光绪三十四年(1908)王国维抄本. -- 王国维跋。

1994年摄制. -- 1盘卷片(3米10拍) ：1:10，2B ；35mm银盐

收藏馆：缩微中心，国图

000O026957

柳屯田乐章集：三卷 / (宋)柳永撰

清宣统元年(1909)吴氏双照楼抄本. -- 王国维校并跋。

1997年摄制. -- 1盘卷片(5米63拍) ：1:10，2B ；35mm银盐

收藏馆：缩微中心，国图

000O013432

乐章集：三卷续添曲子一卷 / (宋)柳永撰

清(1644-1911)劳权抄本. -- (清)劳权校。

1991年摄制. -- 1盘卷片(6米79拍) ： 1:10,
2B ； 35mm银盐
收藏馆：缩微中心，国图

000O005871
乐章集：一卷 / (宋)柳永撰；(清)张文虎校订
清同治十一年(1872)唐仁寿抄本. -- (清)唐
仁寿校并跋。
1987年摄制. -- 1盘卷片(5米76拍) ： 1:10,
2B ； 35mm银盐
收藏馆：缩微中心，国图

000O022875
张子野词：一卷 / (宋)张先撰
明(1368-1644)抄本. -- (清)丁丙跋。
1995年摄制. -- 1盘卷片(4米45拍) ： 1:10,
2B ； 35mm银盐
收藏馆：缩微中心，南京

000O016171
珠玉词：一卷 / (宋)晏殊撰
明(1368-1644)抄本
1993年摄制. -- 1盘卷片(4米42拍) ： 1:10,
2B ； 35mm银盐
收藏馆：缩微中心，国图

000O025619
珠玉词：一卷 / (宋)晏殊撰
清光绪十四年(1888)刻宋名家词本. -- 朱祖
谋校。
1996年摄制. -- 1盘卷片(3米37拍) ： 1:10,
2B ； 35mm银盐
收藏馆：缩微中心，浙江

000O023984
小山词：一卷 / (宋)晏几道撰
明(1368-1644)抄本. -- (清)丁丙跋。
1995年摄制. -- 1盘卷片(6米85拍) ： 1:10,
2B ； 35mm银盐
收藏馆：缩微中心，南京

000O025973
小山词：一卷 / (宋)晏几道撰
清光绪十四年(1888)汪氏刻宋名家词本. --
朱祖谋校。
1996年摄制. -- 1盘卷片(5米66拍) ： 1:10,
2B ； 35mm银盐
收藏馆：缩微中心，浙江

000O013664
闲斋琴趣外篇：六卷 / (宋)晁元礼撰
清(1644-1911)抄本. -- 目录、卷六配抄本。
1991年摄制. -- 1盘卷片(4米46拍) ： 1:10,

2B ； 35mm银盐
收藏馆：缩微中心，国图

000O005657
演山先生词：二卷 / (宋)黄裳撰 . 相山居士词：
一卷 / (宋)王之道撰
清(1644-1911)抄本. -- (清)劳权校。
1987年摄制. -- 1盘卷片(3米33拍) ： 1:10,
2B ； 35mm银盐
收藏馆：缩微中心，国图

000O022881
山谷词：三卷 / (宋)黄庭坚撰
明(1368-1644)抄本. -- (清)丁丙跋，(清)周
大辅题。
1995年摄制. -- 1盘卷片(2.5米37拍) ：
1:10, 2B ； 35mm银盐
收藏馆：缩微中心，南京

000O017644
山谷词：一卷 / (宋)黄庭坚撰
明(1368-1644)刻本
1993年摄制. -- 1盘卷片(4米38拍) ： 1:10,
2B ； 35mm银盐
收藏馆：缩微中心，国图

000O013937
贺方回词：二卷东山词二卷 / (宋)贺铸撰
清(1644-1911)抄本. -- 存三卷：贺方回词二
卷、东山词卷上。(清)鲍廷博校。
1992年摄制. -- 1盘卷片(6米75拍) ： 1:10,
2B ； 35mm银盐
收藏馆：缩微中心，国图

000O008526
贺方回词：二卷 / (宋)贺铸撰
吴氏双照楼抄本. -- 朱祖谋校。
1988年摄制. -- 1盘卷片(4米53拍) ： 1:10,
2B ； 35mm银盐
收藏馆：缩微中心，国图

000O020594
片玉词：二卷补遗一卷 / (宋)周邦彦撰
明崇祯(1628-1644)毛氏汲古阁刻宋名家词本
1994年摄制. -- 1盘卷片(6米83拍) ： 1:10,
2B ； 35mm银盐
收藏馆：缩微中心，国图

000O020647
片玉词：二卷补遗一卷 / (宋)周邦彦撰
明崇祯(1628-1644)毛氏汲古阁刻宋名家词本
1994年摄制. -- 1盘卷片(6米83拍) ： 1:10,
2B ； 35mm银盐

收藏馆：缩微中心，国图

000O013494
片玉集：十卷 / (宋)周邦彦撰
清咸丰六年(1856)劳权抄本. -- (清)劳权校
并跋。
1991年摄制. -- 1盘卷片(4米35拍) : 1:10,
2B ; 35mm银盐
收藏馆：缩微中心，国图

000O026979
片玉集：十卷 / (宋)周邦彦撰
清宣统元年(1909)吴氏甘遯邨居抄本. -- 王
国维校并跋。
1997年摄制. -- 1盘卷片(5米63拍) : 1:10,
2B ; 35mm银盐
收藏馆：缩微中心，国图

000O024677
清真集：二卷集外词一卷 / (宋)周邦彦撰
清光绪(1875-1908)临桂王氏四印斋刻四印斋
所刻词本. -- 朱祖谋批校。
1996年摄制. -- 1盘卷片(6米87拍) : 1:10,
2B ; 35mm银盐
收藏馆：缩微中心，浙江

000O025570
清真词：二卷 / (宋)周邦彦撰
清(1644-1911)抄本. -- 朱祖谋校。
1996年摄制. -- 1盘卷片(5米73拍) : 1:10,
2B ; 35mm银盐
收藏馆：缩微中心，浙江

000O024119
**评注周美成词片玉集：十卷 / (宋)周邦彦撰；
(宋)陈元龙评注**
清(1644-1911)抄本. -- (宋)蔡庆之校。
1996年摄制. -- 1盘卷片(6米100拍) : 1:10,
2B ; 35mm银盐
收藏馆：缩微中心，湖北

000O016777
丹阳词：一卷 / (宋)葛胜仲撰
明(1368-1644)抄本
1993年摄制. -- 1盘卷片(3米22拍) : 1:10,
2B ; 35mm银盐
收藏馆：缩微中心，国图

000O002821
石林词：一卷 / (宋)叶梦得撰
清光绪十四年(1888)刻六十名家词本. -- 朱
祖谋校。
1986年摄制. -- 1盘卷片(3.2米38拍) :

1:10, 2B ; 35mm银盐
收藏馆：缩微中心，国图

000O001108
**石林词：一卷补遗一卷 / (宋)叶梦得撰；(清)叶
廷琯校录**
清道光二十九年(1849)叶氏椒华盦刻本. --
朱祖谋校。
1985年摄制. -- 1盘卷片(4米59拍) : 1:10,
2B ; 35mm银盐
收藏馆：缩微中心，国图

000O019170
赤城词：一卷 / (宋)陈克撰
朱祖谋抄本
1994年摄制. -- 1盘卷片(3米8拍) : 1:10,
2B ; 35mm银盐
收藏馆：缩微中心，国图

000O003838
樵歌：三卷 / (宋)朱敦儒撰
清(1644-1911)抄本
1985年摄制. -- 1盘卷片(5米68拍) : 1:10,
2B ; 35mm银盐
收藏馆：缩微中心，国图

000O024728
华阳长短句：一卷 / (宋)张纲撰
清(1644-1911)抄本. -- 朱祖谋校。
1996年摄制. -- 1盘卷片(2米20拍) : 1:10,
2B ; 35mm银盐
收藏馆：缩微中心，浙江

000O016128
酒边词：二卷 / (宋)向子諲撰
清光绪十四年(1888)汪□刻宋名家词本. --
章钰校。
1993年摄制. -- 1盘卷片(4米40拍) : 1:10,
2B ; 35mm银盐
收藏馆：缩微中心，国图

000O001656
吕圣求词：一卷 / (宋)吕滨老撰
明(1368-1644)抄本
1986年摄制. -- 1盘卷片(4米41拍) : 1:10,
2B ; 35mm银盐
收藏馆：缩微中心，国图

000O005658
相山居士词：一卷 / (宋)王之道撰
清(1644-1911)抄本. -- 还有合刻著作：演山
先生词二卷/(宋)黄裳撰。(清)劳权校并跋，
周叔弢校。

1987年摄制. -- 1盘卷片(5米67拍) : 1:10,
2B ; 35mm银盐
收藏馆：缩微中心，国图

000O026964
相山居士词：一卷 / (宋)王之道撰
清光绪(1875-1908)吴氏双照楼抄本. -- 吴昌
绶校。
1997年摄制. -- 1盘卷片(4米43拍) : 1:10,
2B ; 35mm银盐
收藏馆：缩微中心，国图

000O025604
方舟诗余：一卷；康范诗余：一卷 / (清)李石撰
清(1644-1911)吴氏双照楼抄本. -- 朱祖谋校
并跋。
1996年摄制. -- 1盘卷片(3米30拍) : 1:10,
2B ; 35mm银盐
收藏馆：缩微中心，浙江

000O017639
介庵琴趣外篇：六卷 / (宋)赵彦端撰
清(1644-1911)抄本
1993年摄制. -- 1盘卷片(5米56拍) : 1:10,
2B ; 35mm银盐
收藏馆：缩微中心，国图

000O014946
燕喜词：一卷 / (宋)曹冠撰
清(1644-1911)抄本
1992年摄制. -- 1盘卷片(4米27拍) : 1:10,
2B ; 35mm银盐
收藏馆：缩微中心，国图

000O031009
于湖先生长短句：五卷拾遗一卷 / (宋)张孝祥撰
抄本. -- 吴昌绶校。
2004年摄制. -- 1盘卷片(4米50拍) : 1:10,
2B ; 35mm银盐
收藏馆：缩微中心，国图

000O003783
于湖先生长短句：五卷拾遗一卷 / (宋)张孝祥撰
清(1644-1911)抄本
1985年摄制. -- 1盘卷片(4.2米64拍) :
1:10, 2B ; 35mm银盐
收藏馆：缩微中心，国图

000O003418
于湖先生长短句：五卷拾遗一卷 / (宋)张孝祥撰
清(1644-1911)抄本
1986年摄制. -- 1盘卷片(4米64拍) : 1:10,
2B ; 35mm银盐

收藏馆：缩微中心，国图

000O005291
晦庵词：一卷 / (宋)李处全撰
明(1368-1644)抄本
1986年摄制. -- 1盘卷片(2.5米22拍) :
1:10, 2B ; 35mm银盐
收藏馆：缩微中心，国图

000O030026
嵩庵集：六卷 / (宋)李处权撰
清乾隆(1736-1796)翰林院抄本. -- 据四库全
书本抄录。存四卷：卷一至卷四。
2001年摄制. -- 1盘卷片(6米98拍) : 1:10,
2B ; 35mm银盐
收藏馆：缩微中心，厦门

000O003780
渭川居士词：一卷 / (宋)吕胜己撰
明(1368-1644)抄本. -- (清)周纶涣、(清)王
振声校并跋。
1985年摄制. -- 1盘卷片(4米59拍) : 1:10,
2B ; 35mm银盐
收藏馆：缩微中心，国图

000O003933
松坡居士词：一卷 / (宋)京镗撰
明(1368-1644)抄本
1986年摄制. -- 1盘卷片(3米25拍) : 1:10,
2B ; 35mm银盐
收藏馆：缩微中心，国图

000O025613
松坡词：一卷 / (宋)京镗撰
清(1644-1911)吴氏双照楼抄本. -- 朱祖谋批
校。
1996年摄制. -- 1盘卷片(3米31拍) : 1:10,
2B ; 35mm银盐
收藏馆：缩微中心，浙江

000O006421
稼轩长短句：十二卷 / (宋)辛弃疾撰；(明)李濂
评
明嘉靖十五年(1536)王诏刻本
1987年摄制. -- 1盘卷片(11.2米229拍) :
1:10, 2B ; 35mm银盐
收藏馆：缩微中心，国图

000O015597
稼轩长短句：十二卷 / (宋)辛弃疾撰；(明)李濂
评
明嘉靖十五年(1536)王诏刻本. -- (清)何绍
基跋。

1993年摄制. -- 1盘卷片（12米202拍）：
1:10，2B ；35mm银盐
收藏馆：缩微中心，国图

00O016999
稼轩长短句：十二卷 / (宋)辛弃疾撰；(明)李濂评
明嘉靖十五年(1536)王诏刻本
1993年摄制. -- 1盘卷片（11米201拍）：
1:10，2B ；35mm银盐
收藏馆：缩微中心，国图

00O005042
白石道人歌曲：六卷别集一卷 / (宋)姜夔撰
清乾隆十四年(1749)张奕枢松桂读书堂刻本. -- (清)周南跋，吴梅圈点批注并跋。
1986年摄制. -- 1盘卷片（5米70拍）：1:10，
2B ；35mm银盐
收藏馆：缩微中心，国图

00O026592
白石道人歌曲：六卷别集一卷 / (宋)姜夔撰
清乾隆十四年(1749)张奕枢松桂读书堂刻嘉庆二十五年(1820)张应时印本
1997年摄制. -- 1盘卷片（5米57拍）：1:10，
2B ；35mm银盐
收藏馆：缩微中心，国图

00O032044
白石道人歌曲：六卷别集一卷 / (宋)姜夔撰
清乾隆十四年(1749)张奕枢松桂读书堂刻本. -- 十一行十九字黑口左右双边。(清)周南跋，吴梅圈点批注并跋。
2011年摄制. -- 1盘卷片（6米73拍）：1:11，
2B ；35mm银盐
收藏馆：缩微中心，国图

00O001606
白石道人歌曲：三卷别集一卷 / (宋)姜夔撰
清(1644-1911)抄本. -- (清)蒋凤藻跋。
1986年摄制. -- 1盘卷片（4米52拍）：1:10，
2B ；35mm银盐
收藏馆：缩微中心，国图

00O005580
梅溪词：一卷 / (宋)史达祖撰
清(1644-1911)抄本. -- 周叔弢校并跋。
1987年摄制. -- 1盘卷片（3.7米51拍）：
1:10，2B ；35mm银盐
收藏馆：缩微中心，国图

00O005659
鹤山长短句：一卷 / (宋)魏了翁撰

清(1644-1911)抄本. -- (清)劳权校并跋，朱祖谋、吴昌绶校补并跋。
1987年摄制. -- 1盘卷片（5米69拍）：1:10，
2B ；35mm银盐
收藏馆：缩微中心，国图

00O022877
风雅遗音：二卷 / (宋)林正大撰
明(1368-1644)刻本. -- (清)黄丕烈、(清)丁丙跋。
1995年摄制. -- 1盘卷片（5米87拍）：1:10，
2B ；35mm银盐
收藏馆：缩微中心，南京

00O018836
海琼子词：一卷 / (宋)葛长庚撰
明(1368-1644)抄本
1994年摄制. -- 1盘卷片（4米44拍）：1:10，
2B ；35mm银盐
收藏馆：缩微中心，国图

00O020065
后村别调补：一卷 / (宋)刘克庄撰
王国维抄本. -- 王国维跋。
1994年摄制. -- 1盘卷片（3米10拍）：1:10，
2B ；35mm银盐
收藏馆：缩微中心，国图

00O008492
后村长短句：五卷 / (宋)刘克庄撰
清(1644-1911)东武刘氏嘉荫簃抄本
1988年摄制. -- 1盘卷片（6米93拍）：1:10，
2B ；35mm银盐
收藏馆：缩微中心，国图

00O022874
虚斋乐府：二卷 / (宋)赵以夫撰
明(1368-1644)抄本. -- (清)鲍廷博校跋，(清)丁申、(清)丁丙跋。
1995年摄制. -- 1盘卷片（3.5米39拍）：
1:10，2B ；35mm银盐
收藏馆：缩微中心，南京

00O014670
虚斋乐府：二卷 / (宋)赵以夫撰
清(1644-1911)抄本
1992年摄制. -- 1盘卷片（4米35拍）：1:10，
2B ；35mm银盐
收藏馆：缩微中心，国图

00O022882
虚斋乐府：二卷 / (宋)赵以夫撰
清(1644-1911)活字印本

1995年摄制. -- 1盘卷片(3米42拍) ： 1:10,
2B ；35mm银盐
收藏馆：缩微中心，南京

000O026956
履斋诗余：二卷补遗一卷 / (宋)吴潜撰
清(1644-1911)抄本
1997年摄制. -- 1盘卷片(5米64拍) ： 1:10,
2B ；35mm银盐
收藏馆：缩微中心，国图

000O004476
可斋词：六卷 / (宋)李曾伯撰
吴氏双照楼抄本. -- 朱祖谋跋，屈伯刚校并
跋。
1986年摄制. -- 1盘卷片(5.1米97拍) ：
1:10, 2B ；35mm银盐
收藏馆：缩微中心，国图

000O004685
梦窗词集：不分卷 / (宋)吴文英撰
明(1368-1644)抄本
1986年摄制. -- 1盘卷片(7米132拍) ： 1:10,
2B ；35mm银盐
收藏馆：缩微中心，国图

000O021588
梦窗词校议定本：不分卷 / (清)郑文焯撰
清(1644-1911)稿本
1995年摄制. -- 1盘卷片(4米34拍) ： 1:10,
2B ；35mm银盐
收藏馆：缩微中心，国图

000O007364
和清真词：一卷 / (宋)杨泽民撰
清(1644-1911)赵氏小山堂抄本
1987年摄制. -- 1盘卷片(3米41拍) ： 1:10,
2B ；35mm银盐
收藏馆：缩微中心，国图

000O014045
陈允平词：一卷 / (宋)陈允平撰
明(1368-1644)抄本
1992年摄制. -- 1盘卷片(3米20拍) ： 1:10,
2B ；35mm银盐
收藏馆：缩微中心，国图

000O016012
日湖渔唱：一卷补遗一卷续补遗一卷 / (宋)陈允
平撰
清同治十年(1871)刘履芬抄本. -- (清)潘钟
瑞校。
1993年摄制. -- 1盘卷片(5米65拍) ： 1:10,

2B ；35mm银盐
收藏馆：缩微中心，国图

000O013473
西麓继周集：一卷 / (宋)陈允平撰
清咸丰七年(1857)劳权抄本. -- (清)劳权校
并跋。
1991年摄制. -- 1盘卷片(3米25拍) ： 1:10,
2B ；35mm银盐
收藏馆：缩微中心，国图

000O026991
西麓继周集：一卷 / (宋)陈允平撰
清光绪(1875-1908)吴氏双照楼抄本. -- 吴昌
绶、朱祖谋校并跋。
1997年摄制. -- 1盘卷片(3米25拍) ： 1:10,
2B ；35mm银盐
收藏馆：缩微中心，国图

000O008500
西麓继周集：一卷 / (宋)陈允平撰
清宣统元年(1909)吴氏双照楼抄本. -- 朱祖
谋校。
1988年摄制. -- 1盘卷片(4米57拍) ： 1:10,
2B ；35mm银盐
收藏馆：缩微中心，国图

000O013403
和清真词：一卷 / (宋)方千里撰 . 又：一卷 /
(宋)杨泽民撰
清咸丰七年(1857)劳权抄本. -- (清)劳权校
并跋。
1991年摄制. -- 1盘卷片(4米32拍) ： 1:10,
2B ；35mm银盐
收藏馆：缩微中心，国图

000O027006
和清真词：一卷 / (宋)方千里撰
清光绪十四年(1888)钱塘汪氏刻宋六十名家词
本. -- 吴昌绶校。
1997年摄制. -- 1盘卷片(5米63拍) ： 1:10,
2B ；35mm银盐
收藏馆：缩微中心，国图

000O000227
和清真词：一卷 / (宋)杨泽民撰
清光绪二十一年(1895)江标刻宋元名家词
本. -- (清)郑文焯校并跋。
1985年摄制. -- 1盘卷片(3.4米40拍) ：
1:10, 2B ；35mm银盐
收藏馆：缩微中心，国图

000O000073
苹洲渔笛谱：二卷 / (宋)周密撰；(清)江昱疏证
清乾隆五十一年(1786)江恂刻本. -- (清)王霓跋。
1985年摄制. -- 1盘卷片(5.1米82拍) ：1:10, 2B；35mm银盐
收藏馆：缩微中心，国图

000O022797
苹洲渔笛谱：二卷；集外词：一卷 / (宋)周密撰；(清)江昱疏证
清乾隆五十一年(1786)江恂刻本
1995年摄制. -- 1盘卷片(7米103拍) ：1:10, 2B；35mm银盐
收藏馆：缩微中心，南京

000O020092
弁阳老人词：一卷 / (宋)周密撰
清(1644-1911)芷兰之室抄本
1994年摄制. -- 1盘卷片(5米58拍) ：1:10, 2B；35mm银盐
收藏馆：缩微中心，国图

000O026997
山中白云词：八卷；乐府指迷：一卷 / (宋)张炎撰
清康熙六十一年(1722)曹炳曾城书室刻本
1997年摄制. -- 1盘卷片(10米166拍) ：1:10, 2B；35mm银盐
收藏馆：缩微中心，国图

000O001499
山中白云：八卷 / (宋)张炎撰
清乾隆(1736-1795)刻本
1986年摄制. -- 1盘卷片(7.4米140拍) ：1:10, 2B；35mm银盐
收藏馆：缩微中心，吉林

000O007475
张玉田词：二卷 / (宋)张炎撰
明(1368-1644)水竹居抄本
1987年摄制. -- 1盘卷片(4米54拍) ：1:10, 2B；35mm银盐
收藏馆：缩微中心，国图

000O015822
山中白云词疏证：八卷 / (清)江昱撰
清(1644-1911)稿本. -- (清)朱康寿跋。
1993年摄制. -- 1盘卷片(8米150拍) ：1:10, 2B；35mm银盐
收藏馆：缩微中心，国图

000O000743
萧闲老人明秀集：六卷 / (金)蔡松年撰；(金)魏道明注
清道光四年(1824)张蓉镜抄本. -- 存三卷：卷一至卷三。(清)黄丕烈题诗，(清)孙原湘、(清)张蓉镜、(清)翁同龢跋。
1985年摄制. -- 1盘卷片(5米70拍) ：1:10, 2B；35mm银盐
收藏馆：缩微中心，国图

000O026727
萧闲老人明秀集注：三卷 / (金)蔡松年撰；(金)魏道明注
清(1644-1911)抄本. -- (清)丁丙跋。
1996年摄制. -- 1盘卷片(4米63拍) ：1:10, 2B；35mm银盐
收藏馆：缩微中心，南京

000O014117
遯庵乐府：一卷 / (金)段克己撰. 菊轩乐府：一卷 / (金)段成己撰
清宣统元年(1909)吴氏双照楼抄本. -- 吴昌绶跋。
1992年摄制. -- 1盘卷片(4米47拍) ：1:10, 2B；35mm银盐
收藏馆：缩微中心，国图

000O003784
遗山先生新乐府：五卷 / (金)元好问撰
清(1644-1911)抄本. -- (清)瞿镛校并跋。
1985年摄制. -- 1盘卷片(7米124拍) ：1:10, 2B；35mm银盐
收藏馆：缩微中心，国图

000O026998
天籁集：二卷摭遗一卷 / (元)白朴撰
清康熙(1662-1722)杨友敬刻本
1997年摄制. -- 1盘卷片(8米128拍) ：1:10, 2B；35mm银盐
收藏馆：缩微中心，国图

000O027004
天籁集：二卷 / (元)白朴撰
清光绪(1875-1908)四印斋刻本. -- (清)李慈铭校并跋。
1997年摄制. -- 1盘卷片(4米51拍) ：1:10, 2B；35mm银盐
收藏馆：缩微中心，国图

000O003337
天籁词：二卷附录一卷 / (元)白朴撰
清(1644-1911)抄本
1986年摄制. -- 1盘卷片(4米56拍) ：1:10,

2B ；35mm银盐
收藏馆：缩微中心，国图

00O000504
无弦琴谱：二卷 / (元)仇远辑
清道光九年(1829)孙尔准刻本
1985年摄制. -- 1盘卷片(3.6米49拍) ：
1:10, 2B ；35mm银盐
收藏馆：缩微中心，国图

00O008380
道园乐府：一卷附一卷 / (元)虞集撰
吴昌绶抄本. -- 吴昌绶跋，朱祖谋校并录目。
1988年摄制. -- 1盘卷片(2米28拍) ： 1:10,
2B ；35mm银盐
收藏馆：缩微中心，国图

00O014023
贞居词：一卷 / (元)张雨撰
清(1644-1911)抄本
1991年摄制. -- 1盘卷片(4米29拍) ： 1:10,
2B ；35mm银盐
收藏馆：缩微中心，国图

00O018405
龟巢词：一卷补遗一卷 / (元)谢应芳撰
朱祖谋抄本. -- 朱祖谋校。
1993年摄制. -- 1盘卷片(3米17拍) ： 1:10,
2B ；35mm银盐
收藏馆：缩微中心，国图

00O016765
龟峰词：一卷 / (宋)陈经国撰
明(1368-1644)抄本
1993年摄制. -- 1盘卷片(2米13拍) ： 1:10,
2B ；35mm银盐
收藏馆：缩微中心，国图

00O003336
蜕岩词：二卷 / (元)张翥撰
清(1644-1911)汪氏摘藻堂抄本
1986年摄制. -- 1盘卷片(4米52拍) ： 1:10,
2B ；35mm银盐
收藏馆：缩微中心，国图

00O014539
蚁术词：四卷 / (元)邵亨贞撰
清光绪三十年(1904)李盛铎抄本
1992年摄制. -- 1盘卷片(5米60拍) ： 1:10,
2B ；35mm银盐
收藏馆：缩微中心，国图

00O028361
蚁术词选：四卷 / (元)邵亨贞撰；(明)汪稷校
清(1644-1911)抄本
1998年摄制. -- 1盘卷片(4米62拍) ： 1:10,
2B ；35mm银盐
收藏馆：缩微中心，广东

00O017028
写情集：二十卷 / (明)刘基撰
明(1368-1644)刻本. -- 诚意伯刘先生文集本。存二卷：卷十五至卷十六。
1993年摄制. -- 1盘卷片(5米61拍) ： 1:10,
2B ；35mm银盐
收藏馆：缩微中心，国图

00O017011
乐府遗音：一卷 / (明)瞿佑撰
明(1368-1644)抄本
1993年摄制. -- 1盘卷片(4米34拍) ： 1:10,
2B ；35mm银盐
收藏馆：缩微中心，国图

00O003463
玉霄仙明珠集：六卷 / (明)吴子孝撰
明嘉靖(1522-1566)刻本
1986年摄制. -- 1盘卷片(5米72拍) ： 1:10,
2B ；35mm银盐
收藏馆：缩微中心，国图

00O016232
玉霄仙明珠集：二卷 / (明)吴子孝撰
明嘉靖(1522-1566)刻本
1993年摄制. -- 1盘卷片(5米59拍) ： 1:10,
2B ；35mm银盐
收藏馆：缩微中心，国图

00O027863
升庵长短句：三卷续三卷 / (明)杨慎撰
明嘉靖(1522-1566)李发刻本. -- (清)丁丙跋。
1996年摄制. -- 1盘卷片(5米84拍) ： 1:10,
2B ；35mm银盐
收藏馆：缩微中心，南京

00O022403
杨升庵先生长短句：四卷 / (明)杨慎撰
明(1368-1644)刻本
1995年摄制. -- 1盘卷片(6米85拍) ： 1:10,
2B ；35mm银盐
收藏馆：缩微中心，国图

00O017022
杨升庵夫妇长短句乐府：九卷

明(1368-1644)刻本
1993年摄制. -- 1盘卷片(8米138拍) : 1:10,
2B ; 35mm银盐
收藏馆：缩微中心，国图

000O017024
葵轩词：一卷 / (明)夏旸撰
明(1368-1644)刻本
1993年摄制. -- 1盘卷片(4米34拍) : 1:10,
2B ; 35mm银盐
收藏馆：缩微中心，国图

000O017654
桂洲词：一卷 / (明)夏言撰
明嘉靖十九年(1540)石迁高刻本
1993年摄制. -- 1盘卷片(5米67拍) : 1:10,
2B ; 35mm银盐
收藏馆：缩微中心，国图

000O017037
桂翁词：六卷；鸥园新曲：一卷 / (明)夏言撰
明嘉靖四十五年(1566)双泉童氏刻本
1993年摄制. -- 1盘卷片(7米102拍) : 1:10,
2B ; 35mm银盐
收藏馆：缩微中心，国图

000O017017
陈建安诗余：一卷 / (明)陈德文撰
明嘉靖(1522-1566)刻蓝印本
1993年摄制. -- 1盘卷片(3米25拍) : 1:10,
2B ; 35mm银盐
收藏馆：缩微中心，国图

000O024733
琼靡集词选：一卷 / (明)唐世济撰
明崇祯(1628-1644)程尚刻本
1996年摄制. -- 1盘卷片(7米112拍) : 1:10,
2B ; 35mm银盐
收藏馆：缩微中心，浙江

000O017650
草贤堂词笺：十卷蘗弦斋词笺一卷杂笺一卷 /
(明)王屋撰．雪堂词笺：一卷 / (明)钱继章撰．
非水居词笺：三卷 / (明)吴熙撰
明崇祯八年至九年(1635-1636)吴熙[等]刻本
1993年摄制. -- 1盘卷片(20米405拍) :
1:10, 2B ; 35mm银盐
收藏馆：缩微中心，国图

000O000325
草贤堂词笺：十卷蘗弦斋词笺一卷杂笺一卷 /
(明)王屋撰．非水居词笺：三卷 / (明)吴熙撰
明崇祯八年至九年(1635-1636)吴熙[等]刻本

1985年摄制. -- 1盘卷片(18.1米392拍) :
1:10, 2B ; 35mm银盐
收藏馆：缩微中心，国图

000O017202
风入松八十一阕：一卷 / (明)雪蓑子撰
清(1644-1911)抄本. -- 王献唐校补并跋。
1993年摄制. -- 1盘卷片(3米34拍) : 1:10,
2B ; 35mm银盐
收藏馆：缩微中心，山东

000O017606
香严斋词：一卷词话一卷 / (清)龚鼎孳撰
清康熙十一年(1672)徐釚刻本
1993年摄制. -- 1盘卷片(4米51拍) : 1:10,
2B ; 35mm银盐
收藏馆：缩微中心，国图

000O028876
拙政园诗余：三卷附录一卷 / (清)徐灿撰
清乾隆(1736-1795)刻本
1995年摄制. -- 1盘卷片(5米106拍) : 1:10,
2B ; 35mm银盐
收藏馆：缩微中心，苏州

000O028111
棠村词：一卷二集二卷 / (清)梁清标撰
清康熙(1662-1722)刻本. -- 本书还装订有：
词话一卷。
1996年摄制. -- 1盘卷片(8米146拍) : 1:10,
2B ; 35mm银盐
收藏馆：缩微中心，南京

000O027632
棠村词：一卷 / (清)梁清标撰
清康熙十二年(1673)梁允植刻本
1997年摄制. -- 1盘卷片(5米65拍) : 1:10,
2B ; 35mm银盐
收藏馆：缩微中心，国图

000O000573
棠村词：一卷 / (清)梁清标撰
清康熙十二年(1673)梁允植刻本
1985年摄制. -- 1盘卷片(7米117拍) : 1:10,
2B ; 35mm银盐
收藏馆：缩微中心，国图

000O026958
棠村词：一卷 / (清)梁清标撰
清(1644-1911)抄本
1997年摄制. -- 1盘卷片(4米34拍) : 1:10,
2B ; 35mm银盐
收藏馆：缩微中心，国图

00O013690
青城词：三卷 / (清)魏学渠撰
清康熙(1662-1722)刻本
1991年摄制. -- 1盘卷片(8米141拍)：1:10,
2B；35mm银盐
收藏馆：缩微中心，国图

00O001149
秋闲词：一卷 / (清)王庭撰
清康熙二十二年(1683)王庭刻本
1985年摄制. -- 1盘卷片(5.5米94拍)：
1:10, 2B；35mm银盐
收藏馆：缩微中心，国图

00O017608
扶荔词：三卷别录一卷 / (清)丁澎撰
清康熙(1662-1722)刻本
1993年摄制. -- 1盘卷片(7米159拍)：1:10,
2B；35mm银盐
收藏馆：缩微中心，国图

00O019136
耐歌词：四卷首一卷；笠翁词韵：四卷 / (清)李渔撰
清康熙(1662-1722)刻本
1994年摄制. -- 1盘卷片(13米228拍)：
1:10, 2B；35mm银盐
收藏馆：缩微中心，国图

00O010229
阮亭诗余略：一卷 / (清)王士祯撰；(清)丘石常,(清)徐夜评
清(1644-1911)精刻本
1989年摄制. -- 1盘卷片(3米33拍)：1:10,
2B；35mm银盐
收藏馆：缩微中心，天津

00O019163
浣雪词钞：二卷 / (清)毛际可撰；(清)李天馥,(清)王士禛评
清康熙(1662-1722)刻本
1994年摄制. -- 1盘卷片(6米86拍)：1:10,
2B；35mm银盐
收藏馆：缩微中心，国图

00O009714
吴山毂音：四卷 / (清)林云铭撰
清康熙二十三年(1684)刻本
1989年摄制. -- 1盘卷片(9米156拍)：1:10,
2B；35mm银盐
收藏馆：缩微中心，湖北

00O016099
苍梧词：十二卷 / (清)董元恺撰
清康熙(1662-1722)刻本
1993年摄制. -- 1盘卷片(15米283拍)：
1:10, 2B；35mm银盐
收藏馆：缩微中心，国图

00O026975
栖香阁词：二卷 / (清)顾贞立撰
清道光四年(1824)李氏闻妙香室刻本
1997年摄制. -- 1盘卷片(5米48拍)：1:10,
2B；35mm银盐
收藏馆：缩微中心，国图

00O017609
红牙集：一卷 / (清)贺裳撰
清初(1644-1722)刻本
1993年摄制. -- 1盘卷片(4米33拍)：1:10,
2B；35mm银盐
收藏馆：缩微中心，国图

00O000166
凝香集：四卷 / (清)陈祥裔撰
清康熙(1662-1722)刻本
1985年摄制. -- 1盘卷片(11米222拍)：
1:10, 2B；35mm银盐
收藏馆：缩微中心，国图

00O017954
蓼花词：一卷 / (清)余光耿撰
清康熙(1662-1722)刻本
1993年摄制. -- 1盘卷片(5米66拍)：1:10,
2B；35mm银盐
收藏馆：缩微中心，国图

00O001440
珂雪词：二卷补遗一卷 / (清)曹贞吉撰
清康熙(1662-1722)刻本
1985年摄制. -- 1盘卷片(7米114拍)：1:10,
2B；35mm银盐
收藏馆：缩微中心，国图

00O017598
锦瑟词：三卷词话一卷 / (清)汪懋麟撰
清康熙(1662-1722)刻本
1993年摄制. -- 1盘卷片(5米67拍)：1:10,
2B；35mm银盐
收藏馆：缩微中心，国图

00O009902
春芜词：二卷 / (清)江闿撰
清康熙(1662-1722)绍松阁刻本
1989年摄制. -- 1盘卷片(4米62拍)：1:10,

2B ；35mm银盐
收藏馆：缩微中心，天津

000O024105

新乐府词：二卷 / (清)万斯同撰
清(1644-1911)抄本
1996年摄制. -- 1盘卷片(4米60拍)：1:10,
2B ；35mm银盐
收藏馆：缩微中心，湖北

000O000079

湘瑟词：四卷；望庐集句：一卷 / (清)钱芳标撰
清康熙(1662-1722)刻本
1985年摄制. -- 1盘卷片(9米174拍)：1:10,
2B ；35mm银盐
收藏馆：缩微中心，国图

000O001938

饮水词：一卷 / (清)纳兰性德撰
清道光二十六年(1846)金梁外史刻本
1986年摄制. -- 1盘卷片(4米48拍)：1:10,
2B ；35mm银盐
收藏馆：缩微中心，国图

000O001939

饮水词钞：二卷 / (清)纳兰性德撰
清(1644-1911)抄本
1986年摄制. -- 1盘卷片(4米52拍)：1:10,
2B ；35mm银盐
收藏馆：缩微中心，国图

000O001937

纳兰词：五卷补遗一卷 / (清)纳兰性德撰；(清)
汪元治辑
清道光十二年(1832)汪元治结铁网斋刻本. --
(清)李慈铭跋。
1986年摄制. -- 1盘卷片(7米116拍)：1:10,
2B ；35mm银盐
收藏馆：缩微中心，国图

000O017353

纳兰词：五卷补遗一卷 / (清)纳兰性德撰；(清)
汪元治辑
清道光十二年(1832)汪元治结铁网斋刻本
1993年摄制. -- 1盘卷片(7米100拍)：1:10,
2B ；35mm银盐
收藏馆：缩微中心，国图

000O025661

纳兰词：五卷 / (清)纳兰性德撰；(清)汪元治辑
清道光十二年(1832)汪元治结铁网斋刻本. --
(清)秦光第批并跋，(清)杨继振题词。
1996年摄制. -- 1盘卷片(7米136拍)：1:10,

2B ；35mm银盐
收藏馆：缩微中心，南京

000O031740

罗裙草：五卷 / (清)高不骞撰
清康熙(1662-1722)刻本
2005年摄制. -- 1盘卷片(5米65拍)：1:10,
2B ；35mm银盐
收藏馆：缩微中心，国图

000O017338

含英阁诗余：三卷 / (清)郑熙绩撰
清康熙二十六年(1687)含英阁刻本
1993年摄制. -- 1盘卷片(7米107拍)：1:10,
2B ；35mm银盐
收藏馆：缩微中心，国图

000O018580

萧瑟词：一卷 / (清)吴绮撰
清(1644-1911)稿本
1993年摄制. -- 1盘卷片(3米27拍)：1:10,
2B ；35mm银盐
收藏馆：缩微中心，国图

000O018403

艺香词：六卷 / (清)吴绮撰
清康熙(1662-1722)刻本
1993年摄制. -- 1盘卷片(9米139拍)：1:10,
2B ；35mm银盐
收藏馆：缩微中心，国图

000O007091

迦陵词全集：三十卷 / (清)陈维颖撰
清康熙二十八年(1689)陈宗石患立堂刻本
1987年摄制. -- 1盘卷片(21.9米440拍)：
1:10, 2B ；35mm银盐
收藏馆：缩微中心，临猗

000O028251

陈检讨词钞：十二卷 / (清)陈维崧撰
清(1644-1911)蒋景祁刻本
1997年摄制. -- 1盘卷片(15米280拍)：
1:10, 2B ；35mm银盐
收藏馆：缩微中心，无为

000O002373

曝书亭词拾遗：一卷 / (清)朱彝尊撰；(清)翁之
润辑
清(1644-1911)思读误书室抄本
1986年摄制. -- 1盘卷片(3米27拍)：1:10,
2B ；35mm银盐
收藏馆：缩微中心，国图

00O026996
曝书亭集词注：七卷 / (清)朱彝尊撰；(清)李富孙注
清嘉庆(1796-1820)校经庼刻本. -- (清)冯登府批校。
1997年摄制. -- 1盘卷片(12米233拍) : 1:10, 2B ; 35mm银盐
收藏馆：缩微中心，国图

00O019846
清怀词草：一卷；滇南福清洞天二十四咏：一卷 / (清)徐长龄撰；(清)徐览,(清)孙元芳评
清康熙(1662-1722)刻本
1994年摄制. -- 1盘卷片(5米71拍) : 1:10, 2B ; 35mm银盐
收藏馆：缩微中心，国图

00O019595
南耕词：六卷；南耕草堂诗稿：二卷 / (清)曹亮武撰
清康熙(1662-1722)刻本
1994年摄制. -- 1盘卷片(9米161拍) : 1:10, 2B ; 35mm银盐
收藏馆：缩微中心，国图

00O016848
峡流词：三卷 / (清)王晫撰
清(1644-1911)霞举堂刻本
1993年摄制. -- 1盘卷片(6米74拍) : 1:10, 2B ; 35mm银盐
收藏馆：缩微中心，国图

00O027640
拓花词稿：二卷；月夜咏怀：一卷 / (清)李继燕撰
清康熙(1662-1722)刻朱墨套印本
1997年摄制. -- 1盘卷片(4米44拍) : 1:10, 2B ; 35mm银盐
收藏馆：缩微中心，国图

00O031984
拓花词稿：二卷；月夜咏怀：一卷 / (清)李继燕撰
清康熙(1662-1722)刻朱墨套印本
2010年摄制. -- 1盘卷片(5米58拍) : 1:12, 2B ; 35mm银盐
收藏馆：缩微中心，国图

00O000906
栩园词弃稿：四卷 / (清)陈聂恒撰
清康熙四十三年(1704)陈氏且朴斋刻本
1985年摄制. -- 1盘卷片(5.9米100拍) : 1:10, 2B ; 35mm银盐

收藏馆：缩微中心，国图

00O001705
栩园词弃稿：四卷 / (清)陈聂恒撰
清康熙四十三年(1704)陈氏且朴斋刻本
1986年摄制. -- 1盘卷片(6米108拍) : 1:10, 2B ; 35mm银盐
收藏馆：缩微中心，国图

00O027654
秋屏词钞：□□卷 / (清)黄贯勉撰
清(1644-1911)健碧山房刻本
1997年摄制. -- 1盘卷片(3米24拍) : 1:10, 2B ; 35mm银盐
收藏馆：缩微中心，国图

00O000138
巢青阁集付雪词：三卷 / (清)陆进撰
清康熙(1662-1722)刻本
1985年摄制. -- 1盘卷片(7.8米149拍) : 1:10, 2B ; 35mm银盐
收藏馆：缩微中心，国图

00O026487
小波词钞：一卷 / (清)陈沆撰
清乾隆(1736-1795)刻本
1997年摄制. -- 1盘卷片(5米60拍) : 1:10, 2B ; 35mm银盐
收藏馆：缩微中心，国图

00O001174
玉玲珑山阁集：一卷 / (清)沈树本撰
清康熙(1662-1722)刻本
1985年摄制. -- 1盘卷片(2.8米27拍) : 1:10, 2B ; 35mm银盐
收藏馆：缩微中心，国图

00O024242
樊榭山房词：二卷 / (清)厉鹗撰并校
清初(1644-1722)刻本
1996年摄制. -- 1盘卷片(3米56拍) : 1:10, 2B ; 35mm银盐
收藏馆：缩微中心，安徽

00O005286
秋林琴雅：四卷 / (清)厉鹗撰
清康熙六十一年(1722)瓮熺刻本
1986年摄制. -- 1盘卷片(5米72拍) : 1:10, 2B ; 35mm银盐
收藏馆：缩微中心，国图

00O026976
秋林琴雅：一卷 / (清)厉鹗撰

清(1644-1911)抄本. -- (清)冯登府校并跋。
1997年摄制. -- 1盘卷片(3米30拍) : 1:10,
2B ; 35mm银盐
收藏馆：缩微中心，国图

000O031739
镂空集：四卷 / (清)姚之骃撰
清康熙(1662-1722)刻本
2005年摄制. -- 1盘卷片(6米80拍) : 1:10,
2B ; 35mm银盐
收藏馆：缩微中心，国图

000O004479
镂空集：四卷 / (清)姚之骃撰
清康熙(1662-1722)刻本
1986年摄制. -- 1盘卷片(5米77拍) : 1:10,
2B ; 35mm银盐
收藏馆：缩微中心，国图

000O001194
杜陵绮语：一卷 / (清)蒋光祖撰
清康熙(1662-1722)刻本
1985年摄制. -- 1盘卷片(3米30拍) : 1:10,
2B ; 35mm银盐
收藏馆：缩微中心，国图

000O000856
柳烟词：四卷词评一卷 / (清)郑景会撰
清(1644-1911)红蓼轩刻本
1985年摄制. -- 1盘卷片(5.3米86拍) :
1:10, 2B ; 35mm银盐
收藏馆：缩微中心，国图

000O019144
清涛词：二卷 / (清)孔传铋撰
清康熙(1662-1722)刻本
1994年摄制. -- 1盘卷片(8米133拍) : 1:10,
2B ; 35mm银盐
收藏馆：缩微中心，国图

000O019549
清涛词：二卷 / (清)孔传铋撰
清(1644-1911)抄本
1994年摄制. -- 1盘卷片(8米120拍) : 1:10,
2B ; 35mm银盐
收藏馆：缩微中心，国图

000O014109
蜨庵词：一卷 / (清)孔传铋撰
清(1644-1911)抄本
1992年摄制. -- 1盘卷片(4米37拍) : 1:10,
2B ; 35mm银盐
收藏馆：缩微中心，国图

000O001208
小丹丘词：一卷；撷影词：一卷 / (清)柯煜撰
清康熙(1662-1722)刻本
1985年摄制. -- 1盘卷片(3.4米41拍) :
1:10, 2B ; 35mm银盐
收藏馆：缩微中心，国图

000O027589
春华阁词：二卷 / (清)汪棣撰
清乾隆(1736-1795)刻本
1997年摄制. -- 1盘卷片(5米62拍) : 1:10,
2B ; 35mm银盐
收藏馆：缩微中心，国图

000O025624
菉庵诗余：一卷 / (清)吴斐撰
清(1644-1911)抄本
1996年摄制. -- 1盘卷片(4米46拍) : 1:10,
2B ; 35mm银盐
收藏馆：缩微中心，浙江

000O018423
竹初乐府：两种四卷 / (清)钱维乔撰
清乾隆(1736-1795)钱氏小林栖刻本
1993年摄制. -- 1盘卷片(14米273拍) :
1:10, 2B ; 35mm银盐
收藏馆：缩微中心，国图

000O013826
芙蓉山馆词钞：二卷；移筝语：一卷；拗莲词集
温庭筠诗：一卷 / (清)杨芳灿撰
清(1644-1911)抄本. -- 朱希祖跋。
1992年摄制. -- 1盘卷片(5米66拍) : 1:10,
2B ; 35mm银盐
收藏馆：缩微中心，国图

000O009725
享帚词：三卷 / (清)秦恩复撰
清道光十一年(1831)刻本
1989年摄制. -- 1盘卷片(3米61拍) : 1:10,
2B ; 35mm银盐
收藏馆：缩微中心，湖北

000O019327
斫冰词：三卷 / (清)孔继涵撰
清(1644-1911)抄本
1994年摄制. -- 1盘卷片(4米47拍) : 1:10,
2B ; 35mm银盐
收藏馆：缩微中心，国图

000O026605
披云阁词：一卷 / (清)汪灏撰
清(1644-1911)刻本

1997年摄制. -- 1盘卷片(4米46拍) : 1:10,
2B ; 35mm银盐
收藏馆：缩微中心，国图

000O027329
岁寒咏物词：一卷 / (清)王一元撰
清康熙四十一年(1702)芙蓉舫刻本
1997年摄制. -- 1盘卷片(4米31拍) : 1:10,
2B ; 35mm银盐
收藏馆：缩微中心，国图

000O027653
吾尽吾意斋乐府：二卷 / (清)陈皋撰
清乾隆(1736-1795)刻本
1997年摄制. -- 1盘卷片(5米55拍) : 1:10,
2B ; 35mm银盐
收藏馆：缩微中心，国图

000O000554
种芸仙馆词：五卷 / (清)冯登府撰
清道光(1821-1850)刻本
1987年摄制. -- 1盘卷片(5.3米85拍) :
1:10, 2B ; 35mm银盐
收藏馆：缩微中心，国图

000O001113
柳东居士长短句：五卷 / (清)冯登府撰
清(1644-1911)抄本
1985年摄制. -- 1盘卷片(4米59拍) : 1:10,
2B ; 35mm银盐
收藏馆：缩微中心，国图

000O017545
苏甘廊词集：二卷 / (清)杜煦撰
清(1644-1911)抄本
1993年摄制. -- 1盘卷片(7米110拍) : 1:10,
2B ; 35mm银盐
收藏馆：缩微中心，国图

000O026540
金梁梦月词：二卷；怀梦词：一卷 / (清)周之琦
撰
清(1644-1911)爱日轩刻本. -- (清)李慈铭批
并跋。
1997年摄制. -- 1盘卷片(5米66拍) : 1:10,
2B ; 35mm银盐
收藏馆：缩微中心，国图

000O000830
听雨楼词：二卷 / (清)孙云鹤撰
清嘉庆十九年(1814)吴兰修桐花阁刻本
1985年摄制. -- 1盘卷片(4米56拍) : 1:10,
2B ; 35mm银盐

收藏馆：缩微中心，国图

000O025974
柯家山馆词：三卷 / (清)严元照撰
清(1644-1911)许增校抄本
1996年摄制. -- 1盘卷片(4米53拍) : 1:10,
2B ; 35mm银盐
收藏馆：缩微中心，浙江

000O019104
玉壶山房词选：二卷 / (清)改琦撰
清道光八年(1828)沈文伟来隺楼刻本
1994年摄制. -- 1盘卷片(6米80拍) : 1:10,
2B ; 35mm银盐
收藏馆：缩微中心，国图

000O024730
芦中秋瑟谱：不分卷 / (清)倪稻孙撰
清嘉庆二十三年(1818)抄本. -- (清)沈镃
跋。
1996年摄制. -- 1盘卷片(5米73拍) : 1:10,
2B ; 35mm银盐
收藏馆：缩微中心，浙江

000O025594
梦隐词：不分卷；酒边花外词：一卷 / (清)倪稻
孙撰
清嘉庆二十三年(1818)抄本. -- (清)沈镃
跋。
1996年摄制. -- 1盘卷片(5米69拍) : 1:10,
2B ; 35mm银盐
收藏馆：缩微中心，浙江

000O025975
海沤剩词：不分卷 / (清)倪稻孙撰
清嘉庆(1796-1820)沈镃抄本
1996年摄制. -- 1盘卷片(3米40拍) : 1:10,
2B ; 35mm银盐
收藏馆：缩微中心，浙江

000O029308
紫藤花馆词：一卷 / (清)徐达源撰
清(1644-1911)稿本
1999年摄制. -- 1盘卷片(6米79拍) : 1:10,
2B ; 35mm银盐
收藏馆：缩微中心，苏州

000O024136
審楼填词韵：十卷 / (清)陈璂卿撰
清(1644-1911)抄本. -- (清)赵万里跋。
1996年摄制. -- 1盘卷片(13米250拍) :
1:10, 2B ; 35mm银盐
收藏馆：缩微中心，湖北

00O017640
定庵词：五卷 / (清)龚自珍撰
清(1644-1911)抄本. -- (清)龚橙校并跋。
1993年摄制. -- 1盘卷片(4米34拍) ： 1:10,
2B ；35mm银盐
收藏馆：缩微中心，国图

00O011673
瘦红馆词：二卷题词一卷 / (清)谢玉树撰
清(1644-1911)稿本
1989年摄制. -- 1盘卷片(7米117拍) ： 1:10,
2B ；35mm银盐
收藏馆：缩微中心，天津

00O022545
养默山房诗余：三卷 / (清)谢元淮撰
清道光二十八年(1848)刻朱墨套印本
1995年摄制. -- 1盘卷片(9.5米176拍) ：
1:10, 2B ；35mm银盐
收藏馆：缩微中心，湖北

00O018499
疎影楼词续钞：一卷 / (清)姚燮撰
稿本
1993年摄制. -- 1盘卷片(5米57拍) ： 1:10,
2B ；35mm银盐
收藏馆：缩微中心，国图

00O003937
疏影楼词续钞：一卷 / (清)姚燮撰
清(1644-1911)稿本
1986年摄制. -- 1盘卷片(5米69拍) ： 1:10,
2B ；35mm银盐
收藏馆：缩微中心，国图

00O018500
玉篆楼词：一卷 / (清)姚燮撰
稿本
1993年摄制. -- 1盘卷片(3米24拍) ： 1:10,
2B ；35mm银盐
收藏馆：缩微中心，国图

00O002801
苦海航：一卷 / (清)姚燮撰
清(1644-1911)稿本. -- 沈镕经等题诗。
1986年摄制. -- 1盘卷片(4米53拍) ： 1:10,
2B ；35mm银盐
收藏馆：缩微中心，国图

00O018471
苦海航：一卷 / (清)姚燮撰
清(1644-1911)稿本
1993年摄制. -- 1盘卷片(3米19拍) ： 1:10,

2B ；35mm银盐
收藏馆：缩微中心，国图

00O026404
升甫词：三卷 / (清)张曜孙撰
清(1644-1911)稿本
1992年摄制. -- 1盘卷片(3米35拍) ： 1:10,
2B ；35mm银盐
收藏馆：缩微中心，重庆

00O004490
洞箫词：一卷 / (清)宋翔凤撰
清道光九年(1829)宋翔凤刻本
1986年摄制. -- 1盘卷片(3米29拍) ： 1:10,
2B ；35mm银盐
收藏馆：缩微中心，国图

00O000240
宜雅堂词：二卷 / (清)仲湘撰
清(1644-1911)稿本. -- (清)戈载、(清)潘钟
瑞、(清)杨廷栋、(清)宋志沂评点。
1985年摄制. -- 1盘卷片(4米56拍) ： 1:10,
2B ；35mm银盐
收藏馆：缩微中心，国图

00O027625
钱庵词甲稿：一卷 / (清)黄锡庆撰
清道光(1821-1850)刻本
1997年摄制. -- 1盘卷片(4米33拍) ： 1:10,
2B ；35mm银盐
收藏馆：缩微中心，国图

00O027643
秋莲子词：前稿一卷后稿二卷 / (清)王僧保撰
清道光二十九年(1849)王僧保刻本
1997年摄制. -- 1盘卷片(5米70拍) ： 1:10,
2B ；35mm银盐
收藏馆：缩微中心，国图

00O028462
种豆园初稿略存：一卷 / (清)释法三撰
清(1644-1911)稿本
1996年摄制. -- 1盘卷片(5.7米98拍) ：
1:10, 2B ；35mm银盐
收藏馆：缩微中心，福建

00O021030
琴隐词：一卷；笛椽词：二卷 / (清)夏宝晋撰
清(1644-1911)抄本
1994年摄制. -- 1盘卷片(5米63拍) ： 1:10,
2B ；35mm银盐
收藏馆：缩微中心，国图

000O018404

**忆云词：甲稿一卷乙稿一卷丙稿一卷丁稿一卷 /
(清)项鸿祚撰**

清道光(1821-1850)刻本

1993年摄制. -- 1盘卷片(5米62拍) ：1:10,
2B ；35mm银盐

收藏馆：缩微中心，国图

000O027781

百衲琴言：不分卷 / (清)顾文彬撰

清(1644-1911)稿本

1998年摄制. -- 1盘卷片(18米325拍) ：
1:10, 2B ；35mm银盐

收藏馆：缩微中心，苏州

000O016079

山中和白云：一卷拈花词一卷 / (清)蒋敦复撰

清(1644-1911)稿本

1993年摄制. -- 1盘卷片(3米30拍) ：1:10,
2B ；35mm银盐

收藏馆：缩微中心，国图

000O025582

石舫园词抄：不分卷 / (清)梁龄增撰

清(1644-1911)稿本

1996年摄制. -- 1盘卷片(3米34拍) ：1:10,
2B ；35mm银盐

收藏馆：缩微中心，浙江

000O028024

沈梦塘词稿：一卷 / (清)沈学渊撰

清(1644-1911)抄本

1996年摄制. -- 1盘卷片(2.3米40拍) ：
1:10, 2B ；35mm银盐

收藏馆：缩微中心，福建

000O011658

滕香馆词抄：一卷 / (清)华长卿撰

清(1644-1911)稿本. -- (清)汪兆铺跋。

1989年摄制. -- 1盘卷片(4米57拍) ：1:10,
2B ；35mm银盐

收藏馆：缩微中心，天津

000O028371

剪梅词：一卷 / (清)陈宇撰

清(1644-1911)稿本

1997年摄制. -- 1盘卷片(3.4米42拍) ：
1:10, 2B ；35mm银盐

收藏馆：缩微中心，福建

000O028470

墨浦词：二卷 / (清)马凌霄撰

清(1644-1911)稿本. -- (清)宋志曾跋。

1996年摄制. -- 1盘卷片(3.4米51拍) ：
1:10, 2B ；35mm银盐

收藏馆：缩微中心，福建

000O025567

净渌轩词：不分卷词草五卷 / (清)王起撰

清(1644-1911)稿本. -- (清)魏谦升、(清)金
绳武批校，(清)唐泳裳跋。

1996年摄制. -- 1盘卷片(7米116拍) ：1:10,
2B ；35mm银盐

收藏馆：缩微中心，浙江

000O025588

花间小集乐府：□□卷 / (清)王起撰

清(1644-1911)稿本. -- 存一卷：卷三。(清)
潘钟瑞、(清)张景祁等批注并跋。

1996年摄制. -- 1盘卷片(4米54拍) ：1:10,
2B ；35mm银盐

收藏馆：缩微中心，浙江

000O016091

吟碧山馆词钞：四卷 / (清)王寿庭撰

清同治六年(1867)刘履芬抄本. -- (清)潘钟
瑞校并跋。

1993年摄制. -- 1盘卷片(4米47拍) ：1:10,
2B ；35mm银盐

收藏馆：缩微中心，国图

000O025607

醉庵词别集：二卷 / (清)王继香撰

清(1644-1911)抄本. -- (清)李慈铭、(清)谭
献、(清)孙德祖校。

1996年摄制. -- 1盘卷片(3米28拍) ：1:10,
2B ；35mm银盐

收藏馆：缩微中心，浙江

000O028085

莘田诗余：一卷 / (清)张用禧撰

清(1644-1911)稿本. -- (清)林启彤跋。

1997年摄制. -- 1盘卷片(3米34拍) ：1:10,
2B ；35mm银盐

收藏馆：缩微中心，福建

000O008589

梅边吹篴词续存：一卷诗存一卷 / (清)汪銎撰

清(1644-1911)稿本

1988年摄制. -- 1盘卷片(4米64拍) ：1:10,
2B ；35mm银盐

收藏馆：缩微中心，国图

000O004152

秋风红豆楼词钞：□□卷 / (清)张鸣珂撰

清(1644-1911)稿本. -- (清)戈载、(清)黄燮

清批注并跋，(清)陈鸿诰、(清)赵铭、(清)孙仁渊等题词。
1986年摄制. -- 1盘卷片(4米44拍) : 1:10,
2B ; 35mm银盐
收藏馆：缩微中心，国图

000O022796
寒松阁词：四卷 / (清)张鸣珂撰
清(1644-1911)稿本. -- 存三卷：卷一、卷三至卷四。(清)程秉钊评，(清)李慈铭跋。
1995年摄制. -- 1盘卷片(6米81拍) : 1:10,
2B ; 35mm银盐
收藏馆：缩微中心，南京

000O023879
寒松阁词：四卷 / (清)张鸣珂撰
清(1644-1911)稿本. -- 存一卷：卷三。
1995年摄制. -- 1盘卷片(3米30拍) : 1:10,
2B ; 35mm银盐
收藏馆：缩微中心，南京

000O025585
原上草：二卷 / (清)李裕撰
清(1644-1911)抄本. -- 本书还装订有：焚余草。
1996年摄制. -- 1盘卷片(5米77拍) : 1:10,
2B ; 35mm银盐
收藏馆：缩微中心，浙江

000O025597
百尺楼诗余集句：二卷 / (清)陈源世撰
清(1644-1911)稿本
1996年摄制. -- 1盘卷片(6米81拍) : 1:10,
2B ; 35mm银盐
收藏馆：缩微中心，浙江

000O023914
醒花轩词稿：一卷 / (清)姚诗雅撰
清(1644-1911)稿本
1996年摄制. -- 1盘卷片(6米125拍) : 1:10,
2B ; 35mm银盐
收藏馆：缩微中心，河南

000O028086
赌棋山庄词稿：一卷杂抄不分卷 / (清)谢章铤撰
清(1644-1911)稿本
1997年摄制. -- 1盘卷片(3米34拍) : 1:10,
2B ; 35mm银盐
收藏馆：缩微中心，福建

000O020399
绝妙好词旁证：一卷校录一卷 / 郑文焯撰
稿本

1994年摄制. -- 1盘卷片(3米20拍) : 1:10,
2B ; 35mm银盐
收藏馆：缩微中心，国图

000O016317
茗雅：四卷余集一卷；茗华诗余：一卷 / 郑文焯撰
清(1644-1911)稿本
1992年摄制. -- 1盘卷片(9米136拍) : 1:10,
2B ; 35mm银盐
收藏馆：缩微中心，国图

000O014500
比竹余音：四卷 / (清)郑文焯撰
清(1644-1911)稿本
1992年摄制. -- 1盘卷片(3.3米41拍) : 1:9,
2B ; 35mm银盐
收藏馆：缩微中心，重庆

000O002327
金奁集：一卷补一卷 / [题](唐)温庭筠校
清(1644-1911)抄本. -- (清)翁同书跋，翁之润校并跋。
1986年摄制. -- 1盘卷片(4米41拍) : 1:10,
2B ; 35mm银盐
收藏馆：缩微中心，国图

000O002368
花间集：十卷 / (五代)赵崇祚辑
明正德十六年(1521)陆元大刻本
1986年摄制. -- 1盘卷片(5.3米123拍) : 1:10, 2B ; 35mm银盐
收藏馆：缩微中心，国图

000O005151
花间集：十卷 / (五代)赵崇祚辑
明正德十六年(1521)陆元大刻本
1986年摄制. -- 1盘卷片(7米123拍) : 1:10,
2B ; 35mm银盐
收藏馆：缩微中心，国图

000O005208
花间集：十卷 / (五代)赵崇祚辑
明正德十六年(1521)陆元大刻本
1986年摄制. -- 1盘卷片(7米123拍) : 1:10,
2B ; 35mm银盐
收藏馆：缩微中心，国图

000O007216
花间集：十卷 / (五代)赵崇祚辑
明正德十六年(1521)陆元大刻本
1987年摄制. -- 1盘卷片(7米125拍) : 1:10,
2B ; 35mm银盐

收藏馆：缩微中心，国图

000O008557
花间集：十卷 / (五代)赵崇祚辑
明正德十六年(1521)陆元大刻本
1988年摄制. -- 1盘卷片(7米132拍)：1:10,
2B；35mm银盐
收藏馆：缩微中心，国图

000O017515
花间集：十卷 / (五代)赵崇祚辑
明正德十六年(1521)陆元大刻本
1993年摄制. -- 1盘卷片(7米108拍)：1:10,
2B；35mm银盐
收藏馆：缩微中心，国图

000O029810
花间集：十卷 / (五代)赵崇祚辑
明正德十六年(1521)陆元大刻本
2001年摄制. -- 1盘卷片(7米121拍)：1:10,
2B；35mm银盐
收藏馆：缩微中心，国图

000O029839
花间集：十卷补二卷音释二卷 / (五代)赵崇祚辑
明万历八年(1580)归安茅氏凌霞山房刻本. --
补二卷/(明)温博辑，音释二卷/(明)茅一桢
撰。
2001年摄制. -- 1盘卷片(9米170拍)：1:10,
2B；35mm银盐
收藏馆：缩微中心，国图

000O017633
花间集：十卷 / (五代)赵崇祚辑．补：二卷 /
(明)温博辑；音释二卷 / (明)茅一桢撰
明万历八年(1580)茅氏凌霞山房刻万历四十年
(1612)重修本
1993年摄制. -- 1盘卷片(8米141拍)：1:10,
2B；35mm银盐
收藏馆：缩微中心，国图

000O022199
花间集：十卷 / (五代)赵崇祚辑．补：二卷 /
(明)温博辑；音释二卷 / (明)茅一桢撰
明万历八年(1580)茅氏凌霞山房刻本
1995年摄制. -- 1盘卷片(9米144拍)：1:10,
2B；35mm银盐
收藏馆：缩微中心，国图

000O017448
尊前集：二卷
明(1368-1644)刻本. -- 存一卷：卷下。
1993年摄制. -- 1盘卷片(4米30拍)：1:10,

2B；35mm银盐
收藏馆：缩微中心，国图

000O000760
樽前集：一卷
明(1368-1644)抄本
1985年摄制. -- 1盘卷片(5米66拍)：1:10,
2B；35mm银盐
收藏馆：缩微中心，国图

000O005381
增修笺注妙选群英草堂诗余：前集二卷后集二
卷 / (宋)何士信辑
明(1368-1644)刻本
1986年摄制. -- 1盘卷片(6米110拍)：1:10,
2B；35mm银盐
收藏馆：缩微中心，国图

000O000180
草堂诗余：四卷 / (宋)何士信辑
明嘉靖三十三年(1554)杨金刻本. -- (清)江
藩跋。
1985年摄制. -- 1盘卷片(9.3米184拍)：
1:10, 2B；35mm银盐
收藏馆：缩微中心，国图

000O020688
草堂诗余：前集二卷后集二卷 / (宋)何士信辑
明嘉靖三十三年(1554)杨金刻本
1994年摄制. -- 1盘卷片(10米163拍)：
1:10, 2B；35mm银盐
收藏馆：缩微中心，国图

000O022182
草堂诗余：前集二卷后集二卷 / (宋)何士信辑
明嘉靖三十三年(1554)杨金刻本
1995年摄制. -- 1盘卷片(9米163拍)：1:10,
2B；35mm银盐
收藏馆：缩微中心，国图

000O008493
类编草堂诗余：四卷 / (宋)何士信辑；(明)武陵
逸史编次
明嘉靖二十九年(1550)顾汝所刻本
1988年摄制. -- 1盘卷片(9米169拍)：1:10,
2B；35mm银盐
收藏馆：缩微中心，国图

000O026036
类编草堂诗余：四卷 / (宋)何士信辑；(明)武陵
逸史编次
明嘉靖二十九年(1550)顾汝所刻本. -- (清)
丁丙跋。

1993年摄制. -- 1盘卷片（11米193拍）：
1:10, 2B；35mm银盐
收藏馆：缩微中心，南京

000O017244
类编草堂诗余：四卷 / [题](明)武陵逸史编次
明嘉靖二十九年(1550)顾汝所刻本. -- （明）
上元昆石山人校。
1993年摄制. -- 1盘卷片（16米314拍）：
1:10, 2B；35mm银盐
收藏馆：缩微中心，天津

000O018128
类编草堂诗余：四卷续四卷 / (宋)何士信撰；
(明)武陵逸史编次；[题](明)一真子辑
明末(1621-1644)刻本
1993年摄制. -- 1盘卷片（17米354拍）：
1:10, 2B；35mm银盐
收藏馆：缩微中心，山东

000O017185
新镌草堂诗余：四卷续四卷 / (宋)何士信撰；
(明)武陵逸史编
明末(1621-1644)刻本
1993年摄制. -- 1盘卷片（15米301拍）：
1:10, 2B；35mm银盐
收藏馆：缩微中心，山东

000O001274
类编草堂诗余：三卷 / (宋)何士信辑；(明)胡桂
芳重辑
明万历三十五年(1607)黄作霖[等]刻本
1985年摄制. -- 1盘卷片（9.5米186拍）：
1:10, 2B；35mm银盐
收藏馆：缩微中心，国图

000O017636
精选名贤词话草堂诗余：二卷
明(1368-1644)陈钟秀刻本
1993年摄制. -- 1盘卷片（8米127拍）：1:10,
2B；35mm银盐
收藏馆：缩微中心，国图

000O026876
精选名儒草堂诗余：三卷 / [题](元)凤林书院辑
清嘉庆十六年(1811)秦恩复享帚精舍刻本. --
曹元忠校。
1996年摄制. -- 1盘卷片（5米84拍）：1:10,
2B；35mm银盐
收藏馆：缩微中心，南京

000O006424
草堂诗余：五卷 / (明)杨慎评点

明(1368-1644)闵瑛璧刻朱墨套印本
1987年摄制. -- 1盘卷片（12米240拍）：
1:10, 2B；35mm银盐
收藏馆：缩微中心，国图

000O031923
草堂诗余：五卷 / (明)杨慎评点
明(1368-1644)闵瑛璧刻朱墨套印本
2010年摄制. -- 1盘卷片（15米261拍）：
1:13, 2B；35mm银盐
收藏馆：缩微中心，国图

000O016536
草堂诗余：四卷 / (明)顾从敬编；(明)韩俞臣校
正
明(1368-1644)傅雅堂刻本
1992年摄制. -- 1盘卷片（9.2米164拍）：
1:10, 2B；35mm银盐
收藏馆：缩微中心，辽宁

000O019138
类选笺释草堂诗余：六卷 / (明)顾从敬辑；(明)
陈继儒校；(明)陈仁锡参订．续选草堂诗余：二
卷 / (明)钱允治笺释．类编笺释国朝诗余：五卷 /
(明)钱允治辑；(明)陈仁锡释
明万历四十二年(1614)翁少麓刻本
1994年摄制. -- 1盘卷片（23米457拍）：
1:10, 2B；35mm银盐
收藏馆：缩微中心，国图

000O025971
重刻类编草堂诗余评林：六卷 / [题](明)田一隽
辑；(明)李廷机评
明(1368-1644)书林詹圣学刻本
1996年摄制. -- 1盘卷片（11米200拍）：
1:10, 2B；35mm银盐
收藏馆：缩微中心，南京

000O014298
新刻注释草堂诗余评林：□□卷 / [题](明)李廷
机批评；(明)翁正春校正
明万历二十二年(1594)书林郑世豪宗文书舍刻
本. -- 存三卷：卷一至卷三。
1992年摄制. -- 1盘卷片（8米121拍）：1:10,
2B；35mm银盐
收藏馆：缩微中心，国图

000O007846
古香岑草堂诗余：四集十七卷
明末(1621-1644)刻本
1987年摄制. -- 2盘卷片（34.8米740拍）：
1:10, 2B；35mm银盐
收藏馆：缩微中心，重庆

000O020739
草堂诗余：正集六卷续集二卷别集四卷新集五
卷 / (明)沈际飞[等]编；(明)沈际飞评点
明(1368-1644)万贤楼刻本. -- 编者还有：
(明)钱允治等。
1994年摄制. -- 1盘卷片（32米660拍）：
1:10，2B；35mm银盐
收藏馆：缩微中心，国图

000O012636
新刻分类评释草堂诗余：六卷 / (明)李廷机评释
明万历(1573-1620)李良臣东壁轩刻本
1990年摄制. -- 1盘卷片（13.8米293拍）：
1:10，2B；35mm银盐
收藏馆：缩微中心，辽宁

000O013815
新刻题评名贤词话草堂诗余：六卷 / (明)李攀龙
补遗；(明)陈继儒校正
明万历四十三年(1615)书林余文杰自新斋刻本
1991年摄制. -- 1盘卷片（11米193拍）：
1:10，2B；35mm银盐
收藏馆：缩微中心，国图

000O026058
新刻李于麟先生批评注释草堂诗余隽：四卷 /
(明)吴从先辑
明(1368-1644)书林萧少衢师俭堂刻本
1993年摄制. -- 1盘卷片（15米296拍）：
1:10，2B；35mm银盐
收藏馆：缩微中心，南京

000O031768
新锓订正评注便读草堂诗余：七卷 / (明)董其昌
评订；(明)曾六德参释
明万历三十六年(1608)乔山书舍刻本
2005年摄制. -- 1盘卷片（10米170拍）：
1:10，2B；35mm银盐
收藏馆：缩微中心，国图

000O017604
诗余广选：十六卷杂说一卷 / (明)卓人月辑；(明)
徐士俊评 . 徐卓晤歌：一卷 / (明)卓人月,(明)徐
士俊撰
明末(1621-1644)刻本
1993年摄制. -- 2盘卷片（37米767拍）：
1:10，2B；35mm银盐
收藏馆：缩微中心，国图

000O012553
草堂诗余：十六卷杂说一卷 / (明)陈继儒评选 .
徐卓晤歌：一卷 / (明)徐士俊,(明)卓人月撰
明崇祯(1628-1644)刻本

1990年摄制. -- 2盘卷片（37.2米819拍）：
1:10，2B；35mm银盐
收藏馆：缩微中心，辽宁

000O017005
唐宋诸贤绝妙词选：十卷 / (宋)黄昇辑
明万历四十二年(1614)秦昇刻本
1993年摄制. -- 1盘卷片（9米156拍）：1:10,
2B；35mm银盐
收藏馆：缩微中心，国图

000O003779
中兴以来绝妙词选：十卷 / (宋)黄昇辑
明万历二年(1574)桐源舒伯明刻本
1985年摄制. -- 1盘卷片（12米244拍）：
1:10，2B；35mm银盐
收藏馆：缩微中心，国图

000O005183
中兴以来绝妙词选：十卷 / (宋)黄昇撰
明万历二年(1574)桐源舒伯明刻本
1986年摄制. -- 1盘卷片（12.6米265拍）：
1:10，2B；35mm银盐
收藏馆：缩微中心，国图

000O001954
全芳备祖乐府：六卷 / (宋)陈景沂辑；(清)朱和
羲增订
清(1644-1911)万竹楼抄本. -- (清)宋志沂、
(清)戈载校并跋。
1986年摄制. -- 1盘卷片（9米165拍）：1:10,
2B；35mm银盐
收藏馆：缩微中心，国图

000O014392
阳春白雪：八卷外集一卷 / (宋)赵闻礼辑 . 考异：
一卷 / (清)瞿世瑛撰
清道光十年(1830)瞿氏清吟阁刻本
1992年摄制. -- 1盘卷片（12米223拍）：
1:10，2B；35mm银盐
收藏馆：缩微中心，国图

000O017328
阳春白雪：八卷外集一卷 / (宋)赵闻礼辑 . 考异：
一卷 / (清)瞿世瑛撰
清道光十年(1830)瞿氏清吟阁刻本
1993年摄制. -- 1盘卷片（12米222拍）：
1:10，2B；35mm银盐
收藏馆：缩微中心，国图

000O013828
阳春白雪：八卷外集一卷 / (宋)赵闻礼辑
清道光十九年(1839)边浴礼抄本. -- (清)边

浴礼跋。
1992年摄制. -- 1盘卷片(10米175拍) :
1:10, 2B ; 35mm银盐
收藏馆：缩微中心，国图

000O017339
阳春白雪：□□卷
明(1368-1644)刻本. -- 存一卷：卷一。
1993年摄制. -- 1盘卷片(6米83拍) : 1:10,
2B ; 35mm银盐
收藏馆：缩微中心，国图

000O021841
乐府雅词：三卷拾遗二卷 / (宋)曾慥辑
清嘉庆(1796-1820)秦氏石研斋抄本. -- (清)
秦恩复校跋题识，(清)翁同书跋并录(清)秦恩
复题识。
1995年摄制. -- 1盘卷片(16米333拍) :
1:10, 2B ; 35mm银盐
收藏馆：缩微中心，南京

000O023872
绝妙好词：七卷 / (宋)周密辑
清雍正三年(1725)项絪群玉书堂刻本. --
(清)戴熙、(清)徐楙校，(清)丁丙跋。
1995年摄制. -- 1盘卷片(8米136拍) : 1:10,
2B ; 35mm银盐
收藏馆：缩微中心，南京

000O014702
绝妙好词笺：七卷 / (宋)周密辑；(清)查为
仁,(清)厉鹗笺
清乾隆十五年(1750)查氏澹宜书屋刻本
1992年摄制. -- 1盘卷片(10米179拍) :
1:10, 2B ; 35mm银盐
收藏馆：缩微中心，国图

000O005076
绝妙好词笺：七卷 / (宋)周密辑；(清)查为
仁,(清)厉鹗笺 . 续钞：一卷 / (清)余集辑
清同治十一年(1872)章寿康刻本. -- (清)李
慈铭评注并跋。
1986年摄制. -- 1盘卷片(10米188拍) :
1:10, 2B ; 35mm银盐
收藏馆：缩微中心，国图

000O016991
中州乐府集：一卷 / (金)元好问辑
明嘉靖十五年(1536)高登九峰书院刻本
1993年摄制. -- 1盘卷片(6米90拍) : 1:10,
2B ; 35mm银盐
收藏馆：缩微中心，国图

000O004690
花草粹编：十二卷 / (明)陈耀文辑 . 乐府指迷：
一卷 / (宋)沈义父撰
明万历十一年(1583)陈耀文刻本
1986年摄制. -- 2盘卷片(46米1011拍) :
1:10, 2B ; 35mm银盐
收藏馆：缩微中心，国图

000O021840
花草粹编：二十四卷 / (明)陈耀文辑 . 乐府指迷：
一卷 / (宋)沈义父撰
清咸丰七年(1857)金绳武评花仙馆活字印本
1995年摄制. -- 2盘卷片(45米955拍) :
1:10, 2B ; 35mm银盐
收藏馆：缩微中心，南京

000O014559
词坛艳逸品：四卷 / (明)杨肇祉辑
明(1368-1644)刻本
1992年摄制. -- 1盘卷片(7米101拍) : 1:10,
2B ; 35mm银盐
收藏馆：缩微中心，国图

000O012843
词的：四卷 / (明)茅映辑
明(1368-1644)刻朱墨套印本
1990年摄制. -- 1盘卷片(7.6米148拍) :
1:10, 2B ; 35mm银盐
收藏馆：缩微中心，辽宁

000O011276
精选古今诗余醉：十五卷 / (明)潘游龙辑
明崇祯九年(1636)胡氏十竹斋刻本
1989年摄制. -- 1盘卷片(31米664拍) :
1:10, 2B ; 35mm银盐
收藏馆：缩微中心，甘肃

000O004481
情籁：四卷 / [题](□)骑蝶轩辑
明末(1621-1644)刻本
1986年摄制. -- 1盘卷片(8米144拍) : 1:10,
2B ; 35mm银盐
收藏馆：缩微中心，国图

000O027652
广陵倡和词：七卷 / (清)王士禄[等]撰 . 红桥倡
和第一集：一卷 / (清)宋琬[等]撰
清康熙(1662-1722)刻本. -- 两书撰者还有：
(清)曹尔堪等。
1997年摄制. -- 1盘卷片(5米56拍) : 1:10,
2B ; 35mm银盐
收藏馆：缩微中心，国图

000O026528
东白堂词选初集：十五卷 / (清)佟世南辑
清康熙(1662-1722)刻本
1997年摄制. -- 1盘卷片(27米550拍) :
1:10, 2B ; 35mm银盐
收藏馆：缩微中心, 国图

000O031436
古今词汇二编：四卷词论一卷词韵一卷 / (清)严
沆[等]辑
清(1644-1911)刻本
2004年摄制. -- 1盘卷片(9米179拍) : 1:10,
2B ; 35mm银盐
收藏馆：缩微中心, 国图

000O013757
清绮轩词选：十三卷 / (清)夏秉衡辑
清乾隆(1736-1795)芥子园刻本
1991年摄制. -- 1盘卷片(28.2米640拍) :
1:10, 2B ; 35mm银盐
收藏馆：缩微中心, 辽宁

000O018126
历代词钞：一卷 / (清)孙星衍辑
清(1644-1911)抄本
1993年摄制. -- 1盘卷片(7米124拍) : 1:10,
2B ; 35mm银盐
收藏馆：缩微中心, 山东

000O027590
红桥倡和第一集：一卷 / (清)宋琬[等]撰
清康熙(1662-1722)刻本. -- 著者还有：(清)曹
尔堪等。还有合刻著作：广陵倡和词七卷/(清)
王士禄[等]撰
1997年摄制. -- 1盘卷片(3米23拍) : 1:10,
2B ; 35mm银盐
收藏馆：缩微中心, 国图

000O026981
草堂嗣响：四卷 / (清)顾彩辑
清康熙(1662-1722)辟疆园刻本
1997年摄制. -- 1盘卷片(11米197拍) :
1:10, 2B ; 35mm银盐
收藏馆：缩微中心, 国图

000O026992
词综补遗：二十卷 / (清)陶樑辑
清道光(1821-1850)刻本
1997年摄制. -- 1盘卷片(24米462拍) :
1:10, 2B ; 35mm银盐
收藏馆：缩微中心, 国图

000O017337
词洁：六卷前集一卷 / (清)先著,(清)程洪辑
清康熙(1662-1722)刻本
1993年摄制. -- 1盘卷片(20米379拍) :
1:10, 2B ; 35mm银盐
收藏馆：缩微中心, 国图

000O004480
词洁：六卷 / (清)先著,(清)程洪辑
清康熙(1662-1722)刻本. -- 余一鳌、吴梅
跋, 刘炳照题款。
1986年摄制. -- 1盘卷片(17米352拍) :
1:10, 2B ; 35mm银盐
收藏馆：缩微中心, 国图

000O017830
古今词选：十二卷 / (清)沈时栋辑
清康熙五十五年(1716)沈氏瘦吟楼刻本
1993年摄制. -- 1盘卷片(18米354拍) :
1:10, 2B ; 35mm银盐
收藏馆：缩微中心, 国图

000O001728
古今别肠词选：四卷 / (清)赵式辑；(清)陈维崧
[等]评点
清康熙四十八年(1709)遗经堂刻本
1986年摄制. -- 1盘卷片(13米271拍) :
1:10, 2B ; 35mm银盐
收藏馆：缩微中心, 国图

000O016073
词选：二卷附录一卷 / (清)张惠言,(清)张琦辑 .
续词选：二卷 / (清)董毅辑
清同治六年(1867)刻本. -- 章钰跋并录(清)
翁同龢题识, (清)鲍份评点。
1993年摄制. -- 1盘卷片(6米81拍) : 1:10,
2B ; 35mm银盐
收藏馆：缩微中心, 国图

000O005443
复堂词录：十一卷 / (清)谭献辑
清(1644-1911)稿本. -- 存八卷：卷一至卷
八。
1986年摄制. -- 1盘卷片(15米316拍) :
1:10, 2B ; 35mm银盐
收藏馆：缩微中心, 国图

000O024718
片玉词考异：二卷补遗一卷 / (清)谭献撰
清(1644-1911)稿本
1996年摄制. -- 1盘卷片(2米20拍) : 1:10,
2B ; 35mm银盐
收藏馆：缩微中心, 浙江

000O026993
清啸集：二卷 / (清)项以淳辑
清康熙(1662-1722)刻本
1997年摄制. -- 1盘卷片(7米111拍) : 1:10,
2B ；35mm银盐
收藏馆：缩微中心，国图

000O026994
众香词：六卷 / (清)徐树敏,(清)钱岳辑
清康熙二十九年(1690)锦树堂刻本
1997年摄制. -- 1盘卷片(27米520拍) :
1:10, 2B ；35mm银盐
收藏馆：缩微中心，国图

000O000401
秋水轩倡和词：二十二卷 / (清)曹尔堪撰
清康熙十年(1671)遥连堂刻本
1985年摄制. -- 1盘卷片(5.5米92拍) :
1:10, 2B ；35mm银盐
收藏馆：缩微中心，国图

000O002006
清平初选后集：十卷 / (清)张渊懿,(清)田茂遇辑
清康熙(1662-1722)刻本
1986年摄制. -- 1盘卷片(14米296拍) :
1:10, 2B ；35mm银盐
收藏馆：缩微中心，国图

000O019043
诗余花钿集：四卷首一卷末一卷 / (清)宗元鼎辑
清初(1644-1722)东原草堂刻本
1994年摄制. -- 1盘卷片(11米185拍) :
1:10, 2B ；35mm银盐
收藏馆：缩微中心，国图

000O016921
千秋岁倡和词：一卷 / (清)王晫辑
清康熙(1662-1722)王氏墙东草堂刻本
1993年摄制. -- 1盘卷片(5米68拍) : 1:10,
2B ；35mm银盐
收藏馆：缩微中心，国图

000O007871
词综：三十卷 / (清)朱彝尊辑；(清)汪森增辑
清康熙十七年(1678)汪氏裘杼楼刻本
1987年摄制. -- 1盘卷片(26.6米583拍) :
1:10, 2B ；35mm银盐
收藏馆：缩微中心，重庆

000O020667
词综：三十六卷补遗六卷 / (清)朱彝尊辑；(清)
汪森增辑
清康熙十七年(1678)汪氏裘杼楼刻本

1994年摄制. -- 1盘卷片(32米666拍) :
1:10, 2B ；35mm银盐
收藏馆：缩微中心，国图

000O010925
词综：三十六卷 / (清)朱彝尊辑；(清)汪森增辑
清康熙十七年(1678)汪氏裘杼楼刻康熙三十年
(1691)增刻本
1989年摄制. -- 1盘卷片(31.5米699拍) :
1:10, 2B ；35mm银盐
收藏馆：缩微中心，湖北

000O019012
词综：三十六卷 / (清)朱彝尊辑；(清)汪森增辑
清康熙(1662-1722)刻本
1994年摄制. -- 1盘卷片(33米714拍) :
1:10, 2B ；35mm银盐
收藏馆：缩微中心，天津

000O007217
国朝词综：四十八卷 / (清)王昶辑
清嘉庆七年(1802)王昶刻本. -- (清)戈载批
选。
1987年摄制. -- 2盘卷片(35米765拍) :
1:10, 2B ；35mm银盐
收藏馆：缩微中心，国图

000O017601
瑶华集：二十二卷附二卷 / (清)蒋景祁辑
清康熙二十五年(1686)蒋景祁天藜阁刻本
1993年摄制. -- 2盘卷片(38米771拍) :
1:10, 2B ；35mm银盐
收藏馆：缩微中心，国图

000O026980
瑶华集：二十二卷附二卷；词人姓氏爵里表：
一卷 / (清)蒋景祁辑
清康熙二十五年(1686)天藜阁刻本
1997年摄制. -- 2盘卷片(39米773拍) :
1:10, 2B ；35mm银盐
收藏馆：缩微中心，国图

000O021615
[御选]历代诗余：一百二十卷 / (清)王奕清[等]
辑
清康熙四十六年(1707)内府刻本. -- 编者还
有：(清)杨祖楫等。
1995年摄制. -- 5盘卷片(139米2885拍) :
1:10, 2B ；35mm银盐
收藏馆：缩微中心，国图

000O007391
御选历代诗余：一百二十卷 / (清)王奕清[等]编

清康熙(1662-1722)内府抄本
1988年摄制. -- 5盘卷片(137米3080拍) :
1:10, 2B ; 35mm银盐
收藏馆：缩微中心，吉林

000O006854
御制佩文斋咏物诗选共册：六十四卷 / (清)高兴
[等]编
清康熙(1662-1722)刻本
1987年摄制. -- 7盘卷片(186米4146拍) :
1:10, 2B ; 35mm银盐
收藏馆：缩微中心，吉林

000O019102
林下词选：十四卷 / (清)周铭辑
清康熙十年(1671)周氏宁静堂刻本
1994年摄制. -- 1盘卷片(12米224拍) :
1:10, 2B ; 35mm银盐
收藏馆：缩微中心，国图

000O026604
林下词选：十四卷 / (清)周铭辑
清康熙十年(1671)周氏宁静堂刻金成栋重修本
1997年摄制. -- 1盘卷片(12米232拍) :
1:10, 2B ; 35mm银盐
收藏馆：缩微中心，国图

000O017718
林下词选：十四卷 / (清)周铭辑
清康熙(1662-1722)刻本
1993年摄制. -- 1盘卷片(13米229拍) :
1:10, 2B ; 35mm银盐
收藏馆：缩微中心，国图

000O017831
西陵词选：八卷 / (清)陆进,(清)俞士彪辑
清康熙(1662-1722)刻本
1993年摄制. -- 1盘卷片(14米234拍) :
1:10, 2B ; 35mm银盐
收藏馆：缩微中心，国图

000O023868
国朝词综补：十八卷 / (清)丁绍仪辑
清(1644-1911)稿本. -- (清)边保枢、(清)蔡
尔康、(清)谭献、(清)周星诒校，(清)余一鳌
跋。
1995年摄制. -- 1盘卷片(17米361拍) :
1:10, 2B ; 35mm银盐
收藏馆：缩微中心，南京

000O004491
本朝名媛诗余：四卷 / (清)顾嘉容,(清)金寿人辑
清康熙五十七年(1718)金氏秀实轩刻本

1986年摄制. -- 1盘卷片(7米124拍) : 1:10,
2B ; 35mm银盐
收藏馆：缩微中心，国图

000O016068
今词苑：三卷 / (清)陈维崧[等]辑
清康熙十年(1671)徐喈凤南碉山房刻本. --
辑者还有：(清)吴本嵩、(清)吴逢原、(清)潘
眉。
1993年摄制. -- 1盘卷片(11米194拍) :
1:10, 2B ; 35mm银盐
收藏馆：缩微中心，国图

000O004202
绝妙好辞今辑：二卷
清(1644-1911)抄本
1986年摄制. -- 1盘卷片(7米125拍) : 1:10,
2B ; 35mm银盐
收藏馆：缩微中心，国图

000O009702
昭代词选：三十八卷 / (清)蒋重光辑
清乾隆三十二年(1767)刻本. -- 经鉏堂藏
板。
1989年摄制. -- 2盘卷片(50.5米1070拍) :
1:10, 2B ; 35mm银盐
收藏馆：缩微中心，湖北

000O001452
阙里孔氏词抄：五卷 / (清)孔昭薰,(清)孔昭蒸辑
清道光十九年(1839)孔氏玉虹楼刻本
1985年摄制. -- 1盘卷片(5.5米94拍) :
1:10, 2B ; 35mm银盐
收藏馆：缩微中心，国图

000O000381
柳州词选：六卷 / (清)戈元颖[等]辑
清初(1644-1722)刻本. -- 撰者还有：(清)钱
士贲、(清)钱煐、(清)陈谋道等。
1985年摄制. -- 1盘卷片(10.3米206拍) :
1:10, 2B ; 35mm银盐
收藏馆：缩微中心，国图

000O025578
梅里词辑：八卷 / (清)薛廷文原辑；(清)冯登府
重编
清(1644-1911)稿本
1996年摄制. -- 1盘卷片(9米152拍) : 1:10,
2B ; 35mm银盐
收藏馆：缩微中心，浙江

000O004036
闽词钞：四卷 / (清)叶申芗辑

清(1644-1911)稿本
1985年摄制. -- 1盘卷片(15米326拍)：
1:10, 2B；35mm银盐
收藏馆：缩微中心，国图

000O027002
闽词钞：四卷 / (清)叶申芗辑
清道光十四年(1834)叶氏刻本
1997年摄制. -- 1盘卷片(17米312拍)：
1:10, 2B；35mm银盐
收藏馆：缩微中心，国图

000O003434
诗余图谱：六卷 / (明)张綖撰．补遗：六卷 / (明)
谢天瑞撰
明万历二十七年(1599)谢天瑞刻本
1986年摄制. -- 1盘卷片(16米333拍)：
1:10, 2B；35mm银盐
收藏馆：缩微中心，国图

000O017576
诗余图谱：三卷 / (明)张綖撰
明(1368-1644)刻本
1993年摄制. -- 1盘卷片(9米147拍)：1:10,
2B；35mm银盐
收藏馆：缩微中心，国图

000O017491
增正诗余图谱：三卷 / (明)张綖撰；(明)游元泾
增订
明万历二十九年(1601)游元泾刻本
1993年摄制. -- 1盘卷片(8米115拍)：1:10,
2B；35mm银盐
收藏馆：缩微中心，国图

000O017573
增正诗余图谱：三卷 / (明)张綖撰；(明)游元泾
增订
明万历二十九年(1601)游元泾刻本
1993年摄制. -- 1盘卷片(8米122拍)：1:10,
2B；35mm银盐
收藏馆：缩微中心，国图

000O014660
啸余谱：十卷 / (明)程明善辑
明万历(1573-1620)刻本
1992年摄制. -- 2盘卷片(51米1089拍)：
1:10, 2B；35mm银盐
收藏馆：缩微中心，国图

000O017921
啸余谱：十卷 / (明)程明善辑
明万历(1573-1620)刻本

1993年摄制. -- 2盘卷片(52米1101拍)：
1:10, 2B；35mm银盐
收藏馆：缩微中心，国图

000O020009
词海评林：三卷 / (明)毛晋撰
明末(1621-1644)抄本. -- (清)毛扆跋。
1994年摄制. -- 2盘卷片(41米830拍)：
1:10, 2B；35mm银盐
收藏馆：缩微中心，国图

000O019310
诗余图谱：二卷 / (明)万惟檀撰
明崇祯十年(1637)万惟檀刻本
1994年摄制. -- 1盘卷片(7米113拍)：1:10,
2B；35mm银盐
收藏馆：缩微中心，国图

000O017646
记红集：三卷；词韵简：一卷 / (清)吴绮,(清)程
洪辑
清康熙二十五年(1686)吴绮程洪刻本
1993年摄制. -- 1盘卷片(13米237拍)：
1:10, 2B；35mm银盐
收藏馆：缩微中心，国图

000O026999
记红集：三卷；词韵简：一卷 / (清)吴绮,(清)程
洪辑
清康熙二十五年(1686)吴绮程洪刻本. --
(清)李日华校注。
1997年摄制. -- 1盘卷片(13米238拍)：
1:10, 2B；35mm银盐
收藏馆：缩微中心，国图

000O002862
词鹄初编：十五卷 / (清)孙致弥辑；(清)楼俨补
订．乐府指迷：一卷 / (宋)张炎撰
清康熙四十四年(1705)刻本
1986年摄制. -- 1盘卷片(25米550拍)：
1:10, 2B；35mm银盐
收藏馆：缩微中心，国图

000O017240
词谱：四十卷 / (清)王奕清[等]撰
清康熙五十四年(1715)内府刻套印本
1993年摄制. -- 3盘卷片(73米1545拍)：
1:10, 2B；35mm银盐
收藏馆：缩微中心，天津

000O026530
词谱：四十卷 / (清)王奕清[等]撰
清康熙五十四年(1715)内府刻朱墨套印本. --

存三十八卷：卷三至卷四十。
1997年摄制. -- 3盘卷片(68米1348拍) ：
1:10, 2B ; 35mm银盐
收藏馆：缩微中心，国图

000O031983
词谱：四十卷 / (清)王奕清[等]撰
清康熙五十四年(1715)内府刻朱墨套印本. --
八行二十一字小字双行同白口四周双边。存
三十八卷：卷三至卷四十。
2010年摄制. -- 3盘卷片(82米1512拍) ：
1:12, 2B ; 35mm银盐
收藏馆：缩微中心，国图

000O004301
红萼轩词牌：一卷 / (清)孔传铎辑
清(1644-1911)刻本
1986年摄制. -- 1盘卷片(5.3米88拍) ：
1:10, 2B ; 35mm银盐
收藏馆：缩微中心，国图

000O031777
红萼轩词牌：一卷 / (清)孔传铎辑
清(1644-1911)刻本
2005年摄制. -- 1盘卷片(6米95拍) ： 1:10,
2B ; 35mm银盐
收藏馆：缩微中心，国图

000O010383
词谱：六卷 / (清)许宝善辑
清乾隆三十七年(1772)刻朱墨套印本
1989年摄制. -- 1盘卷片(9.5米157拍) ：
1:10, 2B ; 35mm银盐
收藏馆：缩微中心，湖北

000O005315
词律：二十卷 / (清)万树撰
清康熙二十六年(1687)万氏堆絮园刻保滋堂印
本. -- (清)李慈铭校注。
1986年摄制. -- 2盘卷片(39米846拍) ：
1:10, 2B ; 35mm银盐
收藏馆：缩微中心，国图

000O009038
词律：二十卷 / (清)万树撰
清康熙二十六年(1687)万氏堆絮园刻本. --
(清)佚名批校。
1988年摄制. -- 2盘卷片(38.5米808拍) ：
1:10, 2B ; 35mm银盐
收藏馆：缩微中心，湖北

000O009166
词律：二十卷 / (清)万树撰

清康熙二十六年(1687)万树堆絮园刻本
1988年摄制. -- 2盘卷片(42米860拍) ：
1:10, 2B ; 35mm银盐
收藏馆：缩微中心，湖南

000O010952
词律：二十卷 / (清)万树撰
清康熙二十六年(1687)万树堆絮园刻本. --
(清)华秋苹批注。
1989年摄制. -- 2盘卷片(45米891拍) ：
1:10, 2B ; 35mm银盐
收藏馆：缩微中心，湖北

000O010905
碎金词谱：十四卷续谱六卷词韵四卷 / (清)谢元
淮辑撰
清道光二十八年(1848)刻朱墨套印本. -- 还
有合刻著作：养默山房诗余三卷。
1989年摄制. -- 2盘卷片(62米1347拍) ：
1:10, 2B ; 35mm银盐
收藏馆：缩微中心，湖北

000O028377
榕园词韵：一卷 / (清)吴宁撰
清乾隆四十九年(1784)冬青山馆刻本
1997年摄制. -- 1盘卷片(5.4米84拍) ：
1:10, 2B ; 35mm银盐
收藏馆：缩微中心，福建

000O005434
碧鸡漫志：三卷 / (宋)王灼撰
明(1368-1644)抄本
1986年摄制. -- 1盘卷片(4米46拍) ： 1:10,
2B ; 35mm银盐
收藏馆：缩微中心，国图

000O019978
碧鸡漫志：五卷 / (宋)王灼撰
明(1368-1644)抄本. -- (清)钱曾校并跋。
1994年摄制. -- 1盘卷片(4米49拍) ： 1:10,
2B ; 35mm银盐
收藏馆：缩微中心，国图

000O013465
词源：二卷 / (宋)张炎撰
清光绪八年(1882)许增娱园刻榆园丛刻本. --
郑文焯批注并跋。
1991年摄制. -- 1盘卷片(4米33拍) ： 1:10,
2B ; 35mm银盐
收藏馆：缩微中心，国图

000O003422
词谑：不分卷

明嘉靖(1522-1566)刻本
1986年摄制. -- 1盘卷片(7.6米142拍) :
1:10, 2B ; 35mm银盐
收藏馆：缩微中心，国图

00O015839
辞品：六卷 / (明)杨慎撰
明(1368-1644)珥江书屋刻本
1993年摄制. -- 1盘卷片(11米189拍) :
1:10, 2B ; 35mm银盐
收藏馆：缩微中心，国图

00O015088
辞品：六卷拾遗一卷 / (明)杨慎撰
明(1368-1644)刻本
1992年摄制. -- 1盘卷片(11米182拍) :
1:10, 2B ; 35mm银盐
收藏馆：缩微中心，国图

00O015799
辞品：六卷拾遗一卷词评一卷 / (明)杨慎撰
明(1368-1644)刻本
1993年摄制. -- 1盘卷片(11米194拍) :
1:10, 2B ; 35mm银盐
收藏馆：缩微中心，国图

00O004473
杨升庵词品：四卷 / (明)杨慎撰 . 曲藻：一卷 .
王弇州词：一卷 / (明)王世贞撰
明(1368-1644)刻本
1986年摄制. -- 1盘卷片(11米209拍) :
1:10, 2B ; 35mm银盐
收藏馆：缩微中心，国图

00O009723
词苑丛谈：十二卷 / (清)徐釚撰
清康熙二十七年(1688)丁炜刻本
1989年摄制. -- 1盘卷片(17米388拍) :
1:10, 2B ; 35mm银盐
收藏馆：缩微中心，湖北

00O010913
古今词话：八卷 / (清)沈雄辑 ; (清)江尚质增辑
清康熙二十七年(1688)澄晖堂刻本
1989年摄制. -- 1盘卷片(18米387拍) :
1:10, 2B ; 35mm银盐
收藏馆：缩微中心，湖北

00O028038
香岩词约：二卷 / (清)舒梦兰辑
清(1644-1911)抄本
1996年摄制. -- 1盘卷片(3米33拍) : 1:10,
2B ; 35mm银盐

收藏馆：缩微中心，福建

00O014448
词学标准：不分卷 / (清)姚燮辑
清(1644-1911)稿本
1992年摄制. -- 1盘卷片(6米92拍) : 1:10,
2B ; 35mm银盐
收藏馆：缩微中心，国图

00O027820
憩园词话：不分卷 / (清)杜文澜撰
清(1644-1911)稿本
1996年摄制. -- 1盘卷片(6米90拍) : 1:10,
2B ; 35mm银盐
收藏馆：缩微中心，南京

曲类

00O019068
董解元西厢记：二卷
明(1368-1644)刻本. -- 郑振铎跋。
1994年摄制. -- 1盘卷片(10米160拍) :
1:10, 2B ; 35mm银盐
收藏馆：缩微中心，国图

00O023473
董解元西厢：四卷 / (明)汤显祖评
明(1368-1644)刻套印本
1995年摄制. -- 1盘卷片(10米167拍) :
1:10, 2B ; 35mm银盐
收藏馆：缩微中心，国图

00O024731
董解元西厢：四卷 / (明)汤显祖评
明(1368-1644)刻朱墨套印本. -- (清)姚燮、
(清)徐时栋题款。
1996年摄制. -- 1盘卷片(10米176拍) :
1:10, 2B ; 35mm银盐
收藏馆：缩微中心，浙江

00O031929
董解元西厢：四卷 / (明)汤显祖评
明(1368-1644)刻套印本
2010年摄制. -- 1盘卷片(12米203拍) :
1:11, 2B ; 35mm银盐
收藏馆：缩微中心，国图

00O004373
新刊合并董解元西厢记：二卷
明万历二十八年(1600)周居易刻本. -- 叶
钧、吴梅校并跋。
1986年摄制. -- 1盘卷片(8米152拍) : 1:10,
2B ; 35mm银盐

收藏馆：缩微中心，国图

00O023472
新刻合并董解元西厢记：二卷；新刻合并王实甫西厢记：二卷 / (元)王实甫撰
明(1368-1644)周居易刻本
1995年摄制. -- 1盘卷片（11米191拍）：1:10，2B；35mm银盐
收藏馆：缩微中心，国图

00O004114
元曲选：一百种一百卷；元曲论：一卷 / (明)臧懋循编．论曲：一卷 / (明)陶宗仪撰
明万历(1573-1620)刻本
1986年摄制. -- 6盘卷片（169.2米3810拍）：1:10，2B；35mm银盐
收藏馆：缩微中心，国图

00O008494
元曲选：一百种一百卷 / (明)臧懋循编．论曲：一卷 / (明)陶宗仪[等]撰
明万历(1573-1620)刻本
1988年摄制. -- 7盘卷片（184米3980拍）：1:10，2B；35mm银盐
收藏馆：缩微中心，国图

00O017486
元曲选：一百种一百卷 / (明)臧懋循编
明万历(1573-1620)刻本. -- 存五种：五卷。
1993年摄制. -- 1盘卷片（10米186拍）：1:10，2B；35mm银盐
收藏馆：缩微中心，国图

00O017450
元曲选图：一卷
明万历(1573-1620)刻本
1993年摄制. -- 1盘卷片（7米112拍）：1:10，2B；35mm银盐
收藏馆：缩微中心，国图

00O016028
阳春奏：□□卷
明万历三十七年(1609)黄氏尊生馆刻本. -- 存十卷。
1993年摄制. -- 1盘卷片（6米83拍）：1:10，2B；35mm银盐
收藏馆：缩微中心，国图

00O027121
古杂剧：二十种二十卷 / (明)王骥德编
明(1368-1644)顾曲斋刻本. -- 存六种六卷。
1996年摄制. -- 1盘卷片（8米135拍）：1:10，2B；35mm银盐

收藏馆：缩微中心，国图

00O024290
古名家杂剧：四十卷 / (明)玉阳仙史编
明(1368-1644)刻本. -- 存五卷。
1996年摄制. -- 1盘卷片（6米79拍）：1:10，2B；35mm银盐
收藏馆：缩微中心，国图

00O029976
古名家杂剧：四十卷 / (明)玉阳仙史编
明(1368-1644)刻本. -- 存四卷。
2001年摄制. -- 1盘卷片（7米97拍）：1:10，2B；35mm银盐
收藏馆：缩微中心，国图

00O025039
新续古名家杂剧：二十卷
明(1368-1644)刻本. -- 存八卷。余嘉锡跋。
1996年摄制. -- 1盘卷片（11米180拍）：1:10，2B；35mm银盐
收藏馆：缩微中心，国图

00O023465
盛明杂剧：三十卷 / (明)沈泰编
明崇祯(1628-1644)刻本
1995年摄制. -- 1盘卷片（30米616拍）：1:10，2B；35mm银盐
收藏馆：缩微中心，国图

00O031125
盛明杂剧：三十卷 / (明)沈泰编
明崇祯(1628-1644)刻本
2004年摄制. -- 1盘卷片（31米655拍）：1:9，2B；35mm银盐
收藏馆：缩微中心，国图

00O031671
盛明杂剧：二集三十卷 / (明)沈泰编
明崇祯(1628-1644)刻本
2005年摄制. -- 1盘卷片（30米640拍）：1:10，2B；35mm银盐
收藏馆：缩微中心，国图

00O001091
新镌古今名剧柳枝集：二十六种二十六卷 / (明)孟称舜编
明崇祯(1628-1644)刻本
1985年摄制. -- 2盘卷片（35.5米762拍）：1:10，2B；35mm银盐
收藏馆：缩微中心，国图

000O027120

新镌古今名剧柳枝集：二十六种二十六卷 / (明)
孟称舜编

明崇祯(1628-1644)刻本

1996年摄制. -- 1盘卷片(24米481拍)：
1:10，2B；35mm银盐

收藏馆：缩微中心，国图

000O001059

新镌古今名剧酹江集：三十种三十卷 / (明)孟称
舜编

明崇祯(1628-1644)刻本

1985年摄制. -- 2盘卷片(45.6米1012拍)：
1:10，2B；35mm银盐

收藏馆：缩微中心，国图

000O004071

新镌古今名剧酹江集：□□卷 / (明)孟称舜编

明崇祯(1628-1644)刻本. -- 存二卷：东堂老
一卷 、誶范叔一卷。吴梅跋。

1986年摄制. -- 1盘卷片(6米98拍)： 1:10，
2B；35mm银盐

收藏馆：缩微中心，国图

000O023462

新镌古今名剧酹江集三十种：三十卷录鬼簿一
卷 / (明)孟称舜编

明(1368-1644)刻本. -- 存十一种十一卷。

1995年摄制. -- 1盘卷片(17米314拍)：
1:10，2B；35mm银盐

收藏馆：缩微中心，国图

000O023467

杂剧三集三十四种：三十四卷 / (清)邹式金编

清顺治十八年(1661)邹式金刻本

1995年摄制. -- 1盘卷片(25米490拍)：
1:10，2B；35mm银盐

收藏馆：缩微中心，国图

000O014420

山水邻新镌出像四大痴传奇：四卷 / (明)李逢时
撰

清初(1644-1722)刻本

1992年摄制. -- 1盘卷片(6米79拍)： 1:10，
2B；35mm银盐

收藏馆：缩微中心，国图

000O026285

元清乐府小令：七卷

清(1644-1911)刻本

1996年摄制. -- 1盘卷片(16米280拍)：
1:10，2B；35mm银盐

收藏馆：缩微中心，国图

000O005089

复庄今乐府选：□□卷 / (清)姚燮编

清(1644-1911)稿本. -- 存五卷：红玉簪一
卷、醉西湖一卷、小山小令二卷、乔氏小令一
卷。

1986年摄制. -- 1盘卷片(9米168拍)： 1:10，
2B；35mm银盐

收藏馆：缩微中心，国图

000O026536

杂剧十种：十卷

清(1644-1911)抄本

1997年摄制. -- 1盘卷片(6米72拍)： 1:10，
2B；35mm银盐

收藏馆：缩微中心，国图

000O013421

新校注古本西厢记：五卷 / (元)王实甫撰；(明)
王骥德校注．汇考：一卷 / (明)王骥德撰

明万历四十二年(1614)王氏香雪居刻本

1991年摄制. -- 1盘卷片(16米295拍)：
1:10，2B；35mm银盐

收藏馆：缩微中心，国图

000O004077

新校注古本西厢记：六卷 / (明)王骥德撰

明万历四十二年(1614)王氏香雪居刻本. --
序目配清(1644-1911)抄本。吴梅跋。

1985年摄制. -- 1盘卷片(15米317拍)：
1:10，2B；35mm银盐

收藏馆：缩微中心，国图

000O016241

新校注古本西厢记：六卷 / (明)王骥德撰

明万历四十二年(1614)王氏香雪居刻本

1993年摄制. -- 1盘卷片(17米317拍)：
1:10，2B；35mm银盐

收藏馆：缩微中心，国图

000O017433

新校注古本西厢记：六卷 / (明)王骥德撰

明万历四十二年(1614)王氏香雪居刻本

1993年摄制. -- 1盘卷片(17米307拍)：
1:10，2B；35mm银盐

收藏馆：缩微中心，国图

000O017423

田水月山房北西厢藏本：五卷 / (元)王实甫撰；
(明)徐渭评

明(1368-1644)刻本

1993年摄制. -- 1盘卷片(7米112拍)： 1:10，
2B；35mm银盐

收藏馆：缩微中心，国图

00O016335
新刊考正全像评释北西厢记：四卷 / (元)王实甫,(元)关汉卿撰
明(1368-1644)文秀堂刻本
1992年摄制. -- 1盘卷片（10米163拍）：1:10, 2B ; 35mm银盐
收藏馆：缩微中心，国图

00O005015
西厢记：五卷附录一卷 / (元)王实甫,(元)关汉卿撰；(明)凌濛初评. 会真记：一卷 / (唐)元稹撰
明(1368-1644)凌濛初刻套印本. -- 还有合刻著作：解证五卷/(明)凌濛初撰。
1986年摄制. -- 1盘卷片（11米209拍）：1:10, 2B ; 35mm银盐
收藏馆：缩微中心，国图

00O014578
西厢记：五卷附录一卷 / (元)王实甫,(元)关汉卿撰. 会真记：一卷 / (唐)元稹撰
明(1368-1644)刻套印本
1992年摄制. -- 1盘卷片（11米198拍）：1:10, 2B ; 35mm银盐
收藏馆：缩微中心，国图

00O017437
西厢记：五卷 / (元)王实甫,(元)关汉卿撰；(明)凌濛初评. 会真记：一卷 / (唐)元稹撰
明(1368-1644)凌濛初刻套印本. -- 还有合刻著作：解证五卷/(明)凌濛初撰。
1993年摄制. -- 1盘卷片（11米198拍）：1:10, 2B ; 35mm银盐
收藏馆：缩微中心，国图

00O031906
西厢记：五卷附录一卷 / (元)王实甫,(元)关汉卿撰；(明)凌濛初评. 会真记：一卷 / (唐)元稹撰
明(1368-1644)凌濛初刻套印本. -- 还有合刻著作：解证五卷/(明)凌濛初撰。
2010年摄制. -- 1盘卷片（13米226拍）：1:10, 2B ; 35mm银盐
收藏馆：缩微中心，国图

00O001086
朱订西厢记：二卷首一卷 / (元)王实甫,(元)关汉卿撰；(明)孙鑛批点. 朱批蒲东诗：一卷；西厢记释义：二卷
明末(1621-1644)刻朱墨套印本
1985年摄制. -- 1盘卷片（10.1米201拍）：1:10, 2B ; 35mm银盐
收藏馆：缩微中心，国图

00O016737
张深之先生正北西厢秘本：五卷 / (元)王实甫,(元)关汉卿撰；(明)张深之校正
明崇祯(1628-1644)刻本
1993年摄制. -- 1盘卷片（8米118拍）：1:10, 2B ; 35mm银盐
收藏馆：缩微中心，国图

00O023468
张深之先生正北西厢秘本：五卷 / (元)王实甫,(元)关汉卿撰；(明)张深之校正
明崇祯(1628-1644)刻本
1995年摄制. -- 1盘卷片（8米128拍）：1:10, 2B ; 35mm银盐
收藏馆：缩微中心，国图

00O017449
李卓吾先生批点西厢记真本：二卷 / (元)王实甫撰；(明)李贽批点. 钱塘梦：一卷；园林午梦：一卷
明崇祯(1628-1644)刻本
1993年摄制. -- 1盘卷片（8米127拍）：1:10, 2B ; 35mm银盐
收藏馆：缩微中心，国图

00O017424
李卓吾先生批点西厢记真本：二卷 / (元)王实甫撰；(明)李贽批点
明末(1621-1644)刻本. -- 存一卷：卷上。
1993年摄制. -- 1盘卷片（5米69拍）：1:10, 2B ; 35mm银盐
收藏馆：缩微中心，国图

00O015953
重刻订正元本批点画意北西厢：五卷 / (元)王实甫,(元)关汉卿撰；(清)徐渭评注. 会真记：一卷 / (唐)元稹撰
明(1368-1644)刻本
1993年摄制. -- 1盘卷片（8米136拍）：1:10, 2B ; 35mm银盐
收藏馆：缩微中心，国图

00O017427
重刻订正元本批点画意北西厢：五卷 / (元)王实甫,(元)关汉卿撰；(明)徐渭评注. 会真记：一卷 / (唐)元稹撰
明(1368-1644)刻本
1993年摄制. -- 1盘卷片（8米125拍）：1:10, 2B ; 35mm银盐
收藏馆：缩微中心，国图

00O027608
新刻魏仲雪先生批点西厢记：二卷 / (元)王实

甫,(元)关汉卿撰；(明)魏浣初评；(明)李裔蕃注．
钱塘梦：一卷；园林午梦记：一卷
清初(1644-1722)陈长卿刻本． -- 还有合刻著
作：会真记一卷/(唐)元稹撰，蒲东诗一卷．
1997年摄制． -- 1盘卷片(7米98拍)：1:10,
2B；35mm银盐
收藏馆：缩微中心，国图

000O004116
元本出相北西厢记：二卷释义一卷 / (元)王实
甫,(元)关汉卿撰
明(1368-1644)刻本． -- 吴梅跋。
1986年摄制． -- 1盘卷片(6米132拍)：1:10,
2B；35mm银盐
收藏馆：缩微中心，国图

000O017442
北西厢：五卷 / (元)王实甫撰；(明)延阁主人订
正．会真记：一卷 / (唐)元稹撰
明崇祯三年(1630)李廷谟刻本
1993年摄制． -- 1盘卷片(10米161拍)：
1:10，2B；35mm银盐
收藏馆：缩微中心，国图

000O019063
新刻徐文长公参订西厢记：二卷 / (元)王实甫撰；
(明)□佑卿评释．会真记：一卷 / (唐)元稹撰．
蒲东诗：一卷
明(1368-1644)书林岁寒友刻本． -- 还有合刻
著作：新刻钱塘梦一卷、园林午梦记一卷。
1994年摄制． -- 1盘卷片(7米109拍)：1:10,
2B；35mm银盐
收藏馆：缩微中心，国图

000O017443
新订徐文长先生批点音释北西厢：二卷附录蒲
东诗一卷 / (元)王实甫撰；(明)徐渭评．会真记：
一卷 / (唐)元稹撰
明末(1621-1644)刻本
1993年摄制． -- 1盘卷片(7米92拍)：1:10,
2B；35mm银盐
收藏馆：缩微中心，国图

000O001076
重刻元本题评音释西厢记：二卷附录一卷 / (元)
王实甫,(元)关汉卿撰；(明)余泸东校正．蒲东崔
张珠玉诗集：一卷；钱塘梦：一卷
明(1368-1644)书林刘龙田乔山堂刻本
1985年摄制． -- 1盘卷片(29.2米658拍)：
1:10，2B；35mm银盐
收藏馆：缩微中心，国图

000O018848
重刻元本题评音释西厢记：二卷 / (元)王实
甫,(元)关汉卿撰．北西厢记释义大全：一卷字
音大全一卷；附刻园林午梦记：一卷
明万历(1573-1620)刻本
1994年摄制． -- 1盘卷片(9米141拍)：1:10,
2B；35mm银盐
收藏馆：缩微中心，国图

000O003930
校定北西厢弦索谱：二卷 / (清)沈远,(清)程清撰
清顺治(1644-1661)刻本
1986年摄制． -- 1盘卷片(10米202拍)：
1:10，2B；35mm银盐
收藏馆：缩微中心，国图

000O017913
较正北西厢谱：二卷 / (明)娄梁散人撰
明崇祯十二年(1639)胡世定唐云客刻本． --
存一卷：卷上。
1993年摄制． -- 1盘卷片(5米61拍)：1:10,
2B；35mm银盐
收藏馆：缩微中心，国图

000O015600
西厢定本：二卷 / (元)王实甫,(元)关汉卿撰；
(明)槃薖硕人改定
明(1368-1644)刻本
1993年摄制． -- 1盘卷片(8米190拍)：1:10,
2B；35mm银盐
收藏馆：缩微中心，国图

000O018859
西厢定本：二卷 / (元)王实甫,(元)关汉卿撰；
(明)槃薖硕人改定
明(1368-1644)刻本
1994年摄制． -- 1盘卷片(11米192拍)：
1:10，2B；35mm银盐
收藏馆：缩微中心，国图

000O012869
西厢会真传：五卷 / (元)王实甫撰
明(1368-1644)刻朱墨蓝套印本． -- 本书还装
订有：会真记一卷/(唐)元稹撰，会真记诗词
跋序辩证年谱一卷。
1990年摄制． -- 1盘卷片(10.5米214拍)：
1:10，2B；35mm银盐
收藏馆：缩微中心，辽宁

000O019065
西厢记传奇：二卷 / (元)王实甫撰
明末(1621-1644)刻本
1994年摄制． -- 1盘卷片(6米95拍)：1:10,

2B ；35mm银盐
收藏馆：缩微中心，国图

000O017928
详校元本西厢记：二卷 / (元)王实甫撰．会真记：
一卷 / (唐)元稹撰
清(1644-1911)封岳刻本
1993年摄制. -- 1盘卷片(7米113拍) ：1:10,
2B ；35mm银盐
收藏馆：缩微中心，国图

000O026532
详校元本西厢记：二卷 / (元)王实甫撰．会真记：
一卷 / (唐)元稹撰
清(1644-1911)封岳刻重修本
1997年摄制. -- 1盘卷片(7米113拍) ：1:10,
2B ；35mm银盐
收藏馆：缩微中心，国图

000O013147
怀永堂绘像第六才子书：八卷 / (元)王实甫[等]
撰
清康熙五十九年(1720)书业堂刻本
1991年摄制. -- 1盘卷片(25.4米570拍) ：
1:10, 2B ；35mm银盐
收藏馆：缩微中心，辽宁

000O016576
贯华堂第六才子书西厢记：八卷 / (元)王实甫撰；
(元)关汉卿续；(清)金人瑞批点
清顺治(1644-1661)贯华堂刻本. -- (清)郭象
升题识。
1993年摄制. -- 1盘卷片(22米472拍) ：
1:10, 2B ；35mm银盐
收藏馆：缩微中心，山西

000O014584
西厢记：五卷末一卷 / (元)王实甫,(元)关汉卿撰；
(清)毛甡论释．会真记：一卷 / (唐)元稹撰
清康熙(1662-1722)学者堂刻本
1992年摄制. -- 1盘卷片(12米217拍) ：
1:10, 2B ；35mm银盐
收藏馆：缩微中心，国图

000O017457
西厢记：五卷末一卷 / (元)王实甫撰；(清)毛甡
论释
清康熙(1662-1722)学者堂刻本. — 末一卷/(清)
毛甡辑。
1993年摄制. -- 1盘卷片(11米194拍) ：
1:10, 2B ；35mm银盐
收藏馆：缩微中心，国图

000O031950
西厢记：五卷附录一卷 / (元)王实甫,(元)关汉卿
撰．会真记：一卷 / (唐)元稹撰
明(1368-1644)刻套印本
2010年摄制. -- 1盘卷片(14米236拍) ：
1:13, 2B ；35mm银盐
收藏馆：缩微中心，国图

000O015077
西来意：四卷前一卷后一卷 / (元)王实甫,(元)关
汉卿撰；(清)潘廷章评
清康熙(1662-1722)刻本
1992年摄制. -- 1盘卷片(13米246拍) ：
1:10, 2B ；35mm银盐
收藏馆：缩微中心，国图

000O016252
会真六幻：十九卷 / (明)闵寓五编
明末(1621-1644)刻本
1993年摄制. -- 1盘卷片(29米587拍) ：
1:10, 2B ；35mm银盐
收藏馆：缩微中心，国图

000O023469
诚斋杂剧：二十五卷 / (明)朱有燉撰
明永乐至宣德(1403-1435)朱有燉刻本
1995年摄制. -- 1盘卷片(25米307拍) ：
1:10, 2B ；35mm银盐
收藏馆：缩微中心，国图

000O013974
一笑散：一卷 / (明)李开先撰．园林午梦院本：
一卷；打哑禅院本：一卷
清(1644-1911)抄本
1991年摄制. -- 1盘卷片(3米20拍) ：1:10,
2B ；35mm银盐
收藏馆：缩微中心，国图

000O015870
一笑散：不分卷 / (明)李开先撰
清(1644-1911)抄本
1993年摄制. -- 1盘卷片(6米83拍) ：1:10,
2B ；35mm银盐
收藏馆：缩微中心，国图

000O019206
不伏老：一卷 / (明)冯惟敏撰
明崇祯(1628-1644)刻盛明杂剧二集本
1994年摄制. -- 1盘卷片(4米35拍) ：1:10,
2B ；35mm银盐
收藏馆：缩微中心，国图

000O020820
四声猿：四卷 / (明)徐渭撰
明(1368-1644)刻本
1994年摄制. -- 1盘卷片(6米90拍) ： 1:10,
2B ；35mm银盐
收藏馆：缩微中心，国图

000O000645
四声猿：四卷 / (明)徐渭撰
明(1368-1644)延阁刻本. -- 吴梅圈批并跋。
1985年摄制. -- 1盘卷片(5.7米95拍) ：
1:10, 2B ；35mm银盐
收藏馆：缩微中心，国图

000O004215
四声猿：四卷 / (明)徐渭撰
明(1368-1644)延阁刻本. -- 吴梅批点并跋。
1986年摄制. -- 1盘卷片(6米102拍) ： 1:10,
2B ；35mm银盐
收藏馆：缩微中心，国图

000O011281
四声猿：四卷 / (明)徐渭撰
明末(1621-1644)延阁刻本
1989年摄制. -- 1盘卷片(6米94拍) ： 1:10,
2B ；35mm银盐
收藏馆：缩微中心，甘肃

000O017434
徐文长四声猿：四卷 / (明)徐渭撰；(明)袁宏道
评点
明万历(1573-1620)钟人杰刻本
1993年摄制. -- 1盘卷片(6米81拍) ： 1:10,
2B ；35mm银盐
收藏馆：缩微中心，国图

000O017432
徐文长四声猿：四卷 / (明)徐渭撰；(明)袁宏道
评点
明(1368-1644)刻递修本
1993年摄制. -- 1盘卷片(6米78拍) ： 1:10,
2B ；35mm银盐
收藏馆：缩微中心，国图

000O004318
歌代啸杂剧：一卷 / (明)徐渭撰
抄本. -- 吴梅校并跋。
1986年摄制. -- 1盘卷片(4米63拍) ： 1:10,
2B ；35mm银盐
收藏馆：缩微中心，国图

000O017013
选古今南北剧：十卷 / (明)徐渭辑

明(1368-1644)清远斋刻本
1993年摄制. -- 1盘卷片(13米248拍) ：
1:10, 2B ；35mm银盐
收藏馆：缩微中心，国图

000O018793
再生缘：二十卷 / (清)陈端生撰；(清)梁德绳续
清(1644-1911)抄本
1994年摄制. -- 3盘卷片(82米1660拍) ：
1:10, 2B ；35mm银盐
收藏馆：缩微中心，国图

000O005223
四艳记：四卷 / (明)叶宪祖撰
明(1368-1644)刻本
1986年摄制. -- 1盘卷片(5.7米101拍) ：
1:10, 2B ；35mm银盐
收藏馆：缩微中心，国图

000O014404
红莲记：一卷 / (明)陈汝元撰
明万历三十四年(1606)陈氏函三馆刻本
1992年摄制. -- 1盘卷片(3米22拍) ： 1:10,
2B ；35mm银盐
收藏馆：缩微中心，国图

000O022218
新镌出像点板北调万壑清音：八卷 / (明)止云居
士辑
明天启四年(1624)西爽堂刻本
1995年摄制. -- 1盘卷片(17米319拍) ：
1:10, 2B ；35mm银盐
收藏馆：缩微中心，国图

000O000632
秋风三叠：三卷女红纱一卷 / (明)来集之撰
清(1644-1911)倘湖小筑刻本
1985年摄制. -- 1盘卷片(6.1米109拍) ：
1:10, 2B ；35mm银盐
收藏馆：缩微中心，国图

000O019395
两纱：二卷附一卷 / (明)来镕撰
明末(1621-1644)灯语斋刻本
1994年摄制. -- 1盘卷片(6米84拍) ： 1:10,
2B ；35mm银盐
收藏馆：缩微中心，国图

000O005230
两纱：二卷；小青娘挑灯闲看牡丹亭：一卷 /
(明)来集之撰
清初(1644-1722)来氏倘湖小筑刻本
1986年摄制. -- 1盘卷片(6米104拍) ： 1:10,

2B ；35mm银盐
收藏馆：缩微中心，国图

00O014586

两纱：二卷附一卷 / (明)来集之撰
清初(1644-1722)来氏倘湖小筑刻本
1992年摄制. -- 1盘卷片(7米89拍)：1:10,
2B ；35mm银盐
收藏馆：缩微中心，国图

00O017489

通天台：一卷；临春阁：一卷 / (清)吴伟业撰
清初(1644-1722)刻本
1993年摄制. -- 1盘卷片(4米48拍)：1:10,
2B ；35mm银盐
收藏馆：缩微中心，国图

00O004435

西堂乐府：七卷 / (清)尤侗撰
清康熙(1662-1722)刻本. -- 吴梅批注并跋。
1986年摄制. -- 1盘卷片(10.3米211拍)：
1:10, 2B ；35mm银盐
收藏馆：缩微中心，国图

00O017040

坦庵词曲：六种九卷 / (清)徐石麒撰
清初(1644-1722)南湖享书堂刻本
1993年摄制. -- 1盘卷片(9米144拍)：1:10,
2B ；35mm银盐
收藏馆：缩微中心，国图

00O029958

坦庵词曲：六种九卷 / (清)徐石麒撰
清初(1644-1722)南湖享书堂刻本
2001年摄制. -- 1盘卷片(10米170拍)：
1:10, 2B ；35mm银盐
收藏馆：缩微中心，国图

00O031154

坦庵词曲：六种九卷 / (清)徐石麒撰
清初(1644-1722)南湖享书堂刻本
2004年摄制. -- 1盘卷片(9米160拍)：1:10,
2B ；35mm银盐
收藏馆：缩微中心，国图

00O004464

坦庵词曲：五种八卷 / (清)徐石麒撰
清顺治(1644-1661)刻本
1986年摄制. -- 1盘卷片(7米125拍)：1:10,
2B ；35mm银盐
收藏馆：缩微中心，国图

00O017473

续离骚：四卷 / (清)嵇永仁撰
清(1644-1911)刻本
1993年摄制. -- 1盘卷片(4米38拍)：1:10,
2B ；35mm银盐
收藏馆：缩微中心，国图

00O026602

续离骚：四卷 / (清)嵇永仁撰
清(1644-1911)刻本
1997年摄制. -- 1盘卷片(4米40拍)：1:10,
2B ；35mm银盐
收藏馆：缩微中心，国图

00O000868

明翠湖亭四韵事：四卷 / (清)裘琏撰
清康熙(1662-1722)裘氏绛云居刻本
1985年摄制. -- 1盘卷片(5.1米83拍)：
1:10, 2B ；35mm银盐
收藏馆：缩微中心，国图

00O017462

明翠湖亭四韵事：四卷 / (清)裘琏撰
清康熙(1662-1722)裘氏绛云居刻本
1993年摄制. -- 1盘卷片(5米69拍)：1:10,
2B ；35mm银盐
收藏馆：缩微中心，国图

00O026560

四名家传奇摘出：四卷 / (清)车江英撰
清雍正(1723-1735)刻本
1997年摄制. -- 1盘卷片(6米65拍)：1:10,
2B ；35mm银盐
收藏馆：缩微中心，国图

00O017474

续四声猿：四卷 / (清)张韬撰
清康熙(1662-1722)刻本
1993年摄制. -- 1盘卷片(3米24拍)：1:10,
2B ；35mm银盐
收藏馆：缩微中心，国图

00O027799

太平乐事：一卷 / (清)曹寅撰
清康熙(1662-1722)刻本. -- (清)陈鼎批。
1996年摄制. -- 1盘卷片(3米40拍)：1:10,
2B ；35mm银盐
收藏馆：缩微中心，南京

00O017472

唐堂乐府五种：六卷 / (清)黄兆森撰
清康熙五十五年(1716)黄兆森刻本
1993年摄制. -- 1盘卷片(13米237拍)：

1:10, 2B ; 35mm银盐
收藏馆：缩微中心，国图

000O005343
唐堂乐府五种：六卷 / (清)黄兆森撰
清康熙五十五年(1716)刻本. -- 吴梅跋。
1986年摄制. -- 1盘卷片(12米253拍) :
1:10, 2B ; 35mm银盐
收藏馆：缩微中心，国图

000O026549
四才子奇书：四卷 / (清)黄兆森撰
清康熙五十五年(1716)黄兆森刻博古堂印本
1997年摄制. -- 1盘卷片(7米113拍) : 1:10,
2B ; 35mm银盐
收藏馆：缩微中心，国图

000O027761
忠孝福：二卷 / (清)黄兆森撰
清(1644-1911)刻本
1997年摄制. -- 1盘卷片(8米124拍) : 1:10,
2B ; 35mm银盐
收藏馆：缩微中心，国图

000O026546
镫月闲情：十七种二十卷 / (清)唐英撰
清乾隆(1736-1795)唐氏古柏堂刻本
1997年摄制. -- 1盘卷片(30米617拍) :
1:10, 2B ; 35mm银盐
收藏馆：缩微中心，国图

000O017477
镫月闲情：十五种十七卷 / (清)唐英撰
清乾隆(1736-1795)唐氏古柏堂刻本. -- 存
十四种十六卷。郑振铎跋。
1993年摄制. -- 1盘卷片(25米473拍) :
1:10, 2B ; 35mm银盐
收藏馆：缩微中心，国图

000O017906
研露楼两种曲：二卷 / (清)崔应阶撰
清乾隆(1736-1795)刻本
1993年摄制. -- 1盘卷片(6米86拍) : 1:10,
2B ; 35mm银盐
收藏馆：缩微中心，国图

000O024863
看山阁乐府：二种四卷 / (清)黄图珌撰
清乾隆(1736-1795)黄氏看山阁刻本
1996年摄制. -- 1盘卷片(13米256拍) :
1:10, 2B ; 35mm银盐
收藏馆：缩微中心，南京

000O003889
吟风阁：四卷谱二卷 / (清)杨潮观撰
清乾隆二十九年(1764)杨氏恰好处刻本. --
吴梅跋。
1986年摄制. -- 1盘卷片(16.4米354拍) :
1:10, 2B ; 35mm银盐
收藏馆：缩微中心，国图

000O017476
吟风阁：四卷谱二卷 / (清)杨潮观撰
清乾隆二十九年(1764)杨氏恰好处刻本
1993年摄制. -- 1盘卷片(17米331拍) :
1:10, 2B ; 35mm银盐
收藏馆：缩微中心，国图

000O017478
吟风阁：四卷谱二卷 / (清)杨潮观撰
清乾隆二十九年(1764)杨氏恰好处刻本
1993年摄制. -- 1盘卷片(18米331拍) :
1:10, 2B ; 35mm银盐
收藏馆：缩微中心，国图

000O026534
吟风阁：四卷 / (清)杨潮观撰
清嘉庆二十五年(1820)屋外山房重刻本
1997年摄制. -- 1盘卷片(14米259拍) :
1:10, 2B ; 35mm银盐
收藏馆：缩微中心，国图

000O002842
吟风阁：四卷 / (清)杨潮观撰
清(1644-1911)抄本. -- 吴梅跋。
1986年摄制. -- 1盘卷片(17.5米379拍) :
1:10, 2B ; 35mm银盐
收藏馆：缩微中心，国图

000O026594
无町词余二种：五卷 / (清)曹锡黼撰
清乾隆二十一年(1756)五亩园刻本
1997年摄制. -- 1盘卷片(5米50拍) : 1:10,
2B ; 35mm银盐
收藏馆：缩微中心，国图

000O018429
桃花吟：一卷四色石四卷 / (清)曹锡黼撰
清乾隆(1736-1795)曹氏颐情阁刻本
1993年摄制. -- 1盘卷片(4米51拍) : 1:10,
2B ; 35mm银盐
收藏馆：缩微中心，国图

000O027008
写心杂剧：十八种十八卷 / (清)徐爔撰
清乾隆五十四年(1789)徐氏梦生堂刻本

1997年摄制. -- 1盘卷片(11米185拍) :
1:10, 2B ; 35mm银盐
收藏馆：缩微中心，国图

000O003475
后四声猿散套：四卷 / (清)桂馥撰
清嘉庆九年(1804)刻本. -- 吴梅批点并跋。
1986年摄制. -- 1盘卷片(3米42拍) : 1:10,
2B ; 35mm银盐
收藏馆：缩微中心，国图

000O032042
后四声猿散套：四卷 / (清)桂馥撰
清嘉庆九年(1804)刻本. -- 十行字不等白口
四周双边。吴梅批点并跋。
2011年摄制. -- 1盘卷片(4米45拍) : 1:10,
2B ; 35mm银盐
收藏馆：缩微中心，国图

000O026995
**啸梦轩新演杨状元进谏谪滇南杂剧：一卷 / (清)
刘翚撰 ; (清)方廷熹评**
清乾隆(1736-1795)刻本
1997年摄制. -- 1盘卷片(4米49拍) : 1:10,
2B ; 35mm银盐
收藏馆：缩微中心，国图

000O027409
玉田乐府：八种八卷 / (清)袁栋撰
清乾隆(1736-1795)刻本. -- (清)玉田仙史填
词，(清)无梦道人批阅。
1996年摄制. -- 1盘卷片(7米106拍) : 1:10,
2B ; 35mm银盐
收藏馆：缩微中心，南京

000O017919
青溪笑：二卷 / [题](清)蓉鸥漫叟撰
清嘉庆(1796-1820)刻本
1993年摄制. -- 1盘卷片(7米99拍) : 1:10,
2B ; 35mm银盐
收藏馆：缩微中心，国图

000O026984
宽大诏：一卷 / (清)王诉撰
清嘉庆二十年(1815)刻本
1997年摄制. -- 1盘卷片(4米46拍) : 1:10,
2B ; 35mm银盐
收藏馆：缩微中心，国图

000O018430
花间九奏：九卷 / (清)石韫玉撰
清(1644-1911)石氏花韵庵刻本
1993年摄制. -- 1盘卷片(5米54拍) : 1:10,

2B ; 35mm银盐
收藏馆：缩微中心，国图

000O026537
花间九奏：九卷 / (清)石韫玉撰
清(1644-1911)石氏花韵庵刻本
1997年摄制. -- 1盘卷片(4米54拍) : 1:10,
2B ; 35mm银盐
收藏馆：缩微中心，国图

000O017492
**三星圆：初集二卷二集二卷三集二卷四集二卷 /
(清)王懋昭撰**
清嘉庆十五年(1810)尺木堂刻本
1993年摄制. -- 1盘卷片(31米593拍) :
1:10, 2B ; 35mm银盐
收藏馆：缩微中心，国图

000O027018
一亭霜：二卷 / (清)刘永安撰
清(1644-1911)抄本
1997年摄制. -- 1盘卷片(10米160拍) :
1:10, 2B ; 35mm银盐
收藏馆：缩微中心，国图

000O027019
鸳鸯扇：二卷 / (清)刘永安撰
清(1644-1911)抄本
1997年摄制. -- 1盘卷片(9米144拍) : 1:10,
2B ; 35mm银盐
收藏馆：缩微中心，国图

000O020555
荡妇秋思：一卷 ; 葬花：一卷 / (清)孔昭虔撰
清(1644-1911)稿本. -- 有校点。
1994年摄制. -- 1盘卷片(4米41拍) : 1:10,
2B ; 35mm银盐
收藏馆：缩微中心，山东

000O017176
补天石传奇八种：八卷 / (清)周文泉撰
清(1644-1911)稿本. -- (清)吕思湛、(清)张
浐跋。
1993年摄制. -- 1盘卷片(19米393拍) :
1:10, 2B ; 35mm银盐
收藏馆：缩微中心，山东

000O017924
小四梦：四卷 / (清)梁廷枏撰
清道光(1821-1850)刻本
1993年摄制. -- 1盘卷片(13米240拍) :
1:10, 2B ; 35mm银盐
收藏馆：缩微中心，国图

000O026531
断缘梦杂剧：一卷；江梅梦杂剧：一卷；昙花梦
杂剧：一卷 / (清)梁廷枏撰
清(1644-1911)刻本
1997年摄制. -- 1盘卷片(10米163拍) ：
1:10, 2B ；35mm银盐
收藏馆：缩微中心, 国图

000O007551
春灯玉簪记：一卷；春灯雁书记：一卷 /
[题](清)今樵居士撰
稿本. -- 李鉥、张凤翺、章启昆题词。
1987年摄制. -- 1盘卷片(4米63拍) ：1:10,
2B ；35mm银盐
收藏馆：缩微中心, 国图

000O025977
桃花圣解庵乐府：二卷 / (清)李慈铭撰
清(1644-1911)稿本
1996年摄制. -- 1盘卷片(3米33拍) ：1:10,
2B ；35mm银盐
收藏馆：缩微中心, 浙江

000O018415
遗真记：六卷 / (清)廖景文撰
清乾隆(1736-1795)恢心堂刻本. -- 附：题词
一卷诗话一卷。
1993年摄制. -- 1盘卷片(6米74拍) ：1:10,
2B ；35mm银盐
收藏馆：缩微中心, 国图

000O005229
红楼梦散套：十六卷 / [题](清)荆石山民撰
清嘉庆(1796-1820)蟾波阁刻本. -- 吴梅跋。
1985年摄制. -- 1盘卷片(10米188拍) ：
1:10, 2B ；35mm银盐
收藏馆：缩微中心, 国图

000O006504
小螺斋腊尽春回传奇：一卷 / [题](清)金牛湖半
邨主人撰
清(1644-1911)抄本
1987年摄制. -- 1盘卷片(3米34拍) ：1:10,
2B ；35mm银盐
收藏馆：缩微中心, 国图

000O006766
雄黄阵：不分卷
清(1644-1911)抄本
1987年摄制. -- 1盘卷片(3米21拍) ：1:10,
2B ；35mm银盐
收藏馆：缩微中心, 国图

000O006388
雅观楼：不分卷
清(1644-1911)抄本
1987年摄制. -- 1盘卷片(3米32拍) ：1:10,
2B ；35mm银盐
收藏馆：缩微中心, 国图

000O028840
雅观楼：四卷十六回 / [题](清)檀园主人编
清(1644-1911)芥轩刻本
1998年摄制. -- 1盘卷片(10米188拍) ：
1:10, 2B ；35mm银盐
收藏馆：缩微中心, 天津

000O006386
调元乐：不分卷
清(1644-1911)抄本
1987年摄制. -- 1盘卷片(3米24拍) ：1:10,
2B ；35mm银盐
收藏馆：缩微中心, 国图

000O026570
天香庆节：□□卷
清(1644-1911)抄本. -- 存二卷：卷一至卷
二。
1997年摄制. -- 1盘卷片(5米66拍) ：1:10,
2B ；35mm银盐
收藏馆：缩微中心, 国图

000O026544
天香庆节：一卷
清(1644-1911)抄本
1997年摄制. -- 1盘卷片(8米128拍) ：1:10,
2B ；35mm银盐
收藏馆：缩微中心, 国图

000O006620
云峰集瑞：一卷
清(1644-1911)秋水山房抄本
1987年摄制. -- 1盘卷片(3米18拍) ：1:10,
2B ；35mm银盐
收藏馆：缩微中心, 国图

000O027007
饲蚕记：四卷 / (清)王文治撰
清乾隆(1736-1795)抄本
1997年摄制. -- 1盘卷片(3米25拍) ：1:10,
2B ；35mm银盐
收藏馆：缩微中心, 国图

000O004428
浙江迎銮乐府：九卷 / (清)王文治撰
清道光(1821-1850)刻本

1986年摄制. -- 1盘卷片(5米100拍) ： 1:10,
2B ； 35mm银盐
收藏馆：缩微中心，国图

000O026535
西江祝嘏四种：四卷 / (清)蒋士铨撰
清乾隆(1736-1795)刻本
1997年摄制. -- 1盘卷片(7米103拍) ： 1:10,
2B ； 35mm银盐
收藏馆：缩微中心，国图

000O001394
节节好音：□□卷
清(1644-1911)内府五色抄本. -- 存八十六
卷。
1985年摄制. -- 1盘卷片(21.5米475拍) ：
1:10, 2B ； 35mm银盐
收藏馆：缩微中心，国图

000O031875
节节好音：□□卷
清(1644-1911)内府五色抄本. -- 存八十六
卷。
2010年摄制. -- 2盘卷片(39米695拍) ：
1:10, 2B ； 35mm银盐
收藏馆：缩微中心，国图

000O020060
天人普庆：十四出
清(1644-1911)抄本
1994年摄制. -- 1盘卷片(6米77拍) ： 1:10,
2B ； 35mm银盐
收藏馆：缩微中心，国图

000O017922
清内廷承应剧本：二十种二十卷
清(1644-1911)升平署抄本
1993年摄制. -- 1盘卷片(7米110拍) ： 1:10,
2B ； 35mm银盐
收藏馆：缩微中心，国图

000O017483
太平班杂剧：五卷
清(1644-1911)抄本
1993年摄制. -- 1盘卷片(6米69拍) ： 1:10,
2B ； 35mm银盐
收藏馆：缩微中心，国图

000O023471
绣刻演剧：□□卷
明(1368-1644)唐氏富春堂刻本. -- 存七种。
1995年摄制. -- 1盘卷片(25米421拍) ：
1:10, 2B ； 35mm银盐

收藏馆：缩微中心，国图

000O031153
绣刻演剧：六十种一百二十卷 / (明)毛晋编
明末(1621-1644)毛氏汲古阁刻本. -- 存
五十八种一百十六卷。
2004年摄制. -- 13盘卷片(384米8165拍) ：
1:9, 2B ； 35mm银盐
收藏馆：缩微中心，国图

000O026568
绣刻演剧：六十种一百二十卷 / (明)毛晋编
明末(1621-1644)毛氏汲古阁刻本. -- 存四种
八卷。
1997年摄制. -- 2盘卷片(36米699拍) ：
1:10, 2B ； 35mm银盐
收藏馆：缩微中心，国图

000O031011
十种传奇：二十二卷
明末(1621-1644)刻本
2004年摄制. -- 2盘卷片(48米985拍) ：
1:10, 2B ； 35mm银盐
收藏馆：缩微中心，国图

000O026548
六合同春：十二卷
明(1368-1644)书林萧腾鸿刻清乾隆十二年
(1747)修文堂印本
1997年摄制. -- 1盘卷片(22米485拍) ：
1:10, 2B ； 35mm银盐
收藏馆：缩微中心，国图

000O001660
演剧：十三种
清(1644-1911)抄本
1986年摄制. -- 3盘卷片(79米1761拍) ：
1:10, 2B ； 35mm银盐
收藏馆：缩微中心，国图

000O000643
万锦清音：四卷
明(1368-1644)刻本
1985年摄制. -- 1盘卷片(9.1米178拍) ：
1:10, 2B ； 35mm银盐
收藏馆：缩微中心，国图

000O026587
戏曲二十一种：二十一卷
清(1644-1911)抄本
1997年摄制. -- 1盘卷片(17米310拍) ：
1:10, 2B ； 35mm银盐
收藏馆：缩微中心，国图

00O017430
重校琵琶记：四卷释义大全一卷 / (元)高明撰
明万历二十六年(1598)陈氏继志斋刻本. --
郑振铎跋。
1993年摄制. -- 1盘卷片(10米167拍)：
1:10, 2B；35mm银盐
收藏馆：缩微中心，国图

00O031947
琵琶记：四卷附录一卷 / (元)高明撰；(明)凌濛
初校评
明(1368-1644)凌延喜刻套印本
2010年摄制. -- 1盘卷片(13米212拍)：
1:13, 2B；35mm银盐
收藏馆：缩微中心，国图

00O017878
琵琶记：四卷 / (元)高明撰
明(1368-1644)凌濛初刻套印本
1993年摄制. -- 1盘卷片(10米173拍)：
1:10, 2B；35mm银盐
收藏馆：缩微中心，国图

00O031956
琵琶记：四卷 / (元)高明撰
明(1368-1644)凌濛初刻套印本
2010年摄制. -- 1盘卷片(13米211拍)：
1:12, 2B；35mm银盐
收藏馆：缩微中心，国图

00O017858
李卓吾先生批评琵琶记：二卷 / (元)高明撰；
(明)李贽评
明(1368-1644)容与堂刻本
1993年摄制. -- 1盘卷片(10米179拍)：
1:10, 2B；35mm银盐
收藏馆：缩微中心，国图

00O016269
三先生合评元本琵琶记：二卷 / (元)高明撰；
(明)李贽,(明)汤显祖,(明)徐渭评
明末(1621-1644)刻本
1993年摄制. -- 1盘卷片(11米252拍)：
1:10, 2B；35mm银盐
收藏馆：缩微中心，国图

00O018535
新刻魏仲雪先生批点琵琶记：二卷 / (元)高明撰；
(明)魏浣初评；(明)李裔蕃注
明末(1621-1644)刻本
1993年摄制. -- 1盘卷片(7米100拍)：1:10,
2B；35mm银盐
收藏馆：缩微中心，国图

00O014410
元本大板释义全像音释琵琶记：三卷 / (元)高明
撰
明(1368-1644)云林别墅刻本
1992年摄制. -- 1盘卷片(9米153拍)：1:10,
2B；35mm银盐
收藏馆：缩微中心，国图

00O015075
伯喈定本琵琶记：二卷 / (元)高明撰；(明)槃薖
硕人改定
明(1368-1644)刻本
1992年摄制. -- 1盘卷片(9米146拍)：1:10,
2B；35mm银盐
收藏馆：缩微中心，国图

00O015854
琵琶记：三卷释义一卷 / (元)高明撰
明(1368-1644)刻本
1993年摄制. -- 1盘卷片(10米178拍)：
1:10, 2B；35mm银盐
收藏馆：缩微中心，国图

00O017839
琵琶记：三卷释义一卷 / (元)高明撰
明(1368-1644)刻本
1993年摄制. -- 1盘卷片(10米180拍)：
1:10, 2B；35mm银盐
收藏馆：缩微中心，国图

00O026585
琵琶记：三卷 / (元)高明撰
清(1644-1911)抄本. -- 存一卷：卷中。
1997年摄制. -- 1盘卷片(6米92拍)：1:10,
2B；35mm银盐
收藏馆：缩微中心，国图

00O027213
琵琶记：一卷 / (元)高明撰 . 连环记：一卷 /
(明)王济撰 . 意中缘：一卷 / (清)李渔撰
清(1644-1911)抄本
1997年摄制. -- 1盘卷片(4米40拍)：1:10,
2B；35mm银盐
收藏馆：缩微中心，国图

00O022407
蔡中郎忠孝传：四卷 / (元)高明撰
明(1368-1644)刻本
1995年摄制. -- 1盘卷片(10米175拍)：
1:10, 2B；35mm银盐
收藏馆：缩微中心，国图

000O029347
绘风亭评第七才子书琵琶记：六卷 / (元)高明撰．
才子琵琶写情篇：一卷释义一卷 / (清)陈方平辑
清(1644-1911)映秀堂刻本
1999年摄制． -- 1盘卷片（26米559拍）：
1:10，2B；35mm银盐
收藏馆：缩微中心，湖南

000O012582
镜香园毛声山评第七才子书：十二卷首一卷 /
(元)高明撰；(清)毛宗岗评
清(1644-1911)金陵张元振刻聚锦堂印本
1990年摄制． -- 1盘卷片（24.1米538拍）：
1:10，2B；35mm银盐
收藏馆：缩微中心，辽宁

000O017439
新刻原本王状元荆钗记：二卷 / (明)朱权撰
清(1644-1911)影抄本． -- 据明姑苏叶氏刻本
影抄。
1993年摄制． -- 1盘卷片（7米115拍）：1:10，
2B；35mm银盐
收藏馆：缩微中心，国图

000O018718
古本荆钗记：二卷 / (明)朱权撰
明(1368-1644)刻本． -- 吴梅、金兆蕃跋。
1994年摄制． -- 1盘卷片（10米172拍）：
1:10，2B；35mm银盐
收藏馆：缩微中心，国图

000O019182
李卓吾先生批评古本荆钗记：二卷 / (明)朱权撰；
(明)李贽评
明(1368-1644)刻本． -- 存一卷：卷上。
1994年摄制． -- 1盘卷片（6米78拍）：1:10，
2B；35mm银盐
收藏馆：缩微中心，国图

000O004218
新刻出像音注增补刘智远白兔记：二卷
明(1368-1644)金陵唐氏富春堂刻本
1986年摄制． -- 1盘卷片（6米87拍）：1:10，
2B；35mm银盐
收藏馆：缩微中心，国图

000O017844
新刊重订出相附释标注拜月亭记：二卷 / (元)施
惠撰
明万历十七年(1589)唐氏世德堂刻本
1993年摄制． -- 1盘卷片（6米92拍）：1:10，
2B；35mm银盐
收藏馆：缩微中心，国图

000O014924
重校拜月亭记：二卷 / (元)施惠撰；(明)罗懋登
注释
明(1368-1644)刻本
1992年摄制． -- 1盘卷片（6米87拍）：1:10，
2B；35mm银盐
收藏馆：缩微中心，国图

000O016200
重校拜月亭记：二卷 / (元)施惠撰；(明)罗懋登
注释
明(1368-1644)德寿堂刻本． -- 王国维跋。
1993年摄制． -- 1盘卷片（6米94拍）：1:10，
2B；35mm银盐
收藏馆：缩微中心，国图

000O018540
李卓吾先生批评幽闺记：二卷 / (元)施惠撰；
(明)李贽评
明(1368-1644)容与堂刻本
1993年摄制． -- 1盘卷片（8米128拍）：1:10，
2B；35mm银盐
收藏馆：缩微中心，国图

000O023470
李卓吾先生批评幽闺记：二卷 / (元)施惠撰；
(明)李贽评
明(1368-1644)容与堂刻本
1995年摄制． -- 1盘卷片（8米132拍）：1:10，
2B；35mm银盐
收藏馆：缩微中心，国图

000O004147
鼎镌幽闺记：二卷 / (元)施惠撰；(明)陈继儒评
明(1368-1644)书林萧腾鸿刻师俭堂印本
1986年摄制． -- 1盘卷片（5.7米98拍）：
1:10，2B；35mm银盐
收藏馆：缩微中心，国图

000O027617
幽闺记：二卷 / (元)施惠撰
明末(1621-1644)毛氏汲古阁刻绣刻演剧六十
种本
1997年摄制． -- 1盘卷片（8米129拍）：1:10，
2B；35mm银盐
收藏馆：缩微中心，国图

000O004149
杀狗记：二卷 / (明)徐畛撰；(明)冯梦龙重订
明末(1621-1644)毛氏汲古阁刻绣刻演剧六十
种本． -- 吴梅跋。
1986年摄制． -- 1盘卷片（8.2米159拍）：
1:10，2B；35mm银盐

收藏馆：缩微中心，国图

000O031724
杀狗记：二卷 / (明)徐畤撰；(明)冯梦龙重订
明末(1621-1644)毛氏汲古阁刻绣刻演剧六十
种本
2005年摄制. -- 1盘卷片(10米170拍) ：
1:10，2B ；35mm银盐
收藏馆：缩微中心，国图

000O023078
重校五伦传香囊记：二卷 / (明)邵璨撰
明(1368-1644)陈氏继志斋刻本
1995年摄制. -- 1盘卷片(6米91拍) ：1:10，
2B ；35mm银盐
收藏馆：缩微中心，国图

000O026543
香囊记：二卷 / (明)邵璨撰
明末(1621-1644)毛氏汲古阁刻绣刻演剧六十
种本
1997年摄制. -- 1盘卷片(9米149拍) ：1:10，
2B ；35mm银盐
收藏馆：缩微中心，国图

000O018010
新刻出像音注张许双忠记：二卷 / (明)姚茂良撰
明(1368-1644)唐氏富春堂刻本
1993年摄制. -- 1盘卷片(5米54拍) ：1:10，
2B ；35mm银盐
收藏馆：缩微中心，国图

000O004456
双忠记：二卷 / (明)姚茂良撰
明末(1621-1644)毛氏汲古阁刻绣刻演剧六十
种本. -- 吴梅跋。
1986年摄制. -- 1盘卷片(7米125拍) ：1:10，
2B ；35mm银盐
收藏馆：缩微中心，国图

000O026584
连环记：不分卷 / (明)王济撰
清(1644-1911)抄本
1997年摄制. -- 1盘卷片(7米103拍) ：1:10，
2B ；35mm银盐
收藏馆：缩微中心，国图

000O014709
鼎镌出相点板千金记：二卷 / (明)沈采撰
明(1368-1644)崇文堂刻本
1992年摄制. -- 1盘卷片(6米93拍) ：1:10，
2B ；35mm银盐
收藏馆：缩微中心，国图

000O026612
千金记：二卷 / (明)沈采撰
清康熙(1662-1722)内府抄本. -- 存一卷：卷
上。
1997年摄制. -- 1盘卷片(4米54拍) ：1:10，
2B ；35mm银盐
收藏馆：缩微中心，国图

000O026597
千金记：二卷 / (明)沈采撰
清(1644-1911)抄本
1997年摄制. -- 1盘卷片(6米88拍) ：1:10，
2B ；35mm银盐
收藏馆：缩微中心，国图

000O023442
新刻出像音注花栏韩信千金记：四卷 / (明)沈采撰
明(1368-1644)富春堂刻本
1995年摄制. -- 1盘卷片(7米109拍) ：1:10，
2B ；35mm银盐
收藏馆：缩微中心，国图

000O003280
新刊合并陆天池西厢记：二卷 / (明)陆采撰
明(1368-1644)周居易刻本. -- 存一卷：卷
下。
1986年摄制. -- 1盘卷片(4米47拍) ：1:10，
2B ；35mm银盐
收藏馆：缩微中心，国图

000O026872
明珠记：二卷 / (明)陆采撰；(明)陈继儒批评
明(1368-1644)师俭堂刻本
1996年摄制. -- 1盘卷片(8米140拍) ：1:10，
2B ；35mm银盐
收藏馆：缩微中心，南京

000O012671
明珠记：五卷；王无双传：一卷 / (明)陆采撰
明(1368-1644)刻朱墨套印本
1990年摄制. -- 1盘卷片(11.4米238拍) ：
1:10，2B ；35mm银盐
收藏馆：缩微中心，辽宁

000O007033
新编林冲宝剑记：二卷 / (明)李开先撰
明嘉靖二十八年(1549)李开先刻本
1987年摄制. -- 1盘卷片(9米173拍) ：1:10，
2B ；35mm银盐
收藏馆：缩微中心，国图

00O014587
新编目连救母劝善戏文：三卷 / (明)郑之珍撰
明万历十年(1582)郑氏高石山房刻本
1992年摄制. -- 1盘卷片(16米292拍) :
1:10, 2B ; 35mm银盐
收藏馆：缩微中心，国图

00O029152
新编目连救母劝善戏文：三卷 / (明)郑之珍撰
明万历十年(1582)郑氏高石山房刻本
1999年摄制. -- 1盘卷片(15米351拍) :
1:10, 2B ; 35mm银盐
收藏馆：缩微中心，国图

00O016740
目连救母劝善戏文：三卷 / (明)郑之珍撰
明万历十年(1582)高石山房刻本
1993年摄制. -- 1盘卷片(15米294拍) :
1:10, 2B ; 35mm银盐
收藏馆：缩微中心，国图

00O013417
**新刻出相音注劝善目连救母行孝戏文：八卷 /
(明)郑之珍撰**
明(1368-1644)唐氏富春堂刻本
1991年摄制. -- 1盘卷片(14米250拍) :
1:10, 2B ; 35mm银盐
收藏馆：缩微中心，国图

00O017929
南西厢记：二卷 / (明)李日华撰
明(1368-1644)刻本
1993年摄制. -- 1盘卷片(7米104拍) : 1:10,
2B ; 35mm银盐
收藏馆：缩微中心，国图

00O017440
重校苏季子金印记：二卷 / (明)苏复之撰
明(1368-1644)陈氏继志斋刻本
1993年摄制. -- 1盘卷片(5米70拍) : 1:10,
2B ; 35mm银盐
收藏馆：缩微中心，国图

00O018538
**重校金印记：四卷 / (明)苏复之撰；(明)罗懋登
释义**
明(1368-1644)刻本
1993年摄制. -- 1盘卷片(7米111拍) : 1:10,
2B ; 35mm银盐
收藏馆：缩微中心，国图

00O014375
评点凤求凰：二卷 / [题](明)澹慧居士撰

明(1368-1644)刻本. -- 吴梅、卢前跋。
1992年摄制. -- 1盘卷片(5米56拍) : 1:10,
2B ; 35mm银盐
收藏馆：缩微中心，国图

00O017452
刻李九我先生批评破窑记：二卷
明(1368-1644)书林陈含初詹林我刻本
1993年摄制. -- 1盘卷片(7米92拍) : 1:10,
2B ; 35mm银盐
收藏馆：缩微中心，国图

00O023300
新刻出像音注岳飞破虏东窗记：二卷
明(1368-1644)富春堂刻本
1995年摄制. -- 1盘卷片(5米68拍) : 1:10,
2B ; 35mm银盐
收藏馆：缩微中心，国图

00O027025
牧羊记：二卷
清(1644-1911)内府抄本. -- 存一卷：卷下。
1997年摄制. -- 1盘卷片(4米30拍) : 1:10,
2B ; 35mm银盐
收藏馆：缩微中心，国图

00O004207
**新刻魏仲雪先生批评投笔记：二卷 / (明)丘濬撰；
(明)魏浣初评；(明)李裔藩注**
明(1368-1644)书林存诚堂刻本
1985年摄制. -- 1盘卷片(6米106拍) : 1:10,
2B ; 35mm银盐
收藏馆：缩微中心，国图

00O016170
重校班仲升投笔记：二卷 / (明)丘濬撰
明(1368-1644)陈氏继志斋刻本
1993年摄制. -- 1盘卷片(6米94拍) : 1:10,
2B ; 35mm银盐
收藏馆：缩微中心，国图

00O018729
新刻吴越春秋乐府：二卷 / (明)梁辰鱼撰
明(1368-1644)刻本. -- 存一卷：卷下。
1994年摄制. -- 1盘卷片(4米51拍) : 1:10,
2B ; 35mm银盐
收藏馆：缩微中心，国图

00O013323
怡阁浣纱记：二卷 / (明)梁辰鱼撰
明末(1621-1644)读书坊刻本
1991年摄制. -- 1盘卷片(8.9米172拍) :
1:9, 2B ; 35mm银盐

收藏馆：缩微中心，重庆

00O026556
浣纱记：二卷 / (明)梁辰鱼撰
清(1644-1911)抄本
1997年摄制. -- 1盘卷片(5米52拍) : 1:10,
2B ; 35mm银盐
收藏馆：缩微中心，国图

00O031771
浣纱记：二卷 / (明)梁辰鱼撰
清(1644-1911)抄本
2005年摄制. -- 1盘卷片(6米90拍) : 1:10,
2B ; 35mm银盐
收藏馆：缩微中心，国图

00O023444
重校浣纱记：四卷 / (明)梁辰鱼撰
明(1368-1644)刻本
1995年摄制. -- 1盘卷片(7米101拍) : 1:10,
2B ; 35mm银盐
收藏馆：缩微中心，国图

00O026576
鸣凤记：二卷 / (明)王世贞撰
清乾隆(1736-1795)内府抄本. -- 存一卷：卷
上。
1997年摄制. -- 1盘卷片(5米61拍) : 1:10,
2B ; 35mm银盐
收藏馆：缩微中心，国图

00O014585
绣襦记：四卷 / (明)薛近兖撰
明(1368-1644)刻套印本
1992年摄制. -- 1盘卷片(10米172拍) :
1:10, 2B ; 35mm银盐
收藏馆：缩微中心，国图

00O019766
绣襦记：四卷 / (明)薛近兖撰
明(1368-1644)刻套印本
1994年摄制. -- 1盘卷片(10米172拍) :
1:10, 2B ; 35mm银盐
收藏馆：缩微中心，国图

00O022412
绣襦记：四卷 / (明)薛近兖撰
明(1368-1644)刻朱墨套印本
1995年摄制. -- 1盘卷片(10米172拍) :
1:10, 2B ; 35mm银盐
收藏馆：缩微中心，国图

00O031969
绣襦记：四卷 / (明)薛近兖撰
明(1368-1644)刻套印本
2010年摄制. -- 1盘卷片(10米232拍) :
1:12, 2B ; 35mm银盐
收藏馆：缩微中心，国图

00O023479
红拂记传奇：二卷 / (明)张凤翼撰
明末(1621-1644)刻本
1995年摄制. -- 1盘卷片(5米76拍) : 1:10,
2B ; 35mm银盐
收藏馆：缩微中心，国图

00O016204
重校红拂记：二卷 / (明)张凤翼撰
明(1368-1644)陈氏继志斋刻本
1993年摄制. -- 1盘卷片(5米62拍) : 1:10,
2B ; 35mm银盐
收藏馆：缩微中心，国图

00O018422
新镌红拂记：二卷 / (明)张凤翼撰
明(1368-1644)汪氏玩虎轩刻本. -- 存一卷：
卷下。
1993年摄制. -- 1盘卷片(4米42拍) : 1:10,
2B ; 35mm银盐
收藏馆：缩微中心，国图

00O004409
李卓吾先生批评红拂记：二卷 / (明)张凤翼撰；
(明)李贽评
明(1368-1644)容与堂刻本. -- 存一卷：卷
下。
1986年摄制. -- 1盘卷片(4米60拍) : 1:10,
2B ; 35mm银盐
收藏馆：缩微中心，国图

00O023474
李卓吾先生批评红拂记：二卷 / (明)张凤翼撰；
(明)李贽评
明(1368-1644)容与堂刻本
1995年摄制. -- 1盘卷片(6米96拍) : 1:10,
2B ; 35mm银盐
收藏馆：缩微中心，国图

00O014580
红拂记：四卷 / (明)张凤翼撰；(明)汤显祖评
明(1368-1644)凌玄洲刻套印本
1992年摄制. -- 1盘卷片(8米136拍) : 1:10,
2B ; 35mm银盐
收藏馆：缩微中心，国图

00O018426
红拂记：四卷 / (明)张凤翼撰；(明)汤显祖评
明(1368-1644)凌玄洲刻套印本. -- 存一卷：
卷一。
1993年摄制. -- 1盘卷片(4米32拍) ：1:10,
2B ；35mm银盐
收藏馆：缩微中心，国图

00O023298
红拂记：四卷 / (明)张凤翼撰；(明)汤显祖评
明(1368-1644)凌玄洲刻套印本
1995年摄制. -- 1盘卷片(9米144拍) ：1:10,
2B ；35mm银盐
收藏馆：缩微中心，国图

00O031930
红拂记：四卷 / (明)张凤翼撰；(明)汤显祖评
明(1368-1644)凌玄洲刻套印本
2010年摄制. -- 1盘卷片(9米130拍) ：1:11,
2B ；35mm银盐
收藏馆：缩微中心，国图

00O032005
红拂记：四卷 / (明)张凤翼撰；(明)汤显祖评
明(1368-1644)凌玄洲刻套印本. -- 八行十八
字白口四周单边。
2010年摄制. -- 1盘卷片(11米176拍) ：
1:13, 2B ；35mm银盐
收藏馆：缩微中心，国图

00O032009
红拂记：四卷 / (明)张凤翼撰；(明)汤显祖评
明(1368-1644)凌玄洲刻套印本. -- 八行十八
字白口四周单边。存一卷：卷一。
2010年摄制. -- 1盘卷片(4米49拍) ：1:13,
2B ；35mm银盐
收藏馆：缩微中心，国图

00O004430
鼎镌红拂记：二卷 / (明)张凤翼撰；[题](明)陈继
儒评
明(1368-1644)书林萧腾鸿刻本
1986年摄制. -- 1盘卷片(5米100拍) ：1:10,
2B ；35mm银盐
收藏馆：缩微中心，国图

00O023475
新刻出像音注点板徐孝克孝义祝发记：二卷 /
(明)张凤翼撰
明(1368-1644)富春堂刻本
1995年摄制. -- 1盘卷片(5米63拍) ：1:10,
2B ；35mm银盐
收藏馆：缩微中心，国图

00O022413
重校孝义祝发记：二卷 / (明)张凤翼撰
明(1368-1644)陈氏继志斋刻本
1995年摄制. -- 1盘卷片(9米149拍) ：1:10,
2B ；35mm银盐
收藏馆：缩微中心，国图

00O007041
窃符记：二卷 / (明)张凤翼撰
清(1644-1911)抄本. -- 卢前题款。
1987年摄制. -- 1盘卷片(4米60拍) ：1:10,
2B ；35mm银盐
收藏馆：缩微中心，国图

00O006448
吐绒记：不分卷
清(1644-1911)抄本
1987年摄制. -- 1盘卷片(4米53拍) ：1:10,
2B ；35mm银盐
收藏馆：缩微中心，国图

00O001066
新刻出相点板樱桃记：二卷 / (明)史槃撰
明末(1621-1644)刻本
1985年摄制. -- 1盘卷片(5米75拍) ：1:10,
2B ；35mm银盐
收藏馆：缩微中心，国图

00O018760
新刻宋璟鹣钗记：二卷 / (明)史槃撰
明(1368-1644)书林杨居寀刻本
1994年摄制. -- 1盘卷片(6米75拍) ：1:10,
2B ；35mm银盐
收藏馆：缩微中心，国图

00O017868
新刻全像易鞋记：二卷
明(1368-1644)唐氏文林阁刻本
1993年摄制. -- 1盘卷片(6米83拍) ：1:10,
2B ；35mm银盐
收藏馆：缩微中心，国图

00O022414
重校玉簪记：二卷 / (明)高濂撰
明(1368-1644)陈氏继志斋刻本
1995年摄制. -- 1盘卷片(5米70拍) ：1:10,
2B ；35mm银盐
收藏馆：缩微中心，国图

00O017431
新镌女贞观重会玉簪记：二卷 / (明)高濂撰
明(1368-1644)刻本. -- 郑振铎跋。
1993年摄制. -- 1盘卷片(6米82拍) ：1:10,

2B ；35mm银盐
收藏馆：缩微中心，国图

000O000911
鼎镌玉簪记：二卷 / (明)高濂撰；(明)陈继儒评
明(1368-1644)书林萧腾鸿刻本
1985年摄制. -- 1盘卷片(5.5米90拍)：
1:10，2B；35mm银盐
收藏馆：缩微中心，国图

000O026582
玉簪记：二卷 / (明)高濂撰
清(1644-1911)抄本. -- 存一卷：卷上。
1997年摄制. -- 1盘卷片(4米49拍)：1:10，
2B；35mm银盐
收藏馆：缩微中心，国图

000O001087
锲重订出像注释节孝记：二卷 / (明)高濂撰
明(1368-1644)唐氏世德堂刻本
1985年摄制. -- 1盘卷片(5.7米96拍)：
1:10，2B；35mm银盐
收藏馆：缩微中心，国图

000O017429
昙花记：二卷 / (明)屠隆撰
明(1368-1644)天绘楼刻本
1993年摄制. -- 1盘卷片(10米170拍)：
1:10，2B；35mm银盐
收藏馆：缩微中心，国图

000O004139
昙花记：二卷 / (明)屠隆撰
明末(1621-1644)汲古阁刻绣刻演剧六十种本. -- 吴梅跋。
1986年摄制. -- 1盘卷片(11.6米238拍)：
1:10，2B；35mm银盐
收藏馆：缩微中心，国图

000O017471
昙花记：二卷 / (明)屠隆撰
明末(1621-1644)毛氏汲古阁刻绣刻演剧六十种本
1993年摄制. -- 1盘卷片(13米210拍)：
1:10，2B；35mm银盐
收藏馆：缩微中心，国图

000O027011
昙花记：二卷 / (明)屠隆撰
明末(1621-1644)毛氏汲古阁刻绣刻演剧六十种本. -- (清)金绍纶跋。
1997年摄制. -- 1盘卷片(12米223拍)：
1:10，2B；35mm银盐

收藏馆：缩微中心，国图

000O017435
昙花记：四卷 / (明)屠隆撰
明(1368-1644)刻套印本. -- 存二卷：卷一至卷二。
1993年摄制. -- 1盘卷片(6米78拍)：1:10，
2B；35mm银盐
收藏馆：缩微中心，国图

000O025036
重校吕真人黄粱梦境记：二卷 / (明)苏汉英撰
明(1368-1644)陈氏继志斋刻本
1996年摄制. -- 1盘卷片(5米63拍)：1:10，
2B；35mm银盐
收藏馆：缩微中心，国图

000O024687
樱桃梦：二卷 / (明)陈与郊撰
明万历四十四年(1616)刻本
1996年摄制. -- 1盘卷片(7.5米127拍)：
1:10，2B；35mm银盐
收藏馆：缩微中心，浙江

000O023069
灵宝刀：二卷 / (明)陈与郊撰
明万历四十五年(1617)陈与郊刻本
1995年摄制. -- 1盘卷片(6米91拍)：1:10，
2B；35mm银盐
收藏馆：缩微中心，国图

000O004407
麒麟罽：二卷 / (明)陈与郊撰
明(1368-1644)清白堂刻本. -- 吴梅跋。
1986年摄制. -- 1盘卷片(5.5米94拍)：
1:10，2B；35mm银盐
收藏馆：缩微中心，国图

000O016255
鹦鹉洲：二卷 / (明)陈与郊撰
明万历四十五年(1617)陈与郊刻本
1993年摄制. -- 1盘卷片(6米91拍)：1:10，
2B；35mm银盐
收藏馆：缩微中心，国图

000O000935
重校锦笺记：二卷 / (明)周履靖撰
明万历三十六年(1608)陈氏继志斋刻本
1985年摄制. -- 1盘卷片(5.9米101拍)：
1:10，2B；35mm银盐
收藏馆：缩微中心，国图

000O020027
玉茗堂四种传奇：八卷 / (明)汤显祖撰；(明)臧
懋循订
明(1368-1644)刻清乾隆二十六年(1761)书业
堂重修本
1994年摄制. -- 1盘卷片(27米540拍) :
1:10, 2B ; 35mm银盐
收藏馆：缩微中心, 国图

000O015849
重校紫钗记：二卷 / (明)汤显祖撰
明万历三十年(1602)陈氏继志斋刻本
1993年摄制. -- 1盘卷片(8米123拍) : 1:10,
2B ; 35mm银盐
收藏馆：缩微中心, 国图

000O004037
柳浪馆批评玉茗堂紫钗记：二卷 / (明)汤显祖撰
明(1368-1644)刻本
1985年摄制. -- 1盘卷片(9米174拍) : 1:10,
2B ; 35mm银盐
收藏馆：缩微中心, 国图

000O016773
紫钗记：二卷 / (明)汤显祖撰
明(1368-1644)刻玉茗堂全集本
1993年摄制. -- 1盘卷片(11米194拍) :
1:10, 2B ; 35mm银盐
收藏馆：缩微中心, 国图

000O004468
紫钗记：二卷 / (明)汤显祖撰；(明)臧懋循改订
明万历(1573-1620)刻本. -- 吴梅批点并跋。
1986年摄制. -- 1盘卷片(8米155拍) : 1:10,
2B ; 35mm银盐
收藏馆：缩微中心, 国图

000O013422
牡丹亭还魂记：二卷 / (明)汤显祖撰
明万历(1573-1620)刻本
1991年摄制. -- 1盘卷片(9米158拍) : 1:10,
2B ; 35mm银盐
收藏馆：缩微中心, 国图

000O014413
牡丹亭还魂记：二卷 / (明)汤显祖撰
明万历(1573-1620)刻本
1992年摄制. -- 1盘卷片(8米117拍) : 1:10,
2B ; 35mm银盐
收藏馆：缩微中心, 国图

000O004502
玉茗堂还魂记：二卷 / (明)汤显祖撰
清乾隆五十年(1785)冰丝馆刻本. -- 吴梅批
校并跋.
1986年摄制. -- 1盘卷片(12米254拍) :
1:10, 2B ; 35mm银盐
收藏馆：缩微中心, 国图

000O007532
玉茗堂还魂记：二卷 / (明)汤显祖撰
清乾隆五十年(1785)冰丝馆刻本
1987年摄制. -- 1盘卷片(13米264拍) :
1:10, 2B ; 35mm银盐
收藏馆：缩微中心, 国图

000O020058
玉茗堂还魂记：二卷 / (明)汤显祖撰
清乾隆五十年(1785)冰丝馆刻本
1994年摄制. -- 1盘卷片(13米239拍) :
1:10, 2B ; 35mm银盐
收藏馆：缩微中心, 国图

000O019398
还魂记定本：二卷 / (明)汤显祖撰
清初(1644-1722)刻本
1994年摄制. -- 1盘卷片(8米118拍) : 1:10,
2B ; 35mm银盐
收藏馆：缩微中心, 国图

000O017441
清晖阁批点玉茗堂还魂记：二卷 / (明)汤显祖撰
明末(1621-1644)张弘毅著坛刻玉茗堂四梦
本. -- 郑振铎跋。
1993年摄制. -- 1盘卷片(12米218拍) :
1:10, 2B ; 35mm银盐
收藏馆：缩微中心, 国图

000O017426
新刻牡丹亭还魂记：四卷 / (明)汤显祖撰
明(1368-1644)唐氏文林阁刻本
1993年摄制. -- 1盘卷片(8米131拍) : 1:10,
2B ; 35mm银盐
收藏馆：缩微中心, 国图

000O016191
牡丹亭还魂记：四卷 / (明)汤显祖撰
明天启五年(1625)梁台卿刻词坛双艳本
1993年摄制. -- 1盘卷片(12米224拍) :
1:10, 2B ; 35mm银盐
收藏馆：缩微中心, 国图

000O031994
牡丹亭：四卷 / (明)汤显祖撰；(明)茅暎,(明)臧
懋循评
明(1368-1644)茅暎刻套印本. -- 九行十八字

白口四周单边无直格。
2010年摄制. -- 1盘卷片（17米302拍）：
1:11，2B；35mm银盐
收藏馆：缩微中心，国图

000O017877
牡丹亭还魂记：二卷 / (明)汤显祖撰；(明)沈际飞评点
明(1368-1644)刻玉茗堂传奇本
1993年摄制. -- 1盘卷片（13米237拍）：
1:10，2B；35mm银盐
收藏馆：缩微中心，国图

000O017898
牡丹亭还魂记：二卷 / (明)汤显祖撰
明(1368-1644)刻本
1993年摄制. -- 1盘卷片（9米158拍）：1:10，
2B；35mm银盐
收藏馆：缩微中心，国图

000O004329
牡丹亭还魂记：八卷 / (明)汤显祖撰
清(1644-1911)怡府刻本. -- 吴梅跋。
1986年摄制. -- 1盘卷片（15.4米329拍）：
1:10，2B；35mm银盐
收藏馆：缩微中心，国图

000O004208
才子牡丹亭：不分卷 / (明)汤显祖撰；[题](清)笠阁渔翁评
清(1644-1911)刻本. -- 吴梅跋。
1985年摄制. -- 1盘卷片（20米422拍）：
1:10，2B；35mm银盐
收藏馆：缩微中心，国图

000O004214
吴吴山三妇合评牡丹亭还魂记：二卷 / (明)汤显祖撰；(清)陈同,(清)钱宜,(清)谈则评点 . 或问：一卷 / (清)吴仪一撰
清康熙(1662-1722)梦园刻本. -- 吴梅跋并题诗。
1986年摄制. -- 1盘卷片（12米252拍）：
1:10，2B；35mm银盐
收藏馆：缩微中心，国图

000O008310
吴吴山三妇合评牡丹亭还魂记：二卷 / (明)汤显祖撰；(清)陈同,(清)钱宜,(清)谈则评点 . 或问：一卷 / (清)吴仪一撰
清康熙(1662-1722)刻梦园印本
1988年摄制. -- 1盘卷片（14米282拍）：
1:10，2B；35mm银盐
收藏馆：缩微中心，山东

000O000917
钮少雅格正牡丹亭：二卷 / (明)汤显祖撰
清康熙三十三年(1694)胡介祉谷园刻本
1985年摄制. -- 1盘卷片（7.8米149拍）：
1:10，2B；35mm银盐
收藏馆：缩微中心，国图

000O004217
玉茗堂四梦：八卷 / (明)汤显祖撰
明末(1621-1644)张弘毅著坛刻本
1986年摄制. -- 1盘卷片（29米655拍）：
1:10，2B；35mm银盐
收藏馆：缩微中心，国图

000O023476
邯郸梦：三卷 / (明)汤显祖撰 . 枕中记：一卷 / (唐)李泌撰
明天启元年(1621)闵光瑜刻套印本
1995年摄制. -- 1盘卷片（9米147拍）：1:10，
2B；35mm银盐
收藏馆：缩微中心，国图

000O032014
邯郸梦：三卷 / (明)汤显祖撰 . 枕中记：一卷 / (唐)李泌撰
明天启元年(1621)闵光瑜刻套印本. -- 八行十八字白口四周单边。
2010年摄制. -- 1盘卷片（11米173拍）：
1:12，2B；35mm银盐
收藏馆：缩微中心，国图

000O013368
邯郸梦：二卷 / (明)汤显祖撰
明万历(1573-1620)刻本
1991年摄制. -- 1盘卷片（6米95拍）：1:10，
2B；35mm银盐
收藏馆：缩微中心，国图

000O017458
汤义仍先生邯郸梦记：二卷 / (明)汤显祖撰
明末(1621-1644)刻本
1993年摄制. -- 1盘卷片（8米120拍）：1:10，
2B；35mm银盐
收藏馆：缩微中心，国图

000O024660
邯郸记：二卷 / (明)汤显祖撰；(明)臧懋循订
明万历(1573-1620)刻本
1996年摄制. -- 1盘卷片（9米157拍）：1:10，
2B；35mm银盐
收藏馆：缩微中心，浙江

00O017895

汤义仍先生南柯梦记：二卷 / (明)汤显祖撰

明末(1621-1644)刻本

1993年摄制. -- 1盘卷片(8米139拍) ：1:10,
2B ；35mm银盐

收藏馆：缩微中心，国图

00O004021

玉合记：二卷 / (明)梅鼎祚撰

明(1368-1644)金陵唐氏世德堂刻本

1985年摄制. -- 1盘卷片(7.2米134拍) ：
1:10, 2B ；35mm银盐

收藏馆：缩微中心，国图

00O015859

重校玉合记：四卷 / (明)梅鼎祚撰

明(1368-1644)陈氏继志斋刻本

1993年摄制. -- 1盘卷片(7米111拍) ：1:10,
2B ；35mm银盐

收藏馆：缩微中心，国图

00O014411

李卓吾先生批评玉合记：二卷 / (明)梅鼎祚撰；
(明)李贽评

明(1368-1644)容与堂刻本

1992年摄制. -- 1盘卷片(9米145拍) ：1:10,
2B ；35mm银盐

收藏馆：缩微中心，国图

00O029155

李卓吾先生批评玉合记：二卷 / (明)梅鼎祚撰；
(明)李贽评

明(1368-1644)容与堂刻本

1999年摄制. -- 1盘卷片(8米184拍) ：1:10,
2B ；35mm银盐

收藏馆：缩微中心，国图

00O016026

玉合记：二卷 / (明)梅鼎祚撰；(明)徐肃颖删润；
(明)陈继儒评

明(1368-1644)刻本

1993年摄制. -- 1盘卷片(7米100拍) ：1:10,
2B ；35mm银盐

收藏馆：缩微中心，国图

00O008520

重校十无端巧合红蕖记：二卷 / (明)沈璟撰

明(1368-1644)陈氏继志斋刻本. -- 吴梅跋。

1988年摄制. -- 1盘卷片(6米102拍) ：1:10,
2B ；35mm银盐

收藏馆：缩微中心，国图

00O023299

重校双鱼记：二卷 / (明)沈璟撰

明(1368-1644)继志斋刻本

1995年摄制. -- 1盘卷片(4米65拍) ：1:10,
2B ；35mm银盐

收藏馆：缩微中心，国图

00O026562

投梭记：二卷 / (明)徐复祚撰

明末(1621-1644)毛氏汲古阁刻绣刻演剧六十
种本

1997年摄制. -- 1盘卷片(9米155拍) ：1:10,
2B ；35mm银盐

收藏馆：缩微中心，国图

00O017834

新刻出相点板宵光剑：二卷 / (明)徐复祚撰

明(1368-1644)唐振吾刻本. -- 存一卷：卷
上。

1993年摄制. -- 1盘卷片(4米38拍) ：1:10,
2B ；35mm银盐

收藏馆：缩微中心，国图

00O018720

宵光剑：二卷 / (明)徐复祚撰

清(1644-1911)抄本

1994年摄制. -- 1盘卷片(8米123拍) ：1:10,
2B ；35mm银盐

收藏馆：缩微中心，国图

00O017428

新刻赵状元三错认红梨记：二卷 / (明)徐复祚撰

明(1368-1644)刻本. -- 郑振铎跋。

1993年摄制. -- 1盘卷片(6米80拍) ：1:10,
2B ；35mm银盐

收藏馆：缩微中心，国图

00O004140

新镌赵状元三错认红梨记：二卷 / (明)徐复祚撰

明万历(1573-1620)刻本. -- 吴梅跋。

1986年摄制. -- 1盘卷片(7米115拍) ：1:10,
2B ；35mm银盐

收藏馆：缩微中心，国图

00O026564

红梨记：二卷 / (明)徐复祚撰

清(1644-1911)抄本. -- 存一卷：卷下。

1997年摄制. -- 1盘卷片(4米49拍) ：1:10,
2B ；35mm银盐

收藏馆：缩微中心，国图

00O023024

校正原本红梨记：四卷 / (明)徐复祚撰 . 红梨花

杂剧：一卷 / (元)张寿卿撰
明(1368-1644)刻朱墨套印本
1995年摄制. -- 1盘卷片(11米181拍) :
1:10, 2B ; 35mm银盐
收藏馆：缩微中心，国图

000O023313
校正原本红梨记：四卷 / (明)徐复祚撰 . 红梨花
杂剧：一卷 / (元)张寿卿撰
明(1368-1644)刻套印本
1995年摄制. -- 1盘卷片(11米183拍) :
1:10, 2B ; 35mm银盐
收藏馆：缩微中心，国图

000O031995
校正原本红梨记：四卷 / (明)徐复祚撰 . 红梨花
杂剧：一卷 / (元)张寿卿撰
明(1368-1644)刻套印本. -- 八行十八字白口
四周单边无直格。
2010年摄制. -- 1盘卷片(13米220拍) :
1:12, 2B ; 35mm银盐
收藏馆：缩微中心，国图

000O031997
校正原本红梨记：四卷 / (明)徐复祚撰 . 红梨花
杂剧：一卷 / (元)张寿卿撰
明(1368-1644)刻朱墨套印本. -- 八行十八字
白口四周单边。
2010年摄制. -- 1盘卷片(12米207拍) :
1:13, 2B ; 35mm银盐
收藏馆：缩微中心，国图

000O009519
新锲重订出像附释标注惊鸿记题评：二卷 / (明)
吴世美撰
明(1368-1644)唐氏世德堂刻本
1988年摄制. -- 1盘卷片(6.1米106拍) :
1:9, 2B ; 35mm银盐
收藏馆：缩微中心，重庆

000O017888
百拙生传奇：四种八卷 / (明)邓志谟撰
清(1644-1911)玉芝斋抄本
1993年摄制. -- 1盘卷片(21米398拍) :
1:10, 2B ; 35mm银盐
收藏馆：缩微中心，国图

000O004418
八义记：二卷 / (明)徐叔回撰
明末(1621-1644)毛氏汲古阁刻绣刻演剧六十
种本
1986年摄制. -- 1盘卷片(7米125拍) : 1:10,
2B ; 35mm银盐

收藏馆：缩微中心，国图

000O020692
鸾鎞记：二卷 / (明)叶宪祖撰
明末(1621-1644)毛氏汲古阁刻绣刻演剧六十
种本
1994年摄制. -- 1盘卷片(6米76拍) : 1:10,
2B ; 35mm银盐
收藏馆：缩微中心，国图

000O026563
玉镜台记：二卷 / (明)朱鼎撰
明末(1621-1644)毛氏汲古阁刻绣刻演剧六十
种本
1997年摄制. -- 1盘卷片(8米129拍) : 1:10,
2B ; 35mm银盐
收藏馆：缩微中心，国图

000O031747
玉镜台记：二卷 / (明)朱鼎撰
明末(1621-1644)毛氏汲古阁刻绣刻演剧六十
种本
2005年摄制. -- 1盘卷片(8米140拍) : 1:10,
2B ; 35mm银盐
收藏馆：缩微中心，国图

000O017422
玉茗堂批评红梅记：二卷 / (明)周朝俊撰；(明)
汤显祖评
明(1368-1644)刻本
1993年摄制. -- 1盘卷片(8米129拍) : 1:10,
2B ; 35mm银盐
收藏馆：缩微中心，国图

000O014579
玉茗堂丹桂记：二卷 / (明)汤显祖撰；(明)徐肃
颖删润；(明)陈继儒评
明(1368-1644)刻本
1992年摄制. -- 1盘卷片(10米167拍) :
1:10, 2B ; 35mm银盐
收藏馆：缩微中心，国图

000O000636
丹桂记：二卷 / (明)汤显祖撰；(明)徐肃颖删润；
(明)陈继儒批评
明(1368-1644)书林宝珠堂刻本
1985年摄制. -- 1盘卷片(5.9米103拍) :
1:10, 2B ; 35mm银盐
收藏馆：缩微中心，国图

000O000601
墨憨斋详定酒家佣传奇：二卷 / (明)陆弼钦,(明)
虹江撰；(明)龙子犹改订

明(1368-1644)刻本
1985年摄制. -- 1盘卷片(6.1米108拍)：
1:10，2B；35mm银盐
收藏馆：缩微中心，国图

00○031007
墨憨斋新曲：十种二十卷
明末(1621-1644)刻清乾隆五十九年(1794)重
修本
2004年摄制. -- 2盘卷片(49米1035拍)：
1:9，2B；35mm银盐
收藏馆：缩微中心，国图

00○004119
墨憨斋新曲：四种八卷
明末(1621-1644)刻本
1986年摄制. -- 1盘卷片(21米464拍)：
1:10，2B；35mm银盐
收藏馆：缩微中心，国图

00○000641
墨憨斋重定三会亲风流梦：二卷 / (明)汤显祖撰；
(明)龙子犹改订
明(1368-1644)刻本
1985年摄制. -- 1盘卷片(7.4米139拍)：
1:10，2B；35mm银盐
收藏馆：缩微中心，国图

00○000647
墨憨斋新定洒雪堂传奇：二卷 / (明)梅孝己撰；
(明)龙子犹改订
明(1368-1644)蒸文馆刻本
1985年摄制. -- 1盘卷片(7米123拍)：1:10，
2B；35mm银盐
收藏馆：缩微中心，国图

00○022128
三祝记：二卷 / (明)汪廷讷撰
明万历(1573-1620)汪氏环翠堂刻环翠堂乐府
本. -- 吴梅跋，姚华题诗。
1995年摄制. -- 1盘卷片(8米117拍)：1:10，
2B；35mm银盐
收藏馆：缩微中心，国图

00○024387
重订天书记：二卷 / (明)汪廷讷撰
明(1368-1644)汪氏环翠堂刻环翠堂乐府本
1996年摄制. -- 1盘卷片(7米98拍)：1:10，
2B；35mm银盐
收藏馆：缩微中心，国图

00○004142
投桃记：二卷 / (明)汪廷讷撰

明(1368-1644)汪氏刻环翠堂乐府本
1986年摄制. -- 1盘卷片(6米101拍)：1:10，
2B；35mm银盐
收藏馆：缩微中心，国图

00○005011
彩舟记：二卷 / (明)汪廷讷撰
明(1368-1644)汪氏刻环翠堂乐府本
1986年摄制. -- 1盘卷片(7米113拍)：1:10，
2B；35mm银盐
收藏馆：缩微中心，国图

00○001089
义烈记：二卷 / (明)汪廷讷撰
明(1368-1644)汪氏刻环翠堂乐府本
1985年摄制. -- 1盘卷片(7米123拍)：1:10，
2B；35mm银盐
收藏馆：缩微中心，国图

00○005012
玉茗堂批评种玉记：二卷 / (明)汪廷讷撰；(明)
许自昌改订；(明)汤显祖评
明(1368-1644)刻本
1986年摄制. -- 1盘卷片(5.7米97拍)：
1:10，2B；35mm银盐
收藏馆：缩微中心，国图

00○004470
玉茗堂批评节侠记：二卷 / (明)许自昌改订
明(1368-1644)刻本
1986年摄制. -- 1盘卷片(6米108拍)：1:10，
2B；35mm银盐
收藏馆：缩微中心，国图

00○004400
新编全像点板窦禹钧全德记：二卷 / (明)王穉登
撰
明(1368-1644)金陵唐氏广庆堂刻本
1986年摄制. -- 1盘卷片(5米71拍)：1:10，
2B；35mm银盐
收藏馆：缩微中心，国图

00○004220
新镌图像音注周羽教子寻亲记：四卷 / (明)王錂
重订
明(1368-1644)金陵唐氏富春堂刻本
1986年摄制. -- 1盘卷片(7米110拍)：1:10，
2B；35mm银盐
收藏馆：缩微中心，国图

00○013371
冬青记：二卷附谈词一卷 / (明)卜世臣撰
明(1368-1644)刻本

1991年摄制. -- 1盘卷片(4米51拍) ： 1:10,
2B ； 35mm银盐
收藏馆：缩微中心，国图

000O020054
李丹记：二卷 / (明)刘还初撰；(明)陈继儒,(明)
彭幼朔评
明(1368-1644)刻朱墨套印本. -- 存一卷：卷
上。
1994年摄制. -- 1盘卷片(5米60拍) ： 1:10,
2B ； 35mm银盐
收藏馆：缩微中心，国图

000O001082
刻新编奇遇玉丸记：二卷
明(1368-1644)刻本
1985年摄制. -- 1盘卷片(7米120拍) ： 1:10,
2B ； 35mm银盐
收藏馆：缩微中心，国图

000O000915
新镌全像蓝桥玉杵记：二卷附一卷 / [题](明)云
水道人撰
明万历三十四年(1606)浣月轩刻本
1985年摄制. -- 1盘卷片(9米161拍) ： 1:10,
2B ； 35mm银盐
收藏馆：缩微中心，国图

000O023480
金莲记：二卷 / (明)陈汝元撰
明万历(1573-1620)刻本
1995年摄制. -- 1盘卷片(7米97拍) ： 1:10,
2B ； 35mm银盐
收藏馆：缩微中心，国图

000O000639
新镌量江记：二卷 / (明)余聿云撰
明(1368-1644)陈氏继志斋刻本
1985年摄制. -- 1盘卷片(5.1米80拍) ：
1:10, 2B ； 35mm银盐
收藏馆：缩微中心，国图

000O024681
弄珠楼：二卷 / (明)王异撰
明(1368-1644)武林凝瑞堂刻本
1996年摄制. -- 1盘卷片(5米76拍) ： 1:10,
2B ； 35mm银盐
收藏馆：缩微中心，浙江

000O027615
焚香记：二卷 / (明)王玉峰撰
明末(1621-1644)毛氏汲古阁刻绣刻演剧六十
种本

1997年摄制. -- 1盘卷片(9米146拍) ： 1:10,
2B ； 35mm银盐
收藏馆：缩微中心，国图

000O000623
新刻玉茗堂批评焚香记：二卷 / (明)王玉峰撰；
(明)汤显祖评
明(1368-1644)刻本
1985年摄制. -- 1盘卷片(8米151拍) ： 1:10,
2B ； 35mm银盐
收藏馆：缩微中心，国图

000O005232
玉茗堂批评异梦记：二卷 / (明)汤显祖评
明(1368-1644)刻本. -- 吴梅跋。
1986年摄制. -- 1盘卷片(7米112拍) ： 1:10,
2B ； 35mm银盐
收藏馆：缩微中心，国图

000O017438
玉茗堂批评异梦记：二卷 / (明)汤显祖评
明万历(1573-1620)刻本. -- 郑振铎跋。
1993年摄制. -- 1盘卷片(8米119拍) ： 1:10,
2B ； 35mm银盐
收藏馆：缩微中心，国图

000O014406
异梦记：二卷 / (明)徐肃颖删润；(明)陈继儒评
明(1368-1644)师俭堂刻本
1992年摄制. -- 1盘卷片(6米87拍) ： 1:10,
2B ； 35mm银盐
收藏馆：缩微中心，国图

000O023488
白雪斋新乐府五种：十卷 / [题](明)西湖居士撰
明(1368-1644)刻本
1995年摄制. -- 2盘卷片(37米677拍) ：
1:10, 2B ； 35mm银盐
收藏馆：缩微中心，国图

000O014577
明月环传奇：二卷 / [题](明)西湖居士撰
明(1368-1644)刻白雪斋新乐府五种本
1992年摄制. -- 1盘卷片(8米136拍) ： 1:10,
2B ； 35mm银盐
收藏馆：缩微中心，国图

000O014714
鼎镌郑道圭先生评点红杏记：二卷 / (明)郑之玄
评点；(明)谢维升注释
明(1368-1644)黄裔我存诚堂刻本
1992年摄制. -- 1盘卷片(8米130拍) ： 1:10,
2B ； 35mm银盐

收藏馆：缩微中心，国图

000O006375
上林春：不分卷 / (明)姚子翼撰
清(1644-1911)抄本
1987年摄制. -- 1盘卷片(7米128拍) : 1:10,
2B ; 35mm银盐
收藏馆：缩微中心，国图

000O001085
新刻出相音释点板东方朔偷桃记：二卷 / (明)吴
德修撰
明(1368-1644)唐振吾刻本
1985年摄制. -- 1盘卷片(4.2米60拍) :
1:10, 2B ; 35mm银盐
收藏馆：缩微中心，国图

000O003526
白雪楼二种：四卷 / (明)孙仁孺撰
明崇祯(1628-1644)刻清(1644-1911)梦园印
本. -- 吴梅跋。
1985年摄制. -- 1盘卷片(13米278拍) :
1:10, 2B ; 35mm银盐
收藏馆：缩微中心，国图

000O017445
白雪楼二种：四卷 / (明)孙仁孺撰
明崇祯(1628-1644)刻本. -- 郑振铎跋。
1993年摄制. -- 1盘卷片(13米229拍) :
1:10, 2B ; 35mm银盐
收藏馆：缩微中心，国图

000O023486
醉乡记：二卷 / (明)张仁孺撰
明崇祯(1628-1644)刻白雪楼二种本
1995年摄制. -- 1盘卷片(9米146拍) : 1:10,
2B ; 35mm银盐
收藏馆：缩微中心，国图

000O014735
东郭记：二卷 / (明)孙仁孺撰
清(1644-1911)致和堂刻本
1992年摄制. -- 1盘卷片(7米115拍) : 1:10,
2B ; 35mm银盐
收藏馆：缩微中心，国图

000O027005
拜针楼：一卷 / (清)王墅撰；(清)杨天祚批点
清康熙四十八年(1709)杨氏研露斋刻本
1997年摄制. -- 1盘卷片(4米47拍) : 1:10,
2B ; 35mm银盐
收藏馆：缩微中心，国图

000O017480
拜针楼：八折一卷 / (清)王墅撰；(清)杨天祚批
点
清康熙四十八年(1709)杨氏研露斋刻本
1993年摄制. -- 1盘卷片(4米46拍) : 1:10,
2B ; 35mm银盐
收藏馆：缩微中心，国图

000O004120
拜针楼：一卷 / (清)王墅撰
清(1644-1911)贵德堂刻本. -- 吴梅改订。
1985年摄制. -- 1盘卷片(5米68拍) : 1:10,
2B ; 35mm银盐
收藏馆：缩微中心，国图

000O022411
谭友夏钟伯敬先生批评绾春园传奇：二卷 / (明)
沈孚中撰
明(1368-1644)还读斋刻本
1995年摄制. -- 1盘卷片(8米117拍) : 1:10,
2B ; 35mm银盐
收藏馆：缩微中心，国图

000O005231
粲花斋新乐府四种：八卷 / (明)吴炳撰
明末(1621-1644)两衡堂刻本
1986年摄制. -- 1盘卷片(23米503拍) :
1:10, 2B ; 35mm银盐
收藏馆：缩微中心，国图

000O026571
粲花斋新乐府四种：八卷 / (明)吴炳撰
清初(1644-1722)刻本
1997年摄制. -- 1盘卷片(24米467拍) :
1:10, 2B ; 35mm银盐
收藏馆：缩微中心，国图

000O014131
情邮传奇：二卷 / (明)吴炳撰
明崇祯(1628-1644)刻本
1992年摄制. -- 1盘卷片(10米185拍) :
1:10, 2B ; 35mm银盐
收藏馆：缩微中心，国图

000O026561
情邮：二卷 / (明)吴炳撰
清(1644-1911)青萝书屋刻本
1997年摄制. -- 1盘卷片(10米171拍) :
1:10, 2B ; 35mm银盐
收藏馆：缩微中心，国图

000O016231
画中人传奇：二卷 / (明)吴炳撰

明末(1621-1644)两衡堂刻粲花斋新乐府四种本
1993年摄制. -- 1盘卷片(8米125拍) : 1:10, 2B ; 35mm银盐
收藏馆：缩微中心，国图

000O014399

新镌歌林拾翠：六卷 / [题](明)粲花主人辑；(明)西湖漫史点评
明崇祯(1628-1644)刻本
1992年摄制. -- 1盘卷片(11米183拍) : 1:10, 2B ; 35mm银盐
收藏馆：缩微中心，国图

000O024698

张玉娘闺房三清鹦鹉墓贞文记：二卷 / (明)孟称舜撰
明末(1621-1644)刻本
1996年摄制. -- 1盘卷片(11米198拍) : 1:10, 2B ; 35mm银盐
收藏馆：缩微中心，浙江

000O004112

新镌节义鸳鸯塚娇红记：二卷 / (明)孟称舜撰；(明)陈洪绶评点
明崇祯(1628-1644)刻本
1986年摄制. -- 1盘卷片(11米228拍) : 1:10, 2B ; 35mm银盐
收藏馆：缩微中心，国图

000O026542

荆钗记：二卷 / (明)朱权撰
明末(1621-1644)毛氏汲古阁刻绣刻演剧六十种本
1997年摄制. -- 1盘卷片(9米158拍) : 1:10, 2B ; 35mm银盐
收藏馆：缩微中心，国图

000O023487

梦花酣：二卷 / (明)范文若撰
明末(1621-1644)刻范氏博山堂三种曲本
1995年摄制. -- 1盘卷片(8米125拍) : 1:10, 2B ; 35mm银盐
收藏馆：缩微中心，国图

000O017896

鸳鸯棒：二卷 / (明)范文若撰
明末(1621-1644)刻清初(1644-1722)芥子园印本
1993年摄制. -- 1盘卷片(7米110拍) : 1:10, 2B ; 35mm银盐
收藏馆：缩微中心，国图

000O023485

鸳鸯棒：二卷；花筵赚：二卷 / (明)范文若撰. 北曲谱：十二卷 / (明)朱权撰
抄本
1995年摄制. -- 1盘卷片(16米279拍) : 1:10, 2B ; 35mm银盐
收藏馆：缩微中心，国图

000O004097

小青娘风流院：二卷；小青传：一卷 / (明)朱京藩撰. 小青焚余：一卷 / [题](明)冯小青撰
明末(1621-1644)德聚堂刻本. -- 吴梅跋。
1986年摄制. -- 1盘卷片(8米153拍) : 1:10, 2B ; 35mm银盐
收藏馆：缩微中心，国图

000O006329

厓山烈传奇：不分卷 / (明)朱九经撰
清康熙二年(1663)□起贞抄本
1987年摄制. -- 1盘卷片(5米84拍) : 1:10, 2B ; 35mm银盐
收藏馆：缩微中心，国图

000O019579

镌新编全像三桂联芳记：二卷
明(1368-1644)德寿堂刻本
1994年摄制. -- 1盘卷片(5米54拍) : 1:10, 2B ; 35mm银盐
收藏馆：缩微中心，国图

000O024302

鸳鸯绦传奇：二卷 / (明)路惠期撰；(明)醉竹居士评
明崇祯(1628-1644)刻本. -- 1933年王立承跋。
1996年摄制. -- 1盘卷片(8米135拍) : 1:10, 2B ; 35mm银盐
收藏馆：缩微中心，国图

000O024679

笔耒斋订定二奇缘传奇：二卷 / (明)许恒撰
明崇祯(1628-1644)笔耒斋刻本
1996年摄制. -- 1盘卷片(10米174拍) : 1:10, 2B ; 35mm银盐
收藏馆：缩微中心，浙江

000O017444

新锲徽本图像音释崔探花合襟桃花记：二卷 / (明)金怀玉撰
明(1368-1644)刻本. -- 存一卷：卷下。郑振铎跋。
1993年摄制. -- 1盘卷片(4米34拍) : 1:10, 2B ; 35mm银盐

收藏馆：缩微中心，国图

000O004122
石巢传奇：四种八卷 / (明)阮大铖撰
明末(1621-1644)吴门毛恒所刻本. -- 吴梅跋。
1986年摄制. -- 1盘卷片(30米661拍)：1:10, 2B；35mm银盐
收藏馆：缩微中心，国图

000O022197
遥集堂新编马郎侠牟尼合记：二卷 / (明)阮大铖撰
明末(1621-1644)毛恒所刻石巢传奇四种本. -- 王立承跋。
1995年摄制. -- 1盘卷片(9米146拍)：1:10, 2B；35mm银盐
收藏馆：缩微中心，国图

000O017446
咏怀堂新编十错认春灯谜记：二卷 / (明)阮大铖撰
明崇祯(1628-1644)刻本
1993年摄制. -- 1盘卷片(11米185拍)：1:10, 2B；35mm银盐
收藏馆：缩微中心，国图

000O014367
咏怀堂新编十错认春灯谜记：二卷 / (明)阮大铖撰
清初(1644-1722)刻本
1992年摄制. -- 1盘卷片(8米123拍)：1:10, 2B；35mm银盐
收藏馆：缩微中心，国图

000O026553
雪韵堂批点燕子笺记：二卷 / (明)阮大铖撰
清(1644-1911)刻本. -- (清)李慈铭跋并题诗。
1997年摄制. -- 1盘卷片(9米155拍)：1:10, 2B；35mm银盐
收藏馆：缩微中心，国图

000O004457
怀远堂批点燕子笺：二卷 / (明)阮大铖撰
清初(1644-1722)刻本. -- 吴梅跋。
1986年摄制. -- 1盘卷片(8米162拍)：1:10, 2B；35mm银盐
收藏馆：缩微中心，国图

000O005023
咏怀堂新编勘蝴蝶双金榜记：二卷 / (明)阮大铖撰

董氏诵芬室刻石巢四种本. -- 吴梅批并跋。
1986年摄制. -- 1盘卷片(10米187拍)：1:10, 2B；35mm银盐
收藏馆：缩微中心，国图

000O031699
精忠旗：二卷 / (明)李梅实撰；(明)冯梦龙改订
清(1644-1911)内府抄本. -- 存一卷：卷上。
2005年摄制. -- 1盘卷片(7米105拍)：1:10, 2B；35mm银盐
收藏馆：缩微中心，国图

000O023478
谭友夏批点想当然传奇：二卷 / (明)卢柟撰；(明)谭元春评
明(1368-1644)茧室刻本
1995年摄制. -- 1盘卷片(8米141拍)：1:10, 2B；35mm银盐
收藏馆：缩微中心，国图

000O014632
新编孔夫子周游列国大成麒麟记：二卷 / (明)寰宇显圣公撰
明(1368-1644)长庚馆刻本
1992年摄制. -- 1盘卷片(7米107拍)：1:10, 2B；35mm银盐
收藏馆：缩微中心，国图

000O000624
新镌点板金雀记：二卷 / (明)无心子撰
明(1368-1644)刻清初(1644-1722)读书坊重修本
1985年摄制. -- 1盘卷片(5米69拍)：1:10, 2B；35mm银盐
收藏馆：缩微中心，国图

000O027016
赠书记：二卷
明末(1621-1644)毛氏汲古阁刻绣刻演剧六十种本
1997年摄制. -- 1盘卷片(6米86拍)：1:10, 2B；35mm银盐
收藏馆：缩微中心，国图

000O001061
泊庵芙蓉影：二卷 / [题](明)西泠长撰
明末(1621-1644)刻本
1985年摄制. -- 1盘卷片(7米122拍)：1:10, 2B；35mm银盐
收藏馆：缩微中心，国图

000O017847
新刻出像音注何文秀玉钗记：四卷 / (明)心一山

人撰
明(1368-1644)唐氏富春堂刻本
1993年摄制. -- 1盘卷片(8米111拍) : 1:10,
2B ; 35mm银盐
收藏馆：缩微中心，国图

000O022410
镌唐韦状元自制箜篌记：二卷
明(1368-1644)会稽商氏半野堂刻本
1995年摄制. -- 1盘卷片(6米93拍) : 1:10,
2B ; 35mm银盐
收藏馆：缩微中心，国图

000O017485
鹦鹉梦记：二卷 / (清)赵开夏撰
清初(1644-1722)刻本. -- 存一卷：卷下。
1993年摄制. -- 1盘卷片(4米43拍) : 1:10,
2B ; 35mm银盐
收藏馆：缩微中心，国图

000O000903
红梨花记：二卷
明(1368-1644)书林杨居寀刻本
1985年摄制. -- 1盘卷片(7米116拍) : 1:10,
2B ; 35mm银盐
收藏馆：缩微中心，国图

000O014588
快活庵批评红梨花记：二卷
明(1368-1644)刻本
1992年摄制. -- 1盘卷片(8米133拍) : 1:10,
2B ; 35mm银盐
收藏馆：缩微中心，国图

000O006618
南楼传：不分卷
清(1644-1911)抄本
1987年摄制. -- 1盘卷片(7米123拍) : 1:10,
2B ; 35mm银盐
收藏馆：缩微中心，国图

000O000640
新刻出相点板八义双杯记：一卷 / [题](明)秦淮
墨客校正
明(1368-1644)唐振吾广庆堂刻本
1985年摄制. -- 1盘卷片(3米32拍) : 1:10,
2B ; 35mm银盐
收藏馆：缩微中心，国图

000O017484
重校四美记：二卷
明(1368-1644)唐氏文林阁刻本
1993年摄制. -- 1盘卷片(5米67拍) : 1:10,

2B ; 35mm银盐
收藏馆：缩微中心，国图

000O020833
重校四美记：二卷
明(1368-1644)唐氏文林阁刻本
1994年摄制. -- 1盘卷片(5米70拍) : 1:10,
2B ; 35mm银盐
收藏馆：缩微中心，国图

000O023498
重校四美记：二卷
明(1368-1644)唐氏文林阁刻本
1995年摄制. -- 1盘卷片(6米73拍) : 1:10,
2B ; 35mm银盐
收藏馆：缩微中心，国图

000O001088
新编全相点板西湖记：二卷
明(1368-1644)唐振吾刻本
1985年摄制. -- 1盘卷片(5.7米98拍) :
1:10, 2B ; 35mm银盐
收藏馆：缩微中心，国图

000O026545
跃鲤记：二卷 / (明)陈罴斋撰
清(1644-1911)抄本. -- 存一卷：卷上。
1997年摄制. -- 1盘卷片(5米62拍) : 1:10,
2B ; 35mm银盐
收藏馆：缩微中心，国图

000O026575
古城记：一卷
清(1644-1911)内府抄本
1997年摄制. -- 1盘卷片(5米68拍) : 1:10,
2B ; 35mm银盐
收藏馆：缩微中心，国图

000O014616
新刻浙江新编出像题评范雎绨袍记：二卷 / (明)
顾觉宇撰
明(1368-1644)书林朱仁斋刻本
1992年摄制. -- 1盘卷片(6米79拍) : 1:10,
2B ; 35mm银盐
收藏馆：缩微中心，国图

000O015345
新刻出像音注范雎绨袍记：四卷
明(1368-1644)唐氏富春堂刻本
1992年摄制. -- 1盘卷片(6米92拍) : 1:10,
2B ; 35mm银盐
收藏馆：缩微中心，国图

00O014422
新刻全像高文举珍珠记：二卷
明(1368-1644)文林阁刻本
1992年摄制. -- 1盘卷片(5米65拍) ：1:10,
2B ；35mm银盐
收藏馆：缩微中心，国图

00O022227
韦凤翔古玉环记：二卷
明(1368-1644)慎余馆刻本
1995年摄制. -- 1盘卷片(6米80拍) ：1:10,
2B ；35mm银盐
收藏馆：缩微中心，国图

00O007464
才貌缘：二卷 / [题](明)东山痴野撰
明末(1621-1644)漱余轩刻本. -- 黄裳跋。
1987年摄制. -- 1盘卷片(7米117拍) ：1:10,
2B ；35mm银盐
收藏馆：缩微中心，国图

00O015954
二刻京本出像音释高彦真葵花记全传：二卷
明(1368-1644)刻本
1993年摄制. -- 1盘卷片(5米65拍) ：1:10,
2B ；35mm银盐
收藏馆：缩微中心，国图

00O018489
新刻出像音注苏英皇后鹦鹉记：二卷
明(1368-1644)唐氏富春堂刻本
1993年摄制. -- 1盘卷片(5米68拍) ：1:10,
2B ；35mm银盐
收藏馆：缩微中心，国图

00O006974
后西游记：不分卷
清雍正二年(1724)沈氏彝风堂抄本. -- 卢前题
款。
1987年摄制. -- 1盘卷片(4米60拍) ：1:10,
2B ；35mm银盐
收藏馆：缩微中心，国图

00O000625
怡云阁西楼记：二卷 / (清)袁于令撰
明(1368-1644)刻清初(1644-1722)读书坊重修
本
1985年摄制. -- 1盘卷片(7.6米144拍) ：
1:10, 2B ；35mm银盐
收藏馆：缩微中心，国图

00O003361
西楼梦：二卷

清初(1644-1722)耐闲堂刻本. -- 存一卷：卷
下。
1986年摄制. -- 1盘卷片(4米64拍) ：1:10,
2B ；35mm银盐
收藏馆：缩微中心，国图

00O023477
**临川玉茗堂批评西楼记：二卷 / (清)袁于令撰；
[题](明)汤显祖评**
明末(1621-1644)刻本
1995年摄制. -- 1盘卷片(9米147拍) ：1:10,
2B ；35mm银盐
收藏馆：缩微中心，国图

00O017840
一笠庵新编一捧雪传奇：二卷 / (清)李玉撰
清初(1644-1722)刻本
1993年摄制. -- 1盘卷片(8米120拍) ：1:10,
2B ；35mm银盐
收藏馆：缩微中心，国图

00O018410
后一捧雪：二卷 / (清)胡云堃撰
清(1644-1911)天枢阁刻本
1993年摄制. -- 1盘卷片(9米141拍) ：1:10,
2B ；35mm银盐
收藏馆：缩微中心，国图

00O031685
后一捧雪：二卷 / (清)胡云堃撰
清(1644-1911)天枢阁刻本
2005年摄制. -- 1盘卷片(10米170拍) ：
1:10, 2B ；35mm银盐
收藏馆：缩微中心，国图

00O014372
一笠庵新编人兽关传奇：二卷 / (清)李玉撰
清初(1644-1722)刻本
1992年摄制. -- 1盘卷片(7米116拍) ：1:10,
2B ；35mm银盐
收藏馆：缩微中心，国图

00O000310
一笠庵新编永团圆传奇：二卷 / (清)李玉撰
清初(1644-1722)刻本
1985年摄制. -- 1盘卷片(7米118拍) ：1:10,
2B ；35mm银盐
收藏馆：缩微中心，国图

00O000642
**墨憨斋重订永团圆传奇：二卷 / (清)李玉撰；
(明)龙子犹改订**
明(1368-1644)刻本

1985年摄制. -- 1盘卷片（5.7米97拍）：
1:10，2B；35mm银盐
收藏馆：缩微中心，国图

000O005252
一笠庵新编占花魁传奇：二卷 / (清)李玉撰
清初(1644-1722)刻本. -- 吴梅批注并跋。
1985年摄制. -- 1盘卷片（7米111拍）：1:10，
2B；35mm银盐
收藏馆：缩微中心，国图

000O014417
一笠庵新编占花魁传奇：二卷 / (清)李玉撰
清初(1644-1722)萃锦堂刻本
1992年摄制. -- 1盘卷片（7米114拍）：1:10，
2B；35mm银盐
收藏馆：缩微中心，国图

000O008563
太平钱：二卷 / (清)李玉撰
清(1644-1911)抄本
1988年摄制. -- 1盘卷片（4米47拍）：1:10，
2B；35mm银盐
收藏馆：缩微中心，国图

000O019574
牛头山：二卷 / (清)李玉撰
清(1644-1911)抄本
1994年摄制. -- 1盘卷片（6米92拍）：1:10，
2B；35mm银盐
收藏馆：缩微中心，国图

000O017849
一笠庵新编两须眉传奇：二卷 / (清)李玉撰
清顺治(1644-1661)刻本
1993年摄制. -- 1盘卷片（7米112拍）：1:10，
2B；35mm银盐
收藏馆：缩微中心，国图

000O000646
一笠庵新编第七种传奇眉山秀：二卷 / (清)李玉
撰
清(1644-1911)刻本
1985年摄制. -- 1盘卷片（8米153拍）：1:10，
2B；35mm银盐
收藏馆：缩微中心，国图

000O017836
一笠庵新编第七种传奇眉山秀：二卷 / (清)李玉
撰
清初(1644-1722)刻本
1993年摄制. -- 1盘卷片（8米140拍）：1:10，
2B；35mm银盐

收藏馆：缩微中心，国图

000O000621
一笠庵汇编清忠谱传奇：二卷 / (清)李玉撰
清(1644-1911)霜英堂刻本
1985年摄制. -- 1盘卷片（10米196拍）：
1:10，2B；35mm银盐
收藏馆：缩微中心，国图

000O004123
金刚凤：不分卷 / (清)张大复撰
清(1644-1911)抄本. -- 吴梅跋。
1986年摄制. -- 1盘卷片（5米72拍）：1:10，
2B；35mm银盐
收藏馆：缩微中心，国图

000O005237
快活三：二卷 / (清)张大复撰
清(1644-1911)抄本. -- 吴梅跋。
1986年摄制. -- 1盘卷片（7米111拍）：1:10，
2B；35mm银盐
收藏馆：缩微中心，国图

000O006575
紫琼瑶：二卷 / (清)张大复撰
清康熙四十一年(1702)天喜楼抄本
1987年摄制. -- 1盘卷片（5米63拍）：1:10，
2B；35mm银盐
收藏馆：缩微中心，国图

000O026573
秋虎丘：二卷 / (清)王鑨撰
清康熙(1662-1722)刻本
1997年摄制. -- 1盘卷片（11米208拍）：
1:10，2B；35mm银盐
收藏馆：缩微中心，国图

000O016190
天马媒：二卷 / (明)刘方撰
明崇祯四年(1631)章庆堂刻本
1993年摄制. -- 1盘卷片（6米98拍）：1:10，
2B；35mm银盐
收藏馆：缩微中心，国图

000O024691
红情言：二卷 / (清)王翃撰
清初(1644-1722)刻本
1996年摄制. -- 1盘卷片（8米137拍）：1:10，
2B；35mm银盐
收藏馆：缩微中心，浙江

000O017797
秣陵春传奇(双影记)：二卷四十一出；通天台：

一卷二出；临春阁：一卷四出 / (清)吴伟业撰
清初(1644-1722)振古堂刻本. -- 卷端题：灌隐主人编次。
1993年摄制. -- 1盘卷片(13米260拍)：1:10, 2B ; 35mm银盐
收藏馆：缩微中心，天津

000O017487
秣陵春传奇：二卷 / (清)吴伟业撰
清初(1644-1722)刻乾隆五十九年(1794)重修本
1993年摄制. -- 1盘卷片(10米172拍)：1:10, 2B ; 35mm银盐
收藏馆：缩微中心，国图

000O032099
秣陵春传奇：二卷 / (清)吴伟业撰
清初(1644-1722)刻乾隆五十九年(1794)重修本. -- 九行十九字白口左右双边。吴梅批跋并题诗。
2011年摄制. -- 1盘卷片(12米201拍)：1:11, 2B ; 35mm银盐
收藏馆：缩微中心，国图

000O005116
秣陵春传奇：二卷 / (清)吴伟业撰
清初(1644-1722)刻乾隆五十九年(1794)重修本. -- 吴梅批跋并题诗。
1986年摄制. -- 1盘卷片(9.7米191拍)：1:10, 2B ; 35mm银盐
收藏馆：缩微中心，国图

000O024710
夏为堂人无乐传奇：二卷 / (清)黄周星撰
清(1644-1911)夏为堂刻本
1996年摄制. -- 1盘卷片(10米185拍)：1:10, 2B ; 35mm银盐
收藏馆：缩微中心，浙江

000O003654
曲波园传奇：二种四卷 / (清)徐士俊撰
清初(1644-1722)徐氏曲波园刻本
1985年摄制. -- 1盘卷片(10.7米219拍)：1:10, 2B ; 35mm银盐
收藏馆：缩微中心，国图

000O031681
曲波园传奇：二种四卷 / (清)徐士俊撰
清初(1644-1722)徐氏曲波园刻本
2005年摄制. -- 1盘卷片(12米230拍)：1:10, 2B ; 35mm银盐
收藏馆：缩微中心，国图

000O004067
芙蓉楼传奇：二卷 / (清)汪光被撰
清(1644-1911)叩钵斋刻本
1985年摄制. -- 1盘卷片(7.2米132拍)：1:10, 2B ; 35mm银盐
收藏馆：缩微中心，国图

000O017923
广寒香传奇：二卷 / (清)苍山子撰；(清)寒水生评
清(1644-1911)文治堂刻本. -- 存一卷：卷上。
1993年摄制. -- 1盘卷片(4米39拍)：1:10, 2B ; 35mm银盐
收藏馆：缩微中心，国图

000O026566
广寒香传奇：二卷 / (清)苍山子撰；(清)寒水生评
清(1644-1911)文治堂刻本
1997年摄制. -- 1盘卷片(9米160拍)：1:10, 2B ; 35mm银盐
收藏馆：缩微中心，国图

000O005575
广寒香传奇：二卷 / (清)苍山子撰；(清)寒水生评
清初(1644-1722)刻本
1987年摄制. -- 1盘卷片(10米185拍)：1:10, 2B ; 35mm银盐
收藏馆：缩微中心，吉林

000O021894
笠翁十曲：二十卷 / (清)李渔撰
清顺治(1644-1661)刻本. -- 两节本。
1995年摄制. -- 2盘卷片(54.6米1076拍)：1:10, 2B ; 35mm银盐
收藏馆：缩微中心，山西

000O027623
笠翁传奇：十种二十卷 / (清)李渔撰
清(1644-1911)刻本. -- 存九种十八卷。
1997年摄制. -- 3盘卷片(76米1538拍)：1:10, 2B ; 35mm银盐
收藏馆：缩微中心，国图

000O015979
意中缘传奇：二卷 / (清)李渔撰
清顺治(1644-1661)刻本
1993年摄制. -- 1盘卷片(9米165拍)：1:10, 2B ; 35mm银盐
收藏馆：缩微中心，国图

000O027762

万花台：二卷 / (清)张澜撰

清康熙(1662-1722)凝馥斋刻本

1997年摄制. -- 1盘卷片(6米93拍) ： 1:10,
2B ；35mm银盐

收藏馆：缩微中心，国图

000O007280

幻缘箱：二卷 / (清)邱园撰

清(1644-1911)抄本

1987年摄制. -- 1盘卷片(5米69拍) ： 1:10,
2B ；35mm银盐

收藏馆：缩微中心，国图

000O019822

秦楼月：二卷 / (清)朱曦撰 . 二分明月集：一卷 /
(清)陈素素撰 . 名媛题咏：一卷

清康熙(1662-1722)文善堂刻本

1994年摄制. -- 1盘卷片(10米195拍) ：
1:10, 2B ；35mm银盐

收藏馆：缩微中心，天津

000O027598

秦楼月：二卷 / (清)朱曦撰 . 二分明月集：一卷 /
(清)陈素素撰 . 名媛题咏：一卷

清康熙(1662-1722)文善堂刻本. -- 吴梅题
诗，王立承跋。

1997年摄制. -- 1盘卷片(10米181拍) ：
1:10, 2B ；35mm银盐

收藏馆：缩微中心，国图

000O005762

万年觞：二卷 / (清)朱曦撰

清(1644-1911)抄本

1987年摄制. -- 1盘卷片(4米46拍) ： 1:10,
2B ；35mm银盐

收藏馆：缩微中心，国图

000O006539

锦衣归：二卷 / (清)朱曦撰

清(1644-1911)抄本

1987年摄制. -- 1盘卷片(4米56拍) ： 1:10,
2B ；35mm银盐

收藏馆：缩微中心，国图

000O006964

浑仪镜：不分卷

清(1644-1911)抄本

1987年摄制. -- 1盘卷片(5米69拍) ： 1:10,
2B ；35mm银盐

收藏馆：缩微中心，国图

000O018660

乾坤啸：二卷 / (清)朱佐朝撰

清(1644-1911)抄本

1994年摄制. -- 1盘卷片(7米96拍) ： 1:10,
2B ；35mm银盐

收藏馆：缩微中心，国图

000O017920

九莲灯：一卷 / (清)朱佐朝撰

清(1644-1911)抄本

1993年摄制. -- 1盘卷片(3米11拍) ： 1:10,
2B ；35mm银盐

收藏馆：缩微中心，国图

000O026551

英雄概：二卷

清(1644-1911)抄本

1997年摄制. -- 1盘卷片(8米135拍) ： 1:10,
2B ；35mm银盐

收藏馆：缩微中心，国图

000O023296

滑稽馆新编三报恩传奇：二卷 / (明)毕万侯撰；
(明)冯梦龙改定

明崇祯(1628-1644)刻本

1995年摄制. -- 1盘卷片(8米133拍) ： 1:10,
2B ；35mm银盐

收藏馆：缩微中心，国图

000O005276

传奇：八种十六卷 / (清)范希哲撰

清初(1644-1722)刻本

1986年摄制. -- 3盘卷片(62.8米1341拍) ：
1:10, 2B ；35mm银盐

收藏馆：缩微中心，国图

000O017459

传奇：六种十卷 / (清)范希哲撰

清初(1644-1722)刻本

1993年摄制. -- 1盘卷片(32米656拍) ：
1:10, 2B ；35mm银盐

收藏馆：缩微中心，国图

000O026554

四元记：二卷 / (清)范希哲撰

清(1644-1911)抄本

1997年摄制. -- 1盘卷片(9米148拍) ： 1:10,
2B ；35mm银盐

收藏馆：缩微中心，国图

000O026555

万全记：二卷 / (清)范希哲撰

清初(1644-1722)刻本

1997年摄制. -- 1盘卷片(9米140拍) : 1:10,
2B ；35mm银盐
收藏馆：缩微中心，国图

00O017500
摘星楼传奇：二卷
清(1644-1911)抄本
1993年摄制. -- 1盘卷片(7米97拍) : 1:10,
2B ；35mm银盐
收藏馆：缩微中心，国图

00O014415
识闲堂第一种翻西厢：二卷 / (□)研雪子撰
清初(1644-1722)刻本
1992年摄制. -- 1盘卷片(10米162拍) :
1:10, 2B ；35mm银盐
收藏馆：缩微中心，国图

00O026572
扬州梦：二卷 / (清)嵇永仁撰
清康熙(1662-1722)刻本
1997年摄制. -- 1盘卷片(8米124拍) : 1:10,
2B ；35mm银盐
收藏馆：缩微中心，国图

00O005280
双报应：二卷 / (清)嵇永仁撰
清(1644-1911)刻本
1986年摄制. -- 1盘卷片(7米136拍) : 1:10,
2B ；35mm银盐
收藏馆：缩微中心，国图

00O017496
胭脂雪：二卷 / (清)盛际时撰
清(1644-1911)内府四色抄本. -- 存一卷：卷
下。
1993年摄制. -- 1盘卷片(5米60拍) : 1:10,
2B ；35mm银盐
收藏馆：缩微中心，国图

00O031979
胭脂雪：二卷 / (清)盛际时撰
清(1644-1912)内府四色抄本. -- 存一卷：卷
下。
2010年摄制. -- 1盘卷片(6米84拍) : 1:12,
2B ；35mm银盐
收藏馆：缩微中心，国图

00O005103
玉马珮银筝记：二卷 / (清)路术淳撰
清康熙(1662-1722)展谑斋刻本. -- 存一卷：
卷上。
1986年摄制. -- 1盘卷片(6米92拍) : 1:10,

2B ；35mm银盐
收藏馆：缩微中心，国图

00O006407
长生乐：不分卷
清(1644-1911)抄本
1987年摄制. -- 1盘卷片(5.1米113拍) :
1:10, 2B ；35mm银盐
收藏馆：缩微中心，国图

00O020442
空青石传奇：二卷 / (清)万树撰；(清)吴棠祯评
清康熙(1662-1722)万氏粲花别墅刻拥双艳三
种本
1994年摄制. -- 1盘卷片(9米164拍) : 1:10,
2B ；35mm银盐
收藏馆：缩微中心，国图

00O024659
拥双艳三种：六卷 / (清)万树撰；(清)吴秉钧评
清康熙(1662-1722)万氏粲花别墅刻本. -- 包
括三种：风流棒传奇二卷、念八翻传奇二卷、
空青石传奇二卷。
1996年摄制. -- 1盘卷片(24米485拍) :
1:10, 2B ；35mm银盐
收藏馆：缩微中心，浙江

00O031692
拥双艳三种：六卷 / (清)万树撰
清康熙(1662-1722)万氏粲花别墅刻本
2005年摄制. -- 1盘卷片(24米510拍) :
1:10, 2B ；35mm银盐
收藏馆：缩微中心，国图

00O017918
拥双艳三种：六卷 / (清)万树撰
清康熙(1662-1722)万氏粲花别墅刻本
1993年摄制. -- 1盘卷片(23米455拍) :
1:10, 2B ；35mm银盐
收藏馆：缩微中心，国图

00O006373
玉湖楼传奇第六种女昆仑：二卷 / (清)裘琏撰
清(1644-1911)是亦轩抄本
1987年摄制. -- 1盘卷片(8米153拍) : 1:10,
2B ；35mm银盐
收藏馆：缩微中心，国图

00O019067
长生殿传奇：二卷 / (清)洪升撰
清康熙(1662-1722)稗畦草堂刻本
1994年摄制. -- 1盘卷片(12米200拍) :
1:10, 2B ；35mm银盐

收藏馆：缩微中心，国图

00O019114
桃花扇传奇：二卷 / (清)孔尚任撰
清康熙(1662-1722)刻本
1994年摄制. -- 1盘卷片(15米281拍) :
1:10，2B；35mm银盐
收藏馆：缩微中心，国图

00O031773
桃花扇传奇：二卷 / (清)孔尚任撰
清康熙(1662-1722)刻本
2005年摄制. -- 1盘卷片(16米320拍) :
1:10，2B；35mm银盐
收藏馆：缩微中心，国图

00O004104
桃花扇传奇：一卷 / (清)孔尚任撰
清康熙(1662-1722)刻本. -- 吴梅跋。
1986年摄制. -- 1盘卷片(14.5米308拍) :
1:10，2B；35mm银盐
收藏馆：缩微中心，国图

00O015986
风前月下填词：二卷 / (清)曹岩撰
清初(1644-1722)刻本
1993年摄制. -- 1盘卷片(6米85拍) : 1:10,
2B；35mm银盐
收藏馆：缩微中心，国图

00O026574
洛神庙传奇：二卷 / [题](清)青要山樵撰
清康熙(1662-1722)刻本
1997年摄制. -- 1盘卷片(10米177拍) :
1:10，2B；35mm银盐
收藏馆：缩微中心，国图

00O004124
容居堂三种曲：六卷 / (清)周稚廉撰
清(1644-1911)书带草堂刻本
1986年摄制. -- 1盘卷片(16米331拍) :
1:10，2B；35mm银盐
收藏馆：缩微中心，国图

00O018411
容居堂三种曲：六卷 / (清)周稚廉撰
清(1644-1911)书带草堂刻本
1993年摄制. -- 1盘卷片(17米313拍) :
1:10，2B；35mm银盐
收藏馆：缩微中心，国图

00O031684
容居堂三种曲：六卷 / (清)周稚廉撰

清(1644-1911)书带草堂刻本
2005年摄制. -- 1盘卷片(17米345拍) :
1:10，2B；35mm银盐
收藏馆：缩微中心，国图

00O017454
惺斋新曲：六种一十三卷 / (清)夏纶撰
清乾隆十八年(1753)夏氏世光堂刻本
1993年摄制. -- 2盘卷片(44米841拍) :
1:10，2B；35mm银盐
收藏馆：缩微中心，国图

00O005105
旗亭记：二卷 / (清)卢见曾撰
清乾隆二十四年(1759)卢氏雅雨堂刻本
1986年摄制. -- 1盘卷片(10米187拍) :
1:10，2B；35mm银盐
收藏馆：缩微中心，国图

00O026550
旗亭记：二卷 / (清)卢见曾撰
清(1644-1911)刻本
1997年摄制. -- 1盘卷片(10米176拍) :
1:10，2B；35mm银盐
收藏馆：缩微中心，国图

00O018427
雅雨堂两种曲：四卷 / (清)卢见曾撰
清乾隆(1736-1795)刻本
1993年摄制. -- 1盘卷片(19米365拍) :
1:10，2B；35mm银盐
收藏馆：缩微中心，国图

00O001703
扬州梦传奇：二卷 / (清)岳端撰
清康熙四十年(1701)岳端启贤堂刻本
1986年摄制. -- 1盘卷片(6米109拍) : 1:10,
2B；35mm银盐
收藏馆：缩微中心，国图

00O027624
扬州梦传奇：二卷 / (清)岳端撰
清康熙四十年(1701)启贤堂刻本. -- 吴梅
跋。
1997年摄制. -- 1盘卷片(6米95拍) : 1:10,
2B；35mm银盐
收藏馆：缩微中心，国图

00O016865
五鹿块传奇：二卷 / (清)许廷录撰
清(1644-1911)抄本
1993年摄制. -- 1盘卷片(6米89拍) : 1:10,
2B；35mm银盐

收藏馆：缩微中心，国图

00O000028
介山记：二卷 / (清)宋廷魁撰
清乾隆(1736-1795)刻本
1986年摄制. -- 1盘卷片(6.9米127拍) ：
1:10, 2B ；35mm银盐
收藏馆：缩微中心，山西

00O005238
龙灯赚：二卷 / (清)朱云从撰
清(1644-1911)抄本
1986年摄制. -- 1盘卷片(8米121拍) ： 1:10,
2B ；35mm银盐
收藏馆：缩微中心，国图

00O007007
金銮配：二卷
清(1644-1911)抄本
1987年摄制. -- 1盘卷片(5米77拍) ： 1:10,
2B ；35mm银盐
收藏馆：缩微中心，国图

00O010246
玉燕堂四种曲：八卷 / (清)张坚撰；(清)杨古林
[等]评点
清乾隆(1736-1795)刻本
1989年摄制. -- 2盘卷片(35.5米768拍) ：
1:10, 2B ；35mm银盐
收藏馆：缩微中心，湖北

00O018653
太平乐府玉勾：十三种十四卷 / (清)吴可堂撰
清乾隆(1736-1795)刻本
1994年摄制. -- 2盘卷片(48米977拍) ：
1:10, 2B ；35mm银盐
收藏馆：缩微中心，国图

00O000631
看山阁乐府雷峰塔：二卷 / (清)黄图珌撰
清乾隆三年(1738)黄氏看山阁刻本
1985年摄制. -- 1盘卷片(7米116拍) ： 1:10,
2B ；35mm银盐
收藏馆：缩微中心，国图

00O007410
芝龛记：六卷 / (清)董榕撰
清乾隆十六年(1751)刻本
1987年摄制. -- 1盘卷片(22米472拍) ：
1:10, 2B ；35mm银盐
收藏馆：缩微中心，吉林市

00O017926
锦香亭：三卷 / (清)石琰撰
清(1644-1911)清素堂刻本
1993年摄制. -- 1盘卷片(5米76拍) ： 1:10,
2B ；35mm银盐
收藏馆：缩微中心，国图

00O018820
两度梅：三卷 / (清)石琰撰
清(1644-1911)抄本
1994年摄制. -- 1盘卷片(6米74拍) ： 1:10,
2B ；35mm银盐
收藏馆：缩微中心，国图

00O027619
蟾宫操传奇：二卷 / (清)程镳撰
清康熙四十五年(1706)程镳刻本
1997年摄制. -- 1盘卷片(12米222拍) ：
1:10, 2B ；35mm银盐
收藏馆：缩微中心，国图

00O027616
鱼水缘传奇：□□卷 / (清)周书撰；(清)竹轩主
人评点
清(1644-1911)刻本. -- 存一卷：卷下。
1997年摄制. -- 1盘卷片(8米133拍) ： 1:10,
2B ；35mm银盐
收藏馆：缩微中心，国图

00O005494
雨花台传奇：二卷 / (清)徐昆撰
清乾隆二十八年(1763)刻本
1987年摄制. -- 1盘卷片(7.5米139拍) ：
1:10, 2B ；35mm银盐
收藏馆：缩微中心，山西

00O026985
烟花债传奇：一卷 / (清)崔应阶撰
清乾隆(1736-1795)刻本
1997年摄制. -- 1盘卷片(4米45拍) ： 1:10,
2B ；35mm银盐
收藏馆：缩微中心，国图

00O006970
正昭阳：二卷
清雍正二年(1724)沈闻生抄本. -- 卢前题
款。
1987年摄制. -- 1盘卷片(6米90拍) ： 1:10,
2B ；35mm银盐
收藏馆：缩微中心，国图

00O026539
婴儿幻传奇：三卷 / (清)金兆燕撰

清(1644-1911)抄本
1997年摄制. -- 1盘卷片(7米119拍) : 1:10,
2B ; 35mm银盐
收藏馆：缩微中心，国图

000O017865
金瓶梅：二卷 / (清)郑小白撰
清(1644-1911)抄本
1993年摄制. -- 1盘卷片(5米55拍) : 1:10,
2B ; 35mm银盐
收藏馆：缩微中心，国图

000O006579
玉鸳鸯：三卷 / (清)周坦纶撰
清(1644-1911)抄本
1987年摄制. -- 1盘卷片(10米198拍) :
1:10, 2B ; 35mm银盐
收藏馆：缩微中心，国图

000O018419
新西厢：二卷 / (清)张锦撰；(清)范建杲评
清乾隆(1736-1795)刻本
1993年摄制. -- 1盘卷片(6米78拍) : 1:10,
2B ; 35mm银盐
收藏馆：缩微中心，国图

000O024732
八宝箱传奇：二类 / (清)夏秉衡撰
清乾隆(1736-1795)清绮轩刻本
1996年摄制. -- 1盘卷片(9米154拍) : 1:10,
2B ; 35mm银盐
收藏馆：缩微中心，浙江

000O027012
漪园四种：八卷；度蓝关：一卷；双兔记：二卷 /
(清)永恩撰
清乾隆(1736-1795)礼王府刻本. -- 还有合刻
著作：五虎记二卷/(清)永恩撰，四友记二
卷/(清)永恩撰，三世记二卷/(清)永恩撰。
1997年摄制. -- 2盘卷片(36米659拍) :
1:10, 2B ; 35mm银盐
收藏馆：缩微中心，国图

000O017461
四友记：二卷 / (清)永恩撰
清(1644-1911)抄本
1993年摄制. -- 1盘卷片(11米180拍) :
1:10, 2B ; 35mm银盐
收藏馆：缩微中心，国图

000O004469
传奇翻水浒记：二卷 / [题](清)介石逸叟撰
清初(1644-1722)载道堂刻本

1986年摄制. -- 1盘卷片(6米109拍) : 1:10,
2B ; 35mm银盐
收藏馆：缩微中心，国图

000O000633
存庐新编宣和谱传奇：二卷 / [题](清)介石逸叟
撰
清(1644-1911)刻本
1985年摄制. -- 1盘卷片(7米114拍) : 1:10,
2B ; 35mm银盐
收藏馆：缩微中心，国图

000O026558
一江风传奇：二卷 / (清)和睦州撰
清(1644-1911)抄本
1997年摄制. -- 1盘卷片(9米130拍) : 1:10,
2B ; 35mm银盐
收藏馆：缩微中心，国图

000O026578
潜庄删订增补紫玉记：二卷 / [题](清)蔡潜庄撰
清乾隆四年(1739)梦山房刻本
1997年摄制. -- 1盘卷片(10米166拍) :
1:10, 2B ; 35mm银盐
收藏馆：缩微中心，国图

000O004401
乞食图：二卷 / (清)钱维乔撰
清乾隆(1736-1795)刻本. -- 吴梅跋。
1986年摄制. -- 1盘卷片(8米138拍) : 1:10,
2B ; 35mm银盐
收藏馆：缩微中心，国图

000O026552
沈宾渔四种曲：八卷 / (清)沈起凤撰
清(1644-1911)古香林刻本
1997年摄制. -- 1盘卷片(32米656拍) :
1:10, 2B ; 35mm银盐
收藏馆：缩微中心，国图

000O006410
伏虎韬：不分卷 / (清)沈起凤撰
清(1644-1911)抄本
1987年摄制. -- 1盘卷片(5米86拍) : 1:10,
2B ; 35mm银盐
收藏馆：缩微中心，国图

000O026557
鸳鸯帕传奇：二卷 / (清)张应楸撰
清乾隆十六年(1751)佩兰堂刻本
1997年摄制. -- 1盘卷片(10米160拍) :
1:10, 2B ; 35mm银盐
收藏馆：缩微中心，国图

000O005279
珊瑚鞭传奇：二卷 / (清)胡业宏撰
清乾隆四十三年(1778)穿柳亭刻本
1986年摄制. -- 1盘卷片(10米190拍) :
1:10, 2B ; 35mm银盐
收藏馆：缩微中心, 国图

000O004126
紫霞巾传奇：二卷
清嘉庆六年(1801)刻本. -- 吴梅跋。
1986年摄制. -- 1盘卷片(7.6米141拍) :
1:10, 2B ; 35mm银盐
收藏馆：缩微中心, 国图

000O031683
紫霞巾传奇：二卷 / [题](清)榕西逸客撰
清嘉庆六年(1801)榕西逸客刻本
2005年摄制. -- 1盘卷片(9米145拍) : 1:10,
2B ; 35mm银盐
收藏馆：缩微中心, 国图

000O026601
花月痕传奇：二卷 / [题](清)榕西逸客撰
清道光七年(1827)刻本
1997年摄制. -- 1盘卷片(8米148拍) : 1:10,
2B ; 35mm银盐
收藏馆：缩微中心, 国图

000O017479
桂花塔：二卷 / (清)左潢撰
清嘉庆十七年(1812)天香馆刻本
1993年摄制. -- 1盘卷片(6米89拍) : 1:10,
2B ; 35mm银盐
收藏馆：缩微中心, 国图

000O031693
桂花塔：二卷 / (清)左潢撰
清嘉庆十七年(1812)天香馆刻本
2005年摄制. -- 1盘卷片(7米115拍) : 1:10,
2B ; 35mm银盐
收藏馆：缩微中心, 国图

000O017925
兰桂仙传奇：二卷 / (清)左潢撰 ; (清)程秉铨评 .
曲谱：二卷 / (清)沈起凤撰
清嘉庆七年至八年(1802-1803)藤花书舫刻本
1993年摄制. -- 1盘卷片(13米224拍) :
1:10, 2B ; 35mm银盐
收藏馆：缩微中心, 国图

000O031682
兰桂仙传奇：二卷 / (清)左潢撰 ; (清)程秉铨评
清嘉庆七年(1802)藤花书舫刻本

2005年摄制. -- 1盘卷片(11米200拍) :
1:10, 2B ; 35mm银盐
收藏馆：缩微中心, 国图

000O031687
劝善金科：十本二十卷首一卷 / (清)张照[等]撰
清乾隆(1736-1795)内府刻五色套印本. -- 存
十卷：卷一下至卷十下。
2005年摄制. -- 2盘卷片(58米1240拍) :
1:10, 2B ; 35mm银盐
收藏馆：缩微中心, 国图

000O031688
劝善金科：十本二十卷首一卷 / (清)张照[等]撰
清乾隆(1736-1795)内府刻五色套印本
2005年摄制. -- 2盘卷片(64米1310拍) :
1:10, 2B ; 35mm银盐
收藏馆：缩微中心, 国图

000O031883
劝善金科：十本二十卷首一卷 / (清)张照[等]撰
清乾隆(1736-1795)内府刻五色套印本
2010年摄制. -- 3盘卷片(78米1377拍) :
1:10, 2B ; 35mm银盐
收藏馆：缩微中心, 国图

000O001418
升平宝筏西游记：十二卷 / (清)张照撰
清(1644-1911)抄本
1985年摄制. -- 2盘卷片(40.6米887拍) :
1:10, 2B ; 35mm银盐
收藏馆：缩微中心, 国图

000O013827
升平宝筏：十卷 / (清)张照撰
清(1644-1911)抄本. -- 存九卷：卷一至卷
九。
1992年摄制. -- 2盘卷片(42米863拍) :
1:10, 2B ; 35mm银盐
收藏馆：缩微中心, 国图

000O027760
升平宝筏：十本十卷 / (清)张照撰
清(1644-1911)抄本. -- 第一本卷下配另一清
抄本。
1997年摄制. -- 3盘卷片(63米1273拍) :
1:10, 2B ; 35mm银盐
收藏馆：缩微中心, 国图

000O013830
昭代箫韶：十本二十卷 / (清)王廷章[等]撰
清乾隆(1736-1795)内府刻套印本. -- 存八本
八卷：卷三至卷十。

1991年摄制. -- 3盘卷片(67米1333拍) :
1:10, 2B ; 35mm银盐
收藏馆：缩微中心, 国图

000O018420
昭代箫韶：二十卷 / (清)王廷章[等]撰
清嘉庆十八年(1813)内府刻套印本. -- 撰者
还有：(清)范闻贤等。存十卷：卷一至卷七
上、卷八至卷九、卷十下。郑振铎跋。
1993年摄制. -- 3盘卷片(68米1364拍) :
1:10, 2B ; 35mm银盐
收藏馆：缩微中心, 国图

000O031933
昭代箫韶：十本二十卷 / (清)王廷章[等]撰
清嘉庆十八年(1813)内府刻套印本. -- 撰者
还有：范闻贤等。存九本：二本卷上、三本至
十本。
2010年摄制. -- 3盘卷片(80米1482拍) :
1:13, 2B ; 35mm银盐
收藏馆：缩微中心, 国图

000O026565
昭代箫韶：十本二十卷首一卷 / (清)王廷章[等]
撰
清(1644-1911)朱墨抄本. -- 撰者还有：(清)
范闻贤等。
1997年摄制. -- 3盘卷片(79米1584拍) :
1:10, 2B ; 35mm银盐
收藏馆：缩微中心, 国图

000O032007
昭代箫韶：十本二十卷首一卷 / (清)王廷章[等]
撰
清(1644-1911)朱墨抄本. -- 撰者还有：(清)
范闻贤等。八行二十二字无格。
2010年摄制. -- 3盘卷片(90米1692拍) :
1:12, 2B ; 35mm银盐
收藏馆：缩微中心, 国图

000O017166
桃花影传奇：二卷 / [题](清)砚云斋主人谱
清(1644-1911)刻本
1990年摄制. -- 1盘卷片(8米140拍) : 1:10,
2B ; 35mm银盐
收藏馆：缩微中心, 山东

000O010904
红楼梦传奇：八卷 / (清)陈钟麟撰
清(1644-1911)汗青斋刻本
1989年摄制. -- 1盘卷片(22米483拍) :
1:10, 2B ; 35mm银盐
收藏馆：缩微中心, 湖北

000O014841
梅花梦传奇：二卷 / (清)陈森撰
清(1644-1911)稿本. -- (清)吴企宽、(清)庄
缙度、(清)刘沅、(清)孙昭、(清)冒广生、
(清)邓裕釐、(清)庄蕴宽等题诗，(清)魏悫音
题词，(清)张盛藻跋。
1992年摄制. -- 1盘卷片(7米106拍) : 1:10,
2B ; 35mm银盐
收藏馆：缩微中心, 国图

000O026559
镜光缘传奇：二卷 / (清)徐爔撰
清乾隆四十三年(1778)梦生堂刻本
1997年摄制. -- 1盘卷片(8米125拍) : 1:10,
2B ; 35mm银盐
收藏馆：缩微中心, 国图

000O027009
红牙小谱：二卷；浔阳诗稿：一卷词稿一卷 /
(清)戴全德撰
清嘉庆三年(1798)刻本. -- 还有合刻著作：
西调一卷、小曲一卷。
1997年摄制. -- 1盘卷片(6米72拍) : 1:10,
2B ; 35mm银盐
收藏馆：缩微中心, 国图

000O004132
春草堂黄河远：二卷 / (清)谢堃撰
清道光十年(1830)谢氏春草堂刻本. -- 吴梅
批订并跋。
1986年摄制. -- 1盘卷片(7.4米139拍) :
1:10, 2B ; 35mm银盐
收藏馆：缩微中心, 国图

000O017927
春草堂黄河远：二卷 / (清)谢堃撰
清道光十年(1830)谢氏春草堂刻本
1993年摄制. -- 1盘卷片(8米125拍) : 1:10,
2B ; 35mm银盐
收藏馆：缩微中心, 国图

000O005240
胭脂舄传奇：二卷 / (清)李文瀚撰
清道光(1821-1850)刻本. -- 吴梅批点并跋。
1986年摄制. -- 1盘卷片(7米128拍) : 1:10,
2B ; 35mm银盐
收藏馆：缩微中心, 国图

000O004415
茗雪山房二种曲：四卷 / (清)彭剑南撰
清道光六年(1826)彭氏茗雪山房刻本
1986年摄制. -- 1盘卷片(14.5米308拍) :
1:10, 2B ; 35mm银盐

收藏馆：缩微中心，国图

00O023923
梅花引：一卷 / (清)云槎外史撰
清(1644-1911)抄本
1996年摄制. -- 1盘卷片(3米70拍) : 1:10,
2B ; 35mm银盐
收藏馆：缩微中心，河南

00O004136
芙蓉碣传奇：二卷 / (清)张云骧撰
清光绪九年(1883)张云骧刻本. -- 吴梅批订
并跋。
1986年摄制. -- 1盘卷片(5米80拍) : 1:10,
2B ; 35mm银盐
收藏馆：缩微中心，国图

00O008424
鼎峙春秋：十卷 / (清)周祥钰[等]撰
清(1644-1911)朱墨抄本. -- 存四卷：卷一
下、卷二至卷四。
1988年摄制. -- 1盘卷片(22米488拍) :
1:10, 2B ; 35mm银盐
收藏馆：缩微中心，国图

00O031915
鼎峙春秋：十卷 / (清)周祥钰[等]撰
清(1644-1911)朱墨抄本. -- 存四卷：卷一
上、卷二至卷四。
2010年摄制. -- 1盘卷片(28米511拍) :
1:13, 2B ; 35mm银盐
收藏馆：缩微中心，国图

00O017910
御炉香：二卷 / (清)李漫翁撰
清(1644-1911)稿本
1993年摄制. -- 1盘卷片(10米161拍) :
1:10, 2B ; 35mm银盐
收藏馆：缩微中心，国图

00O014047
双龙坠：二卷 / [题](清)新都笔花斋撰
清顺治(1644-1661)笔花斋刻本. -- 存一卷：
卷上。
1991年摄制. -- 1盘卷片(5米54拍) : 1:10,
2B ; 35mm银盐
收藏馆：缩微中心，国图

00O006488
十出奇传奇：二卷 / (清)周大榜撰
清(1644-1911)抄本
1987年摄制. -- 1盘卷片(6米109拍) : 1:10,
2B ; 35mm银盐

收藏馆：缩微中心，国图

00O020053
如意缘：二卷 / [题](清)信天斋癯道人撰
清(1644-1911)抄本
1994年摄制. -- 1盘卷片(6米77拍) : 1:10,
2B ; 35mm银盐
收藏馆：缩微中心，国图

00O001674
长生树传奇：不分卷 / (清)赵宜梅撰
清(1644-1911)抄本. -- 吴梅跋。
1986年摄制. -- 1盘卷片(7米121拍) : 1:10,
2B ; 35mm银盐
收藏馆：缩微中心，国图

00O028759
新编麟阁待传奇：二卷 / [题](清)简社主人撰
清(1644-1911)刻本
1998年摄制. -- 1盘卷片(8米127拍) : 1:10,
2B ; 35mm银盐
收藏馆：缩微中心，苏州

00O006797
绣旗记：二卷 / (清)刘可培撰
清(1644-1911)抄本
1987年摄制. -- 1盘卷片(9米169拍) : 1:10,
2B ; 35mm银盐
收藏馆：缩微中心，国图

00O006489
澄怀堂偶辑温柔乡传奇：二卷 / [题](清)星堂主
人撰
清(1644-1911)抄本. -- 存一卷：卷上。
1987年摄制. -- 1盘卷片(6米110拍) : 1:10,
2B ; 35mm银盐
收藏馆：缩微中心，国图

00O005233
天随愿：不分卷 / (清)袁枟撰
清(1644-1911)抄本. -- 吴梅跋。
1986年摄制. -- 1盘卷片(7米112拍) : 1:10,
2B ; 35mm银盐
收藏馆：缩微中心，国图

00O026709
玉指环传奇：四卷 / (清)张梦琪撰
清(1644-1911)稿本
1996年摄制. -- 1盘卷片(8米141拍) : 1:10,
2B ; 35mm银盐
收藏馆：缩微中心，南京

000O019128

游仙梦：不分卷 / (清)刘熙堂撰

清嘉庆(1796-1820)刻本

1994年摄制. -- 1盘卷片(5米61拍) ：1:10,
2B ；35mm银盐

收藏馆：缩微中心，国图

000O026533

泛黄涛：二卷 / [题](清)思斋主人撰

清(1644-1911)抄本

1997年摄制. -- 1盘卷片(6米93拍) ：1:10,
2B ；35mm银盐

收藏馆：缩微中心，国图

000O014943

贤星聚院本：二卷 / [题](清)孤屿学人撰

清(1644-1911)抄本. -- 存一卷：卷下。

1992年摄制. -- 1盘卷片(5米54拍) ：1:10,
2B ；35mm银盐

收藏馆：缩微中心，国图

000O026600

点金丹：二卷 / [题](清)西泠词客撰

清(1644-1911)刻本

1997年摄制. -- 1盘卷片(15米179拍) ：
1:10, 2B ；35mm银盐

收藏馆：缩微中心，国图

000O006802

一帘春传奇：二卷 / [题](清)闲止亭浒墨居士撰

清(1644-1911)抄本

1987年摄制. -- 1盘卷片(7米112拍) ：1:10,
2B ；35mm银盐

收藏馆：缩微中心，国图

000O020021

三世姻缘：二卷

清(1644-1911)抄本

1994年摄制. -- 1盘卷片(10米174拍) ：
1:10, 2B ；35mm银盐

收藏馆：缩微中心，国图

000O027024

三凤缘全传：三卷

清(1644-1911)抄本

1997年摄制. -- 1盘卷片(7米113拍) ：1:10,
2B ；35mm银盐

收藏馆：缩微中心，国图

000O007352

千秋鉴：不分卷

清(1644-1911)抄本

1987年摄制. -- 1盘卷片(6米111拍) ：1:10,

2B ；35mm银盐

收藏馆：缩微中心，国图

000O024689

天宫宝传奇：二卷

清初(1644-1722)太原王氏曲局抄本

1996年摄制. -- 1盘卷片(6.5米106拍) ：
1:10, 2B ；35mm银盐

收藏馆：缩微中心，浙江

000O007348

不夜天：不分卷

清(1644-1911)抄本

1987年摄制. -- 1盘卷片(6米109拍) ：1:10,
2B ；35mm银盐

收藏馆：缩微中心，国图

000O026593

月香亭新编传奇育英才：不分卷

清(1644-1911)抄本

1997年摄制. -- 1盘卷片(5米52拍) ：1:10,
2B ；35mm银盐

收藏馆：缩微中心，国图

000O026614

平龄会：十卷

清(1644-1911)抄本

1997年摄制. -- 1盘卷片(18米329拍) ：
1:10, 2B ；35mm银盐

收藏馆：缩微中心，国图

000O026579

平蛮图：二卷

清(1644-1911)抄本

1997年摄制. -- 1盘卷片(6米62拍) ：1:10,
2B ；35mm银盐

收藏馆：缩微中心，国图

000O019554

四美图：不分卷

清(1644-1911)抄本

1994年摄制. -- 1盘卷片(5米60拍) ：1:10,
2B ；35mm银盐

收藏馆：缩微中心，国图

000O018428

出师表：二卷

清(1644-1911)抄本

1993年摄制. -- 1盘卷片(5米56拍) ：1:10,
2B ；35mm银盐

收藏馆：缩微中心，国图

000O006547
再生缘传奇：不分卷
清(1644-1911)抄本. -- 卢前题款。
1987年摄制. -- 1盘卷片(5米71拍) ：1:10，
2B ；35mm银盐
收藏馆：缩微中心，国图

000O006551
定风珠：二卷
清(1644-1911)抄本. -- 卢前题款。
1987年摄制. -- 1盘卷片(5米64拍) ：1:10，
2B ；35mm银盐
收藏馆：缩微中心，国图

000O007006
享千秋：不分卷
清(1644-1911)抄本. -- 卢前题款。
1987年摄制. -- 1盘卷片(5米76拍) ：1:10，
2B ；35mm银盐
收藏馆：缩微中心，国图

000O005763
五香球：二卷
清(1644-1911)抄本. -- 存一卷：卷上。
1987年摄制. -- 1盘卷片(5米69拍) ：1:10，
2B ；35mm银盐
收藏馆：缩微中心，国图

000O026583
金龙印：不分卷
清(1644-1911)抄本
1997年摄制. -- 1盘卷片(14米265拍) ：
1:10，2B ；35mm银盐
收藏馆：缩微中心，国图

000O027015
封神天榜：十卷
清(1644-1911)内府抄本. -- 存七卷：卷一、
卷三至卷五、卷七至卷九。
1997年摄制. -- 2盘卷片(50米942拍) ：
1:10，2B ；35mm银盐
收藏馆：缩微中心，国图

000O014426
勘离骚院本：二卷
清(1644-1911)抄本. -- 存一卷：卷下。
1992年摄制. -- 1盘卷片(4米40拍) ：1:10，
2B ；35mm银盐
收藏馆：缩微中心，国图

000O007344
通仙枕：二卷
清(1644-1911)抄本

1987年摄制. -- 1盘卷片(6米110拍) ：1:10，
2B ；35mm银盐
收藏馆：缩微中心，国图

000O007445
阴阳钟：不分卷
清(1644-1911)抄本
1987年摄制. -- 1盘卷片(3米34拍) ：1:10，
2B ；35mm银盐
收藏馆：缩微中心，国图

000O006610
黄土关：二卷
清(1644-1911)抄本
1987年摄制. -- 1盘卷片(3.2米39拍) ：
1:10，2B ；35mm银盐
收藏馆：缩微中心，国图

000O026580
楚汉春秋：十卷
清(1644-1911)内府抄本
1997年摄制. -- 2盘卷片(52米1051拍) ：
1:10，2B ；35mm银盐
收藏馆：缩微中心，国图

000O026569
盛世奇英：三卷
清(1644-1911)抄本
1997年摄制. -- 1盘卷片(20米364拍) ：
1:10，2B ；35mm银盐
收藏馆：缩微中心，国图

000O006353
万倍利：不分卷
清(1644-1911)抄本
1987年摄制. -- 1盘卷片(6米96拍) ：1:10，
2B ；35mm银盐
收藏馆：缩微中心，国图

000O006406
睢阳节：不分卷
清(1644-1911)抄本
1987年摄制. -- 1盘卷片(4米41拍) ：1:10，
2B ；35mm银盐
收藏馆：缩微中心，国图

000O006540
福星照：不分卷
清(1644-1911)抄本
1987年摄制. -- 1盘卷片(7米117拍) ：1:10，
2B ；35mm银盐
收藏馆：缩微中心，国图

00O006771
绿牡丹：一卷
清(1644-1911)抄本
1986年摄制. -- 1盘卷片（2.5米32拍）：1:10, 2B ；35mm银盐
收藏馆：缩微中心，国图

00O017819
庆安澜传奇：二卷
清(1644-1911)抄本
1993年摄制. -- 1盘卷片（4米46拍）：1:10, 2B ；35mm银盐
收藏馆：缩微中心，国图

00O026541
醒世魔传奇：一卷
清(1644-1911)抄本
1997年摄制. -- 1盘卷片（4米38拍）：1:10, 2B ；35mm银盐
收藏馆：缩微中心，国图

00O026173
锦绣襦：一卷
清(1644-1911)抄本
1997年摄制. -- 1盘卷片（4米47拍）：1:10, 2B ；35mm银盐
收藏馆：缩微中心，国图

00O027010
钟情缘：二卷
清(1644-1911)抄本
1997年摄制. -- 1盘卷片（6米79拍）：1:10, 2B ；35mm银盐
收藏馆：缩微中心，国图

00O006559
旧邑讴思长庚永庆：不分卷
清(1644-1911)抄本
1987年摄制. -- 1盘卷片（3米23拍）：1:10, 2B ；35mm银盐
收藏馆：缩微中心，国图

00O007343
蟠桃会：二卷
清(1644-1911)抄本
1987年摄制. -- 1盘卷片（4米47拍）：1:10, 2B ；35mm银盐
收藏馆：缩微中心，国图

00O006767
双珠球：不分卷
清(1644-1911)抄本
1987年摄制. -- 1盘卷片（3米26拍）：1:10,

2B ；35mm银盐
收藏馆：缩微中心，国图

00O014801
续春秋：二卷
清(1644-1911)抄本
1992年摄制. -- 1盘卷片（6米73拍）：1:10, 2B ；35mm银盐
收藏馆：缩微中心，国图

00O026577
盛世鸿图：六卷
清(1644-1911)内府刻本
1997年摄制. -- 1盘卷片（16米299拍）：1:10, 2B ；35mm银盐
收藏馆：缩微中心，国图

00O019142
据梧轩玉环缘：二卷 / (清)周昂撰
清乾隆五十三年(1788)此宜阁刻本
1994年摄制. -- 1盘卷片（9米157拍）：1:10, 2B ；35mm银盐
收藏馆：缩微中心，国图

00O031780
据梧轩玉环缘：二卷 / (清)周昂撰
清乾隆五十三年(1788)此宜阁刻本
2005年摄制. -- 1盘卷片（10米175拍）：1:10, 2B ；35mm银盐
收藏馆：缩微中心，国图

00O027023
秋竹山房传奇二种：二卷
清(1644-1911)秋竹山房刻本
1997年摄制. -- 1盘卷片（8米123拍）：1:10, 2B ；35mm银盐
收藏馆：缩微中心，国图

00O024680
情中义传奇：二卷
清初(1644-1722)太原王氏曲局抄本
1996年摄制. -- 1盘卷片（8米131拍）：1:10, 2B ；35mm银盐
收藏馆：缩微中心，浙江

00O026591
[新编]义忠烈：四卷
清(1644-1911)抄本
1997年摄制. -- 1盘卷片（9米146拍）：1:10, 2B ；35mm银盐
收藏馆：缩微中心，国图

000O017493
冬至承应玉女献盆：一卷
清(1644-1911)升平署抄本
1993年摄制. -- 1盘卷片(3米7拍)：1:10,
2B；35mm银盐
收藏馆：缩微中心，国图

000O020704
南渡江：一卷；北渡江：一卷
清(1644-1911)抄本
1994年摄制. -- 1盘卷片(3米9拍)：1:10,
2B；35mm银盐
收藏馆：缩微中心，国图

000O007950
朝野新声太平乐府：九卷 / (元)杨朝英辑
清初(1644-1722)抄本. -- 叶启勋题跋。
1988年摄制. -- 1盘卷片(7.3米132拍)：
1:10, 2B；35mm银盐
收藏馆：缩微中心，湖南

000O002210
朝野新声太平乐府：九卷 / (元)杨朝英辑
清(1644-1911)抄本. -- (清)黄丕烈跋。
1986年摄制. -- 1盘卷片(14米291拍)：
1:10, 2B；35mm银盐
收藏馆：缩微中心，国图

000O002192
朝野新声太平乐府：九卷 / (元)杨朝英辑
明(1368-1644)抄本
1986年摄制. -- 1盘卷片(11米194拍)：
1:10, 2B；35mm银盐
收藏馆：缩微中心，国图

000O005100
朝野新声太平乐府：九卷 / (元)杨朝英辑
明(1368-1644)刻本. -- 存六卷：卷一至卷
六。吴梅跋。
1986年摄制. -- 1盘卷片(7.2米131拍)：
1:10, 2B；35mm银盐
收藏馆：缩微中心，国图

000O023494
阳春白雪：前集四卷后集五卷 / (元)杨朝英辑
清(1644-1911)抄本
1995年摄制. -- 1盘卷片(9米148拍)：1:10,
2B；35mm银盐
收藏馆：缩微中心，国图

000O005246
阳春白雪校补：不分卷 / 任讷撰
感红室稿本

1986年摄制. -- 1盘卷片(4米50拍)：1:10,
2B；35mm银盐
收藏馆：缩微中心，国图

000O004487
梨园按试乐府新声：三卷
任讷宝情书库抄本
1986年摄制. -- 1盘卷片(7米123拍)：1:10,
2B；35mm银盐
收藏馆：缩微中心，国图

000O026586
梨园按试乐府新声：三卷
瞿氏铁琴铜剑楼影元(1271-1368)抄本
1997年摄制. -- 1盘卷片(4米39拍)：1:10,
2B；35mm银盐
收藏馆：缩微中心，国图

000O017649
梨园按试乐府新声：三卷
清宣统二年(1910)赵倬斋抄本. -- 王国维
跋。
1993年摄制. -- 1盘卷片(4米41拍)：1:10,
2B；35mm银盐
收藏馆：缩微中心，国图

000O004505
类聚名贤乐府群玉：五卷 / (元)胡存善辑
程龙骧[等]抄本. -- 吴梅校并跋。
1986年摄制. -- 1盘卷片(6米102拍)：1:10,
2B；35mm银盐
收藏馆：缩微中心，国图

000O017094
彩笔情辞：十二卷 / (明)张栩辑
明天启四年(1624)刻本. -- 存六卷：卷一至
卷二、卷五至卷六、卷九至卷十。
1993年摄制. -- 1盘卷片(13米236拍)：
1:10, 2B；35mm银盐
收藏馆：缩微中心，国图

000O022208
彩笔情辞：十二卷 / (明)张栩辑
明天启四年(1624)刻本
1995年摄制. -- 1盘卷片(24米476拍)：
1:10, 2B；35mm银盐
收藏馆：缩微中心，国图

000O017039
新镌古今大雅北宫词纪：六卷 / (明)陈所闻辑
明万历三十三年(1605)陈氏继志斋刻本. --
郑振铎跋。
1993年摄制. -- 1盘卷片(20米388拍)：

1:10, 2B ; 35mm银盐
收藏馆：缩微中心，国图

000O023491
新镌古今大雅北宫词纪：六卷 / (明)陈所闻辑
明万历三十三年(1605)陈氏继志斋刻本. --
王立承跋。
1995年摄制. -- 1盘卷片(22米427拍) :
1:10, 2B ; 35mm银盐
收藏馆：缩微中心，国图

000O007836
新镌古今大雅南宫词纪：六卷 / (明)陈所闻辑
明万历三十三年(1605)陈氏继志斋刻本
1987年摄制. -- 1盘卷片(16.8米356拍) :
1:9, 2B ; 35mm银盐
收藏馆：缩微中心，重庆

000O017036
新镌古今大雅南宫词纪：六卷 / (明)陈所闻辑
明万历三十三年(1605)陈氏继志斋刻本
1993年摄制. -- 1盘卷片(18米351拍) :
1:10, 2B ; 35mm银盐
收藏馆：缩微中心，国图

000O023496
新镌古今大雅南宫词纪：六卷 / (明)陈所闻辑
明万历三十三年(1605)陈氏继志斋刻本. --
存四卷：卷二至卷三、卷五至卷六。王立承
跋。
1995年摄制. -- 1盘卷片(11米202拍) :
1:10, 2B ; 35mm银盐
收藏馆：缩微中心，国图

000O007397
新镌古今大雅南北宫词纪：二十七卷 / (明)陈所闻辑
明万历(1573-1620)刻本
1987年摄制. -- 2盘卷片(35米747拍) :
1:10, 2B ; 35mm银盐
收藏馆：缩微中心，吉林

000O004375
古今奏雅：□□卷
明(1368-1644)刻本. -- 存一卷：卷六。
1986年摄制. -- 1盘卷片(6米103拍) : 1:10,
2B ; 35mm银盐
收藏馆：缩微中心，国图

000O005168
四词宗合刻：五卷
明(1368-1644)汪氏环翠堂刻本
1986年摄制. -- 1盘卷片(15米323拍) :

1:10, 2B ; 35mm银盐
收藏馆：缩微中心，国图

000O019126
乐府群珠：不分卷
抄本
1994年摄制. -- 1盘卷片(17米323拍) :
1:10, 2B ; 35mm银盐
收藏馆：缩微中心，国图

000O023927
二太史乐府联璧：四卷
清(1644-1911)补刻本
1996年摄制. -- 1盘卷片(9米195拍) : 1:10,
2B ; 35mm银盐
收藏馆：缩微中心，河南

000O013792
曲选：不分卷
明(1368-1644)抄本
1991年摄制. -- 1盘卷片(6米81拍) : 1:10,
2B ; 35mm银盐
收藏馆：缩微中心，国图

000O017652
吴骚集：四卷二集四卷 / (明)王稚登[等]辑
明万历(1573-1620)刻本. -- 卷一、二集卷四
配抄本。
1993年摄制. -- 1盘卷片(18米335拍) :
1:10, 2B ; 35mm银盐
收藏馆：缩微中心，国图

000O020578
吴骚集：四卷 / (明)王稚登辑
明万历(1573-1620)刻本. -- 存二卷：卷一至
卷二。
1994年摄制. -- 1盘卷片(6米89拍) : 1:10,
2B ; 35mm银盐
收藏馆：缩微中心，国图

000O004093
白雪斋选订乐府吴骚合编：四卷；衡曲塵谭：一卷 / (明)张楚叔,(明)张旭初辑. 曲律：一卷 / (明)魏良辅撰
明崇祯十年(1637)张师龄刻本
1986年摄制. -- 1盘卷片(20米445拍) :
1:10, 2B ; 35mm银盐
收藏馆：缩微中心，国图

000O007594
乐府吴骚合编：四卷 / (明)张楚叔,(明)张旭初辑
明崇祯(1628-1644)刻本
1987年摄制. -- 1盘卷片(20米443拍) :

1:10, 2B ; 35mm银盐
收藏馆：缩微中心，吉林

000O017033
白雪斋选订乐府吴骚合编：四卷；衡曲麈谭：
一卷 / (明)张楚叔,(明)张旭初辑 . 曲律：一卷 /
(明)魏良辅撰
明崇祯十年(1637)张师龄刻本
1993年摄制. -- 1盘卷片(22米425拍) :
1:10, 2B ; 35mm银盐
收藏馆：缩微中心，国图

000O017018
太霞新奏：十四卷 / [题](明)香月居主人辑
明天启(1621-1627)刻本
1993年摄制. -- 1盘卷片(19米380拍) :
1:10, 2B ; 35mm银盐
收藏馆：缩微中心，国图

000O023493
太霞新奏：十四卷 / [题](明)香月居主人辑
明(1368-1644)刻本
1995年摄制. -- 1盘卷片(23米431拍) :
1:10, 2B ; 35mm银盐
收藏馆：缩微中心，国图

000O017009
精选点板昆调十部集乐府先春：二卷首一卷 /
(明)陈继儒辑
明(1368-1644)刻本. -- 郑振铎跋。
1993年摄制. -- 1盘卷片(12米200拍) :
1:10, 2B ; 35mm银盐
收藏馆：缩微中心，国图

000O003428
张小山小令：二卷 / (元)张可久撰；(明)李开先
辑
明嘉靖(1522-1566)刻本
1986年摄制. -- 1盘卷片(12米156拍) :
1:10, 2B ; 35mm银盐
收藏馆：缩微中心，国图

000O027475
张小山小令：二卷 / (元)张可久撰；(明)李开先
辑
明嘉靖(1522-1566)刻本. -- (清)丁丙跋。
1996年摄制. -- 1盘卷片(9米154拍) : 1:10,
2B ; 35mm银盐
收藏馆：缩微中心，南京

000O007781
小山乐府：六卷 / (元)张可久撰；(明)李开先选
编

清(1644-1911)抄本
1987年摄制. -- 1盘卷片(4米50拍) : 1:10,
2B ; 35mm银盐
收藏馆：缩微中心，湖南

000O006800
新刊张小山北曲联乐府：三卷外集一卷 / (元)张
可久撰
清(1644-1911)抄本. -- 卷下、外集, (清)张
泰柯补, (清)黄丕烈、(清)张蓉镜跋。
1987年摄制. -- 1盘卷片(6米98拍) : 1:10,
2B ; 35mm银盐
收藏馆：缩微中心，国图

000O004471
诚斋乐府：二卷 / (明)朱有燉撰 . 辑补：一卷 /
吴梅辑
抄本
1986年摄制. -- 1盘卷片(7米116拍) : 1:10,
2B ; 35mm银盐
收藏馆：缩微中心，国图

000O003630
诚斋乐府：二卷 / (明)朱有燉撰
明宣德九年(1434)朱有燉刻本. -- 吴梅跋。
1986年摄制. -- 1盘卷片(6米111拍) : 1:10,
2B ; 35mm银盐
收藏馆：缩微中心，国图

000O022194
碧山乐府：二卷 / (明)王九思撰
明正德(1506-1521)刻清(1644-1911)印本
1995年摄制. -- 1盘卷片(4米46拍) : 1:10,
2B ; 35mm银盐
收藏馆：缩微中心，国图

000O025564
碧山乐府：三卷 / (明)王九思撰
明正德十四年(1519)刻本
1996年摄制. -- 1盘卷片(4米57拍) : 1:10,
2B ; 35mm银盐
收藏馆：缩微中心，浙江

000O017029
碧山乐府：二卷 / (明)王九思撰
明嘉靖三十四年(1555)张书绅刻本
1993年摄制. -- 1盘卷片(4米46拍) : 1:10,
2B ; 35mm银盐
收藏馆：缩微中心，国图

000O005255
杜子美沽酒游春记：一卷 / (明)王九思撰
明崇祯(1628-1644)刻本. -- 吴梅跋。

1986年摄制. -- 1盘卷片(4米43拍) ： 1:10,
2B ； 35mm银盐
收藏馆：缩微中心，国图

000O000901
碧山新稿：一卷续稿一卷 / (明)王九思撰 . 南曲
次韵：一卷 / (明)李开先,(明)王九思撰
明嘉靖(1522-1566)刻本
1985年摄制. -- 1盘卷片(6.1米108拍) ：
1:10, 2B ； 35mm银盐
收藏馆：缩微中心，国图

000O017014
沜东乐府：二卷 / (明)康海撰
明嘉靖三年(1524)康浩刻本
1993年摄制. -- 1盘卷片(5米64拍) ： 1:10,
2B ； 35mm银盐
收藏馆：缩微中心，国图

000O026916
沜东乐府：二卷 / (明)康海撰
明嘉靖(1522-1566)康浩刻本
1996年摄制. -- 1盘卷片(7米111拍) ：
2B ； 35mm银盐
收藏馆：缩微中心，南京

000O005002
沜东乐府：二卷 / (明)康海撰
抄本. -- 吴梅校并跋。
1986年摄制. -- 1盘卷片(6.1米110拍) ：
1:10, 2B ； 35mm银盐
收藏馆：缩微中心，国图

000O013505
王西楼先生乐府：一卷 / (明)王磐撰
明(1368-1644)刻本
1991年摄制. -- 1盘卷片(3米24拍) ： 1:10,
2B ； 35mm银盐
收藏馆：缩微中心，国图

000O017025
王西楼先生乐府：一卷 / (明)王磐撰
明(1368-1644)刻本
1993年摄制. -- 1盘卷片(3米24拍) ： 1:10,
2B ； 35mm银盐
收藏馆：缩微中心，国图

000O026914
王西楼先生乐府：一卷 / (明)王磐撰
明嘉靖三十年(1551)张守中刻本. -- (清)丁
丙跋。
1996年摄制. -- 1盘卷片(3米38拍) ： 1:10,
2B ； 35mm银盐

收藏馆：缩微中心，南京

000O017015
陶情乐府：四卷续集一卷拾遗一卷 / (明)杨慎撰
明嘉靖三十年(1551)简绍芳刻本
1993年摄制. -- 1盘卷片(5米65拍) ： 1:10,
2B ； 35mm银盐
收藏馆：缩微中心，国图

000O013377
陶情乐府：四卷 / (明)杨慎撰
明嘉靖三十年(1551)简绍芳刻本
1991年摄制. -- 1盘卷片(4米40拍) ： 1:10,
2B ； 35mm银盐
收藏馆：缩微中心，国图

000O022219
陶情乐府：四卷 / (明)杨慎撰
明嘉靖三十年(1551)简绍芳刻本
1995年摄制. -- 1盘卷片(4米39拍) ： 1:10,
2B ； 35mm银盐
收藏馆：缩微中心，国图

000O023016
杨升庵先生夫人乐府词余：五卷次序一卷 / (明)
黄峨撰
明(1368-1644)刻本
1985年摄制. -- 1盘卷片(4米52拍) ： 1:10,
2B ； 35mm银盐
收藏馆：缩微中心，国图

000O004482
徐文长重订杨升庵夫人词曲：五卷 / (明)黄峨撰
明(1368-1644)刻本. -- 吴梅批注。
1986年摄制. -- 1盘卷片(4米64拍) ： 1:10,
2B ； 35mm银盐
收藏馆：缩微中心，国图

000O016837
坐隐先生精订梨云寄傲：二卷 / (明)陈铎撰
明万历三十九年(1611)江氏环翠堂刻陈大声乐
府全集本
1993年摄制. -- 1盘卷片(4米37拍) ： 1:10,
2B ； 35mm银盐
收藏馆：缩微中心，国图

000O017026
坐隐先生精订陈大声乐府全集：十二卷 / (明)陈
铎撰；(明)汪廷讷订
明万历三十九年(1611)汪氏环翠堂刻本
1993年摄制. -- 1盘卷片(15米272拍) ：
1:10, 2B ； 35mm银盐
收藏馆：缩微中心，国图

00O027116
梨云寄傲：一卷；秋碧乐府：一卷 / (明)陈铎撰
明(1368-1644)抄本
1997年摄制. -- 1盘卷片(4米42拍) ： 1:10,
2B ；35mm银盐
收藏馆：缩微中心，国图

00O012104
海浮山堂词稿：四卷 / (明)冯惟敏撰
明嘉靖(1522-1566)刻本
1990年摄制. -- 1盘卷片(11米217拍) ：
1:10, 2B ；35mm银盐
收藏馆：缩微中心，山东

00O016995
坐隐先生精订冯海浮山堂词稿：二卷 / (明)冯惟敏撰
明(1368-1644)汪氏环翠堂刻四词宗合刻本. -- 存一卷：卷上。郑振铎跋。
1993年摄制. -- 1盘卷片(6米79拍) ： 1:10,
2B ；35mm银盐
收藏馆：缩微中心，国图

00O014728
笔花楼新声：一卷 / (明)顾正谊撰
明万历二十四年(1596)顾正谊刻本
1992年摄制. -- 1盘卷片(4米44拍) ： 1:10,
2B ；35mm银盐
收藏馆：缩微中心，国图

00O000644
良辰乐事：不分卷 / (明)刘效祖撰
清康熙二十九年(1690)刘芳永刻本
1985年摄制. -- 1盘卷片(3.8米53拍) ：
1:10, 2B ；35mm银盐
收藏馆：缩微中心，国图

00O004506
词脔：一卷 / (明)刘效祖撰
清康熙三十五年(1696)胡介祉谷园刻本. --
吴梅跋并题诗。
1986年摄制. -- 1盘卷片(4米61拍) ： 1:10,
2B ；35mm银盐
收藏馆：缩微中心，国图

00O017027
江东白苎：二卷续二卷 / (明)梁辰鱼撰
明末(1621-1644)刻本
1993年摄制. -- 1盘卷片(8米124拍) ： 1:10,
2B ；35mm银盐
收藏馆：缩微中心，国图

00O031008
江东白苎：二卷续二卷 / (明)梁辰鱼撰
明末(1621-1644)刻本
2004年摄制. -- 1盘卷片(9米150拍) ： 1:9,
2B ；35mm银盐
收藏馆：缩微中心，国图

00O023492
林石逸兴：十卷 / (明)薛论道撰
明万历十六年(1588)刻本. -- 存七卷：卷一、卷三至卷八。
1995年摄制. -- 1盘卷片(11米194拍) ：
1:10, 2B ；35mm银盐
收藏馆：缩微中心，国图

00O019765
林石逸兴：十卷 / (明)薛论道撰
明万历(1573-1620)刻本
1994年摄制. -- 1盘卷片(14米245拍) ：
1:10, 2B ；35mm银盐
收藏馆：缩微中心，国图

00O017016
明农轩乐府：一卷 / (明)段士儋撰
明万历六年(1578)刻本
1993年摄制. -- 1盘卷片(4米37拍) ： 1:10,
2B ；35mm银盐
收藏馆：缩微中心，国图

00O003635
南北词曲随笔：不分卷 / (明)范垣撰
明(1368-1644)刻本
1986年摄制. -- 1盘卷片(3米21拍) ： 1:10,
2B ；35mm银盐
收藏馆：缩微中心，国图

00O017063
秦词正讹：二卷 / (明)秦时雍撰 ；(明)练子鼎辑
明嘉靖(1522-1566)刻本. -- 存一卷：卷上。
郑振铎跋。
1993年摄制. -- 1盘卷片(5米50拍) ： 1:10,
2B ；35mm银盐
收藏馆：缩微中心，国图

00O014370
陶情令：一卷 / (明)杨应奎撰
清(1644-1911)抄本
1992年摄制. -- 1盘卷片(3米14拍) ： 1:10,
2B ；35mm银盐
收藏馆：缩微中心，国图

00O020762
王十岳乐府：一卷 / (明)王寅撰

明万历十三年(1585)刻本
1994年摄制. -- 1盘卷片(4米52拍) ：1:10,
2B ；35mm银盐
收藏馆：缩微中心，国图

000O005104
续小令集：不分卷 / (明)丁惟恕撰
明崇祯十三年(1640)刻本
1986年摄制. -- 1盘卷片(5米75拍) ：1:10,
2B ；35mm银盐
收藏馆：缩微中心，国图

000O018209
适暮稿：一卷 / (明)王克笃撰
清嘉庆二十一年(1816)王志超抄本
1993年摄制. -- 1盘卷片(5米68拍) ：1:10,
2B ；35mm银盐
收藏馆：缩微中心，山东

000O014845
隅园集：十八卷 / (明)陈与郊撰
明万历四十五年至天启元年(1617-1621)赐绯
堂刻本. -- 存十七卷：卷一至卷十四、卷
十六至卷十八。
1992年摄制. -- 1盘卷片(31米626拍) ：
1:10, 2B ；35mm银盐
收藏馆：缩微中心，国图

000O027021
月香小稿：不分卷
明(1368-1644)抄本
1997年摄制. -- 1盘卷片(3米27拍) ：1:10,
2B ；35mm银盐
收藏馆：缩微中心，国图

000O017352
乐府余音：一卷 / (明)杨廷和撰
明嘉靖(1522-1566)刻本. -- 郑振铎跋。
1993年摄制. -- 1盘卷片(4米32拍) ：1:10,
2B ；35mm银盐
收藏馆：缩微中心，国图

000O013952
中麓小令：不分卷跋语不分卷 / (明)李开先撰
清(1644-1911)抄本
1991年摄制. -- 1盘卷片(5米60拍) ：1:10,
2B ；35mm银盐
收藏馆：缩微中心，国图

000O014011
卧病江皋：一卷 / (明)李开先撰
清(1644-1911)抄本
1992年摄制. -- 1盘卷片(3米21拍) ：1:10,

2B ；35mm银盐
收藏馆：缩微中心，国图

000O013765
四时悼内：一卷附录一卷 / (明)李开先撰
清(1644-1911)抄本
1991年摄制. -- 1盘卷片(4米53拍) ：1:10,
2B ；35mm银盐
收藏馆：缩微中心，国图

000O007420
秋水庵花影集：五卷 / (明)施绍莘撰
明崇祯六年(1633)刻本
1987年摄制. -- 1盘卷片(20米440拍) ：
1:10, 2B ；35mm银盐
收藏馆：缩微中心，吉林

000O017030
秋水庵花影集：五卷 / (明)施绍莘撰
清乾隆十七年(1752)博古堂刻本
1993年摄制. -- 1盘卷片(20米397拍) ：
1:10, 2B ；35mm银盐
收藏馆：缩微中心，国图

000O020843
秋水庵花影集：五卷 / (明)施绍莘撰
清乾隆十七年(1752)博古堂刻本
1994年摄制. -- 1盘卷片(20米394拍) ：
1:10, 2B ；35mm银盐
收藏馆：缩微中心，国图

000O031006
词珍雅调：八种十三卷 / (明)李□辑
明(1368-1644)金陵书肆刻本
2004年摄制. -- 1盘卷片(31米655拍) ：1:8,
2B ；35mm银盐
收藏馆：缩微中心，国图

000O027115
棠村乐府：不分卷 / (清)梁清标撰
清(1644-1911)抄本
1997年摄制. -- 1盘卷片(4米40拍) ：1:10,
2B ；35mm银盐
收藏馆：缩微中心，国图

000O017021
鹊亭乐府：四卷 / (清)陆楙撰
清康熙三十一年(1692)南田草堂刻本
1993年摄制. -- 1盘卷片(9米147拍) ：1:10,
2B ；35mm银盐
收藏馆：缩微中心，国图

000O027020
鹊亭乐府：四卷 / (清)陆梫撰
清康熙三十一年(1692)南田草堂刻本
1997年摄制. -- 1盘卷片(9米152拍) ：1:10,
2B ；35mm银盐
收藏馆：缩微中心，国图

000O018934
醒梦戏曲：一卷 / (清)高珩撰
清初(1644-1722)刻本. -- (清)释济颠批校并
跋。
1993年摄制. -- 1盘卷片(3米40拍) ：1:10,
2B ；35mm银盐
收藏馆：缩微中心，山东

000O016855
冬心先生自度曲：一卷 / (清)金农撰
清乾隆二十五年(1760)金农刻本
1993年摄制. -- 1盘卷片(3米15拍) ：1:10,
2B ；35mm银盐
收藏馆：缩微中心，国图

000O017973
流楚集：不分卷
清初(1644-1722)何处楼刻本
1993年摄制. -- 1盘卷片(5米71拍) ：1:10,
2B ；35mm银盐
收藏馆：缩微中心，国图

000O017187
西藏闻见录：一卷 / (清)林乔荫撰
清嘉庆十八年(1813)刻本
1993年摄制. -- 1盘卷片(3米26拍) ：1:10,
2B ；35mm银盐
收藏馆：缩微中心，山东

000O010256
自怡轩乐府：四卷 / (清)许宝善撰
清乾隆五十八年(1793)刻本
1989年摄制. -- 1盘卷片(7米109拍) ：1:10,
2B ；35mm银盐
收藏馆：缩微中心，湖北

000O017651
山歌：十卷 / (明)冯梦龙辑
明末(1621-1644)刻本
1993年摄制. -- 1盘卷片(9米134拍) ：1:10,
2B ；35mm银盐
收藏馆：缩微中心，国图

000O017661
白雪遗音：四卷 / (清)华广生辑
清道光八年(1828)玉庆堂刻本

1993年摄制. -- 1盘卷片(23米469拍) ：
1:10, 2B ；35mm银盐
收藏馆：缩微中心，国图

000O026581
一种情传奇：二卷 / (明)沈璟撰
清康熙二十八年(1689)抄本. -- 姚华校并
跋。
1997年摄制. -- 1盘卷片(5米64拍) ：1:10,
2B ；35mm银盐
收藏馆：缩微中心，国图

000O006966
未央天：二卷
清(1644-1911)抄本
1987年摄制. -- 1盘卷片(5米71拍) ：1:10,
2B ；35mm银盐
收藏馆：缩微中心，国图

000O021539
木皮子词：一卷 / (清)贾凫西撰
清(1644-1911)刻本
1995年摄制. -- 1盘卷片(3米30拍) ：1:10,
2B ；35mm银盐
收藏馆：缩微中心，国图

000O027022
青石山：八卷
清(1644-1911)抄本
1997年摄制. -- 1盘卷片(13米224拍) ：
1:10, 2B ；35mm银盐
收藏馆：缩微中心，国图

000O029217
新编肉丘坟：十二卷九十八回
清光绪二十三年(1897)京都义善堂刻本
1999年摄制. -- 1盘卷片(35米715拍) ：
1:10, 2B ；35mm银盐
收藏馆：缩微中心，天津

000O017167
庚戌水灾传鼓儿词：一卷 / (明)马益撰
清(1644-1911)抄本
1993年摄制. -- 1盘卷片(4米50拍) ：1:10,
2B ；35mm银盐
收藏馆：缩微中心，山东

000O026547
九九大庆：九卷 / (清)张照[等]撰
清(1644-1911)抄本
1997年摄制. -- 1盘卷片(31米625拍) ：
1:10, 2B ；35mm银盐
收藏馆：缩微中心，国图

00O030656

绣像小八义：十二卷一百二十回

清光绪二十一年(1895)上海书局上海石印本

2002年摄制. -- 1盘卷片（12米258拍）：

1:10, 2B；35mm银盐

收藏馆：缩微中心，天津

00O020714

前赤壁赋：一卷；后赤壁赋：一卷

清嘉庆十五年(1810)抄本

1994年摄制. -- 1盘卷片（3米23拍）：1:10,

2B；35mm银盐

收藏馆：缩微中心，国图

00O016243

陈眉公正廿一史弹词：二卷 / (明)杨慎撰

明(1368-1644)刻本

1993年摄制. -- 1盘卷片（5米71拍）：1:10,

2B；35mm银盐

收藏馆：缩微中心，国图

00O026418

二十一史弹词：二卷 / (明)杨慎撰；(明)王起隆增定

明天启四年(1624)叶小莺抄本

1997年摄制. -- 1盘卷片（6米90拍）：1:10,

2B；35mm银盐

收藏馆：缩微中心，湖北

00O014503

历代史略十段锦词话旁注：二卷 / (明)杨慎撰；(明)程仲秩注

明末(1621-1644)刻朱墨套印本

1991年摄制. -- 1盘卷片（6.4米113拍）：

1:9, 2B；35mm银盐

收藏馆：缩微中心，重庆

00O010795

古今濡削选章：四十卷 / (明)李国祥辑；(明)李鼎等校

明万历二十九年(1601)刻本

1989年摄制. -- 3盘卷片（93米2080拍）：

1:10, 2B；35mm银盐

收藏馆：缩微中心，天津

00O019124

新编白蛇传雷峰塔：十卷 / [题](清)野花老人撰

清(1644-1911)抄本

1994年摄制. -- 1盘卷片（26米512拍）：

1:10, 2B；35mm银盐

收藏馆：缩微中心，国图

00O019130

改本白仙传：四卷

清嘉庆十五年(1810)抄本

1994年摄制. -- 1盘卷片（10米177拍）：

1:10, 2B；35mm银盐

收藏馆：缩微中心，国图

00O013177

凤凰山：七十二卷

清(1644-1911)海陵轩刻本

1991年摄制. -- 3盘卷片（75.0米1679拍）：

1:10, 2B；35mm银盐

收藏馆：缩微中心，辽宁

00O028968

狐狸缘：六卷二十二回 / (清)醉月山人撰

清(1644-1911)刻本

1998年摄制. -- 1盘卷片（15米282拍）：

1:10, 2B；35mm银盐

收藏馆：缩微中心，天津

00O013143

来生福弹词：三十六回 / [题](清)橘中逸叟撰

清(1644-1911)刻本

1991年摄制. -- 3盘卷片（70.5米1575拍）：

1:10, 2B；35mm银盐

收藏馆：缩微中心，辽宁

00O006449

六美图：不分卷

清(1644-1911)抄本

1987年摄制. -- 1盘卷片（14米281拍）：

1:10, 2B；35mm银盐

收藏馆：缩微中心，国图

00O017204

石破天惊：不分卷

清(1644-1911)王笃抄本

1993年摄制. -- 1盘卷片（5米84拍）：1:10,

2B；35mm银盐

收藏馆：缩微中心，山东

00O029382

双凤奇缘：二十卷八十回

清道光(1821-1850)刻本. -- 坊刻本。

1999年摄制. -- 1盘卷片（21米411拍）：

1:10, 2B；35mm银盐

收藏馆：缩微中心，天津

00O013169

绣像双珠凤全传：十二卷 / (清)一叶主人撰

清(1644-1911)刻本. -- 存十一卷：卷二至卷十二。

1991年摄制. -- 1盘卷片(24.7米552拍) : 1:10, 2B ; 35mm银盐
收藏馆：缩微中心，辽宁

000O006591
四面观音：不分卷
清咸丰六年(1856)抄本
1987年摄制. -- 1盘卷片(3米23拍) : 1:10, 2B ; 35mm银盐
收藏馆：缩微中心，国图

000O012550
果报录：十二卷一百回 / (清)海兰涛撰
清(1644-1911)活字印本
1990年摄制. -- 2盘卷片(40米878拍) : 1:10, 2B ; 35mm银盐
收藏馆：缩微中心，辽宁

000O006764
祥麟镜：不分卷
清(1644-1911)抄本
1986年摄制. -- 1盘卷片(3米43拍) : 1:10, 2B ; 35mm银盐
收藏馆：缩微中心，国图

000O001657
续弹词：二卷 / (清)许文炳撰
清康熙二十五年(1686)水月斋刻本
1986年摄制. -- 1盘卷片(4米42拍) : 1:10, 2B ; 35mm银盐
收藏馆：缩微中心，国图

000O011657
真本玉钏缘：三十二卷
清(1644-1911)抄本
1989年摄制. -- 5盘卷片(137米2959拍) : 1:10, 2B ; 35mm银盐
收藏馆：缩微中心，天津

000O020105
鸳水仙缘：不分卷 / [题](清)小铁山人撰
清(1644-1911)抄本
1994年摄制. -- 1盘卷片(5米67拍) : 1:10, 2B ; 35mm银盐
收藏馆：缩微中心，国图

000O015800
新翻鸳鸯佩：二十回二集二十四回
清道光(1821-1850)抄本. -- (清)张千里题诗。
1993年摄制. -- 1盘卷片(18米325拍) : 1:10, 2B ; 35mm银盐
收藏馆：缩微中心，国图

000O019049
孝义真迹珍珠塔：二十四回
清同治十二年(1873)抄本
1994年摄制. -- 1盘卷片(12米224拍) : 1:10, 2B ; 35mm银盐
收藏馆：缩微中心，国图

000O006585
紫金锁：不分卷
清(1644-1911)抄本
1987年摄制. -- 1盘卷片(3米29拍) : 1:10, 2B ; 35mm银盐
收藏馆：缩微中心，国图

000O018210
修珍宝传因果全集：一卷 / [题](清)复性子撰
清(1644-1911)抄本
1993年摄制. -- 1盘卷片(5米66拍) : 1:10, 2B ; 35mm银盐
收藏馆：缩微中心，山东

000O005243
雍熙乐府：二十卷 / (明)郭勋辑
明嘉靖四十五年(1566)春山刻本. -- 卷十一至卷十三配抄本。
1986年摄制. -- 3盘卷片(79米1759拍) : 1:10, 2B ; 35mm银盐
收藏馆：缩微中心，国图

000O027870
雍熙乐府：二十卷 / (明)郭勋辑
明嘉靖四十五年(1566)春山刻本. -- (清)丁丙跋。
1996年摄制. -- 3盘卷片(79米1774拍) : 1:10, 2B ; 35mm银盐
收藏馆：缩微中心，南京

000O004084
词林摘艳：十卷 / (明)张禄辑
明嘉靖三十年(1551)徽藩刻本. -- 曹元忠、吴梅跋。
1985年摄制. -- 2盘卷片(42.4米929拍) : 1:10, 2B ; 35mm银盐
收藏馆：缩微中心，国图

000O014354
词林摘艳：十卷 / (明)张禄辑
明嘉靖三十年(1551)徽藩刻本
1992年摄制. -- 2盘卷片(43米879拍) : 1:10, 2B ; 35mm银盐
收藏馆：缩微中心，国图

000O014352
词林摘艳：十卷 / (明)张禄辑
明万历二十五年(1597)内府刻本
1992年摄制． -- 2盘卷片(49米1011拍)：
1:10，2B ; 35mm银盐
收藏馆：缩微中心，国图

000O017647
词林摘艳：十卷 / (明)张禄辑
明万历二十五年(1597)内府刻本
1993年摄制． -- 2盘卷片(50米1011拍)：
1:10，2B ; 35mm银盐
收藏馆：缩微中心，国图

000O023495
词林摘艳：十卷 / (明)张禄辑
明万历二十五年(1597)内府刻本
1995年摄制． -- 2盘卷片(52米1032拍)：
1:10，2B ; 35mm银盐
收藏馆：缩微中心，国图

000O004098
词林摘艳：十卷 / (明)张禄辑
明(1368-1644)刻本． -- 存六卷：卷一至卷
二、卷五至卷六、卷八、卷十。
1986年摄制． -- 1盘卷片(13米275拍)：
1:10，2B ; 35mm银盐
收藏馆：缩微中心，国图

000O005029
盛世新声：十二卷
明正德十二年(1517)刻本
1986年摄制． -- 1盘卷片(17米376拍)：
1:10，2B ; 35mm银盐
收藏馆：缩微中心，国图

000O024301
盛世新声：十二卷
明正德十二年(1517)刻本
1996年摄制． -- 1盘卷片(19米354拍)：
1:10，2B ; 35mm银盐
收藏馆：缩微中心，国图

000O017655
词林逸响：四卷 / (明)许宇辑
明(1368-1644)刻本
1993年摄制． -- 1盘卷片(20米370拍)：
1:10，2B ; 35mm银盐
收藏馆：缩微中心，国图

000O014408
词林逸响：四卷 / (明)许宇辑
明(1368-1644)刻清初(1644-1722)萃锦堂印本

1992年摄制． -- 1盘卷片(20米372拍)：
1:10，2B ; 35mm银盐
收藏馆：缩微中心，国图

000O003430
盛世词林：十二卷
明(1368-1644)抄本
1986年摄制． -- 2盘卷片(45米996拍)：
1:10，2B ; 35mm银盐
收藏馆：缩微中心，国图

000O000395
南北词广韵选：十九卷
清(1644-1911)抄本
1985年摄制． -- 2盘卷片(32.8米706拍)：
1:10，2B ; 35mm银盐
收藏馆：缩微中心，国图

000O014576
吴歈萃雅：四卷 / [题](明)梯月主人辑
明万历(1573-1620)刻本
1992年摄制． -- 1盘卷片(22米429拍)：
1:10，2B ; 35mm银盐
收藏馆：缩微中心，国图

000O023497
新镌出像点板缠头百练二集：六卷 / [题](明)冲
和居士辑
明崇祯(1628-1644)刻本
1995年摄制． -- 1盘卷片(27米548拍)：
1:10，2B ; 35mm银盐
收藏馆：缩微中心，国图

000O017351
新镌出像点板怡春锦曲：六卷 / [题](明)冲和居
士辑
明(1368-1644)刻本． -- 存四卷：礼、乐、
书、数。
1993年摄制． -- 1盘卷片(17米315拍)：
1:10，2B ; 35mm银盐
收藏馆：缩微中心，国图

000O017010
新刻出像点板增订乐府珊珊集：四卷 / (明)周之
标辑
明崇祯(1628-1644)刻本． -- 存二卷：卷一至
卷二。
1993年摄制． -- 1盘卷片(6米85拍)：1:10,
2B ; 35mm银盐
收藏馆：缩微中心，国图

000O000304
新镌乐府争奇：三卷

明(1368-1644)汪公亮刻本. -- 存二卷：卷上、卷中。
1985年摄制. -- 1盘卷片(6.1米107拍)：1:10, 2B；35mm银盐
收藏馆：缩微中心，国图

00O017666
南音三籁：四卷 / (清)袁志学辑；(明)凌濛初评订. 曲律：一卷；谭曲杂劄：一卷 / (明)凌濛初撰
清康熙七年(1668)刻本
1993年摄制. -- 1盘卷片(23米457拍)：1:10, 2B；35mm银盐
收藏馆：缩微中心，国图

00O004488
词余偶抄：不分卷 / (清)彭翊辑并评
清(1644-1911)稿本. -- 吴梅跋。
1986年摄制. -- 1盘卷片(7米128拍)：1:10, 2B；35mm银盐
收藏馆：缩微中心，国图

00O014407
秋夜月：四卷
明(1368-1644)燕石居刻本
1992年摄制. -- 1盘卷片(10米170拍)：1:10, 2B；35mm银盐
收藏馆：缩微中心，国图

00O007872
审音鉴古录：不分卷
清道光十四年(1834)王继善刻本
1988年摄制. -- 1盘卷片(24.6米536拍)：1:11, 2B；35mm银盐
收藏馆：缩微中心，重庆

00O014575
来凤馆合选古今传奇：四卷 / [题](清)邀月主人辑
清初(1644-1722)刻本. -- 存一卷：卷上。
1992年摄制. -- 1盘卷片(7米111拍)：1:10, 2B；35mm银盐
收藏馆：缩微中心，国图

00O017177
名曲选尤：不分卷
清(1644-1911)抄本
1993年摄制. -- 1盘卷片(7米121拍)：1:10, 2B；35mm银盐
收藏馆：缩微中心，山东

00O017023
太和正音谱：三卷 / (明)朱权撰

明(1368-1644)抄本. -- 存二卷：卷上、卷中。
1993年摄制. -- 1盘卷片(7米106拍)：1:10, 2B；35mm银盐
收藏馆：缩微中心，国图

00O027889
太和正音谱：二卷 / (明)朱权撰
清(1644-1911)影印本. -- 据明洪武(1368-1398)抄本影印。(清)丁丙跋。
1996年摄制. -- 1盘卷片(11米205拍)：1:10, 2B；35mm银盐
收藏馆：缩微中心，南京

00O019691
南九宫十三调曲谱：四卷 / (明)程允昌订
明末(1621-1644)刻本
1994年摄制. -- 1盘卷片(20米402拍)：1:10, 2B；35mm银盐
收藏馆：缩微中心，国图

00O027627
汇纂元谱南曲九宫正始：不分卷 / (明)徐庆卿撰；(明)钮少雅订
清(1644-1911)抄本
1997年摄制. -- 2盘卷片(36米696拍)：1:10, 2B；35mm银盐
收藏馆：缩微中心，国图

00O017658
北词谱：十四卷臆论一卷附一卷 / (明)徐于室撰
清(1644-1911)抄本
1993年摄制. -- 1盘卷片(19米379拍)：1:10, 2B；35mm银盐
收藏馆：缩微中心，国图

00O008641
增定南九宫曲谱：二十一卷附录一卷 / (明)沈璟撰
明(1368-1644)刻三乐斋印本
1996年摄制. -- 1盘卷片(20米395拍)：1:10, 2B；35mm银盐
收藏馆：缩微中心，山东

00O005251
增定南九宫曲谱：二十一卷附录一卷 / (明)沈璟撰
明(1368-1644)文治堂刻本
1986年摄制. -- 1盘卷片(18米390拍)：1:10, 2B；35mm银盐
收藏馆：缩微中心，国图

000O008983

增订查补南九宫十三调曲谱：二十一卷附录一卷 / (明)沈璟撰

明末(1621-1644)三乐斋刻本

1988年摄制. -- 1盘卷片(19米388拍) : 1:10, 2B ; 35mm银盐

收藏馆：缩微中心，湖北

000O014405

广缉词隐先生增定南九宫词谱：二十六卷 / (明)沈璟撰；(明)沈自晋重定

清顺治十二年(1655)沈氏不殊堂刻本

1992年摄制. -- 1盘卷片(24米460拍) : 1:10, 2B ; 35mm银盐

收藏馆：缩微中心，国图

000O001278

南九宫谱大全：□□卷 / (明)沈自晋撰；(清)胡介祉增补

清(1644-1911)稿本. -- 存七卷：仙吕引子、过曲、犯调、正宫引子、过曲南吕引子、过曲。

1985年摄制. -- 1盘卷片(22米480拍) : 1:10, 2B ; 35mm银盐

收藏馆：缩微中心，国图

000O027810

旧编南九宫谱：不分卷 / (明)蒋孝辑

明嘉靖(1522-1566)毗陵刻本

1996年摄制. -- 1盘卷片(8米130拍) : 1:10, 2B ; 35mm银盐

收藏馆：缩微中心，南京

000O017482

九宫谱定：十二卷总论一卷 / [题](清)东山钓史,[题](清)鸳湖逸者辑

清初(1644-1722)金阊绿荫堂刻本

1993年摄制. -- 1盘卷片(17米332拍) : 1:10, 2B ; 35mm银盐

收藏馆：缩微中心，国图

000O019187

骷髅格：一卷；辨音连声归母捷法：一卷 / (□)顾体仁撰

清初(1644-1722)抄本

1994年摄制. -- 1盘卷片(4米32拍) : 1:10, 2B ; 35mm银盐

收藏馆：缩微中心，国图

000O004219

曲谱：十二卷首一卷末一卷 / (清)王奕清[等]撰

清康熙(1662-1722)内府刻套印本

1986年摄制. -- 1盘卷片(24米533拍) : 1:10, 2B ; 35mm银盐

收藏馆：缩微中心，国图

000O031881

曲谱：十二卷首一卷末一卷 / (清)王奕清[等]撰

清康熙(1662-1722)内府刻套印本

2010年摄制. -- 1盘卷片(30米551拍) : 1:10, 2B ; 35mm银盐

收藏馆：缩微中心，国图

000O013415

新定十二律昆腔谱：十六卷 / (清)王正祥撰

清康熙(1662-1722)停云室刻本

1991年摄制. -- 1盘卷片(11米186拍) : 1:10, 2B ; 35mm银盐

收藏馆：缩微中心，国图

000O005117

新定宗北归音：六卷 / (清)王正祥撰；(清)卢鸣銮,(清)施铨订

清康熙二十五年(1686)停云室刻本

1986年摄制. -- 1盘卷片(7.6米143拍) : 1:10, 2B ; 35mm银盐

收藏馆：缩微中心，国图

000O017899

新定宗北归音：六卷 / (清)王正祥撰

清康熙二十五年(1686)停云室刻本

1993年摄制. -- 1盘卷片(8米194拍) : 1:10, 2B ; 35mm银盐

收藏馆：缩微中心，国图

000O018418

新定宗北归音：六卷 / (清)王正祥撰

清康熙二十五年(1686)停云室刻本

1993年摄制. -- 1盘卷片(9米128拍) : 1:10, 2B ; 35mm银盐

收藏馆：缩微中心，国图

000O000420

新定宗北归音：五卷次序一卷 / (清)王正祥撰

清康熙二十五年(1686)停云室刻本. -- 存四卷：卷一至卷三、次序一卷。

1985年摄制. -- 1盘卷片(7.2米127拍) : 1:10, 2B ; 35mm银盐

收藏馆：缩微中心，国图

000O004166

新定十二律京腔谱：十六卷 / (清)王正祥撰；(清)卢鸣銮,(清)施铨订

清康熙二十三年(1684)停云室刻本

1986年摄制. -- 1盘卷片(15.8米337拍) : 1:10, 2B ; 35mm银盐

收藏馆：缩微中心，国图

00O017497
新定十二律京腔谱：十六卷 / (清)王正祥撰；
(清)卢鸣鸾,(清)施铨订
清康熙二十三年(1684)停云室刻本
1993年摄制. -- 1盘卷片（23米441拍）：
1:10，2B；35mm银盐
收藏馆：缩微中心，国图

00O005247
一笠庵北词广正谱：十八卷；南戏北词正谬：
一卷 / (清)李玉撰
清(1644-1911)文靖书院刻本. -- 佚名批注。
1986年摄制. -- 1盘卷片（19米408拍）：
1:10，2B；35mm银盐
收藏馆：缩微中心，国图

00O018796
南词便览：不分卷 / (清)张心其撰
清(1644-1911)抄本
1994年摄制. -- 1盘卷片（4米49拍）：1:10,
2B；35mm银盐
收藏馆：缩微中心，国图

00O017020
元词备考：五卷 / (清)张心其辑
清康熙二十七年(1688)□君玉抄本
1993年摄制. -- 1盘卷片（4米34拍）：1:10,
2B；35mm银盐
收藏馆：缩微中心，国图

00O031678
玉尺楼传奇：二卷 / (清)卢见曾撰
清乾隆(1736-1795)刻本
2005年摄制. -- 1盘卷片（11米205拍）：
1:10，2B；35mm银盐
收藏馆：缩微中心，国图

00O012588
吟香堂曲谱：四卷 / (清)冯起凤撰
清乾隆(1736-1795)冯懋才刻本
1990年摄制. -- 1盘卷片（16米347拍）：
1:10，2B；35mm银盐
收藏馆：缩微中心，辽宁

00O019956
太古传宗琵琶调西厢记曲谱：二卷；宫词曲谱：
二卷；弦索调时剧新谱：二卷 / (清)朱廷镠,(清)
朱廷璋重订
清乾隆十四年(1749)允禄刻本
1994年摄制. -- 1盘卷片（29米597拍）：
1:10，2B；35mm银盐

收藏馆：缩微中心，国图

00O031694
太古传宗琵琶调西厢记曲谱：二卷；宫词曲谱：
二卷；弦索调时剧新谱：二卷 / (清)朱廷镠,(清)
朱廷璋重订
清乾隆十四年(1749)允禄刻本
2005年摄制. -- 1盘卷片（30米640拍）：
1:10，2B；35mm银盐
收藏馆：缩微中心，国图

00O015194
弦索调时剧新谱：二卷 / (清)朱廷镠,(清)朱廷璋
参订
清乾隆十四年(1749)刻本
1992年摄制. -- 1盘卷片（8米136拍）：1:10,
2B；35mm银盐
收藏馆：缩微中心，国图

00O018654
弦索调时剧新谱：二卷 / (清)朱廷镠,(清)朱廷璋
参订
清康熙(1662-1722)刻本
1994年摄制. -- 1盘卷片（8米137拍）：1:10,
2B；35mm银盐
收藏馆：缩微中心，国图

00O024244
梦余老人曲谱大成：六卷 / (清)逸甫辑
清(1644-1911)抄本
1996年摄制. -- 1盘卷片（24米548拍）：
1:10，2B；35mm银盐
收藏馆：缩微中心，安徽

00O000019
纳书楹曲谱：正集四卷续集四卷补遗四卷外集
二卷；纳书楹玉茗堂四梦曲谱：八卷 / (清)叶堂
撰
清乾隆(1736-1795)叶氏纳书楹刻本. -- 纳书
楹玉茗堂四梦曲谱分：牡丹亭上下卷、紫钗记
上下卷、邯郸记上下卷、南柯记上下卷。
1986年摄制. -- 3盘卷片（83.8米1848拍）：
1:10，2B；35mm银盐
收藏馆：缩微中心，山西

00O018431
芥舟书舍全集曲谱：八卷
清(1644-1911)抄本. -- 存七卷：卷一至卷
七。
1993年摄制. -- 1盘卷片（12米206拍）：
1:10，2B；35mm银盐
收藏馆：缩微中心，国图

00O018424
西厢记谱：五卷 / (清)叶堂撰
清(1644-1911)叶氏纳书楹刻本
1993年摄制. -- 1盘卷片(8米122拍) ：1:10,
2B ；35mm银盐
收藏馆：缩微中心, 国图

00O018937
吟碧居曲谱：八卷 / (清)秦恩复辑
清(1644-1911)抄本
1993年摄制. -- 1盘卷片(20米416拍) ：
1:10, 2B ；35mm银盐
收藏馆：缩微中心, 山东

00O008604
御制北调宫词乐谱：四卷
清乾隆四十七年(1782)三保抄本
1988年摄制. -- 1盘卷片(9米178拍) ：1:10,
2B ；35mm银盐
收藏馆：缩微中心, 国图

00O008511
御制南调宫词乐谱：四卷
清乾隆四十七年(1782)三保抄本
1988年摄制. -- 1盘卷片(10米192拍) ：
1:10, 2B ；35mm银盐
收藏馆：缩微中心, 国图

00O013182
杂剧曲谱：三十五种
清(1644-1911)抄本
1991年摄制. -- 1盘卷片(32.2米732拍) ：
1:10, 2B ；35mm银盐
收藏馆：缩微中心, 辽宁

00O014460
金声玉振：不分卷
清(1644-1911)抄本
1992年摄制. -- 1盘卷片(5.1米84拍) ：
1:10, 2B ；35mm银盐
收藏馆：缩微中心, 重庆

00O019597
升平署脸谱：不分卷
清(1644-1911)彩绘本
1994年摄制. -- 1盘卷片(5米50拍) ：1:10,
2B ；35mm银盐
收藏馆：缩微中心, 国图

00O017653
曲律：四卷 / (明)王骥德撰
明天启四年(1624)毛以燧刻本
1993年摄制. -- 1盘卷片(9米149拍) ：1:10,

2B ；35mm银盐
收藏馆：缩微中心, 国图

00O004498
度曲须知：二卷弦索辨讹二卷 / (明)沈宠绥撰
明崇祯十二年(1639)沈宠绥刻清顺治六年
(1649)沈标重修本
1986年摄制. -- 1盘卷片(14米288拍) ：
1:10, 2B ；35mm银盐
收藏馆：缩微中心, 国图

00O006680
度曲须知：二卷 / (明)沈宠绥撰
明崇祯十二年(1639)刻本
1987年摄制. -- 1盘卷片(8.6米164拍) ：
1:10, 2B ；35mm银盐
收藏馆：缩微中心, 山西

00O017475
度曲须知：二卷弦索辨讹三卷 / (明)沈宠绥撰
明崇祯十二年(1639)沈宠绥刻清顺治六年
(1649)沈标重修本
1993年摄制. -- 1盘卷片(15米266拍) ：
1:10, 2B ；35mm银盐
收藏馆：缩微中心, 国图

00O020421
度曲须知：二卷弦索辨讹三卷 / (明)沈宠绥撰
明崇祯十二年(1639)沈宠绥刻清顺治六年
(1649)沈标重修本
1994年摄制. -- 1盘卷片(14米267拍) ：
1:10, 2B ；35mm银盐
收藏馆：缩微中心, 国图

00O010937
乐府传声：不分卷 / (清)徐大椿撰
清乾隆十三年(1748)丰草亭刻本
1989年摄制. -- 1盘卷片(5.5米69拍) ：
1:10, 2B ；35mm银盐
收藏馆：缩微中心, 湖北

00O005249
新编南词定律：十三卷首一卷 / (清)吕士雄[等]
撰
清康熙五十九年(1720)刻套印本. -- 吴梅批
注。
1986年摄制. -- 2盘卷片(40米868拍) ：
1:10, 2B ；35mm银盐
收藏馆：缩微中心, 国图

00O031689
新编南词定律：十三卷首一卷 / (清)吕士雄[等]
撰

清康熙五十九年(1720)刻套印本
2005年摄制. -- 2盘卷片(42米880拍) :
1:10, 2B ; 35mm银盐
收藏馆：缩微中心, 国图

00O005022
新定九宫大成南北宫词谱：八十一卷闰一卷总目三卷 / (清)周祥钰[等]辑
清乾隆十一年(1746)允禄刻套印本. -- 辑者还有：(清)邹金生等。
1986年摄制. -- 6盘卷片(166米3679拍) :
1:10, 2B ; 35mm银盐
收藏馆：缩微中心, 国图

000O031902
新定九宫大成南北宫词谱：八十一卷闰一卷总目三卷 / (清)周祥钰[等]辑
清乾隆十一年(1746)允禄刻套印本. -- 辑者还有：(清)邹金生等。
2010年摄制. -- 8盘卷片(211米3890拍) :
1:10, 2B ; 35mm银盐
收藏馆：缩微中心, 国图

000O004018
中原音韵：二卷 / (元)周德清撰
明(1368-1644)刻本
1985年摄制. -- 1盘卷片(6米94拍) : 1:10,
2B ; 35mm银盐
收藏馆：缩微中心, 国图

000O011051
中原音韵：二卷 / (元)周德清撰；(明)王文璧增注
明(1368-1644)刻本
1989年摄制. -- 1盘卷片(8米144拍) : 1:10,
2B ; 35mm银盐
收藏馆：缩微中心, 天津

000O007972
中原音韵：不分卷 / (元)周德清撰
明(1368-1644)刻本
1988年摄制. -- 1盘卷片(4.6米69拍) :
1:10, 2B ; 35mm银盐
收藏馆：缩微中心, 湖南

000O001781
词林韵释：不分卷
清(1644-1911)马氏小玲珑山馆抄本. -- (清)翁同书校并跋。
1986年摄制. -- 1盘卷片(5米87拍) : 1:10,
2B ; 35mm银盐
收藏馆：缩微中心, 国图

000O032065
词林韵释：不分卷
清(1644-1911)马氏小玲珑山馆抄本. -- 十行字不等白口四周单边。(清)翁同书校并跋。
2011年摄制. -- 1盘卷片(6米125拍) : 1:11,
2B ; 35mm银盐
收藏馆：缩微中心, 国图

000O001234
新定考正音韵大全：一卷
清康熙(1662-1722)停云室刻本
1985年摄制. -- 1盘卷片(5米75拍) : 1:10,
2B ; 35mm银盐
收藏馆：缩微中心, 国图

000O027803
南词叙录：一卷 / (明)徐渭撰
清(1644-1911)鲁氏壶隐居抄本
1996年摄制. -- 1盘卷片(4米39拍) : 1:10,
2B ; 35mm银盐
收藏馆：缩微中心, 南京

000O020862
顾曲杂言：一卷 / (明)沈德符撰
清(1644-1911)抄本. -- (清)李文田校注并跋。
1994年摄制. -- 1盘卷片(3米19拍) : 1:10,
2B ; 35mm银盐
收藏馆：缩微中心, 国图

000O019929
远山堂曲品：一卷 / (明)祁彪佳撰
清初(1644-1722)祁氏起元社刻本
1994年摄制. -- 1盘卷片(6米95拍) : 1:10,
2B ; 35mm银盐
收藏馆：缩微中心, 国图

000O012712
录鬼簿：二卷 / (元)钟嗣成撰
清康熙四十五年(1706)扬州诗局刻本
1990年摄制. -- 1盘卷片(4.1米62拍) :
1:10, 2B ; 35mm银盐
收藏馆：缩微中心, 辽宁

000O016213
新编录鬼簿：二卷 / (元)钟嗣成撰
清(1644-1911)抄本. -- 罗振常跋。
1993年摄制. -- 1盘卷片(3米27拍) : 1:10,
2B ; 35mm银盐
收藏馆：缩微中心, 国图

000O000834
曲目新编：一卷 / (清)支丰宜撰

清道光二十三年(1843)朴存堂刻本
1985年摄制. -- 1盘卷片(3.7米50拍) :
1:10, 2B ; 35mm银盐
收藏馆：缩微中心，国图

丛书部

杂纂类

000O029988
儒学警悟：四十卷 / (宋)俞鼎孙,(宋)俞经编
明(1368-1644)抄本. -- 缪荃孙校，傅增湘
跋。
2001年摄制. -- 1盘卷片(22米457拍) :
1:10, 2B ; 35mm银盐
收藏馆：缩微中心，国图

000O000192
百川学海：一百种十集一百七十九卷 / (宋)左圭编
明弘治十四年(1501)华珵刻本
1985年摄制. -- 4盘卷片(95.9米2124拍) :
1:10, 2B ; 35mm银盐
收藏馆：缩微中心，国图

000O007332
百川学海：一百种十集一百七十九卷 / (宋)左圭编
明弘治十四年(1501)华珵刻本
1987年摄制. -- 4盘卷片(94.8米2103拍) :
1:10, 2B ; 35mm银盐
收藏馆：缩微中心，国图

000O030435
百川学海：一百种十集一百七十九卷 / (宋)左圭编
明弘治十四年(1501)华珵刻本
2002年摄制. -- 5盘卷片(129米2782拍) :
1:10, 2B ; 35mm银盐
收藏馆：缩微中心，国图

000O000696
百川学海：一百种一百七十九卷 / (宋)左圭编
明弘治十四年(1501)华珵刻递修本. -- 独
断、可谈，(清)盛昱批注；宋朝燕翼贻谋录、
丁晋公谈录、王文正公笔录、厚德录、文正王
公遗事、国老谈苑、栾城先生遗言，傅增湘校
并跋。
1985年摄制. -- 4盘卷片(93.9米2089拍) :
1:10, 2B ; 35mm银盐
收藏馆：缩微中心，国图

000O021973
百川学海：一百种一百七十九卷 / (宋)左圭编
明(1368-1644)抄本. -- 存七种二十三卷。
1995年摄制. -- 1盘卷片(9米180拍) : 1:10,
2B ; 35mm银盐
收藏馆：缩微中心，国图

000O004016
百川学海：二十卷 / (宋)左圭编
明嘉靖十五年(1536)郑氏宗文堂刻本. --
(清)吴焯抄补序目并跋，(清)翁斌孙跋。
1985年摄制. -- 3盘卷片(65.2米1414拍) :
1:10, 2B ; 35mm银盐
收藏馆：缩微中心，国图

000O019605
百川学海：二十卷 / (宋)左圭编
明嘉靖十五年(1536)郑氏宗文堂刻本
1994年摄制. -- 2盘卷片(61米1312拍) :
1:10, 2B ; 35mm银盐
收藏馆：缩微中心，国图

000O000153
百川学海：一百种 / (宋)左圭编
明(1368-1644)抄本. -- 存四十二种六十三
卷。
1985年摄制. -- 2盘卷片(53米1184拍) :
1:10, 2B ; 35mm银盐
收藏馆：缩微中心，国图

000O031520
百川学海：一百十二种一百五十四卷 / (宋)左圭编
明末(1621-1644)刻本
2004年摄制. -- 4盘卷片(118米2574拍) :
1:10, 2B ; 35mm银盐
收藏馆：缩微中心，国图

000O012556
广百川学海：十集一百三十二种一百五十六卷 / (明)冯可宾编
明末(1621-1644)刻本
1990年摄制. -- 3盘卷片(89.6米2027拍) :
1:10, 2B ; 35mm银盐
收藏馆：缩微中心，辽宁

000O000477
说郛：一百卷 / (明)陶宗仪辑
明(1368-1644)钮氏世学楼抄本. -- 存九十七
卷：卷一至卷九十、卷九十四至卷一百。
1985年摄制. -- 7盘卷片(182.9米4085拍) :
1:10, 2B ; 35mm银盐
收藏馆：缩微中心，国图

00O021967
说郛：一百卷 / (明)陶宗仪辑
明(1368-1644)㵲南书舍抄本. -- 存五十五卷：卷六至卷十一、卷十五至卷十六、卷二十一至卷四十三、卷六十四至卷八十、卷八十五至卷九十一。
1995年摄制. -- 3盘卷片(70米1405拍)：1:10，2B；35mm银盐
收藏馆：缩微中心，国图

00O002142
说郛：一百卷 / (明)陶宗仪辑
明(1368-1644)抄本. -- 存九十一卷：卷一至卷二、卷五至卷二十、卷二十三至卷八十五、卷九十一至卷一百。
1986年摄制. -- 5盘卷片(147米3254拍)：1:10，2B；35mm银盐
收藏馆：缩微中心，国图

00O005262
说郛：一百卷 / (明)陶宗仪辑
明(1368-1644)抄本. -- 存六十一卷：卷二、卷四至卷六、卷九至卷二十一、卷二十三至卷三十二、卷三十五至卷六十一、卷六十四至卷七十。
1986年摄制. -- 5盘卷片(144米3215拍)：1:10，2B；35mm银盐
收藏馆：缩微中心，国图

00O021972
说郛：一百卷 / (明)陶宗仪辑
明(1368-1644)抄本. -- 存十二卷：卷三至卷四、卷二十三至卷三十二。
1995年摄制. -- 1盘卷片(24米456拍)：1:10，2B；35mm银盐
收藏馆：缩微中心，国图

00O021979
说郛：一百卷 / (明)陶宗仪辑
明(1368-1644)抄本. -- 存三卷。
1995年摄制. -- 1盘卷片(6米83拍)：1:10，2B；35mm银盐
收藏馆：缩微中心，国图

00O023228
说郛：不分卷 / (明)陶宗仪辑
明(1368-1644)抄本
1995年摄制. -- 1盘卷片(18米309拍)：1:10，2B；35mm银盐
收藏馆：缩微中心，国图

00O002128
说郛：一百二十卷 / (明)陶宗仪辑
明末(1621-1644)刻本
1986年摄制. -- 19盘卷片(531米11150拍)：1:10，2B；35mm银盐
收藏馆：缩微中心，国图

00O002136
说郛续：四十六卷 / (明)陶珽辑
明末(1621-1644)刻本
1986年摄制. -- 8盘卷片(204米4497拍)：1:10，2B；35mm银盐
收藏馆：缩微中心，国图

00O011682
唐宋丛书：一百五种一百四十九卷 / (明)钟人傑辑
明(1368-1644)刻本. -- 本书子目较之《丛书综录》多六种八卷：释常谈三卷、相贝经一卷、画竹谱一卷、异闻实录一卷、续本事诗一卷、挥尘余话一卷。
1990年摄制. -- 4盘卷片(104米2230拍)：1:10，2B；35mm银盐
收藏馆：缩微中心，天津

00O013079
水边林下：五十九种五十九卷 / [题](□)湖南漫士辑
清初(1644-1722)刻本
1991年摄制. -- 1盘卷片(21米388拍)：1:10，2B；35mm银盐
收藏馆：缩微中心，国图

00O005327
欣赏编：十种十四卷 / (明)沈津编
明万历(1573-1620)茅一相刻本
1986年摄制. -- 1盘卷片(14米284拍)：1:10，2B；35mm银盐
收藏馆：缩微中心，国图

00O008415
欣赏编：十种十四卷 / (明)沈津编
明万历(1573-1620)茅一相刻本
1988年摄制. -- 1盘卷片(13米269拍)：1:10，2B；35mm银盐
收藏馆：缩微中心，国图

00O025858
欣赏编：十种十四卷 / (明)沈津编
明万历(1573-1620)茅一相刻本
1996年摄制. -- 1盘卷片(16米235拍)：1:10，2B；35mm银盐
收藏馆：缩微中心，国图

000O021022
欣赏编：十种十四卷 / (明)沈津编
明万历(1573-1620)茅一相刻本. -- 存三种三卷。
1994年摄制. -- 1盘卷片(4米40拍) : 1:10, 2B ; 35mm银盐
收藏馆：缩微中心，国图

000O008419
欣赏续编：十种十卷 / (明)茅一相编
明万历(1573-1620)茅一相刻本. -- 存八种八卷。
1988年摄制. -- 1盘卷片(13米267拍) : 1:10, 2B ; 35mm银盐
收藏馆：缩微中心，国图

000O020873
欣赏续编：十种十卷 / (明)茅一相编
明万历八年(1580)茅一相刻本. -- 存四种四卷。
1994年摄制. -- 1盘卷片(5米54拍) : 1:10, 2B ; 35mm银盐
收藏馆：缩微中心，国图

000O007318
阳山顾氏文房小说：四十种五十八卷 / (明)顾元庆编
明正德嘉靖(1506-1566)顾元庆刻本
1987年摄制. -- 2盘卷片(35米733拍) : 1:10, 2B ; 35mm银盐
收藏馆：缩微中心，国图

000O030427
阳山顾氏文房小说：四十种四十卷 / (明)顾元庆编
明正德嘉靖(1506-1566)顾元庆刻本
2002年摄制. -- 2盘卷片(48米1007拍) : 1:10, 2B ; 35mm银盐
收藏馆：缩微中心，国图

000O030433
阳山顾氏文房小说：四十种四十卷 / (明)顾元庆编
明正德嘉靖(1506-1566)顾元庆刻本. -- 存二十五卷。
2002年摄制. -- 1盘卷片(16米329拍) : 1:10, 2B ; 35mm银盐
收藏馆：缩微中心，国图

000O005745
顾氏文房丛刻：四十种四十三卷 / (明)顾元庆编
明嘉靖十八年至二十年(1539-1541)顾氏大石山房刻本. -- 病逸漫记、君子堂日询手镜、阳山新录、新倩籍、海槎余录、否泰录、彭文宪公笔记、苏谈、吴中往哲记配影印明(1368-1644)刻本。
1987年摄制. -- 1盘卷片(31米686拍) : 1:10, 2B ; 35mm银盐
收藏馆：缩微中心，国图

000O031502
顾氏文房丛刻：四十种四十三卷 / (明)顾元庆编
明嘉靖十八年至二十年(1539-1541)顾氏大石山房刻本
2004年摄制. -- 2盘卷片(45米940拍) : 1:10, 2B ; 35mm银盐
收藏馆：缩微中心，国图

000O031508
顾氏文房丛刻：四十种四十三卷 / (明)顾元庆编
明嘉靖十八年至二十年(1539-1541)顾氏大石山房刻本
2004年摄制. -- 2盘卷片(47米940拍) : 1:10, 2B ; 35mm银盐
收藏馆：缩微中心，国图

000O007306
顾氏文房丛刻：四十种四十二卷 / (明)顾元庆编
明嘉靖十八年至二十年(1539-1541)顾氏大石山房刻本. -- 存十九种十九卷。
1987年摄制. -- 1盘卷片(14米294拍) : 1:10, 2B ; 35mm银盐
收藏馆：缩微中心，国图

000O006040
山海经水经合刻：五十八卷 / (明)黄省曾编
明嘉靖十三年(1534)黄省曾刻本
1987年摄制. -- 2盘卷片(44米947拍) : 1:10, 2B ; 35mm银盐
收藏馆：缩微中心，国图

000O000471
合刻山海经水经：五十八卷 / (明)吴琯编
明万历十三年(1585)吴琯刻本
1985年摄制. -- 2盘卷片(50.1米1117拍) : 1:10, 2B ; 35mm银盐
收藏馆：缩微中心，国图

000O007456
合刻山海经水经：五十八卷 / (明)吴琯编
明万历十三年(1585)吴琯刻本
1987年摄制. -- 2盘卷片(51.4米1131拍) : 1:10, 2B ; 35mm银盐
收藏馆：缩微中心，国图

00O030431
合刻山海经水经：五十八卷 / (明)吴琯编
明万历十三年(1585)吴琯刻本
2002年摄制. -- 2盘卷片(54米1143拍)：
1:10, 2B ；35mm银盐
收藏馆：缩微中心，国图

00O007243
金声玉振集：五十种六十一卷 / (明)袁褧编
明嘉靖二十九年至三十年(1550-1551)袁氏嘉趣堂刻本
1987年摄制. -- 2盘卷片(58米1269拍)：
1:10, 2B ；35mm银盐
收藏馆：缩微中心，国图

00O006549
天一阁奇书：□□种□□卷 / (明)范钦编
明(1368-1644)范氏天一阁刻本. -- 存十三种二十五卷。
1987年摄制. -- 1盘卷片(21米460拍)：
1:10, 2B ；35mm银盐
收藏馆：缩微中心，国图

00O000175
奚囊广要：十三种十四卷
明(1368-1644)童氏乐志堂刻本
1985年摄制. -- 1盘卷片(16.6米357拍)：
1:10, 2B ；35mm银盐
收藏馆：缩微中心，国图

00O031142
小十三经：十六卷 / (明)顾玄纬,(明)顾起经编
明嘉靖(1522-1566)刻本
2004年摄制. -- 1盘卷片(10米185拍)：
1:10, 2B ；35mm银盐
收藏馆：缩微中心，国图

00O008447
国朝典故：□□卷 / (明)朱当㴐编
明(1368-1644)抄本. -- 存四十一种八十四卷。
1988年摄制. -- 3盘卷片(82米1824拍)：
1:10, 2B ；35mm银盐
收藏馆：缩微中心，国图

00O025859
国朝典故：□□卷 / (明)朱当㴐编
明(1368-1644)抄本. -- 存二十二种四十一卷。
1996年摄制. -- 2盘卷片(52米971拍)：
1:10, 2B ；35mm银盐
收藏馆：缩微中心，国图

00O003686
国朝典故：□□卷 / (明)朱当㴐编
明(1368-1644)抄本. -- 存六种七卷：卷三十五至卷三十八、卷六十五至卷六十七。
1985年摄制. -- 1盘卷片(9米170拍)：1:10,
2B ；35mm银盐
收藏馆：缩微中心，国图

00O002847
国朝典故：□□卷 / (明)朱当㴐编
明(1368-1644)抄本. -- 存四种五卷。
1986年摄制. -- 1盘卷片(7.2米135拍)：
1:10, 2B ；35mm银盐
收藏馆：缩微中心，国图

00O029972
国朝典故：□□卷 / (明)朱当㴐编
明(1368-1644)抄本. -- 存三种五卷。
2001年摄制. -- 1盘卷片(6米92拍)：1:10,
2B ；35mm银盐
收藏馆：缩微中心，国图

00O029969
国朝典故：□□卷 / (明)朱当㴐编
明(1368-1644)水筠山房抄本. -- 存二种三卷。
2001年摄制. -- 1盘卷片(10米179拍)：
1:10, 2B ；35mm银盐
收藏馆：缩微中心，国图

00O006338
古今说海：一百三十五种一百四十二卷 / (明)陆楫[等]编
明嘉靖二十三年(1544)陆楫俨山书院云山书院刻本
1987年摄制. -- 3盘卷片(83米1841拍)：
1:10, 2B ；35mm银盐
收藏馆：缩微中心，国图

00O014187
类编古今名贤汇语：二十二卷
明(1368-1644)刻本
1992年摄制. -- 1盘卷片(27米543拍)：
1:10, 2B ；35mm银盐
收藏馆：缩微中心，国图

00O031239
类编古今名贤汇语：□□卷
明(1368-1644)刻本. -- 存七种七卷。
2004年摄制. -- 1盘卷片(9米150拍)：1:10,
2B ；35mm银盐
收藏馆：缩微中心，国图

00O031501
今贤汇说：□□卷
明(1368-1644)刻本. -- 存二十六种二十六卷。
2004年摄制. -- 2盘卷片(40米830拍)：
1:10, 2B ; 35mm银盐
收藏馆：缩微中心，国图

00O029835
烟霞小说十三种：二十三卷
明万历十八年(1590)刻本
2001年摄制. -- 1盘卷片(26米564拍)：
1:10, 2B ; 35mm银盐
收藏馆：缩微中心，国图

00O003437
明世学山：五十种五十七卷 / (明)郑梓编
明嘉靖三十三年(1554)郑梓刻本
1986年摄制. -- 1盘卷片(17.7米385拍)：
1:10, 2B ; 35mm银盐
收藏馆：缩微中心，国图

00O005735
明世学山：五十种五十七卷 / (明)郑梓编
明嘉靖三十三年(1554)郑梓刻本. -- 存二十八种二十八卷。
1987年摄制. -- 1盘卷片(11米217拍)：
1:10, 2B ; 35mm银盐
收藏馆：缩微中心，国图

00O007496
百陵学山：一百种一百十五卷 / (明)王完编
明万历(1573-1620)刻本. -- 存九十七种一百十二卷。
1987年摄制. -- 2盘卷片(42米920拍)：
1:10, 2B ; 35mm银盐
收藏馆：缩微中心，国图

00O006938
两京遗编：十二种七十三卷 / (明)胡维新编
明万历十年(1582)原一魁刻本
1986年摄制. -- 3盘卷片(64米1401拍)：
1:10, 2B ; 35mm银盐
收藏馆：缩微中心，国图

00O006945
汉魏丛书：三十八种二百五十卷 / (明)程荣编
明万历二十年(1592)程荣刻本. -- 存三十种一百九十五卷。
1986年摄制. -- 5盘卷片(150米3185拍)：
1:10, 2B ; 35mm银盐
收藏馆：缩微中心，国图

00O006039
汉魏丛书钞：四卷 / (明)张邦翼辑
明万历四十六年(1618)曾熙丙刻本
1987年摄制. -- 1盘卷片(17米359拍)：
1:10, 2B ; 35mm银盐
收藏馆：缩微中心，国图

00O002013
庄骚合刻：十二卷 / (明)俞安期编
明万历三十五年(1607)俞安期寥寥阁刻本
1986年摄制. -- 1盘卷片(16米345拍)：
1:10, 2B ; 35mm银盐
收藏馆：缩微中心，国图

00O012728
由醇录：三十七卷 / (明)沈节甫编
明万历二十四年(1596)忠恕堂刻本
1990年摄制. -- 2盘卷片(46米915拍)：
1:10, 2B ; 35mm银盐
收藏馆：缩微中心，辽宁

00O007307
纪录汇编：一百二十三种二百二十四卷 / (明)沈节甫辑
明万历四十五年(1617)陈于廷刻本. -- 卷四至卷十、卷三十二至卷三十四、卷六十一、卷一百七十九至卷一百八十四配抄本。
1987年摄制. -- 8盘卷片(229米4818拍)：
1:10, 2B ; 35mm银盐
收藏馆：缩微中心，国图

00O025850
纪录汇编：一百二十三种二百二十四卷 / (明)沈节甫编
明万历四十五年(1617)陈于廷刻本. -- 缺一卷：四友斋丛说摘抄卷六。
1996年摄制. -- 9盘卷片(237米4418拍)：
1:10, 2B ; 35mm银盐
收藏馆：缩微中心，国图

00O015543
纪录汇编：二百十六卷 / (明)沈节甫编
明万历四十五年(1617)陈于廷刻本
1993年摄制. -- 7盘卷片(215米4428拍)：
1:10, 2B ; 35mm银盐
收藏馆：缩微中心，国图

00O007323
夷门广牍：一百六种一百六十二卷 / (明)周履靖编
明万历二十五年(1597)金陵荆山书林刻本. -- 存一百四种一百五十二卷。
1987年摄制. -- 5盘卷片(133.6米2997拍)：

1:10，2B ；35mm银盐
收藏馆：缩微中心，国图

000O020437
夷门广牍：一百六种一百六十二卷 / (明)周履靖编
明万历二十五年(1597)金陵荆山书林刻本. --
存六种七卷。
1994年摄制. -- 1盘卷片(4米50拍) ：1:10，
2B ；35mm银盐
收藏馆：缩微中心，国图

000O025747
夷门广牍：五十五种九十一卷 / (明)周履靖编
明万历二十五年(1597)金陵荆山书林刻本
1996年摄制. -- 4盘卷片(94米1544拍) ：
1:10，2B ；35mm银盐
收藏馆：缩微中心，国图

000O008411
今献汇言：三十九种三十九卷
明(1368-1644)刻本
1988年摄制. -- 1盘卷片(28米626拍) ：
1:10，2B ；35mm银盐
收藏馆：缩微中心，国图

000O007386
古今逸史：一百六十三卷 / (明)吴琯编
明(1368-1644)吴琯刻本
1987年摄制. -- 4盘卷片(97米2123拍) ：
1:10，2B ；35mm银盐
收藏馆：缩微中心，吉林

000O031519
古今逸史：一百六十三卷 / (明)吴琯编
明(1368-1644)吴琯刻本
2004年摄制. -- 4盘卷片(112米2430拍) ：
1:10，2B ；35mm银盐
收藏馆：缩微中心，国图

000O016402
历代小史摘编：六卷 / (明)唐世延编
明万历三十二年(1604)朱东光唐世延刻本
1993年摄制. -- 1盘卷片(16米302拍) ：
1:10，2B ；35mm银盐
收藏馆：缩微中心，国图

000O020342
历代小史摘编：六卷 / (明)唐世延编
明万历三十二年(1604)朱东光唐世延刻本
1994年摄制. -- 1盘卷片(15米294拍) ：
1:10，2B ；35mm银盐
收藏馆：缩微中心，国图

000O013518
藏说小萃：十集十一种二十七卷 / (明)李如一编
明万历三十四年(1606)李铨前书楼刻本. --
汗游录配清(1644-1911)抄本。(清)唐翰题，
(清)李葆恂、(清)吴重憙跋。
1991年摄制. -- 2盘卷片(50米950拍) ：
1:10，2B ；35mm银盐
收藏馆：缩微中心，国图

000O025687
稗海 ：四十八种二百八十八卷续二十二种一百六十一卷 / (明)商濬编
明万历(1573-1620)商濬刻清康熙(1662-1722)振鹭堂重编补刻本
1995年摄制. -- 13盘卷片(410米8910拍) ：
1:10，2B ；35mm银盐
收藏馆：缩微中心，湖北

000O007432
稗海全书：七十四种四百四十四卷 / (明)商濬辑
明末(1621-1644)刻本
1987年摄制. -- 12盘卷片(337米7565拍) ：
1:10，2B ；35mm银盐
收藏馆：缩微中心，吉林

000O019911
三先生逸书：四卷
明万历(1573-1620)清响斋刻本
1994年摄制. -- 1盘卷片(8米131拍) ：1:10，
2B ；35mm银盐
收藏馆：缩微中心，国图

000O031203
三先生逸书：五卷
明万历(1573-1620)清响斋刻本
2004年摄制. -- 1盘卷片(9米160拍) ：1:10，
2B ；35mm银盐
收藏馆：缩微中心，国图

000O012040
宝颜堂秘笈续集：五十种九十九卷 / (明)陈继儒纂
明万历(1573-1620)宝颜堂刻本
1990年摄制. -- 5盘卷片(121米2588拍) ：
1:10，2B ；35mm银盐
收藏馆：缩微中心，祁县

000O012041
宝颜堂秘笈汇集：四十二种八十二卷 / (明)陈继儒纂
明万历(1573-1620)宝颜堂刻本. -- 存三十六
种七十三卷。
1990年摄制. -- 5盘卷片(116米2509拍) ：

1:10, 2B ; 35mm银盐
收藏馆：缩微中心，山西

00O031516
格致丛书：□□卷 / (明)胡文焕编
明(1368-1644)胡氏文会堂刻本. -- 存六十七种八十卷，其中，重者不计。
2004年摄制. -- 3盘卷片(90米1910拍) : 1:10, 2B ; 35mm银盐
收藏馆：缩微中心，国图

00O003507
格致丛书：□□卷 / (明)胡文焕编
明(1368-1644)胡氏文会堂刻本. -- 存四十六种一百十五卷。
1985年摄制. -- 3盘卷片(76.6米1683拍) : 1:10, 2B ; 35mm银盐
收藏馆：缩微中心，国图

00O031517
格致丛书：□□卷 / (明)胡文焕编
明(1368-1644)胡氏文会堂刻本. -- 存二十五种五十卷，其中二种三卷重，重者不计。
2004年摄制. -- 2盘卷片(61米1300拍) : 1:10, 2B ; 35mm银盐
收藏馆：缩微中心，国图

00O031515
格致丛书：□□卷 / (明)胡文焕编
明(1368-1644)胡氏文会堂刻本. -- 存二十四种八十四卷。
2004年摄制. -- 2盘卷片(63米1350拍) : 1:10, 2B ; 35mm银盐
收藏馆：缩微中心，国图

00O025857
格致丛书：□□种□□卷 / (明)胡文焕编
明(1368-1644)胡氏文会堂刻本. -- 存十三种六十八卷。
1996年摄制. -- 3盘卷片(84米1680拍) : 1:10, 2B ; 35mm银盐
收藏馆：缩微中心，国图

00O031679
格致丛书：□□卷 / (明)胡文焕编
明(1368-1644)胡氏文会堂刻本. -- 存十二种十七卷。
2005年摄制. -- 1盘卷片(14米260拍) : 1:10, 2B ; 35mm银盐
收藏馆：缩微中心，国图

00O021085
格致丛书：□□种□□卷 / (明)胡文焕编
明(1368-1644)胡氏文会堂刻本. -- 存六种九卷。
1994年摄制. -- 1盘卷片(7米107拍) : 1:10, 2B ; 35mm银盐
收藏馆：缩微中心，国图

00O021665
格致丛书：□□卷 / (明)胡文焕编
明(1368-1644)胡氏文会堂刻本. -- 存四种八卷。
1995年摄制. -- 1盘卷片(9米151拍) : 1:10, 2B ; 35mm银盐
收藏馆：缩微中心，国图

00O021286
格致丛书：□□卷 / (明)胡文焕编
明(1368-1644)胡氏文会堂刻本. -- 存四种四卷。
1995年摄制. -- 1盘卷片(7米99拍) : 1:10, 2B ; 35mm银盐
收藏馆：缩微中心，国图

00O031779
格致丛书：□□卷 / (明)胡文焕编
明(1368-1644)胡氏文会堂刻本. -- 存三种九卷。
2005年摄制. -- 1盘卷片(14米275拍) : 1:10, 2B ; 35mm银盐
收藏馆：缩微中心，国图

00O003916
寿养丛书：十六种三十七卷 / (明)胡文焕编
明(1368-1644)胡文焕刻本
1986年摄制. -- 2盘卷片(46米1000拍) : 1:10, 2B ; 35mm银盐
收藏馆：缩微中心，国图

00O013029
胡氏粹编：五种二十卷 / (明)胡文焕辑
明万历(1573-1620)刻本
1991年摄制. -- 2盘卷片(52米1015拍) : 1:10, 2B ; 35mm银盐
收藏馆：缩微中心，国图

00O031523
元宗博览：三十一种五十五卷 / (明)胡文焕编
明(1368-1644)刻本
2004年摄制. -- 2盘卷片(47米905拍) : 1:10, 2B ; 35mm银盐
收藏馆：缩微中心，国图

00O000115
程氏丛刻：十三卷 / (明)程百二编

明万历四十三年(1615)程百二胡之衍刻本
1985年摄制. -- 1盘卷片(9米168拍) : 1:10,
2B ; 35mm银盐
收藏馆：缩微中心，国图

000O020361
合刻五家言：五种二十八卷
明(1368-1644)刻本
1994年摄制. -- 1盘卷片(28米578拍) :
1:10, 2B ; 35mm银盐
收藏馆：缩微中心，国图

000O006941
合刻周秦经书：十种二十八卷 / (明)卢之颐编
明(1368-1644)溪香书屋刻本. -- 存二十七
卷。
1986年摄制. -- 2盘卷片(34米719拍) :
1:10, 2B ; 35mm银盐
收藏馆：缩微中心，国图

000O031181
闲情小品：二十八种二十九卷 / (明)华淑辑
明(1368-1644)刻本
2004年摄制. -- 1盘卷片(16米325拍) :
1:10, 2B ; 35mm银盐
收藏馆：缩微中心，国图

000O001706
**天学初函：理编十种二十三卷器编十一种
三十二卷**
明万历至天启(1573-1627)刻本
1986年摄制. -- 3盘卷片(84米1897拍) :
1:10, 2B ; 35mm银盐
收藏馆：缩微中心，国图

000O001241
天学初函：五十六卷
明(1368-1644)刻本. -- 存十三种二十卷。
1985年摄制. -- 1盘卷片(28.2米634拍) :
1:10, 2B ; 35mm银盐
收藏馆：缩微中心，国图

000O031510
合刻宋刘须溪点校书九种：七十四卷
明天启(1621-1627)刻本
2004年摄制. -- 5盘卷片(129米2785拍) :
1:10, 2B ; 35mm银盐
收藏馆：缩微中心，国图

000O007494
广快书：五十种五十卷 / (明)何伟然辑
明崇祯(1628-1644)刻本
1987年摄制. -- 2盘卷片(53米1179拍) :

1:10, 2B ; 35mm银盐
收藏馆：缩微中心，国图

000O031521
广快书：五十种五十卷 / (明)何伟然辑
明崇祯(1628-1644)刻本
2004年摄制. -- 3盘卷片(72米1505拍) :
1:10, 2B ; 35mm银盐
收藏馆：缩微中心，国图

000O007427
快阁藏书：十种五十八卷 / (明)唐琳识
明天启(1621-1627)刻本. -- 古今注卷端题
(晋)崔豹著，题名页题(晋)魏豹著。存九种
五十卷。
1988年摄制. -- 1盘卷片(29米650拍) :
1:10, 2B ; 35mm银盐
收藏馆：缩微中心，吉林市

000O031186
**覆古介书：前集二十三卷后集十卷 / (明)邵闇生
编**
明天启(1621-1627)刻本
2004年摄制. -- 1盘卷片(26米550拍) :
1:10, 2B ; 35mm银盐
收藏馆：缩微中心，国图

000O014762
忠经孝经合刊：四卷
明(1368-1644)刘钦恩藜光堂刻本
1992年摄制. -- 1盘卷片(5米60拍) : 1:10,
2B ; 35mm银盐
收藏馆：缩微中心，国图

000O015568
孝经忠经等书合刊：四种十卷
明(1368-1644)雨花斋刻本
1993年摄制. -- 1盘卷片(22米432拍) :
1:10, 2B ; 35mm银盐
收藏馆：缩微中心，国图

000O002268
杂抄：五卷
明(1368-1644)百麓洞抄本
1986年摄制. -- 1盘卷片(7米125拍) : 1:10,
2B ; 35mm银盐
收藏馆：缩微中心，国图

000O015184
槐根说听：十卷
明(1368-1644)刻本
1992年摄制. -- 1盘卷片(6米81拍) : 1:10,
2B ; 35mm银盐

收藏馆：缩微中心，国图

000O000278
璞探：十种十卷 / (明)李蘅编
明崇祯三年(1630)李蘅刻本
1985年摄制. -- 1盘卷片(9.3米181拍)：
1:10，2B；35mm银盐
收藏馆：缩微中心，国图

000O022544
芝园秘录初刻：七种十四卷 / (明)茅瑞征编
明崇祯(1628-1644)茅氏浣花居刻本
1995年摄制. -- 1盘卷片(23米473拍)：
1:10，2B；35mm银盐
收藏馆：缩微中心，湖北

000O000865
士商必要：十二卷 / [题](明)江湖散人辑
明末(1621-1644)刻本
1985年摄制. -- 1盘卷片(15米317拍)：
1:10，2B；35mm银盐
收藏馆：缩微中心，国图

000O025750
津逮秘书：十五集一百四十六种七百四十八卷 /
(明)毛晋编
明崇祯(1628-1644)毛氏汲古阁刻本. -- 李慈
铭校并跋。
1996年摄制. -- 29盘卷片(834米16559拍)：
1:10，2B；35mm银盐
收藏馆：缩微中心，国图

000O005798
山居小玩：十种十三卷 / (明)毛晋编
明末(1621-1644)毛氏汲古阁刻本
1987年摄制. -- 1盘卷片(14米299拍)：
1:10，2B；35mm银盐
收藏馆：缩微中心，国图

000O003887
浮白主人八种：八卷 / [题](□)浮白主人辑
明末(1621-1644)刻本
1986年摄制. -- 1盘卷片(12米250拍)：
1:10，2B；35mm银盐
收藏馆：缩微中心，国图

000O016758
破愁一夕话：十卷 / [题](□)浮白主人辑
明末(1621-1644)刻本
1993年摄制. -- 1盘卷片(13米247拍)：
1:10，2B；35mm银盐
收藏馆：缩微中心，国图

000O019160
破愁一夕话：十卷 / [题](□)浮白主人辑
明末(1621-1644)刻本
1994年摄制. -- 1盘卷片(14米266拍)：
1:10，2B；35mm银盐
收藏馆：缩微中心，国图

000O020467
破愁一夕话：十卷 / [题](□)浮白主人辑
明末(1621-1644)刻本. -- 存四卷。
1994年摄制. -- 1盘卷片(7米112拍)：1:10，
2B；35mm银盐
收藏馆：缩微中心，国图

000O031524
稽古堂新镌群书秘简：二十一种七十九卷 / (明)
高承埏编
明末(1621-1644)刻本
2004年摄制. -- 3盘卷片(77米1630拍)：
1:10，2B；35mm银盐
收藏馆：缩微中心，国图

000O018987
杂著三种：五卷
明(1368-1644)抄本
1994年摄制. -- 1盘卷片(5米74拍)：1:10，
2B；35mm银盐
收藏馆：缩微中心，天津

000O022246
碧溪丛书：八种八卷
清(1644-1911)抄本
1995年摄制. -- 1盘卷片(6米62拍)：1:10，
2B；35mm银盐
收藏馆：缩微中心，国图

000O011634
尚友丛书：七种七卷 / (明)夏洪基辑
明末(1621-1644)刻本. -- 书名据封面题。
1990年摄制. -- 1盘卷片(5米63拍)：1:10，
2B；35mm银盐
收藏馆：缩微中心，天津

000O020233
函宇通：二种四卷 / (清)熊志学辑
清初(1644-1722)书林友于堂刻本
1994年摄制. -- 1盘卷片(20米401拍)：
1:10，2B；35mm银盐
收藏馆：缩微中心，国图

000O025754
学海类编：四百三十二种八百三卷 / (清)曹溶编；
(清)陶越增删

清道光十一年(1831)晁氏活字印本
1996年摄制. -- 23盘卷片(680米12347拍) :
1:10, 2B ; 35mm银盐
收藏馆：缩微中心，国图

000O018584
学海类编目录：一卷
清(1644-1911)翁方纲抄本
1993年摄制. -- 1盘卷片(4米31拍) : 1:10,
2B ; 35mm银盐
收藏馆：缩微中心，国图

000O001368
闾丘辩囿：□□卷 / (清)顾嗣立编
清康熙(1662-1722)顾氏秀野草堂刻本. -- 存
七种八卷。
1985年摄制. -- 1盘卷片(6.1米107拍) :
1:10, 2B ; 35mm银盐
收藏馆：缩微中心，国图

000O019121
砚北偶钞十二种：十七卷 / (清)姚培谦,(清)张景星编
清乾隆二十七年(1762)草草巢刻本
1994年摄制. -- 1盘卷片(18米347拍) :
1:10, 2B ; 35mm银盐
收藏馆：缩微中心，国图

000O025749
古香斋鉴赏袖珍丛书：十种九百六卷
清乾隆(1736-1795)内府刻本
1996年摄制. -- 48盘卷片(1376米27520拍) :
1:10, 2B ; 35mm银盐
收藏馆：缩微中心，国图

000O000599
雅雨堂丛书：十三种一百三十五卷 / (清)卢见曾编
清乾隆二十一年至二十五年(1756-1760)卢氏
雅雨堂刻本. -- 傅增湘校并跋。
1985年摄制. -- 3盘卷片(84.5米1992拍) :
1:10, 2B ; 35mm银盐
收藏馆：缩微中心，国图

000O025760
雅雨堂丛书：十二种一百二十卷 / (清)卢见曾编
清乾隆二十一年(1756)卢氏雅雨堂刻本
1996年摄制. -- 3盘卷片(83米1617拍) :
1:10, 2B ; 35mm银盐
收藏馆：缩微中心，国图

000O001093
奇晋斋丛书：十六种十九卷 / (清)陆烜编

清乾隆三十四年(1769)陆烜奇晋斋刻本. --
傅增湘校并跋。
1985年摄制. -- 1盘卷片(20.8米457拍) :
1:10, 2B ; 35mm银盐
收藏馆：缩微中心，国图

000O001240
武英殿聚珍版丛书：一百四十一种二千六百五卷
清乾隆(1736-1795)武英殿活字印本. -- 目录
配清(1644-1911)抄本.
1985年摄制. -- 96盘卷片(2721.6米61248拍) :
1:10, 2B ; 35mm银盐
收藏馆：缩微中心，国图

000O025432
郑氏注韩居七种：十四卷 / (清)郑杰编
清(1644-1911)刻本
1996年摄制. -- 1盘卷片(21米423拍) :
1:10, 2B ; 35mm银盐
收藏馆：缩微中心，国图

000O031219
郑氏注韩居七种：十四卷 / (清)郑杰编
清(1644-1911)刻本
2004年摄制. -- 1盘卷片(22米450拍) :
1:09, 2B ; 35mm银盐
收藏馆：缩微中心，国图

000O026149
艺海珠尘：一百六十六种三百十卷 / (清)吴省兰编
清乾隆(1736-1795)刻本. -- (清)徐时栋重定
并跋。
1996年摄制. -- 10盘卷片(293米5435拍) :
1:10, 2B ; 35mm银盐
收藏馆：缩微中心，国图

000O012634
紫藤书屋丛刻：七种十五卷
清乾隆五十七年(1792)秀水陈氏刻本
1990年摄制. -- 1盘卷片(8.7米172拍) :
1:10, 2B ; 35mm银盐
收藏馆：缩微中心，辽宁

000O000713
养和堂丛书：八种四十卷
清乾隆(1736-1795)刻本
1985年摄制. -- 2盘卷片(53.2米1197拍) :
1:10, 2B ; 35mm银盐
收藏馆：缩微中心，国图

000O025755

抱经堂丛书：十八种二百七十五卷 / (清)卢文弨编

清乾隆四十九年至嘉庆元年(1784-1796)卢氏抱经堂刻本

1996年摄制. -- 9盘卷片(248米4878拍) : 1:10, 2B ; 35mm银盐

收藏馆：缩微中心, 国图

000O031506

抱经堂丛书：十八种二百七十五卷 / (清)卢文弨编

清乾隆四十九年至嘉庆元年(1784-1796)卢氏抱经堂刻本

2004年摄制. -- 9盘卷片(267米5680拍) : 1:10, 2B ; 35mm银盐

收藏馆：缩微中心, 国图

000O025752

问经堂丛书：二十八种五十五卷 / (清)孙冯翼编

清嘉庆二年至十年(1797-1805)孙氏问经堂刻本

1996年摄制. -- 2盘卷片(54米965拍) : 1:10, 2B ; 35mm银盐

收藏馆：缩微中心, 国图

000O001044

问经堂丛书：二十六种五十卷 / (清)孙冯翼编

清嘉庆(1796-1820)刻本

1985年摄制. -- 2盘卷片(43米946拍) : 1:10, 2B ; 35mm银盐

收藏馆：缩微中心, 国图

000O025770

小琅嬛仙馆叙录书：三种六卷 / (清)阮元编

清嘉庆三年(1798)阮元刻本. -- (清)李慈铭批校并跋。

1996年摄制. -- 1盘卷片(10米195拍) : 1:10, 2B ; 35mm银盐

收藏馆：缩微中心, 国图

000O025751

学津讨原：二十集一百七十三种一千五十一卷 / (清)张海鹏编

清嘉庆十年(1805)张氏照旷阁刻本

1996年摄制. -- 34盘卷片(1023米20330拍) : 1:10, 2B ; 35mm银盐

收藏馆：缩微中心, 国图

000O026151

泽古斋重钞：一百十种二百三十八卷 / (清)陈瑑编

清嘉庆(1796-1820)张海鹏刻借月山房汇钞道

光四年陈瑑重编补刻本

1996年摄制. -- 11盘卷片(306米5656拍) : 1:10, 2B ; 35mm银盐

收藏馆：缩微中心, 国图

000O025765

指海：一百四十种四百十六卷 / (清)钱熙祚编

清道光十六年至二十年(1836-1840)钱氏守山阁刻本. -- 据泽古斋重抄改编补刻。存七十四种一百八十九卷。

1996年摄制. -- 9盘卷片(266米4976拍) : 1:10, 2B ; 35mm银盐

收藏馆：缩微中心, 国图

000O025759

墨海金壶：一百十四种七百十三卷 / (清)张海鹏编

清嘉庆十三年至十六年(1808-1811)张海鹏刻本

1996年摄制. -- 19盘卷片(559米10844拍) : 1:10, 2B ; 35mm银盐

收藏馆：缩微中心, 国图

000O011684

鸠坞随手录：□□种□□卷 / (清)张祥河辑

清(1644-1911)抄本. -- 存九种十一卷。

1990年摄制. -- 1盘卷片(26米580拍) : 1:10, 2B ; 35mm银盐

收藏馆：缩微中心, 天津

000O000919

真意堂丛书：十三卷 / (清)吴志忠编

清嘉庆十六年(1811)璜川吴氏活字印本. -- 傅增湘校并跋。

1985年摄制. -- 1盘卷片(12米247拍) : 1:10, 2B ; 35mm银盐

收藏馆：缩微中心, 国图

000O004201

受经堂汇稿：十四卷 / (清)杨绍文编

清道光(1821-1850)刻本

1986年摄制. -- 1盘卷片(16米338拍) : 1:10, 2B ; 35mm银盐

收藏馆：缩微中心, 国图

000O025762

士礼居丛书：二十种一百九十三卷 / (清)黄丕烈编

清嘉庆(1796-1820)黄氏士礼居刻本

1996年摄制. -- 5盘卷片(141米2747拍) : 1:10, 2B ; 35mm银盐

收藏馆：缩微中心, 国图

000O025761
石研斋校刻书：七种六十卷 / (清)秦恩复编
清嘉庆(1796-1820)秦氏石研斋刻本
1996年摄制. -- 2盘卷片(56米1059拍)：
1:10，2B；35mm银盐
收藏馆：缩微中心，国图

000O026153
宛邻书屋丛书：十二种七十五卷 / (清)张琦编
清道光十年至十二年(1830-1832)张氏宛邻书屋刻本
1996年摄制. -- 3盘卷片(83米1635拍)：
1:10，2B；35mm银盐
收藏馆：缩微中心，国图

000O025763
别下斋丛书初集：十种四十八卷 / (清)蒋光煦编
清道光(1821-1850)蒋氏别下斋刻本
1996年摄制. -- 2盘卷片(55米1024拍)：
1:10，2B；35mm银盐
收藏馆：缩微中心，国图

000O026150
别下斋丛书：二十六种九十一卷
清道光(1821-1850)蒋氏别下斋刻咸丰六年(1856)续刻本
1996年摄制. -- 3盘卷片(91米1743拍)：
1:10，2B；35mm银盐
收藏馆：缩微中心，国图

000O025764
涉闻梓旧：二十五种一百十九卷 / (清)蒋光煦编
清道光(1821-1850)蒋氏宜年堂刻本
1996年摄制. -- 4盘卷片(95米1840拍)：
1:10，2B；35mm银盐
收藏馆：缩微中心，国图

000O029985
牡丹丛书：七种七卷
清(1644-1911)抄本
2001年摄制. -- 1盘卷片(8米136拍)：1:10，2B；35mm银盐
收藏馆：缩微中心，国图

000O025824
杂抄：二十种二十卷
清(1644-1911)抄本
1996年摄制. -- 1盘卷片(10米183拍)：
1:10，2B；35mm银盐
收藏馆：缩微中心，国图

000O011653
小石山房坠简拾遗：六种七卷 / (清)顾湘编并跋

清道光(1821-1850)抄本
1990年摄制. -- 1盘卷片(6米90拍)：1:10，2B；35mm银盐
收藏馆：缩微中心，天津

000O031507
花近楼丛书：七十四种九十二卷补遗十九种二十二卷附存八种九卷 / (清)管庭芬编
清(1644-1911)稿本
2004年摄制. -- 3盘卷片(93米1920拍)：
1:10，2B；35mm银盐
收藏馆：缩微中心，国图

000O011635
销夏录旧：五种十一卷 / (清)管庭芬辑
清(1644-1911)稿本. -- 书名据弁言题。
1990年摄制. -- 1盘卷片(10米194拍)：
1:10，2B；35mm银盐
收藏馆：缩微中心，天津

000O011665
一瓶笔存：一百十三种一百二十四卷 / (清)管庭芬编
清(1644-1911)稿本. -- 存一百六种一百十六卷。
1990年摄制. -- 2盘卷片(54米1114拍)：
1:10，2B；35mm银盐
收藏馆：缩微中心，天津

000O000938
小万卷楼丛书：十七种七十二卷 / (清)钱培名编
清光绪四年(1878)钱培名刻本. -- 傅增湘校并跋。
1985年摄制. -- 2盘卷片(55.7米1114拍)：
1:10，2B；35mm银盐
收藏馆：缩微中心，国图

000O029955
有万熹斋丛抄：二种四卷 / (清)傅以礼编
清同治八年(1869)傅青儒抄本
2001年摄制. -- 1盘卷片(4米37拍)：1:10，2B；35mm银盐
收藏馆：缩微中心，国图

000O002302
然脂百一编：五种五卷 / (清)王士禄编；(清)傅以礼重编
清光绪八年(1882)傅以礼抄本. -- (清)傅以礼校注并跋，(清)蒋凤藻跋。
1986年摄制. -- 1盘卷片(4米51拍)：1:10，2B；35mm银盐
收藏馆：缩微中心，国图

000O032096

然脂百一编：五种五卷 / (清)王士禄编；(清)傅以礼重编

清光绪八年(1882)傅以礼抄本. -- 八行二十一字红格白口四周双边。(清)傅以礼校注并跋，(清)蒋凤藻跋。

2011年摄制. -- 1盘卷片(5米55拍) : 1:10, 2B ; 35mm银盐

收藏馆：缩微中心，国图

000O031000

长恩阁校订三代遗著：五卷 / (清)傅以礼编

清(1644-1911)傅氏长恩阁抄本

2004年摄制. -- 1盘卷片(10米186拍) : 1:09, 2B ; 35mm银盐

收藏馆：缩微中心，国图

000O001895

长恩阁丛书：十四种十九卷 / (清)傅以礼编

清(1644-1911)傅氏长恩阁抄本. -- (清)傅以礼校。

1986年摄制. -- 1盘卷片(14米302拍) : 1:10, 2B ; 35mm银盐

收藏馆：缩微中心，国图

000O026086

冠悔堂丛书：八十六种三十一册 / (清)杨浚编

清(1644-1911)侯官杨浚抄本. -- 存九卷：榕阴新检卷八至卷十六。

1996年摄制. -- 5盘卷片(140米2900拍) : 1:10, 2B ; 35mm银盐

收藏馆：缩微中心，湖北

000O025856

古红梅阁丛抄：十种十卷 / (清)刘履芬编

清(1644-1911)抄本. -- 章钰跋。

1996年摄制. -- 1盘卷片(8米72拍) : 1:10, 2B ; 35mm银盐

收藏馆：缩微中心，国图

000O001055

咫进斋丛书：五种六卷 / (清)姚觐元编

清(1644-1911)姚氏咫进斋刻朱印本

1985年摄制. -- 1盘卷片(5.9米103拍) : 1:10, 2B ; 35mm银盐

收藏馆：缩微中心，国图

000O031873

咫进斋丛书：五种六卷 / (清)姚觐元编

清(1644-1911)姚氏咫进斋刻朱印本

2010年摄制. -- 1盘卷片(9米148拍) : 1:10, 2B ; 35mm银盐

收藏馆：缩微中心，国图

000O001361

杨施二先生遗著：二卷 / (清)杨凤苞,(清)施国祁撰

清(1644-1911)抄本. -- (清)周学濂跋，丁白、陈纲题诗。

1985年摄制. -- 1盘卷片(4.2米64拍) : 1:10, 2B ; 35mm银盐

收藏馆：缩微中心，国图

000O030436

古逸丛书：二十六种二百二卷 / (清)黎庶昌编

清光绪十年(1884)刻本

2002年摄制. -- 8盘卷片(240米5237拍) : 1:10, 2B ; 35mm银盐

收藏馆：缩微中心，国图

000O001062

振绮堂丛刻：七种三十八卷 / (清)汪远孙编

清(1644-1911)刻本. -- 傅增湘校。

1985年摄制. -- 1盘卷片(27.7米624拍) : 1:10, 2B ; 35mm银盐

收藏馆：缩微中心，国图

000O027770

汪氏振绮堂刻书：七种三十八卷 / (清)汪远孙编

清(1644-1911)刻本

1996年摄制. -- 1盘卷片(28米670拍) : 1:10, 2B ; 35mm银盐

收藏馆：缩微中心，国图

000O025758

小方壶斋丛书：三十七种七十一卷 / (清)王锡祺编

清光绪(1875-1908)铅印本

1996年摄制. -- 3盘卷片(66米1150拍) : 1:10, 2B ; 35mm银盐

收藏馆：缩微中心，国图

000O025561

汲修斋丛书：十五种十五卷 / (清)徐光济编

清(1644-1911)徐氏汲修斋抄本

1996年摄制. -- 1盘卷片(19米249拍) : 1:10, 2B ; 35mm银盐

收藏馆：缩微中心，国图

辑佚类

000O027712

汉唐地理书钞：七十九种八十一卷 / (清)王谟辑并编

清嘉庆(1796-1820)刻本

1997年摄制. -- 3盘卷片(61米1220拍) : 1:10, 2B ; 35mm银盐

收藏馆：缩微中心，国图

00O025534
汉魏四家轶存：八卷／(清)严可均辑
清(1644-1911)抄本
1996年摄制. -- 1盘卷片(6米80拍) ： 1:10,
2B ；35mm银盐
收藏馆：缩微中心，国图

00O001809
汉学堂知足斋丛书：四集二百十四种二百十四卷／(清)黄奭编
清(1644-1911)刻本. -- 包括：知足斋丛书、汉学堂经解、通纬、子史钩沉四部子丛书。
1985年摄制. -- 7盘卷片(203.2米4566拍) ：
1:10, 2B ；35mm银盐
收藏馆：缩微中心，国图

00O025756
佚存丛书：十五种七十八卷／(日)天瀑山人编
日本宽政(1789-1800)活字印本
1996年摄制. -- 4盘卷片(108米1996拍) ：
1:10, 2B ；35mm银盐
收藏馆：缩微中心，国图

郡邑类

00O026152
常州先哲遗书：七十二种七百四十九卷／(清)盛宣怀辑
清光绪(1875-1908)盛氏思惠斋刻本. -- 存七十二种七百三十七卷。
1996年摄制. -- 20盘卷片(600米11138拍) ：
1:10, 2B ；35mm银盐
收藏馆：缩微中心，国图

00O007334
盐邑志林：四十种六十六卷／(明)樊维城编
明天启三年(1623)樊维城刻本
1987年摄制. -- 3盘卷片(81.8米1840拍) ：
1:10, 2B ；35mm银盐
收藏馆：缩微中心，国图

00O031505
盐邑志林：四十一种七十二卷／(明)樊维城编
明天启三年(1623)刻本
2004年摄制. -- 4盘卷片(118米2510拍) ：
1:10, 2B ；35mm银盐
收藏馆：缩微中心，国图

00O008506
萧山丛书：十一种十六卷／(清)鲁燮光编
清(1644-1911)鲁氏壶隐居抄本

1988年摄制. -- 1盘卷片(28米617拍) ：
1:10, 2B ；35mm银盐
收藏馆：缩微中心，国图

氏族类

00O031512
陶氏贤奕书楼丛书：二十六种八十六卷／(清)陶介亭编
清(1644-1911)陶氏贤奕书楼抄本
2004年摄制. -- 4盘卷片(111米2260拍) ：
1:10, 2B ；35mm银盐
收藏馆：缩微中心，国图

00O004113
震泽先生别集：六卷／(明)王永熙编
明(1368-1644)王永熙刻本
1986年摄制. -- 1盘卷片(11米223拍) ：
1:10, 2B ；35mm银盐
收藏馆：缩微中心，国图

00O030434
甘泉汪氏遗书：三十卷／(清)汪喜孙编
清道光(1821-1850)汪喜孙刻本
2002年摄制. -- 2盘卷片(38米802拍) ：
1:10, 2B ；35mm银盐
收藏馆：缩微中心，国图

00O000200
荥阳杂俎：八种十一卷／(清)程定远编
清康熙三十八年(1699)程定远刻本
1985年摄制. -- 1盘卷片(11.2米227拍) ：
1:10, 2B ；35mm银盐
收藏馆：缩微中心，国图

00O031514
丛睦汪氏遗书：八种四十五卷
清乾隆(1736-1795)刻本
2004年摄制. -- 2盘卷片(55米1150拍) ：
1:10, 2B ；35mm银盐
收藏馆：缩微中心，国图

00O006036
四明万氏家宝：十种十二卷
清(1644-1911)稿本. -- 万氏永思纪略补配明(1368-1644)抄本。
1987年摄制. -- 1盘卷片(13米280拍) ：
1:10, 2B ；35mm银盐
收藏馆：缩微中心，国图

00O031511
上虞钱氏丛著：十种二十二卷
清(1644-1911)抄本

2004年摄制. -- 2盘卷片（32米703拍）：
1:10, 2B；35mm银盐
收藏馆：缩微中心，国图

000O004657
两苏经解：七种六十四卷
明万历二十五年(1597)金陵毕氏刻本
1987年摄制. -- 2盘卷片（54米1200拍）：
1:10, 2B；35mm银盐
收藏馆：缩微中心，国图

000O025771
陈氏丛书：七种一百五卷 / (清)陈本礼,(清)陈逢衡编
清嘉庆(1796-1820)陈氏读骚楼刻本
1996年摄制. -- 5盘卷片（151米3069拍）：
1:10, 2B；35mm银盐
收藏馆：缩微中心，国图

000O001720
黄氏一家杂著：不分卷 / (清)黄彭年[等]撰
清(1644-1911)稿本
1986年摄制. -- 2盘卷片（43.6米970拍）：
1:10, 2B；35mm银盐
收藏馆：缩微中心，国图

000O019759
晁氏四种：六卷
明嘉靖三十三年(1554)晁氏宝文堂刻本. --
(清)胡珽跋。
1994年摄制. -- 1盘卷片（10米173拍）：
1:10, 2B；35mm银盐
收藏馆：缩微中心，国图

独撰类

000O031115
东坡杂著：五种七卷 / [题](宋)苏轼撰
明万历二十九年至三十年(1601-1602)赵开美刻本
2004年摄制. -- 1盘卷片（8米135拍）：1:09,
2B；35mm银盐
收藏馆：缩微中心，国图

000O012976
刻金粟头陀青莲露六笺：七卷 / (明)叶华撰
明(1368-1644)书林郑氏丽正堂刻本
1991年摄制. -- 1盘卷片（17米308拍）：
1:10, 2B；35mm银盐
收藏馆：缩微中心，国图

000O011680
陈眉公吴宁野精校青莲露六笺：六卷 / (明)叶华

撰
明(1368-1644)树德堂刻本. -- (明)陈继儒等校。
1990年摄制. -- 1盘卷片（15米325拍）：
1:10, 2B；35mm银盐
收藏馆：缩微中心，天津

000O022138
合刻杨南峰先生全集：十种二十二卷 / (明)杨循吉撰
明万历三十七年(1609)徐景凤刻本
1995年摄制. -- 1盘卷片（20米387拍）：
1:10, 2B；35mm银盐
收藏馆：缩微中心，国图

000O016871
陈鲁南杂著：四种五卷 / (明)陈沂撰
明(1368-1644)抄本
1993年摄制. -- 1盘卷片（4米39拍）：1:10,
2B；35mm银盐
收藏馆：缩微中心，国图

000O026321
阳明先生集要：三编 / (明)王守仁[等]撰
清乾隆五十二年(1787)济美堂刻本
1996年摄制. -- 2盘卷片（49米1110拍）：
1:10, 2B；35mm银盐
收藏馆：缩微中心，湖北

000O011636
碧里：六种七卷 / (明)董穀撰
明(1368-1644)刻本
1990年摄制. -- 1盘卷片（19米387拍）：
1:10, 2B；35mm银盐
收藏馆：缩微中心，天津

000O019859
杨升庵杂著十四种：四十三卷 / (明)杨慎撰并辑
明(1368-1644)刻本
1994年摄制. -- 1盘卷片（24米485拍）：
1:10, 2B；35mm银盐
收藏馆：缩微中心，国图

000O031441
木钟台集：初集十种十卷再集十种十一卷杂集九种九卷 / (明)唐枢撰
明嘉靖至万历(1522-1620)刻本
2004年摄制. -- 2盘卷片（64米1403拍）：
1:10, 2B；35mm银盐
收藏馆：缩微中心，国图

000O021630
李卓吾五种：九卷 / (明)李贽撰

明万历(1573-1620)刻本
1995年摄制. -- 1盘卷片(18米347拍) ：
1:10, 2B ; 35mm银盐
收藏馆：缩微中心，国图

000O000210
冯元成杂著：九种十九卷 / (明)冯时可撰
明万历(1573-1620)刻本
1985年摄制. -- 1盘卷片(27.7米624拍) ：
1:10, 2B ; 35mm银盐
收藏馆：缩微中心，国图

000O018685
王百谷集：八种十四卷 / (明)王穉登撰
明(1368-1644)刻本. -- 郑振铎跋。
1994年摄制. -- 1盘卷片(14米266拍) ：
1:10, 2B ; 35mm银盐
收藏馆：缩微中心，国图

000O017632
王奉常杂著：十四种十八卷 / (明)王世懋撰
明万历(1573-1620)刻本. -- 郑振铎跋。
1993年摄制. -- 1盘卷片(17米333拍) ：
1:10, 2B ; 35mm银盐
收藏馆：缩微中心，国图

000O023175
王奉常杂著：十二种十三卷 / (明)王世懋撰
明万历(1573-1620)刻本
1995年摄制. -- 1盘卷片(15米242拍) ：
1:10, 2B ; 35mm银盐
收藏馆：缩微中心，国图

000O021414
刘子：三种九卷 / (明)刘伯生撰
明万历(1573-1620)刻本
1995年摄制. -- 1盘卷片(11米189拍) ：
1:10, 2B ; 35mm银盐
收藏馆：缩微中心，国图

000O019486
三筌解：不分卷
明(1368-1644)刻蓝印本
1994年摄制. -- 1盘卷片(24米457拍) ：
1:10, 2B ; 35mm银盐
收藏馆：缩微中心，国图

000O009120
李君实先生杂著：八种二十五卷 / (明)李日华撰
明天启崇祯(1621-1644)刻清康熙(1662-1722)
李瑢重修本. -- 存五种十八卷。
1988年摄制. -- 2盘卷片(41米858拍) ：
1:10, 2B ; 35mm银盐

收藏馆：缩微中心，湖南

000O007062
四六全书：五种四十二卷 / (明)李日华撰
明崇祯(1628-1644)鲁重民刻本
1987年摄制. -- 3盘卷片(77米1679拍) ：
1:10, 2B ; 35mm银盐
收藏馆：缩微中心，山东

000O000303
归鸿馆杂著：八种二十五卷 / (明)顾起元撰
明(1368-1644)刻本
1985年摄制. -- 2盘卷片(45米994拍) ：
1:10, 2B ; 35mm银盐
收藏馆：缩微中心，国图

000O002828
庄忠甫杂著：二十八种七十卷 / (明)庄元臣撰
清初(1644-1722)永言斋抄本
1986年摄制. -- 3盘卷片(64米1408拍) ：
1:10, 2B ; 35mm银盐
收藏馆：缩微中心，国图

000O013020
黔牍偶存：五卷 / (明)刘锡玄撰
明(1368-1644)刻本
1991年摄制. -- 1盘卷片(14米251拍) ：
1:10, 2B ; 35mm银盐
收藏馆：缩微中心，国图

000O012676
章大力先生丛著：不分卷 / (明)章士纯撰
明末(1621-1644)刻本
1990年摄制. -- 1盘卷片(23.6米525拍) ：
1:10, 2B ; 35mm银盐
收藏馆：缩微中心，辽宁

000O007222
黄梨洲先生遗书：二种二卷 / (清)黄宗羲撰
清(1644-1911)抄本. -- (清)戴望校并跋,
(清)萧穆跋。
1987年摄制. -- 1盘卷片(7米113拍) ：1:10,
2B ; 35mm银盐
收藏馆：缩微中心，国图

000O001144
夏为堂别集：十卷 / (清)黄周星撰
清康熙二十七年(1688)朱日荃张燕孙刻本
1985年摄制. -- 1盘卷片(24米536拍) ：
1:10, 2B ; 35mm银盐
收藏馆：缩微中心，国图

000O017938
夏为堂别集：七卷 / (清)黄周星撰
清康熙二十七年(1688)朱日荃张燕孙刻本
1993年摄制. -- 1盘卷片(18米336拍) :
1:10, 2B ; 35mm银盐
收藏馆：缩微中心, 国图

000O021217
胡文学集：五种九卷 / (清)胡文学撰
清康熙(1662-1722)刻本
1995年摄制. -- 1盘卷片(25米510拍) :
1:10, 2B ; 35mm银盐
收藏馆：缩微中心, 国图

000O022573
亭林遗书：十种二十七卷 / (清)顾炎武撰
清康熙(1662-1722)潘氏遂初堂刻本. -- (清)
邓之诚跋。
1995年摄制. -- 2盘卷片(36米726拍) :
1:10, 2B ; 35mm银盐
收藏馆：缩微中心, 湖北

000O001047
亭林先生遗书汇辑：二十三种六十三卷附录三
种四卷 / (清)顾炎武撰；(清)席威,(清)朱记荣编
清光绪十一年至三十二年(1885-1906)朱氏槐
庐家塾刻本. -- 傅增湘校并跋。
1985年摄制. -- 3盘卷片(80.8米1605拍) :
1:10, 2B ; 35mm银盐
收藏馆：缩微中心, 国图

000O024072
西堂全集：四种一百三十三卷附一种六卷 / (清)
尤侗撰
清康熙(1662-1722)刻本
1995年摄制. -- 3盘卷片(66.5米1330拍) :
1:10, 2B ; 35mm银盐
收藏馆：缩微中心, 荆州

000O022945
施愚山先生全集：九十六卷 / (清)施闰章撰
清康熙四十七年(1708)陈亭刻乾隆元年(1736)
施企曾续刻本
1995年摄制. -- 3盘卷片(82.5米1716拍) :
1:10, 2B ; 35mm银盐
收藏馆：缩微中心, 湖北

000O027570
毛稚黄十四种书：四十二卷 / (清)毛先舒撰
清康熙(1662-1722)毛氏思古堂刻本
1997年摄制. -- 3盘卷片(62米1172拍) :
1:10, 2B ; 35mm银盐
收藏馆：缩微中心, 国图

000O025685
西河合集：一百十七种四百九十三卷 / (清)毛奇
龄撰

清康熙(1662-1722)书留草堂刻本
1996年摄制. -- 14盘卷片(416.5米8707拍) :
1:10, 2B ; 35mm银盐
收藏馆：缩微中心, 湖北

000O013439
隐山鄙事：九卷 / (清)李子金撰
清康熙(1662-1722)刻本
1991年摄制. -- 1盘卷片(19米367拍) :
1:10, 2B ; 35mm银盐
收藏馆：缩微中心, 国图

000O016847
杂著十种：十卷 / (清)王晫撰
清(1644-1911)霞举堂刻本
1993年摄制. -- 1盘卷片(7米99拍) : 1:10,
2B ; 35mm银盐
收藏馆：缩微中心, 国图

000O013007
彭氏遗著：九卷 / (清)彭鹏撰
清康熙(1662-1722)刻本
1991年摄制. -- 1盘卷片(26米451拍) :
1:10, 2B ; 35mm银盐
收藏馆：缩微中心, 国图

000O029949
石函三种：四卷 / (清)魏麟征撰
清(1644-1911)抄本
2001年摄制. -- 1盘卷片(9米159拍) : 1:10,
2B ; 35mm银盐
收藏馆：缩微中心, 国图

000O027340
石函三种：三卷 / (清)魏麟征撰
清康熙(1662-1722)刻本
1997年摄制. -- 1盘卷片(6米92拍) : 1:10,
2B ; 35mm银盐
收藏馆：缩微中心, 国图

000O025848
学庵类稿：□□种□□卷 / (清)王原撰
清康熙(1662-1722)刻本. -- 存三种十七卷：
茂名公牍卷一至卷四、卷六至卷七, 铜仁公牍
卷一至卷六, 食货志卷一、卷四、卷七、卷十
至卷十一。
1996年摄制. -- 1盘卷片(21米402拍) :
1:10, 2B ; 35mm银盐
收藏馆：缩微中心, 国图

000O025842
学庵类稿：□□种□□卷 / (清)王原撰
清(1644-1911)抄本. -- 存一种：理学臆参卷
上、卷下。
1996年摄制. -- 1盘卷片(5米70拍) : 1:10,
2B ; 35mm银盐
收藏馆：缩微中心, 国图

00O031128
葛万里杂著：十八卷 / (清)葛万里撰
清初(1644-1722)刻本
2004年摄制. -- 1盘卷片（16米315拍）：
1:09, 2B ; 35mm银盐
收藏馆：缩微中心，国图

00O025855
程氏丛书：二十三种三十六卷 / (清)程作舟撰
清康熙(1662-1722)霁园刻本
1996年摄制. -- 3盘卷片（81米1593拍）：
1:10, 2B ; 35mm银盐
收藏馆：缩微中心，国图

00O000355
郑元庆遗集：四卷 / (清)郑元庆撰
清雍正(1723-1735)刻本
1985年摄制. -- 1盘卷片（5.7米97拍）：
1:10, 2B ; 35mm银盐
收藏馆：缩微中心，国图

00O016919
燕日堂录：十四卷 / (清)廖志灏撰
清康熙(1662-1722)刻本
1993年摄制. -- 1盘卷片（31米613拍）：
1:10, 2B ; 35mm银盐
收藏馆：缩微中心，国图

00O011633
消闲四种：七卷 / (清)左潢撰
清嘉庆(1796-1820)藤花书舫刻本
1990年摄制. -- 1盘卷片（7米127拍）： 1:10,
2B ; 35mm银盐
收藏馆：缩微中心，天津

00O021599
沈果堂全集：六种二十九卷 / (清)沈彤撰
清乾隆(1736-1795)沈氏刻本
1995年摄制. -- 1盘卷片（24米481拍）：
1:10, 2B ; 35mm银盐
收藏馆：缩微中心，国图

00O004291
汪韩门四种：十三卷 / (清)汪师韩撰
清乾隆(1736-1795)刻本
1986年摄制. -- 1盘卷片（20米432拍）：
1:10, 2B ; 35mm银盐
收藏馆：缩微中心，国图

00O001042
惺斋先生杂著九种：二十六卷 / (清)王元启撰
清乾隆(1736-1795)刻本
1985年摄制. -- 2盘卷片（42米867拍）：

1:10, 2B ; 35mm银盐
收藏馆：缩微中心，国图

00O013132
万光泰杂著：三种五卷 / (清)万光泰撰
清(1644-1911)抄本
1991年摄制. -- 1盘卷片（7.9米153拍）：
1:10, 2B ; 35mm银盐
收藏馆：缩微中心，辽宁

00O013109
西征录：十卷 / (清)王大枢撰
清咸丰元年至清末(1851-1911)抄本
1991年摄制. -- 1盘卷片（21.4米476拍）：
1:10, 2B ; 35mm银盐
收藏馆：缩微中心，辽宁

00O002115
苏斋遗稿：十一种十五卷 / (清)翁方纲撰
清(1644-1911)稿本
1986年摄制. -- 1盘卷片（15米311拍）：
1:10, 2B ; 35mm银盐
收藏馆：缩微中心，国图

00O029981
苏斋遗稿：二十三卷 / (清)翁方纲辑
清(1644-1911)稿本
2001年摄制. -- 1盘卷片（23米483拍）：
1:10, 2B ; 35mm银盐
收藏馆：缩微中心，国图

00O027128
芗屿裘书：七种三十七卷 / (清)曾廷枚撰
清嘉庆(1796-1820)刻本
1996年摄制. -- 2盘卷片（38米712拍）：
1:10, 2B ; 35mm银盐
收藏馆：缩微中心，国图

00O005310
章学诚全集：五种十八卷 / (清)章学诚撰
清(1644-1911)王氏十万卷楼抄本
1986年摄制. -- 2盘卷片（52.3米1171拍）：
1:10, 2B ; 35mm银盐
收藏馆：缩微中心，国图

00O031132
陈氏褱露轩丛书：四种十五卷
清嘉庆(1796-1820)陈氏褱露轩刻本
2004年摄制. -- 1盘卷片（22米470拍）：
1:10, 2B ; 35mm银盐
收藏馆：缩微中心，国图

00O025766
东壁先生书钞：四种十一卷 / (清)崔述撰
清嘉庆二年(1797)陈履如映薇堂刻本
1996年摄制. -- 1盘卷片(16米309拍)：
1:10, 2B ; 35mm银盐
收藏馆：缩微中心，国图

00O001264
古语遗录七种：八卷 / (清)戚学标撰
清(1644-1911)稿本
1985年摄制. -- 1盘卷片(7米120拍)：1:10,
2B ; 35mm银盐
收藏馆：缩微中心，国图

00O027532
永报堂集：三十三卷 / (清)李斗撰
清乾隆六十年至嘉庆(1795-1820)刻本
1997年摄制. -- 2盘卷片(45米927拍)：
1:10, 2B ; 35mm银盐
收藏馆：缩微中心，国图

00O025768
续刻北江遗书：七种十六卷 / (清)洪亮吉撰
清道光(1821-1850)刻本. -- (清)李慈铭校
注.
1996年摄制. -- 1盘卷片(16米311拍)：
1:10, 2B ; 35mm银盐
收藏馆：缩微中心，国图

00O025559
简松草堂全集：七十七卷 / (清)张云璈撰
清道光(1821-1850)简松草堂刻本. -- 郑振铎
跋。
1996年摄制. -- 4盘卷片(106米2082拍)：
1:10, 2B ; 35mm银盐
收藏馆：缩微中心，国图

00O010055
鹤关全集：三种九卷 / (清)吴邦治撰
清康熙至乾隆(1662-1795)刻乾隆(1736-1795)
印本. -- 版框高十七厘米宽十三厘米。存六
卷：鹤关诗集一集四卷二集一卷、黄山纪日一
卷。
1989年摄制. -- 1盘卷片(11米232拍)：
1:10, 2B ; 35mm银盐
收藏馆：缩微中心，广东

00O004177
徐饴庵先生遗书：八种十卷 / (清)徐养原撰
清(1644-1911)抄本
1986年摄制. -- 1盘卷片(16.2米350拍)：
1:10, 2B ; 35mm银盐
收藏馆：缩微中心，国图

00O000164
雪泥书屋全书：二卷 / (清)牟庭撰
清嘉庆(1796-1820)牟庭刻本
1985年摄制. -- 1盘卷片(3.6米47拍)：
1:10, 2B ; 35mm银盐
收藏馆：缩微中心，国图

00O027771
江氏丛书：七种二十五卷 / (清)江藩撰
清道光九年(1829)刻本
1996年摄制. -- 1盘卷片(26米620拍)：
1:10, 2B ; 35mm银盐
收藏馆：缩微中心，国图

00O019405
四录堂类集：三种十三卷 / (清)严可均撰
清嘉庆九年(1804)严可均刻本
1994年摄制. -- 1盘卷片(20米373拍)：
1:10, 2B ; 35mm银盐
收藏馆：缩微中心，国图

00O006437
四录堂类集：三种三十八卷 / (清)严可均撰
清嘉庆道光(1796-1850)刻本
1987年摄制. -- 2盘卷片(41米890拍)：
1:10, 2B ; 35mm银盐
收藏馆：缩微中心，国图

00O031409
拾遗补艺斋遗书：五种七卷 / (清)庄绥甲撰
清道光(1821-1850)刻本
2004年摄制. -- 1盘卷片(10米193拍)：
1:10, 2B ; 35mm银盐
收藏馆：缩微中心，国图

00O007619
安吴四种：三十六卷 / (清)包世臣撰
清(1644-1911)稿本. -- 存三十卷：卷四至卷
十三、卷十五至卷三十四、又海运不分卷。
1986年摄制. -- 2盘卷片(49米1063拍)：
1:10, 2B ; 35mm银盐
收藏馆：缩微中心，国图

00O000151
浮溪草堂丛书：七十五卷
清嘉庆(1796-1820)宋氏浮溪草堂刻本
1985年摄制. -- 3盘卷片(78.8米1761拍)：
1:10, 2B ; 35mm银盐
收藏馆：缩微中心，国图

00O027772
浮溪精舍丛书：十九种卷 / (清)宋翔凤编
清道光(1821-1850)刻本. -- 存十二种五十三卷。

1996年摄制. -- 1盘卷片(27米640拍)：1:10, 2B；35mm银盐
收藏馆：缩微中心，国图

00O025772
求是堂丛书：六种九十五卷 / (清)胡承珙撰
清道光七年至十七年(1827-1837)胡氏求是堂刻本
1996年摄制. -- 5盘卷片(132米2658拍)：1:10, 2B；35mm银盐
收藏馆：缩微中心，国图

00O027584
求志堂存稿汇编：□□种□□卷
清(1644-1911)刻本
1997年摄制. -- 1盘卷片(17米320拍)：1:10, 2B；35mm银盐
收藏馆：缩微中心，国图

00O001753
惜阴居丛著：十七卷 / (清)姚东升撰
清(1644-1911)稿本
1986年摄制. -- 1盘卷片(21米468拍)：1:10, 2B；35mm银盐
收藏馆：缩微中心，国图

00O017559
王菉友先生著书：四种四卷 / (清)王筠撰
清咸丰二年(1852)贺蕙贺蓉贺荃刻本. -- (清)王筠订补。
1993年摄制. -- 1盘卷片(10米182拍)：1:10, 2B；35mm银盐
收藏馆：缩微中心，国图

00O025767
蛾术堂集：十四种二十四卷 / (清)沈豫撰
清道光十八年(1838)沈氏汉读斋刻本
1996年摄制. -- 1盘卷片(17米332拍)：1:10, 2B；35mm银盐
收藏馆：缩微中心，国图

00O026154
中复堂全集：十三种八十九卷 / (清)姚莹撰
清道光(1821-1850)刻本. -- 存五种三十四卷。(清)李慈铭批并跋。
1996年摄制. -- 2盘卷片(40米762拍)：1:10, 2B；35mm银盐
收藏馆：缩微中心，国图

00O025773
乌程范氏著述暨汇刻书：十五种三十五卷 / (清)范锴编
清道光(1821-1850)刻本

00O001819
知止斋遗集：不分卷 / (清)翁心存撰
清(1644-1911)稿本
1985年摄制. -- 6盘卷片(152.3米3404拍)：1:10, 2B；35mm银盐
收藏馆：缩微中心，国图

00O001215
沈西雍先生遗著：五种十三卷 / (清)沈涛撰
清道光(1821-1850)刻本
1985年摄制. -- 1盘卷片(16.6米358拍)：1:10, 2B；35mm银盐
收藏馆：缩微中心，国图

00O004213
珊影杂识：三卷
清道光十九年(1839)严保庸刻本. -- 吴梅跋。
1986年摄制. -- 1盘卷片(4米50拍)：1:10, 2B；35mm银盐
收藏馆：缩微中心，国图

00O027773
胡白水著书：四种十一卷 / (清)胡泉撰
清咸丰(1851-1861)刻本
1996年摄制. -- 1盘卷片(31米673拍)：1:10, 2B；35mm银盐
收藏馆：缩微中心，国图

00O031171
袖海楼杂著：四种十二卷 / (清)黄汝成撰
清道光十八年(1838)西溪草庐刻本
2004年摄制. -- 1盘卷片(15米305拍)：1:10, 2B；35mm银盐
收藏馆：缩微中心，国图

00O031222
袖海楼杂著：四种十二卷 / (清)黄汝成撰
清道光十八年(1838)西溪草庐刻本
2004年摄制. -- 1盘卷片(15米303拍)：1:09, 2B；35mm银盐
收藏馆：缩微中心，国图

00O028935
陈让泉先生杂著：十种十卷 / (清)陈灏撰
清(1644-1911)稿本
1998年摄制. -- 2盘卷片(42米767拍)：1:10, 2B；35mm银盐
收藏馆：缩微中心，苏州

000O020043
半岩庐遗著：三种三卷 / (清)邵懿辰撰
清(1644-1911)抄本
1994年摄制. -- 1盘卷片(15米283拍) :
1:10, 2B ; 35mm银盐
收藏馆：缩微中心, 国图

000O005288
宁河廉琴舫侍郎遗书：不分卷 / (清)廉兆纶撰
清(1644-1911)抄本
1986年摄制. -- 2盘卷片(37米805拍) :
1:10, 2B ; 35mm银盐
收藏馆：缩微中心, 国图

000O026368
赐龙堂文抄：二种二卷 / (清)彭瑞毓撰
清(1644-1911)稿本
1997年摄制. -- 1盘卷片(7米130拍) : 1:10,
2B ; 35mm银盐
收藏馆：缩微中心, 湖北

000O006336
俞荫甫先生遗稿：九种五十一卷 / (清)俞樾撰
清(1644-1911)稿本
1987年摄制. -- 3盘卷片(81米1763拍) :
1:10, 2B ; 35mm银盐
收藏馆：缩微中心, 国图

000O028963
诗契斋九种：二十一卷 / (清)许玉瑑撰
清(1644-1911)稿本. -- 日知小录含读管子、
读水经注两种。(清)潘霨、(清)王炳燮跋,
(清)金益容题款。
1998年摄制. -- 2盘卷片(46米869拍) :
1:10, 2B ; 35mm银盐
收藏馆：缩微中心, 苏州

000O006950
蘅华馆杂著：五种七卷 / (清)王韬撰
清(1644-1911)稿本
1986年摄制. -- 1盘卷片(7米130拍) : 1:10,
2B ; 35mm银盐
收藏馆：缩微中心, 国图

000O002896
扁舟子丛稿：六种 / (清)范寅撰
清(1644-1911)稿本
1986年摄制. -- 2盘卷片(55.1米1233拍) :
1:10, 2B ; 35mm银盐
收藏馆：缩微中心, 国图

000O001300
瓶庐丛稿：二十六种 / (清)翁同龢辑

清(1644-1911)稿本
1985年摄制. -- 3盘卷片(70.7米1300拍) :
1:10, 2B ; 35mm银盐
收藏馆：缩微中心, 国图

000O019749
海隐书屋四种：五卷 / (清)胡嗣超撰
清(1644-1911)稿本
1994年摄制. -- 1盘卷片(13米230拍) :
1:10, 2B ; 35mm银盐
收藏馆：缩微中心, 国图

000O029953
郑伯更杂著：二卷 / (清)郑知同撰
清(1644-1911)稿本
2001年摄制. -- 1盘卷片(5米53拍) : 1:10,
2B ; 35mm银盐
收藏馆：缩微中心, 国图

000O009121
汪仲伊所著书十二种：不分卷 / (清)汪宗沂撰
清(1644-1911)稿本
1988年摄制. -- 1盘卷片(15米307拍) :
1:10, 2B ; 35mm银盐
收藏馆：缩微中心, 湖南

000O001695
未园著薮五种：一百卷 / (清)沈修撰
稿本. -- 吴梅跋。
1986年摄制. -- 4盘卷片(122米2611拍) :
1:10, 2B ; 35mm银盐
收藏馆：缩微中心, 国图

000O006552
慈溪童柘叟遗著：十三种二十一卷 / (清)童赓年著
清(1644-1911)稿本
1987年摄制. -- 2盘卷片(60米1231拍) :
1:10, 2B ; 35mm银盐
收藏馆：缩微中心, 国图

000O031518
正学堂杂著：十七种不分卷 / (清)王仁俊撰并辑
清(1644-1911)稿本
2004年摄制. -- 2盘卷片(58米1225拍) :
1:10, 2B ; 35mm银盐
收藏馆：缩微中心, 国图

000O000588
籀鄦诼杂著：十种二十一卷 / (清)王仁俊撰
清(1644-1911)稿本
1985年摄制. -- 1盘卷片(26.3米587拍) :
1:10, 2B ; 35mm银盐
收藏馆：缩微中心, 国图